G・H・ミード著作集成

Essential Writings of George Herbert Mead
Pragmatism, Society and History

プラグマティズム・社会・歴史

植木豊［編訳］

作品社

本書を読まれる方々へ

植木　豊

本書は、G・H・ミード（George Herbert Mead, 1863-1931）の既発表論文と草稿類、没後出版の『精神・自我・社会』の全文と補遺論文、そして、同じく没後出版の『現在というものの哲学』の中から、遺稿「現在というものの哲学」を、すべて新たに翻訳し収録したものである。

いずれも、一九二〇年代以降の論考で、ミードがホワイトヘッドやベルクソンの影響を受けつつ、プラグマティズム、相対論、創発論を彫琢していた時期のものである。新しい時代に耐えうるミードの社会理論像を、新しい世代の人々が展開していくための素材となるように、本書は編纂されている。

本書は、全三篇の構成となっている。

第Ⅰ篇の主題は、プラグマティズム・相対論・創発論である。一九二〇年代にミードが発表した論文六編と、この時期のものと推定される草稿二編を収録し、さらに、補章（第9章）として、ウィリアム・ジェイムズの「戦争の道徳的等価物」（一九一〇年）、これに触発されてミードが一九二九年に発表した「国を志向する精神と国際社会を志向する精神」を収載している。最初の八章は、プラグマティズム（未来を見据えた行為帰結主義）に基づく意味理論・真理理論、そしてミードがアンリ・ベルクソンやアルフレッド・N・ホワイトヘッドと対決する中で展開された相対論・創発論に関わるものである。

第Ⅱ篇は、社会を主題にしている。ミードの没後出版された『精神・自我・社会』（チャールズ・W・モリス編）の本文および補遺論文四篇が収録されている。このうち本文は、一九二八年開講の「社会心理

学　上級コース」の速記録ならびに一九三〇年開講の「社会心理学　上級コース」の聴講学生の整理ノートを基礎にして、モリスが加筆修正の上で編集したものであり、ミード自身が書いたものではない。

第Ⅲ篇の主題は、歴史論である。ミードの没後、一九三二年に出版された『現在というものの哲学』（アーサー・E・マーフィ編）のうち、すべての本文（第一講義から第四講義）を収録している。この講義は、一九三〇年一二月、アメリカ哲学会大会（バークレイ）で開催されたケイラス連続講義用に、ミードが準備したノートを基礎にして編集されたものである。

今日、ミードの著作は、社会学の分野では広く読まれ、「シンボリック相互作用論」の源流をなすものとして知られている。けれども、ミード理論の分析上の潜在力は、こういった狭い領域におさまるものではない。生前、ミードは著書を出版しなかったとはいえ、一九二〇年代から最晩年までの時期は、ミードにとって最も生産的な時期であった。本書を繰り返し読むことによって、二〇世紀のミード像を超えて、二一世紀のミード像が見えてくるはずである。

G・H・ミード著作集成

——プラグマティズム・社会・歴史

第I篇 既発表論文・草稿選——プラグマティズム・相対性・創発

SELECTED PAPERS : *Pragmatism, Relativity and Emergence*

第Ⅱ篇　社会――『精神・自我・社会』（一九三四年、没後出版、講義録）

SOCIETY : *Mind, Self, and Society*

第三部　自我　341

第四部　社会　441

補遺論文　551

第Ⅲ篇　歴史――『現在というものの哲学』（一九三二年没後発表、ケイラス連続講義用草稿）

HISTORY : *The Philosophy of the Present*

［凡例］

一、本書は、ジョージ・ハーバート・ミード（George Herbert Mead）の既発表論文・草稿・没後出版物から選んで、新たに翻訳したものである。収録論考の出典・先行翻訳については、一覧を巻末（七四三頁）に掲載してある。

一、本文内の▼は、訳註の合印であり、訳註は当該の見開き、または次の見開きの左端に掲載してある。

一、本文内の◆は、原著者の註（第Ⅰ篇）または原著者・編者の註（第Ⅱ篇・第Ⅲ篇）の合印であり、註は当該の見開き、または次の見開きの左端に掲載してある。

一、〔 〕内は、編訳者による補足である。

一、原文中の強調箇所には、傍点を付してある。

一、ミードが引用している文献のうち、既訳のあるものについては、出典を明記し、既訳から引用させていただいた。翻訳者に記してお礼を申し上げる。

一、ラテン語は原則として、カタカナ交じりで訳してある。

第Ⅰ篇

既発表論文・草稿選

プラグマティズム・相対性・創発

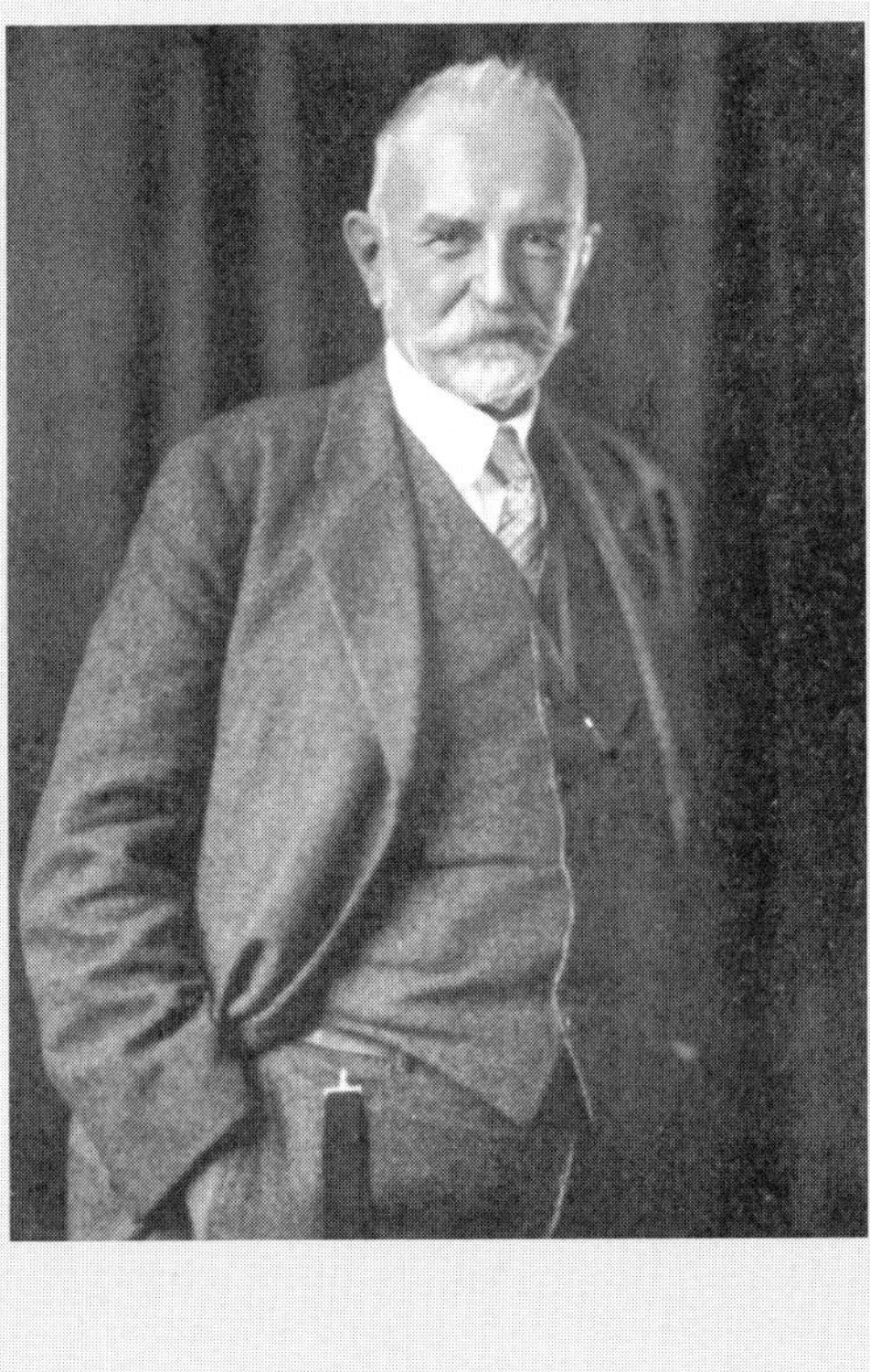

SELECTED PAPERS

Pragmatism, Relativity and Emergence

第Ⅰ篇「既発表論文・草稿選」について

第Ⅰ篇に収録しているのは、ミード自身の手による既発表論文のうち一九二〇年代のもの六編、草稿二編、および、補遺として、ウィリアム・ジェイムズの論文「戦争の道徳的等価物」(一九一〇年)と、これに触発されてミードが書いた論文「国を志向する精神と国際社会を志向する精神」(一九二九年)である。

ジェイムズ、ロイス、デューイ等に触発され、自らの議論を展開していたミードは、自らのプラグマティズム(未来を見据えた行為帰結主義に基づく意味理論かつ真理理論)を整備しつつ、自我論を展開するようになる。その理論的核心は〈行為帰結—意味生成—自我生成〉の三位一体的展開とでも呼びうる論理構成になっている。一九二〇年代になると、ホワイトヘッド、ベルクソンに影響を受けつつ、それまでの自らの理論を、相対論(パースペクティヴ論)と創発論(時間論)によって、さらに展開しようと試みるようになる。

こうした流れを背景に置くと、第1章から第8章までの論文の理解は、一層深まる。補遺として、収録したジェイムズ論文とミード論文は、戦争と平和という問題に関して、自我論がどのように関わりうるのかを示している。

第１章 特定の意味を有するシンボルの行動主義的説明（一九二二年）

A Behavioristic Account of the Significant Symbol

ここで提示しようとしている所説は、次のような想定に基づいている。ここでは暫定的に述べるのがせいぜいであるが、私の想定は自然科学の仮説である。それによれば、物的対象と物的対象世界は、分析してみるなら、物的微粒子からなる一つの複合体であることがわかるだろう。私が想定しているのは、その時その場で〔直に〕経験する中で現れる対象は、自らの棲息環境を自ら作り出す生物的かつ社会的諸個人との関係において存在するということである。この関係に含まれているのは、一方では、生命種の感受能力と反応を通じて、当の対象の構成に資する諸々の要素が選択されるということである。他方において、こうした対象は動植物に影響を及ぼすわけだが、その動植物にしても、自らの生理的要求があるからこそ、対象は対象として存在するのである。たとえば、食物というものは、これを食する個体との関係において、その時その場の〔直接的な〕経験として存在する。このような個体なしには、そもそも、食物などというものは存在しない。食物の性質にふさわしい特性を選択することは、生きた個体が有する一つの機能である。このような食物が生きた個体に対して及ぼす影響は、いわゆる、環境に対する個体の適応あるいは不適応である。究極の物理的粒子からなる力学的世界について、いかなることがいわれようと、経験の中において対象を対象として判断する境界線は、個々の生命体の〔対象に対する〕

構えと行動様式によって引かれる。このように生命個体とその環境を含む経験なしに、そもそも、こうした対象は存在しない。

他方で、このような対象は、その時その場の〔直接的〕経験のうちにあるかぎり、客観的に存在する。環境を構成する対象が動植物に対して関係を有するからといって、当の対象が主観的なものになるわけではまったくない。対象の性質と呼ばれるものは、対象の感覚質の場合がそうであるように、当の対象のうちにある。だが、こうした性質が当の対象のうちにあるからといって、外的関係としてであれ、内的な関係としてであれ、関係として対象のうちにあるわけではない。対象の性質とは、当の対象に必要不可欠な本質そのものであって、こうした性質が関係となるのは思考過程においてのみである。いわゆる感覚質もまた対象のうちに存在するが、それは、感受能力を備えつつ自らの環境を形成する有機体に対して対象が有する関係においてのみである。

生命有機体が対象を創造する際、有機体は、自らの環境に対して、因果的に作用しつつ効果をもたらすが、これは、環境が生命有機体に及ぼす効果と同様に、正真正銘のものである。小さな氷河の塊が陸地を覆うほど拡大することによって、ある種の動物が絶滅し、自然淘汰の結果、防寒に適した体毛をもつ動物が生き残るのと同じく、消化器官が食物を創造するというのは、間違いないことである。ある対象の特定の性質に対して、ある動物が感受能力を有するからこそ、当の対象は、当の動物との関係下にあって、特定の性質をもつのである。対象がもつ二つ以上の様々な性質に対して感受能力がある場合、こうした性質は、相互に対立し合い、したがって、抑制し合う反応に対応しているわけである。このような場合にかぎり、対象は分析されることになる。したがって、たとえば、小川が有する川幅という性質は、そこを飛び越えようとする動物の性向が妨げられるなら、その他の性質から区別されて取り扱われることになろう。このように、対象、および、対象に対応している反応でありながらも阻まれてしまう反応、これらがもつ性質が眼前にある、あるいは、存在するのは、動物有機体とその環境が関与している経験、その時その場の経験においてである。とはいえ、この場合、対象も反応も、まだ、特定の意味を有しているわけではないし、精神ないし意識のうちに位置しているわけでもない。

動物にとってのその時その場の経験に現れる数々の対象の中には、動物自身の生体にとって不可欠な性質が様々ある。こうした性質には、他の対象の特性――とりわけ、快楽的特性、さらには、緊張と興奮の特性――とは異なる特性がある。しかし、これらの特性は、経験の中で自我が生成するまでは、自我に属することのない特性である。こうした特性は私的なものでしかない、つまり、必ず単独個体にとっての経験に限定されている。シャム双生児流に、もし、二つの有機体が結合されていて、同一の器官がそれぞれの中枢神経系と結びついているなら、それぞれの個体は、経験のうちで同一の苦痛対象あるいは快楽対象をもつことになろう。歯痛あるいは味覚の好みというものは、当の本人にとっての対象でしかない。その理由は、たとえば、一人しかいない部屋の中でマッチを擦って炎が現れても、その炎はマッチを擦った本人にとっての対象でしかないという理由と、本質的には異なるところはない。ある対象が個人的な対象であるのは、他者たちの関与する経験から当の対象が排除されるからではない。対象が個人的なものになるのは、行動様式の発達過程で自我が生成したときに、個人がその対象を自我と関連づけることによってである。このような関連づけにとって、他者を除外した自分のみの経験は、とりわけ、好都合である。だが、万人にとっての対象の特性も、心的過程の中で、このように自我と関連づけられている。

それぞれの個人にとってのみ存在する対象の中には、いわゆる心像がある。こうした心像は、その時その場にあるのだが、しかし、必ずしも、空間内に位置を占めて存在するわけではない。印刷物のページ上の場合、あるいは、遠隔対象の硬さの場合に顕著なように、心像は、事物の構造の構成要素となっている。そして、幻覚の場合には、心像は、空間のうちに位置を占めて存在するかもしれない。心像が存在するかどうかは、有機体における条件次第、とりわけ、中枢神経系の条件次第である。このことは、山や椅子のように、経験内にある他の対象の場合と同様である。心像は、自我と関連づけられれば、記憶心像となり、あるいは、ある創造的想像についての心像となるが、しかし、心的素材でも霊的素材でもない。

　行動様式というのは、生命体の自らの環境に対する反応の総体である。この反応対象を、特にベルクソンの言い回しを用いていえば、生物体の環境に対する関係が「そこから切り取った」▼対象ということになる。こうした対象の中には、重要なものとしてここで言及しておきたいものも、いくつかある。すなわち、同一集団に属する他の生命個体である。こうした生命個体による構えか

▼**「そこから切り取った」** アンリ・ベルクソン『思考と動き』（原章二訳、平凡社ライブラリー、二〇一三年、二六～二七頁）参照。

つ行為の端緒段階の表示は、特に重要な刺激であり、ヴントの用語を広義に用いるなら、「身振り〔による何かの表示〕」と呼んでよい。当該有機体が所属する集団内の他の生命個体は、社会的対象と呼びうるし、自我が存在するようになる以前から、社会的対象として存在している。こうした生命個体の身振りは、一定の反応を喚起し、さらに、すべての高度に社会組織化された個体群にあっては、特にあらかじめ確定済みの反応を喚起する。たとえば、性的反応、親としての反応、敵対的反応といった具合であり、また、おそらく、他にも群本能のような反応もある。これらの特化された反応が個体の性質のうちにあるかぎり、こうした反応は、適切な刺激ないし身振りによって喚起されれば、いつでも生ずる傾向がある。もし、ある個体がこうした身振りを用い、しかも、この身振りによって他の個体が影響を受けるのと同じように、自らも影響を受けるならば、この個体は、他の個体が反応するように、自身による社会的刺激に対して反応する、あるいは、反応する傾向がある。その顕著な事例は、鳥のさえずり、あるいは、音声身振り〔音声による何かの表示〕のうちにある。音声身振りというものは、特別な重要性をもっている。というのは、音声による表示は、これを発する個体に対して、別の個体に対して影響を及ぼすのと同じ様式で、影響を及ぼすからである。だが、このことは、自分自身が示す身振りのうち、当の個体自身が見たり感じたりできる身振りについても、程度は劣るとはいえ、あてはまる。

自我というものは行動様式の中で生成するのであるが、それは、個人が、経験の中で、自身にとっての社会的対象になるときである。このことが生ずるのは、他の個人であっても用いるような構えや身振りを、個人が示したり用いたり、かつ、それに対して自分で反応するか、その傾向があるときである。このような事態は、幼児の生活の中で徐々に生ずる発達状態の一つであり、そして、おそらくは、人類の生活の中で生じた発達状態である。こうした状態は、不適切にも模倣と呼ばれるものを通して、幼児の生活の中で生じ、子供たちの生活の中では通常の遊びにおいて現れる。こうした過程を通して子供は自身の経験の中で次第に社会的な存在となる。そして、子供は、他者たちに対して働きかけるのと類似したやり方で、自分自身に対して働きかける。特に、子供は、他者たちに語りかけるように、自分自身に語りかける。そして、こうした対話を内的な対話場面で続ける中で、子供は精神と呼ばれる領域を構成していく。こうして、子供自身の身体に属する対象と経験、つまり、自身の過去に属する心像が、子供の自我の一部となっていく。

人間より下等な動物の行動においても、ある個体が他の生命個体に対して対象を示す光景はみられるが、しかし、ここでは、我々がいうところの意味表示が欠けている。ミミズをついばむ雌鳥は、意図していないとはいえ、ミミズをヒヨコに直接示している。群れの中で危険を察知した動物は、その場から逃げ去りつつ、群れの他の個体たちに安全な方向を示し、その危険を察知する身構えをとらせる。猟犬は、隠れている鳥の在処を示して身構える。道に迷った子羊は鳴き、子供は泣き叫び、そうすることで、それぞれ、自分の母親に居場所を伝える。これらの身振りは、すべて、我々のように知性のある観察者からみれば、特定の意味を有するシンボルである。しかし、身振りを発している個体自身にとっては、特定の意味を何ら有してはいない。

このように身振りによって示される特定の意味の在処は、行動主義的心理学の観点からみるなら、どこなのか。手短に答えておくなら、身振りが、刺激の対象を、実際に、他の生命個体の反応可能範囲において示すだけでなく、さらに加えて、身振りによって、対象の性質もまた示されるということになろう。特に、特定の意味という言葉で我々がいっているのは、発している側の個人が、自身に対しても、対象の性質を示すということである。だが、当の個人が、この意味を——どんな意味であれ——自身に対してのみ存在するように示すだけでは十分ではない。この個人は、その意味を、自分が示している相手側にとっても存在するように、示す必要がある。特定の意味という言葉を最広義に用いるなら、問題となっている意味を、当の個人が、同一場面状況において、当の意味が向けられている他の個人すべてに対しても、示すということである。こうして、他の人が自分に対して示す構えを、当の個人がとり、さらには、ある意味で、自身のふるまい方が相手側の個人に対して喚起する行為を、この個人が自分自身のうちに喚起するのであれば、そのかぎりで、個人は、身振りの意味を自分自身のうちに示していることになろう。これこそが、意味の定義を表しているといってよい。意味とは、問題となっている対象が喚起しうるかぎりで示された反応である。ある対象に対する諸々の反応の包括的な集まりに対して、自ら適応しているとわかれば、当の対象の意味は自分のものとなっていると我々は感ずる。だが、当の意味が我々のものになっているというのであれば、我々は、このように反応に適応する構えを示すものとして、自分自身を認識できなければならない。我々は、自分自身に対して当の対象を示すだけではなく、何らかの方法で、当の対象に対して反応する準備態勢を示さなければならない。そして、このような指示は、指示が向けられている、あるいは、向けられる可能性のある相手側個人の構えまたは役割に対して行われなければならない。このような形で指示されないのであれば、指示とはいっても、特定の意味に関与する共通の特性をもたないことになる。シンボルが特定の意味を有するようになるのは、自分が自分自身であると同時に相手側の他者になりうる能力を通じてである。これを一般的な言い方で表すなら、我々が念頭に置いているのは、他者に対して示している内容自体、他者に行って欲しい内容だということである。相手に対して方向を示す場合、我々はそれを他者に対して示しているると同時に、自分自身に対しても示している。我々がとる構えは、自分たちの要求に対して相手側が示す反応の構えでもある。その際、この相手側個人は、その指示が我々自身にとって有する意味と同じ意味を、自らのふるまい方の中でもっている。

しかし、〔何かとして示された〕意味は、その時その場で指示がなされた特定状況に限定されるものではない。〔示された〕意味は普遍的な意味を獲得する。たとえ、その場にいる二人以外に関係者がいない場合であっても、意味が示される際の形態は普遍的である。示された意味は、この二人以外のいかなる人にとっても、同じ立場に置かれれば、同じ意味を有する。何かとして示された意味の一般化は、どのようにして生ずるのか。行動主義的観点に立つなら、この一般化が生ずるのは、個人が相手側の構えをとる際に、この個人が自分自身を一般化することを通してである。こうした取り組みは、我々にはよく知られていることで、子供や大人に対する社会的道徳的教育においてみられる。子供が財産観念を身につけるのは、我々いうところの一般化された他者の構えをとることを通じてである。一定の条件下で同一対象に対してとる構えはすべて、子供にしてみれば、すべての人がとる構えとなる。すべての人に共通の役割を担うことで、子供は、当該集団の権威をもって自分自身と他者たちに対して語りかけているのに気づくわけである。こうした構えは自明のものとなる。一般化とは、諸々の反応が同一であることの帰結にすぎない。実際のところ、子供は様々な役割の諸々の構えをとる過程で、自分自身に語りかけてきているのだが、こうした構えを、ある意味で、融合するかぎりにおいてのみ、子供は、人格の統一性を獲得する。自分が語りかける「me」は絶えず変化する。子供にとっての「me」は、刺激の働きの変化に対応するが、しかし、集団の連帯が、とりわけ、その斉一的な制約下において、こうした子供に普遍性という統一性を与える。これこそ、私が普遍的なものの唯一の源泉と考えるものである。普遍的なものは、すぐさま、特定集団の境界を飛び越える。「民ノ声ハ天ノ声」、「人の声は天使の声」というわけである。教育と様々な経験は、そこから地域特有のものを取り除き、「いつでも誰にとっても真であるもの」を残す。その形態は、はじめから、普遍的なものである。というのも、他者たちの様々な構えに違いがあろうが、その特殊性は消えていくからである。しかし、この過程は、遊戯〔ごっこ遊び〕の時期においては行われない。つまり、子供が競争的なゲームの時期に到達する以前、つまり、自身の獲得した自我を他者と闘わせようとする時期以前には、行われず、子供は気分が変わるたびに自らも変わる。だが、ゲーム段階において、子供は、集団あるいは遊び仲間の観点から、自分自身をみるようになり、情熱をもって、規則と規範を代弁する。その社会的利益さらには必要性ゆえに、自身に対するこのような接し方は、避けられないものとなる。子供は、集団が自分を見るような仕方で、自分を見なければならない。このことも、やはり、受動的模倣の名で知られてきたものである。しかし、内的行動においてであれ外的行動においてであれ、行動を左右する一要因として認められてきたものは普遍性であるが、こうした普遍性が現れるのは、斉一的な構えにおいてではない。普遍性が見られるのは〔構えにおいてではなく〕、まさしく、思考においてであり、思考とは、このように一般化された他者の自我に対する対話なのである。

こうして、特定の意味を有するシンボルとは、次のような条件をもつかぎりでの身振りであり、記号であり、言葉である。すなわち、自分以外の個人に示されているときには、同時に、自分自身にも示されており、かつ、おのれの自我に対して向けられているときには、同時に、他のすべての個人に対する形態で、別の個人に向けられているのである。

意味表示とは、既にみてきたように、二つの指示対象を有するものである。一つは、表示された事物に対する指示であり、今一つは、〔その事物に誘発された〕反応に対する指示である。つまり、表示された事態と、それについての意味ないし観念である。意味表示は内包と外延を意味する。シンボルが外延に対して用いられる場合、それは名前であり、内包に対して用いられる場合、それは概念である。しかし、シンボルが外延と内包を意味するのは、少なくとも形式上、外延的意味作用と内包的意味作用が自我に対しても他者に対しても向けられており、かつ、シンボルが、自我に即して志向されている論議領域のうちにある場合であって、この場合を除けば、シンボルには外延も内包もない。身振りが、他者に対して対象を示しているだけであれば、その身振りは、発している側の個人にとって何の意味もない。身振りを向けられた相手側個人が反応したところで、自らの反応への注意は、ある意味をもって身振りを発している側の個人が喚起した通りであるという構えをとらないかぎり、その反応は当人にとって意味をなさない。発信側が喚起した通りの構えをとるのであれば、身振りを向けられた個人は、自分自身の反応は、指示された通りの意味であると考える。今みたように身振りを意味的に共有する形で、お互いを相手側の役割のうちに置き、かつ、お互い同士の経験のうちに相手側の反応を見出すことを通じて、たとえ身振りの意味共有がなければ知性をともなわない身振りでしかないものでも、意味表示によって内包される意義そのものを獲得し、特定領域においても普遍性においても、妥当なものとなる。

さらにつけ加えておくべきことがある。思考——つまり、刺激としての対象が、反応から分離されていながらも反応と関連づけられる内的対話——が、意識と同一視されるならば、すなわち、意識が自覚と同一視されるならば、そのかぎりにおいて、意識とは、このように経験のうちで自我が発達していくことの帰結である。意識の意味表示には、これ以外にもよく知られたものがあって、それは、経験の中での対象の存在のうちに容易に見て取れる。目を閉じれば、我々はもはや視覚対象を意識してはいない、このようにいうことはできる。神経系ないしはその内部の一定の経路の状態のせいで、個人とその環境との関係が無効になってしまうと、意識、あるいは、その一部は、失われるといってよい。すなわち、何らかの対象、あるいは対象すべてが、この個人にとっての経験から消えてしまう。ここで特に関心を引くのは、苦痛の対象が消えてしまうこと、たとえば、局部麻酔によって、歯の痛みが消えることである。全身麻酔であれば、すべての対象が消え去る。

先に示したように、諸々の反応間の対立があるからこそ、分析というものが生ずるのである。反応間の対立は、問題となっている対象の個々の特徴を分離抽出し、これらの特徴を、反応すなわち意味から切り離しつつも、同時に、反応つまり意味に関連づける。反応が意味となるのは、一般化された構えによって反応が自分および他者たちに対して示されるときである。精神というのは、今みたような分析と指し示しが生ずる一つの過程場面であって、その在処は、特定個人と環境との間で交わされる行動様式という領域である。こうした行動様式の領域にあっては、個人は、自らがとる一般化された構えを通して、シンボルによる身振りを用いることができる、つまり、自身を含めてすべての人々にとって特定の意味を有する言葉を用いることができるのである。

反応の対立が個人内部で生ずるのに対して、分析は対象のうちで生ずる。精神という一領域は、それゆえ、個人に限定されることのない領域である。ましてや、頭脳内にあるなどとは到底いえない。〔何かを指し示す特定の〕意味というのは、事物のうちに、しかも、諸々の個人との関係下にある事物のうちにある。外部から切り離された個人内部の心的過程内にあるのではない。

第2章　科学的方法と道徳科学（一九二三年）

Scientific Method and the Moral Sciences

心理学者にとって常識と化してしまったことがある。すなわち、我々の〔知覚〕経験においては、通常意識と呼ばれるものを超えたところに広がる、ある構造がある。そして、観念のこのような構造は、一般には認識されないほど、かなりの程度で、我々の知覚方法と思考方法そのものを規定している。さらには、この構造自体は、一般に、我々の注意の対象になることはなく、思考する際にも知覚する際にも、気づかれないままであるという。このように、我々の〔その時その場に与えられている〕直接的経験の領域が、精神と呼ばれるものの中でも、気づかれない部分に依存していること、これこそ、フロイト学説の主題であり、彼は、これを、異常という境界域に、あるいは、そこを少し超えたところにある問題として扱った。我々が思考しようとする場合のみならず、知覚しようとする場合であっても、それ以前に既に、ある組織化された構造を有した精神を用いており、我々にとっての〔自明視しうる〕直接的経験ならびに〔自明視することなく問題視しうる〕反省的経験の世界がどのようなものになるかは、この構造によって、少なからぬ程度で、規定されている。フロイトの学説によって、多くの人がこのことを認識するにいたった。これこそ、フロイト派心理学の重要な副産物の一つである。夢に登場する人物を判断するために、フロイトは、印象的なことに、いわゆる意識の出入口に検閲者を置いたが、こうした検閲者以外に他の検閲者を見て取ることも可能である。

私が注意を促したいのは、数ある他の検閲者のうちの一つである。それは、世界の理解可能な秩序は、確定済みの道徳的秩序を意味するというものである。道徳的秩序の代わりに、社会秩序といってもよい。道徳は、知性のある生物同士の相互関係と関わっているからである。さらにいえば、この確定された道徳的あるいは社会的秩序は、現にかくあってしかるべきというような世界であり、かくあるはずだと思われる世界であるというものである。こうした世界は、カントのように、幸福のあり方が価値に応じて釣り合った仕方で存在している世界と表現できるだろうし、また、功利主義者のように、最大多数の最大幸福が実現されている世界というように表現できるだろう。あるいは、宗教的教説が描いている新しいエルサレムに注目することで、これをもっと具体化することもできるだろうし、あるいは、こうした世界を完全な絶対者のうちに求め、我々および我々にとっての無限の宇宙の方は、こうした完全な絶対者を不完全かつ不適切に表現した部分にすぎないとすることもできよう。こうした道徳的秩序の観念がどのようなものであれ、また、明確であれ曖昧であれ、これまで道徳的秩序がつねに意味してきたのは、我々が実際のところ生きている宇宙の過程は、人間社会における最も賞賛すべき秩序に似ていると同時に、適合してもいるというものであった。

こうした信念ないし信仰が西洋世界においてとってきた最も明確な形式は、キリスト教の教義に示されているような魂の救済計画という形式であった。この教義の意味するところは、宇宙が運行する中で、神の導きが魂の救済以上にさらにどんな目的をもとうとも、人間の道徳的再生とこれによって可能となる社会の成長こそが、人間の棲息環境たる物理的世界につねに含まれている目的であるというものであった。このことは、聖アウグスティヌスによって最も簡潔に述べられ、さらには、ミルトンの『失楽園』と『復楽園』において、おそらく、我々にとって最も馴染み深い形をとるにいたった。ガリレオの時代以来、自然科学が発達し、人間たちに対して完全に新しい天地の像を示すに及んで、当初鮮明であった救済計画のあらましも、次第に色褪せていった。しかし、我々の社会的道徳的秩序がもつ知性と卓越性に対して、どうにかふさわしいように宇宙は作られているという考えは、人間の心の底から消えることはなかった。ハクスレイのような科学者たちは、これまで、こうした観念と自然科学の研究成果との間にある不一致を指摘してきた。自然科学が観察するのは、人類の全生活の中にあって、物理的宇宙内部の取るに足らない微小な点の微小な瞬間でしかなかった。また、自然科学が、文明化された道徳社会のうちに見出すのは、生物学的自然からの一つの逸脱であった。というのも、そもそも、生物学的自然は、適者生存という無慈悲な法則にしたがうもので、牙と爪によって血染めになっているからである。とはいえ、自分たちの心持ちが情緒的でも神秘的でもない場合でさえ、自分たちの棲息環境が、自分たちの最善の社会生活と社会構造に対して敵対的で無関心であったなどと、人々が思ったことはめったになかった。

しかしながら、極めて明白なことがある。人間社会と、社会にとって永続的な棲息地たる環境との間に類似性があるとはいえ、今日の科学の時代における類似性と、聖アウグスティヌス、聖トマス・アクィナス、ルター、ハミルトンの時代の類似性とでは、深淵なほどの違いがある、あるいは、あるにちがいないということである。この点についていえば、自然の大災害や病気や身体的苦痛が我々に与える害悪に対して我々がとる態度ほど、明白なものは他にない。

世界を秩序づけることは、何よりも、神のより大いなる栄光のためのものであったという。この見解によれば、人間に影響を与えた出来事は、すべて、人類を構成する人々に向けられた神の直接的な導きによるものと解された。こうした神の導きを前にしてとりうる態度は、ただ、敬虔な態度と並んで、知性的な態度でしかなかった。つまり、感謝をもって受け容れるか、忍耐をもって受け容れるかである。苦難と不幸は、試練として現れたのである。

最近の科学における執拗なまでの好奇心が、どのような道をたどってきたのか、その歩みを詳しく述べる必要はほとんどなかろう。これまで科学が拒否してきたのは、所与の自然秩序を最終的な秩序として受け容れることであった。科学においては、一見不可避にみえる出来事も、その発生様式の何たるかを理解しさえすれば、おそらく、不可避ではなくなると考えるのであって、そうはならないという考えを科学は斥けてきた。そして、不幸な出来事も、その発生原因と発生条件を理解することさえできれば、人間の創意工夫によって、不幸な出来事を回避しうる、科学はこう考える。この希望を棄てることを科学は拒んできたのである。

人間の知性と人間が住む世界の秩序との間の類似性に対しては、根本において真っ向から対立する二つの構えがある。通常、一つは目的論的と呼ばれ、今一つは機械論的と呼ばれている。つまり、一方は精神的、他方は物質的といわれている。第一の構えには、極めてはっきりと当然視している事柄がある。つまり、何が正しく、何が間違っているか、我々は知っており、ある一定の点に関しては、社会秩序がどうあるべきか、我々は知っているということ、そして、知性のある人は、自ら道徳的にふるまう場合、つまりは、社会的にふるまう場合、自分の性質の中にある何らかの真理、または、天啓によって示される何らかの真理から出発し、そして、こうした真理に自らの行為を適応させることによって、自らの知性を示すということ、さらにいえば、正しい道というものは、そこを歩んでいる者であれば、正しいとわかる道のことであり、たとえ、愚かであろうと、その道を歩んでいれば、判断を誤らないで済む道であるということ、以上である。もし、これらの真理を不可欠な要素とする道徳的秩序が与えられれば、この道徳的あるいは社会的秩序が他の秩序を凌駕していく過程で、物理的宇宙の秩序と人間の知性は類似していることがわかってくるだろうし、世界の中でふるまう際には、人は自らこのような秩序を前提として事を始めることができる。目的はあらかじめ与えられている、これが目的論の意味である。そして、もし、宇宙はこうした目的を達成するようにできていると我々自身確信しているのであれば、こうした前提のもとでふるまう場合、我々は知性を有するということになろう。

既にみたように、このような信仰を正当化しようとするどんな試みも、ハクスレイは、科学の名において、はっきりと否定している。彼は、自然の中に社会的あるいは道徳的秩序に類似したものなど何も見出しはしなかった。実際、彼は、自ら利他的行動様式と呼ぶものは、自然が歩んできた道を断念することであるとみなしていた。ハクスレイのこの見解は、部分的には、生物学的進化の一解釈から生じたものだが、この解釈は不適切であるとみられている。クロポトキンであれば指摘しうるだろうが、ハクスレイが利他的と呼んだ類の行動様式も社会組織も、生存競争における適者生存と同様に、進化の過程の一帰結とみなすのは正当である。しかし、ハクスレイの立場は興味深い。その理由は、彼の立場にあっては、道徳的秩序は前もって与えられた秩序でなければならないのに対して、我々の自然についての知識は、すべて、これまで生じた事柄から導き出されるということを素直に想定しているからである。観念の場合であれば、我々の行動の結果がどうなるか、我々の観念に左右されるといえるだろうが、我々の知る自然に関していえば、事が生ずる前にその結果を決定する確定的な観念など、我々は想定しえない。だからこそ、我々は自然について機械的あるいは物質的と語る。まさしく、この点においてこそ、同じく知性とみなされてはいても、人間が道徳的社会的にふるまう場合の知性と、人間が自然を理解する場合の知性、この両者は分岐するように思われる。もちろん、道徳的に秩序づけられた社会についての様々な理想は、結局のところ、宇宙の進化過程によって促進されると今もなお信ずることもできよう。科学の成果に精通し、科学の研究方法に取り組んでいる人々の大部分も、おそらく、心の奥底では、こうした信仰あるいは考え方をもっているだろう。しかし、科学を志向する人々の日常生活からすれば、こうした構えは、身の周りの対象を理解する上で、何の役にも立たない。論理的に両立しえないものを、いっしょにしておこうとするのであれば、このような構えは、宗教用にとっておかれることになる。

こうした両立不可能性について、最も単純な形式で述べておこう。道徳的行動様式においては、我々は自分の行為をかなりの程度方向づける、つまり、我々が知的である度合いに応じて、我々の目的によって、未だ達成されてない結果という観念によって、行為を方向づける。この点で、我々の行動様式は目的論的である。他方、我々が自然を理解する場合、結果というものは、先行する原因によって完全にコントロールされている。つまり、自然は機械論的に進行する。このような自然と、よりよい社会秩序を追求する人間の知性との間には、類似性はまったくないように思われる。

精神的なものとしての心と物質的なものとしての自然との関係という形而上学的問題を、ここで持ち出す意図はない。問いたいのは、こうである。自然科学の世界は、社会的道徳的行動様式の世界に対して、〔議論すべき〕対象を提供しうるのか。

二、三世紀遡ってみるなら、物質的世界に関して、次のような見解があるのがわかる。社会的道徳的行動様式が要求する諸々の対象は目的をともなうものであるが、歴史的に評価しようと、今日の考え方によって評価しようと、物質的世界はこうした対象を提供したというのである。第一に、物質的宇宙全体は、神の摂理という計画が上演される舞台としてのみ現れた。第二に、人間の行動様式が関与した個々の対象も、その意味は、神の摂理という計画のうちに見出されるのであり、個々の対象は、この計画が人間社会に対して要求した行動様式を生み出した。たとえば、病気、あるいは、今日の法律用語で「不可抗力」と呼ばれる出来事に対して人々がとっていた態度は、嘆願や諦めであった。一般的にいえば、人々の個人的関心を最も強く引きつけ、しかも、人々が属するコミュニティの観点から考慮すべき事柄は、つねに、人間社会における人間の運命を成就するために存在する、このように考えることが可能であった。要するに、こうした物理的な事物や出来事がもつ意味は、人々の取り組みの成功や失敗を表すものと同一視されたのである。物質的な事物や出来事は、それ自体で、人間の行動様式に対してもっていた意味そのものであった。だが、今日において、病とは、病原菌がたどる過程のことであり、地震とは、重力によってもたらされる地層移動である。人間は、取るに足らないほど微小な存在であり、束の間の存在でしかない。これに比べて、物質の方はといえば、空間的にも時間的にも、想像しえないほどの果てしない範囲で存在する。かくも広大な存在であれば、物理的宇宙からは、我々人類の運命に対してもちえそうな一切の関連性が失われることになる。

　宇宙の価値がこのように変化した時代というのは、物理的事物とその力が、古代中世世界において想像しえた範囲を越えて、人間の目的に役立つ手段となった時代でもある。そう考えると、人間の運命と物理的宇宙との関連性がなくなってしまうというのは、一層注意を引くこととなる。物理的宇宙は、その巨大さゆえに、虫けらのような微小な人間を、今にも消え入りそうで、まったく無意味な存在へと押しつぶしてきたというのに、ひとたび、人間が力学的な能力を増大させると、今度は、アラビアン・ナイトの精霊のように、宇宙の側が人間に対して極めて従順な態度を示すようになる。物理的宇宙全体からすれば、人間など、取るに足らない裂け目でしかないことを認めることによって、人間は、物質の微細構造に近づく道を発見し、この道を通って、自然エネルギーの宝庫と動力源の双方に到達した。人間の征服的知性を紋章化するなら、そのデザインは、微分係数xと病原菌と電子を融合したものとなるはずである。もし、人類が、星の瞬く宇宙空間の中で恐れおののくことから、これまで逃れてきたとすれば、それは、ほんの束の間の棲息地たる微小な隙間に、人類が詳細なまでに精通するようになったということである。

　しかし、仮に、我々が科学を自分たちの機械的課題に適用するのに成功し、この点で偉業を成し遂げてきたとしても、我々は、まだ、こうした科学的方法を我々の目的や目標の定式化に適用すること成功しているようには思えない。ここで、あの〔第一次〕大戦のことを考えてみよう。ヨーロッパを大惨事に陥れ、さらには、全世界を大惨事に引きずり込んだ考え、つまり、国家的、軍事的、経済的というように様々な帝国主義は、一七世紀にキリスト教世界を紛糾させた領土拡張主義とほとんど同じであった。二〇世紀の知性にふさわしいといえるのは、大戦の四年間を通じて激突し合った武器だけであった。ここに加わっているのは、〔昏倒から目覚めてみると、二〇世紀の時代から中世円卓の騎士たちの時代へと舞い降りていた、あのマーク・トウェインの小説〕『アーサー王宮廷のヤンキー』のような、ある種異様な姿だった。次に、国際都市の市政、大国の政治を考えてみよう。コミュニティが自らの政策を遂行する際には、幾多の科学装置を自由に使える。しかし、政策策定をかろうじて確保するためには、我々は政党間の党派的利害に関わらざるをえない。これは、心理学的には、古代中世国家の騒乱に終始した政治に極めて類似したものである。手段を作り出す場合、我々は器用にやり遂げるが、目的を構想する場合となると、今日の科学そのものによって既に無効にされた古くさい精神構造に、我々は大いに頼っている。

だが、科学的方法を適用できるのは、手段を形成し選択する場合だけで、対立し合う社会的な目的や価値に関わる問題に対しては適用できないと想定するとすれば、それは誤りであろう。公衆衛生に対処するにあたって、科学的医療が活動領域を広げ、公衆衛生に対処するようになってきたことは、これを十分確証している。

科学的医療が、このように活動領域を広げるようになると、たとえば、政府や教会、学校や家族といった様々な制度によって具体化され支持されてきた数多くの社会的価値は、病気と闘い健康を守ろうとする科学的手続きを向こうに回して、自己防衛を試みてきた。個人の権利、宗教上の教義と儀式、家族による子供の管理、仕事に低廉な児童労働を用いることとの経済的優位性、その他多くの社会的価値は、絶対的なものとして主張され、科学による公衆衛生管理が発展する行方を遮った。しかし、病院、ワクチン接種、強制隔離、その他、コミュニティの衛生に対する医療手段の結果が示されることで、人々は、こうした自分たちの社会的価値を、他の公共福祉の領域へ移さざるをえなくなり、公衆衛生を今まで以上によく保てるように、自分たちの価値を表現し直さなければならなくなった。

思うに、科学的方法と社会的道徳的事柄に関わる行動様式との間にあると思われる問題についてみるかぎり、今みた医療の科学的発達の事例は最も啓発的な事例であろう。衛生がコミュニティにとって望ましい善であることは、科学的医療がわざわざ教えてくれなくとも、人間社会が知っていたことである。呪医による病との闘いは、その技術が完全に魔術的であった原始的社会においてさえ、人々にとって共通の主要関心事の一つであった。望ましい善を追求しようと結束して努力し、実践する中で、我々は科学的方法を利用するようになったが、何が人々にとって共通の望ましい善であるかを決めるのに、我々は科学的方法に頼りはしない。けれども、科学的方法は、精神と無縁な物質作用ではない、つまり、意のままに頼ったり拒んだりできるような物質作用ではないのである。科学的方法は、人間の知性にとって欠くことのできない部分であって、ひとたび作用しはじめて以降は、打ち捨てることができるとすれば、知性それ自体を打ち捨てる以外にない。不幸なことに、人間たちは、自分の知性に対するこの罪を何度も犯してきた。人間知性が採用するようになった科学的方法を、人々は自制心を失って拒否してきたのである。その理由は、自分たちが犠牲にするつもりもなければ再記述しようともしない他の社会的善と、科学的方法を採用した結果とが、対立したからである。だが、それ以後、理性を働かせようとすると、自分たちが拒否したはずの方法に、自分たちの理性を託してしまっていることに気づく、こんなことを何度も繰り返してきたわけである。性病の過去の歴史、ならびに、性病に対する今日の闘いが、このことを事あるごとに例証している。科学的方法は、善とは何かを語ろうとはしない。しかし、ひとたび、ある善が採用されたなら、科学は断固として要求する。科学を用いて善を追求することで、犯すべからずとされてきた制度と抵触するかもしれないという、タブーの領域に入ろうが、そのことを理由に、その善が善でなくなることなどない。しかしまた、科学が公衆衛生を追求することで、人々がほとんど絶対とみなしてきた家族や教会の観念が侵害されようと、そのことを理由に、家族と教会は善ではないなどと科学的方法が主張することはない。科学的方法が要求することは、こうである。ひとたび、科学的方法を一貫して用いることができるようになれば、すべての対立し合う目的、制度、制度がこれまで体現してきた侵すべからざる価値を集結し、再記述し、再構成することで、これらすべてに関して、知性に基づいて行動することが可能となるということである。科学的方法がこうした要求をするのは、科学的方法が、偏見のない知性の高度な発展形態に他ならないからである。

こうして、科学的方法と社会的道徳的方法との間に、何か争点があるとすれば、その争点は、科学のこうした主張に関わる。コミュニティが、科学という知性に基づく方法によって、ある目的を追求しているとして、そうすることで、コミュニティが他の目的を達成し維持しようとしている際の自らの習慣と抵触することになるとすれば、手段自体がそうであるように、こうした目的の再記述と再構成にしたがわなければならない。だが、こうした再記述と再構成の内容が、いかなるものであるか、科学は語ろうとはしない。科学的方法が断固として主張するのは、ただ一つ、再記述と再構成が争点となっているときには、これに関与する、あらゆる目的、あらゆる重要な対象や制度や実践を考慮に入れなければならないということである。いいかえれば、対立し合う目的に対して科学的方法がとる構えは、研究分野において対立し合う事実や理論に対して科学的方法がとる構えと同じなのである。科学的方法は、いかなる仮説を採用すべきかについて語らない。科学的方法が主張するのは、いかなる仮説であれ、採用するのであれば、仮説に関与する事実すべてを考慮しなければならないということである。

さて、このような科学的方法が社会的行動様式と対立することがあるとすれば、それは、次の場合のみである。つまり、社会的な行動様式が、何らかの目的や制度、および、それらの価値を打ち立てようとしていながら、これらの目的や制度や価値の方は、従来から今日にいたるまで受け容れられ容認されている状態のまま、これを侵してはならないと考えられてしまう場合である。〔だが〕片や、科学が過去の諸々の事実同士の関係を扱い、片や、行動様式が未来の目的を扱う、こういう事実が原因となって、科学的方法と道徳的社会的行動様式が対立し合うようになる争点など、何一つない。

社会的道徳的行動様式が追求すべき目的を科学は定式化しようなどとはしない。それは、ちょうど、科学に携わる研究者が自らの問題を解決するために、いかなる仮説を発見することになるかなど、科学の語るところではないのと同様である。科学が主張するのは、ただ、我々の行動の目的対象は、その営みに関わると判明している価値すべてを考慮し、かつ、公平に評価しなければならないということだけである。それは、科学たるもの、受け容れ可能な仮説において、研究課題に関わる事実すべてを考慮しなければならないというのと同じことである。

科学的方法が闘う相手はドグマであって、それが、教義の中に現れようが、宗教儀式の中に現れようが、社会的実践の中に現れようが、変わりはない。科学的方法は目的論などではない。その意味するところは、我々の行為を決定することになっている終極の目的因を打ち立てることなどないということである。そうではなくて、科学的方法が無条件に立言するのは、研究課題を構成する全データの認識を要求するということである。同じように、科学的方法が無条件に主張するのは、行動様式の問題に関与する要因をすべて考慮することである。

行動様式にとっての問題であれば、必ず満足のいくように解決されるなどということを、科学的方法は保証しない。それは、科学的方法を採用したからといって、研究課題上の適切な仮説が必ず構成される保証などないのと同じことである。科学的方法は、解決のための諸条件を厳密に定式化することに限定されている。この点にこそ、道徳的社会的行動様式という状況と、いわゆる科学的研究という状況との間の奥深い違いがある。行動様式にとっての問題の場合、どれほど我々の行動計画が不適切であろうと、とにかく行為しなければならない。研究課題の場合、満足のいく仮説を我々が見出すことができなければ、それを理由にして、そのまま放っておくこともあろう。さらにいえば、社会的行動様式にとっての問題には、多くの価値が関わっているが、そうした価値を我々はその全体的意味からして、公平に評価できないと感じることもあるだろう。しかしまた、ひとたび、考察されるようになれば、そうした価値も、極めて貴重なものにみえ、それゆえ無視しえないということにもなろうし、その結果、我々が行為する場合、そうした価値に敬意を表するということにもなろう。我々は、このような価値を公平に評価しているとはいえない。だが、こうした価値は我々の様々な理想を構成するのである。このような理想は、我々の行動様式のうちに潜んでおり、いつの日か、価値を、その要求通りに公平に評価できる時代の予言として機能する。こうした理想は制度という形態をとり、しかも、この制度が前提にしているのは、今なお実現してはいないが、実現を要求していると我々が認める状況である。

　そのような理想の一つがデモクラシーであり、我々の政府という制度に書き込まれている。デモクラシーの意味するところは、一つの社会的状況であり、しかも、高度に組織化されている社会状況であるため、たとえば、保護関税や最低賃金や国際連盟が、コミュニティ内のあらゆる個人にとって、どのような意味をもつか、全員にとって十分明確になっており、その結果、国が直面している争点について、最終的に断固たる判断を下すような、知性的で公共的な感情の形成が可能となっている、そういう社会状況である。これこそ、民主政治の意味するところである。というのも、争点というものが、現実に争点として存在するようになるには、それが、個人の観点においても集合的観点においても、自分たちにとって何を意味するのか、これについて何らかのことを、コミュニティのメンバーたちが、はっきり理解していなければならないからである。コミュニティは諸個人と諸集団の経験のうちに存在する。コミュニティを経験している諸個人と諸集団の知性的な構えの中から、知性的な意志が生まれ、この意志が、やがて、コミュニティのうちに表現されるようになるまで、自治は存在しえない。我々の制度がデモクラティックであるのは、ただ、公共的感情が明確に形成され表現されて、信頼しうるものとなるかぎりにおいてである。しかし、公共的な争点についての公共的感情が、信頼に値するものになることなど、めったにあるものではない。私の推測でいえば、アメリカ合衆国の歴史の中で、その実例を数えてみても、十指に満たない。いや、おそらく、五指で十分だろう。それ以外のときは、当時の大統領タフトが、ある歴史的な好機に確信をもって我々に語ったように、我々は少数の統治者に服するのであり、比較的知性のある少数派も、こうした少数派にとっての争点の意味合いによって左右される。

しかしながら、我々は、公共的感情をともなった政治という理想を放棄するつもりはないが、それは、単に、その実現が例外的状況であるという理由だけではない。もっと深い理由があるのであって、それは、政治制度の形態は、何らかの点で、理想が約束するものの実現を促すという希望を我々が抱いているからである。コミュニティにとってのこうした様々な理想の中でも、最も壮大なものは、キリスト教世界と呼ばれたものの構造の背後にあるものであり、その歴史的表現は、たとえば、山上の垂訓、善きサマリア人の寓話、黄金律の中にみられる。これらが主張しているのは、あらゆる人々の利益は、かなり一致しているため、自分の隣人の利益のためにふるまう人は、自分自身の利益のためにふるまうことになるというものである。だが、実際のところは、これまでのキリスト教世界の歴史は戦争と反目の歴史である。こうした、王朝間の争い、国家間の争い、市民同士の争いの中で、より大きなコミュニティという強烈な意識が生まれたことは、我々としても承認せざるをえない。あの大戦の恐怖こそが、人類史上はじめて、すべての国境を越えた一つの公共的感情を喚起し、この感情を表現し、さらに恐ろしい大惨事を回避しうるような何らかの組織を要求したのであった。キリスト教の歴史は、この理想を放棄することを人々が拒んできた歴史である。

これらの理想が人々の心の中に現れていることで、直接的にであれ間接的にであれ、これらの実現に有利に働いてきたといえそうだが、心理的、社会的、技術的にみて、具体的にどのようにそうなったのか示すことは、この論文の範囲を超えている。示さなければならないことは、理想を体現するという特別の目的のために設立された諸制度があればこそ、そうした理想が人々の心の中に絶えず抱かれ続けたということである。制度というものは、それ自体の機能によって発生し維持されるはずであるが、しかし、制度が機能しない場合にかぎっていえば、制度の理想が生き続けるのは、何らかの儀式によってのみ可能となる。この場合、儀式の目的は、制度を機能させることではなく、理想を抱く人々の心の中に、制度の〔体現する〕理想を持続的に抱かせることである。

教会は、そのような制度の顕著な事例である。その最も重要な機能は、未だ存在していない〔理想的〕社会秩序に対する信条を、コミュニティの諸々の精神の中に保持しつづけることであった。その反対の極にあるのは、おそらく、何らかの経済的諸制度、とりわけ、交換の制度であろう。経済人というのは、一つの抽象ではあろうが、しかし確かに存在し機能している。すべての人々を相互に結びつける上で、貨幣ほど重要な効力をもつものはほとんどないにもかかわらず、貨幣機能に対する信条を持続させる儀式など、我々には必要ないわけである。この両極の間に、我々の様々な制度は存在する。我々が時折感じているのは、家族やデモクラシーや公立学校や大学が有する価値に対する感情面からの評価を、自分たちの魂の中に喚起する必要性である。というのも、こうした制度が実際に機能している場合でも、制度自体は、こうした価値を適切に表現していないからである。

こうした儀式を維持する心理的技法は、制度が、あるべき姿となるのを妨げないような社会的状況を、想像によって提示することである。そして、そのような社会的状況を抱いた心持ちに対して、あらゆる点で有利に作用するような恒例行事を組織するのである。たとえば、我々は礼拝の場にともに集まり、そこでの出会いの共通の基礎は、唯一、すべての人々が一つの神の崇拝者であるということである。あるいは、感謝祭に集い、そこでは、家族生活の違いも無関心も一切無視される。さらには、子供時代に、誰もが同じ教科書で勉強し、夢中になって同じ学校生活をともに過ごした赤煉瓦の校舎を、愛情溢れた敬意をもって振り返る。もちろん、こうした恒例行事における感情的知的態度は、制度を一層効率的にし改良しようとする営みに共通にみられる感情的知的態度とは、根本的に異なる。制度の儀礼に含まれる態度は、制度改革を目指す態度とは、はっきりと敵対する。儀礼に参加する際の心的態度は、つねに、保守的であり、もし、今、我々が制度改革を試みているのであれば、このような心的態度を反動的だと考える。ある制度の儀式にみられる情緒的態度の発生源は、制度の適切な運用を挫く障害物そのものである。よりよいサーヴィスを求めて我々は制度改革に深く関心を抱くこともあろう。しかし、もし、制度を情緒的に評価しようと欲するのであれば、制度の理想が非難する誤謬や悪、無知や利己主義を、我々は思い描くだろうが、しかし、これらは制度の運用を妨げるのである。

さて、社会的道徳的行動様式における以上のような諸要因ゆえに、科学的方法を、この領域に適用する場合と、自然科学の領域において適用する場合とで、大きな違いが生ずることになる。科学的方法の定式化は、いたって単純である。人のふるまい方においては、社会的ないし道徳的問題に関与する価値すべてを考慮しなければならない。しかし、このような価値を、どのようにして定義できるのだろうか。社会的道徳的問題に関与する諸々の価値とは、当の問題の発生源たる対立によって定義されるべきものである。多くの場合、そうした価値は、十分、知性に基づいて行為することができるように定義される。今、遠く離れた友人を訪れることが問題となっているとして、それが、我々にとって、どの程度価値あるものであるか知りたいのであれば、それにかかる旅費を別の用途に費やした場合の利益の犠牲度によって判断する。別途費用を見積もった場合、訪問を控えてまで行うほどの価値はないという結論になるかもしれない。もちろん、友人を訪れる計画を取り止めることだけが、結論のすべてではない。どの程度、それを望んでいたのか知ることになるわけであり、もっと好ましい条件があれば、おそらく、実際に行動を起こすべく準備をすることになる。行動する目的が様々ある場合には、それぞれの価値は、相互に対立状況下にあるとき、その意味が明らかになる。それゆえ、事実は、科学的諸課題の中で、その意味するところが明らかになる。動脈硬化症の予防という課題があるとすれば、この課題における固有の諸事実とは、様々な観察結果から判断して、これまで動脈硬化の発症をもたらすとされてきた様々な原因が、実は、どれ一つ、実際の動脈硬化の発症を説明しないということを示しているのである。肺炎の血清を探究する際の固有の事実とは、これまで成功した他の種類の血清にしたがって、血清を試作してはみたものの、どれも、思うような免疫が得られないということである。〔要するに〕問題を構成する固有の事実は、〔従来の諸見解間の〕対立によって確定されるわけである。

だが、問題が病気の予防ではなく犯罪の予防となると、状況は、どれほど異なったものとなるか。これについて、みてみよう。たとえば、犯罪者を逮捕し罰する際にかかる努力と費用に対して、犯罪犠牲者やコミュニティが被る損失に関わる価値は、どの程度のものか確定する場合である。問題が、単に、こういうことだけなら、それほど難しい問題ではない。犯罪の存在にともなう危険という観点から、様々な対策を講ずること、文明化されたコミュニティであるなら、これを躊躇することはない。問題が生ずるのは、いわゆる刑事裁判の方法に関してである。刑事裁判は、犯罪を予防するとされているが、実際には、予防などしていない。少なくとも、ワクチンが天然痘の蔓延を予防するという意味では、予防していない。何らかの予防的効果があるというにとどまる。一時的な犯罪抑止策なのである。しかし、それ以外の方法を用いることで、ましてや、刑事裁判を、一層効率的なものにするという見地から、改革することさえせずに、この裁判を、非効率であるとして、単に放棄できるわけではない。というのも、刑事裁判は、儀礼的な価値をもっているからである。我々は、犯罪に対して、公共的に非難するという態度を抱く、いやむしろ、たとえば、犯罪者に対して公共的な復讐というような態度を抱く。その理由は、こうした態度によって、慣習法に基づくコミュニティ秩序が、感情的に裁可されるからである。我々が見逃している事実は、こうした感情的態度を維持しようとするなら、必ずや、犯罪者に対して追放者という烙印を押すことになり、何らかの意味で、犯罪階級や犯罪身分を温存することになるということである。そして、このように烙印を押す意義を単に犯罪抑止力という観点だけで評価するようなことなど、我々は望まない。犯罪者に対する公的非難という態度は、貴重な、絶対的な価値を有しており、その価値の重要性ゆえ、これを放棄することなどできない。我々の論じている社会問題が、単に、抑止という問題であるなら、該当する価値を公平に測る基準をもっているはずである。今なお、ハンセン病患者を不浄とみなす古くさい考えを我々が保持しているのであれば、ハンセン病を科学的に扱うことなどできない。精神病患者の比較的最近の歴史は、精神障害に対する非科学的態度から脱していく歴史である。あるいは、ナショナリズムを考えてみればよい。歴史が十分正当化してきた方法によって、それだけで、戦争放棄に着手することなどできはしない。愛国心には儀礼的価値があるからである。国の統一という感情的意識を喚起する方法のうち、伝統的で最も単純な方法は、共通の敵を示すことである。こうした感情的意識を、コミュニティそれ自体のうちにある共通の生活から喚起することは、不可能ではないにしろ、最も困難であることを、疑う余地はない。愛国心は、ときとして、ほとんど無限の価値をもっているようにみえる。儀礼的価値は、他に比すべきものがないのである。

とはいえ、これまでみてきた問題は、現実にある問題であるというだけでなく、緊急の問題でもある。既にみたように、こうした問題に関して、処置を遅らせることはできない。たとえ、これら以外の社会的道徳的問題が、比類なき儀礼的価値で満たされていようと、そうなのである。我々には、卓越した人物の態度そのものをとることはできないし、卓越者ぶって、より高度な知性で、比類なき儀礼的価値を超えたふりをすることもできない。比類なき儀礼的価値、および、それによって表象されるものというのは、社会が継承してきた遺産の中で最も価値ある遺産である。高度に知性的な態度をとるふりをすることもできない。だが、比類なき儀礼的価値を構成しているのは、比類のないということ自体ではない。儀礼的価値をその機能によって記述することができるのであれば、制度を儀礼的に評価することなど放棄すべきであって、けっして、躊躇してはならない。制度の儀礼的価値が正当なのは、ただ、その価値が表現している社会的秩序が、どうにもならないほど、非現実的なものである場合にかぎる。社会秩序が実現しつつあるかぎり、我々の行動様式においては、その理想的価値に代えて、機能的価値を採用すべきである。

この課題こそ、科学的に訓練を受けた知性が、何を措いても、捧げるべき課題である。つまり、可能なかぎり、我々の制度や社会的習慣や慣習を、それらが何をすることになっているのかという観点に立って、つまり、その機能の観点から記述するという課題である。絶対的な価値など存在しない。存在するのは、社会の組織化が未完成であるがゆえに、今のところは、評価判断できない価値だけである。このような価値に直面した場合、最初に試みるべき営みは、たとえ、思考上においてであれ、社会の組織化を完成させることであり、そのことで、関連する他の価値の観点から、大づかみであれ、社会の組織化構想の評価判断を可能にすることである。そして、このような評価判断をなしうる領域は、ただ一つしかない。すなわち、実際に生じている問題〔状況〕である。我々が国家の理論を発展させうる領域は、戦争を回避せんとする努力の領域である。刑事裁判学説が発展するのは、知性に基づいて犯罪を抑止する取り組みの中においてであろう。社会理論にとっての問題は、研究上の問題でなければならない。こうした社会理論の数ある問題のうち、一群の問題について、特に触れておきたい。すなわち、一国レベル、さらには、特に市町村レベルにおける実際の政治という問題である。

我々のデモクラシーにおける理論と実際を隔てる裂け目について、私は既に注意を促しておいた。デモクラシーの理論が要求するのは、コミュニティが直面している諸争点に関する、知性に基づいた公共的感情の発達である。デモクラシーの実際において我々が依拠しているのは、有権者を投票所へ向かわせる争点ではなく、党派政治の精神である。コミュニティが直面している諸争点への関心は、極めて低い。そのため、大都市にあっては、いかなる集票マシーンも、党派組織と利権構造によって、当の集票マシーン側に投票するような、比較的少数ではあるが熱心な支持者集団を確保でき、どれほど市政が腐敗していようと、比較的長期にわたって、当の市政運営を掌握し続けることができる。おそらく、こうした状況ゆえに、公共的感情を公に示すには、幾分大雑把で拙劣な方法ではあれ、デモクラシーが用意している投票という方法を、我々は過大評価してしまうのだろう。そして、腐敗した行政を改革しようと我々が必死に努力する場合でも、我々は本職の政治家の陳腐なスローガンを受け容れてしまう。つまり、デモクラシーの本質は、どちらの側に投票するかにあると納得してしまうのである。このように、ある種の政権の存続に手を貸すような粗雑な方法に対して、我々は儀礼的価値を付与してしまっている。もちろん、デモクラシーに真の希望があるとすれば、それは、政治争点が自分自身の問題として有権者の精神に現れるように、争点自体を身近で実際的なものにすることのうちにある。今日、こうしたことが実際に生じつつある。その最も励みとなる時代兆候として、利益誘導型市政に代わって都市経営型市政が広がってきた点があげられる。市政運営の大半は、有権者の死活に関わる一連の事業を、効率的かつ能率的に実行することにある。公益事業を国有化するかどうかという問題は、こうした事業の効率的運営の一局面にすぎない。コミュニティが、このような効率的な市政運営を手にすることは、完全に可能である。これらのことを平均的有権者に理解させることは不可能な課題とは思えない。デモクラシーの理論と実際とが連携しうるかどうかは、公共政策の問題を市民の身近な問題へと成功裏に変換できるかどうかにかかっている。個人の社会的生活にとってコミュニティ全体の協働的活動がもつ意味を、個人が理解しうるのは、ただ、社会の相互関係と相互コミュニケーションの徹底的な発展、これのみである。知性の課題は、このように拡大しつつある相互依存意識を用いて、すべての人々の問題を一人一人の問題という観点から定式化することである。このことが達成されるかぎりにおいて、儀礼的価値は機能的価値へと移り変わっていくことになろう。

最後に、この論文の冒頭で言及した言明に立ち戻ることにしたい。すなわち、世界の理解可能な秩序とは、道徳的あるいは社会的秩序を意味する。いいかえれば、かくあるべき世界であり、かくありうる世界である。では、科学的方法を社会的行動様式に用いたならば、今みた言明は、どのような形をとるのだろうか。

我々が既にみたように、この言明を最初に定式化したのはキリスト教神学であった。それによると、世界の創造者にして支配者たる知性が、その姿を現すのは、人間の道徳的社会的本性を意味する完全無欠の社会を、この世に、あるいは、来世に実現する過程においてにちがいないのに対して、我々の知性の本質は、このような秩序の聖なる記述を受け容れることのうちにあるという。科学は、山上の垂訓ではないのであって、社会秩序の完成態についてのヴィジョンなど、もっていない。だが、科学が手にしている仮説によれば、自然科学の問題解決において示される知性は、社会的道徳的問題に対処する際に用いる、あるいは、用いるべき知性と同じ性質を有する。すなわち、世界の理解可能な秩序は、世界の道徳的社会的秩序と類似的であり、その理由は、物理的秩序の領域に入って、これをコントロールする知性も、人間社会の問題に対処する知性も、同じ知性だからである。動物としての人間も、自然探究者としての人間も、世界を棲息地としているが、それだけではない。人間たちの社会もまた、同じように、宇宙の秩序の一部である。人間は、知性を用いることで、より完全に、自らの物理的環境の一部となっていき、そのことで、その環境をコントロールしていく。人間社会の完成に要求されるのは、これと同じ知性である。このように、人間社会を自然的秩序の一部として素直に受け容れること、これこそ、科学的方法が社会問題の解決に用いられる際に、科学的方法が要求するものである。そして、この要求と並んで、さらに生ずる要求は、社会的問題を定式化し、解決しようと試みる際には、可能なかぎり、儀礼的価値に代えて、機能的価値を用いるということである。

こうした二つの構えによって提示される宇宙像は、それぞれ、驚くほど異なっている。一方の構えが考えている物理的世界にあっては、人間および人間社会は、放浪者や異邦人でしかない。彼らが追い求めている居住の地は、自らの手で作ったものではなく、天上の永遠なる居住地である。万物が向かって行く目的に到達するためには、人間社会を構成する個々の成員が善良なものになっていくことを通じて到達しなければならなかった。つまり、社会制度のうちにあり、社会制度によって神聖化されている何らかの絶対的かつ比類なき価値によって生きることを通じて到達しなければならなかったのである。こうした道徳あるいは社会的調教師が要求するのは、ただ、こうした制度、および、制度の理想が我々に課す要求、これらを認識するのに必要な知性と同じレベルの知性でしかない。だから、ごくわずかな者しか賢くなりえないけれども、誰もが善良になりうる。こうした構えと比べるなら、人間のコミュニティの場合、コミュニティ自身の在処たる物理的棲息環境に精通しようと永きにわたって奮闘努力してきたわけである。両者の間には、ほとんど何の類似性もない。人間は、これまで何世紀もの間、動物を家畜化してきた。病原菌の培養化という試みは、目下のところ、コミュニティの生活にとって、従来以上に必要不可欠なものとなっているけれども、培養化に向けて困難な努力を続けることで、人間は、ともあれ、ゆっくりでしかないが、前進しつつある。

科学的構えが考える物理的な棲息環境は、第一義的には、人間にとっての環境であるが、この場合の人間は、あくまで、樹上生活を営む類人猿の、いわば、いとこの子に相当する。しかし、科学的構えの見解によれば、この物理的棲息環境は、はじめは、非反省的な知性を通じて変形され、次いで、反省的知性によって、人間社会の環境へと変形される。かくして、類人猿以降やがて地上に登場することになるホモ・サピエンスにとっての環境となる。この人間社会は、自我として存在する社会的個人から構成されている。人間社会が、断続的に、かつ、ゆっくりと推し進めてきたのは、社会の地固めをすることであり、我々の細胞組織に直接関係のある環境に到達するために物質を研究することであり、そして、自己を意識する人間社会が人間社会特有のふるまい方をするために必要な環境を獲得しようと、空間的隔たりを縮小し、時間の壁を乗り越えることであった。それは永きにわたる冒険であり、ある程度、成功を収めたとはいえ、完成からは程遠い。この冒険にあって最も重要な特徴は、こうである。社会が前進するのは、明確に描かれた彼方の目標に視線を注ぐことによってではない、今直面している問題の要求にしたがって、その環境に社会が直接適応していくことによって、社会は前進していくのである。これこそ、社会が前進しうる唯一の道である。というのも、それぞれの適応に応じて、これまで環境は変化してきたし、それと同じ度合いで、社会も、社会を構成する諸個人も、変化してきたからである。自ら直面した執拗な困難の数々と格闘することによって、人間の精神は、その度ごとに、揺籃状態を絶えず抜け出しはするものの、とても明確に定義しえないような新たな世界に次々と直面し続ける。しかし、このように困難と格闘する社会的ないし道徳的知性には、人を勇気づける特徴がある。それは、地球上の生命体による進化途上の全生存競争過程でみられる知性とまったく同じ知性である。違いがあるとすれば、社会的動物としての人間の場合、これまでに精神を獲得しており、したがって、問題解決にあたって、自らの過去の経験と他者の経験を利用することができ、その結果生ずる解決策を自らの行動の中でテストすることができる、そういう違いである。解決がどのようなものになるか、人間は知らないが、しかし、解決の方法は確実に知っている。我々がどこに向かっているのか、誰も知らない。しかし、とにかく、向かっている途上にあることを、我々は知っているのである。

　我々の住む宇宙の秩序は道徳的秩序である。宇宙秩序は道徳的秩序へと転化してきたが、それは、当の秩序が人間社会の成員たちの自己意識的方法にふさわしいものになることによって可能となった。我々は放浪者でも異邦人でもない。我々は自分自身の世界に精通している。しかし、それが我々の世界となったのは、継承によってではなく、克服によってである。過去から我々が受け継ぐ世界は、我々を突き動かし方向づける。我々が発見し創造する世界の場合、我々が世界を突き動かし方向づけるのである。そして、これこそが、道徳的秩序の世界である。このような世界を手にすることができれば、それは素晴らしい冒険である。

第3章 自我の発生と社会的な方向づけ（一九二五年）

The Genesis of the Self and Social Control

ここで提示したいと思っているのは、社会的行動の中で自我が現れることを説明し、この説明が社会構成的な方向づけとどのように関わっているのか、その意味合いについて述べることとである。

「行動」という言葉は、以下に述べるような見地を示している、つまり、行動主義心理学の見地である。私のみるところ、行動心理学においてこれまで十分な注意が払われてこなかったのであるが、今や、十分な注意を要する側面がある。それは、単に、この心理学が自賛してきた客観性のことだけではない。近年の心理学は、おしなべて科学的アプローチの資格を有すると自ら主張しており、そのかぎりでいえば、近年の心理学は自らを客観的とみなしている。しかし、行動主義的心理学は、人間より下等な動物の研究を通じて生まれてきたため、必然的に、自らの関心を心的状態から外的行動様式へと移さざるをえなかったわけである。たとえ、外的行動様式が中枢神経系内に随伴関係をともなっていようが、この行動が行おうとしているのは、脳内神経細胞変化と心理状態変化との関連性を見出そうとすることではなく、問題となっている当の行為を完成することなのであって、たとえ、その完成が時間的空間的に遠く隔たっていようと、ともかく完成することなのである。この見解は、近年の実在論とプラグマティズムと共鳴関係にある。つまり、いわゆる感覚や事物の意味内容の在処を対象のうちに見出すのである。心理学は、過程としての行為作用へと方向転換を遂げてきているが、これに対して、哲学的思考の方は、かつての心理学が変わることなく主題としてきたことを、意識状態という領域から客観的世界へと移してきている。行動主義以前の心理学は二つの世界を足場としていた。自らのデータを意識の中に見出し、なおかつ、生理学と物理学の世界の中に見出していたのである。しかしながら、心理学が、対象を構成する意識状態に心を奪われていた以上、意識状態の再現は避けられないものであった。生理学的物理学的器官は、すべて、意識状態によって記述できるものとされ、その背後には独我論がつきまとっていたのである。心理学が、対象を〔要素分解し〕自ら研究している意識状態へと還元することが要求されているのであれば、そのような心理学も、おそらく、経験科学とみなされはするだろう。だが、そのかぎりで、心理学の〔対象〕世界は、他の科学にとっての〔対象〕世界とは異なるものになっている。他方で、行動主義的心理学は、そのような対象の内容に関与しない以上、生理学や力学と同類の科学となるのであり、したがって、〔意識状態に拘泥するという〕認識論的な誘惑を回避することになる。

こうした行動主義的心理学の構えを哲学的に正当化することは私の関心ではない。私はただ行動主義的心理学の不可避の傾向を強調したいまでである。すなわち、行動主義的心理学は過程つまり行為を扱わざるをえないということ、そして、自らの対象が、あらゆる科学の扱う世界のうちに与えられているということである。デカルトの時代以来、心理学はこれまでずっと哲学と自然科学との間に横たわる、いわば境界領域であったわけであり、緩衝地帯に付随する不都合を被ってきた。デカルトは、延長〔空間的拡がり〕としての物理的世界と非延長としての心的世界とを、曖昧さを許さぬほど截然と分割したが、〔脳の中の〕松果体という曖昧な領域内に迷い込み、心身関係を「機械仕掛けの神」といった無限の力を登場させ、〔松果体が心身をつなぐなどと〕無理やり辻褄を合わせて、妥協を回避する以外になかった。心理学は心身関係について何とか折り合いをつけようとしてきたが、それにともなう諸々の困難のうち、形而上学的困難であったのは、ごく一部にすぎなかった。より根本的にいえば、こうした困難は論理学的困難だったのである。自然科学は、プラグマティズムにみられるように、その時々の場に〔疑う余地なく〕与えられている世界を出発点とする。つまり、ある問題が発生したならば、その問題発生の在処としての〔与件的〕世界から出発し、問題解決に必要なかぎりにおいてのみ、仮説に基づいて〔当の問題状況を〕再構成しようと試みるのである。自然科学は、確固たる基盤の上に立っているのであって、この基盤は観察と実験にとって疑う余地のない対象なのである。サミュエル・ジョンソンは、バークリーの観念論を即座に論駁する際に、この基盤の上に自らの足場を組んでいたのである。思弁哲学は、認識論問題に苦慮することになったとき、自然科学の課題の発生場面となった世界の性質と存在そのもののうちに、自らの問題の在処を見て取った。この世界こそが自らの仮説の検証を提供したのである。かくして、哲学上の一原理としての心理学は、認識論問題〔の在処〕を個人の経験領域に移した。だが、心理学の認識論問題にとって、世界は〔認識によって構成されるものである以上〕所与としては受け容れられなかったにもかかわらず、一科学としての心理学は、自らの認識論問題の在処を、所与の世界のうちに据えたのである。自然科学と哲学の狭間にあって、心理学はつねに自然科学の前提と方法に共感的な態度をとってきた。一方において、心理学は、経験科学としては、個人のいわゆる意識を、自然科学的対象という意味で、単に所与のものとみなそうと努めてきた。しかし、意識状態は依然として〔所与ではなく〕認識によって構成されたものとみなされていたので、意識状態自体は認識論に固有の性質を継承せざるをえなかった。他方で、実験科学としては、心理学は、意識状態を自らの研究過程の内部か外部か、どちらかに設定せざるをえなかった。相互作用説の立場に立って意識状態を自然過程内に設定することは科学的手続きの前提と矛盾していたため、心理学に広く行き渡った態度は、随伴説の立場、たとえば、ライプニッツの予定調和説とスピノザの並行属性説の立場に立ち続けるというものであった。相互作用説も随伴説も、科学が即座に受け容れることのできた物理的生理的過程に並行して生ずる、したがって、科学にとって害のない、いわば意識上の影として機能していたのである。しかし、これは不安定な妥協策にすぎないことがわかった。脳内神経細胞変化に随伴する意識傾向があるにしても、この意識傾向が対応しうるのは、過程としての感覚と思考だけであった。事物の質と意味としてみれば、意識状態など、第二性質についての意識の場合を除けば、事物の再記述でしかなく、ほとんど耐えがたいほど余計なものとなってしまった。事物の分子構造ということに鑑みるなら、意識状態などというものは、自然科学の仮説を構成する対象から取り除かれるようにみえ、意識は、事物の余計な再記述を捨て去る格好の場であることがわかった。自然をこのように二つに分割することもまた、同じように満足のいくものではないことがわかった。対になっているものを切り離すわけにはいかない。客観的存在物に対しては、接触経験の状態も遠隔経験の状態も、権利上は同等である。しかしながら、心理学は、こうした認識論的かつ形而上学上的難題に、これまで関心をもっていたわけではなく、これらの難題に苛立ちを隠しきれなかったただけである。心理学は問題関心を過程へと移した。この過程の中であれば、現象主義は最も無害であり、生理学的心理学、機能主義的心理学、力学的心理学という形をとって現れた。心理学は、こうして、自ら関心のない諸問題を無視してきたのである。その帰結はといえば、中枢神経系に対して、論理上検出した地位を与えるというものであった。ところが、中枢神経系など、心理学の方法と教科書においては、個人経験を分析する際、正当とはまったく認められない代物だったのである。こうして中枢神経系は、知らず知らずのうちに、〔心理学においで〕意識が占める論理的地位と同じ地位にあるとみなされるようになった。中枢神経系は行為における重要な一段階にすぎないが、我々自身、個人それぞれにとっての環境全体を、自身の脳内の脳回と呼ばれている部分に位置づけているのがわかる。こうしてみるなら、行動主義が、疑う余地のない窮余の策として迎え入れられたのは、不思議ではない。というのも、心理学はこれまで意識というものを当然のように無視して動物行動の分析をしてきたからであり、全体としての行為に専念しはしたが、神経弧としての作用に従事したわけではなかったからである。

しかし、意識状態を離れ、行動へ向かって行くという窮余の策は、「意識」という、心理学者にとってさえ曖昧な用語に含まれている問題に決着をつけることはなかった。知覚に関するベルクソンの説は、少なくとも、この曖昧さを明確にするための一歩であった。その理解によれば、知覚内容が意識と名づけられうるかぎり、知覚は、当の対象の実在に何かを加えているというよりも、むしろその実在〔のとりうる諸々の可能性を〕を縮小しているのである。そして、この縮小は、有機体の能動的関心に対する呼応なのであって、この関心は、部分的には、取りうる可能な反応を通じて、中枢神経系内に表象される。こうした調整的経路は何らかの意味で知覚対象を切り取る。知覚対象は知覚する個人に対して相関的であるが、しかし、それは、その個人の能動的関心に対して相関的であるということであって、知覚内容とは知覚する個人の一意識状態であるという意味で相関的なのではない。事物のいわゆる感覚的性質を、大脳皮質内に位置づけるのは、少なくとも、無意味である。しかしながら、こうした質の幾ばくかは、〔神経〕振動の凝集物であるとベルクソンが示唆するとき、我々は再び意識状態たる質を前にしているかのようである。凝集物、たとえば、色の実際の質は、おそらく、対象の中にあるのではなく、凝集している心のうちにあるということになろう。だが、ベルクソンの叙述は、少なくとも、一方では、中枢神経系を事物の世界、知覚対象の世界の中に置き、他方では、純粋知覚における事物の性質を事物それ自体の中に置いたのであった。しかし、持続というものを、心理的なものとして、静態的な空間世界などという主知化された世界から切り離すことで、ベルクソン派形而上学の見地にとってしか有効でない二元論は、そのまま残ることになった。新実在論は、事物のあらゆる性質〔の在処〕を、この事物自体のうちに取り戻そうと試みたのであり、この事物自体は、単に感覚与件に気づいているだけの心とは対照的なものであった。この単純で極端な方法は、事の性質上、知覚は依然として認知的でしかないといった、知覚にまつわる諸問題を未解決のまま残した。批判的実在論の一派は、これを、表象的知覚へと取り戻すことによって解決しようとした。プラグマティズムが登場し、これらの立場よりも一層根本的立場に立つには、時代は時期尚早であった。プラグマティズムによれば、その時その場の直接的経験にあっては、知覚は個人に対峙して存在するが、こうした知覚は、意識しているという関係のうちにあるのではなく、端的にいって、ふるまうという関係のうちにある。認識とは、問題状況下にある何ものかを突き止める過程であって、その時その場に与えられている世界との関係〔認識主体－認識対象関係〕の中に入っていく過程ではない。

「意識」という言葉には曖昧なところがある。この言葉は通常「気づいていること」「何かについて意識していること」という意味で用いられる。ここで想定されているのは、今みた意味での意識は経験と同一の拡がりをもっているということであり、また、環境が有機体にとって〔かく〕あるかぎり、意識とは、感知能力のある有機体の環境に対する関係にまで及ぶものであるということである。こうなると、有機体に対する環境のこうした存在の仕方は、有機体の側の認識上の身構えに他ならないと断定することになる。こういった意識とは別に私がいっているのは、何らかの内容という意味の意識である。すなわち、事物の有する感覚的性質、もっと特定していえば、いわゆる第二性質、感知能力ある有機体の身体的に有する性向、とりわけ、苦楽といった性質、記憶や想像のイメージの内容、有機体活動のイメージの内容であり、これらが有機体の経験に現れるかぎりにおいて、意識といってよい。意識には、これら以外の領域もある。後述するように、それは自己意識という領域である。今みたような内容すべてに属する性質には、程度は様々だが、共通の特徴がある。それは、〔自分が抱く〕こうした意識内容は〔自分以外の〕他の有機体の経験のうちには現れえない、あるいは、自分のうちに現れるのとまったく同じようには現れえないということである。この意味で意識内容とは私的なものではあるが、しかし、この私秘性は、必ずしも、それぞれの有機体の側の接近可能性の度合いやパースペクティヴの度合い上の違い以上の何かを意味するのではない。先に言及したようなプラグマティズムの構えを採用するなら、第一の意味での意識、つまり、気づいているという意味での意識は、今現に進行している経験からは消えてしまうだろうが、有機体にとってその時その場に与えられている世界の方は、依然としてそこにあるということになる。この見地に立つなら、ある特定の有機体は意識を有するようになる、つまり、ある特定の有機体が、未来の自分の行為の観点から、自らの環境に痕跡を残して区分し、あるいはベルクソンの言葉を用いるなら、進路上の区分けを設けるのであれば、〔あくまで〕この有機体にとって、〔かく〕ある世界というものが存在するわけである。ベルクソンにとって、知覚対象とは、ある有機体にとって可能的な行為対象である。そして、遠隔対象に対する有機体の能動的関係こそが、ある知覚対象を一つの目的対象として選定するのである。ベルクソンは、有機体は遠隔対象に対して物理上何ら影響力を行使しえないという困難に直面することになる。というのも、ベルクソンにあっては、その仮定からして、この意味での意識は実際には対象に対して〔新たに何かを〕つけ加えるものではなく、有機体の対象に対する関係内の一切から切り離されたものであり、これから行おうとする行為に影響を及ぼすことはないからである。こうしてみるなら、先にみたような有機体の能動的関心によって確定された一連の対象が、選択されて、新たに生ずるようになるのである。

かくして、ある環境が、ある有機体にとって、〔かく〕現れてくるのであり、有機体にとってのこの環境は、今にも発現しようとしている自らの衝動によって確定される注意の選択能力を通じて生ずるのである。こうした特定の環境は、生命体の意識のうちに、独立自存の一環境として存在するのではない。そうではなく、当の有機体の意識は、これから行おうとする自らの行為が、自らの対象について、その概略を描きつつ確定するという事実のうちに存在するのである。一個の有機体が他の有機体と異なっているかぎりにおいて、当の有機体は自らにとって私的な環境をもつかもしれないが、その際の違いは観点の違いと呼びうるだろう。このような観点の違いは客観的な違いである。これらは自然のうちに存在する。こうした違いの最も基本的局面は、相対性理論研究者〔ホワイトヘッド〕がいうところの「一致集合▼（consentient set）」の規定のうちに見出せる、すなわち、当の個体との関連性の下で、他ではなくもっぱら「ここにある」とみなされる行為対象の選択作用のうちに見出される。当の個人と共軛的な傾向性を有する、こうした一致集合こそが、運動が生起する一つの環境を構成するのである。自然についてのこのようなパースペクティヴは自然のうちにあるのであって、有機体の意識の中に素材としてあるのではない。ある個体にとっての特定の環境という、こうした関係の中には、意識性などという意味合いはない。このような関係がもつ意味合いは、ただ、個体の持続的活動が、生命体としての自らの環境世界に痕跡を残し、これを〔かく〕確定するということ、かつ、この世界は、他の生命体にとって、かく存在するわけではないが、当の生命体にとっては、かく存在する世界であるということ、これにつきる。これを、もし、意識と呼ぶのであれば、行動主義的心理学は、これを行動の観点から規定できるわけである。

第二の意味での意識、つまり、ある一つの特定の内容、もしくは、複数の特定の内容は、別の意味では、すなわち、創発性の意味では、相対性を意味する。このことは、アレグザンダーの『空間・時間・神性』によって定義されており、ロイド・モーガン『創発的進化』によっても受け容れられてきたとおりである。進化過程においては、新しい生命種が現れるだけでなく、経験の中で新しい質あるいは内容もまた現れる。生命種にとって事態の新しい性格は、生命種のあらゆる感覚に対応しており、新しい意味は、生命種自身の新たな行為能力に対応しているのであるが、こうした新しい性格や新しい意味が、生命種にとっての世界内に出現する契機となるのは、生命種の感受能力である。さらにいえば、こうした新しい性格と新しい意味は、個々の生命種の感知能力と行為能力に相関的であるけれども、物的対象物がとる形態がそうであるように、自然のうちに存在している。もし、直接経験から意識を取り除いてしまえば、アレグザンダーのいう知覚と享受との区別も取り除かれてしまうだろう。この区別は、外的対象の知覚についての自覚意識、そして、知覚過程もしくはその他の過程のうちにある個人の経験についての自覚意識、この両者の区別である。お気に入りの味覚、痛みないしは苦痛をともなう身体部位は、他の知覚対象や対象がそこにあるのと同じ意味で、そこにある。このことは、緊張した筋肉、恐怖の対象、吐き気をともなう胃、さらには魅力的な事物にもあてはまる。心像の場合にも、これはいえるのであって、心像は、心像が現れる当人にとっての世界の中で、当人自身にしか近づけないからといって、このことを理由に、心像におけるこの種の客観性を否定することはできない。こうした心像の中には、その時その場に〔疑う余地のないものとして〕そこに与えられている世界と合致していて、選り分けるのが相当困難なものもある。合致することのない心像は、様々な鮮明度をともないつつ、我々の過去あるいは未来のうちに位置づけられことになる。

友人が部屋に入ってきたとして、その顔を一瞥する場合、友人の顔についての心像は、友人の顔つきそのものに応じたものとなり、色々な特徴を補って顔の全体を目にすることになる。同じ心像は、その友人と前に会ったときの記憶の中に現れていたのかもしれないし、あるいは、次の晩に、その友人と会おうとする予定の中に現れていたかもしれない。この同じ心像が属しているのは、今経過しつつある現在であるか、過ぎ去ってしまい取り戻せない過去であるか、あるいは、不確定の未来であるか、いずれかである。この心像は、知覚する人にとっては、いわゆる感覚対象と同じように客観的である。心像は、心像の実際の対象そのものに入っていき、これと区別できないこともあろう。しかし、区別できる場合には、心像は、知覚する人にとっての私的性質を有するものと思われている。すなわち、一方において、感知対象の色彩は、人それぞれの目からするなら異なっていようが、視覚器官が同類であるかぎり、すべての人にとっての見た目は、いくつかの点では、同一のものであると一般に思われているのに対して、他方では、ある人がもつイメージは、他の人の視覚ないし想像にとっても、かくあるままそこにあるとは、通常想定されない。心像というものが、このように、当該個人にしか近づけないからといって、そのことだけで、心像が客観性において劣るものとなるわけではない。これに対して、心像が提示しうる知性〔の働き方〕を当人がもつにいたる場合には、心像は当人にとって自由に駆使できるものとなる。このことは、心像以外の部類の対象で、経験上当人にしか近づけないような対象についてもあてはまる。ここで私がいっている対象は、個人が身体の内側からもつにいたるような対象のことで、いわば、苦痛や快楽を感じるような、個人の有機組織の部位のことである。いわゆる下等動物の場合、こうした私的領域が、自我をもつという形で、

▼**一致集合** ホワイトヘッド（『自然という概念』藤川吉美訳、松籟社、一九八二年、一二三頁）が用いた概念である（またホワイトヘッド『自然認識の諸原理』藤川吉美訳、松籟社、一九八一年、三二頁）。たとえば、走行中電車内で車窓からある一点を眺めている乗客・乗員を構成要素とする集合は「一致集合」をなしており、この電車を駅のプラットホームから眺めている人々を構成要素とする集合は、別の「一致集合」をなしている。なお、本書第Ⅰ篇第5章九三頁の訳註も参照。

まとめあげられ用いられる証拠はない。今過ぎ行く現在が、一連の記憶系列の中にまで入っていくこともないし、予期される未来の中に入っていくこともない。

心像とは、過ぎ行く今現在の中にあって、過去が現れてくる際の一局面にすぎない。生命体において、心像が現れるのは、反応過程における機能促進としてであり、刺激選択、選択的識別、刺激の中の機能促進としてである。心像は、アレグザンダーのいう意味で、刺激の場合には過去〔の刺激の〕の内容として創発し、〔これから行おうとする〕反応の場合には意味として創発する。心像と意味は、心の素材となる前に、そして、心が行動に現れる前に、既に、対象のうちに、内容としてそこにある。

私は、これまで、相対性理論について言及してきた。もっと特定していえば、ホワイトヘッド教授が三つの著作〔科学哲学三部作〕、『自然認識の諸原理』『自然の概念』『相対性原理』において提示している原理の定式について、私は述べたわけである。特に念頭に置いていたのは、近年のアインシュタイン理論に対抗してホワイトヘッドが示した認識である。それによると、運動を客観的事実として受け容れねばならないのであれば、いわゆる静止状態下の一致集合もまた自然のうちに存在することを我々は受け容れねばならない。この場合、一致集合は、ホワイトヘッドのいう知覚しつつある出来事▼との関係によって確定される。自然のうちにあって同一の出来事が複数あっても、これらの出来事が異なる時間系内で秩序づけられているなら、それに応じて、同一の出来事は異なる一致集合の中に現れる。そして、異なる時間系内において、こうした秩序化がどのようになるかは、これらの出来事が、〔観察者が〕知覚しつつある〔という身体活動上の〕様々な出来事と、どのような関係にあるかに依存する。自然の中での運動は、〔観察位置によっては〕自然の中での静止を意味する。自然の中での静止は共軛関係を意味する。すなわち、何らかの個体を参照基準にした場合の、ここの地点とあそこの地点との恒常的関係を意味するわけである。そして、これこそが時間系を確定するのであり、この時間系にしたがって、時空間的延長範囲が秩序づけられるわけである。静止というものが、自然の中の一事実であるとするなら、我々は、これを、ホワイトヘッドの言葉▼を用いていえば、相異なる諸個人の相異なる時間的パースペクティヴによって成層化されたものとみなければならない。もっとも、諸々の個人からなる一グループは、同じパースペクティヴをもっているかもしれないのは確かである。しかしながら、我々が覚えておかなければならないのは、この成層化は、自然の成層化ではあっても、静止空間内の成層化ではなく、あくまで、延長〔範囲〕が時間次元によって影響を被ることになる自然の中での成層化であるということである。

自然の中には一致集合が存在しており、この存在は、〔観察者が〕知覚しつつある〔という身体活動上の〕出来事に対して一致集合が有する関係によって確定される。私が一般化しようとしているのはこうした考えであり、そのことで、生命種との関係からみた環境、さらには、経験される世界を、経験を重ねつつある個人を参照基準にして主題化するつもりである。このことが可能となるのは、ただ、生命を、静態的な物理的化学的状態の一系列として捉えるのではなく、一つの過程として捉え、かつ、経験を、一連の意識状態として捉えるのではなく、ふるまい方あるいは行動として捉えるかぎりにおいてのみである。私はこれこそ変化に関するベルクソン哲学の本質であると考える。この主張によれば、我々の知覚世界は、実際に行われている行為によって確定される。ふるまい方は、行為が向けられている対象を〔周りから〕切り取り、かつ、形作るのである。動物が自らの棲息環境を確定するのは、ただ、進行中の過程〔生命過程〕としての生活に関連づけられる場合のみである。その最も説得力のある事例は、一つのコミュニティにあっても、生活は様々な姿で表れる事実のうちに見出しうるのであって、このことは、社会統計、人口と職業といった類いの統計的データの点からもいえるし、当のコミュニティを構成している様々な諸個人の実際の暮らしぶりからもいえる。後者についていえば、同じコミュニティにあっても、個人一人一人がもつ世界は、他の成員のもつ世界とは、ある程度異なっていることがわかる。つまり、同一のコミュニティ生活において、全員に共通の出来事であっても、一人一人の個人は、当の出来事を、他の個人とは異なった角度から、切り取ってみるわけである。ホワイトヘッドの言葉を用いるなら、個々人は、共通の生活を異なる様式で成層化するのであり、コミュニティの生活は、このように切り分けられた諸々の成層すべてを集めた全体であり、これら成層のすべては、自然のうちに存在する。このような考えを受け容れることによって、心理学は孤立状態から脱し、一つの科学として成立することになる。一つの科学ということでいっているのは、すなわち、個人の心中に見出しうる現象を研究対象とし、これを基にして、今現在進行中の実在にアプローチする

▼**知覚しつつある出来事……** 〔観察者が〕知覚しつつある〔という身体活動上の〕出来事のことである。その詳細については、本書第I篇九三頁の訳註「知覚しつつある出来事」を参照。

▼**ホワイトヘッドの言葉** ホワイトヘッド『自然認識の諸原理』前掲、六六～六八頁。

見解を作り上げるということである。

その時その場で経験される事態を分析し、その結果の観点から、個人個人の生活を叙述するなら、諸々の出来事の共通面があることは明らかとなる。このような共通面にあっては、各自の経験が他者の経験と異なるにしても、それは、出来事の範囲、そして、出来事の結びつきの完全性や不完全性といった度合いにおいてだけであろう。このような違いは、社会科学を一般的に定式化するなら、消えてしまう。同じ個人個人の様々な経験であっても、対象が行動計画となっているような世界に各自が直面するかぎり、各自にとって、出来事間の続き具合は異なるものを意味することになろう。最も単純な事例として、一台の走行中の車の方へ、二人の人間が〔たとえばそれぞれ反対方向から〕別々に近づくとする。二人の進路が路上の一点で合流するとして、同じ一つの移動物体であっても、一方の人間にとって、車が合流点に到達する以前に、自分の方が通り過ぎてしまう。今一人にとっては、自分が合流点に到達する前に、車の方が先に合流点を通り過ぎてしまう。一人一人は、異なる時間系の観点から世界を切り取っている。二人にとっては数多くの点で同一の対象であっても、諸々の出来事の何らかの継起を含んだ一つの時空上の平面に各自が位置するか、あるいは、まったく別の平面に位置するかによって、それぞれにとっては根本的に異なったものになる。時間次元を捨象し、あらゆる出来事を時間経過のない一瞬のうちに位置づけてみるなら、行動における出来事に元々属する対象の個別性も、出来事が過去のふるまい方の帰結を表象しうる場合を除けば、失われてしまう。だが、時間経過ということを真剣に受け取るなら、我々の空間世界とその内部の恒久的対象がもつ一見したところ無時間的な性質は、実は、我々一人一人が選び取っている一致集合に起因するのがわかる。自分たちのふるまい方の目的のために、我々はこうした空間から時間を捨象する。〔時間を捨象してしまえば〕ある種の対象は出来事であることをやめ、実際に推移しているようには、推移しなくなり、その対象は、恒久的であるという点において、〔もはや出来事ではなく〕我々の行為にとっての条件となる。こうなると、出来事は、行為条件との関連で生ずることになる。あるコミュニティ全体が同じ一致集合を選択しているからといって、そのことで各自の態度が重要でなくなるわけではない。生命過程は個々の有機体内で生ずるのであり、したがって、生命過程を、その創造的でありながらも確定的な機能作用において研究する心理学は、客観的世界を研究する科学である。

進化論的歴史観からみると、新たな生命種が、自らにとって様々に異なった時間的空間的環境と対象をともなった状況で、発生したというだけではない。新たな特性もまた、反応に対する感受能力と適応能力に呼応するように、発生した。アレグザンダーの用語を用いるなら、これらは様々な形で特化されるようになった。棲息環境のこうした性質〔の在処〕を生命種の意識にしてしまうことは、事物の時間的空間的構造〔の在処〕を、いわゆる意識にしてしまうのと同じくらい不可能である。不断に推移していく世界に対して、仮想的な瞬時性を導入するなら、事物は〔各瞬間点における断面として〕ばらばらに分解してしまう。〔今ここにいる〕自分たちから時間的空間的に遠く隔たった事物を、こうした仮想的瞬間のうちに持ち込みうるのは、ただ、我々が直に接触するという経験によってのみである。遠くにある事物であろうと、仮に、〔仮想的瞬間を持ち込むことによって〕我々がその場にいて直接手を触れているのであれば、その事物は目の前にあるかのような事物としてあることになる。〔実際には触知不可能なほど〕遠隔にある事物も、触知可能な事物という性質を帯びるにいたる。これこそ、遠隔にある事物であるというのに、これを我々の身体が今ここに存在する瞬間に置く際に、支払う代価である。しかし、こうした仮想的瞬時性という観点にも大きな長所がある。この観点をとることで、我々に描けるのは、遠隔対象に到達した場合、接触経験はどのようなものになるのかということであり、また、遠隔性質が発生する確定条件である。仮に、世界が経験の中で一瞬時に同時存在するのであれば、たとえば意識といった何らかの領域を我々は見出さざるをえなくなり、そういった領域に、事物の遠隔性質やいわゆる第二性質を馳せるよう仕向けねばならなくなる。それゆえ、進化の歴史において意識が明確な重要性をもつとすれば、意識自体が生命発達の特定段階に関わることになる。意識が関与するこの特定段階にあっては、個人の行動様式が未来という領域と対象を明確に定め、その未来像が個人の〔今現在の〕環境を構成するのであり、さらにいえば、相互に応答し合う個人個人の対象と感受能力のうちに、様々な特性が創発する。個々の生命体とその環境において、形式に関しても内容に関しても、ある相対性〔遠隔と接触また現在と未来の同時存在性〕というものがあるわけである。

私が突き止めたいのは、このような〔相対性、同時存在性を可能にする〕行動様式の内部において自我と精神が発生する様式である。

こうした試みが意味するのは、自我のみが精神をもつこと、すなわち、認識は自我にのみ属するということ、最も単純な自覚意識においてさえ、そうであるということである。もちろん、こういったからといって、自己意識を有する段階以前において、感覚性質や感受能力が存在しないということを意味するわけではない。こういったことは、我々が自己を意識していない場合であっても、我々自身のその時その場の直接的経験において成立している。我々の試みはさらに次のような意味をもっている。自我の発達は社会集団の中においてのみ生じてきた。というのも、物的対象物としての有機体が他の物的対象物との関係においてのみ存在するのと同様に、自我は他我との関係においてのみ存在するからである。社会集団というものが発生するようになって、こうした社会集団が、成員や成員内の個人個人の環境とともに、集団自体の環境を確定してきたのだが、こうした過程には、これまで二つの領域があった。これらは、無脊椎動物の領域と脊椎動物の領域にある。膜翅〔膜質二対の翅をもつ昆虫〕類やシロアリ類において存在する社会では、個体に対して、社会利益が、個体の刺激と棲息環境を決定しており、そこでは、主として生殖と捕食の過程を通じて、各個体は相当程度分化している。その結果、社会内成員の役割地位ゆえに、個体は現にあるような性質をもっているわけである。複合的な集団生活においては、各個体の行動は他の個体の行動を通してのみ完成する。だが、こうした複合的な行動様式を媒介するものは、社会内の異なる成員の生理学的分化に見出される。ベルクソンが本能について述べているように、複合的な行為が遂行される様式は、生命個体の分化した構造の中にみられる。蟻や蜂は、自らの活動を集団全体の共通行動へ統合すべく、他者の行動様式に反応する傾向によって、他の蟻や蜂の行動を予期しなければならないということについては、確たる証拠がない。同じように、蜂や蟻の社会にあっては言語の存在を示す証拠もない。この種の社会的行動様式を発見するにあたって、わざわざ無脊椎動物の領域に訴える必要はない。転んだ子供を助け起こす場合、助ける側は、自分の腕や身構えを、子供の身構えに合わせており、子供自身も、助ける側の身構えに合わせている。また、ボクシングやフェンシングの場合、習得した生理学的適応によって、相手の刺激に反応する。

脊椎動物にあっては、社会的行動様式の複合性を取りなす生理学的分化を遺伝的に引き継いでいる形跡は、性、子供の養育保護の分化を除けば、まったく、あるいは、ほとんどない。我々が他者とうまく協働しうるとすれば、何らかの様式で、進行中の他者行動を自分自身の中に取り入れ、共通行為を実現しなければならないはずである。先に示したように、こうしたことを必要としない社会的活動というものも、小範囲ではあれ、ある。乳児の授乳や犬の格闘は、社会的活動と呼びうるとしても、遺伝的に継承された生理学的適応以上のものを必要とはしない。いわゆる群棲本能も、おそらく、つけ加えるべきであろうが、これは、さまざまな活動について、動物が群れをなす傾向をもつにいたっているという以上のものではない。生物の求愛や交尾、子供の世話、動物の移動の際の集群、格闘といったあたりが、脊椎動物の社会的行動様式のほとんどを占めている。このような周期的な活動過程を超えてしまうと、脊椎動物の社会といったものは、ほとんど存在せず、それ以上は、人間社会を待たねばならない。社会的行動様式を仲立ちする諸々の可能性といったものは、脊椎動物の場合、自らの身体構造のうちに尽くされてしまっている。というのも、社会をなさない個体種から、社会をなすシロアリ、蟻、蜂といった成員にいたるまで、昆虫の場合には、生理学的分化という点で、驚くべき可塑性が見られるのに対して、脊椎動物には、このような可塑性が何ら見られないからである。

社会的行為を定義しようとすると次のようになるかもしれない。自らの固有の環境のうちにあって自らの衝動に基づいてふるまう生命種がいるとして、ある衝動を発現させる誘因ないし刺激が、この生命種の性質ないしふるまい方の中に見出されるとき、このふるまい方は社会的行為である。しかしながら、私としては、社会的行為を、さらに限定して、複数の個体の協働関係に関与する類いの行為とし、この行為によって特徴づけられる各個体の対象を、ベルクソンのいう意味で、社会的対象としたい。社会的対象ということでいっているのは、複合的行為の全構成要素に対応するような対象のことである。もちろん、こうした構成要素は様々な個体の行動様式の中にみられる。それゆえ、行為の対象は、集団の生活過程のうちにみられるのであって、単独の各個体の生活過程においてのみみられるわけではない。十全な社会的対象というものが想定されうるにしても、それは、膜翅類社会やシロアリ社会の個々別々の個体の環境の中にはないだろうし、脊椎動物の場合でも、その社会基盤はあくまで生理学的適応にしかみられない以上、社会的行動様式が周期的活動に限定された脊椎動物社会にも、やはり、十全な社会的対象は、存在しないだろう。たとえば、干し草を身体一杯まとった仔牛に対して、皮が擦り切れるまで舐め回し、その後で干し草を食べるような牝牛の場合、あるいは、母性衝動をプードル犬に向けるような女性の場合、十全な社会的対象が自らの環境内の行為全体に関与しているなどということはできない。問題となっている社会の環境と対象に到達するためには、様々な個体の環境をつなぎ合わせるか、あるいは、相互に重ね合わせることが必要となろう。

たとえば膜翅類やシロアリのような生物は発達過程において顕著な可塑性を示すのであるが、この場合、生理学的適応に基づいた社会的行為や、それに照応する社会は、驚くべき複雑性に到達しているわけである。しかし、可塑性の度合いが限界に達すると、社会的行為も社会もまた限界に達することになる。脊椎動物にみられるように、ある社会的行為の仲立ちをする生理学的適応〔の範囲〕が限定され固定化されると、それに応じて、この種の社会は〔複雑性の度合いにおいて〕取るに足らないものとなる。だが、別の型の社会的行為と、その社会的行為に対応する社会と対象については、少なくとも、生理学的適応に基づいた社会的行為を記述することによって、これまで示唆してきた。このような別の型の行為の場合、当の行為を構成する様々な部分は異なる個体に属しており、この構成部分が個体それぞれの行為の中に現れるはずである。しかしながら、こういったからといって、単独の個体が〔複合的な〕全体行為を遂行しうるというわけではない。というのも、仮にそれが可能だとしても、単独個体だけが〔複合的〕全体行為を遂行するというのであれば、当の全体行為は社会的行為ではなくなるからであり、さらにいえば、複合行為のうち当の個体自身の遂行分担を引き起こす刺激も、複合行為のうち他者の遂行分担が個体自身の行動様式に現れるかぎり、それは、もはや、他者の遂行分担を引き起こす刺激たりえないからである。問題となっている社会的対象が当の個体自身の経験のうちに現れうるとすれば、確実にいえるのは、当の行為に関わる他者の反応を誘発する刺激は、自分の反応に対する刺激としてではなく、他者の反応に対する刺激として、個体自身の経験のうちに現れるはずだということである。その意味するところはこうである。行為の一段階の終了後に生ずる社会的状況が、複合行為の次の参加者にとって刺激として機能する場合、この社会的状況は、ある意味で、第一行為者の経験のうちにあるはずで、自分自身の反応ではなく後続主体の反応を引き起こす傾向があるということである。ここで、ありそうにもない想定をしてみよう。巣の中に、自らの卵と同時に蜘蛛を蓄えている蜂が、蜘蛛を刺す際に、蜘蛛の中に、先に特定した意味での社会的対象を見出したとしよう。この蜘蛛は、蜂の経験の中では、卵からかえった蜂の幼虫のための、生きてはいるが身動きのできない食物として、存在しなければならない。麻痺して身動きのとれない蜘蛛が、蜂に対して、そのように現れるためには、卵からかえった幼虫の反応を誘発するものと同じ刺激に、蜂はしたがう必要がある。いいかえれば、蜂は、ある程度は、幼虫のように反応できる必要があるわけである。もちろん、この場合の蜂は、この蜘蛛を時間次元の下でみなければならないのであって、蜘蛛にとって刻々と過ぎ行く現在に、ある仮言的未来を結びつけるわけである。しかし、こうした好機があるとすれば、この蜂は、自分が貯蔵場所に置いているしかるべき食物に対して、幼虫の役割を担って反応するという性向をもっていなければならないだろう。それゆえ、これは、生理学的分化の原理とは区別された、社会的組織のもう一つの可能な原理を表している。複合的な社会的行為に対応する対象が、当の社会の様々な成員の経験の中で、時間的にも空間的にも、成員自身の反応を誘発する刺激としてだけではなく、合成的行為に参加する成員の反応に対する刺激としても存在しうるとするなら、生理学的分化には依存しない協働的原理がみられるはずである。そして、このために必要な心理学的条件が一つあるとすれば、それは、当の〔協働的〕行為の参加者のうち自分以外の者が反応するように、個体の方も、自らの有機体において反応する性向を何らかの様式で示すということであろう。これ以外にも多くのことが関与しているだろうが、少なくとも今述べたことは一つの必要条件であろう。ある社会の中の様々な個体の反応に対応する何らかの社会的対象は、当の社会における個体の経験のうちに存在するものと考えることは可能かもしれない。ただし、このようにいいうるのは、あくまで、複合的な諸々の行為における個体の様々な反応が、十分な程度で、それぞれの個体の性質の中にみられ、そのことで、個体の方も、当の行為の構成要素に対応する対象の様々な価値に対して感受するようになっている場合にかぎる。

脊椎動物の中枢神経の皮質は、以上述べたことを可能にするようなメカニズムの、少なくとも、一部を提供している。脳の柱部分と幹部分から皮質にいたる神経の流れによって、脳の中心の下位部分は相互につながるようになり、その結果、高度に複雑な過程と調整が可能になる。大脳皮質の中枢と経路は、生じうる無数の動作を表しているわけである。とりわけ、これらが表している動作は、相互に競合関係にあるため、相互に抑制し合っており、さらには、実際のふるまいが顕在化して進行していくようにするため、諸々の動作を調整しつつ組織化するという課題を抱えることになる。〔神経細胞が密集している脳内の〕灰白質と、灰白質と結びついた繊維群においては、神経刺激は相反する方向で伝達されており、ここには、無数の反応に通ずる諸々の傾向がある。こうした諸々の傾向の調整に対応しているのが、〔実際に顕在化する〕行為作用という一領域へとまとめあげられる諸々の対象であって、これは空間的のみならず時間的にもいえることである。〔というのも〕遠隔対象をつかもうとする性向は、既に誘発されていても、対象へ近づいていく過程と密接に結びついているため、隔たりが埋められるまでは、この性向は表立った形で表れない〔からである〕。それゆえ、脊椎動物に見られるこうした指揮系統器官においては、表に現れる行為能力をはるかに超えた無数の動作を誘発する傾向が既に惹起されている場合、そのことによって、個体の動作の当面の目的とはなっていなくても、対象を含意する内面的構えが提供されることになる。

しかし、大脳皮質は単なる機構にとどまらない。それは、自らの機能を遂行する過程において存在する一つの器官である。当面のところは表立って現れることのない行為作用であるにもかかわらず、これを誘発する性向が現れ存続することがあるとすれば、それは、こうした性向が現在進行中の行為に属するからである。たとえば、財産というものが、リスが蓄える木の実とは異なるものとして、人々の経験における社会的対象であるとするなら、それは、人が購入する食料の特徴が、諸々の反応からなる複合的な集まり総体を誘発し、そのことで、財産は単に取得されるだけでなく、尊重され保護されるからであり、さらにいえば、このように誘発される反応の複合体が、食料を購入し貯蔵する際に介在する行為の根幹部分をなすからである。問題は、食料の購入の方が、地面に落ちている食料を拾うことよりも、複雑な事態であるということではない。そうではなくて、交換は行為であって、その中で、売り手の付け値によって供与すべく、自らを刺激するということが問題なのである。付け値がそのように供与となっているのは、付け値の呈示〔自体〕が、すなわち、供与するという刺激だからである。自らの自我を、取引相手の構えのうちに置くことなしに、人は交換することはできない。財産が金銭評価可能な対象となるのは、財産をして財産たらしめる全様相が、交換に関与するすべての人々の行為のうちに現れ、かつ、個人の行為の本質的特徴として現れるからである。

このような行為において現れる個人が自我である。大脳皮質が社会的行動様式の一器官となって、社会的対象の出現を可能にするとすれば、それは、個人が自我となっているからである。自我とは、すなわち、当の個人の行為に対して他者の側が反応する性向によって、自分自身の反応を組織化する個人のことである。個人がこのようなことを行いうるのは、脊椎動物の脳のメカニズムによって、個体はこうした行為を形成する際に様々な構えをとることができるからである。しかし、自我が出現するにいたるのは、脊椎動物の進化の中でも、比較的後の段階になってからのことである。中枢神経系の構造は極めて微細にわたっているため、我々には、脳の回路においてこうした進化に対応した構造上の変化を示すことはできない。我々がこうした進化をたどることができるのは、人間の行動においてのみである。このような発達段階を特徴づけるにあたっては、人間には精神がある、少なくとも、何らかの精神があると考えるのが、これまでの通常のやり方であった。意識が心的素材とみなされ、そこから、感覚と感情、心像と観念、あるいは、意味が形成される、このように理解されているかぎり、精神を、こうした心的存在物の在処として扱うのは、ほとんど必要な想定であった。しかし、こうした心的内容物が再び事物と捉えられてしまうならば、そもそも、このような心的内容物を設える場もまた不必要になってしまう。

こうした変化が論理学と認識論にとって、どのような意味をもつか、これを詳細にたどることは、この論文の範囲を超える。だが、いわゆる心的過程のすべてをみてみるなら、この議論にとって中心となるような局面が一つある。それは自己意識である。上に示唆してきた諸々の論点が妥当だとすると、いわゆる心的過程すべてにとって中心となっている自我は、脊椎動物の中でも人間の社会的行動様式においてのみ現れたということになる。個人が自身にとって一つの対象となるのは、まさしく、自分のふるまい方に関与する他のすべての人々の構えを取り入れていることに、当の個人が気づいているがゆえに他ならない。我々が自身の自我に立ち返ることができるようになっているのは、他者の役割を取り入れることによってのみである。先にみたように、社会的対象が個人にとって存在しうるのは、当該社会の他の成員によって遂行される社会の行為全体の様々な部分が、何らかの様式で、個人の行動様式の中に現れるかぎりにおいてである。さらにいえば、自我が個人にとって存在しうるのは、当の個人が自分以外の他者たちの役割を担うかぎりにおいてであるというのも確かである。他者たちが行為するのと同じように行為する性向が、個人の行動様式のうちにはあるが、これは、おそらく、個人の経験のうちに、ある社会的対象が、つまり、無数の個人の複合的な反応に対応する一つの対象が現れるからであり、かつまた、自我が現れるからである。実際のところ、社会的対象の出現と自我の出現は相関的である。財産が一つの対象として現れうるのは、売ることを見越した値づけによって買うべく、個人が自らを刺激するからである。売買は相互に関与し合っている。個人の経験の中に交換可能な対象〔＝社会的対象〕が存在しうるのは、当の個人が自分自身の気質のうちに、売る傾向を有しており、他方でまた、買う傾向をも有しているかぎりにおいてである。この個人が自分の経験のうちで自我となるのは、自分自身の側にある一つの構えが、これに相当する構えを、社会的な取り組みのうちに喚起するかぎりにおいてである。

これこそ、まさしく、「自己意識」ということで我々がいっていることである。我々が自分たちのふるまいにおいて自我として現れるのは、他者たちが我々に示す構えを、今みたような相互依存的な諸々の活動の中で、我々自身がとるかぎりにおいてである。その格好の事例として見て取れるのは、おそらく、「権利」においてである。我々自身の生命あるいは財産の保護に対して、我々がとる構えは、コミュニティ内の全成員が承認する構えである。我々は「一般化された他者」と呼びうるものの役割を担う。そうすることで、我々は社会的対象として、つまり、社会的自我として現れる。ここで興味深いことに注目しておくなら、個々の子供の発達においては、自己意識を獲得する際に必要不可欠な二つの段階を表す二つの時期がある。第一は遊戯の時期であり、第二はゲームの時期であるが、両者は相互に区別される。ここでいっている意味での遊戯〔ごっこ遊び〕において、子供は、たとえば、親、教師、牧師、食料雑貨店の店員、警官、海賊、インディアンというように、絶えず様々な役を演じている。これは子供らしい生活の時期であり、ワーズワースはかつて、これを「絶え間ない模倣▼」の時期と評した。この時期は、フレーベル▼いうところの幼稚園の遊戯の時期でもある。フレーベルが認めていたように、子供は、この時期において、自分の交際範囲に属する人々の役割を取得しているのである。こういったことが生ずるのは、子供というものは、自身の様々な社会的行為に対する反応を自分のうちに絶えず喚起しているからである。自分自身の社会的刺激に対して他者たちが示す反応にしたがうのが幼児期であって、子供は、この時期、このような関係に特に敏感である。子供にとっては、その本性からして、親の反応が最初にくるため、自分の方から訴えることで親の反応を喚起する。人形は、こうした例としては普遍的なものである。しかし、子供は人形と遊ぶようになる以前に、子供自身の泣き声や笑い声に対して両親が対応するように、自分でも話し方や態度において、両親のように対応する。これは模倣と名づけられてきたものだが、しかし、心理学者が今日認識しているように、人が模倣するのは、しかるべき刺激によって、いわゆる模倣行為が個人のうちに喚起されうるかぎりにおいてである。すなわち、相手方のうちに喚起するのと同じ反応を、人は自分のうちに喚起する、あるいは、そのような性向があるのである。

　遊戯の時期はゲームの時期に先行する。というのも、ゲームにおいては、規定の手続き、ルールがあるからである。子供は、遊戯の場合のように相手側の役割を果たさなければならないだけでなく、ゲームの参加者全員の様々な役割を担い、それぞれの役割に即して、自分の行為を統御しなければならない。たとえば、野球で子供が一塁の守備につく場合、それは、捕手や野手から送球される側としてつくわけである。子供は、様々な守備位置につく際には、自分に対する他の野手たちの組織化された様々な反応を内面化しておかなければならない。そして、この組織化された反応は、私がこれまで「一般化された他者」と呼んできたものになるのであって、この「一般化された他者」が、この子供のふるまい方に随伴しつつ、これを方向づける。この子供の経験における一般化された他者こそが、この子供に対して自我を与えるのである。ここで、こうした子供の遊戯上の構えが、いわゆる共感呪術に対して有する関連については、言及することしかできない。未開人たちは、世界の方から自分たちにしてくれる反応を身近に求めているのだが、そうした反応の擬態のようなものを、自分自身の活動のうちに喚起する。未開人たちは、いわば、〔何かを求めて〕夜泣きしている子供のようなものである。

こういったメカニズムが意味しているのは、他者たちに反応を促すよう刺激している個人は、同時に、自身のうちに、同じ反応をする性向を喚起しているということである。とはいえ、複合的な社会的行為において、当初の個人の反応を他の個人に促す刺激として役立つものがあるからといって、そのことが、当の個人自身のうちに同じ反応への性向を喚起する上で、一般的に適しているというわけではない。ある動物の敵対的な表情が、その動物自体を怖がらせるわけではなかろう。とりわけ、蟻やシロアリや蜂の複合的な社会的反応をみるなら、そこでは、ある生命個体の行為において、別の生命個体のしかるべき反応を喚起する部分が、問題にしている当の生命個体のうちに、同様の反応を喚起しているものとみなすことは、ほとんどできない。というのも、この場合、複合的な社会行為は、〔女王蜂と働き蜂の違いのように〕生理学的分化に依存しており、同じ刺激が同様の反応を喚起しえないような身体構造上の違いが存在しているからである。これまで示してきたようなメカニズムにとって必要なことは、第一に、確固とした集団に属する成員の社会的行動様式のうちに、何らかの刺激を見て取ることであり、その際の刺激は、個体によって発せられた場合、相手側のうちに喚起するのと同じ反応を、当の個体のうちにも喚起しうるような刺激のことである。第二に必要なことは、当の集団内の各個体が同一の構造をもっ

▼「絶え間ない模倣」　英語版『ミード選集』の編者レックは、次の文献をあげている。On Mead's point, see Wordsworth's "Ode: Intimations of Immortality" (1807).

▼フレーベル　一七八二～一八五二年。幼稚園制度を創設したドイツの教育家。英訳された著作として、*Mother Play* (1895) などがある。また邦訳としては『母遊戯及育児歌』等の著作がある。

ていて、個体が発した刺激が、その個体にとっても他方の個体にとっても、同一の意味を有するようになっていなければならないということである。こうしたタイプの社会的刺激は、人間社会における音声身振り〔音声による何かの表示〕のうちに見て取れる。「身振り〔身体による何かの表示〕」という言葉でいっているのは、ある一つの社会的行為に携わっている一個人の行為ないし構えのうち、他の個人に対して〔複合的な〕全体行為の中の役割を遂行するよう仕向ける刺激として役立つ部分のことである。このように定義するなら、身振りの事例としては、次のようなものが挙げられるだろう。たとえば、雑踏の中、すれちがいざまに我々が反応する他者たちの構えや身動き、他者のまなざしに思わず振り返ること、こちらを脅迫するような身振りに対しては敵対的構えを示すこと、人間の声の様々な抑揚に対して我々が示す無数の構え、あるいは、ボクサーやフェンシング選手にみられる身動きの気配や構え、および、それらに対して適応すべくなされる見事な反応といった具合である。注目すべきことは、私がこれまで述べてきた様々な構えというのは、行為を構成する各局面にすぎないのであって、こうした構えは、その都度、他者たちに対して現れるものである。そして、このような構えに含まれるのは、たとえば、顔の表情、身体姿勢、息づかいの変化、血液循環における変化の外面上の徴候、そして、声色といったものである。一般に、このようないわゆる身振りは、表立って外面に現れる行為の端緒に属する。というのも、社会的過程に対する他者たちの適応が最もうまくいくのは、行為の初動段階だからである。こうして、身振りとは、表立って外面に現れる社会的行為における初動段階なのであって、この同じ行為に関与する他の個体も、この初動段階に反応するのである。我々の関心は、ある種の身振りを見つけ出すことにある。その身振りとは、身振りが他の個人たちに影響を及ぼすのと同じ仕方で、身振りを発している個人に対しても影響を及ぼしうるような身振りのことである。音声身振りは、少なくとも、他者たちに影響を及ぼすのと同じ生理学的な仕方で、発している側の我々の耳に影響を及ぼすような身振りである。他者たちが我々自身の音声を耳にするように、我々もまた自分自身の音声身振りを耳にする。他の人々が我々の手の動きを見たり感じたりするように、我々自身も、この動きを見たり感じたりする。生まれつき耳の聞こえない人、あるいは、聴覚が不自由な人にあっては、こうした目に見える光景や肌で感じる感触が、音声身振りの代わりとして役立っている。しかし、人間社会における社会組織の媒体を、これまで他にもまして提供してきたのは、音声身振りであった。音声身振りは、歴史的にみるなら、行為の端緒である。というのも、それが生ずる場面は、呼吸の調子の変化であり、これは、思いがけない行為、つまり、他の生命個体がうまく対処しなければならない行為に対する準備をともなうからである。

それゆえ、音声身振りが、他者のうちに喚起するのと同じ反応傾向を、これを発している個人のうちに喚起するのであれば、さらには、相手側が示そうとする行為の端緒が、発する側の個人の内面にあり、かつ、当の個人の経験の一部になるならば、この個人は、相手側が自分に対して行為するように、自分自身に対して行為する傾向があることに気づくだろう。我々は、身振りを発する側の個人が行うことや語ることを、自己を意識する経験において理解するのである。こうしたことが、音声身振りを発する側の個人の経験の一部になる可能性を、我々は人間の大脳皮質のうちに見出してきた。おそらく、そこでは、無数の行為に応答すべく調整作用が引き起こされる。そして、この調整作用は、個々の行為を相互に抑制しつつ、適応という神経過程に関与し、最終的に表に現れるふるまいにつながる。ある人が「テーブル」と発音し自分がそう発音するのを耳にすると、この人は、当の対象に対する反応をめぐって組織化された構えを、他者のうちに喚起したのと同じ仕方で、自身のうちに既に喚起しているのである。このように引き起こされる組織化された構えを、我々は通常、観念と呼ぶ。そして、我々が特定の意味を有する発言をするとき、そこには、つねに、我々が語っていることについての様々な観念がともなう。新約聖書の聖パウロ書簡の一節を信頼するなら、聖者たちの中には、自分たちには特定の意味をまったくもたない言語で語った者もいるという。この聖者たちは、音声を発しながらも、発した本人のうちに何の反応も喚起しなかったということになる。この音声は、何の意味もなかったのである。ある個人が音声身振りを行い、それが他者のうちに一定の反応を引き起こす場合、我々はこれを発話行為のシンボルと呼んでよい。音声身振りが、発している本人のうちに、同じ反応傾向を喚起する場合、我々はこれを特定の意味を有するシンボルと呼んでよかろう。我々が他者に語りかける際に、自分自身のうちに喚起される組織化された構えは、それゆえ、我々自身の心のうちにあるといわれる観念である。そして、我々の側にあるこうした構えが、他者たちのうちにも、同じ構えを喚起するかぎりにおいて、そして、その構えが、これまで用いてきた意味で自己意識的であるならば、そうした構えは他者の心のうちにもあるわけである。しかし、このような観念をもつために、我々は他者に語りかける必要はない。我々は自分自身に語りかけることができるのであって、自身への語りかけを、我々は、いわゆる思考という内的対話の場面で行うのである。我々が自我を有するのは、自分自身に対する他者たちの構えを我々がとることができ、かつ、事実、そうした構えをとり、また、これに反応することができ、そして、実際に反応するかぎりにおいてである。我々は自分自身を称賛し、また、非難する。我々は自画自賛し、また、やみくもに自分自身を責め立てる。我々の心像と内的対話を、いわば、検察官として監視する場合、また、論議領域の法則と公理を肯定する場合、我々は集団による一般化された構えをとるのである。「イカナル時ニモ、イカナル所デモ」そうするわけである。我々の思考過程は、内的対話なのであって、そこでは、おそらく、我々自身に対峙している特定の知人の役割を我々は果たしているのである。しかし、通常、我々が対話する相手というのは、私のいう「一般化された他者」であり、そのことで、抽象的思考過程のレベルに達し、さらには、我々が心中に抱いている客観性と呼ばれるもの、つまり、個別個人を脱した性質に達するのである。私の考えでは、このような様式で、人間の行動のうちに自我が現れ、そのような自我とともに精神が現れるにいたったのである。すべての子供において自我とその精神が生成する様式を研究すること、そして、これに相当する様式として、未開人において、いかにして、自我が生成したのかを示すこと、これは興味深い研究である。しかし、これについての議論に立ち入ることはできない。しかし、このような自我概念が、社会的方向づけの理論に対して、どのような意味合いをもつのか、いくらか、言及しておくことにしたい。

この論文の最初の方で取り上げた見解に立ち返っておこう。経験とは絶えず未来へと推移する一つの過程である、これを認めるなら、対象は我々の行為のパターンとして自然のうちに存在することになる。〔これに反して〕世界というものを瞬時の現在に擬制的に還元するなら、あらゆる対象は〔推移性を失い断面化し〕バラバラになってしまう。同じように擬制的に把握した精神においてならいざ知らず、そういう場合を除けば、物理的粒子のいかなる集合についても、物理的粒子が集まり〔目に見える〕対象へ組成される際の境界を、必ず見出さねばならない理由はない。だが、〔推移をともなわない〕瞬時の切れ目のような現在など、存在しない。いわゆる見かけの現在〔持続性をもつ現在〕においてであろうが、推移というものがあるのであって、そこには継続があり、過去も未来もそこにある。そして、行為の観点からみれば、現在というものは、必然的に過去も未来も含まれる区分でしかない。自然の有するこうした推移というものを真摯に捉えるなら、知覚の対象とは、行為にとって、今現在ここにある、これからの未来〔像〕であることがわかる。食料とは、動物がこれから食べようとする対象である。動物の隠れ家とは、これから追っ手から逃げようとするための巣穴である。もちろん、未来というものは、未来であるかぎり、不慮をともなう。動物は逃げないかもしれない。しかし、自然において、隠れ家は動物の行為の対応物として存在する。自然界に固定した関係があるかぎりにおいて、その関係は、過去の関係であり、対象は過去と未来の双方を必然的にともなう。しかし、対象がもつ〔我々にとっての〕形態は、現在進行中の行為から生ずる。進化論的生物学は、それが単なる物理学や化学でないかぎり、おそらく、無意識のうちに、このような想定に基づいて発展している。社会科学もまた、静態的でないかぎり、同じである。その対象は、棲息地、つまり、環境から生ずるのである。こうした対象は反応によって形作られる。私が確認しているのは、ただ、このような対象が現にある様式である。つまり、絶えず推移している世界にあって、対象は、行為に対応しているものとして現にあるということ、これを確認しているのである。

社会的対象というものが存在するのは、社会的行為があるかぎりにおいてである。私の理解するところでは、社会的な方向づけこそが、個人の行為を、こうした社会的対象と関連づけている。対象による行為の方向づけに関しては、我々は十分知っている。まさしく、対象は行為にとっての形態であるがゆえに、こうした性質に呼応して、対象は行為の表れ方を方向づける。遠隔対象の光景は、当の対象に向かって行く動きを促す刺激であるにとどまらない。それは、また、その距離の測定値が変化するにつれて、その対象に接近する行為を絶えず方向づける。対象の輪郭は、当の対象をつかもうとする行為の編成を確定するが、この場合、つかもうとする行為全体は個人のうちにあり、この対象は当の個人の経験の領域内にある。構造ないし機能の破壊がないかぎり、当の対象の存在そのものが、行為の方向づけを保証する。しかし、〔複合的な〕社会的行為の場合、行為は多数の個人のうちに割り当てられている。一つの対象が、行為の各部分に対応する形で存在する、あるいは、存在しうる、つまり、個人個人の経験のうちに存在しうる。これに対して、生理機能分化に依存する諸々の社会にあっては、対象全体が個人の経験のうちに存在するということはない。生理機能分化が、複合的行為に関わる生過程をなおも遂行する形で存続するのであれば、これを通じて、対象による行為の方向づけは行われるかもしれない。こうしたかぎりでの生理機能分化を介することなくして、行為の複合化は、いかなるものであれ、存続しえない。そうでなければ、ベルクソンが行っているように、行為の方向づけ要因とやらに逃げ込む向きもあるかもしれないが、これは、我々の関心となる状況ではない。我々が関心を寄せる人間社会は自我からなる社会である。人間個人が自我であるのは、ただ、個人が当人自身に対する他者の構えをとるかぎりにおいてである。この構えが数多くの他者たちの構えであるかぎりにおいて、そして、当の個人が、ある共同活動において協働し合う数多くの他者たちの構えをとりうるかぎりにおいて、この個人は自身に対する集団の構えをとるのである。そして、他者たちの構え、あるいは、集団の構えをとることにおいて、個人は集団にとっての対象を確定しているのである。集団にとっての対象とは、つまり、反応を確定し方向づけるもののことである。こうして、社会的方向づけは、集団内にあって、自分の行う社会的活動に自分とともに関与する人々の構えを、どの程度とるか、その度合いにかかっている。既に示した例でいえば、購買者が、当人にとって存在する対象の価値の観点から、自分の購買行為を方向づけるのは、当人が買い手の構えと同様に売り手の構えをとるかぎりにおいてである。価値が一つの対象〔社会的対象〕として存在するのは、交換行為に携わっている諸個人に対してのみであって、しかも、こうした諸個人が、交換に不可欠な自分以外の他者たちの行為に属する構えを表すかぎりにおいてである。

交換行為は極めて複雑なものとなる。交換に不可欠な〔複合的〕行為のすべてが、どの程度、交換に携わる人々すべての行為に関わるかは、極めて多様であり、交換の対象、つまり、価値が、どの程度、行為に対して方向づけを行うかも、それに比例して多様である。資本の国有、つまり、国家による独占的生産に関するマルクス主義理論は、価値による行為の方向づけが解体したことの顕著な事例である。この理論で示されているように、ここでの社会的目的対象、つまり、経済生産の成功は、経済的生産の成功を意味する個人の創意という構えをまったくとっていない。民主政治は、選挙運動の争点に対する普遍的関心を通じた投票行為理論に基づいているものの、これとて、行動の方向づけとしては、機能していないのであって、政府機構〔の運営〕を、大部分、政治を操る政党幹部に委ねてしまっている。この政党幹部の対象の方が、投票者や棄権者の態度に、ほぼ対応しているからである。

こうして、社会的方向づけというものは、社会の中の個人個人が、どの程度、自分たちとともに共同活動に携わる他者たちの構えをとることができるかにかかっている。というのは、社会的対象は、つねに、自己を意識する中で自ら展開していく行為に対応しているからである。財産はもちろん、すべての制度は、このような社会的対象であり、制度のうちに自身の社会的反応の編制組織を見て取る個人を方向づけるのに役立っている。

個人の社会的ふるまい方に関わっている他者たちは無数にいるが、もちろん、個人は、他者たちの構えが類似の環境下で同一である場合を除けば、こうした無数の他者たちに構えをとるわけではない。既に述べたように、人は、あくまで、一般化された他者たちの構えをとるのである。だが、たとえ無数の事例からなる多数性に対しては普遍性の方が優位であるとはいえ、我々の社会的なふるまい方に関わる反応が様々ある場合、その数のせいで、我々にとっての社会的対象の確定に不可欠な役割を担う個人の能力は削がれるように思われる。とはいえ、人間の歴史の初期段階の生活に比して、現代生活の複雑性は無限に増大してきたけれども、自らの立場を、たとえば、自らの必需品〔生産〕に貢献する人々、政府の機能を分担する人々、価格決定に参加する人々の立場に置いてみるという点では、現代人にとっては、以前の人々よりもはるかに容易である。最も重要なことは、参加者の数ではないし、ましてや、様々な機能の数ではない。重要な問いは、このように様々な活動のもつ多様な形態が、極めて当然のごとく、人間社会の成員に即した性質になっていて、そのため、他者の役割を担う上で、成員の活動が自身の性質となっているかどうかである。人間社会のもつ複雑さが中枢神経系のもつ複雑さを凌駕しないかぎりでいえば、ある妥当な社会的対象とはいかなるものかという問題は、妥当な自己意識とはいかなるものかという問題と同一であって、こうした問題は、社会的行動に関わる無数の行為にどれほど精通するかという問題ではない。そうではなくて、時間的空間的隔たりを、また、言語と慣習と社会的地位の障壁を、いかに乗り越えるかという問題であり、したがって、その乗り越えの度合いに応じて、生活に関わる共同事業に我々とともに携わる人々の役割において、我々がどれほど自己と対話しうるかという問題なのである。我々すべての人間的な構えに関して飽くなき関心をもつジャーナリズムというのは、時代の徴候である。ジャーナリズム以外の関心にあっても、他の人々が生活し、働き、争い合い、あるいは、愛し合う条件に関する関心がみられるが、これは、自己意識の情念としての根本的関心からきている。我々は自分自身たろうとするかぎり、他者にならなければならない。社会的方向づけを導く社会的対象を形成する上で、近代の写実主義小説は、専門教育以上のことを行ってきた。もし、我々が人々を結集して、お互いの生活を結びつけることができれば、人々は必然的に共同の対象をもつことになり、こうした対象は人々共通のふるまい方を方向づけることになる。

だが、これを成し遂げるのは大仕事である。というのも、この課題に含まれているのは、時間的空間的隔たりや言語の障壁のような外的障壁を乗り越えることだけでなく、我々の自我が組み込まれている習慣や地位についての固定的構えを乗り越えることだからである。いかなる自我も社会的な自我である。しかし、その自我が担う役割はあくまで集団の役割であり、自我はこれに制約される。さらにいえば、今までの集団以上に大きな社会に加わるようになり、この大きな社会の中で新たに自我を維持するようになるまで、自我は今までの集団に制約された自我を放棄することはない。社会間そして社会内の戦争の全歴史が示しているのは、これまでの敵と協力し合う場合に比べて、共通の敵に対峙した場合の方が、どれほど容易に、かつ、どれほど強力な情動的戦慄をもって、我々は自分たちの自我を実現するかということである。ヨーロッパ全域において、もっと具体的にいえば、ジュネーヴにおいて我々が目にするのは、強い不信感を抱きつつ絶えず反発し合う様々な国同士が、相互の立場に立とうと試みつつ、それでも依然として、これまで敵意に基づいて存続していた自我を維持しようとする試みである。さらに目にするのは、こうした国同士が見解の一致をみることになり、戦争の恐怖を回避し、耐えがたい経済状況を改善するかもしれないということである。ドーズ案▼は、苦労の末に成立するにいたった案で、敵対し合う社会の競合する利害関心を方向づけるかもしれない社会的対象である。とはいえ、そのようになるのは、この案を実行する際に、それぞれの社会が、ある程度、相手側の立場に立つことができる場合のみである。国際連盟とその下での国際裁判所もまた、別の意味で、共通の行動計画を描いた社会的対象であり、これは、もし、国ごとの自我▼というものがあって、各国間の共同的構えをとることで各自我を実現しうるのであれば成立する。

▼**ドーズ案** 第一次大戦後、敗戦国ドイツに対して、同国の財政安定化のために、賠償金の支払期限を延長した案。一九二四年に、アメリカの政治家チャールズ・ゲイツ・ドーズ（Charles Gates Dawes: 1865-1951）らが策定した。

▼**国ごとの自我** 国家の自我については、本書第Ⅰ篇第9章第二節を参照。

第４章 知覚のパースペクティヴ理論▼（一九三八年、没後出版。執筆年代不詳）

Perspective Theory of Perception

知覚の誤りが生じうるのは知覚世界においてのみである。知覚の誤りは、問題となっている知覚対象が知覚世界に占める位置をもちえないことによって認識される。こうした知覚の機能不全が認識されるのは、知覚に引き続く経験が、その知覚に関わる行為の完成を可能にするような仕方では、生じない場合である。これを説明する事実の在処は、環境の側かもしれないし、有機体の側かもしれない。たとえば、水の中で棒が曲がってみえる場合、知覚錯誤要因は環境の側にある。これに対して、アルコール性幻覚の場合であれば、それは有機体の側にある。

知覚対象の実在性は、知覚した結果、後になってわかる経験のうちにある。後でわかる経験は、知覚行為を開始させる遠隔〔対象のあるその場の〕経験の中に存在する事態を写したものではない。むしろ、当の知覚行為を遂行する推移過程ないし運動過程においても、この遠隔経験が持続的に一致していること〔特に、操作領域の経験と一致していること、あるいは、詳細において確実に

▼**知覚のパースペクティヴ理論**　このタイトルは、『行為の哲学』の編者モリスによるものである。執筆年代は不詳であるが、ホワイトヘッドへの言及からみて、一九二〇年代後半に執筆されたものと思われる。

一致していること〕、これが、模写原理の土台である。

さらに述べておけば、接触予想経験の、あるいは、操作領域における他の経験の、実際に喚起されている事態に対する関係というものがある。この関係は、ある意味で、ある心像の実在に対する関係である。実際に目にする硬さが、実際に触ってみた硬さに対して有する一つの模写関係というものもある。しかしながら、この表現は大体において誤った名称である。というのも、通常〔目の前で〕存在している事象は、手にした場合の事物の〔手にかかってくる〕圧力感の心像であるよりもむしろ、手にしようとする準備態勢だからである。

知覚対象は未来の見込としてそこにある。このような知覚対象が実際どおりであるのは、知覚対象がその見込を実現するときである。操作領域においては、見込であると同時にその実現でもあるような一群の知覚対象がある。

知覚は神経系を通して生ずるという叙述は曖昧である。神経系〔のありよう〕それ自体が、〔知覚による〕一つの認識結果なのである。この叙述に、唯一、知性によって理解可能な意義があるとすれば、それは、目に入った対象における運動中の粒子は、視覚に入ってくる事態の実在であるということだけである。これは、〔紛れもなく〕実在であるが、同時に、接触場面における実在でもあり、あるいは操作領域場面における実在でもある。しかしながら、こうした実在は、〔あくまで〕有機体の位置〔接触場面・操作領域場面〕から時間的にも空間的にも隔たっている。科学的説明によると、自然におけるあるレベルに我々が接近しようと企てるとき、そこでは、有機体と目に入ってくる対象とは同時存在しつつも、それぞれの実在性において認識されるというようになっている。つまり、有機体と対象との接触特性、そして、これとは別の特性で、操作領域において有機体と対象によって不変のままに維持されている特性である。こうした自然レベルというのは、〔時間的空間的に遠隔にある事態と、今ここにいる身体場面とが〕一致〔する〕領域、〔両者を〕置換〔しうる〕領域、〔今ここの身体場面において、時間空間上の遠隔事象を〕観測測定〔する〕領域である。

それゆえ、知覚の基本原理は、〔今ここにいる身体にとっての〕操作領域の外部にある対象の〔今ここからの〕時間空間上の隔たりであり、かつ、当の対象が〔身体にとっての〕操作領域内に現れる場合に生じうると想定される対象状況に対して、対処しようとする準備態勢が、有機体のうちにあるということである。こうした準備態勢が発現するのは、時間空間上の遠隔対象の特性を〔他と区別しつつ、あくまで当の特性を〕選択するとき、あるいは切り取るときである。この場合の特性というのは、▼

時間空間上の隔たりが克服された際に操作過程を刺激するような諸々の特性のことである。そうした対象に対処するようにして、我々は当の対象をみる。そのかぎりで、時間空間上の隔たりは、知覚においてはないものとされる。知覚の真理性は、一方で対象接触開始過程、他方で遠隔対象に実際に接触した場合の実際の過程、この両者の一致にある。

以上のもつ意味合いは、〔観測測定〕操作領域と同時存在的な一つの世界に関わるものであり、あるいは、測定の簡易化に取り組む場合であれば、ある瞬時的世界に関わるものである。我々が〔知覚〕対象を今現在の操作領域から遠隔領域へと移す場合、どちらの領域に置かれる対象も、たとえば離れた距離からみた対象と手許の観測測定器の場合のように、一致していると我々は見込んでいる。

それゆえ、知覚作用にとっては、〔観測者から〕離れた位置に〔観測位置と〕同時存在する世界があるのであって、その範囲内で、有機体の側で既に開始されている一定様式で行為する準備態勢が我々にはできているわけである。この世界は、操作過程開始を喚起する様式で、その時点で現実に存在している。このように同時存在する世界は〔必ずしもそういうものとして〕認識されてはいないが、知覚作用においてはそこにあるのである。一旦はじまった過程を最後まで遂行するかどうかという問いが生ずると、その途端に、我々は、知覚している対象を引き合いに出して、意識している対象と呼び、遠隔経験の帰結が今どうなっているかを検証しようとする。我々が「意識している」のは、ただ、知覚的世界にあって、〔観測〕操作完了時の確証を、直接的であれ間接的であれ、示唆する事態である。しばらくの間、環境の中で、その事態が十全たる地位を失うこともあるが、後には、検証作業が用意されている。〔この場合でも〕その事態が疑問の余地なき実在であるかどうかは、遠隔経験の帰結のもつ時間的空間的性格と、有機体によるその帰結の選択とを、再開するような諸々の特性にかかっている。マクベスの目の前の剣は、マクベスが手にするまでは、そこにはない。視覚的環境と心像にあって、選択されはしてもはっきりしないものとなっている要素を、マクベスが〔他から区別して〕取り扱うことができていれば、そうした要素は、ずっとそこにあったといっていいのである。

▼切り取る この言葉は、元々ベルクソンの言葉である（『思考と動き』〔前掲、二一六～二一七頁〕）。これについては、本書第Ⅰ篇第1章一三頁のミードの叙述を参照。

しかし、マクベスが、まだ手許にない当の剣を手にしようとしていた以上、剣の実在性は未来のうちにあったのである。そうした未来を含意していたものをマクベスは意識していたわけである。

我々が目にするものの実在は、我々が対処しうるものである。こうした事態こそが、一致するということであり、同時存在するということであり、正確な測定という目的のために、同時存在しているとみなしてさしつかえないものであり、想像の中で無限に分割されながらも、分割されたもの同士が矛盾にいたることのないものであり、隔たって存在していながらも手許にある場合と同じ性質をもつものである。だが、目に入るものの実在は〔今ここにある身体によって〕感知されるものであるとはいえ、操作領域におけるこうした対象のコントロールは、通常、視覚的なものである。たとえば色のように、遠隔〔対象観測特性〕値の評価特性が、操作上の値とは別に、同時存在しているものとみなされるなら、我々は、遠隔〔対象観測特性〕値を、自覚的に意識しているものとして語る傾向がある。自分がいるその場の経験において、〔観測測定〕操作上の値を評価する際の処置は別にして、もし、当の対象を手でつかもうと構えるならば、その対象は、人間の側で意識しているものとして現れる。ある対象があるとして、それは実のところ一体何なのかを問うて、結局、それが何なのか確定する場合、このことは特にあてはまる。たとえば、薄暗い部屋の中で、ある物体に近づく場合、我々が気づいているのは、ある物体の大きさや尖った角に対して、人間の側が適応するということである。

知覚経験とは、時間的空間的に遠隔にある刺激に関して、接触した場合の経験を見込むことによって、あるいは、ホワイトヘッドがいうように、遠隔特性による接触特質の移し換えによって、我々のふるまい方を方向づけるものである。このことがその場で直に生ずる場合、意識は関与していない。接触を躊躇する場合にこそ、遠隔対象の特性に対して実際に接触して反応しようとする準備態勢が強調される。それは、当の対象がもつ諸々の特性のうち、接触しようとする当初の反応の原因となっている特性を選択する過程においてである。こうなると意識が生ずることになる。つまり、当の対象がもたらしうる見込についての意識である。こうした状況においては、経験は、当該個人のパースペクティヴに属する。というのも、強調されるのは、こうした条件下で有機体が示す構えだからである。この個人のパースペクティヴは、はっきりと強調されるのだが、結局、見込通りにならないこともある。すなわち、その個人にとっての環境の側に属するもの――つまり、〔身体による〕操作領域と同時存在しながらも、〔身体場面から〕離れたところにある見込の達成可能性――は、個人の側のいわゆる意識のうちに存在する。接触を見込んではいるものの、当の対象が本当にそこにあるのかどうか疑わしい場合、色のついた視覚上の形象は、自分の環境から切り離された一個人の意識のうちに宙づりになったままである。知覚の場合であれば、遠隔対象が置かれている領域は、〔身体が置かれている〕操作領域と同時存在しているけれども、操作領域においては、経験は当の個人〔の身体位置〕と同時存在しているのであって、遠隔対象が置かれている領域と同時存在しているわけではない。我々は、有機体の側から、色覚経験時点を推定するのであって、問題となっている対象の側から推定するのではない。

　このように、対象の感覚的性質の場合においては、有機的身体が参照基準であり、また、身体的社会的行動様式における問題発生時の意味の場合においては、自我としての有機的身体が参照基準であり、こうした参照基準は、心理学の領域を示しているわけである。これは、同時存在する遠隔対象がもつ様々な特性の研究であって、こうした特性は、何らかの理由で、当の対象から切り離されており、自我を有する有機体としての個人に対する関係という観点から考察されるものである。この考察は、遠隔対象特性を環境と関係づける上で、固有の機能目的をもっている。こうした考察が生ずる場面は、疑う余地のない知覚対象からなる世界の内部であり、この世界が問題解決の達成を検証する。機能停止するのは、パースペクティヴのごく一部にすぎない。さらにいえば、それは、問題状況化する様々な対象の一部にすぎないのであって、同じように、問題状況場面にあるのは、対象から切り離されている含有特性内容を〔問題負担として〕抱え込んでいるかぎりでの自己の経験の一部分でしかない。このように〔自己に対して〕負担としてのしかかる内容が、いわゆる意識領域を構成する。

　反省作用をともなわない行動様式の場合、〔自明視されている以上〕パースペクティヴが有機体とその環境に〔わざわざ〕分割されることはない。有機体は参照基準点としてのみ存在する。有機体を構成する部分のうち、有機体自身が反応する部分というのは、実のところ、環境を構成する部分である。こうした環境構成部分は、反省などしなくとも、固有の特性をもって、そこにある。このような、反省をともなうことのない知覚世界の内部こそが、反省を要する経験の在処なのである。▼参照基準としての自我に対する参照がつねにともなうとはいえ、こうした知覚世界は、〔反省する〕自我とは独立にそこにある世界である。すなわち、ここ とあそこ、今とあの時、といった区別は、当の有機体に即してでなければ意味はないが、こうした区別は、どれほど反省をともなわない行動様式であろうと、あらゆる行動様式のうちに暗に含まれている。それゆえ、我々の方が世界のパースペクティヴを確定する場合を除けば、我々は、自分たちから独立して存在する世界に生きている。だが、こうした世界のうちに存在するのが、いわゆる意識の領域であり、この意識領域のうちに、事物の特性と意味が現れる。この場合、特性と意味というのは、〔我々からみて〕時間的空間的に遠隔にあり、問題状況化した行動様式の型によって、我々が当の事物の実在と考えているものから切り離されてしまっているものである。社会的個人は、こうした特性と意味を自我に関連づける。というのも、個人の社会的行動様式によって、有機体は、自身に対して、かつまた、他者に対して反応できるからであり、行動様式をコントロールしうる範囲内にあるのは、〔対自然的・対相互的〕経験にあっても、有機体の側だけだからである。

心理学の観点からみるなら、そもそも、自我を構成する内容は、対象に関する有機体の行動様式に対して、当の対象の側が示す反応である。人が木を押したときに、それに応じて返ってくる硬さは、自我を構成している内容の側にある。それは、ちょうど、社会的行動様式にあって、自分自身の行為によって喚起された結果として相手側が示す構えこそが、自分の自我という精神〔作用場面〕にある何ものかを構成しているのと同じなのである。しかし、その相手側の構えは、こちらの自我を構成している内容なのであり、当の有機体の行為をコントロールする機能を有している。このように我々が述べていることは、我々は、対象の硬さに気づいているということであり、したがって、当の硬いものにぶつかることはないということなのである。当の対象が作用するように、こちらがふるまうことによって、あるいは、そうした行為を開始することによって、我々は、当の対象に対して、反応を遅らせるように仕向ける。対象に関する実際の経験に先立って、対象の側が〔こちらに対して〕示す様々な構えというようなものは、こちらの自我の側にあるのであって、当の対象の側には、仮説的に存在するだけである。こうした対象の側の構えは、やがて存在することになる世界のうちに属するのであって、今そこにある世界に固定的に備わっているわけではない。加えていえば、中枢神経系は、今そこにある世界のうちにある。我々は推論によって、こうした行動様式を中枢神経系に関連づける。だが、我々が木のうちに予期する圧力についての感覚は、今その場にある木にはまだ属していないし、今その場にある中枢神経系にも属していない。我々は、木に対して、このように圧力感覚を帰することはできるが、他方で、中枢神経の中でこの圧力感覚を感ずるわけではないのであって、あくまで、我々が想像のうちで我々の前で今機能しているテーブルに対して圧力感覚を帰すのである。〔こうして〕我々の意識は、〔こちらが押した際に〕当の木材が行使するような圧力についての意識である。今そこにある木材は、まだ、そうした圧力を行使していない。反省的意識は〔未来を想定しているのであって〕、中枢神経系を含めて当の世界に対しては、つねに、時間的に先立つ。

物的対象物〔の様態〕について意識していると我々が述べるとき、それは、〔今現在〕遠隔〔にあるがままの対象〕特性が有する内容についていっているのではない。そうではなくて、実際に接触した場合にその接触経験に現れることになるような対象の物理的実在のことをいっているのである。しかしまた、この対象の物理的実在は、今問題となっているふるまい方が抱える不確実な特性のため、今ここからみている遠隔特性とは切り離されている。こうした遠隔特性は、当の対象の置かれている側にあるのであり、最終的にどのような特性であるのか証明されようが、これらの特性は、一瞬にしてすべてを俯瞰しうる世界に属している。そして、このような世界の存在時点は、自然の推移の中では、この巨視的俯瞰を参照基準としているパースペクティヴからわかるのである。当の対象について意識しているというとき、我々がいっている実在には、二重の時間的参照点がある。こうした実在は、知覚によって開始される作用の完成を示しており、したがってまた、瞬間的俯瞰世界において生ずる経験の前方に待ち構えている。しかし、このような実在には、ある要素があって、それは、〔我々にとっての〕見かけの現在という経験を端緒とするとはいえ、こちらの世界から隔たっているがゆえに、この世界には属していない。この要素は、当の遠隔対象を〔今ここにおける〕操作領域内部に持ち込んだ場合に、当の対象が〔こちら側に〕示す圧力に対する反応である。この対象の実在を構成するものは、その対象が示す圧に対応する有機体側の圧ではない。対象の側の圧は、同時に有機体の側でもはじまるが、しかし、あくまでも、対象側の圧なのであって、これが、有機体の接触反応を喚起するのである。

遠隔対象のこのような圧力が、〔こちらの〕経験内部

▼**反省をともなう**… 問題が発生するのは、問題とされていない領域においてのみである。本書第Ⅰ篇第６章「プラグマティズムの真理理論」を参照。

に持ち込まれるのは、我々の身体的活動が有する協働的特性のゆえである。この協働的特性は、運動状態にあろうが静止状態にあろうが、我々の身体的位置の維持、なおかつ、我々の扱う対象の操作、この双方において作用する。足の裏に圧力がかかるためには、それに対応する地面側からの圧力を必要とする。道具、あるいは、いかなるものであれ物的事物〔様態〕を我々がうまくコントロールできるのは、有機体と操作対象物との間の作用と反作用が、運動系を構成するような状況においてのみである。我々の周囲にある物理的世界を抽象的に捉えてしまうと、自分たちが絶えず予期している協働作用を見落としてしまう。たとえば、足下の脆弱な土台の上に成り立つ静止状態と運動状態との協働作用、また、有機体と有機体にとっての操作対象との間の相互影響力作用、そして、一般的にいえば、我々に反応の機会を与える物質の硬度や弾力性、さらに、こうした物質による空間的位置の実効的占有、これらの間の協働作用である。〔身体にとっての〕物質的対象は、我々が何かする場合に行うのと同じだけの事柄を、文字どおり必ず行っている。このように有機体としての人間は重さや大きさや弾力性に依存するのであるが、こうした事態が最もはっきりとみられるのは、小さな子供が一時的に何か気を引こうとするふるまい方においてである。それは、たとえば、身体のバランスをとって維持したり、手でつかもうとする対象を操作するようになったりといった場合である。こうしたことは、未開人の場合であれば、今なお、追想儀式において現れるのであって、たとえば、自分の棲息環境、そして、特に自分の道具や武器に対して未開人が社会的に示す構えにおいてである。これは、今日我々のいう「魔術」において盛んにみられる。

このように物的ではあるが協働的な「他者」を経験するために必要な条件は、自分自身の最終的反応を適切に調整する際に、事物の内部〔で作用するもの〕、つまり事物のもつ有効性と力が世界の現実の一構成要素となるように、個人の側で物的事物〔様態〕が作用するような構えをあらかじめ予想しつつ、その構えをとることである。こういったからといって、今みたような協働的な物的他者が存在しなければ、あるかぎられた物理的環境に対してうまく適応できないといっているわけではない。事物に対する適応領域は広範囲に拡がっているのであって、たとえば、自転車に乗れるようになる際に習得される適応力の場合がそうである。経験の中で他から切り離された要素として現れる行動様式の場合には、我々と協働作用している事物の側の内的有効作用がなくとも、今みたような適応にまで到達することができる。おそらく、この後者のような適応は、人間を除く動物すべてによって獲得されるタイプの適応であろう。これまで、自らの環境と社会関係を取り結んできたのは人間だけであり、したがって、自らの環境との社会関係を一つの自然法則の理論にまで抽象化し一般化したのも人間だけなのである。環境に対するこうした社会関係にとって必要不可欠なのは、物的事物〔様態〕が人格に備わっているということではない。もちろん、幼児や未開人の経験においては、人格に備わっている物的事物に対処することもある。本質的なことは、遠隔対象を手でつかもうと準備する場合、個人は、手でつかむ際の自分自身の努力〔にともなう負荷〕に耐えうる構えを自らとるということであり、なおかつ、操作準備態勢の達成は、諸々の構えのこうした協働的帰結ないし対話の帰結であるということである。そのメカニズムは、おそらく、様々な圧力を調整し合う中で、とりわけ、手にかかってくる圧力を調整する中で、身体の様々な部分が相互に作用し合うことから生ずる。仮に、このメカニズムが、その内部の詳細にまで精密化されれば、それは、人が遠隔にある事物に接触して操作するようになる場合にいったい何が生ずるのか、これに関する社会的な仮説となることだろう。私が対象をつかもうとしているとしよう。その次に、当の事物〔様態〕の果たす役割の範囲内で、私は、このつかもうとすること〔にともなう負荷〕に耐え、その上で、おそらく、その対象物にある突起物を手でつかめるようにする。そうなれば、その対象の突起物という延長部分が梃子として働くだろうし、そのことで、手が発揮しうる力が増大するだろう。こうして、この事物が発揮する諸々の反応を通して我々が到達するのは、操作準備の整った最終的な構えだけではない。さらに加えて、ある内的な性質またはある内在的性質を有する一つの対象物に到達するのである。このような〔圧力調整過程の〕根本的な中心に集まりうるのは、ある対象が我々に対して作用を及ぼす他の事物、その対象の有効作用、その対象の活動的特性である。

これは、当の対象の含有特性内容の在処を、個人の心的経験のうちに位置づけることではない。事物の有効性の在処は、いわゆる見かけの現在のうちに既に〔像として〕存在する未来である。仮説的な社会的構えというものは、（これから起こることの徴候として）それが〔実際に〕作用するまでは、心的である。これに対して、〔ひとたび実際に〕作用するかぎりにおいて、こうした社会的構えは、個人にとってのパースペクティヴのうちにある事物の本質であり、もっと適切な言い方をすれば、この人の自我の発生場面となった相互作用内の集団にとってのパースペクティヴのうちにある事物の本質である。このパースペクティヴは、有機体にとってのことあそこ、今とあの時によって確定されるのに対して、こことあそこ、今とあの時の方は、時間空間内の基準点でしかないのであって、この基準点に即して一致集合が確定される、こうして、有機体は、知覚作用におけるパースペクティヴのうちにあるわけである。もちろん、パースペクティヴの在処を、有機体の内部に位置づけるなどというのは、論外である。

目にしているものを手でつかんでいる場合を除けば、知覚対象の実在は、未来の経験のうちにある。しかし、疑問の余地なく妥当する知覚経験において、我々は、時空連続体から空間を抽出し、自然の一様性を確保して測定可能となるように見かけの現在の幅を縮小し、そのことで、瞬間的世界というフィクションへ接近していく。こうした過程によって、知覚の未来的実在は、同じく時空連続体から抽出された一つの時間〔幅〕という抽象化された現在のうちに持ち込まれる。というのも、疑問の余地なく妥当する実在――知覚対象の接触特性――は持続するのに対して、対象のもつ遠隔特性の方は、今ここにいる個人と対象との距離が変化するごとに、変わってくるからである。時空連続体から、ある時間幅や一つのまとまった空間を取り出す過程そのものは、知覚にとっての自然の推移〔変遷〕から、対象のもつ持続的含有特性を取り出すことであり、したがって、知覚対象の実在性の〔もつ〕未来性を取り除くことになる。しかしながら、知覚対象が問題状況化すると、再び、未来性〔問題解決〕ということが知覚対象に不可分のものとなる。知覚対象のいかなる仮説的実在であれ、その実在が自我に対して指し示す内容は、「心的」と呼ばれるものである。

推移の捨象と呼ばれているものは、何らかの点で、問題となっている推移を顕わにすることのない経験のうちで生ずる。いかなる特性も、こうした捨象を推進しうるだろうが、その中でも最も捨象を推し進めるのは、耐性をもつ空間経験の接触〔観測測定〕値である。近代科学は、これまで、仮説的に想定された物理学上の粒子の発見に成功してきた。この粒子は、空間的に〔分布〕確定されたエネルギーの持続的特性を維持するのであり、かつまた、この粒子の運動は、空間の実効的占有の条件であるのと同様に、知覚対象のもつ他の特性の条件でもある。こうして、物理学上の粒子が存続するかぎりにおいて、我々は瞬間的世界という極限に接近することができる。空間を物理的に占有するということは、〔その占有物の観察者の観点からすれば〕知覚対象の接触場面上の実在を占有するということであり、推移を捨象したところで、当の対象に接触実在占有の特性があることには変わりはないのであって、これはその対象がいつどこに存在しようが同じことである。すなわち、時空経験を通して、我々は〔対象〕操作領域の構造を拡大するわけである。我々が事物をみるとき、想像上あたかも操作処理されているような存在形態で当の事物をみている。知覚されている事態の実在性に疑いを抱くようになった瞬間、それが実在であるかどうかという特性は、経験の推移過程において確証が得られるまで、先送りされる。実在の有するこうした想像上の仮説的特性の存在場所は、仮説構成している個人内部であり、この特性は、今現在の経験として存在している。

諸々の特性、および、こうした特性が具現化されている事物は、パースペクティヴの中においてのみ持続する。このことが最も際立って明らかになるのは、運動と静止という特性においてである。一つの一致集合において静止状態にあるものはすべて、別の一致集合にあっては運動状態にある。だが、このことは他の特性においても妥当する。五感上の特性にあって絶対的に変わることのない感覚特性などというものは存在しない。質量ですら運動とともに変化することを我々は知っている。これについての一般的言明は、事物の物理学的特性の一切はエネルギー〔状態〕に変換可能である点に見出しうる。エネルギーは、一つの系内のあらゆる要素において、恒常的に変化している。経験に現れるかぎりでの自然法則のうちに、いかなるものであれ、〔変わることなく〕絶対的に持続するものなど、見出しえない。あらゆる持続的関係は、これまで、修正を免れていない。〔そうした中にあって〕論理学の定項、論理的条件命題における前件－後件関係からの演繹が、〔変わらぬものとして〕存在している。これと同じカテゴリーに属するのが、いわゆる普遍的なるもの、あるいは、概念である。これらは、論議領域の構成要素であり構造である。自分たちの帰属先でありかつ来歴を示す集団のパースペクティヴにおいて持続する性質を、他者たちに対する、あるいは自分たちに対する社会的行動様式において指し示すかぎりにおいて、我々は、自分たちのふるまい方に対して不変の事象、いいかえれば、〔転変〕推移とは無関係な事象を指し示しているのである。形而上学が、このような論理的構成要素を経験的習慣から取り出し、これに持続的存在という性質を付与するのであれば、このような形而上学は、ある事実を見落としてしまう。その事実とは、すなわち、事態の〔転変〕推移に無関連で〔変わらぬままで〕あるという性質は、反省が生ずる行為状況場面に対して、完全に相

▼**一致集合**　ホワイトヘッドの用語。本書九三頁の訳註を参照。

対的であるということである。いいかえれば、一方では、相異なる様々な状況下にあっても、対話という一つの方法を、したがってまた、状況の違いに左右されることはないと判明している思考方法、そして、あるパースペクティヴから別のパースペクティヴへと参照基準変換をもたらすような思考方法を、我々は見出しうる。これに対して、他方では、〔推移に〕無関連という性質の方は、反省下にある問題が呈している一つの広範な性質に属するものでしかなく、対話思考という方法の発生場面たる社会的行動様式を超えることはない。語ることについて語り思考することについて思考することは、我々が語り思考している内容には左右されないかもしれない。だが、このことが、当の思考に対して、他者との対話や自己との対話が生ずる過程から独立した対象を与えるわけではない。それゆえ、見かけの現在において、また、瞬間的世界への接近過程において、知覚対象が現実に存在するということは、知覚対象の接触〔場面での観測測定〕値が相対的に持続する性質を有することの一つの表れである、そして、接触値を経験のうちにこれから持ち込もうとする行為は未来をともなうけれども、この接触値は、〔遠隔場面－接触場面間の〕推移とは無関連であって、あくまでも見かけの現在に属する。とはいえ、この場合においてさえ、経験値の一定のパターンの持続的反復を認識することで、推移というものを取り戻すことができる。こうした状況においては、有機体と環境との分離は存在しない。〔存在〕領域全体は、分析などしなくとも、〔パースペクティヴと不可分という意味で〕知覚的なのであって、この領域全体には、当の有機体自体も含まれている。

同一の遠隔対象に接触しようとする数々の反応の端緒は様々ある。これらの反応端緒が有機体の側で発生し、そのことで、反応の仕方の端緒それぞれが、相互に抑制し合い、また、これらをうちに抱える行為を抑制するとき、当該対象の接触値は仮説的なものとなり、その在処は未来にあることになる。そして、反応端緒に対する接触値の関係が有機体内にあるからこそ、そうした接触値が当の有機体に指し示される。一言でいえば、接触値は心的なものとなるのである。しかしながら、こうした値は、疑問の余地なく妥当している知覚的領域のうちにあり、有機体の方も、総じて、やはり、このような知覚的領域の内部にある。物質的なものと心的なものとの関係は、一方で、〔接触にいたる転変〕推移とは無関係であり〔したがって、わざわざ〕分析されることのない領域、他方で、疑問の余地があり問題となっている対象の仮説的含有特性、この両者の関係である。そして、この関係の先で待ち構えているのが、完全な実在へ到達する推移をともなう行為である。単純化と測定を目的として、瞬時的世界に接近する場合、推移における時間的空間的特性を捨象しているわけだが、こうした中で、我々は知覚作用における持続的要素を捉える。そして、この要素は、操作領域における接触経験という要素である。遠隔〔対象〕知覚作用を持続的なものとして、かつ、〔変遷をともなう〕推移が捨象されているものとしてみるなら、遠隔〔対象〕知覚作用の未来の接触値は、その場で直に接触する場合の実在の接触〔観測〕値となるはずである。〔存在〕世界は、我々の許から遠く隔たったところにまで空間的に拡がり、かつ、見かけの現在のうちに拡がっており、我々にとっての〔観測測定上の〕単純化が要請するままに、ほとんど瞬間的世界にまで近づくことになる。ここで重要な点として認識しておかなければならないのは次の点である。つまり、知覚的世界において現れる問題が、どれほど深刻でかつ広範囲に拡がっていようと、このように持続している物質またはエネルギーの〔分布〕構成と呼ばれるものは、少なくとも科学的対象という形式で存在し続けているのであり、この物質またはエネルギーの〔分布〕構成がとる構造は、我々の問題解決の土台であり条件である。こうした構成の典型は、ある瞬間時点における物質やエネルギーの分布である。これと対照的に現れるのは、予想される接触経験であって、これは、我々の行動指針たる仮説を検証する際、その途上にある行動様式の帰結から生ずるものである。〔たとえば〕薄暗い明かりの部屋の中で、ぼんやりした輪郭があった場合、生じてくる問題は、目の前にある物体はテーブルなのか椅子なのかというものである。硬い床と、おそらくは四方を囲む壁が、その瞬間にそこにあるのであって、〔テーブルか椅子にたどりつくまでの時間的空間的〕推移場面が捨象されて持続的に存在している。家具の実際の配置は、未来になってわかることである。なるほど、実際に調べてみて、どのような配置が目の前に現れようと、家具の配置は、確かに、今現在の経験のうちにあるのと同じ瞬間における世界の構造に適合しているだろうし、こうしたことは、〔未来の〕瞬間的世界の一部でもあろう。だが、あるパースペクティヴ（今問題にしている個人のパースペクティヴ）というものがあるのであって、このパースペクティヴの中では、実際の家具の配置は、この個人の不確定で未決の構えにとっての一瞬間に属するのではなく、あくまで、〔家具配置が判明する〕未来の瞬間に属するのである。こうした未来の瞬間においてのみ、したがって、世界構造の持続的特性の観点に立つかぎりおいてのみ、実際の家具配置は、それ以前の時点の瞬間に関連づけられるのである。

　パースペクティヴは客観的に存在する。これが、この論文の基本原理である。この命題の換質命題は、パースペクティヴは主観的ではないというものである。いいかえれば、ある知覚的な世界というものがつねに存在するのであり、これが、それ自体パースペクティヴなのであって、主観的なるものは、こうしたパースペクティヴの内部において生ずる。主観的なものと客観的なものとの論理的区別の在処は、このようなパースペクティヴの内部である。対象の実在性が、少なくとも何らかの点で、不確実な未来においてはじめて判明するとき、〔今現在の〕個人において、〔未来における〕当の対象の代わりをなす経験、これこそが主観的なものである。たとえば、ある溝があるとしよう。その幅を見積もる大雑把な手段として、巻き尺の代わりに、飛び越えようとする態勢を用いるのであれば、個人のこうした身構えは、主観的なものとなろう。主観的である理由は、この身構えが当の個人に属するということではなく、当の個人にとっての数ある構えの一つが、暫定的にではあれ、〔溝の幅という〕実際に存在する客観的特性の代わりをなすということでしかない。個人に属する事柄は、その人の周囲にある世界に属する事柄と同じ客観的実在を有する。それは、単にそこにある。この人にとっての世界は、この人の社会的パースペクティヴ内に存在する他の人々にも、接近可能であるのに対して、この個人に属する事柄は、概して、当の個人にしか接近できない。この事実は、この人の有機的身体にとっての経験を主観的なものにするわけではない。この人の経験が主観的になるのは、ただ、その経験が、自らのふるまい方を確定する上で、まだ達成されていない実在の代わりをなす場合でしかない。経験の中でも感情的側面は、大部分、主観的なものであるが、それは、数々の構えにあって、感情が役割を占めている構えが、大部分、我々の諸々の構えの原因となっている実際の客観的な特性の代わりに、我々のふるまい方を確定するからである。我々がしたいという理由で何かを行うときにはつねに、疑問の余地なく、我々は自らの構えにおいて主観的である。心像は概して主観的であるが、それは、時間的にも空間的にも遠隔にある事態に対して、どのようにふるまうかを確定するために、そうした事態の心像に対する反応の仕方に我々が依存しているからである。観念は、すぐれて主観的であるが、それは、観念というものが事物のシンボルの構造であるからであり、さらには、シンボルの意味が、自分たちの仮説的行動計画を定式化する際の我々の反応に基づいているからである。それゆえ、個人とこの人にとっての世界との間の関係は、客観的なものと主観的なものとの関係が出現する条件である。しかし、両者が〔いつでも〕一致するわけではない。たとえば、人間以外の動物のパースペクティヴにおいて、あるいは、我々自身の経験の少なからぬ部分においても、一致があるわけではない。

パースペクティヴに関して思い浮かぶ第一の問いは、そもそも、いかにしてパースペクティヴは現れるのかということである。パースペクティヴというのは、個体との関係下にある世界であり、かつ、世界との関係下にある個体のことである。パースペクティヴの最も明白な例は、生命体とその環境ないしは棲息環境である。だが、どちらも必然的に他方をともなうのに対して、両者の関係にあってことさら重視される関係は、様々に異なるのであって、それは、生命体の環境に対する依存を考慮するか、あるいは、環境の生命体に対する依存を考慮するかによって変わってくる。一般的にいえば、我々は、生命体のその環境に対する依存性を因果的観点から叙述し、環境の生命体に対する関係を論理的観点から叙述する。それゆえ、ダーウィン的進化論の場合、変わりつつある環境条件の下で存続する変種を選択するものとして環境が描かれてきたのに対して、環境の選択の方は、移動あるいは生命体の生活史上の季節ごとの間隔を除いていえば、重要性は無視しうるものとみなされてきた。他方で、環境の生命体に対する依存性は、生命体にとっての生活過程ゆえに出現する意味の観点、ならびに、このような意味が内在する新たな対象の観点からなされてきた。こうして、環境〔のありよう〕は、食料という対象によって定義され、そうした対象が、生命体にとって、時間的空間的にかつ生理学的に接近可能であるかどうかによって定義されてきた。さらにはまた、生命体にとっての気温や湿度、危険からの回避、あるいは危険に対する直面等々、これらの理由から好都合であったり不都合であったりする対象という観点によって、環境〔のありよう〕は定義されてきた。こうした観点を逆にすることも、さらに可能である。ここで、主として同化作用的局面また植物の局面における生命、あるいは、主として異化作用的局面また動物の局面における生命を、全体として思い描いてみよう、つまり、つねに統一を維持してきた生化学的過程内において、様々な機能の広範な分化が生じてきた全体として思い描くわけである。そうすれば、海面、あるいは、陸地付近の海底、土壌や気候、地理上の位置を〔棲息環境として〕選択する原因は、分化しつつある生命過程に有利に働くことに帰せられるだろう。さらに、生命体の身体有機的構造を、太陽エネルギー、物理化学的複合体およびその分布という論理的機能として定義するのは興味深いことである。最も複雑な生命有機体、つまり人間社会においては、こうした観点とは逆のことが、人間社会のいわゆる知性の特徴的発現となっている。人間社会は、その棲息地を地理という観点から選択するのであり、あるいは、人間社会の側が、人間という動物の皮膚を取り囲む気温と湿度を確定するといってよかろう。実際、人間社会は、自らの土壌とその肥沃度の成長、土壌が維持する動物の生活を確定するのであり、最終的には、人間社会が、自らとる様々な形態を選択し確定するといってよい。他方で、様々な自然力を利用する上で社会が成功するかどうかは、世界を力学的な視点で見ることにかかっているのであり、こうした力学的視点によって、人間たちは、いかなる生理学的過程も、あるいは、いかなる技術上の取り組みをも、社会の環境の中で進行している物理的化学的過程の論理的機能として理解することができる。両者の因果的かつ論理的相互規定〔関係〕は、パースペクティヴにとって必要不可欠である。こうした二つの形態の規定関係は、持続ならびに持続が有する推移に対する関係という特性から生ずる。

持続は推移を排除するものではない。あるパターンの繰り返しは、それゆえ、当のパターンが〔変遷〕推移に左右されないかぎりにおいて、持続を表すわけで、これは、〔変遷する〕推移の外部に〔不変の〕本質を有する存在物の場合と同じくらい妥当である。〔推移に対する〕無関連性それ自体が、永遠の本性あるいは永遠の対象を措定するのではない。もちろん、無関連性というのは、何らかの状況に対して有意な関連をもたないという意味である。地球が運動していようと、たとえば、一つの鉄道網において二つの駅が空間的に離れているということに対して、また、この二点間の道程を行き来する電車が要する地球時間に対して、地球の運行は無関連である。太陽の周りを地球が公転する中でも、二点間の反復道程は絶えず維持されている。それにもかかわらず、地球を中心としてみた宇宙にあっては、この二点間移動は、〔天体的〕自然の転変の中で絶え間なく推移しているということは確かであろうし、また、〔天体的〕自然の転変の中で、二点間移動についての絶え間なき反復があるというのも確かであろう。こうしたパターンは、いかなるパターンであれ、持続する。その意味するところは、ホワイトヘッドの言い回しを用いていえば、そうした持続を許容しているということである。自然のこのような局面は、太陽に対して、また、太陽に即して運動している天体に対して静止状態にあるという点で、地球の一致集合〔地球上で同一パースペクティヴを共有する諸要素の集合〕をなしている。他方で、構造上均衡を欠いた欠陥建造物は、自然が許容しえない一つのパターンである。〔その意味で〕このパターンは〔自然上の〕推移に対して無関連なわけではない。原子や分子そして結晶が有するパターンの場合、〔自然上の〕推移に対する無関連性の度合いは様々である。様々な度合いにおいて、自然はパターンの構造を許容している。さらにいえば、このように推移をともなう周期的反復ではあっても、過程としてみるなら、場合によっては、推移に対して無関連であることもある。

あるパターンないしは構造内にある諸要素間の様々な関係は、論理的に妥当する関係であるが、〔同時に〕この関係も、一人の人間によって他者たちに対して、かつ自分に対して指し示される場合には、意味となる。他方で、諸々の事物の推移関係であっても、一つのパターンを維持しないのであれば、この関係は因果的なものである。たとえば、恒星の周りの天体の推移や陽子の周りの電子の推移のように、ある推移関係が、自然の許容しうるパターンに該当する場合であれば、この推移関係は、論理的であり、かつ、意味を有する。このような持続的周期運動の内部において、我々は因果関係を語るのであるが、それは、因果関係を、諸々の力作用からなる一構成物として分析しうる場合である。たとえば、求心力と遠心力〔のバランス〕という例でいえば、天体や電子のそれぞれの位置は、その時々の位置に先行する〔求心力と遠心力のバランスという〕事態との関係においてのみ出現するような場合である。あるいは、我々が因果関係を語るのは、このような周期運動が、別の外的変化と結びつけられるときであって、たとえば、太陽系接近中の星間物質〔ガスや微粒子〕のような場合である。一般的にいって、我々が因果関係を語るのは、変化が存在しながらも、その変化が持続の不在や持続からの離脱をともなう場合である。他方で、これまで（意味へと転化する）「論理的関係」と呼んできたものについて我々が語るのは、周期運動構造の持続が存在する場合である。

パースペクティヴとは、ある構造が自然に対して有する持続的関係であって、このような構造は自己維持する中で変化するものである。その自己維持のうちに何の変化も含まれないのであれば、こうした構造も、もっと範囲の広い構造の中で消えてしまい、個としての同一性を失ってしまうことになろう。我々が宇宙を叙述する際に、時間的空間的に確定されたエネルギーの推移という抽象的観点を用いるならば、あるパースペクティヴの最も単純な形態は、エネルギー粒子の構造——つまり時間的空間的に確定されたエネルギー——であり、これは、パースペクティヴ以外のすべてのものが持続するか変化するかに関して成立する一致集合としてある、つまり、静止状態にあるか、あるいは、運動状態にあるわけである。というのも、こうした抽象の中では、あらゆる変化は、今とここ、あの時とそこ〔といった時間的空間的位置〕に対する関係の中での運動として発現するからである。こういった構造は自己維持する、つまり、持続するのに対して、宇宙は、この構造を許容し、この構造との関係において存在する。同様に、宇宙を考察する場合、こうした抽象の内部の他のいかなる構造の観点に立つことも妥当であろう。相対性理論の達成成果が決定的に示してきたのは以下のことである。すなわち、空間も時間も、このようなパースペクティヴにおいてのみ存在するということ、こうした空間時間が構成要素として内部に含まれている絶対的空間時間など存在しないし、こうした空間時間は、絶対的空間時間に還元することなどできないということ、絶対的な静止状態も絶対的な運動状態も存在しえないということ、さらにいえば、エネルギーの時間的空間的測定〔値〕は、運動の観点によってのみ叙述できるため、時間的空間的特性もまた諸々のパースペクティヴに相関的であるということ、以上である。技術上の顕著な達成成果は、ある種の数学理論の発展でもあった。その数学理論によれば、あるパースペクティヴ内に立つ科学者は、そのパースペクティヴの時間空間の観点から、エネルギーに関する特性を測定してしまっていても、同時に、別のパースペクティヴの内部に自らを位置づけることができるのであり、したがってまた、当初の特性測定値を、この別のパースペクティヴからみたかぎりでの時間空間に変換できるし、その逆もまた可能であるという。このような理論のもたらす数々の帰結の一つは、ある一つの出来事を、様々なパースペクティヴの中で区別して取り扱いつつ、しかも、その出来事の時空特性とエネルギー特性は様々でありながらも、依然として同一の出来事として扱うことができるということである。絶対的〔時間空間〕理論がこれまで想定してきたところによれば、出来事というものは絶対的な実在という領域において存在するのであり、パースペクティヴは、このような絶対的な実在の不完全な表象である。これに対して、相対性の考え方が排除するのは、このような絶対的な領域ではなくて、ニュートン的絶対的時間空間によって絶対的な領域を従来のように叙述することである。実在という一つの絶対的世界があり、諸々のパースペクティヴはその不完全な表象であるという考えと並んで、もう一つの候補として登場するのが、諸々のパースペクティヴからなる世界という考え方である。この考えにおいては、いかなるパースペクティヴにとっても、一つのパースペクティヴとしてみれば、その参照基準となるのは、〔パースペクティヴの〕背後にある絶対的なるものではなく、あるパースペクティヴから別のパースペクティヴへの変換である。背後にある絶対的なるものというのは、アリストテレス流の実体概念であり、その実在性は変化の不在を意味し、したがって、無時間的なものであった。ニュートン力学の観点から、この実体概念は、空間的に確定された質量として再び取り上げられるようになったのであり、その本質は、時間が可能にする空間的変化によっては影響を受けることはない、つまり、運動によって影響を受けることはないというものだった。さらに、再び取り上げられるようになったのは、運動法則であって、運動の一様性は、時間上の変化とは無関連であり、したがってまた、ここでも無時間的性質を有するようになる。だが、どれほど究極的なレベルで理解されようとも、もし、無時間性は実在の特性ではないとしたら、あるいは、もし、持続が根本的であるのと同じように、変化もまた根本的であり、両者は互いに他を内包するとしたら、さらには、もし、あるパースペクティヴの中で変化しているものも、別のパースペクティヴの中では持続しており、逆もまた成り立つとしたら、どうなるか。このように仮定するなら、科学や認識が追い求めている実在は、その基準を、変化に対する無関連性以外の何らかの他の特性のうちに見出さねばならなくなる。

我々が認識において追求するのは、変化それ自体に対して無関連な事態ではない。そうではなくて、あくまでも、我々を巻き込んでいる問題状況場面をうちに含む変化に対する無関連性を追求するのである。〔今ここにいる我々からみて〕時間的空間的に遠隔にある環境には、〔我々によって見据えられた〕見込というものがあるが、その環境内の他の特徴ゆえに、こうした見込が与えられていない、あるいは、疑わしくなったりすることがある。見込をもたらさないこうした特性は、信頼に値するものではなくなり、持続しなくなる。こうなると、我々が追求する特性は、その見込が遠隔知覚において存在しており、なおかつ、〔我々の側で〕既に喚起されている反応を最終的には正当化するような特性ということになる。直接知覚の場合、こうした見込は、遠隔経験があらかじめ想定する接触経験である。その意味するところは、このような見込に促されて、接近したり遠のいたりしながらも、他方では、この見込によって、行為全体の関与する接触反応が開始されるということである。接触経験の可能性を超えたところにある科学的対象でさえ実在を有するのであって、これはエネルギーによって表現される。この場合、エネルギーは、他のすべてを排除して、時間空間の外延を占有している。たとえば、「ある特定の電子などというものは、実際に存在するのか」と自問自答してみるなら、その答えは、今みたような観点によって答えねばならないはずである。もっとも、〔その時点で特定の〕時空範囲を占有していた電子の特性は、この場合の実際の時空範囲の占有によって汲み尽くされるわけではない。物理的事物〔様態〕としての電子の実在は、時空の特定部分占有によって表現されるだろうが、このような時空占有は、接触経験の本質であって、たとえ、仮説的に想定された粒子の微小性が、接触経験を、不可能にするほどにまで、排除してしまっていようが、事情に変わりはない。確かに、厳密な物理科学における時空は感覚認識における時空とは異なる。しかし、時空の示量性、ならびに、占有〔可能域〕を限定づける境界は保持されている。物理的な現実存在が定義されるのは、こうした示量性と境界の中においてである。いいかえれば、知覚上の一出来事に関して時間系が確定されているかぎり、自然〔物質〕の示量性を、知覚世界の示量性〔知覚によって知りうる測定値〕によって明らかにしうると仮定するならば、実在〔であるかどうか〕についての知覚上の基準は、いかに抽象的な意味であろうと、科学上の時空において成立しなければならない。つまり、遠隔〔対象を〕知覚することで喚起される接触という反応が成立しなければならないのである。このことを、私は、外延の有界域の次のような占有様式として捉えている。すなわち、ある対象が有界の外延を占有しているとき、この有界域は、他のいかなる物体もこの有界域を占有しえないように耐性を維持できなければならないということである。さらにいえば、こうした耐性は、遠隔対象を直接知覚することによっては、けっして証明できないのであって、その検証は、〔耐性維持という〕慣性によらなければならない。もちろん、本質的に接触によって感知される経験特性を間接的に証明するにあたって、我々は遠隔〔対象〕知覚に依存してはいるのであろうが。

それゆえ、ある物理的対象の存在確定条件は、ある一定の最小限度の境界を有する時空において、その外延を当の対象が占有しているのであれば、他のいかなる対象による占有も許容されないままであるということであり、これは、その対象が物理科学にとっての究極の対象であっても、いえることである。ただし、この事実上の外延占有の証明は、間接的なものではある。色や音、臭いや味といった遠隔〔にある対象に関して今ここで感知される〕特性は、当の対象が占有している有界外延と同一の有界外延を占有することができるし、当の物理的事物〔様態〕が実際にそこに存在している間に必ずしも変化をともなわなくとも、この特性は様々に変わりうる。有界外延を実際に占有するという特性は、当の物理的対象に何ら変化がなくとも、変わりうる。いわゆる第二性質は、〔自己維持する〕耐性が拡大されている物質にそなわっているといわれている。操作領域において人が実際に取り扱うのは、色があり臭いがあり、音がなっていて味のある対象である。遠隔特性は、もはや遠隔ではないように思われ、当の対象は〔遠隔－接触関係の〕崩壊した作用に対応している。しかしながら、当の対象のいわゆる第二性質は時間次元においても作用する機能なのであって、この事実は第二性質の物理学的理論のうちに再び現れる。味覚と嗅覚の場合、化学上の活性作用は、対象の実在と考えられている抵抗粒子から、〔今ここで味や臭いを感知している〕有機体の側へ移る。色と音の場合、〔粒子等の〕振動過程が、遠隔にある対象を、感知する側の有機体に関連づける。想像力は増幅装置によって活性化され拡大され、そのことで、想像力は、空間次元のみならず時間次元においても操作領域を拡大し、さらには、遠隔特性によって影響を受けた対象に対して、その存在時点を確定するのであるが、これは、当の対象に内在する質量粒子とエネルギー粒子の集合としての存在時点とは異なっている。質量粒子あるいはエネルギー粒子としてみれば、〔存在時点を異にする〕諸々の対象も同時存在しうる。色や音そして味覚や嗅覚としてみれば、諸々の対象には、物理的あるいは物理化学的活性の推移がともなっているが、こうした活性は、質量粒子あるいはエネルギー粒子の存在〔時点・地点〕と有意な関連をもっていない。

　第二性質あるいは対象のいわゆる主観的性質に関わっているのは、このように遠隔－接触関係の崩壊した活動作用である。操作領域においては、存在時点を異にする複数の特性、つまり、遠隔特性と接触特性とは、同期化される。というのも、遠隔特性の存在時点というのは、〔今ここにいる我々にとっては〕遠隔特性によって見込まれる〔今ここの〕接触経験の存在時点だからである。だが、接触〔して今ここで感知される特性〕パターンの持続は、〔今ここにとっての遠隔対象が感知上もたらす〕見込と〔実際に接触した際の見込の〕実現との間にある推移に対して有意な関連をもっていないのであって、我々は、〔時間的空間的に〕遠隔〔にある〕対象を、〔今ここの〕操作領域において、目にするのである。しかし、未来を今現在のものとしてみることに対してなすべき代価は、みられるものの代わりに、〔今現在〕みることに置き換えることである。接触〔時点で〕の実在と同期化しているのは〔遠隔時点・遠隔地点の実在ではなく〕、今現在みているということのみである。みられている事態は、まだここにはない実在と同期化されているわけである。確かに、我々がこれから経験することになる接触実在は〔今現在からそのときまで〕持続するし、そうした実在は、〔そのときにいたるまでの〕未確定状態下で進行する時間的過程と有意な関連性をもっていない。我々が目にする事物は、今現在存在しているといってさしつかえないような事物であるが、しかし、視覚に入ってくる内容の方は、今現在存在しているものと同じではありえない。それは、あくまで、今現在観察している人にとっての今現在と同一視されうるのみである。今現在存在しているものとして捉えるなら、それは、あくまで、我々の未来に待ち構えている客観的実在の〔今ここにおける〕主観的代替物である。他方で、我々は、この主観的代替物を、いずれ対処することになる何かとみなすことによって、客観性へと再構成する。この二つの構えは、完全に区別可能である。我々が反省過程にないときでも、我々は、〔今ここの場面ではなく〕時間的にも空間的にも我々の前方にある世界へと歩み出しているのであって、この前方にある世界には、見かけの現在を構成する未来〔像〕に属する不確定性、したがって、まだ顕在化されていない不確定性がある。この未来が最終的な実在であるかどうかは、〔現在進行している〕行為の達成にかかっている。いかなるときでも、硬い石は我々の足元に沈むだろうし、壁がこちらに近づいてくるとすれば、その壁は空想の産物となろう。しかし、我々が目にしたものは、後に実現することはなかったとしても、見込として、そこにあったのである。もし、我々が、反省することによって、自分たちにとっての操作領域を遠隔場面にまで拡大し、その上で、当の遠隔対象は、我々が踏みしめているものと同じ意味で、今存在していると主張するのであれば、我々は、遠隔対象の視覚像を、ここで地面を踏みしめている有機体にとっての今に付託しなければならない。遠隔対象と〔今ここにいる〕有機体との結びつきは、接触領域の実在の観点によってなされなければならない。ある瞬間においては、宇宙は、一瞬間の空間を通じて分布している数々のエネルギー粒子から成り立っていると考えられるかもしれない。これが知覚的世界であるといえるのは、こうした粒子のもつ抵抗性が、接触経験において再現されるという意味においてのみである。完全な知覚世界は、我々の前途に、つまり未来に存在する。遠隔にある数々の粒子の配置状態がどうなっているかを我々は仮説的に確定できるのであって、それは、そこにある対象の遠隔特性は、いかなる瞬間においても、そのようになっているはずだというように想定することによる。自然における永続的関係の発見によって、我々はこのような確定ができる。それゆえ、〔今ここにいる〕我々にとって時間的空間的に遠隔にある対象が、たとえば、一定の色によって特徴づけられているときには、この遠隔対象は、これを構成しているエネルギー粒子の一定の運動によって特徴づけられているにちがいない、このように我々は確定できる。しかし、このようなエネルギー粒子とその運動によって叙述された事態は、けっして色によって叙述された事態ではない。ある有機体が、こうしたエネルギー粒子の抵抗を経験することができるのであれば、おそらく、エネルギー粒子振動の経験を有することになろう。この場合の経験は、色の経験ではなく振動の経験であるというだけではない。さらにいえば、経験される振動は、色に対応していると考えうるが、それでも、つねに時間的にも空間的にも色から隔たっているということになろう。接触領域においてさえ、色に関する我々の物理学理論は、他のいかなる遠隔経験の場合と同様に、遠隔距離がどれほど微小であろうと、エネルギー粒子による叙述を色から切り離すのである。色に関して見込として想定される接触経験は、そして、仮説的に知りうるエネルギー粒子の一瞬時点における分布は、つねに、この粒子分布が対応している色よりも、時間的に先行している。確かに、振動周期過程の持続を仮定するならば、色が視野に入っているとき、〔その色に対応する〕同種類のエネルギー粒子分布が生じていると主張しうる。しかし、今生じている振動は、粒子分布〔状態〕を確定するときにはいつでも、今まだ目に入っていない一定の色に対応するはずである。たとえば、いかなる測定時点であろうと、太陽の表面において生じている振動は、その瞬間を測定している物理学者のパースペクティヴにおいて、視野に入っている太陽よりも、およそ八分先行しているわけである。確かに、八分後にも、同じような類いの振動が太陽の表面上において生じているだろうが、それは、〔観測者にとっての観測時点で〕目に入っている太陽に対応する振動ではない。

今日の理論は、こうした事態を、太陽の表面上の振動とそれを観測している物理学者の中枢神経系との間の因果関係によって叙述する。それゆえ、今日の理論は、視野に入っている太陽を、当の物理学者の意識のうちに位置づけて、神経系における刺激に対応して太陽が存在することになるとしているわけである。この理論から派生する一定の意味合いは、正しい。仮に、太陽が輝くのをやめることになっても、輝きを失った時点から八分間の間は、当の物理学者にとっての天空に太陽は存在し続ける。太陽の表面上の振動と、当の物理学者の実験室内で八分後に現れている残像との間には、一対一の対応関係がある。視野に入っている天空上の対象についての見込は、誤差を免れないのであり、遠隔にある天体の場合、その誤差は巨大なものとなろう。そして、因果関連と、視野に入っている対象の特性との間で発見される対応は、これらの特性と、この関連の中でも〔特に〕現存する有機体の神経装置に即座に影響を及ぼす関連との間で確証される。すなわち、我々が視覚的に感知する対象の在処は未来であって、それは、既に開始された〔観測〕行為が達成された最終時点である。これに対して、我々が知覚的に感知する特性の方は、既に時間を経過してしまっている対象に対応している。しかしながら、これは、人間が有する知性の知覚観点によって叙述されたもの以外の何ものでもない。すなわち、知覚は、対象の過去からその未来を築き上げるのである。

（チャールズ・M・モリス編『行為の哲学』一九三八年、没後出版より）

第５章
諸々のパースペクティヴの客観的実在性（一九二七年）

The Objective Reality of Perspectives

経験のうちに実在なるものの一切を持ち込もうとする「絶対的観念論▼」の壮大な試みは失敗した。この試みが失敗したのは、有限の自我▼〔有限な個人の自己〕のパースペクティヴを、絶望的なほど主観性に汚染されたままにし、したがって、実在的でないものにとどめておいたからであった。この見解からみれば、個人の理論的生活も実践的生活も〔主観性に汚染されている以上〕、自然の創造的前進▼において、何の役割も担っていなかった。さらに、この試みが失敗したのは、科学的方法、ならびに、その発見と発明の達成成果をもってしても、絶対的観念論の弁証法などというもののうちに、妥当な叙述を見出せなかったからである。絶対的観念論は、現代生活がもつ二大勢力、つまり、創造的個人と創造的科学を認めはしたが、結局のところ、この二つを、絶対的自我にとっての経験を歪曲するものとして、放棄しただけだった。絶対的観念論の課題は成就されないままだった。その課題というのは、心の形而上学と物質運動の科学とが意識の領野へと追いやった特性と性質を、自然のうちに回復

▼**「絶対的観念論」**　ミードと同時代に限定していえば、想定されている論者の一人として、ミードのハーバード時代の師匠、ジョサイア・ロイスがあげられる。

させるということであり、さらには、自然のうちに精神が占める場所を見出すにあたって、その際の場所は、自然が経験のうちに現れうるような場所でなければならないというものであった。この問題を建設的な形で再定式化したのは、生理学的にして実験的な心理学であった。この心理学は、科学と哲学双方が認識した有機的自然のうちに精神をしっかりとつなぎ止め、そこから切り離されないようにしたのである。このような再定式化に基づいて哲学は自らに割り当てられた役割を宣言した。それは、ウィリアム・ジェイムズの理にかなった問い「意識は存在するか▼」において示されている。精神と自然の二元論は、日に日に容認し得ないものとなりつつあるが、これに対しては、たとえば、ベルクソンの進化論的哲学、新観念論、新実在論、さらには、プラグマティズムが、次々と本格的な形で、形而上学上の攻撃をしかけてきている。だが、この攻撃によって敵陣が陥落したなどとは、今なお誰もいえない。

ここで、二つの動向に注意を喚起しておきたい。この二つは、結びついているわけではないが、私には極めて重要な戦略的位置に近づいているように思える。この動向は、パースペクティヴの客観性と呼びうる。この二つの動向のうち、一つは、行動主義心理学にあって、コミュニケーション、思考過程、現実的意味を、それぞれ不可分のものとして自然のうちに据える。それはちょうど、生物学的心理学が、動物一般と人間の知性を不可分のものとして自然のうちに据えたのと同じである。今一つは、相対性理論の哲学の一側面であり、ホワイトヘッド教授によって示されたものである。

ホワイトヘッド教授は、ミンコフスキーの四次元世界の中を推移する諸々の出来事という観点に立って、相対性理論を解釈する。だが、諸々の出来事が推移する場としての秩序は、一致集合▼に相関的である。一致集合は、知覚しつつある出来事▼（a percipient event）ないし有機体との関係によって定義される。〔観察者が〕知覚しつつある〔という身体活動上の〕出来事は、ここ とあそこ、今とあの時という恒常的特性を打ち立てると同時に、それ自体も、一つの持続的パターンである。このパターンは出来事の推移の中で繰り返される。こうした繰り返しのパターンのそれぞれは、まとまりとして把握され、あるいは、統一体をなすものとして抱握▼される。こうした統一体は、有機体が現にあるとおりにあるために必要な時間的拡がりと同じくらいの時間的拡がりをもっているにちがいない。このことは、鉄の原子内電子の回転にみられる周期の場合であろうと、人間にとっての見かけの現在にみられる時間的拡がりの場合であろうと、同じである。このように〔観察者が〕知覚しつつある〔という身体活動上の〕出来事ないし有機体は、電子の周期、あるいは、有機体に不可欠な重要な時期を通して、こことあそこ、今とあの時といった関係の中で持続する出来事のパターンからなる一致集合を打ち立て、そうすることで、〔その都度の一致集合に即して成層化される〕自然の各層を作り上げ、時間から空間を区別する。有機体のこうしたパースペクティヴは、このようにして、自然のうちにある。パースペクティヴのうちにあって、こことあそこという持続的特性を保持していないものは、運動過程にある。こうした運動物体は、別の何らかの有機体の観点からすれば、静止しているかもしれないし、ここで静止しているものでも、今述べた別の有機体のパースペクティヴの時間参照系においては、運動していることになろう。ホワイトヘッド教授の言い方を用いるなら、自

▼有限の自我（finite ego, ich）元々ドイツ観念論で用いられる概念であり、「無限の自我」（infinite ego, Ichheit）と対比されている。ミードは講義録『十九世紀の思想の動き』のフィヒテに関する章において、これを自らの議論にひきつけて次のように述べている。

「フィヒテの観念論は、他のロマン主義的観念論学派のひとたちのそれと同じように、『絶対的観念論』とよばれる。すなわちそれは、絶対的自我の存在を前提し、私たちの自我はその有限のあらわれにすぎないと考える」（ミード『西洋近代思想史（上）十九世紀の思想の動き』魚津郁夫・小柳正弘訳、講談社学術文庫、一九九四年、一九四頁）。

「私たちが現にあるような私たちであるのは、社会に所属するからであるが、そうした社会は、もろもろの自我を組織したものにほかならない。〔改行〕ここでフィヒテが考えたのは、すべての自我を以上のように組織した絶対的自我、すなわち、すべての有限な自我を組織した無限の自我である。それゆえ、社会が共同体の全ての成員の行為について責務を設定するのと同じように、こうした無限の絶対的自我は、それを構成するすべての有限的自我のそれぞれの役割について、絶対的自我のために責務を設定する」（前掲書、二〇三頁）。

▼創造的前進 ホワイトヘッドの用語。「われわれは、自然が絶え間なく新しさへと移り行くこととして経験したり、認識したりしているこの創造的前進を、自然なかたちで測定のために採用する単一の時間系列と、習慣的にまた無意識的に混同しているのである」（『自然という概念』一九八二年、藤川吉美訳、松籟社、二〇三頁）。

▼「意識は存在するか」 *The Journal of Philosophy, Psychology, and Scientific Methods*, 1 (1904). Reprinted in William James, *Essays in Radical Empiricism*, edited by R. B. Perry (New York: Longmans, Green, and Co., 1912. ジェイムズ『根本的経験論』（桝田啓三郎・加藤茂訳、白水社、一九七八年）、同『純粋経験の哲学』（伊藤邦武訳、岩波文庫、二〇〇四年）に、それぞれ収録されている。

然が有機体によって影響を被る側にあるかぎりにおいて、自然は諸々のパースペクティヴに成層化されるのであって、各パースペクティヴの交差が自然の創造的前進を構成する。ホワイトヘッド教授は、物理学における相対性理論を、交差する諸々の時間系の観点から叙述しているが、これは完全に成功している。

　ホワイトヘッド教授の自然哲学から私が取り上げたいと考えている概念は、今みたように諸々のパースペクティヴの編成体としての自然という概念であり、これらの諸々のパースペクティヴは自然のうちにあるというものである。自然のうちにあるものとしてのパースペクティヴという考え方は、ある意味で、最も難解な自然科学から哲学へ予期せぬ形で贈られた考え方である。これらのパースペクティヴは、何か〔本来的な〕完全なパターンについての歪んだパースペクティヴではないし、本体的世界を実在の在処としている諸々の事物から選択されたものとして、意識のうちにあるわけでもない。これらのパースペクティヴは、〔単独であるのではなく〕各パースペクティヴ間で相互に関係しつつも、科学が認識する自然なのである。生物学は、こうしたパースペクティヴを、生命種とその環境という観点から、取り扱うことはしてきたし、さらには、生態学の点から、諸々の環境の組織化を扱いもした。だが、生物学が容認してきたのは、絶対的時間空間内の物理的粒子の世界であって、これは、有機体のいかなる環境からも、つまり、いかなるパースペクティヴからも独立してそこにあるものとされている。ホワイトヘッド教授の場合は、いかなる統一構造をも含めるべく、有機体概念を一般化する。この場合、〔有機体の〕統一構造は、その性質上、自己維持するために要する期間を要請するのであり、したがって、空間的構造であるのみならず、時間的構造つまり一つの過程でもある。このような〔有機体〕構造は、自ら有する〔各パースペクティヴの〕共通集合によって、自然を、有機体自体のパースペクティヴごとに成層化するのであり、〔有機体〕構造自体の恒常的時間空間を、出来事の一般的推移から区別する。こうして、物理科学が対象とする世界は、丸ごと、有機体にとっての環境という領域へと移されるのであり、したがって、〔パースペクティヴから〕独立自存した物質的実体群からなる世界などというものは存在しないし、パースペクティヴにしたところで、こうした世界からの単なる抽出物なのではない。このような世界に代わって現れるのは、相互に関連し合うすべてのパースペクティヴである。

　ホワイトヘッド教授は、ベルクソン風にスピノザを解釈し、出来事の構造において自らを個別化する基底的実体を主張するが、ここでは、この点について考察するつ

▼一致集合 ミードは、ここで、ホワイトヘッド固有の術語を用いている。「一致集合」については、以下の叙述を参照。「列車内の乗客が列車の固定した一点を眺める。路傍の駅長は、乗客が実際にはロンドンからマンチェスターに至る点跡を眺めていたことを知っている。駅長は自分の駅が地球に固定されているものとしている」。「こうして、各剛体は自らの点、自らの線、自らの平面でもって自らの空間を定義する。二つの剛体はそれらの空間という点で互いに一致するかもしれない。つまり、いずれかの点が両方の点となっているかもしれない。このとき、もし第三の剛体がそのいずれかと一致するならば、その両方と一致するであろう。現実的あるいは仮説的な、空間形成のうえで一致する剛体の完全な集合は『一致集合（consentient set）』と呼ばれる」（ホワイトヘッド『自然認識の諸原理』藤川吉美訳、松籟社、一九八一年、三一頁）。

▼知覚しつつある出来事 補って訳すとすれば、〔観察者〕が知覚しつつある〔という身体活動上の〕出来事となる。以下の叙述を参照。

ホワイトヘッドのいくつかの著作で説明がなされているが、次のものが一番わかりやすい。「緑は、ある観察者に対してある状況下で現われるが、それはその観測者の状況とは区別されながらもそれと同時間の状況である。したがって、三つの同時の出来事に対する本質的な言及がある〔三つの同時の出来事に本質的に関わっている〕。つまり、知覚しつつある出来事とよばれる観察者の身体生活である出来事と、観察時のこの緑の状況とよばれる出来事と、その時の自然の全体にほかならない観察の時間とである」（『相対性原理』藤川吉美訳、松籟社、一九八三年、二八頁）。

いいかえれば、「〔観察者が〕知覚しつつある〔という身体活動上の〕出来事」は、この観察者に、「いつ」「どこで」「いかにして」という意識を起こさせる出来事である（ホワイトヘッド『自然という概念』一九八二年、藤川吉美訳、松籟社、一二一～一二二頁）。

また、以下も参照。「この出来事〔知覚しつつある出来事〕は心ではない。すなわち知覚者（the percipient）ではない。それは自然において、それをもとにして心が知覚するところのものである。自然における心の完全な拠り所は一対の出来事、すなわち、「いつ」という意識をおこさせるところの現在の持続と、『どこ』という意識と、『いかに』という意識をおこさせるところの知覚しつつある出来事とによって表わされる。この知覚しつつある出来事は、おおざっぱにいえば、身体をそなえた心の生理的活動である。しかし、この同一視は粗雑なものであるにすぎない。というのは、身体の諸機能が自然における他の出来事の諸機能へと移り変わっていくからである。したがって、ある意味では、知覚しつつある出来事は身体的活動のほんの一部と看做されるべきであるが、また、他の意味では、知覚しつつある出来事は身体的活動を超えたものと看做されることすらあるかもしれない」（次見開きの訳注に続く）

もりはない。同じく、ホワイトヘッド教授は、永遠的対象〔普遍的性質〕からなるプラトン的天上界を取り上げ、そこでは、永遠の対象は可能性として描かれ出来事に進入▼（ingression）するとしているが、これについても考察するつもりはない。ここで扱いたいのは、むしろ、ホワイトヘッド教授のライプニッツの継承である。これは彼のパースペクティヴ概念においては、出来事の中で他のすべての出来事を映し出すものとして現れる。ライプニッツは、ある心理的過程を自身の自然哲学において中心的なものとした。彼のモナドの内容をなしているのは、心的状態であり、知覚であり、微小知覚であった。これらの内容は、宇宙の表象としては部分的に発展したものでしかなかったが、それでも、宇宙の実在を余すところなくすべてを必然的に表象していた。あらゆるモナドにおける表象された内容は、それが明晰かつ判明であるかぎり、同一のものであった。したがって、これらの諸々のモナドのパースペクティヴの編成体は、合理的内容の同一性においてあらかじめ打ち立てられた予定調和であった〔つまり、モナド間に調和が成立するよう神によってあらかじめ定められているという意味で予定調和であった〕。ホワイトヘッド教授の原理の場合、諸々のパースペクティヴの編成体は、同一内容の表象ではなく、同一群の出来事が、相異なる時間系によって交差するものであった。

こうしてみると、物理的存在の原理として単純な位置確定を放棄すること、すなわち、物的対象の存在とは、絶対的時間上の一瞬間において絶対的空間上の一定の体積を占めることであるという考えを放棄すること、さらには、時間を真剣に考えること、すなわち、いかなる出来事も他の出来事と無数のパターンで同時存在しうるのであり、したがって、同一の出来事も無数の時間的順序をもちうるということ、これらの立場によって可能になるのは、もちろん、同一群に属する諸々の出来事を、無数の相異なるパースペクティヴの編成体とみなすことである。

ホワイトヘッド教授には、諸々の出来事の様々な局面を出来事の統一体へと抱握する原理があるが、私が確認したかぎりでは、彼の著作にみられる要約的な叙述から、この原理を満足行くレベルで解明するのは不可能である。そこで、これを議論する代わりに、一群の出来事を、諸々の出来事の相異なるパースペクティヴの編成体として概念把握する議論を、社会科学の領域および行動心理学の領域の観点から考察することにしたい。

第一に、一群の出来事のこうした概念把握は、まさしく、いかなる社会科学にとっても主題となるものと思われる。社会科学が取り組む人間経験は、何よりも諸個人の経験である。諸々の出来事、環境的諸条件、諸々の価値、これらの一様性と法則、こうしたものが、あくまで諸個人の諸個人としての経験に関与するかぎりにおいて、社会科学の考察主題となる。たとえば、環境的諸条件が存在するのは、これらが、現に存在する諸々の個人に影響を及ぼすかぎりにおいて、そして、あくまでも、こうしたかぎりでの個人に影響を及ぼすかぎりにおいてのみである。諸々の出来事の法則とは、A、B、C、Dという各個人の経験の中で、こうした各個人に対して生じた出来事の統計的一様性でしかない。さらにいえば、これらの出来事やその価値の意味が、いやしくも社会科学にとっての存在であるというのであれば、こうした出来事や価値は、これらの個人個人の経験のうちに見出されなければならない。

第二に、ある社会が発生し、この社会の出来事が科学的探究の対象となるのは、個人が、自身のパースペクティヴにおいてのみならず、他者たちのパースペクティヴにおいて、とりわけ、ある集団にとっての共通のパースペクティヴにおいてふるまうかぎりにおいてのみである。社会組織の〔成り立たなくなる〕限界線がみられるのは、個人が他者たちのパースペクティヴのうちに身を置くことができない、つまり、他者たちの見解を取り入れる能力を欠いているところにある。この論点は十分知られているところなので、長々と述べるつもりはないが、次のことは示唆しておきたい。このような限界線においてこ

（前見開きの訳注より続く）（『自然という概念』一九八二年、藤川吉美訳、松籟社、一一一～一一二頁）。

「われわれのいう『知覚しつつある出来事』とは、われわれの観察的現在に含まれた出来事であり、それをわれわれはある特異な仕方で、われわれの知覚の観点であるとして区別するのである。概略的に言うならば、知覚しつつある出来事とは、現在の持続含《ママ》まれているわれわれの身体的活動である」（同書、一一三頁）。

▼**抱握（prehension）**　ミードが参照した『科学と近代世界（*Science and the Modern World*, Lowell Lectures, 1925）』には、次の叙述がある。「知覚（ないし表象）する（perceive）という言葉の中には日常の用法では、認識的把握という概念が強く貫いている。把握（apprehension）という言葉も同様であり、それには認識的（cognitive）という形容詞が付いていないときでさえそうである。わたくしは非認識的把握（uncognitive apprehension）に対して、抱握（prehension）という言葉を用いようと思う。この言葉でわたくしの意味するところは、認識的でもあり、またそうでないこともありうる把握である。……『したがって、君がここで見ている城も、遠くに存在すると君が想像している実在のものでないことは明らかではないか』。それゆえここには、他の場所に関係した事物の、ここ、この場所における、抱握がある。」（『科学と近代世界』上田泰治・村上至孝訳、松籟社、一九八一年、九一～九二頁）。

そ、パースペクティヴの実際の編成がみられるのであり、このような編成原理は、まったく明白だということである。その編成原理とはこうである。個人が他者たちのパースペクティヴに参入するのは、この個人が他者たちの構えをとることができる、あるいは、他者たちの見解をとることができるかぎりにおいてである。

この原理は、社会的行動様式にとっては、ありきたりなことである。これに対して、もし、諸々のパースペクティヴの客観性ということを受け容れ、こうしたパースペクティヴは、精神を有する他者たちの自我から作り上げられていることを承認するならば、その意味するところは、極めて重大なものとなる。つまり、精神が立ち入ることのできない自然などというものは存在しないのである。社会的なパースペクティヴが個人の経験のうちに存在するのは、パースペクティヴが知性に基づいて理解可能であるかぎりであり、この理解可能性こそが、他者たちの、とりわけ、集団のパースペクティヴのうちに個人が参加する条件なのである。いかなる社会科学の分野においても、客観的データというのは諸個人の経験のことである。ここで経験といっているのは、諸個人がコミュニティの構えをとる、すなわち、コミュニティ内にあって自分以外の成員たちのパースペクティヴのうちに諸個人が参入する、そのような場面のことである。もちろん、社会科学者の場合、別のコミュニティの経験においてはどう考えても主観的なままでしかないものを、自らの論議領域という観点から、一般化するかもしれない。これは、心理学者が、個人にとって理解不可能な感情であるものを、解釈しうるのと同じことである。私は認識論者の観点から語っているのではないし、形而上学者の観点から語っているわけでもない。私が問うているのは、単に、社会科学者にとって客観的なものとは何か、社会科学の主題となるのは何かということでしかない。さらに指摘しておきたい。批判的な視点をもつ科学者が行っているのは、他のコミュニティの狭隘な社会的パースペクティヴを、もっと高度に編成された、したがって、一層普遍的なコミュニティのパースペクティヴによって置き換えるということでしかないのである。

ここで有益なことを記しておく。今みたような共通のパースペクティヴという特質ほど、急速に変化したものは他にない。それは、我々が実験的方法という技法を一層コントロールするようになって以来のことである。この実験的技法によって、個人のパースペクティヴは、最も普遍的なコミュニティのパースペクティヴ、すなわち、思考する人々のパースペクティヴとなるのである。我々は、ややもすれば、まさに変換式と呼びうるようなものによって、自分たち以外のコミュニティの経験を自分自

身の経験へと解釈し直すのだが、安易にこうしたことを　行うために、自分たち自身の思考のパースペクティヴこ

▼進入（ingression）　ホワイトヘッドは、科学的対象の在り方を論ずる際、物理学におけるエーテルの扱いの変質に関連させて、「進入」という言葉を説明している。

「古典的な学説においては、エーテルはベールに包まれた内気な作因である。が、ここで与えた説明において、『進入』（ingression）という語は、感覚対象のような生成と延長とを失っている世界の抽象的要素の、生成と延長とを保持している他のより具体的な要素（出来事）に対する、複雑な結合関係をあらわすために用いられている。しかし、むきだしの出来事というのは単なる抽象物である。出来事は進入というこの結合関係に含まれるものとして開示される」（『相対性原理』藤川吉美訳、松籟社、一九八三年、三九頁）。

また、以下の叙述も参照。「青色の上着、たとえば、ある競技者が身につけているケンブリッジ・ブルーのフランネル・コートを考えてみよう。この上着それ自身は知覚対象であるが、その状況についてまだ述べていない。われわれは自然のある出来事に状況づけられているケンブリッジ・ブルーの、だれかのはっきりした感覚意識について語っているのである」。

「わたくしが状況とよんでいるところの一定の出来事に状況づけられているその青の感覚意識はしたがって、その青、その観察者の有する知覚しつつある〔という身体活動上の〕出来事、その状況、および、その介在的出来事の間に存在する関係の感覚意識として表現されるのである。一定の時間的出来事だけが、それらの性質が一定の明白な種類のものであることを要求するのであるが、全体的自然なるものが実際には要求されるのである。自然の出来事へのその青の進入は、このようにして、体系的に相互に関係づけられたものとして表わされる。観察者の意識は、この体系的相関関係における知覚しつつある〔という身体活動上の〕出来事の位置に依存している。わたくしは『自然への進入』という言明を、その青と自然との体系的相関関係に対して用いようと思う。したがって、ある一定の出来事への青の進入は、自然への青の進入という事実の部分的言明である」（『自然という概念』藤川吉美訳、松籟社、一九八二年、一七一〜一七二頁）。

「あなたがたは、わたくしが『進入』という語を、出来事と対象との一般的関係を表わしているものとして用いていることに、気づいておられるかもしれない。対象の出来事への進入のあり方は、出来事の性格が、みずからをその対象の存在によって形成する、といったぐあいである。つまり、出来事が何であるかということは、対象が何であるかということによってきまるのである。そして、わたくしが対象による出来事のこの形成を考えているとき、わたくしは、この両者間の関係を『対象の出来事のなかへの進入』とよぶ」（同書、一六二〜一六三頁）。

そが究極のものだと誤って考えがちである。だが、様々な歴史が、つまり、様々な過去が、我々をうろたえさせるほど急速に次々と継起し、新たな物理的宇宙が様々に生成している。このことを一瞥しただけでも確信しうる。次の世代の共通のパースペクティヴがどのようなものになるのかについて、これほど不確かな世代は、これまでなかったのである。たとえば、次のようなことについて、我々がかくも不確かであったことはない。経済学が定義しようと試みる価値とはいったい何なのか。市民の政治的権利義務とはいったい何なのか。友愛、情念、親であること、娯楽、美、無数の形態の社会的連帯、さらには、最高度のコミュニティあるいは神と人間との関係下で積み上げてきた価値、こういったものはコミュニティにとって、いかなる価値をもつのか等々。他方で、いかなる価値であれ、価値が確実に手に入れられる条件を、我々がいとも容易に確定しうるような時代は、これまでになかった。共通の諸条件という点からみれば、〔いわば〕変換式によって、我々は一つの価値領域から別の価値領域に移行できるし、したがって、いずれの領域に、より価値があるのか、あるいは、むしろ、それぞれの価値領域をいかに保持するか、我々は、ほとんど見出すことができるわけである。共通のパースペクティヴとは理解可能性のことであり、理解可能性とは、共通の社会的諸条件の観点に基づいた言明のことである。

重要なのは、個人のパースペクティヴと共通のパースペクティヴとの関係である。生物学者からすれば、蟻塚という一つの共通の環境、あるいは、蜂の巣という一つの共通の環境がある。そして、こうした共通の環境の存在は、蟻同士のまた蜂同士の複雑な社会関係によって可能となる。個々の蟻あるいは蜂のパースペクティヴの中に、共通のパースペクティヴがあるなどということは、まったくありそうにない。というのも、コミュニケーションの証拠がないからである。コミュニケーションとは一つの社会過程であり、その自然史が示しているのは、コミュニケーションの生成場面は、たとえば、性、親としてのふるまい、争い、群棲などに関わる活動場面のような、協働的活動場面であるということである。そして、こうした協働活動場面においては、生命個体の行為のうちの何らかの局面、つまり、身振り〔身体による何かの表示〕と呼んでいいような行為局面が、他の個体たちに対して刺激として作用し、〔複合的な〕社会的行為の何らかの役割を遂行するよう仕向ける。これが十全たる意味のコミュニケーションとなるのは、つまり、この身振りという刺激が一つの特定の意味を有するシンボルとなるのは、当の身振りが、自分以外の相手側個体に喚起するのと同じ反応を、発している側の個体のうちに喚起する場合のみである。言語発達史が示しているように、発達の初期段階において、他者へ向けられた音声身振り〔音声による何かの表示〕が、発している側の個体に喚起するのは、相手側に喚起する反応を誘発する傾向だけではない、たとえば、武器を手にし、危険を回避するというような反応を誘発する傾向だけではない。こうした誘発傾向以上に、まずもって喚起するのは、協働的行為の中で相手側が担う社会的役割なのである。このことは、子供の発達の場合であれば、初期の遊戯段階において示されているし、未開人の対話の場合であれば、言語構造の社会的意味合いの豊饒さにおいて示されている。

コミュニケーション過程においては、個人は自我である前に、まず他者である。個人の自我が経験のうちに発生するのは、他者が担う役割のうちに自身を置き、この自分に語りかけるときである。子供の経験においては、単なるごっこ遊びが集合的に編成されたゲームへと発達し、人間社会にあっては、集合的に編成された集団活動が発達する。こうした発達にともなって、個人は様々な役割のうちに置かれ、そうした役割が社会的行為の構成要素となっているかぎり、〔複合的な〕行為全体の中でこれらの役割を編成することそのものが、役割に対して共通の特性を与えることになり、そのことで、個人のなすべきことが指示される。こうなると、個人は集団ないしコミュニティの構えのうちに身を置き、こうした自身に語りかけることにおいて、一般化された他者になりうるわけである。このような状況において、個人は、自身の属する社会全体に対して、一つの明確な自我となる。これこそが共通のパースペクティヴである。こうしたパースペクティヴが存在するのは、コミュニティの全成員の各有機体の中においてである。なぜなら、人間という生命種の各個体が生理的機能的に分化するのは、大部分、〔コミュニティの複合的な全体〕行為の達成局面においてだからである。

社会組織が生ずる場面において、表立って目にみえる局面は、物、〔身体にとっての〕物的事物〔様態〕あるいは道具に関わる局面である。無脊椎動物の社会では、なるほど、人間社会に匹敵するほどの複雑性をもっている。〔だが〕こうした社会における編成のありようは、大部分、生理的機能に基づく分化に依存している。明らかに、こうした社会では、個体の行為にあって、個体が自分以外の他者の構えをとっていると自らわかるような局面はまったくない。人間社会の編成において、生理的機能に基づく分化は、性および親の役割という身近な肉親関係を除けば、何の役割も果たしていない。人間社会のメカニズムは、諸々の身体的自我からなるメカニズムであって、こうした自我は、〔身体にとっての〕物的事物〔様態〕を操作することを通じて、自分たちの協働的行為の中で、相互に支援したり相互に妨げたりする。初期段階の社会形態にあっては、こうした事物〔様態〕は、自分たちにとっての自我として扱われる。すなわち、こうした社会的反応が、手助けとなったり邪魔になったりする無生物に対する反応であれば、我々も、みな、理解することはできるのだが、この手の反応は、物的手段の使用に依存する社会編成にあっては、未開人の間で支配的である。未開人は、魔術的儀礼や儀式という形態で対話することによって、道具や武器と「一体化した関係」を保つ。他方で、道具が社会的であるのと同じくらい、社会集団の成員の身体的自我は紛れもなく道具的である。〔身体にとっての〕物的事物〔様態〕が社会的であるのと同じくらい、社会的な存在者は、〔ある意味〕紛れもなく事物〔様態〕である。

人間知性の発生史上の発達を理解する鍵は、今述べたようなコミュニケーションと事物〔様態〕という二つの局面を認識することに見て取れる。知性が発生するのは、コミュニケーション発達の初期段階においてである。そこでは、有機体は、自身のうちに相手側の構えを喚起し、同様に自身に対して語りかけ、そうすることで、自身にとって一つの対象になる、いいかえれば、一つの自我になるのであり、他方で、この有機体側の行為における同種の内容は、相手側をも構成しており、かつ、この相手側は、こちらの自我をも構成しているわけである。このような過程の中から思考が発生する。思考とは、すなわち、先に示した仕方で、特定の他者の役割を担い、次に、一般化された他者の役割を担いつつ、自身の自我と対話することである。その際、自我は、自らを相手側に投影するわけではない、このことを認識しておくことは重要なことである。他者たちと自我とは、〔複合的な〕社会的行為の中で、相ともないつつ発生する。行為の内容は有機体内部にあるといってよいかもしれないが、この内容が相手側に投影されるというのであれば、それは、あくまで、自我のうちにも投影されるという意味においてである。これは、精神分析学全体が依拠する一つの事実である。目覚めていることを確かめるために、我々は身体の一部をつねるが、これは、ある対象がそこにあることを確かめるために、それをつかむのと同じである。人間の知性の今一つの局面は、知性が〔身体にとっての〕物的事物〔様態〕と関わっているということである。物的事物〔様態〕とは、知覚される事物〔様態〕である。これらもまた行為の中で生成する。こうした行為は、遠隔の刺激によって開始され、この刺激に近づいたり離れたりすることを通じて、接触またはその回避にいたる。このような行為の成果は、たとえば、食べることにみられるように、達成のうちにある。しかし、人間有機体の行動の場合には、操作という中間段階が介在することになる。手は、〔身体にとっての〕物的事物〔様態〕あるいは知覚される事物〔様態〕を形作る。知覚される事物は、操作領域の範囲内にあってこそ、そこにあるとはっきりいえるわけである。操作領域内にあっては、知覚される事物は、見る対象であり接触する対象であり、接触の見通しとその達成が、そこにあるわけである。というのも、操作する構えが既に喚起されていることこそが、遠隔の刺激、ならびに、これによって開始される行為の特質だからである。このように操作する構えを、知覚行為の最終的構えと呼ぶことにしよう。つまり、つかもうと試み、実際に接触するにいたる準備態勢のことである、そして、これが、ある意味で、遠隔刺激に対する接近方法を方向づけるわけである。知覚される事物あるいは対象物は、達成前の生理学的作用内に位置しているのであって、このような事物を操作する過程内においてこそ、人間に固有の知性が見出される。人間は道具を使う動物である。道具は行為達成を仲介する。手は食料を口に運び、あるいは、手は授乳のために子供を胸にもっていく。だが、〔複合的〕社会的行為においては、このような仲介は無限に複雑になる。そこで、手段の観点から、達成状態あるいは目的実現状態を叙述するという課題が生ずることになる。この課題を達成するには二つの条件がある。一つは抑制である。抑制が生ずるのは、行為を完遂する複数の方法が競合し合っており、そのため、いかなる方法の発現も妨げられている場合である。今一つは、既に述べたように、社会的メカニズムの作動である。社会的メカニズムが作動することによって、知覚されていて、なおかつ、把捉も操作も結合も可能な事物を、個人は他者たちに対しても自分自身に対しても示すことができる。人間社会の複雑性が発達するのは、このように、身振り〔身体による何かの表示〕という特定の意味を有するシンボルによって選び出された道具的事物の領域内においてであって、生理的分化の領域においてではない。ここで既に述べた点に立ち返るなら、この領域においては、自我とは、道具として用いられる事物〔様態〕であって、それは、未開人の間で物的事物〔様態〕が自我であるのと同じである。

私が示してきたのは、行動主義的心理学の観点から解釈した場合、社会そして社会経験の中に、諸々のパースペクティヴの編成体の一例がみられるということである。このパースペクティヴの編成体は、少なくとも私が思うに、ホワイトヘッド教授の哲学の中で最も曖昧な局面である。相対性理論に関する彼の客観的叙述によると、出来事の推移における運動のありようは、絶対的な時間空間において生ずる事象に依存するのではなく、〔観察者が〕知覚している〔という身体活動上の〕出来事に対して一致集合が有する関係に依存する。このような関係が自然を〔一致集合ごとに〕成層化する。こうして成立する各層は、自然のうちにあるというだけではない。自然は様々な形態をとるが、こうした形態が自然のうちにあるのは、成層化形態を措いて他にないのである。このように〔観察者が〕知覚している〔という身体活動上の〕出来事に自然が依存しているということは、意識の中に自然が反映されているということではない。永続的な時間と空間、つまり、今述べたような成層化された自然の継起、さらに、静止と運動、これらは、そこにある。だが、このような在り方をしているのは、あくまで、〔観察者が〕知覚している〔という身体活動上の〕出来事ないし有機体との関係性においてのみである。それゆえ、ここからさらに進んで、次のようにいいうる。感覚によって感知された自然の性質は自然のうちにあるが、しかし、そのようにあるのは、動物という有機体との関係性においてである。さらに、我々の議論は、こうした感覚以外の価値、つまり、これまで本能的欲求や美感や感情に依存するとみなされてきた価値にまで押し進めることができる、したがって、二元論によってもっぱら意識のうちにあるとされてきたもののすべてを、自然のうちにあるものとして、取り戻すことができる。というのも、厳密な物理学が取り組んでいる世界と運動の時間空間的構造は、〔観察者が〕知覚している〔という身体活動上の〕出来事あるいは有機体との関係においてのみ、自然のうちに存在することこと、このことがわかるからである。

しかし、静止も運動も、互いに他を必然的にともなうわけではない。このことは、客観性と主観性が互いに他をともなうわけではないのと同じである。客観性を失っているパースペクティヴというものがある。たとえば、天動説秩序がそうであって、これは、適切な力学上の座標軸を有する一致集合を選択しないから客観性を失っているわけである。さらには、鏡の中に映っているパースペクティヴ〔遠近法〕やアルコール性脳障害のパースペクティヴというものもある。最も普遍的なものから最も特殊なものにいたるまで、こうした事例すべてにおいて生じているのは、一旦却下されたパースペクティヴは、共通のパースペクティヴと一致することはないということである。共通のパースペクティヴは、精神を共有するコミュニティの成員として、個人が担うものであり、当の個人の自我を構成している。これは多数決に屈するということではなく、他者との交流、したがって、自分との交流を通じて、今までとは別の自我が発達するということなのである。

私が主張したいのはこうである。このようにパースペクティヴが客観性を失い、そういいたければ、主観的になってしまう過程、さらには、新たな共通の精神と新たな共通のパースペクティヴが発生する過程、このような過程は、自然において諸々のパースペクティヴが〔再〕編成される一例、自然の創造的前進の一例だということである。これは要するに次のような主張に等しい。すなわち、社会的行動様式のメカニズムのうちに現れるかぎりでの精神は、自然の中における諸々のパースペクティヴの編成体であり、少なくとも、自然の創造的前進の一局面であるということである。有機体との関係性のうちにある自然、そして、有機体をも含めた自然は、自然のうちにある一つのパースペクティヴである。有機体にとっての精神の状態とは、先に述べた抑制の下での行為の停止を通して行われる、有機体と一群の出来事との間の同時存在性の確立なのである。このような行為の停止が意味するのは、〔複合的な〕行為全体を完成する際、諸々の方法が競合する中で行為する傾向が有機体内にあるということである。有機体が示す構えは、他の有機体のうちに様々な反応を喚起する、あるいは、喚起する傾向がある。このように喚起された反応は、人間の身振りの場合、当初構えを示した側の有機体によって、自身のうちにも喚起され、したがって、相手側によって喚起された反応に対して、さらに自ら反応するように自身を仕向ける。これらの反応を遠隔刺激と同一化することこそが、同時存在性を確立するのであり、これらの遠隔刺激に対して思考内容を与え、有機体に対して自我を与える。こうした同時存在性の確立がなければ、これらの遠隔刺激は、有機体から時間的にも空間的にも隔たったままであり、その場合、遠隔刺激の実在の在処は、〔今現在の〕推移〔過程の延長線上〕の未来ということになってしまう。同時存在性の確立は、このような未来のうちにある実在を、可能的現在のうちに引き寄せる。というのも、現在における知覚上の実在に関していえば、我々にとって操作領域外にある現在は、すべて、可能態でしかないからである。我々は、当の行為を未来において実現することを目指しつつ、あたかも、それが今ここにあるかのように、今現在行為しているのだが、それは、有機体というものが、〔今ここにいる〕自分以外の役割を果たしているからである。知覚上の無生物対象においても、有機体に関わる要素として存続するのは、抵抗という要素であって、有機体は、操作が及ぶ範囲内において、無生物対象の側から〔自分の身体に対する〕抵抗を感じ、かつ、〔自分の側から〕無生物対象に対して抵抗する。推移する諸々の出来事の実際の時間的空間的構造は、有機体の感受能力に対応する出来事特性とともに、自然のうちにある。しかし、これらは、空間的のみならず時間的にも、有機体のいるところから離れたところにある。実在というものには、行為の成功が待ち構えている。今現在の実在とは、一つの可能性である。可能性とは、仮に我々がここにではなく、あそこにいる場合に生ずるだろうと想定される事態のことである。特定の意味を有するシンボルという社会的メカニズムを通して、有機体は自らを、〔今ここだけでなく〕その場に、一つの可能性として置くのである。そして、このような可能性は、推移する出来事の時間空間構造、および、有機体自身の行動様式を一構成要素とする複合的行為全体の要求、これらに適合する程度に応じて、蓋然性を増すことになる。だが、こうした可能性は自然のうちにある。というのも、可能性を作り上げているのは、諸々の出来事の現にある構造、ならびに、その内容、さらには、当該過程が適応と再適応という形態をとりつつ、行為を可能的に実現することだからである。これらを可能性とみなすとき、我々は、これらを心的仮説あるいは作業仮説と呼ぶ。

私の提案はこうである。経験における〔ホワイトヘッドのいう〕抱握に関して、我々が有する唯一の事例は、このように未来と過去とをともに可能性とみなすことである。というのも、あらゆる過去は、未来がどうなるかに応じて本質的に改訂を免れないからであり、したがって、〔新規な出来事の登場とともに過去の意味も変わりうるという点で〕可能態でしかないからである。さらにいえば、〔過去から未来にかけて〕存続する共通の内容とは、パースペクティヴの中で有機体と環境とに共通するものである。こうした事態は、有機体においては、可能的に実在的なものとなる現在・過去・未来として、時間的空間的に遠隔にある刺激と同一のものとされる。統一は〔今現在の〕行為ないし過程のうちにあり、〔ホワイトヘッドのいう〕抱握とは、このような統一を果たすことである。だが、このように統一が遂行されるのは、あくまで、諸々の傾向が競合対立し合う中で、この過程が長いこと抑制されており、こうした傾向の条件と帰結が、見かけの現在のうちで可能性としてみなされるときなのである。

こうして、もし、自然が一つの進化過程であるとすれば、つまり、競合対立が存在する中で、再編によって自然が進行していくのであれば、したがってまた、もし、様々な再編の諸々の可能性が現にあり、この可能性が、自然にとっての未来のみならず過去をも再編していくのであれば、社会的心理的過程とは、自然のうちに生ずる事態の一事例でしかない。自然のうちに可能性を持ち込むものは、時間の相対性、つまり、諸々の出来事が有する無数の可能的秩序にほかならない。自然の秩序がただ一つしか認められなかったときには、可能性の在処は、未来の心的構成物の中か、不完全にしか知られていない過去の中以外になかった。だが、時間的空間的に遠隔にある状況の実在性は、今現在の我々の前方にある。こうした状況が今現に存在しようと、操作範囲を超えたところにあるかぎり、いかなるものであれ、それは一つの可能性でしかない。一定の特性というものは、現にそこにある。しかし、そうした特性は、〔実のところ〕いかなる事物〔様態〕であるのか、これが実現されうるのは、遠隔にある刺激によって喚起される行為が完成される場合のみである。こうした特性の現状は、一連の可能的な時間的空間的構造によって表象される。このような特性の未来における実現は、今現在にとっての可能性として現れるのであるが、それは、有機体の行為が今現在抑制されていること、および、未来の実現可能性を指示する能力を有機体がもっていること、これによるのである。

このような可能性は、どの程度の蓋然性で実現しうるのか。これは、有機体において抑制された様々な傾向が、〔複合的な〕行為全体に対して、どのような関係にあるかにかかっている。こうした行為全体の編成を、人間の社会的有機組織は、他者たちに対しても自己に対しても示すことができる。〔複合的な〕行為全体の編成は、他者たちの自我と〔身体にとっての〕事物〔様態〕を確定し、有機体を一つの自我として、かつ、一つの事物〔様態〕として確定するパターンをもっている。ここで示される意味は、当の有機体が属するコミュニティ全体に妥当する普遍性をもっている。こうした意味は、一つの論議領域を構成する。いかなる行為であれ、行為が意味表示する事物が、当面のところ、どのような存在物であるのか、その蓋然性を構成する全体的過程というものがあるのだが、論議領域というのは、〔抑制された諸々の〕特殊な傾向を、このような全体的過程が有する大きなパターンに適合させるのである。事物の当面のところの存在〔のありよう〕が、十全な実在性を獲得するのは、依然として、当該行為の達成に依存する、つまり、実験的証拠に依存する。個体としての有機体が、〔複合的な〕行為全体に関与しつつ、その一環としてふるまえるとすれば、当の個体が有するパースペクティヴは、当の〔複合的な〕行為全体のパターンと一致する。このような一致こそが、この個体のパースペクティヴを客観的なものにするのである。

〔複合的な〕社会的行為全体のパターンは個体としての有機体のうちにあるが、このようなことが可能なのは、このパターンが、いかなる有機体も反応しうる道具的事物を通して遂行されるからであり、かつ、特定の意味を有するシンボルによって、こうした反応を、他者ならびに当の有機体自身に対して指示することが可能となるからである。こうしたパターンの再編は有機体の中で生じうるし、実際、精神の、いわゆる意識的過程のうちで生ずる。心理的過程は、自然の創造的前進の一例である。

人間よりも下等な生命形態の場合、遠隔のパースペクティヴは、感受能力によって、生命体の経験のうちに存在するかもしれないし、また、行動様式を調整する中で、こうしたパースペクティヴを把握することは、自然の成層化の形成に対応するかもしれない。しかし、〔下等な生命形態の場合〕内部に有機体の生命過程を含む〔複合的な社会的行為全体の〕パターンを再編することは、こうした有機体の経験のうちには含まれない。地質学的有機体においても、時間構造の維持、つまり、過程の維持は、やはり自然を成層化し、時間と空間を生じさせる。しかし、時間空間も、時間空間を占める事物も、経験的事実として、地質学的有機体の過程に入ることはない。客観性と主観性の区別が生ずるのは、その内部に〔生命〕個体としての有機体をうちに含む、より大きな過程のパターンが、ある程度、個体としての有機体の経験のうちにある場合のみである。つまり、客観性と主観性を区別しうるのは、社会的有機体の経験のうちにおいてのみなのである。

第6章 プラグマティズムの真理理論（一九二九年）

A Pragmatic Theory of Truth

人間社会を文化の幕開けの時代にまで遡ってみるとき、そこには、今日の哲学と科学に相当する何ものかを見出すことができる。この何ものかとは神話と宗教儀式である。太古の社会的諸条件の下では、両者は、漠然とではあるが、理論と実践とを表している。神話と宗教儀式が示している観念と活動を、もっと原義に近い言葉でいえば、「合理化」と「習慣」と呼ぶことができるだろう。習慣が、合理化ないし釈明に先立つのは明らかである。宗教儀式はただの習慣ではない。宗教儀式は、その起源と表徴においてのみならず、その機能と価値評価においても、社会的な習慣である。宗教儀式は集団に備わっており、この原始的社会を、その棲息環境に、そして、その過去と未来に結びつける役割を果たしている。神話は、宗教儀式の結果として後から生ずる。宗教儀式は、やがて急速に時代遅れとなっていった。それは、単に古くなったという意味だけでなく、宗教儀式を生み出した状況自体を用済みにしたという意味でも、古めかしくなっていったのである。そうなると、その理由が何であれ、また、その理由をどのように呼ぼうと、宗教儀式を生み出した状況は、習慣としては、奇妙なものとなる。習慣が遵守されていた状況を通じて習慣を理解することは、まったく不可能になった。かくして、神話は、〈習慣を理解するものではなく〉習慣の存在理由を釈明するものとなったのである。神話は、優れた説明を与えたが、この説明は、もちろん、元々の状況から自然に生じたものではなかった。神話は、ある習慣を説明したものではあったが、それは、単なる習慣というだけでは説明のつかない不可解な習慣であった。神話とは行為の理由づけであるが、しかし、当の行為が存続している現実の状況のうちにもはや行為理由を見出しえない場合の理由づけなのである。しかしながら、これは、ある点では、実際に生ずることの正確な言明ではない。というのも、これでは、ある理由づけが要請されねばならなくなる以前の段階で、その状況には、何らかの理由が存在したということになってしまうからである。だが、その状況には、ただ事物が存在したというだけのことにすぎない。我々の用心深い祖先たちは、あくびをするとき、口に手を当てることで、邪悪な精霊が口に入ってくる経路を塞いだ。今日の我々は、口に手を当てる理由を、品の無さが人目に触れることを禁じる繊細な礼儀作法のうちに見て取る。だが〔当時としては〕、邪悪な精霊は、あくまで、危険なものとして人が回避していた精霊であった。危険回避は、〔邪悪な精霊の〕攻撃に対する対応にすぎないのである。そもそも、行為理由の分析など、まったく必要なかったところに、あくまで、分析を持ち込もうというのであれば、理由づけなど必要なかった当初の事柄を十分明確にした上で、その中に、後から付される理由に相当するものを見つけ出さなければならない。〔後ほどの議論で〕邪悪な精霊の代わりに病原菌を主題にして、古い習慣を合理化する代わりに、新たな、よりよい習慣の形成を取り上げることになるが、そのときに、我々はこの方法を用いる。

ある種の哲学的分析と用心深い先祖たちのあくびとの間に類似性を示唆するなどというのは、〔哲学者の目からすれば〕不作法な試みではあろう。だが、あえて、そうしているのである。そうすることで、意味のある区別につながるからである。ここでいっている区別とは、自然に対する科学のアプローチと、救いようのない認識論的問題に取り憑かれた哲学のアプローチとの区別のことである。これまで科学が発見し仮説的に構成してきた事物は、世界に対する新しくも好都合な反応につながるものであった。これに対して、哲学はどうかといえば、自然に対してもはや誰も採用することのない〔認識論的〕構えを合理化してきたのである。ここでいう放棄された〔認識論的〕構えとは、世界に対する魂ないしは精神の関係のことであって、この場合、世界の存在理由は、世界が人間の棲息環境であるというものであった。このような〔認識論的〕構えを、哲学は合理化してきたのだが、その本質は、世界を、人間の感覚と観念の装いの下に提示することにあった。一言でいえば、世界を人間の意識状態のうちに示すことにあったのである。自然をまずもって精神のうちに帰す態度は、ルネサンス期の哲学に取り憑いたが、これは、中世の宗教儀式の合理化だったのである。その後直ちに現れたのは、精神の状態として記述された世界から、外的事物に立ち返るという課題であった。ガリレオにみられるように、科学は、こうした外的事実それ自体には、何一つ気遣うことはなかった。科学が専念したのは、地上界と天上界に関する知識を、質量や速度や加速度、あるいは、化学的元素や生体細胞に置き換えることだった。これらのものに対しては、予測可能な反応を確実に期待できたのである。科学がこれまで関心を寄せてきたのは、信頼性のある新しい事物を手に入れることだけであった。科学が自らの精神過程に関心を寄せることがあるにしても、それは、この目的の手段としてのみである。これに対して、哲学は思考過程を自らの領分にしただけではなかった。さらには、思考過程を分析することで、新しい事態も古い事態も、ともに、同じ精神に関する言葉で叙述しうるとまで主張してきたのである。〔目の前の事物も、問題の発生以前と問題の解決以後とでは、その意味は異なる。にもかかわらず、〕哲学は、目の前の事物に対しては、問題状況の発生以前と解決以後のそれぞれ固有の意味を与えることもなく、ただ、論理学的形而上学的思弁の観点の下に、当の事物を保持してきたのであった。哲学は、古いものを釈明し、今みたように合理化するだけでなく、新しいものに対しても、同じ装いを強制してきた。さて、私の主張は、こうである。対象が自明なものであるかぎり、そうした対象は、もはや分析の領域内に占める位置をもたない。自明な対象が行き詰まり、思考に対して他の何らかの問題を提出するまでは、当の対象は、ただそこにあるだけである。

ホワイトヘッド教授は、▼『科学と近代世界』において、中世の教義は、起こったことすべてを釈明するにあたって、完全に妥当であったことを示している。天上界においてであろうと地上界においてであろうと、必要とあら

▼救いようのない認識論的問題に取り憑かれた哲学　当時の「認識論産業」（デューイ）にみられるような認識論である（『プラグマティズム古典集成』植木豊編訳、作品社、二〇一四年、五〇九頁、五一三頁他各所）。この立場によると、認識とは、世界の外部にある「傍観者」が世界を写しとることである。ミードは（デューイとともに）、こうした認識論を向こうに回し、プラグマティズムを徹底する。プラグマティズムにとって、「認識とは、問題状況下にある何ものかを突き止める過程であって、その時その場に与えられている世界との関係〔認識主体－認識対象関係〕の中に入っていく過程ではない」（本書第Ⅰ篇第3章「自我の発生と社会的な方向づけ」四二二頁）。

ば、地獄においてさえ、あらゆるものには存在理由を見出しうる。しかし、ホワイトヘッド教授が指摘しなかったことがある。世界における物事の成り行きと教義とが完全に一致していたのは、むしろ、中世の宗教儀式が人々のニーズにうまく適応していたことの反映だったのである。緊急事態に直面するたびに、中世の信仰は、人々に対してなすべきことを示した。人々は自分で考えることを要求されてはいなかった。緊急時に人々が要請したのは、自分がいかに理解するかではなく、救われるために自分は何をすべきかであった。人間の罪は根深く、無限にして完全な神を理解することが不可能であるとすれば、説明はいとも容易であった。たとえば、ギリシア哲学、パウロの教義、ローマ・カトリックの聖職位階制の統治術というように、元々調和しがたい諸要素を何とか調停する上で、スコラ哲学の思想がなすべきことは山ほどあった。とはいえ、人間が生き、動き、そして、存在する場としての事物世界に、これらの思弁は触れることはなかった。事物は分析されなかったのである。事物は、現にあるとおりのものだった。つまり、人々を行為へと駆り立て、人々の欲求を満たし、教会の保護施設へ人々を追い立てたものが、事物だったのである。こうしたことを合理的精神と呼ぶ点で、ホワイトヘッド教授は誤っていると私は思う。合理化はルネサンスとともに始まった。ルネサンス期の科学が新しい事物の発見に着手したのに対して、哲学が取り組んだ課題は、新しい世界を古い世界の語彙によって再記述することだった。ライプニッツの扱った神性は、『弁神論』の「神」であるのみならず、至高の数学者でもあった。つまり、世界は一つのメカニズムであったが、しかし、至高の機械工〔たる神〕が自らの目的を果たすために作り上げた作品だったのである。デカルトは検邪聖省との論争を回避すべく熱心に努力したが、これは、単に逃避の脅迫観念に取り憑かれていたということではなかった。しかし、哲学がこうした構えをとったのは、哲学が公正さを欠いていたからだとするわけにはいかない。科学にしたところで、当時の社会にあって、完全に新しい世界を提示する能力をまったく欠いていたからである。科学が提供したのは、究極の物理学的力学的原理と強力な分析装置でしかなかったのである。

以上述べたことは、ある種の人にとっては、おそらく、比較の仕方が不当という意味で、真理から程遠いと思われるかもしれない。これまで述べてきたことと私の主題との関係は、こうである。科学は、当時その場に与えられていた世界から出発したのではあるが、しかし、その世界は、あくまで、諸々の新しい問題を提示した世界だったのである。科学は、問題をはらんだ〔かぎりでの〕

世界を分析し、それを、ニュートン体系の中で再び総合したが、物質的存在世界そのものについては、これを、あくまで、〔問題視する必要なく〕その場に与えられたものとしておいた。問題自体は多発し続けたが、しかし、幸いなことに、ニュートンの法則にしたがって運動する質量系は、発生した問題を解決するための前提条件であった。世界が問題状況下にないかぎり、真理は世界と何の関係もなかった。ところが、哲学の問題は、分析においても総合においても、科学が対象とするこの世界を、人々が生きている場だと信じている世界と調和させることであった。そこで、哲学がぜひとも見つけ出さねばならなかったのは、科学の対象としてそこに存在した世界——つまり機械的世界——を、人間が感じ欲し恐れる諸々の対象という観点から記述する方法であった。つまり、言わんとしているのはこうである。科学にとって、世界とは、単にそこに存在していたものでしかなく、自ら解決しようとしていた問題の前提条件でしかなかった。だが、哲学の方はといえば、合理化という課題を引き受ける以上、自らに課さねばならなかったのは、前提条件としてそこにある世界を、わざわざ問題化し、問いを立てることだった。あえて繰り返すなら、合理化とは、何らかの態度や反応を呼び起こした当初の状況が、もはやなくなっているというのに、そのような態度や反応に対して、わざわざ釈明を与えることである。合理化が提供するのは、こうした反応を将来においてもなお喚起する状況であり、かつての状況とは別の状況である。かつて、人間は、世界の中心に位置するということから、自ずと様々な反応を生み出したのだが、このような状況の大部

▼ホワイトヘッド教授は…　『ミード選集』の編者レックは、該当箇所として、以下をあげている。Alfred North Whitehead, *Science and the Modern World* (New York: The Macmillan Company,1925), pp. 16-19.
　参考のため、「中世が科学運動の形成に対してなした最大の貢献」に関するホワイトヘッドの叙述を引用しておく。「それは、すべての個々の事件が、それに先立つものとまったく明確に連関させられて、一般原理を実証する、という抜き難い信念である。この信念がなければ、科学者たちの信じ難いほどの努力も希望のないものとなるであろう。想像的思考の眼前にはっきり姿を現わすこの本能的確信こそ、まさに科学研究の動力である。すなわち、一つの秘密、ヴェールを剝ぐことのできる秘密、があるという確信である。いったいこの確信はどのようにしてヨーロッパ精神にこんなにも生き生きと植えつけられたのであろうか」（『科学と近代世界』上田泰治・村田至孝訳、松籟社、一九八一年、一六～七頁）。

分を、ニュートンの力学的宇宙は取り除いたのである。科学哲学は、この新しい状況を合理化するにあたって、人間の経験が何ら疑問視しなかった世界を再記述して、科学が依然として世界の中心に位置するようにした。それゆえ、哲学は、科学にとって何ら揺らぐことのなかった世界を〔わざわざ〕再記述しなければならず、同時に、科学の成功ゆえに、哲学は科学的分析の成果を用いざるをえなかった。哲学が自らの立脚点を、つまり、哲学の問題の所在たる世界を求めたとき、哲学は、それを、個人の精神――つまり「我思ウ、ユエニ我アリ」――の中に見出す以外になかった。もちろん、これは、ヒュームによって粉砕されてしまった。科学にとって、真理とは、自ら仮説として構成したものが、問題の生じた世界と調和することである。哲学にとっては、このような世界自体もまた一つの問題となった。だからこそ、ポンティウス・ピラトとともに、我々は驚きの声をあげて問うことができる。真理とは何か。

私が提示する命題はこうである。あらゆる問題は、当の問題に含まれていないもの、そして、そのかぎりで疑う余地なく妥当なものを、前提としている。判断が真であるとは、発生した問題が解決するということを表している。そして、それが真理であるかどうかは、判断の言明、そして、疑う余地なく妥当なものが〔まだ〕問題状況と化していない事態、この両者が調和しているかどうかにかかっている。この命題には、様々な意味合いが含まれている。一つには、大文字の真理一般などというものは存在しないということである。真理は、つねに、発生した問題状況に相関的である。発生した問題に含まれていないものは、真でもなければ偽でもない、ただ単にそこにあるだけである。もちろん、問題となっていない状況内にあっては、新たな問題は、どこにも生じえないなどといっているわけではない。科学の世界がこのことの明確な例証を提示しているのは、明らかである。科学的研究というものは、科学理論体系内のどの部分であろうと、新たな問題、つまり、いかなる説であろうと、これを無効化する可能性のある問題をみつけようとつねに心がけている。実際、科学的研究は、そのような問題発生を歓迎するし、問題状況の真っ直中で好奇心に胸躍る生を送るのである。哲学者の注意を惹きつけるのは、こうした科学的構えには不安感覚がともなわないということである。哲学者は、中世に生きた哲学者が追い求めてやまなかったように、今なお、終極性という安らぎの中での休息に憧れている。観念論者であろうと、実在論者であろうと、新カント派の現象論者であろうと、哲学者は、自らの不安な魂を落ち着かせようと、何らかの種類の絶対不変原理という永遠の安らぎの中での休息の場を求めている。哲学者のもつ哲学上の精神は、今日のフランスにみられる政治上の精神に対応している。つまり、安定にいたる方法を思い描くことができないため、安定を保証する構造をもたざるをえないのである。

確かに、科学者たるもの、哲学的に思索する。そうしない科学者などいるだろうか。ここから、科学者は二重生活を送りがちになる。つまり、科学的研究がもたらす興奮状態から逃れ、科学者を何らかの方法でやさしく包み込む確実な究極原理という安らぎの下で安心しようとするのである。科学者が自ら確信し、また、我々を確信させようとしているのは、ニュートンの法則は第一次近似にすぎないということである。つまり、数々の理論がどれほど栄枯盛衰を経験しようと、科学のデータは変わらぬままであり、あるいは、少なくとも、データを永遠の形式の下で再記述することができるということである。そして、この見解にしたがって、つまりは、永遠の相の下でという観点から、科学者はこう確信する。自らの哲学上の神は、まさに神のいる天上界にある、と。しかし、この態度は科学者の構えではない。科学者の構えにしたがうなら、データは永続的な構造などという意味合いをもっていない。データは、まずもって、例外として現れる。たとえば、ピタゴラスの時代以来、ギリシアの天文学が「救済」しようとしたのは、天空の例外現象である。しかし、ひとたび救済説によってデータが確保されれば、そのデータはもはや例外はなく、典型例となってしまう。たとえば、ある意味で、「長い年月の間に、結局は無駄に終わって打ち捨てられてしまった」観察例があり、その例として確認しうるものに、メソポタミアの占星術師、〔古代ギリシアの天文学者〕ヒッパルコス、プトレマイオス、〔一六世紀デンマークの天文学者〕ティコ・ブラーエ、そして、我々の時代の星座表にみられる諸々の観察などがある。しかし、こうした諸々の観察事例も、このように切り離してみるなら、個々の観察を産み落とすにいたった諸体系と無関係な体系において、そもそも、存在する位置をもたない。こうした観察事例は、いわば、建築用石材なのであって、〔各時代に現れた〕多くの「東の間の高層建築物」内部に存在位置をもっていたのである。しかし、「今、天まで届く永遠の高層建築物を建ててしまおうなどというのは、建築設計者にとっては、何の意味もない」。というのも、永遠不変の大建築物などというものに、観察事例という建築用石材が最終的に占める位置などないからである。一つの観察データにどのような意味があるのか求めたいのであれば、データによって無効化した学説とデータ自体との対立関係の中に求めるか、あるいは、そのデータに再び固有の場所と名前を与えるべく、天才的な科学者が構成したものの中に求めなければならない。あるいはまた、各時代を通じて幾多の「巨大建築物」の中から個々のデータが生まれてきた歴史的過程の理論の中に求めねばならない。とはいえ、こうした「巨大建築物」も、突如として吹き出すように立ち現れはしても、聳え立つ建築物の上部は、雲に覆われて見えなくなり、消え去ってしまったのである。いずれの場合であっても、データが最終的意味をもって安住しうる究極の構造などというものは存在しない。科学者にしたところで、〔エディンバラ大学やグラスゴー大学における権威ある〕ギフォード講義で、自らのライフワークの最後を飾る栄誉を授けられないかぎり、自分の観察データに最終的意味などという論理形式を賦与する権利などない。観察データは、当のデータが生み出されることになる経験に対してしか妥当な意味をもたない。ましてや、問題を発生させることになる世界の建築材料と、当の観察データとを同一視することなどできない。問題を発生させる当の世界は、観察データの出現の前提条件であることが、その何よりの証拠である。当該観察データが、仮説の例外として現れようが、仮説を支持する実験結果として現れようが、当のデータの存在自体には、定義上、与件たる世界によっては記述不可能な事物が含まれている。この点は、例外という性質そのものが語っているところであり、〔仮説の妥当性を証明する〕最終的な実験の場合でも、事の性質上、同じように、明確に聞かれるところである。実験結果を得ようとするのであれば、特定の条件の下で行われなければならない。その条件とは、得られた実験結果が支持することになる当の理論を厳格に排除しておくということである。さもないと、証明すべきことを前提するという循環論に陥ることになる。たとえば、特定の疾患にかかったモルモットを例にとろう。この疾患の発症が、仮説として想定された特定の菌の摂取後だとしても、モルモットが当の疾患にかかっていることを証明するためには、実際に投与した菌そのものとは別に、実験的に再現可能なところで、まだ投与していない別の菌によって臨床的証拠を示さなければならない。（a）最初に投与された菌によって、モルモットが当該疾患にかかったということと、（b）当のモルモットに発症したのが、今問題にしている疾患そのものであるということ、この両者を、いちどきに、その時その場の同一の実験結果によって、証明することはできない〔つまり、別の時、別の場で、別の菌で実験が再現可能でなければならない〕。もちろん、当該実験によって検証確認されれば、検証された菌〔と同じ種類の菌〕によって当該疾患について語りうるのは確かである。しかし、〔実験的検証の以前と以後とで〕菌は今やまったく異なったものとなっている。発症および実験以前においては、当の菌は〔当のモルモット内に棲息していない以上〕、当のモルモットの生命過程とは無縁の何ものかであった。しかし、発症および実験以後において、その菌は、当該モルモットの生命過程の内部に自然的棲息環境をもつ寄生生物となったのである。寄生生物とその棲息場所たる宿主との生命過程は、一個の同一の生化学的定式によって記述されることになる。

実験によって確証される真理とは次のようなことである。すなわち、世界の中で、いいかえれば、知性によって理解可能な進行中の事態の中で、ある問題が発生した場合、当の世界は、実験の際に提示済みの仮説に基づくだけで他に何もつけ加えずに記述しうる条件下であっても、知性によって理解可能な進行中の同じ事態として引き続き現れるということである。こうした真理の主語を限定しようとするときに用いる新たな述語が、主語自体の中にあらかじめ含まれるなどということはありえない。主語と述語を成功裏に結びつける繋辞は実験なのであって、この場合の実験は、新しい性質を元々あった当初の主語から厳密に排除するように構成されており、同時に、当の主語がこの新しい性質を必然的に表示することになるような状況へと世界を巧妙に加工して、構成されている。

しかし、当の述語属性を意味するものが、当の主語の中に事前に現れていないとするなら、その主語は、どのようにして、この述語属性を必然的に示すことができるというのだろうか。つまり、もし、繋辞が単に示しているにすぎない結合関係が、判断の場合のように、主語の中に前もって存在していないとするなら、〔主語内容と述語内容という〕二つの経験の単なる並列から、どのようにして、普遍的な命題を作ることができるのだろうか。その解は、〔問題状況を前にして、これからどうするかという〕判断の主語に現れる問題の形式のなかに見出しうる。先に言及したような実験であるなら、どのような実験においても、その背後にあるのは、従来の医学が当該疾患の説明にも治療にも失敗しているということである。つまり、こうした記述や実際の処置を否定するような事例が現れているということである。この疾患については、従来なされた記述や処置と同じように、記述し処置することはもはやできない。その意味するところはこうである。この疾患についての以前の説明には含まれていなかった性質が新たに現れ、しかも、この性質が従来とは異なる反応を呼び起こしていること自体が、今や、当該疾患の新たな説明の一部になっているのである。さて、先にあげた困難の解があるとすれば、それは、疾患に関する従来の説明を再構成して、従来とは対立競合する諸傾向も説明の中に現れるようにすること、つまり、〔発生した問題状況のために〕中断を余儀なくされていた行為を再び継続しうるようにすることである。古い説明と方法には意味がある。同時に、これらを無効にしている新たな経験にも意味がある。こうした新旧それぞれの意味が示唆する行為全体を可能にするように、意味を定式化すること、この中にこそ、真理は見出される。我々は、従来あった価値一切を単純に投げ捨てることはない。このような価値にも、ふさわしい領域があるのであり、そこに、価値が割り当てられる。こうした領域の中で、従来の価値は、適切な反応を生み出すことになる。〔問題解決後の〕最終的な命題の主語とは異なり、〔解決以前の問題状況を前にして、これからどうするかという〕判断の主語とは、今みたような〔新旧の〕競合対立が生ずる状況のことをいう。そして、実験が正当化する最終的な述語属性とは、再構成された説明像のことであり、この説明像が、競合対立する諸価値に対して、それぞれの価値固有の機能を与えることになる。我々は、判断の中で、新旧相対立する二つの経験を結びつけているだけではない。競合対立する諸要素が主語という状況の中で要求する経験を、我々が可能にしているのである。件の疾患の説明像を再構成することで、主語のうちにみられる以前の競合対立する諸性質を矛盾なく整序することで、知性による反応が可能となる。主語がこのように特徴づけられるかぎりにおいて、その主語は真である。しかし、〔問題解決〕以前の主語の場合には、その中で、諸々の意味は整序されていなかった。このような諸々の意味と矛盾なく説明像が再整序化されるかぎりにおいて、新たな説明という帰結が必然的に生ずる。しかし、再構成された説明像と、矛盾なく説明しうる適切な帰結とを結びつける根拠は、そもそも〔問題解決〕以前の主語の中には現れていなかったのである。

しかし、両者を結びつける根拠は、自然の中に存在したのか、存在しなかったのか。自然とはいっても、発生した問題を認知しこれを解決し〔終わっ〕た人間の経験の中に現れた自然ということであれば、こうしたかぎりでの自然局面の中に、根拠が存在したわけではない〔根拠は問題状況下にあったのである〕。〔問題状況下の〕判断は、人間有機体の経験の中で生ずる自然的過程である。そして、〔問題状況下の〕判断の真理は、人間という有機体が自分たちの問題を成功裏に解決することにともなう一つの自然的条件である。「成功」という言葉自体、私はまったく好まないが、それは、この言葉につきまといがちな意味合いのためである。成功という言葉は、満足を連想させ、さらには、満足という言葉にともなう好ましい経験を連想させる。〔だが〕私がこれまで提示してきた真理の検証は、こういうものではない。意味ということで、事態の性質によって生ずる反応や行為のことと解するなら、諸々の意味が対立することによって、行為というものは、中断されてしまう。私のいう真理の検証とは、行為を〔引き続き問題なく〕継続させることである。真理というのは、解決を成し遂げることで感じる喜びではない。ましてや、解決を成し遂げた人間の喜びなどではない。この理解には、古い快楽主義的な誤りが幾分潜んでいる。満足にともなう快感は、間違いなく、人間の欲求対象にともなうものである。しかし、このことを理由に、人がこうした快感を欲することにはならない。一般的にいって、人間は自分の問題を解決することで満足する。しかし、問題解決を検証するのは〔満足感などではなく〕、以前行為が中断されていた状況において、今では行為をなしうるという能力なのである。こうした行為は、非常に悲しい出来事かもしれないし、悲嘆に暮れることになるかもしれない。しかし、相互に無効と化してしまった諸々の意味に対して、今や、新たな道が開かれているとするなら、この道こそ、真理の道である。以上で明らかにできたと思うが、我々の原理によれば、観察データは、問題が生ずることになった世界のうちには存在しない。そうではなくて、観察データは、当の問題状況の言明のうちに存在する。さらにいえば、発生した問題を解決するなかで、データは、新しい形態をとって、再構成された諸々の意味の中に編入されるのであり、翻って、再構成された意味とは、世界にこれから適応しうるように実験が示すものである。世界に対してこれから適応するということがいえるのは、もちろん、世界が、以前は当該問題とは無関係だったかぎりでのことである。

こうして、真理とは、発生した問題の解決と同義である。しかし、〔問題状況下の〕判断は、真であるか、偽であるか、そのどちらかでなければならない。というのも、発生した問題は、解決されるか、されないか以外にないからである。この意味でいえば、ある判断は、一つの命題である。〔今、判断を構成する諸相を考えるなら〕命題とは、判断の繋辞的相をシンボル形式で提示したものである。判断の主語的相にあるのは、相異なる反応間の競合対立である。たとえば、ジェイムズ・ブラウンを氏のオフィス宛てに電話で呼び出したとして、ブラウン氏は市内にいないと告げられたとしよう。このことが意味するのは、ブラウン氏との面会が中断されていることである。しかし、ある友達に、自分は、ほんの少し前に、ブラウン氏をみかけたといわれたとすれば、それは、彼との面会が可能であることを意味する。ブラウン氏が出発する前に、彼と会えるかもしれないし、そうなれば、彼の家に電話をすることにもなる。この場合、判断の主語は、一週間後に会うことになるかもしれない一人の男であり、今日会うことになるかもしれない一人の男である。どちらをとっても、もう一方は阻止される。判断の述語相、つまり、ブラウン氏は出発しようとしているが、まだ出発してはないという仮説が提示しているのは、先の相とは別の相のジェイムズ・ブラウンであって、後で会おうとする反応と今日会おうとする反応との間でうまく調整をはかり、そのことで、両者がもはや対立状況にないようにする。かくして、自宅からの返答によって、たとえば、一時間以内に氏の自宅に到着可能であれば氏と面会できるという命題の真理性が確証される。こうして、自宅からの返答が告げているのは判断の繋辞的相であり、これが仮説を検証していることになる。こうした判断の繋辞的相はふるまい方の領域内にあり、命題の真理性が、当のふるまい方を特徴づける。しかし、また、命題の真理は、一つの肯定命題を提起しており、これは、急遽実現した面会ということを、超えている。つまり、ジエムズ・ブラウンがその日その時自宅にいたということは、〔当の面会実現の如何にかかわらず〕永遠に真である。諸々の判断が確証されると、それらは、別の領域に属するようにみえる命題を生み出すことにもなる。つまり、「複数の真理が、けっして滅ぶことなく、生きながらえて〔有効なまま競合して〕いる」ということになる。

私の考えるところでは、複数真理の競合可能性という命題に対して我々が最もうまく折り合いをつけられるとすれば、それは、最後の避難所においてということになる。その避難所とは、〔ラッセルいうところの〕命題関数〔つまり、変項を含む表現であり、変項が値をとることで命題となるもの〕である。仮に、電話での会話が本当のことを語っており、なおかつ、仮に、ジェイムズ・ブラウンが約束を守る男であるなら、ジェイムズ・ブラウンがその日その時自宅にいたということは、永遠に真理である。しかし、〔実際の問題状況と切り離された場面で〕ある一つの真理がけっして滅ぶことなく生きながらえているように無理矢理させられているにすぎない場合、あるいは、単にそう想定されている場合、この真理は、〔問題状況場面と切り離されているがゆえに〕真理であるという印象を既に失っていながらも永遠であるという、いわば、永遠病にかかっていることになる。ここでいっているのは、この真理がその有用性を失っているということではない。たとえば、この命題関数は、ジェイムズ・ブラウン〔が仮に死刑囚だとしても、彼〕を、いわば、処刑台から救う一つのアリバイを打ち立てることになるかもしれない。しかし、この命題を、特定時点〔の特定場面〕に何の関わりもない領域に移しても、依然として〔判断の発生源たる経験的事実からの〕拘束を受ける。そして、この拘束ゆえに、悲しいかな、プラトン的天上界〔などという特定時点と無関係な世界」の希薄化した空気も影のない風景も、これを享受することはないのである。〔問題状況下の〕判断が確証されて、その判断が〔解決状況下の〕一つの命題へ転化された場合、その判断に生じたことは、次のことである。つまり、当の判断が今や無数の他の命題と共生関係に入りうるほど、その判断自体、判断のそもそもの発生源たる経験的事象と切り離され純化されてしまったということである。もちろん、こうした共生関係の利点は絶大なものである。この関係によって、ジェイムズ・ブラウンの時間空間上の位置と居住都市における彼の全生活とが結びつき、さらにいえば、全歴史と結びつくことにもなる。そうなれば、彼の時間空間上の位置が、観察データとなり、将来、歴史家が描き織りなす過去像を厳格に支持するものになるかもしれない。しかし、この種の真理は仮説的なものであり、しかも、こうした真理の発生領域から、その真理にとって必要不可欠な活力源を別の領域に流し込んでしまう。このことを、バートランド・ラッセルを引用しているマッケイ教授にしたがって述べるならこうなる。もし、そうした論理的〔に可能な〕共生関係などという実質のない戯れ言から、幾分でも足しになるものを得られるのならいざ知らず、そうでないかぎり、真理発生領域にあった活力源など、「自分たちが何について語っているのかもわからず、自分たちが語っているのが真であるかどうかもわからないような、そうした」領域に流し込まれるのである。もっとも、このような世界に固有の無数の命題の論理的共生を糧にしていられる人々の数は、いわば、ヘブライ文字アレフで表記される無限集合の濃度〔無限集合のサイズ〕が高まるにつれて、次第に少なくなっていく。〔以上、命題、判断、真理に関して様々に語ってきたけれども〕実際のところを述べるなら、こうである。我々が追い求めているのは「すべて」ではない。我々は「いくらか」を究明できればいいのである。我々が関心をもつのは、〔論理的に可能な無数の命題の無限の組み合わせではなく〕あくまで、諸々の命題の〔現実的に〕可能な組み合わせである。ここでいっている組み合わせというのは、我々のふるまい方と世界とを、〔現実的に〕未来において編成していくような組み合わせである。この場合、我々のふるまい方は世界の内部で進行していきながら、同時に、世界の方はこのふるまい方に解釈と意味を与えるという関係が成立している。永遠の対象や普遍的実在や理念という領域内に存在する関係的な複合体であるなら、いかなる複合体であろうと、その真理性如何は、諸々の作業仮説を構成する上で関係的な複合体が有効に用いられることのうちにある。こうした作業仮説が有効に採用されるためには、各仮説自体が整合的でなければならない。しかし、整合性は真理ではない。真理に関わるのは、理論の整合性ではなく、理論のもつ説得力であり、説得力は、つねに、活動の領域をその在処としている。

ローウェンバーグ教授のいう判断のパラドクスの一つに次のようなものがある。判断というものは、判断の叙述〔文〕において、当の判断文内部の「本質（the what = essence）」と、必然的にその判断文の外側になければならない「現実存在（the that = existence）」と、この双方を含んでいるように示される。このパラドクス〔つまり、判断の本質は現実存在に即して検証されなければ、その妥当性は定かではないという不確定状況〕を回避〔し、判断を妥当なものとして確定〕するために、私が考えているのは単純なことである。つまり、〔問題状況下の〕判断の真理性如何は、その判断の「本質」が「現実存在」となる〔ある時点で、ある地点において、現実に何かとしてある〕ように、その「本質」を解釈することにかかっている、こう考えるというものである。さらには、こうした解釈がなされた場合、それは、もはや〔問題状況下の〕一判断ではなく、実際にそこに現実に存在する何ものかと想定するのである。〔問題状況下で設定された仮説が解決状況下で確証されることで〕仮説が現実に作用しているときには、それはもはや仮説ではない。実在である。とはいえ、この実在は、永遠不変で棄却しえない実在などではない。そうではなくて、我々がよく知る実在にすぎないのであって、こうした実在は、いつかは、破綻し、再び作り上げられることもあれば、このことを我々が恐れたり望んだりすることもある。

ここで私が措定しているのは、問題状況下の反省という契機と、〔問題解決状況下にあるため〕目下のところ反省されていない実在という契機である。しかし、反省的経験は、生命と重なり合わないのだろうか。生命とは、発生した諸問題の不断の解決ではないだろうか。プラグマティズムの理論は、思考を問題の解決と同一視するのではないだろうか。そして、思考するとは、滅び行く動物の経験の上に、人間の経験を置くことではないだろうか。もちろん、今みた「思考」という言葉には、曖昧なところがある。この言葉に通常含まれる意味合いとしては、達成、美的経験、富、享受と受苦などがある。しかし、当面は、こうした曖昧さを措くことにして、様々な問題の相互関係という問いに向かっていこう。発生した諸々の問題は、問題同士の間で本源的な結びつきを有してはいないだろうか。そして、その結びつきは極めて本源的であるがゆえに、一人の人間の生とは、今ここにいる知性的存在者たる自分にとっての唯一の問題を解決しようと試みることであるように思われるのではないか。

このような問題解決は、その人の人格を統一するという意味合いをもたないだろうか。これが明らかになるのは、生を最も徹底的に営む場合ではなかろうか。とすれば、明確に、こういえないだろうか。すなわち、我々が意識的生と呼ぶものは、結局のところ、一つにつながり合った思考活動であることがわかり、こうした思考活動の内

▼「本質（the what = essence）」……「現実存在（the that = existence）」 Jacob Lowenberg, “The Paradox of Judgment,” *The Journal of Philosophy*, XXV（1928）, 197-205. ローウェンバーグのこの論文には、“the what = essence”“the that = existence”という言葉はない。しかし、判断のもつパラドクスを次のように論じている。判断というものは、つねに、判断文外部の「何ものか」に言及せざるをえない。「この何ものかは、判断文の外部にあると同時に、その内部にある。この何ものかが判断外部にあるというのは、〔判断文で示された〕信念は、この何ものかを作り出すことはできないし、判断文にしたところで、この何ものかを構成することはできないという意味である。この何ものかが、判断内部にあるというのは、そもそも、この何ものかは、当の判断文を他の判断文から区別する本質的構成要素だからである。判断を超越しつつも判断に内在するこのものとは、いったい何なのか」（ibid., p.198）。

なお、ミードがローウェンバーグの言葉として引用している“the that”と“the what”は、イギリスのヘーゲリアン、ブラッドレーが用いたものであり、一九世紀末から二〇世紀初頭の頃、様々な論者も、この表現を使っている。ジョン・デューイによると、ブラッドレー（Bradley, *Principles of Logic*, 1883）において、“the that”と“the what”は、“this”と“thisness”という意味で使われていたという（Dewey MW6: 14-17）。これは、特定時点の特定場面において何かとしてある「このもの（this）」と、「このもの性（thisness）」である。もちろん、“the that”と“the what”が意味しているのは、「あれ」と「何」では、まったくない。

同時代、ミードの周囲で、類似の使い方をしていた論者として、ジェイムズ（『プラグマティズム』『真理の意味』）、そしてミードの師匠ロイスなどがいる。ミードがここでいっている“the that”と“the what”は、その時その場に何かとしてある現実の存在者（existence）と、本質（essence）に対応する。根拠として、まずロイスを引用しておく。

“Realism especially tends to sunder the *what* from the *that*, the essence from its existence. But permanence properly belongs to the *what* and not to the that of any being in a realistic world.” in Josiah Royce, *The World and the Individual*, Lecture III.II.1899（http://www.ditext.com/royce/royce-3.htm 二〇一八年三月一三日閲覧）参照。

次に、ミード自身についていえば、『現在というものの哲学』（本書第Ⅲ篇所収）において、これらの表現を幾分変更し、“the what it is”“existence”という形で用いている。六三三頁参照。

部において、一見したところ個々ばらばらな諸問題が織り上げられ一つの網状になるのを、我々は、ときには断続的に、ときには継続的に、気づくようになる、と。多くの問題、おそらくは、すべての問題を解決しないことには、何一つ問題を解決しえない、これは、ことのほか、真実ではないだろうか。とりわけ、我々がいっておきたいことなのである。これこそ、我々が世界を全体として把握しようと試み、多くの科学の公表成果を生き生きとした形で統一し、一つ一つは相互に関わり合っていることを我々の前に明るみに出すときには、疑いなく、そういえる。問題相互間の関係を問うことは、本物の思考である。なぜなら、何ものも排除しないからである。こうした相互連関的思考は自らの背後に哲学の全歴史を有している。また、これは、とりわけ、宗教の態度である。このような正真正銘の仕方で森羅万象と取り組むことは、精神の問題である、つまりは、自我全体の問題であると認めるとしよう。さらに、問題の部分的解決は、森羅万象を理解する道を示していることは措くとして、問題は、目下のところ、解決不可能状態にあると認めるとしよう。このように認めると、今みたような〔問題状況下で解決方法を思考するという〕プラグマティズムの理論それ自体が、我々を観念論の潮流へと合流させないのだろうか。作用し続ける一つの仮説、いいかえれば、そこかしこで問題が噴出するたびに自己を不断に成就していく一つの思考構造、これを除いて、世界は何だというのだろうか。このような観点に立つなら、様々な観念間の整合性のみならず、様々な問題間で生ずる各問題間の整合性こそ、最終的な真理の検証ではなく、真理へ向かっていく道の検証にならないだろうか。思考過程下の〔論理的〕世界は、絶え間ない述定化過程下の判断以外の何だというのだろうか。

さて、経験に関する以上の説明に対しては、批判しようと思えば批判できるし、その際、立脚点となるものは数多くある。たとえば、真っ先に挙げられるのは、先に「思考」という言葉において示唆したような曖昧さであろう。だが、これらの批判が、どれほど成功しようが、観念論の学説には、そのような批判よりも、はるかに深遠な重要性を有する点があり、これが人々に訴える。それは、一方で、科学的思考がもつ建設的で統合的な性質のうちに見出される。また、他方で、世界は理解可能でなければならないという、極めて強い要請のうちに、それはみられる。我々の問題は、理解可能な領域に到達することであり、そこに向かうにあたって、我々は科学的仮説という方法を用いる。この方法は、〔問題解決という現実的に〕可能な取り組みの範囲を超え出ることはなく、取り入れられる場合は、広く、しかし、暫定的に採用されている。そして、微力ながらも我々の続ける努力に関するかぎり、こうした無限の目標へ向かっていく前進は、我々が認めるように、相互に関連し合った諸々の領域において、不断の再編を様々に遂行することによって生ずる。経験がもつこうした目標の在処は、〔今ここの〕経験を越えた無限の彼方であり、そこへの接近は、一つの思考を創出するという方法によってなされる。この場合、思考の創出の基準となりうるのは、多くの分野における数々の目標および数々の部分的達成物、これらの間で形成される整合性の増大を措いて他にない。

さて、真理の検証は数々の問題とそれらの部分的解決との有機的な相互関係のうちに見出しうるが、科学的手続きに関するかぎりでいえば、もうこれ以上とやかくいわなくとも、こうした真理検証を容易にかたづけることができる。シェリングもヘーゲルも、真理検証問題に対しては、ともに、自らの自然哲学によって態度表明を行った。しかし、彼らの壮大な企ては、実験科学の中に好意的関心を何一つ引き起こすこともなかった。もちろん、ある問題の解決は別の問題や他の多くの問題の解決に役立ちうることに科学者は気づかなかったなどといっているわけではない。私が注意を促したいのは次の事実である。仮説的に想定された解決法には、いかなるものであれ、その遂行にあたって適合しなければならない諸条件というものがあるのであって、実験的方法を適用しうる領域というのは、こうした諸条件が、目下疑念対象となっていない実在によって設定される領域以外にないという事実である。科学者というものは、自然に対してある問いを立てる。その問いの解に関するかぎり、自然それ自体が、問題状況化することはありえないということである。科学者が用いる技法は、主として、疑念状況にあるものと、疑念の余地のないものとを区別する点にある。もちろん、科学者による解の真理性を否定することは可能である。しかし、科学者の携わる問題が別のもっと壮大な〔たとえば哲学的〕問題の内部にあると考えるよう、科学者を説得することなど、絶対に不可能である。なぜなら、その場合、科学者には、自分自身の仮説を検証する術は何もないからである。ここで、驚くほど込み入って解きほぐせないような科学上の数々の仮説を調べてみるとよい。これらを引き出した学説としては、たとえば、相対性理論、量子仮説、光が有する一見したところ微粒子的な性質、コンプトン転移〔コンプトン効果〕、電子の直径と形態の多様性を示す諸々の証拠、星の放射エネルギー量の割合、宇宙空間から我々の大気圏内に到達する強力な放射線の存在等々である。そして、留意すべきは、これらの混乱すべての中で安定的で疑問の余地のないものは何かということであり、さらには、それぞれの仮説が、自然に関する科学上の学説の候補になりうるとして、では、各仮説は何と調和しなければならないのかということである。それは、実験による研究成果である。実験の成果こそ、これまで、ありとあらゆる仮説から完全に抽出して得られてきたのである。これらは科学者にとって確固たる実在である。これらの実験成果自体は、単純に疑問の余地のない出来事であって、観察誤差の範囲内で確定されるのであり、こうした実験成果が属する世界は、科学の強い関心を惹きつける諸々の問題状況の内部にはない。もし、プラグマティズム理論が、科学的方法の論理的一般化の一産物であるとするなら、次の二つの問題を混同することなど、ありえない。つまり、一方で、〔探究的〕思考を惹きつける問題状況と、他方で、思考が追求している解決にとって必要な検証諸条件の疑念の余地なき妥当性をも否定するような、問題状況外部にあって問題状況よりも壮大な問題、この両者を混同することなど、ありえないのである。

これまで、実在論者▼〔ラッセルやホワイトヘッド〕もプラグマティストも同じく同意してきたのは、認識の専門家つまり科学者のことであるが、こうした専門家が携わる知覚上の認識〔対象〕は、疑う余地なく妥当なものとして認められねばならないということである。もちろん、知覚の定義となると、残念ながら、これまで両者の間には対立があった。〔同意点がありながらも対立している〕こうした、いわば、内輪の論争に関して指摘しておきたいことは、科学者の研究成果は、つねに事物に関するものであって、けっして感覚的与件や知覚自体に関わるものではないということ、さらにいえば、科学的心理学による知覚作用の正当な分析もまた、つねに、事物を〔疑う余地なく妥当なものとして〕前提しているということである。〔疑問から出発しつつも〕心理学者は自らの実験室において、自らの実験装置やモルモットによって、疑いえない実験成果に立ち返る。いかなる観察理論であれ、これを検証するのであれば、観察にあって、このように疑う余地なく妥当な事物に対して生じたことをもって検証しなければならない。検証の順序を逆にしてしまえば、バートランド・ラッセルのいう脳内の世界へいたることになる〔ラッセル『心の分析』講義Ⅶ、勁草書房参照〕。事の本質上、ラッセルのいう脳は、観察可能な脳ではなく、〔脳と脳内世界それぞれの〕論理的パターンの蓋然的対応によって、かろうじて輪郭だけは描けるかぎりでの脳である。しかしながら、こうした検証順序を逆にした議論の仕方は、「議論にしたがうこと」の勇ましくも誇大妄想的な一例である。つまり、このような方法にしたがうなら、論法巧みな論者自身が、議論の落とし穴にはまり込んでしまうだけではない。はまったら、はまったで、今度は、ほとぼりが冷めるまで、引きこもったまま何とか取り繕おうとするが、このような場合でさえ、当初の議論にしたがうわけである。はまった穴の狭さに怯える者なら、同じく大胆不敵なサンタヤナの「動物的信念」▼の方を好んで、穴から飛び出すかもしれない。

しかしながら、世界を全体としてみることには深遠な意味がある。ここには疑問の余地はない。とはいえ、その意味に接近する際の最も啓発的な方法は、そのことに限界を設けること、つまり、それは何でないかを発見することのうちに見出しうる。世界を全体としてみるという表現を有益に用いるとするなら、その意味するところは、未来において世界がどうなっていくかをみることではない。世界を全体としてみるということのうちに含まれているのは、疑いもなく、我々を過去から未来へ聡明に導くような知恵である。しかし、これは、あくまで知恵であって、認識ではない。未来というものは、実在的にみるなら、未来において起こるものである。単に我々の目にみえないものではない。どれほど鋭い予言者の予見であろうと、明日というものを、その本質的な性質において、我々に経験させることはできない。あらゆる明日は〔在るのではなく〕創発するのである。繰り返していえば、世界を全体としてみることは、過去をくまなく取り戻すことを意味してはいない。あらゆる世代は過去を書き換え、したがって、ある意味で過去を追体験する。我々世代が書き換えてきた数々の歴史は、我々の先祖には書き換えることはできない。それは、ちょうど、我々世代が生きている世界を、先祖たちは見ることも考えることもできないのと同じことである。しかし、その理由は、先祖たちより、我々の方が豊富な資料をもっているからではない。歴史とは、現在の観点から過去を解釈す

▼実在論者〔ラッセルやホワイトヘッド〕もプラグマティストも… 実在論およびプラグマティズムに関するミードの見解については、ミード『西洋近代思想史——十九世紀の思想の動き（下）』（魚津郁夫・小柳正弘訳、講談社、第一五章）参照。

▼「動物的信念」 Reck, A. J. ed. *Selected Writings George Herbert Mead*, 1964, The University of Chicago Press の該当箇所（p.334）には以下の註がある。
「動物的信念とは、人間が自然の中で生き残ろうと努力する際に、人間自身において作用する存在に対する信念である。ただし、これは、直観的に知ることも合理的に証明することもできない」（Santayana, *Scepticism and Animal Faith*, New York: C. Scribner & Sons. 1923. 邦訳：サンタヤナ『哲学逍遙——懐疑主義と動物的信』勁草書房）。

ることである。これは、歴史が過去の観点から現在を解釈するのと、まさしく同じことである。〔だから時代とともに解釈は変わり〕私たちが子供だったとき以来、異なるソクラテスがアテネの若者を魅了し、異なるシーザーがルビコン川を渡り、異なるイエスがガリラヤで生きてきた。翻って我々にもわかっている。我々の子供たちは、我々の世界とは異なる世界に暮らすだろうし、我々が苦労して編纂してきた年代記も、子供たちによって必ずや書き換えられていくだろう。しかし、このことは我々を当惑させるものではない。さらにいえば、我々の世界を全体としてみることが、子供たちの未来において開ける視界と、それにともなう過去像とを含むなどと、我々は思いはしない。過去と未来は、実際のところ、現在に定位している。我々が望むのは、現在というものの意味である。そして、その意味を我々が見出しうるのは、ただ、現在がもつ独自の特性が要請している過去像と、現在だけがいたりうる未来像と、ここにしかないのである。ある意味で、いつの時代の現在も、前例のない独自のものであり、このような現在が過去を創造する。こうして創造された過去は、現在からみた過去の説明のために論理的に要請されるのである。ヘーゲルの眼にみえなかったものは、こうした知覚的現在という、底知れぬほどの深淵な富である。世界を全体としてみることは、このような知覚的現在の意味を、我々の手にしうるかぎり、集めることである。あらゆる実験上の研究成果は、諸々の知覚的現在のうちにあり、そして、このような実験成果が、あらゆる理論の最終的な試金石である。現在が有する数々の問題は、未来において、どうなるか予言しえないにしても、これらを解決すること、この中からこそ、現在においては言葉で表現しえない未来が開花する。世界を全体としてみることには、今一つの意味がある。それについては、先に、〔問題発生場面を離れて、どんな場面でも決して滅ぶことなく生きながらえている〕命題の論理的共生という文言で言及しておいた。しかし、先の叙述にあっては、命題は、〔どんな場面でも妥当するような〕あくまで抽象化されたまま、〔特定場面で〕現存する世界の中に置かれていた。そこでは、各命題は、生気のない在り方をしており、空虚なシンボル〔たとえば、$P(x,y,z)$ といった命題関数〕によってしか特徴づけられないような、想像すらできない存在物であった。だが、実のところ、シンボルとは、対象に対する我々の構えを適切に刺激するものである。構えといっているのは、我々の行動の中に現れる反応のことである。こうした反応には、事物の刺激に先立っている場合と、そうでなければ、既に誘発されてはいるが、完全に発現する機会を待っているような場合とがある。第一の場合、対象に対する構えは、観念あるいは概念として現れるかもしれないし、第二の場合は、事物を構成する諸々の意味として現れるかもしれない。〔第一の場合でいえば〕本の概念とは、諸々の構えを組織化した編成体である。本に関する刺激が与えられれば、本に対する構えの現れ方は、その本を読み、借り、書き込み、取り出し、買い、あるいは、売るということになる。このような構えは、すべて、行動様式の様々な形態として、人間の性向の中にある。そして、こうした行動様式の形態は、喚起されるべく、適切な刺激を待っている。話し言葉ではっきり表現される場合であれ、心の中のイメージにおいてであれ、シンボルによる刺激が与えられるとしよう。そうなると、今みたような諸々の反応は行動様式のうちに存在するが、この場合の行動様式は、反応によって組織化される。第二の場合でいえば、当の本は、実際に目の前にあるわけで、反応に対する十分な刺激となっている。この場合の本は、本といわれる概念に以前から含まれていた意味をもつわけである。当の本が、そうした意味を獲得しうるのは、ただ、生じている出来事の意味合いが、その出来事の中に現れている状況においてのみである。たとえば、渦巻く奔流に軽はずみで飛び込む人は、命を落とすことになるが、死を招く彼の飛び込みに先だって、この死という帰結が奔流の性質のうちに現れていなかったならば、この奔流自体は、死をもたらすという意味をもたない。そして、出来事と事物との単なる関係が意味をもつようになること、つまり、意味が出来事と事物に備わることが可能となるのは、ただ、人間の組織化された行動様式の中においてのみである。こうした意味の備わりは、シンボルが意味を獲得する意味を通して生ずる。同時に、シンボルが意味を獲得するのは、他者に対してなされる指示が、その指示を他者に対して出している当の本人にとっても一つの指示になるときである。先の奔流は、あの犠牲者を死に追いやる得体の知れぬ力であるというだけではない。相互にコミュニケーションを取り結ぶ人々のコミュニティにおいて、奔流のもつ力が、ある意味を帯びるようになるのは、各自が、奔流にまつわるこのことを、他者に指示し、したがってまた、各自が自分に指示することが習慣化しているかぎりにおいてである。奔流は、圧倒的な勢いをもった水かさの切れ目ない流れ以上の何ものかになる。コミュニティの経験において、この力は、避けるべき何ものかであり、あるいは、ことによると、工業用発電のために用いられるべき何ものかである。コミュニティとの関係を構成する要素となることで、この奔流は、ある意味を獲得するのであって、こうした関係を離れて、それがなかった時点で、その奔流が、当の意味をもつことはなかった。コミュニケーションを取り結ぶことを通して、数々のシンボルによって、人々は、自分たちにとって可能な行動様式のもつ数え切れないほどの構えを、組織化できるようになったのである。まさに、このようなシンボル間の相互関係こそが、行動様式においてこれらの構えが発現する可能な行為同士の相互関係を表立って示す証なのである。各構えがシンボル間の構造の中に編み込まれるようになると、各構えが人々の中に喚起するものは、相互に結びつき合う過程であり、このように結びつき合う過程自体、シンボル構造に組み込まれた各構えによって可能となる。そして、事物はといえば、このような社会にとっての世界もしくは環境になりつつ、そのことによって、事物は、今みた行動様式が示唆する諸々の意味を獲得するのである。

かくして、今や、世界を全体としてみることは、こうした共通の行動様式が有する最も広い視界において反応することである。その意味するところは、論理、倫理、美に関してコミュニティが有する最も高度に編成された構えに参入することであり、したがって、思考過程や行為過程の編成体そして芸術的な創造と評価の編成体が意味する一切を必然的にともなう構えに参入することである。このことに含まれているのは、論議領域、目的の王国、さらには、美と意味の世界に精通しているということである。思考と実践、我々の価値の定着化と享受、これらを規定しうる諸条件は複雑に絡み合って一つの集合をなしている。世界を全体としてみるということは、このような最も広大な集合を認識することである。このようなものの見方の真理性如何は、社会が自らの環境世界に対して賦与する様々な意味を、こうしたものの見方が十二分に誘発することのうちに見出されるが、このことがいえるのは、ただ、このものの見方が我々のもつ目的と評価を首尾よく解釈するかぎりにおいてである。こうした目的と評価が示唆する観念も意味も、ともに、行動様式の内部にあり、目的や評価が現れる緊急状況においてのみ、妥当となる。しかし、同時に、こうした観念や意味は、私たちの生活を形作るこのような緊急の出来事に対して、〔コミュニティとして〕組織化された世界の市民たちの性質を、つまり、十分な良識と社会性と教養とを加える。この場合、観念や意味の整合性は、緊急状況に対する適用可能性を意味するが、真理を意味するわけではない。七日前の晩ことであったが、私はアダムズ教授の議論▼を楽しく読み進めていた。彼は現実存在と意味の形而上学的特質の込み入った事情を通して議論を展開していた。彼の力量ゆえに、我々読者が真理と出会う場面は、結局のところ、単にそこにある存在物という、いわば骨と皮だけの暗黒の場でもなければ、様々な意味の誘惑的な妄想の中でもなかった。しかし、我々が真理を見出したのは、意味が現実の存在物に与える内容と、現実の存在物が意味に与える実在、これらの中であった。アダムズ教授はといえば、自らの定式によって、骨と皮だけの存在物に生命を吹き込んで価値を与え、こうした価値を実体化する。私はこれを採用するわけにはいかない。私の真理論は、このような定式を背後から都合よく操るものではない。

なるほど、思考は仮説の中では構成的に作用する。しかし、実在の構造は思考の再構成作用が進行する場であるというのに、その実在構造がまた思考の構造でもあるなどという主張は、私にはわからない。思考は、確かに、自らの青写真の中に実在の構造を提示するが、実在構造は、思考が作用している中から生ずるわけではない。思考作用は、この実在の構造を、これから創発する未来へと投影する。しかし、私の考えるところでは、思考が世界を思い描き世界を築き上げることに与ることはあっても、思考が世界そのものであるなどという権利要求はなしえない。

真理は、〔問題状況下の〕判断と〔解決状況下の〕実在との間の一つの関係を表現する。本論文がとる定式では、この関係は、〔問題状況の〕再編と実在との間にあるとしている。この間にあっては、〔問題状況下の行動環境および行動パターンの〕再編により行動様式の継続が可能になり、実在の内部で行動様式が進行していく。判断には、いわば、舞台の袖で出番を待つ対立調停がつきものである。この考えは賠償理論と呼びうるかもしれない。というのも、我々の誰もが知るように、賠償委員会は、何よりもまず、ある問題解決策、つまり、対立調停策を要求するからである。ほとんどの賠償委員会は、組織化されるとすぐに休会となるが、結局、招集されるのは、そのような問題解決策を見つけ出すよう命を受けた委員会が報告できるようになってからである。このような解決策が判断である。判断と実在との関係は、対応関係というよりも、むしろ、協定合意という関係である。判断における再編とは、既に組織された実在に順応することである。もちろん、場合によっては、ある解決策は、目的に適うかもしれないし、効果がないかもしれない。すなわち、いうところの多くの真理は、取るに足らない些末なものだというわけである。だが、これは、判断の性格というものを見落としている。判断というものは〔問題状

▼アダムズ教授の議論 原編者 Reck は、ここで以下の論文を示している。George P. Adams, "Truths of Existence of Meaning," *University of California Publications in Philosophy*, XI (1929), 35-61.

況の〕再編過程の一環である。経験がかつて阻止されていた〔問題〕状況下で、改めて経験が再開しうるようになるまで〔解決状況にいたるまで〕、判断は真理を達成しない。もし、整合性ということで、このように仮説的再編が所与の実在と符合することを意味するのであれば、我々は、判断と実在との関係を整合性の関係と呼びうるかもしれない。しかし、真理の整合説は、むしろ、判断構造の整合性を考慮しているのであって、そこに想定されているのは、判断が正しく思考されてさえいれば、判断構造は、一つの思考構造として、思考によって構成された存在世界と調和しているにちがいないということである。すなわち、この想定では、整合性ということでいわれているのは、未来の行動様式に関する所与の諸条件と判断とが一致するということよりも、むしろ、仮説形成のことなのである。

こうして今や明らかなのは、真理をめぐる様々な理論は、実在論との対応の仕方如何で、どのようにもなるということである。今しがた示したように、ある観念論は、無時間的な永遠の判断の所産たる一つの思考構造を存在世界の中に見出し、真理基準を思考過程の妥当性の中に見て取る。この場合、ある妥当性は、判断内容の整合性の中で、やがて、明らかになるとされているわけである。というのも、ある有限判断が、当の有限判断を内に含む無限過程と調和を示しうるのは、こうした思考内の整合性においてしかないからである。森羅万象の存在理由は、こうした有限判断と、これを内に含む全体構造との整合性を、精神が評価できるようにするためではないが、しかし、整合性を評価する思考過程は絶対者の過程と同一であるというわけである。そして、この絶対者の過程が、絶対者〔の自己展開過程〕内の整合性によって、自らの同一性を示すかぎりにおいて、整合性を評価する思考過程は、唯一可能な真理基準を兼ね備えることになるというのである。観念論という通常の言葉遣いにおいて、すべての観念論が、ヘーゲル主義的であるわけではないし、新ヘーゲル主義的なわけでもない。しかし、私が数々の観念論に共通していると考えるのは、思考の観点から実在へと接近するというものである。つまり、観念論からすれば、思考の本体的性質を通してのみ、実在の本体的性質に接近しうるというわけである。知覚に現れる自然の姿は、束の間で、偶然的で、特殊的であるということになる。我々が自然の内部に入り、自然のもつ一様性、自然の持続的構造、自然に固有の必然性に到達できるのは、思考を通してのみだというわけである。以上みたような観念論的アプローチは、論理必然的に、自らの真理性の検証を、真理を暴露する思考の能力のうちに求めるわけである。

ある実在論の場合、分析という方法を用いる。この立場は、実在のうちに、諸々の究極の要素と、諸要素の構成によって限界づけられる諸々の関係とをみる。実在を、関係項と関係項からなる関係とに分解した上で、判断の真理性如何は、関係項と関係、そして、精神の中で、これらに対応する認識、この両者間の一つの相関のうちにみられるという。諸関係項と諸関係からなる新しい一つの組み合わせがみつかり、この組み合わせが、事物と精神の意識との間にあるとする。こうしてできあがっている諸々の関係群が提示する構造パターンが、もし、これら関係群が自然の中で対応する構造パターンと同じものであるなら、そのとき、判断の中に現れる論理的パターンの真理性を検証していることになる。この場合の真理は、論理的な対応という真理であると主張しているわけである。こうしてみると、判断の真理性についてのいかなる学説も、自らの実在観が自らの真理性基準と、どれほど深く密接に関わっているか、これを示す義務があることになる。

　これまで語ってきたことから、この論文でいう実在についての学説は、ある程度、明らかになっていると思う。つまり、人間たちが関与している経験は、人間たちが判断する実在にとって不可欠な構成要素であるということ、問題〔状況〕というものは、自然を外部から眺める人間たちの心において生ずるのではなく、自然自身の内部において生ずるということ、そして、その理由は、こうした人間たちは、自然の有する諸々の局面であるからということ、これである。いいかえれば、我々の実在理論は行動主義的である。これは、心理学的意味においてだけではない。デューイ教授が『経験と自然』において提示したかぎりでの形而上学という言葉〔同書第二章の叙述、「形而上学、……すなわち、我々が住む現存する世界」〕を用いるなら、形而上学的意味においても、行動主義的なのである。このことは、とりわけ、いわゆる三項関係が有機体と自然との間においても妥当するということを意味する。つまり、ホワイトヘッド教授の言葉を用いるなら、自然が現実に存在する様相は、自然が許容する有機体との関係に応じて様々である。ブロード教授が▼解釈するホワイトヘッド教授の学説に対して私は同意できない。それによると、いわゆるセンス・データは、有機体のその時その場の直接的な近接性の中に現実に存在し、そして、

▼ブロード教授が…　原編者 Reck は、ここで以下の文献をあげている。C.D. Broad, *Scientific Thought*, London: Kegan Paul, Trench Trubner & Co., Ltd., 1923, Pt. II.

いわば、出来事の絶対的な時空間に投影されるというのである。〔ブロード教授の場合、ホワイトヘッド教授のいう〕事物にまつわる諸々の形容態が、事物を実際に限定修飾することに疑問を抱いているのであろうが、これらが経験の中にあるのは、それらが感覚過程を賦与された有機体群と関連することをとおしてである以上、これを疑問視する理由はまったくないと私は思う。ホワイトヘッド教授の学説に難点があるとすれば、それは、共通世界においてである。彼の数々の著作には、こうした共通世界の理論について、はっきりしない暗示の数々が、わずかな文言と補足的註の形で示されているだけである。おそらく、彼のギフォード講義▼では、共通世界の理論が語られているはずである。講義録が出版されれば、我々にも利用できるだろう〔ホワイトヘッド『過程と実在』〕。

自然は諸々のパースペクティヴの中に現実に存在するという〔私の〕見解〔本書第5章参照〕を論理的に拡張するならば、こうなる。社会とは、ホワイトヘッド教授が定義するかぎりでの有機体であり、共通の自然というものが存在するのは、それが、こうした有機体との関係下にあることにおいてである。それゆえ、問題は、こうした社会の成員にとっての経験の性質ということになる。というのも、社会成員の経験は、私的であると同時に公共的でもあるからである。私自身、経験が有する、こうした社会的性質に関して独自の学説をもっているが、これについては、既に別のところ〔本書第1章〕で提示しておいたし、また、今述べたことも示唆しておいた。私の見解を極めて手短に述べるなら、こうなる。社会が現実に存在する場は、社会成員たちの社会的性質の中であるということ、こうした成員たちの社会的性質が現実に存在する場は、成員たちに関わっている他者が有する様々な構えの編成体を、成員たち自身が、他者との諸々の協働的活動の中で取り入れることのうちにあるということ、そして、こうした様々な構えの編成体の取り入れはコミュニケーションを通して生ずるということ、これである。すなわち、デューイ教授の文言を用いるならば、コミュニケーションは参加を可能にするのである〔ジョン・デューイ『公衆とその諸問題』ハーベスト社 一四六～一四八頁〕。これに加えて、有機体各自にしかあてはまらないような自然の様々な局面というものもある。たとえば、ある人の身体内部で生ずる経験は、その人にしか体験できない。頭痛という自分自身の経験を他者と共有できるのは、他者たち自身の私的な経験に訴えることによってのみである。だが、同じ人が、他者たちの立場に、他者たちに代わって直に自分自身を置くこともある。それは、各自が世界の中にあって共通の企てを営むときであって、その場合には、人は事物を観察するにあたっては、時間的空間的にも、意味においても、他者が事物を観察するのと同じように観察する。このような共通の経験に対応して、人々の前には、一つの共通世界が、つまり、集団独自の世界が存在することになる。こうした共通世界は断続的に機能停止する。諸々の問題〔状況〕が共通世界内で生じ、問題〔状況〕自体が解決を要求する。問題〔状況〕というのは、私が先に言及した意味で、例外として現れる。例外は何よりもまず一人一人の経験の中に現れる。そして、発生した例外状況が共通の経験という形態をとるかぎりにおいて、例外状況は共通世界の構造と対立することになる。個人の経験は、こうした諸々の例外状況を失わずに保持しているがゆえに貴重である。しかし、個人が例外状況を保持するのは、他者もまた例外状況を保持しうる形態においてであり、したがって、例外状況が共通の経験となるような形態においてである。こうなると、例外状況は科学のデータである。例外状況が、共通経験という形態で定式化されるならば、そこに現れる課題は、今や共通世界となった例外状況を再編するということであり、この再編の結果、例外状況は新たな固有の位置価を獲得し、そのことで、例証となり、もはや例外状況ではなくなる。こうして、再編の真理性如何について提示しうる唯一の検証は、ただ、再編に関わる仮説を共通世界に適応させることのうちにある。だが、これは、例外状況において現れた問題〔状況〕によって、当の仮説が影響を受けないかぎりにおいていえることである。

もし、経験が、経験を超えた実在と一致しなければならないというのであれば、真理の検証は経験構造と経験外部の実在の構造との対応ということになる。あるいは、もし、経験は絶対的なものの不完全な姿であるのに対して、実在は絶対的なものであるというのであれば、真理は経験の過程と絶対的なものの過程との適合ということになる。いずれの場合であっても、経験それ自体は、あくまで、認識論のうちにあって、ある種の問題を構成するようになっている。すなわち、認識論以外の問題も認識論の個々の実例でしかないと考えられており、その上で、経験それ自体は、認識論上、経験を超えた何ものかと本来的に関連しているという想定の下で存在する問題として構成されてしまう。これまで私が提示しようと試

▼彼のギフォード講義　原編者 Reck による註が付されている。ホワイトヘッドのギフォード講義は『過程と実在』（一九二九年）として出版された。

みてきた学説においては、経験は、それ自体、〔解決すべき認識〕問題ではない。経験は単にそこにある。〔解決すべき認識〕問題は経験の内部において〔問題状況として〕生ずる。それゆえ、真理の基準は経験を超越するものではない。真理基準が考慮するのは、ただ、今なお進行中の経験の諸条件のみであり、しかも、ここで経験といっているのは、人間の自然的過程が阻止されることを通して問題〔状況〕と化してしまった経験のことである。このような問題〔状況〕の解決は、すべて、経験の内部にあり、阻止された状況を解決することのうちに見出される。さらにいえば、発生した問題〔状況〕の理にかなった解決は、社会進化の中で生じた精神の持ち主を通じて行われる。それゆえ、問題解決の真理基準は、自然の様々な局面の中でも、とりわけ、こうした精神の持ち主たちの棲息環境たる社会に対応する局面に関わることになる。問題解決の真理基準は〔当該問題に関わる人々にとっての〕共通世界の継続性を要求する。たとえば、実在は、可能性としては、非合理な側面、理にかなってない側面をもちうるが、真理基準はこれらを排除する。しかし、真理基準は、新規なものの出現、つまり、これから創発するものを排除することはない。私の理解によれば、このことは、命題関数と現代論理学の分野を〔ある意味で〕否定的に反映しているといってよい。〔つまり、変項の値が未確定であるのと同様に〕我々の経験の諸形態が空白を有する場合にのみ、我々の経験は新規なるものに開かれる可能性があるのである。このことは、経験世界のどこであろうと、〔解決すべき〕問題〔状況〕は発生しうるということの別の表現でもある。以上のように述べた学説に立つなら、我々の実在観は、真理とその基準に関する理論を、かなりの程度で確定している。

結論にあたって、〔この論文の冒頭に示した〕合理性の問題に立ち返ることにしたい。諸々の事実からなる新しい秩序を再記述し解釈しながらも、その実、古い習慣と古い構えが自らを呼び覚まし維持しようとする対象を見つけ出すことしかしないのであれば、そのとき、我々は合理化しているのである。よく知られた事例として、時代遅れの宗教的儀礼を美的観点から保存するということがある。別の事例をあげるなら、既に示唆したように、ルネサンス期の哲学が用いた手法である。そこでは、人間を宇宙の中心に置く古い考えを維持するにあたって、世界を精神状態に解消するという方法が用いられた。しばしば無意識的にではあったが、こうまでして彼らを駆り立てた動機は、明らかに、古い反応に依然として付着している諸々の価値を救済することである。うまくいく処方というものは、いかなるものであれ、神聖な情動的態度を喚起するものでなければならない。哲学においては、魂の救済に代わって精神の救済が現れた。しかし、その認識論の背後にあったのは、人間の経験の崇高な価値という感覚だった。人間経験の価値を維持する責任は哲学の学説に重くのしかかっている。このことに私は完全に同意する。だが、あえていっておきたい。デカルト、スピノザ、ライプニッツ以来、時代を経るにつれ、宇宙に対する精神の認識的関係によって、これらの価値を維持することは、ますます、覚束ないものとなってきている。その根拠として、たとえば、見解は一致していないものの、次のような文献をあげておく。ブラッドレー『現象と実在』、バートランド・ラッセル「自由な人間の崇拝」〔in *Mysticism and Logic*〕、サンタヤナ『本質の領域』。ルネサンス以来、哲学の主流にあるのは、実在の構造についてのある意味合いである。それによると、思考の構造は、根本原理として、ある実在構造というものを、それが何であれ、反映し、あるいは、定立しようとするのであるが、その際の実在構造は、過去を、変わらぬもの、撤回修正不可能なものとしているという。哲学者たちが、自分たちの価値に絶望していないかぎり、自らの価値の確固たる基礎を長きにわたって追い求めてきた場面は、実に、こうした不変にして撤回修正不可能な秩序の中なのであった。かくして、哲学者たちは新しい秩序を合理化し、その中に、古いもののもつ意味合いを見出してきたのである。そうこうする中、科学の方は、自らの営みにおいて、古くなった科学を取り巻く構造を解体し、その方法のみを維持した。もちろん、科学は、諸々の価値の維持に対する責任をけっして受け容れはしなかった。もっとも、名誉ある例外は一つあるとすべきだろう。コミュニティの生理的心理的衛生のために科学が自ら負っている責任に対しては、科学自身、これを認識しているという点である。これに対して、哲学は、実在を概説する際にも倫理の学説の中でも、コミュニティの諸々の価値に対する責任を免れるわけにはいかない。

さて、私の理解するところはこうである。哲学に生じたプラグマティズム運動の最も顕著な特徴は、過去を〔再〕解釈し未来に希望を託すという観点に立ち、実験的にコントロールされる中で現実に進行している経験を率直に受け容れる点にある。私のみるかぎりでは、こうした経験を受け容れるにあたっては、過去と現在と未来における諸々の出来事を、再編不可能な最終的連結状で配置しようとする絶対的秩序は、いかなるものであれ、不可能だと認識しなければならない。というのも、そのような究極の枠組みにおいては、これから創発する未来が過去の意味を新しく解釈する余地はないし、また、宇宙がもつ様々な局面の相異なる秩序を受け容れる余地もないからである。それゆえ、プラグマティズムが直面している問題は、構造などというものに代えて、方法によって、諸々の価値を維持することである。我々が頼りにしうるのは、新しいものを古いものに同化することで情緒的な反応を再興することなどではない。それどころか、必要となっているのは、古いものを、新しい状況に導くものとして、作り直すことなのである。こうした再編を我々が進んで実行するのは、自然界とそこに棲息する生命の過去に対して、その評価を我々が急速に変えつつあるときである。社会再編という差し迫った問題は、財産、国民の権利と個人の権利、家族と教会に関わる我々の価値に対しても、深淵な意味合いをもっている。このような事態に対して、古いものを再編し新しい状況に導く方法を、我々は同じように進んで適用できるのだろうか。

第７章　歴史と実験的方法▼（一九三八年、没後出版。執筆年代不詳）

History and the Experimental Method

歴史学は、実験的方法あるいは観察的方法を用いる様々な科学の部類に入るものとされてきた。つまり、歴史家の公言するところによれば、自分の研究領域内に現れる問題なら、いかなる問題であろうと、その解決に取り組む際には、いつでも科学的方法を用いることができるというわけである。自らの題材にあって、科学的方法を受け容れないような研究領域に属するものがあるとわかった場合、歴史家が取り組みそうなことは次のようなことだろう。すなわち、過去の出来事の再構成という歴史家自身の課題を、過去の出来事についての他の論点から切り離そうとすることで、自身の研究領域内には、あくまでも純粋な科学的良心を保持しておこうというわけである。これが不可能な研究計画であることは、再三再四、明らかにされてきたのであって、高等批評〔聖書の文学的・歴史学的研究〕と進化論の領域では余すところなく示されている。実際、数々のドグマの歴史が示すように、形而上学的問題が科学的研究の領域内に持ち込まれたのは一度やそこらではない。宗教上の制度や信念や

▼歴史と実験的方法　このタイトルは、ミード草稿集『行為の哲学』の編者モリスによるものである。執筆年代は不詳であるが、ホワイトヘッドへの言及からみて、一九二〇年代後半に執筆されたものと思われる。

経験を科学的に論ずる試みは、いずれの場合であれ、こうした主題を扱う歴史学の中から生じてきたのである。こうした事態が生ずることになった状況について秩序立った叙述を考えてみるなら、宗教上の制度や信仰の出現とその諸条件との間に成立する因果関係についての仮説を避けることはできない。そして、この仮説の検証は、類似の諸条件がある場合に、その出現が被る諸々の変化を観察することのうちに見出される。

ここで提示したい一つの問いがある。それは、歴史の中で科学的方法が直接関わってくる問いである。歴史研究とそれにともなう再編がもたらす帰結の意義というき、その意味合いは、はたして、対象となっている出来事が生じた過去に属するのか、それとも、現在から未来にかけてのうちに見出されうるのか。別の仕方で述べるなら、我々が過去を認識するのは現在をとおしてであり、かつ、未来を認識するのは、我々の仮説の検証が未来の観察と発見に依存するかぎりにおいてなのだろうか。それとも、我々が得ようとしている認識は、過去をとおして、現在から未来にいたる間の認識なのだろうか。今現在ある化石は過去の動物を示しており、今現在ある記録文書は過去の執筆者を示している。どちらの認識にせよ、待ち受けているのは、未来の〔さらなる〕研究と観察であり、おそらくは、未来の〔確証〕実験でさえある。観察科学としての歴史学が自らにとっての過去に到達しうるのは、〔自らが位置している今これからという意味で〕現在から未来をとおしてのみである。しかし、科学的研究は自らのデータ〔を集めればそれ〕で終わるのではなく、データとともに始まる。科学にとっての成果は理論であるいは作業仮説であって、いうところの事実ではない。科学にとっての成果は、我々が求める理想の回復ではなく、理想の解釈なのである。歴史学は、教養のある精神の持ち主が達成した偉業の中で最も取るに足らないものではない。とするなら、このような歴史学に対する真摯な関心が集まるのは、過去なのか現在なのか、それとも未来なのか。我々は、これまで、現在をとおして過去を理解しうるようになったのだろうか、あるいは、過去をとおして現在と未来を理解しうるようになっているのだろうか。

この問いに関して最初に示したい見解は、なぜ、どちらかでなければならないのか、両方でいいのではないかということである。疑いなく、歴史学は、我々が前進していく上で、足元を照らす灯火を与えてくれる。しかし、他方で、我々が前進していけば、その前進自体によって、我々は、以前よりも完全で豊富で重要となった過去を知ることになるかもしれない。こうした過去のうちに、我々は満足感をもって居続けることになるかもしれない。

こうして、我々は前進することで、現在というものを、いわば、〔過去を再構成する〕土壌として用いるのであって、この土壌において生ずるのは、過去の再構成のためのデータであり、過去の解釈にとっての有利な地点であり、過去をロマン主義的に享受することであり▼、ライバルの歴史家たちとの興味深い論争分野であるかもしれない。

> これまで詩の黄金郷を何度も旅し、
> たくさんの立派な国や王国を見た
> 詩人たちがアポロンに臣下の誓いをたてている西方の多くの島々に行ったこともある。
> 〔キーツ「チャップマン訳のホメロスを初めて覗いたとき」中村健二訳『キーツ詩集』岩波文庫、二〇一六年、二二四頁〕

確かに、歴史学者は、さらには、訓練の末の洞察力と共感的な想像力を通じてまばゆいばかりの過去をみる特権を有する人々は、二者択一に縛られるわけではない。つまり、社会が推し進める運動を支持すべく闘う上での、過去の貴重な遺産の戦略的使用か、それとも、過去の描写済み領域における撤回修正不可能な本拠地か、どちらか一方に縛られるわけではない。そうでないとするなら、歴史学を志向する人々について、「ダレモ痕跡ナドニ遡リハシナイ」とでもいっておくのがいいか。答えは否である。我々の目に入ってくるのは、歴史学志向をもつ人々が見せかけのジレンマについて気楽に語っている様子だけではない。それに加えて、一方では、固定化している過去の中から、未来に向かって行く衝動が勢いを増していき、他方では、進行中の経験を土壌として、そこから、過去そのものについての知識や人生模様や登場人物が創り出される。これまで人々の精神を最も捉えて放さなかった歴史は、政治的プロパガンダであって、あらゆる偉大な社会運動は、光を過去へ照らして、新しい過去〔像〕を発見してきたのである。

しかし、私が提示してきた問いは、今しがた答えた内

▼過去をロマン主義的に享受する　これは「以前とはちがう視点からみられたもの」としての過去への回帰という意味である（ミード『西欧近代思想史（上）』一四一頁を参照）。たとえば、フランスのアンシャンレジームについていえば、旧体制時の旧体制像、革命の最中の旧体制像、さらには革命の挫折以降の旧体制像は、それぞれ異なる。革命の挫折以降の旧体制像は、アンシャンレジームのロマン主義的享受といいうる。ミードのいうロマン主義については、同書、上（第四章～第六章）参照。

容よりも、幾分、含みがあり、また専門的でもある。認識の実際の対象、歴史的研究が明るみに出す意味上の内容は、現在において示唆されたかぎりでの過去の対象なのか、それとも、新たに発見された現在であって、そうした現在に含まれるかぎりでの過去の中でしか認識されえないもの、解釈されえないものなのか。私自身の答えは、共感が得られるとは思わないが、後者である。これについて、さらに提示したいと思う。

　既に示したように、その答えは、多かれ少なかれ、〔哲学でいう〕認識というものを科学的研究と同一視するかどうかにかかっている。ここで一つの仮定を置き、認識〔の対象〕とは、経験における、ある対象の存在ということでしかなく、経験内にある影や窓、椅子や電灯、そして部屋にいる人々、こういったものが我々と知覚において関連づけられているがゆえに、これらは我々にとっての認識対象であるとしよう。さて、この仮定の下では、たとえば、著者不詳だった文書資料の書き手が誰かによって発見されたとすると、この書き手が生きていた時代と地域がどのようなものであろうと、この著者は、〔著者の死後を生きている〕この発見者にとっての認識対象ということになる。科学的研究によって、見かけの現在の幅が拡げられ、その結果、以前は認識されていなかった個人が、隠れていたところから、表に出るにいたったわけであり、こうした新たな時間的パースペクティヴにおいて、件の著者は、〔存在〕世界の中に新たに加わった一人物となる。この著者が発見者のパースペクティヴのうちに入っているということが、この書き手についての発見者の認識ということになる。認識のこのような定義、つまり、目によるものであろうが想像によるものであろうが、認識対象と、いわゆる知覚対象との同一視を、他の様々なプラグマティストたちとともに、私は斥ける。これには様々な理由があるのだが、今は、その挙証負担を読者に負わせるつもりはない。とはいえ、後に指摘することになるだろうが、このような認識観を斥けることで、〔これまでの哲学において〕認識論として知られているがらくたを、一掃できるのであり、また、人間の意識状態の世界から、意識によっては到達しえない外的世界へと架橋するような望みのない課題を取り除くことができる。

　私の考えでは、認識するというのは、そもそも、ある問題が我々の行為の行く手を遮ってしまった場合に、事物や出来事の意味合いを通して、我々にとって行為続行を可能にしてくれる何らかの事態あるいは諸々の事態を発見することである。我々が〔事柄を〕続行しうる事実、これこそが、我々の認識を保証するのである。

　この見解を支持すべく提示しておきたいのは、今みた見解こそが、認識における確実性という意識を正当化する唯一の原理であるということである。永続的にして否定しえない過去の中に、事柄を正当化する原理を見出すことなど、我々にはできない。それぞれの世代と、一つの世代内にあって、しばしば様々に異なる精神の持ち主たちが、相異なる様々な過去を発見してきた。これらの過去が様々である理由は、単に、以前よりも範囲を拡大し、以前よりも細部において豊かになったということだけではない。様々な過去は、その根本的意味合いにおいて、本質的に様々な過去になったのである。我々はともすれば、過去というものを、最終的にして撤回修正不可能なものと語る。もし、過去を、それぞれの世代が各世代の後方に拡げてきたものと捉えるのであれば、これほどあてはまらないものはない。新たに登場しつつある世代が古い世代を容赦なく葬り去るのと同じくらいに、それぞれの過去は次から次へと過去を塗り替え破棄してきたのである。一八〇〇年以来、どれほど異なるシーザーがルビコン川を渡っただろうか。しかし、次のように語る向きもあろう。それぞれの世代においてであれ、変わらぬまま同一の出来事はあるにちがいないのであって、そうでなければ、新しく解釈された過去像といえども、かつてあった古い過去を塗り替えることはできないというわけである。そのとおり。相対的に持続的な出来事の数々が〔各時代に〕同一で一致するものとして存在しているのであり、このような出来事があるからこそ、ある歴史的説明から別の説明への解釈替えが可能となる。しかし、数々の出来事の〔時代を通じた〕同一物としての存在は、我々にとっての認識の対象ではない。何世紀にもわたって、メソポタミアの魔術師たちが記録していたのは、民族の大半に災厄の闇をもたらし国王たちを困惑させた数々の日食の闇であった。才気あるギリシア人たちは、食の周期〔という考え〕を継承したが、しかし、

▼架橋する　わかりやすくいいかえるなら、認識とは、思考と思考活動場面としての世界との間にアーチを作ることではない。

ミードの主張は、こうである。デューイがヘーゲルに内在し、哲学的訓練を積む過程で得た一つの確信というものがある。その確信とは、「認識論は誤った学問分野であるか、そうでなければ、無意味な学問分野であるという確信、認識するという問題は生きるという問題であり、思考と思考が活動する場面世界との間に建築不可能なアーチ橋を築き上げる問題ではないという確信であった」（Mead 1936 "The Philosophy of John Dewey," *International Journal of Ethics*, 46, p.68）。

彼らがみたのは、宇宙の中心たる地球を中心に回転する天球をとおして、〔日食には〕天体群が介在するということであった。コペルニクスは、ヨシュアの手を借りつつであるが、太陽を天空の位置に停止させておき、地球とその衛星の方を、太陽を中心とする軌道上に置き、太陽が天体の側に陰をもたらすと考え、しかも、この陰はもはや不吉でも何でもないとしたのであるが、これは、コペルニクスに先立つギリシアのアリスタルコスによる地動説の原型以上にうまい説明であった。さらに今では、相対性理論支持者にとって、食をもたらす上で、太陽が回ろうが地球が回ろうが、どうでもいい問題となっている。メソポタミア人はといえば、幻想的な神々を競って認めていたのであり、ギリシア人はといえば、天球の内部に不朽の天球を認めていたのであった。ルネサンス以来、西欧世界が知っていたのは、自力運動することのない物体群が、ニュートンの法則にしたがって、無差別空間を移動することであった。アインシュタイン的世界における天体史を説明する能力は私にはない。とはいえ、あと五〇年あるいは百年たったとき、後の世代が自らの棲息環境について書くことになる歴史叙述の中にあって、我々の知る天と地に取って代わるのは、どのような新しい天体と新しい地上となるのか、これを見聞きする人などいないのである。〔なるほど〕あらゆる歴史において、一切を貫いて共通した一定の一致物というものがあったのであり、様々な歴史の博物学的体系記述においては、こういった歴史貫通的一致物が、一筋の流れを作り、そこに一切が配列されるようになる。しかし、他にどのようなものであろうと、こうした一致物というものは、我々の認識対象から分離抽象したものでしかない。このような歴史貫通的一致物は、我々にとっての現在を明らかにする過去ではない。

いやしくも自分の実験的方法に確信をもっている科学者にあって、その実験結果と自分の理解しうる不変の過去の構造との一致に、確信の基礎を置くものなど誰もいない。実際、過去が変わらぬまま固定されているというのであれば、知識における進歩は、もうこれ以上ありえないことになる。というのも、あらゆる発見は、過去というものを、現在ニ歩ミヲ合ワセテ、再構成するからである。

別の言い方をするなら、過去というのは一つの作業仮説であって、その妥当性は、この仮説が妥当する今現在のうちにある。これ以外の妥当性などないのである。しかしながら、何らかの問題が存在している場合を除けば、妥当性の問題が生ずることはまったくない。問題発生時においてのみ、我々は当の問題の解決を試みるのであり、さらに、何らかの正念場では、可能ならば、実験なり観察なりによって、その妥当性を確かめる。だからこそ、我々は、認識しているかぎりにおいて語るのである。〔疑う余地なく妥当なものとして〕そこにある世界に適合するものが、いかなるものであろうと、我々が所与の世界に即して行動するように、当の適合事態に即して行動しさえすれば、経験に関するかぎりでいえば、適合する事態もまたそこに存在するといっていいのである。こうしたことは、ふるまい方において、当の適合事態は、〔疑う余地なく妥当なものとして〕そこにはないと我々が気づくまで続く。それに気づいたときに、我々は、解決しなければならない問題を抱え込んでいるのであり、何がそこにあるのかを〔あらためて〕見つけ出さねばならない。つまり、推論の問題であり、推論帰結の問題であり、認識の問題である。

こうした類いの認識〔対象・内容〕の在処は、今現在であり、かつ、その仮説的現在を検証する未来である。こうした認識〔対象・内容〕は、過去に属するのではない。つまり、認識〔対象・内容〕の意義は過去にあるわけではない。ここで再び区別しなければならないのは、認識〔対象・内容〕にとっての意義と、たとえば、ある演劇に属する意義との区別である。ウィルソン大統領による国際連盟創設のための奮闘努力には、イプセンの悲劇の場合と同様に、永遠の意義がある。微惑星説の意義の在処は太古の一時代ではない。確かに、我々は、その時代にも微惑星説が妥当なものとして作用していたと想定はするけれども、その意義の在処は、運行中の宇宙を叙述する際に、今現在の我々がこの説を用いることのうちにある。新しいデータが登場すれば、この説も修正されるか、あるいは、棄却されるのである。この説は、目下のところは、他のいかなる説よりも妥当性があるといってよい。我々にとって〔疑う余地なく妥当なものとして〕そこにある過去は、今現在がそこにそうあるのと同じように、我々にとって〔疑う余地なく妥当なものとして〕そこにある周囲世界と同じ基礎の上に立っている。見出さねばならない過去、推論しなければならない過去が、その意義を訴えているのは、自分たちの世界を解釈するという我々にとっての今現在の取り組みに対してである。その結果として、こうした過去は、現在のふるまい方と評価の仕方にとって理解可能となる。

要するに、こういうことである。我々の〔今現在の〕反省的研究に開かれている過去の実在だけが、現在にとっての意味合いであり、過去を研究する唯一の理由は、問題状況化した世界を理解するという今現在の課題にある。さらにいえば、我々がこれまで発見してきた事柄が真理であるかどうか、その唯一の検証は、行動様式が妨げられて我々に対して問題が生じてしまう場合に、その行動様式を継続できるように過去を叙述する我々の能力、これにかかっているのである。

さて、プラグマティストの仮定によれば、個人が思考するのは、もっぱら、行為が遮られた場合に当の行為を継続する目的においてである、また、個人の思考の正しさの基準は当の個人が行為を継続することのうちに見出される、さらにいえば、個人の思考あるいは研究にとって有意義な目標は、研究主題の秩序立った提示のうちに見出されるのではなくて、当の研究主題が用いられることのうちに見出される。プラグマティストのこうした仮定は、多くの人の強い反感を買うだろうし、とりわけ、歴史家の場合にそうだろうと思われる。プラグマティズムは、アメリカ人にみられるあの最も不愉快な習性、つまり成功崇拝を、似非哲学的に定式化したものだとみなされている。さらに続ければ、プラグマティズムとは、いわば、哲学上の偽造パスポートを付与するようなものであるとされており、その対象となる人々は、たとえば、次のような人々であるという。他人を見下し尊大な態度の持ち主にして、口達者で飽くことなき成り上がり者でありながら、そのくせ、親交相手として選ぶのは、きまって、有力者でありつつ、しかし、敬虔な精神の持ち主で、永続する実体と永遠の真理の殿堂に礼拝するような人ばかりである。さらにいえば、時間的にゆとりのある工場に送り込まれた工作員で、永遠ノ相ノ下ニ思考する過程を急かそうとする意図をもった裏切り者、そして、フォード社に勤務する効率一本槍のエンジニアで、安っぽい車の大量生産に夢中になっている人々などである。こうした非難はすべて、言っている側に跳ね返ってくるものである。しかし、これに対して診断を下して、非難を投げつけている側が被る打撲傷を論証するつもりはない。ここでは、たった一つの非難だけに専念する。それによると、この哲学は、過去について落ち着いて思索し享受することを、人々から奪うことになるというのである。

まずもって、プラグマティズムは、美的経験を支持することがないという。美的経験は、他のあらゆる活動と同様に、広く認知されてしかるべき一つの活動であり、他の活動と同様に、美的経験に関する活動は、それ自身に固有の問題つまり評価の問題に直面するのであり、反省をとおしてこれを解決する。反省によって、広大な見聞世界の状況が再編されてしまい、また、過去についての混乱した歴史劇が再編されると、精神は、過去を享受する際、次のような感覚を抱くことになる。つまり、

> はるかに深く浸透した何ものかに対する崇高な感覚
> であり、

この感覚が存在するのは、落日の光の中であり、
円い大洋であり新鮮な大気であり
青空であり、人の心の中であった。
〔ワーズワース「ティターン修道院上流数マイルの地で」九六〜九九行目〕

しかし、偉大な劇作家や建築家の作品と同じくらいに貴重な作品を有する文学史研究家とは別に、無味乾燥な、今日の呼び名でいえば、科学的手法を用いる歴史家がいる。こうした歴史家にとっての原則は美的なものではないだろう、少なくとも、自分の科学的判断力に満足するようになるまでは、美的なものではないのである。この手の歴史家の課題は、自らの研究の範囲内において、事実を綿密に確定し、仮説を形成し、その仮説をデータによって検証することである。だが、事実は、取り上げられるべくして、そこにあるわけではない。事実は、細かく分けられて十分に分析されねばならないのであって、データは、いかなる分野においても、抽出するのが最も難しい。もっと特定していえば、データがどのような形式をとるかは、データの在処たる問題自体に依存する。もちろん、関連性のあるもの、ないものを含めて、無限にある題材を収集し分類し分析することに関わる手続きは、膨大なものとなっている。だが、この手続き操作は、歴史家の研究を構成するわけではない。それは単なる研究装置にすぎない。

結局のところ、歴史家が自らのデータの定義を見出すのは、当の問題そのものの中であり、自らの力量を検証するのは、その問題の解決においてである。こういった諸問題の在処は、我々が一員となっている社会をよりよく理解する必要性以外にあるだろうか。自分たちの属する社会を理解するにあたって、当の社会の行動様式に対して知性に基づいて向き合うよう注意深く努力する以外に術はあるだろうか。これ以外にはないといってよかろう。思うに、自分たちの属する言論界の錯綜した仕組みを、我々はともすれば見落としがちである。ある人が何らかの問題を取り上げると、それはあくまで自分にとっての問題であって、これまで自ら進んでその解決に取り組んできたとしがちである。しかし、自分が取り上げている課題が喫緊の社会過程から生じていることには、ほとんど理解が及ばない。こうした人は、それを自身の問題とするが、しかし、当の問題は、この人によってもたらされたわけではない。博士論文執筆のためであれば〔解決すべき〕問題を創造することもあろうが、こうしたアカデミックな態度は、その問題が正真正銘のものであるときに、その問題の何たるかを理解しようとする上で、有効に働くわけではない。そうだとすると、こうした研究

課題を取り上げてきた人は、当然のことながら、自らの任務を過大評価していることになる。この人が自らの取り組みの成果を永遠ノ相ノ下デ、見ているのは、自分の取り組みが、〔課題解決という〕全体的な仕事の中で、いかなる役割を占めてきたかをまったくみていないからである。全体的な仕事に要求されるのは、後になって、公平な態度をとることであり、そのことによって見究めるべきことは、コミュニティの制度の機能不全に対するコミュニティのもつ構えが変化しつつある中で、自分の努力の果実が他の多くの人々の努力と結びついているということなのである。

さて、このように構成される過去は一つのパースペクティヴである。そして、こうしたパースペクティヴにおいて何がみえてくるか、また、パースペクティヴの諸々の要素間関係はどのようなものになるか、これは、基準点をどうとるかにかかっている。これを形而上学的に考えたいというのであれば、候補となりうるパースペクティヴは無数にあり、その一つ一つは、パースペクティヴの諸要素にそれぞれ異なる定義を与えるだろうし、要素間の関係も様々であることを示すだろう。他ならぬこの〔と呼びうる〕パースペクティヴそれぞれのうち、形而上学的にみて、どれが正しいパースペクティヴなのだろうか。あらゆるパースペクティヴとこれらを有する我々自身とを、絶対的なるもののうちに、奇妙な仕方で巻き込んでしまう以外に、この問いには答えはない。しかし、絶対的なるものは、そもそも、いかなる問いにも答えない。知性を犠牲にするという代価を払って、情動的な願望をもたらすだけである。

他ならぬこのパースペクティヴというものは、現在進行中の社会的再編という他ならぬその問題があるがゆえに、〔意識の中にではなく〕その場面にある。しかも、状況を構成するすべての特徴は、状況が変化していくにつれて、そのたびに変容を被ることになる。つまり、山を登る人の目に映るものがそうであるように、目に映る光景は次第に、他の輪郭のうちに紛れ込んでしまう。他ならぬパースペクティヴの場合も、その意味〔それ自体〕は、絶えず推移していきつつも創造的である今現在の中で、絶えず修正される。我々にできることといえば、せいぜい、それ自体では人間味のない抽象概念のうちに、歴史貫通的に同一の出来事という定項を見出すことくらいである。だが、相対性理論研究者〔ホワイトヘッド〕のジャーゴンを用いていえば、この抽象観念によって、ある一致集合から別の一致集合への変換が行われることになる。

こうした見解をとったからといって、過去のもつ潜在的可能性あるいは刻み込まれた印象というものが無効になったり、歴史家の力の源が弱まったりすることはないと思う。そういうことがあるとすれば、〔詩人アルフレッド・テニスンの〕「蓮の實を食する人たち」▼の見解に立つ場合にかぎるだろう。テニスンは詠う。

一切は、私たちからは奪われて、
忌まわしい過去の本質的要素となる。

神々が見渡しているのは、
荒廃した大地であり、
疫病と飢饉、災いと地震、荒れ狂う大海原と灼熱の砂漠であり、
剣のぶつかりあう闘いと燃えさかる街、
沈没しつつある船と、両手を合わせて祈りを捧げる人々である。
（"The Lotus-eaters," by Alfred, Lord Tennyson）

せわしくも消え行く今現在に対して、過去は、確固たる堅実性と意義を与える形態かつ構造へと結実すべく立ち現れる。それに応じて、過去は印象を刻むのである。
（チャールズ・M・モリス編『行為の哲学』一九三八年、没後出版より）

▼「蓮の實を食する人たち」 アルフレッド・テニスンの一八三二年の詩。小田千秋によれば、「難破した水夫が見知らぬ島に辿りつき、果物と花に酔ひ、蓮の實を食べて浮世を忘れる、といふギリシャの物語を詩化したものである」という（小田千秋『テニスン』研究社、一九三九年、四二頁）。

第8章 過去というものの性質（一九二九年）

The Nature of the Past

現在というものは、過去でも未来でもない。現在、過去、未来との間に我々が設ける区別は、明らかに根本的な区別である。もし、ホワイトヘッドが示唆するように、見かけの現在の幅を拡大し、拡大以前の出来事より多くの出来事を包摂するようにし、既に生じた過去のいくらかを、そして、おそらく、未来〔像〕のいくらかを取り入れるならば、そこに含まれる出来事は、過去に属するのでもなく未来に属するのでもなく、現在に属することになろう。このような現在において、何かが進行しているのは確かである。こうした進行中の持続の内部には推移は存在するが、しかしそれは、今現在の推移である。過去は想起とともに生ずる。我々は、今生じたばかりの事象の記憶像を、現在というものの遡及範囲の限界に位置づける。同様にして、我々は、今これから語ろうとする言葉のイメージをもつ。我々は、前方と後方の範囲内で、〔見かけの現在の範囲を〕築き上げるというわけである。しかし、今これから語ろうとする言葉のイメージは現在のうちにある。ホワイトヘッドの示唆▼によると、こうしたイメージを十分鮮明にすることで見かけの現在が拡がって行くということだが、これはまったく見当違いである。記憶像は、どれほど鮮明であろうと、一つの記憶像でしかない。既に語られた事柄、あるいは、これから語られる事柄の代用でしかない。

実在が実際に推移していくのは、今現在が次々に推移していく過程の中においてである。この過程の中にしか実在はない。一齣の現在が別の一齣の現在のうちに融合してしまっても、その現在は一齣の過去ではない。このように融合してしまった現在の実在は、つねに、一齣の現在の実在である。現在に現れる過去は、様々な種類の表象によって、通常は記憶像のうちにある。こうした記憶像は、それ自体、現在のうちにある。既に過ぎ去った事象が過去にあるというのは、真実ではない。というのも、ある見かけの現在の内部で進行している運動の当初の諸段階は、過ぎ去ってはいないからである。こうした当初の諸段階は、現在進行している何ものかのうちにある。現在と過去との間の区別には推移以上のものが含まれるのは明らかである。この区別にとって本質的な条件が一つあるとすれば、それは、推移は、今みたような表象の形態で、何らかの現在のうちに含まれているということである。経験のうちに生ずるかぎりでの推移は、見かけの現在が次から次へと重なり合うものである。経験の連続性というものがあるのであって、これは、諸々の現在からなる一つの連続体である。経験のこうした連続性には、事が生起するという特質がある。趨勢というものがある。依存関係あるいは条件づけというものがある。現に生じているものは、生じている事象の中から流れ出てくる。継起が生ずるだけではなく、諸々の内容からなる一つの継起というものがある。現に進行している事柄も、その生起の初期段階が違った性質をもっていたなら、今とは異なるものになっているだろう。現に進行中の事柄は、つねに、何ものかの推移である。推移の相異なる局面を結びつける特質というものが、いつでもあるのであり、そのように生じている事柄の初期段階は、後続する段階の条件である。そうでなければ推移というものは存在しない。様々な出来事の単なる並列というものを思い描くことができても、そうした並列は推移を構成しない。推移における各局面の結びつきは、〔推移という〕同一性と〔各局面間の〕差異性とを必然的にともなっており、後続する事象にとっての条件を措定する事態を、同一性のうちに含んでいる。運動物体の今ここでの位置は、この運動物体に先行する事象によって条件づけられている。連続性というのは、前提条件として、経験における推移のうちに含まれている。

　みたところ、突然の転位というものが起こりそうでは

▼**ホワイトヘッドの示唆**　『G・H・ミード選集（*Selected Writigs: George Herbert Mead*, University of Chicago Press, 1964）』の編者レック（A. J. Reck）は、ホワイトヘッドの該当箇所として、ホワイトヘッド『自然の概念』第三章をあげている。

あるが、その場合でも、転位の背後には諸々の連続性という意味合いが含まれているのであって、こうした連続性の中においてこそ、転位は連続性に帰着しうるのである。このような様々な連続性が示す時間的空間的結びつきは、時間空間上のいかなる位置であろうとも、先行する一連の様々な位置による条件づけをともなう。このような条件づけは、すべてを完全に決定するわけではない。そうではなくて、推移の連続性に関与している諸条件が必要条件となっているのである。新規なものは創発しうる。しかし、〔創発は無条件に生ずるのではなく〕創発にとっての諸条件というものが、そこにある。このような条件づけこそが、過去を単なる推移から区別する質的特徴なのである。単なる推移は、消失を意味し、消極的なものである。時間的空間的にみるなら、条件づけとは、時間空間における関係が連続性を維持するための要件であり、かつ、時間と空間に依存する特性――たとえば、速度と運動量――が連続性を維持するための要件である。連続的でないものは、新規なものである。ある力が作用することで加速度が生ずるとき、当の力が作用する瞬間は、加速度の出現に関するかぎり、連続する過去からの創発である。しかし、その場合の時間的空間的連続性は、力の作用から生ずる加速度を条件づける。

時間空間の連続性に加えて我々が探し求めている連続性は他にもある。自然の有するいわゆる一様性という連続性である。継起的に出現する二つの出来事、およびそれらの特性は、どれほど偶然的にみえようとも、出現の連続性のうちに埋め込まれているかぎり、そもそも、出来事が既に出現してしまった当の連続的継起の中に、これらの出来事を生起させる何らかの条件づけを有しているということを示している。物理科学は、このような条件づけを、可能なかぎり時間空間の形式のうちに導入する。物理科学が試みているのは、二つの継起的な出来事を叙述する際、ある出来事が一定の時点に一定の地点で生ずるという単なる事実が、これに後続する事象を、ある程度確定するというように叙述することである。こうした叙述の理想的な姿は、ある時点のある状況と次の時点のある状況との間で成り立つ等式である。経験が推移すれば、それだけで、これから生ずる事象は確定されるだろう、このような叙述を我々は求めるわけである。こうした叙述が厳密に行われるならば、ホワイトヘッドいうところの出来事のアリストテレス的形容態▼に我々は到達する。だが、推移の連続性が、これから生ずる事態を確定するというように出来事の生起を提示できないのであれば、ホワイトヘッドいうところの出来事の擬似形容態〔＝ある状況下での性質〕ということになる。しかし、出来事の時間的空間的連続性には、生起する事象にとっての諸条件がともなうということ、これは経験の根本的な前提条件である。事物が生じ出現する場面の秩序は、これから生じ出現する事象を条件づける。

　このような条件づけにおいてこそ、想起することのうちに現れ、また過去の記録のうちに現れるかぎりでの過去が有する機能を見て取れる。〔想起や過去の記録に表れる過去についての〕心像は、過ぎ去ってしまったものではなく、現在のうちにある。心像のありようは、心的過程と我々が呼ぶもの、つまり、想起や過去の記録に表れる過去の諸々のイメージを時間的秩序のうちに位置づける過程如何にかかっている。現在講じている措置のそれぞれが、やがて、我々のふるまい方にとっての目標へ向かって行く一つの連続性をなすようにするために、我々は、心的過程において、現在進行している事態を過去にまで遡って拡大することに携わっているのである。記憶心像がもっている特性には、〔過去について今思い浮かべている〕心像を過去にあったものと同一視する傾向があるというのは確かである。そして、こうした特性は、思い浮かんだ心像が連続的順序の中で実際に占める位置とは無関係に思えることも、しばしばある。目を閉じてみると、ある人の顔、ある風景が目蓋に浮かんできて、一見したところ、過去の経験のうちにあった証拠を示していることもあるだろう。浮かんできた心像を連続的な順序のうちに位置づけることが、おそらく困難であるにもかかわらず、このようになることがあるわけである。過去のものであったことを示す〔今現在目の前にある〕証拠は、必ずしも、その時その場にあった性質を有しているわけではない。あくまで我々の過去にあった一定種類の様々なイメージというものがあり、我々はそのイメージを過去のものとして確信しているが、それは〔そう思うことで〕整合性を保てるからである。加えて、〔イメージの中には〕想像作用〔の所産であること〕を暴露してしまうような種類のイメージもある。記憶の場合であれば、〔想像作用を〕排除する仕方で、あくまで記憶として認識されるかもしれないが、これは、記憶には、〔空想しようにも〕空想の方法がないからである。いいかえれば、過去に起こったこととしないかぎりは、その記憶の所以を我々は説明できないからである。ある想起された出来事に対して、我々が確証を与えるのは、諸々の確証同士が構造上整合していることによる。

　それでは、このように様々な見かけの現在が一齣の過去にまで拡大される直接の原因は何だろうか。諸々の見

▼**アリストテレス的形容態**　未来にまで存続する性質のこと。

かけの現在は、それ自体相互に重なり合う過程によって、それぞれの現在へと嵌入する。病的状態とでも呼びうる場合を除けば、こうした重なり合いに断絶はない。単なる連続性を保持するために、つまり、実在における断絶を埋めるために、我々は〔見かけの現在を〕過去にまで拡大するわけではない。しかし、明らかなことは、現在進行中の事態に欠落しているものがあれば、それを完成させる必要があるということである。我々の関心を占める時間幅は、見かけの現在の時間幅よりも広い。「現にある状況」というものは、我々の〔その時その場の〕経験を超える時間的拡がりを有する。このことは、我々を取り巻く諸々の過去において明白であるのは間違いない。こうした様々な過去の大部分は、現在が有する本来的性質からして、今現在に付随する事態についての思考の構築物であり、こうした構築物に適合しているのは、記憶像を構成する要素の中でも極めてわずかな部分でしかない。ある意味で、こうした記憶の方が、思考の構築物の構造を検証し確証しているのである。今現在我々はここにいるのだが、そのためには、まずは、朝起きて、朝食をとり、車に乗ってきたにちがいないはずである。こうした過去の感覚は、推論される帰結の場合のように、〔今現在〕そこにある。さらには、不完全な出来事像の断片が〔必要に応じて〕呼び起こされる、そして、ときには、どうしても呼び起こすことができない場合もある。しかし、この後者のように、呼び起こせない場合であっても、過去が失われていると感じることはない。

次のようにいえるかもしれない。すなわち、我々にとっての今現在を超える出来事が経験において存在していること、これこそが、まさに今議論している過去というものなのである。これは真実といっていいのであり、このことを私は今明確にしようと試みている。過去というものは、現在というものからの流出物である。過去〔がどのようなものであったか〕は、今現在の位置から確認される。過去は一面では我々の逃避空想に似ている。逃避空想において、我々は自分たちの心が〔今現在〕望んでいる願望にしたがって世界を再構成する。他面において、過去は、その時その場の状況において特定の意味を有するものを選択することに似ている、つまりは、維持され再構成されねばならない特定の意味を選択することに似ているのである。しかし、過去の決定的な性質とは、今現在を条件づけている連続性を後方へずらすことである。過去とは、かくあったにちがいない状況が〔今現在の〕経験のうちに一齣の過去として現れる以前に、かくあったはずの状況のことである。過去に実際にあった勝利〔という事実そのもの〕は、逃避空想の産物に左右されることは永遠にないが、おそらく、我々が想像の領域に逃避行する以前に、議論し尽くされて陳腐なものとなろう。だが、過去にもっと特有なことといえば、過去とは、現在というものの連続性が要求する、信頼に値する延長なのである。

ベルクソンが▼描く過去は、経験における過去の特性も、過去の機能的特性も、ともに正しく伝えていないように思える。ベルクソンの過去像は、絶え間なく増大していく「諸々のイマージュ」の集積というものであり、我々の神経系は、選択的メカニズムによって、こうした集積から我々を守るというわけである。〔だが〕現在というものは、このような負担はいささかも担っていない。今現在が別の今現在に推移する際にともなうのは、過去というものが現在の構造に対して及ぼす諸々の効果であって、過去にあった出来事そのものの負担を背負うことではない。我々の心許ない心像についてどのような説明をしようと、心像は、ベルクソン自身が強調したものによって特徴づけられる。つまり、現在の知覚を埋めるという心像の機能である。心像には、ベルクソンの叙述する素材の豊かさを示す証拠はない。心像を突き止めるのは困難であり、突き止めようとしたところで、詳細に関しては、期待はずれに終わる。心像は、現在において果たしている役割と同じ役割を、過去において果たしている。すなわち、思考による構築を可能にする何らかの細部要素を提供するという役割である。

その時その場において存在するものが不可避であることは、当の存在物の連続性において顕わとなる。後続する事象は、かつてあった事象から流れ出る。連続性があるのであれば、後続するものは、かつてあったものによって条件づけられている。各出来事間に完全な断絶があるとするなら、不可避性という特性は取り除かれることになろう。連続性の排除は、ヒュームによる因果性批判の骨子である。推移における連続性の発見は、カントにおける様々なカテゴリーの演繹〔『純粋理性批判』〕のうち〔空間に引き続き〕二番目の演繹〔時間〕の骨子である。単に経験が次から次へと取り替えられるだけであれば、経験は、推移を経験することにはならない。単に置き換えられるだけであれば、それぞれの経験は、それぞれまったく異なる経験であって、それ自体に閉じこもったまま、つながり合うことはない。つまり、一方から他方へと推移する術などない。幾何学の証明においてさえ、状

▼ベルクソンが…　『G・H・ミード選集』の編者レックは、ベルクソンの以下の文献を挙げている。Henri Bergson. *Matter and Memory*, tr. By N.M.Paus and W.S.Palmer (London and New York: George Allen & Co. and The Macmillan Co. 1911), pp. 76-77.（『物質と記憶』合田正人ほか訳、ちくま学芸文庫、二〇〇七年、一〇一〜一〇二頁）。

況から状況へという推移が含まれている。証明の最終的な構築物は無時間的な事柄であるが、それは、今となっては、最終構築物が生じた際にたどった推移とは無関係な完成された構築物であるという意味においてである。先行する段階が後続する段階を条件づけているかぎり、いかなる推移も、不可避であり、その証明は、当の推移の連続性を示している。ある経路は、ひとたび実際に採用されれば、他の経路と同じように不可避である。チェス盤上で子供が気紛れに動かす駒をみるなら、その動きは、チェスの達人の場合と同じくらいに不可避である。駒の動きの不可避性は、子供の場合、心理学者によって示され、達人の場合、論理学者によって示される。不可避的なものということで我々がいっているのは、出来事の推移における連続性のことである。

　単なる連続性などというものは、これを経験することなどできない。経験の各瞬間には新規性という独特の性質がある。カントは、感覚の多様性ということで、このことの理解にまで達していた。すなわち、無秩序な感覚内容というものは、悟性形式内に位置づけられる場合に、経験となるという理解である。連続性内部に、このような〔無秩序な内容を悟性形式によって転換するという〕断絶がないかぎり、連続性は、経験不可能であろう。〔無秩序な〕内容のみでは盲目であり、〔悟性〕形式のみでは空虚であり、いずれか一方しかないのであれば、経験は不可能である。とはいえ、カントのいう形式と内容の分裂は幻想である。連続性とは、つねに、何らかの質という性質を有する。だが、現在が別の現在へと推移するときには、つねに、連続性における何らかの〔質的〕断絶〔新規なものの出現〕がある。この断絶は、連続性内部における断絶〔新規なものの出現〕であって、連続性そのものの断絶ではない。こうした断絶は連続性ということを明るみに出すのに対して、連続性の方は新規性の背景をなすのである。

　遠方にいると思っていた友人が突然現れたことを今思い起こしてみても、あるいは、かつて起こった地震のことを今思い起こしてみても、その時経験した特別な質を、〔まったくそのままに、今〕再現することはできない。ある断絶〔新規なものの突然の出現〕は、今となっては経験の諸々の局面そのものとはっきりと結びついているにしても、当時としては結びついていなかったことを、今現在、私は想起する。友人と再会したことの喜びや地震の恐怖を我々は想起するが、それは、あくまでも、〔突然の出現による〕断絶が元通りに癒やされて成立する連続性を背景にしている。この間、何かが進行していたのであり、それは、たとえば〔ギリシア神話上の神〕タイタンの怒りや地球内部の地殻圧力の調整であって、これらが予期せぬ事態を招いたのであった。しかし、何かが進行していたことによって予期せぬ事態が生じたということは、〔後になってわかることであり〕当初の経験ではなかった。経験当初の時点にあっては、当の事態の出現以前の諸々の出来事と、当の事態の突然の創発との間に結びつきなどまったくなかったのである。記憶のうちに質的な因果的結びつきがまったく現れなくとも、時間的空間的結びつきの方は現にあるのであって、思考あるいは想像力によってこの結びつきが再構成されるにつれて、この因果的結びつきはやがて明らかになっていくことになる。過去を復元したところで、起こった事態が、まさか起こるとは予想だにしなかった事態として、回復されるわけではない。これこそが、過去というものの特性に他ならないのであって、諸々の現在がそれぞれのうちに推移していくのとは対照的である。推移の最中に生じた新規性という当初の突然の出現は既に過ぎ去っており、偶発的諸要因を架橋する課題が我々の前にある。もっとも、架橋するなどといっても、偶然か運命かといった二者択一的強制という意味でしかないのかもしれないが。過去の特性とは、今現在が別の今現在へと融合していく最中で結びつけられていないものを、結びつけることである。

未来において、これに相当する特性は、過去の場合よりも一層明白である。新規なるものは既にある。その在処は、今現在の断絶の中であり、断続は連続性のうちに組み込まれているわけである。このような断絶を修復しなければ、未来における確実性に達することはできない。創発する未来は、それゆえ、仮説的特性を有している。我々がたどることができるのは、未来へと通ずる時間的空間的連続性、そして、それほど厳密なものではないが他の一様性が有する連続性である。しかし、こうした連続性が呈する特定の様相がいかなるものか、これは、新規なるものを有する今現在が喚起する適応如何にかかっている。過去の連続性から生じている心像、たとえば、今語っている文の結びの言葉といったもの、あるいは、今近づいている角のあたりの家、こういった心像は、〔いずれそこにたどりつくという意味で〕不可避なるものに近づいている。だが、我々は、話をやめるかもしれないし、爆発事故のため、別の道を行くことになるかもしれない。不可避的な連続性は、我々がこれから行おうとする行為の仮説的プランがもつ構造に属するのである。

このような様々な過去と未来の考察は人間の経験に依拠しているわけだが、過去と未来をこうした人間の経験の外部に求める場合、過去と未来について何がいえるだろうか。第一にいえることは、我々が認識している過去と未来は、人間の経験のうちにしか起こりえないということである。さらに、過去と未来は極めて多様であり、この多様性は人間が行う様々な企てと結びついている。あらゆる世代は自らの歴史を再記述する。各世代の歴史は、各世代が有する世界についての歴史でしかありえない。他方で、このようなそれぞれの歴史においても、科学的データは何らかの一様性を有している。だからこそ、我々はこれらをあくまでデータとして認定するのであり、各データの意味は、まさしく、それぞれの世代が叙述する歴史の構造に依存する。データ〔自体〕の全体構造などというものはない。データは事物からの抽象物である。このようなデータが出来事となるためには、データを、人間のコミュニティが築き上げる諸々の過去のうちに位置づけなければならない。このようなことをたどれるのであれば、宇宙全体を含めて、我々の棲息環境について、現在の我々世代が築き上げてきた歴史の移り変わりの中で例証してみるのも興味深いことではある。だが、この現象はあまりに自明であり、目立ってもいるため、例証には及ばない。天体の分光学的観察解釈において進歩がみられるたびに、あるいは、原子学説に進歩がみられるたびに、数千年に及ぶ恒星の歴史についての新たな説が始まる。こうした様々な新説は、目下の所、人間のコミュニティの現在急速に変化しつつある諸々の歴史に匹敵する。永久不変にして不朽の天上界などというものが存在するのはレトリックの中だけである。スペクトル線や分光器の測定値のわずかな変化だけで、恒星の歴史の長さは、数十億年単位で増減する。

これらの過去の妥当性は、こうした過去の構造を構成する連続性に依存する。推移の中にあるこうした連続性は、不可避性の本質である。我々が連続性を感じているとき、我々が求めている確実性を手にしているのである。確実性が連続性の形態に依存していると考えるのは誤りである。『旧約聖書』の詩編作者にとって、確実性を与えた連続性の唯一の形態は、とこしえの丘であり、ギリシア人にとっては、不変の天上界であった。これらの確実性よりも、恒星進化の法則のうちに我々は一層の確実なものをみる。それは、こうした進化法則が、原子の連続性と恒星の連続性を結びつけて一体化しているからである。過程の連続性は構造の連続性よりも普遍的である。もっと詳しくいえば、不変の天上界と偶然に左右される地上界との間に設けられた宇宙論的形而上学的分裂を我々は一掃してしまっている。古代の形而上学の場合、推移が有するこれら二つの分かちがたく結びついた構成要素、つまり、連続的なものと創発的なものとを、切り離していた。進化論の場合、あらゆる対象が経験のうちに発生する際の拠り所は、連続的なものと創発的なものとの結合体であると考えており、両者の分裂などという誤った考えを抹消した。思想史においては、他に例のないほど著しい対照がみられる。一方にあるのは、確実性の増大であり、これは、我々の歴史を急激に再編することによって出来事をコントロールする際に得られる。こうした歴史が示しているのは、我々にとって信頼しうる諸々の連続性である。信頼しうる連続性というのは、諸々の連続性が意味している様々な過去にまで連続性を拡大するときの連続性のことである。他方にあるのは、古代中世思想における無力感であり、ここでは、連続性というものがみられるのは、唯一、不変の秩序と撤回修正不可能な過去においてのみである。両者を比較してみるなら、これほどまでに著しい対照性は他にない。

結論はこうである。諸々の現在が、それぞれにとっての創発的新規性をもったまま相互に融合するというのであれば、そのような諸々の現在に歴史はない。我々は今日の新しい問題の観点に立って過去を構成する。このような過去は、生じてしまった事象において我々が発見する連続性に基づいている。〔完全に現れたわけではないが〕現在現れつつある新規性、つまり明日にとっての新規性が、新たな未来を解釈する新たな歴史を必要とするまで、こうした過去は我々にとって有益なのである。創発するものには、すべて、連続性というものがある。しかし、そうした創発現象が生ずるまでは、連続性というものはない。〔単なる〕その時々にある現在として、諸々の現在というものをつなぎ合わせることができるとする場合、〔つながり合った現在を基にして〕我々は新規なものが出現しうる諸条件を示しはするだろうが、だがそうだとしても、〔創発的なものとして〕既に出現したものを推論することはなかろう。実際に生じて現にある事象と、以前に過ぎ去ってしまい今はない一切の事象との連続性を発見できれば、こうした連続性から新規なものを再構成しうる――これは未来の領域にある。さらに、〔新規なものの創発によって〕新たに見出された連続性を、歴史的に遡って拡げることで、このように過去を再構成するのにふさわしい領域を我々は手にする。〔以上のように、現在というものを過去と未来の双方へ拡げていくことができる以上〕我々にとっての現在が狭かろうが、こうした現在内部にあっても、我々の歴史には、実在の絶えず変わりゆく流れに対処する十分な余地があるのである。

新規なものがひとたび創発したならば、創発事象が示す連続性によって、新規なものの出現母胎となった諸々の出来事の継起を述べることはできるけれども、たとえ、新規なものが創発しても、新規なもの〔だけ〕から構成される一つの連続性という歴史などありえない。ここで、生命なるものが創発したと想定しよう。正真正銘の意味でいえば、こうした生命創発を許容する諸条件が、生命の出現を確定するといってよい。このような許容条件という出来事が発生する以前の段階では、そもそも、生命が出現することはありえなかったわけである。生命の歴史とは、生命をこうした出来事と結びつけることであろう。こうした諸条件は、生命が出現した今では、生命の諸条件となっているわけであるが、しかし、生命が出現する以前においては、諸条件ではまったくなかった。というのも、このような出来事を生命出現の諸条件にするような生命は、まだ、存在しなかったからである。諸条件となった出来事と、出現しつつある生命との関係を打ち立てることとは、生命以前の世界と生命自体との関係を確証することである。こうした確証は、生命が出現する以前においては、思考不可能であった。それはちょうど、このように確証することは、地震発生直前の時点と発生した地震との間の連続性を〔地震発生以後の〕自分の〔今現在の〕想起において打ち立てるのと同じことなのであり、そもそも、地震など起こるはずもないと考えていたときに予期せぬ地震が生じたまさにその瞬間に、地震発生以前と地震発生との結びつきなど考えられなかったわけである。かくして、過去というものは、経験の一般化された形態に属する。過去とは、創発的なものと条件づけている世界との間の関係が生じているということなのである。いかなる有機体にあっても、ホワイトヘッドの最広義の意味でいえば、自己を維持するのは、関係によってなのであり、こうした関係は、未来のみならず過去へと拡大されたなら、世界の歴史を構成する。しかし、明らかなことだが、世界の歴史が生ずるのは、世界にこうした歴史という意味を付与するもの〔有機体と有機体が有する関係〕が出現して以降のことにすぎない。過去というものは、創発的な事象に対して、それに先行する世界が有する関係から成り立っている。それゆえ、こうした関係は、このような創発的出来事とともに出現したのである。

第９章（補）戦争・国家・自我

ウィリアム・ジェイムズ／G・H・ミード

War, Nation and Self

第一節　戦争の道徳的等価物（一九一〇年）

ウィリアム・ジェイムズ

The Moral Equivalent of War

戦争に反対する戦争は、もはや、休日の日帰り旅行やキャンプ中のパーティのようなものではなくなりつつある。軍人的感情は、我々の理想に深く根を下ろしているため、政治の興亡と通商の浮き沈みが、個人のみならず国家にももたらす栄光と屈辱以上の代替物が現れるまでは、この感情を放棄する余地はない。現代人の戦争に対する関係には、どこか非常に逆説的なところがある。（可能であればの話だが）試みに、北部であれ南部であれ、この国の一般民衆全員に、こう問うてみるとよい。アメリカの歴史の中から、合衆国のために闘った南北戦争を削除し、進軍と戦闘の記録に代えて、今日までの移り変わりは平和裏に行われたという記録を残すことに、一般民衆は、はたして、賛成票を投ずるかどうか。おそらく、一握りの変わり者でさえ、ほとんど賛成しないだろう。アメリカ民衆の祖先、民衆のこれまでの努力、民衆の記憶と伝承は、今日の我々の共有財産のうち最も理想的な要素であり、これまで流されたすべての血よりも価値ある神聖な精神的財産である。ところが、同じ人々に、こう問うたら、どうだろうか。冷静に考えてみて、同じ精神的財産を、もう一つ獲得するために、もう一つ別の南北戦争を始めることを厭わないかどうか。このような提案に賛成票を投ずる男女は一人もいないだろう。現代人の目からするなら、戦争は尊いものかもしれないが、単に理想を獲得するために、戦争を行ってはならないのである。今日、戦争が許されるのは、ただ、やむを得ない場合、敵の不正義に対して我々の選択肢が他にない場合にかぎる。

古代においては、そうではなかった。古代人は狩猟民であり、近隣部族狩りのために、男性を殺し、村を略奪し、女性を手に入れることは、最も刺激的にして最も利益にかなう生活様式であった。かくして、戦争に適する部族ほど、進化の中を生き残り、部族の長と民においては、純粋な好戦的態度と栄光への愛着が、ますます根本的な略奪欲と混交するにいたった。

近代の戦争には莫大な資金がかかるため、利得を得るなら、交易の方がよい手段だと我々は感じている。しかし、近代人は、祖先が有していた生来の好戦的態度と名誉欲の一切を継承している。戦争の非合理性と恐怖を示したところで、近代人には、さして効果はない。恐怖は、かえって、魅惑を生む。戦争は、力強い生であり、極限状況の生である。あらゆる国の予算が示すように、戦時税は、人が納税を躊躇しない唯一の税である。

歴史は殺戮を避けてとおれない。『イリアス』は、ディオメデスとアイアス、サーペドンとヘクターが、いかに殺戮したのかに関する一大叙事詩である。彼らが負わせた傷の詳細は、我々の前に出し惜しみされることはない。ギリシア人の心は、この物語を糧にしたのである。ギリシアの歴史は、好戦的愛国主義と帝国主義の一大パノラマである。つまり、戦争のための戦争ということであり、すべての市民は兵士であった。こうしたことは、「歴史」を作るという目的を除いては、まったくもって不合理であるがゆえに、これは空恐ろしい読み物ではある。ギリシアの歴史は、知性的な文明の徹底的な破滅の歴史、おそらくは、地上がこれまで経験した中で最高度の文明の破滅の歴史である。

こうした戦争は純粋に略奪的であった。傲慢、金、女、奴隷、高揚感、これらが、戦争の唯一の動機であった。たとえば、ペロポネソス戦争では、（ミロのヴィーナスが発見された島）ミーロス島の住人は、これまで中立的であったのだが、アテネ人は彼らに対して、領土の領有を迫る。これを巡っては、ツキディデスが仔細漏らさず記しているように、使者たちが会合し討論が行われる。英国詩人マシュー・アーノルドであるなら、この討論に、大いに満足したことであろう。「強き者は、強要しうることを強要し、弱き者は、容認しなければならないことを容認する」。アテネ人たちは、こう述べたのであった。ミレア人たちはいう。奴隷になるくらいなら、神々に懇願しよう、と。これに対するアテネ人たちの返答は、こうであった。「神々について我々が信じ、人々について我々が知るところによれば、人の本性を表す法にしたがって、我々は、支配しうるところであるなら、どこであろうと支配するつもりである。この法は、我々が制定したのではない。この法にしたがって行動するのは、我々がはじめてではない。我々は、この法を継承したにすぎない。汝ら、および、すべての人々が、もし我々と同じように強き者であれば、我々と同じことをするだろうことと、我々にはわかっている。神々についても、同じことがいえる。神々の思し召しでは、我々は汝らと同様高く評価されているが、なぜ、こう考えていいのか、我々は汝らに語ったはずだ」。だが、ミレア人は、それでも、拒否した。かくして、彼らの都市は占領された。ツキディデスは、このあたりの事情について淡々と述べている。「アテネ人たちは、ミーロス島の兵役義務年齢に達している男性をすべて処刑し、女子供を奴隷にした。そして、アテネ人たちは、自国から五〇〇人の開拓者を送り込み、島全土を植民地化した」。

アレクサンダー大王の経歴は、まったくもって略奪行為そのものであり、軍事力と略奪の耽溺以外の何ものでもなく、武勇という性格によってロマンティックなものとなったのである。そこには合理的原理は何もなく、彼が死ぬと途端に、配下の将軍たちと総督たちは互いに攻撃を仕掛けた。この時代の残虐さは信じられないほどである。ローマが最終的にギリシアを征服したとき、パウルス・エミリウスは、ローマ元老院から命を受け、部下の兵士たちをねぎらうため、かつてのエピルス王国領地の兵士たちは、七〇の都市を略を彼らに「分け与え」た。兵士たちは、七〇の都市を略

▼戦争・国家・自我　この章のタイトルは、編訳者によるものである。以下、ウィリアム・ジェイムズの論文「戦争の道徳的等価物」（一九一〇年）と、これに触発されて書かれたミードの論文「国を志向する精神と国際社会を志向する精神」（一九二九年）が続く。

奪し、一五〇〇万の住民を連れ去り、奴隷とした。いったい何人殺したのか、わからない。しかし、エトリアでは、五五〇名の元老院議員を殺害した。ブルータスは「全ローマ人の中で最も高潔な人」であったが、都市フィリッピ襲撃前夜、部下の兵士たちを鼓舞するために、戦いに勝利した暁には、スパルタとテサロニケの二都市を略奪し、兵士たちに与えると、彼もまた同じように約束した。

以上が、それぞれの社会に団結心を仕込み培った血なまぐさい力であった。我々は、こうした好戦的な型を引き継いでいる。人類は英雄行為のことで頭がいっぱいであるが、その力の大部分は、このような残虐な歴史に負っている。死者は黙して語らず。そして、好戦的ではない型の部族がいたところで、彼らは〔闘いの中で〕生存することはない。我々の祖先が身につけた好戦的態度は、我々の骨の髄まで染み込んでいる。何千年もの平和の時代が続こうが、この態度が我々から取り除かれることはない。戦争を考えることで、大衆の想像力は肥大する。世論の戦闘志向が、ひとたび、一定程度に達したら最後、いかなる支配者も、これを抑えることはできない。ボーア戦争においては、当初、両国政府は虚勢を張っているだけであったが、やがて、そこにとどまりきれなくなり、軍事的緊張が限界点を超えてしまったのであった。一八九八年において、三か月間、我々国民は、戦争という言葉が、どの新聞においても、八センチ近くの見出し文字で踊っているのを目にしてきた。政治家マッキンリーは、国民の言いなりでしかなく、彼らの戦闘気運に流されたため、我々とスペインとの悲惨な戦争が必至となってしまったのである。

今日、啓蒙された意見は、奇妙な心が混じり合ったものとなっている。好戦的な気質と理想は、相変わらず強いが、しかし、自分たちが引き継いだ古代人たちの自由を強く抑制する反省的批判にさらされている。数え切れないほどの著者たちが、軍事行動の残酷な側面を暴露している。純然たる略奪と征服では、もはや戦争目的として道徳的に公言しえないと考えられており、略奪と征服は敵側にありとする口実を何とか見つけ出さねばならない。英国と米国、陸海軍当局は、休むことなく、もっぱら「平和」のための武装であると繰り返し、侵略と栄誉に夢中になっているのは、ドイツと日本の側だという。今日、軍人の口から出る「平和」とは、「戦争もやむなし」と同意語である。この言葉は挑発的用語となってしまっている。したがって、いかなる政府も平和を望むのであれば、この言葉が新聞紙上に踊るのを、けっして、許すべきではない。最新の辞書なら、どんな辞書にも、こう記すべきである。「平和」と「戦争」は、あるときは潜在的に、あるときは現実的に、同じことを意味しているのである、と。さらには、各国の激しい軍備競争は、恒常的にして絶え間ない現実の戦争なのであり、実際の戦闘とは、平和期と平和期の間に獲得された征服を、ある意味、公共的に確証する行為にすぎない、こういえば、理にかなってさえいる。

この主題に関して、文明人は、ある種の二重人格を顕わにしてきたのは明らかである。ヨーロッパ諸国を取り上げるなら、これらの国のいかなる正当な国益といえども、これを達成するための戦争で必然的に生ずる測り知れない破壊を正当化しようとはしないだろう。常識と理性があれば、たとえ、公正な利益間で対立があろうと、どんな場合でも、合意の道を探るべきである、あたかも、このように思われている。私自身、このような国家間の理性を可能なかぎり信ずることが、我々のなすべき義務であると考えている。しかしながら、現状においては、平和論者と主戦論者とを一つにまとめるのは、いかに絶望的なほど困難であるかわかっている。そして、私の信ずるところでは、この困難の要因は、平和主義の構想における、ある種の欠陥であり、この欠陥のせいで、主戦論者の想像力は、強力に、そして、ある程度正当に、平和主義と対立することになる。議論全体をみるなら、双方ともに、その論拠は、想像上のものであり感情的なものである。それは、双方のユートピア同士の対立でしかなく、主張していることは、すべて、抽象的で仮定的であるにちがいない。こうした批判と忠告にしたがいつつ、相対立する想像力を、抽象的な手法で特徴づけ、さらに、可謬的とはいえ、私自身の見解からして、何が最善のユートピア的仮定か、つまり、何が最も見込のある調停和解方針であるか、これを指摘することにしたい。

私自身は平和論者であるけれども、私の所見として、戦時体制における非人間的な側面については（多くの論者が公平に評価しているので）、言及することは避けて、主戦論者感情の比較的高度な側面のみを考察することにしよう。愛国心を恥ずべきものだと考える者など誰もいない。戦争が歴史の英雄伝であることを否定する者はいない。しかし、度を越した野望が、あらゆる愛国主義の核心であり、非業の死の可能性が、あらゆる英雄伝の核心である。軍事的愛国者にして英雄伝志向の者は、どこにおいても、そして、職業軍人階級は、戦争が社会進化途上における一時的現象であるかもしれないことを、ほんの一瞬たりとも、認めようとしない。こうした、いわば、従順な信者の理想郷という考えは、我々のより高度な想像力に反感を抱かせるという。では、人生の坂道は、どこにあるというのであろうか。この見解からすれば、いつまでも停戦状態が続けば、活気のない頽廃から生を守るために、新たに戦争をやり直さなければならないということになるはずである。

今日、思慮深い戦争擁護論者は、皆、戦争を宗教の観点から考える。戦争は、ある種、聖なる儀式である。その利益は、勝者の側だけでなく、敗者の側にも及ぶ。利益という問題は措くとしても、戦争は絶対善であるといわれる。というのも、戦争は、最高度に活発な人間の本性だからである。戦争の「恐怖」は世俗から解放されるための最も安い代価である。何しろ、戦争に代わりうる唯一のものがあるとすれば、平時の俗世であって、これは、牧師と教師、男女共学と動物愛護、「消費者団体」と「慈善団体」、無制限の産業主義と物怖じしないフェミニズムといったものからなる世俗である。もはや、軽蔑もなければ、困難もなく、武勇もない。これでは、この地上にあって、牛の放牧場のようなものである。何とみっともないことか。

このような感情の核心にある本質に関するかぎり、健全な精神の持ち主であれば、これを、ある程度、共有せざるをえないように思われる。軍国主義は、不屈の精神という我々がもつ理想の偉大なる守護者である。不屈の精神をまったく重視しない人生があるとすれば、それは侮蔑に値するだろう。危険を冒すこともなければ、挑戦者に対する報奨もないということになれば、歴史は、まったくもって、退屈なものとなろう。軍人がもつ、ある種の性格というものがあって、人類は、けっして、これを絶やすことなく育まなければならないと、すべての人が感じている。というのも、誰もが、その卓越性に感じ入っているからである。人類に課された義務は、軍人にふさわしい人物を多数確保することである。つまり、実際に行使しないにしても、確保自体を目的とし、完全を期すための純粋要員として、備えておくことである。こうしておけば、ルーズベルトの臆病で弱腰な態度を改めるにあたって、人間本性の表面から、他のすべての態度までも消え失せてしまうなどということにはならないはずである。

思うに、こうした自然な類いの感情が、主戦論に関する文献の最奥の核心を形成している。私の知るかぎり、いかなる例外もないのだが、軍国主義的な著者たちは、自らの主題について極めて神秘的な考えをもっており、戦争を、生物学的あるいは社会学的必然だとみなし、これは、通常の心理学的な抑制や動機づけによっては、制御不可能であるという。戦闘開始の時機が熟せば、理由があろうとなかろうと、戦争は起こるにちがいない。というのも、戦争正当化の弁明は、例外なく、作り話だからである。戦争は、要するに、人間にとって永遠の義務である。ホーマー・リー将軍は、近著『無知の大勇』において、はっきりと、この立場に立っている。彼にとって、戦争への備えは、愛国心の本質であり、その能力は、国民の健全さを測る至高の尺度である。

リー将軍の主張は、こうである。国家は、けっして、静止状態にはない。国家は、活力にしたがうか、衰退にしたがうかで、必ずや、拡大するか、縮小するかするはずなのである。日本は、今や、全盛を極めている。日本の政治家たちは、つい先頃、並外れた先見力で、征服戦略に大々的に着手したが、今問題にした不可避の法則によるなら、本来、ありえない事柄である。だが、この戦略競争において、第一手は、日清戦争と日露戦争と日英同盟であった。そして、その最終目標は、フィリピン、ハワイ諸島、アラスカであり、シエラネバダ以西の我々の西海岸全域である。これが実現すれば、国家としての不可避の神明によって、日本が無条件に要求するものを、日本は手にすることになろう。つまり、環太平洋全域の領有である。リー将軍によれば、日本のこうした大規模な戦略構想に対して、我々米国民が有しているものといえば、ただ、自画自賛、無知、商業主義、腐敗、そして、フェミニズムでしかないという。リー将軍は、米日軍事力に関して、専門的に詳細な比較を行っており、目下のところ、米国が日本に対抗しうる軍事力については、こう結論づけている。先に言及した諸島、アラスカ、オレゴン、南カリフォルニアは、日本に対して、ほとんど無抵抗のまま陥落し、サンフランシスコは、二週間で、日本の包囲網に降伏し、三、四か月で、戦争は終結する、そして、我が国は、不注意にも防衛策を怠ったために失ったものを、二度と手にすることができず、やがて「崩壊」することになり、再び、一国として団結し統一を成し遂げるには、シーザーのような人物が登場するまで待たねばならないだろうという。

まったくもって陰鬱な予想である。とはいえ、仮に、日本の政治家たちの気質が、歴史が数多く示しているようなシーザー型の気質を有し、しかも、リー将軍が想像しうるようなシーザー的気質すべてを有しているのであれば、まったくありえないことではない。だが、今日の女性たちが、もはや、ナポレオンやアレクサンダー大王のような人物の母親になれないと考える理由などない。こうした人物が日本に現れ、機会を捉えるなら、まさしく『無知の大勇』が描くような驚愕すべき事態が、我々の前にひっそりと待ち構えているのかもしれない。日本人の考え方の深奥については、我々は知らないけれども、そのような可能性を無視するのは、無謀といってよい。

他の軍国主義者たちの場合は、考え方が、もっと複雑で、もっと道徳的である。S・R・シュタインメッツの『戦争哲学』が、そのよい例である。この著者によれば、戦争とは、神によって設けられた苦難であり、神は、様々な国を秤にかけて、試練を与えたまうのだという。戦争は、国家の本質形態であり、国民が自らの全能力を揃って結集し発揮しうる唯一の機能である。全徳目の結集の結果として以外に、勝利などない。何らかの不徳もしくは弱さに起因しない敗北などない。神の審判を受け、各国民が相互に襲撃し合う場合、忠誠、団結力、忍耐、英雄的資質、道義心、教育、発明の才、経済、富、身体上の健康と活力等々、どれをとってみても、道徳において、あるいは、知力において、優越点として有効に作用しないようなものはない。シュタインメッツ博士によれば、世界の歴史とは世界の審判である。そして、長期的にみて、偶然と運が成果の配分に役割を演じることはないと、彼は信じている。

　ここで留意しなければならない。勝利につながる徳は、ともかく徳であり、軍事的競争においてと同様に、平和的競争においても、重要となる優越性である。だが、しかし、優越性にかかる負担は、軍事的競争の場合の方が、はるかに重くのしかかるため、裁きとしては、戦争の方がはるかに厳密なものとなる。戦争による選別陶太に匹敵する苦難など何もない。戦争の鉄槌は、人々を一つにまとめあげ、結束力に満ちた国家を作り出す。人間の本性が、その潜在能力を開花させるものは、このような国家を措いて他にない。これに代わりうるものはといえば、「頽廃」以外にない。

　シュタインメッツ博士は、誠実な思想家であり、彼の本は、小著でありながらも、多くの論点を考慮に入れている。その要旨を、サイモン・パッテンの言葉でまとめるなら、次のようになろうかと思われる。人類は苦痛と恐怖の中で育まれるのであり、したがって、ひとたび「快楽経済」へ移行するや、致命的なものとなり、その頽廃的影響に抗して防衛する力を行使しえなくなってしまうだろう、と。恐怖体制からの解放という恐怖について、我々が語るとすれば、全状況は次の一文で表現できる。敵に対する恐怖が太古からの恐怖であったが、それに代わって生じているのは、今や、我々自身に関する恐怖である。

　私がこれから行おうとしているように、こうした恐怖について考えを巡らすならば、その想像内容は、人々が望まぬ二つのものに立ち戻ることになると思われる。一つは美的なもので、今一つは道徳的なものである。第一に、人々が望ましく思わない未来を想像するなら、それは、軍隊生活が、その魅力的な要素も含めて、永久に不可能になり、さらには、人々の運命が、力によって、速やかに感動的に悲劇的に定められることはもはやなく、ただ、ゆったりと、退屈なまま、「進化」によって定まってしまうというものである。第二に、人々が目にしたくないのは、人間の奮闘努力が見られる崇高な劇場が閉鎖され、人間のもつ輝かしい軍事的才覚が、ついには、表舞台から消え去ることになり、けっして発揮されることもない状態が続くというものである。私が思うに、こうした事態を厭う強い気持ちは、他の美的倫理的な主張に劣らず、敬意を表し傾聴してしかるべきである。軍事費や戦争の恐怖を引き合いに出して反戦論を唱えるだけでは、これらの嫌悪感を有効になだめることはできない。恐怖は興奮を生み出すのである。人間的本性の中から、究極にして至高のものを引き出すことが問題となっているというのに、ここで、軍事費云々を語るのは、恥ずべきことである。短所を挙げるだけの単なる消極的批判の多くが抱える難点は明らかである。平和主義が、軍国主義者を転向させることは、まったくない。主戦論者は、戦争の残虐性も、恐怖も、莫大な軍事費も否定はしない。この立場からすれば、このような戦争の短所は、話の半分にすぎない。これらの犠牲を払ってでも戦争は遂行するに値する、彼らは、こう主張するだけである。すなわち、人間の本性を総体的に捉えるなら、人類の戦争は、人類がもつ怯懦な自己に対する最善の防御であり、人類は、平和経済など採用する余裕はないのである。

平和論者は、こうした戦争論者の美的倫理的見解に対して、今まで以上に踏み込んでいくべきである。J・チャップマンはいう。いかなる論争においても、まずは、相手の懐に飛び込んでいき、その後で、論点を変更していくべきであって、そうすれば、相手もこちらについてくるようになる。反戦論者が、戦争のもつ規律訓練機能に対する代替案、つまり、熱力学的等価物をもじっていえば、戦争の道徳的等価物を、何一つ提案しないでいるかぎり、事態の本質を十分認識することはできない。実際のところ、彼らは、概して、事の本質を認識できないでいる。平和論者のいうユートピア像には、義務と罰と制裁が描かれているが、これらは、どれも、あまりにも弱々しく覇気がないため、主戦論者が共鳴することはない。こうした通例に対して、唯一の例外となっているのが、トルストイの平和主義である。というのも、彼の平和主義は、この世の価値一切に関して、極めて悲観的であるからであり、なおかつ、戦時においても敵への恐怖がもたらす道徳的動機を、平和時には、神に対する恐怖がもたらすとするからである。しかし、我々が目にする社会主義的平和論者ときたら、すべて、この世の価値一切に全幅の信頼を置いており、神への恐怖や敵への恐怖を考慮することなく、ただただ、働かざる者食うべからずということで、飢餓への恐怖を説くばかりである。私の知るかぎり、すべての社会主義的文献に蔓延しているのは、このような弱々しい主張である。ローズ・ディキンソンの見事な対話（*Justice and Liberty*, N.Y., 1909）においてさえ、たとえば、不快な労働に対して人が抱く嫌悪感を克服するためには、高賃金と労働時間短縮の力に頼ることしかできない。他方で、ごく普通の人間といえば、これまでずっとそうしてきたように、今なお、生活している。苦痛な労働と失業の恐怖という経済の下で、生活している。というのも、楽な暮らしができる経済の中で生きている人々がいるにしても、彼らは、荒れ狂う大海に浮かぶ孤島でしかないからである。世の辛酸を嘗め尽くした感覚を、今なお、もっている人からすれば、総じて、今日のユートピア的文献が醸し出している雰囲気など、感傷的で中味のない話に聞こえる。実際、それが示しているのは、どこにでも見られる劣等感である。

劣等感は、つねに、我々の側にある。そして、こうした劣等感を容赦なく軽蔑するのが、主戦論気質の基調をなしている。かつて、フレデリック大王は叫んだ。「犬どもよ。ずっと生きていたいのか」。ユートピア主義者たちが、これに答えるとすれば、「はい、ずっと生きていけるようにしてください。そして、私たちの生活レベルを徐々に上げてください」というものになろう。今日の我らが「劣等者たち」について最善のことがあるとすれば、せいぜい、まったくもって頑健で、肉体的にも道徳的にも、ほとんど無感覚なことくらいである。ユートピア主義の立場であれば、彼らを従順で臆病とみるであろうし、軍国主義の立場であれば、彼らの無神経さを保持しつつ、しかし、これを、「軍務奉仕」の要請にふさわしい、賞賛すべき特徴に造り替え、そのことによって、彼らの劣等者の嫌疑を晴らすことだろう。何であれ、人間のもつ性質が尊厳を獲得するのは、所属集団の任務が当の性質を必要としていると、その人自身が知っているときである。所属集団を誇りにすれば、それに応じて自らの誇りも高くなる。こうした誇りを育むのに適した集団は、軍隊を措いて他にない。しかし、ここで認めておかねばならないことがある。平和主義的コスモポリタンに基づく産業主義のイメージが、無数の価値ある人々の胸中に喚起しうる感情があるとすれば、それはただ、そうした集団に所属していると考えるだけでも恥ずかしくなってしまうというものである。現下の情勢をみるとき、リー将軍のような精神の持ち主がアメリカ合衆国に対して抱く印象は、人間の脂肪とでもいえるものであろう。いったい、どこに、鋭敏にして毅然たる態度があるのか、自分のであれ、他の人のであれ、生に対する軽視があるのか。どこに、怒りの「然り」「否」が、つまり、無条件の義務があるだろうか。徴兵制は、どこにいってしまったのか。所属することで誇りを感じるものが、どこにあるのだろうか。

以上で、議論の準備の大半は整った。今や、私自身のユートピアを表明する段となった。私が心から信じているのは、平和の治世であり、ある種の社会主義的均衡状態の漸次的到来である。戦争機能の運命論的見解は、私にとって、意味をなさない。というのも、戦争への突入は、他のどんな形の事業とも同じように、明確な動機に由来し、慎重な検証作業と理にかなった批判にしたがうべきものだからである。全国民が軍隊となっており、破壊の科学と生産の科学が知的改良において競い合っている時代にあっては、私のみるところ、戦争は、その奇怪な姿からして、非合理となり、不可能になっている。度を越した野望は、理にかなった主張に道を譲るべきであり、諸国民は、こうした野望に対しては、一致団結の上で対抗しなければならない。私のみるところ、このことすべてが、白色人種国家においてと同様、黄色人種国家においても、妥当しない道理はない。文明の進んだ諸国民の間において、軍事行為が正式に非合法化される将来を私は待ち望んでいる。

このような私の信念すべてに鑑みるなら、私自身、きっぱりと、反軍国主義陣営の側に立つことになる。しかし、平和主義によって編制された国家が、かつての軍事訓練の諸要素のうち、いくらかでも保持しないかぎり、この地球上に、永続的平和が実現されてしかるべきであるなどと私は思わないし、あるいは、実現されるだろうとも考えない。永続的にうまくいく平和経済というものがあるにしても、それは、単なる快楽経済などではありえない。人類は、多かれ少なかれ、社会主義的な未来へと歩んでいるように思えるが、そうした未来にあっても、我々が現実に生きていく場は、生存には部分的にしか適していない地球である以上、我々は依然として、こうした境涯に対応する諸困難に、もろとも、さらされるにちがいない。我々は、新たな行動力と不屈の精神によって、軍人魂がかくも忠実に堅持している勇壮を、持ち続けなければならない。武勇という徳は不朽の紐帯である。大胆不敵、弱腰的態度に対する軽蔑、私的利益の放棄、命令への服従、こういったものは、依然として、国を築く礎石でなければならない。実際、軍国主義志向の計画を集約するような実行部隊が、周辺地域のどこかに形成されるときには、いつでも、軽蔑の名にしか値しない共同社会としての国に対して、危険な反動が生じ、攻撃を招きかねない。こうした事態を望まないのであれば、国の礎石を確固たるものにしなければならない。

軍人の徳というものは、元々人類が戦争を通じて習得したものであったが、今では、人間の絶対的で永続的な財産となっている。このことを、再三主張する点で、主戦論者は、間違いなく正しい。祖国愛と愛国的野心が戦争の形をとるとき、それは、結局のところ、より一般的な競争的情熱が特殊化したものにすぎない。こうした特殊仕様は、競争心の最初の形態ではあるが、しかし、これを終極の形態であると想定する理由は何もない。今日、人間は、征服する側の国民であることに誇りをもっている。そして、自分たちの人材や財産を賭すことで服従状態を回避できるのであれば、人々は、何ら不平を抱くことなく、そうする。しかし、今はともかく、時間と教育と示唆が十分あれば、我々祖国の軍事面以外の特徴が、同じく、誇りと恥辱という、人目につく印象をもってみられることはなくなるなどと、誰が確信できるだろうか。いつの日か、何らかの理想的な点で、優れた集団に属することは、血税に値すると思うはずがないと、なぜ、いえるのか。自分たちが属するコミュニティが、とにかく何らかの点で品位に欠ける場合でも、怒りをもって羞恥心で顔を赤らめるべきではないと、なぜ、いえるのか。今日、ますます多くの個人が、このような市民的情熱を感じている。今や、全市民が白熱するまで、火を焚きつけるという問題でしかない。そうすれば、軍事的栄誉という古き道徳の廃墟の上に、市民的栄誉という安定した道徳体系が一層評価されるようになるのである。コミュニティ全体が信ずるようになっているものが、個人をしかとつかんで離さない。これまでは、戦争機能が我々をつかんできた。しかし、いつの日か、建設への関心が、破壊に劣らず、規範要請となるかもしれないし、個人に対しても、同じく重要な責務を課すかもしれない。

ここで、私の考えを、もっと具体的に説明しよう。人生とは困難なものであり、人は骨を折って苦しみに耐えるべきであるという事実だけでは、そこに人を憤慨させるものなど何もない。この世のありようは、結局のところ、そういうことになっているのである。だから、我々は苦しみに耐えられる。しかし、一方で、かくも多くの人々が、生まれと機会の単なる偶然によって、苦労と苦痛、困難と劣等以外に何もない人生を強いられ、一日なりとも休暇はなく、しかるに、他の人々は、生まれながら、それに値するわけでもないのに、こうした従軍生活の苦悩を、何ら味わうことがないとすれば、これは、思慮深い人々に憤りを抱かせかねない。我々の中に、一方で、従軍以外に何もない人々がおり、他方で、軟弱に安楽な暮らし以外に何もない人々がいるとすれば、結局のところ、我々全員が、これを恥ずべきことだと思うことで終わるかもしれない。これは、私の考えであるが、もし、今、徴兵制の代わりに、全青年を何年かの間徴用し、大自然に対する災害救助隊を組織化して参加させる制度があれば、先の不公平感も収まり平等化していくだろうし、共同社会たる故国に対して、他の数多くの利益が届けられるだろう。そうなれば、不屈の精神と規律という軍事上の理想も、人々の性格の中に次第に取り込まれていくだろう。人間の生存の場たる地球に対する人間の真の関係について、さらには、より高等な生活が、変わることのない辛さと労苦によって裏方で支えられていることについて、有閑階級は、今日、まったく無理解であるが、やがて、彼らのように無理解にとどまる人など誰もいなくなるだろう。上流階級の御曹司を徴用して、彼らの選択にしたがって、たとえば、炭鉱や鉄鉱山に赴かせ、あるいは、貨物列車や一二月の漁船団に、皿洗いに洗濯に窓ふきに、さらには、道路建設やトンネル掘削、鋳物工場や船の機関室、そして、高層ビルの窓枠等々に割りふれば、彼らからも幼さは消え、以前よりも健全な同情心と一層分別のある考えを身につけて社会に戻ってくるだろう。彼らは血税を払ったことになろうし、有史以来の自然に対する人間の闘いに自ら参加したことになるだろうし、誇りをもって大地を歩むことになろう。そうなれば、女性も彼らを今まで以上に高く評価するようになり、男性の側も、次の世代の、より優れた父となり教師となるだろう。

こうした奉仕活動への徴用制度があれば、これを必要とする世論の状態や、これによって得られる幾多の道徳的果実と相まって、平和な文明化の真っ直中であろうと、主戦論者側が平和の中では失ってしまうかもしれないと危惧している剛健な徳を維持することになろう。我々は不屈の精神を身につけるべきであるが、冷淡であってはならないし、威厳を手に入れるのであれば、可能なかぎり犯罪的な残虐さを避けつつ手にしなければならない。そして、奉仕の仕事が辛いものであっても、元気に勤めなければならない。というのも、奉仕義務は、一時的であり、しかも、今では、活動奉仕後の残りの人生すべての評判を落とすように脅迫するわけではないからである。先に私は戦争の「道徳的等価物」といった。これまで、戦争は、コミュニティ全体の規律を訓練する唯一の力であった。そして、戦争と等価な規律訓練が組織化されるまでは、戦争に任せておかなければならないと私は信じている。しかし、社会人の通常の名誉感と不名誉感が、ひとたび、一定の強度まで発達すれば、この感覚によって、私が描いたような道徳上の等価物、あるいは、剛健な気風といった型を維持するのに有効な他の道徳的等価物を組織化することができる。このことを私は何ら疑いはしない。戦争の道徳的等価物を組織化できるかどうかは、ただ、時間の問題であり、熟達した宣伝の問題であり、歴史的機会をつかむ意見形成の主導者たちが歴史的機会を逃さずにつかむという問題にすぎない。

戦争がなくても、軍人型の性格を育成することはできる。努力を厭わぬ名誉と公平無私な態度は、どこにでも、溢れている。聖職者と医師は、まがりなりにも、軍人型性格を育てるように教育される。我々も、もし、自分の仕事が、国家に対する義務的な奉仕であると意識するなら、軍人型の性格を必須の要請として、ある程度は、感じるはずである。兵士が軍に恭順の意を表しているように、我々もまた、国家に対して恭順の意を表すべきである。そうすれば、我々も、それに応じて、誇り高く思うことになろう。そうなれば、今日の軍の将校たちがそうであるように、我々もまた、たとえ貧しくとも、屈辱感なしでいられる。今後必要となることは、ただ一つ、過去の歴史が軍人気質を駆り立てたように、市民気質を高揚させることとである。H・G・ウェルズは、いつもながら、事態の核心をつかんでいる。彼はいう。「多くの点で、軍事組織は、数々の活動の中で最も平和的である。現代人が街を歩いて通りをみれば、そこに溢れているのは、騒々しくも偽りの広告、売り込み、粗悪品、臨時雇用でいっぱいの買い手労働市場である。そこから、一歩外へ踏み出て、兵営の中の広場に入ると、そこにあるのは、水準の高い社会生活であり、その雰囲気は、奉仕と協力に溢れ、街路に比べてはるかに名誉にみちた模範的なものである。ここでは、少なくとも、当面なすべき仕事がないからといって、人々は、職を奪われ投げ出されることはない。彼らは、よりよい奉仕活動に備えて、養われ、練習を積み、訓練を受ける。少なくとも、ここでは、利己主義ではなく、無私無欲の利他主義によって、昇進できるようになっている。営利主義による不定期でわずかばかりの研究資金、イノヴェーションと科学に基づく経済活動によって目先の僅少な利益に飛びつく姿勢、こういったものと比べるなら、陸海軍の軍事施設における研究方法と研究施設の開発は、安定的で、しかも、急速に展開しており、目を見張るものがある。市民生活における衣食住の利便性の進歩を商売人にほとんど委ねた場合と、過去二三〇年の間の軍事施設における進歩を比較してみるなら、この違いほど、驚くべきことはない。たとえば、今日の家庭用品は、五〇年前と、ほとんど何も変わらない。今日の住居は、今もなお、一八五八年の住居とほとんど変わらないほど安普請で建てつけがひどいため、換気は悪く、無駄の多い暖房のせいで、少しも暖をとれない。築二、三百年の家屋が、まだ、十分な居住場所となっており、我々の生活水準は、少しも上がっていない。だが、五〇年前のライフル銃や戦艦は、今日のものと比べるなら、威力においても、スピードにおいても、操作性においても、比較できないほど、劣っている。このような時代遅れの武器など、今では、誰も使わない」（H.G. Wells, First and Last Things, 1908, p. 215）。

ウェルズは、さらに自分の考えを、つけ加えていう（ibid., p. 226）。国民皆兵制が今日のヨーロッパ諸国民に教えているのは、秩序と規律の概念であり、奉仕と献身、体力作り、惜しみない努力、国民全員の責務といった伝統である。これらは、究極の平和を称える一戦において最後の武器が用いられてしまった場合でも、依然として、永遠の習得財産であり続けるだろう。ウェルズが信ずるように、私もまた、これを信じている。英国国民あるいは米国国民が、栄誉の理想そして有効性の判断規準を自らの習慣として習得する力が、ドイツ国民や日本国民に殺されるかもしれない恐怖以外にないとするなら、それは、まったくもって馬鹿げているといってよい。むろん、恐怖に駆られると、何でもできてしまう。しかし、我々の熱狂的な戦争論者自身が信じ、また、我々に信じ込ませようとしているのとは異なり、我々の精神的能力の高度な潜在能力を喚起する刺激は恐怖だけではないことを、我々は知っている。私の唱えるユートピアは世論の変質を想定している。だが、変質するとはいっても、その違いは、たとえば、「肉だ、肉だ」と人食い人種の鬨の声を上げつつ、コンゴ河畔のスタンレーの部隊を追いかけ回した黒人軍勢の精神状態と、文明国民の「参謀」の精神状態との違いよりも、はるかに小さい。歴史は、このような精神状態の隔たりが乗り越えられるのをみてきた。それを思えば、世論の隔たりなど、はるかに容易に埋めることができる。

第二節　国を志向する精神と国際社会を志向する精神（一九二九年）

National-Mindedness and International-Mindedness

G・H・ミード

一九一〇年、「戦争の道徳的等価物」と題する論文で、ウィリアム・ジェイムズは、戦争にまつわる矛盾について、次のように述べた。「現代人の戦争に対する関係には、どこか非常に逆説的なところがある。（可能であればの話だが〉、試みに、北部であれ南部であれ、この国の一般民衆全員に、こう問うてみるとよい。アメリカの歴史の中から、合衆国のために闘った南北戦争を消去し、進軍と戦闘の記録に代えて、今日までの時代の移り変わりは平和裏に行われたという記録を残すとして、このことに、一般民衆は、はたして、賛成票を投ずるかどうか。おそらく、一握りの変わり者でさえ、ほとんど賛成しないだろう。アメリカ民衆の祖先、民衆のこれまでの努力、民衆の記憶と伝承は、今日の我々の共有財産のうち最も理想的な要素であり、これまで流されたすべての血よりも価値ある神聖な精神的財産である。ところが、同じ人々に、こう問うたら、どうだろうか。冷静に考えてみて、同じ精神的財産を、もう一つ獲得するために、もう一つ別の南北戦争を始めることを厭わないかどうか。このような提案に賛成票を投ずる男女は一人もいないだろう」。

この論文は国際友好協会のために書かれ、〔第一次〕大戦勃発の四年前に出版された。仮に、この大戦を闘った各国の投票者に同じ提案をするなら、どうなるか。この大戦を歴史から消去し、それに代えて、時代は平和なまま進行し今日の状態にいたったとする意見について、全員一致のような合意は得られないのだろうか、私には、そうは思えない。もっとも、社会には現実志向のグループがいて、あの戦争は恐ろしくはあったが、これよりも恐怖の度合いの少ないどんな経験からも学べないことを、我々は学ぶことができたと主張するかもしれない。おそらく、彼らはこういうだろう。あの戦争で得た教訓は、この世から戦争をなくすことこそ、人類社会に課せられた義務であるということである。戦争は英雄主義を掲げ、諸々の理想を神聖化することもあるが、これらによって、戦争という犯罪的ともいえる愚行を、我々は覆い隠す気になれない。とはいえ、我々は、まだ、非戦闘員になったわけではない。紛れもなく自衛のための戦争であれば、国は満場一致で武装するだろう。しかし、最近締結された不戦条約〔一九二八年　ケロッグ＝ブリアン条約〕の基本原理によれば、公共政策の正当な手段としての戦争は、これを永久に非とするということである、そして、これは西欧世界の各社会によって心からの支持を得ている。大戦によって人類の被った害が、どれほど甚大であろうと、世界各国が、ほぼ全員一致で合意にいたった感情を支配したのは、このような災厄の恐怖ではないと私は思う。戦場と残虐行為に関する諸々の記録から学ぶよりも、外務省によって公にされた公文書の方から、我々は多くを学んだ。

我々が学んだのは次のことである。公共政策をコントロールし、最終的に軍を動員した人々は、恐怖心と憎悪、物質欲、そして、個人の強欲と嫉妬を利用した。だが、これらは、各社会が闘おうと欲した際の争点を代表していたわけではないし、あるいは、実際に闘っている際の争点を表していたわけでもなかった。今日においてさえ、独立国同士の間で戦争が生じうることを我々は知っている。しかし、また、こうした戦争を引き起こしかねない争点であっても、当該の国民に対して、理解できるよう明解に提示されれば、戦の神による裁定に委ねられることはないということを、我々は知っている。国を挙げた強欲というものがあるにしても、そうした強欲でさえ、わきまえているのは、今日の状況の下では、いわゆる成功裏に終わる戦争も、採算上、費用が収益を上回るということである。各国家の利害の違いを解決する上で、戦争は、まったくもって愚かな方法である。

　ジェイムズ教授の立場はこうである。戦争がもたらす理想的遺産のために、わざわざ、戦争を開始する者など誰もいない、しかし、ひとたび戦争が行われたなら、人は戦争の理想的遺産を犠牲にしようなどとは思わない。未来を見据えた場合、いかなる社会も戦争を精神的に有益なものとみなすことになろうなどと、ジェイムズはけっして信じていなかった。これまで私が表明した所信は、あの大戦について振り返ってみた場合、いかなる国であれ、戦争遂行によってもたらされた精神的な成果は、戦争で被った惨禍に対する十分な代償であったなどと考えはしないということである。ジェイムズ教授のいう逆説によれば、過去の戦争であれば、精神的配当金を支払って、偉大な国民的祝福となったといえなくもないが、これから生ずるかもしれない戦争の場合には、そのように評価することはできないという。彼はこう主張した後、戦争が絶えることなく存続する理由を説明する。というのも、我々が陸軍と海軍を保持しているのは、「過去の戦闘」のためではなく、迫り来るかもしれない戦闘に備えるためだからである。ここで私が用いている精神的という言葉は、物質的という言葉の反対の意味で用いている。その意味するところは、経済的形式に換算できない価値の一切を含んだものである。

　ここで、これから議論していく問題をはっきりと明確化しておこう。誰もが認めることであるが、純粋に自衛のための戦争を除けば、いかなる戦争も、遂行してしまえば戦禍が見込まれるのであって、知性ある社会なら、これを回避する。攻撃は最大の防御法ではないのかという異論の多い問いには、我々は関わるつもりはない。また、純粋に自衛のための戦争は、いったい、いかなる領域を防御しようとするのか、その領域には、国民の名誉や個人的利益が含まれるのかどうか、こういったことを定義することも、目下のところ、課題とはなっていない。

こういった問いは、文明化された社会すべてが納得するような形で、共通の合意によって確定済みであると仮定しておこう。幸いにも、こうした状態が達成されているとすれば、知性に満ちた政治家の力量をもってすれば、戦争は難なく回避されるだろうこと、これは明らかである。

さて、ジェイムズ教授は、戦争が絶えることなく存続する理由を述べた後で、さらに指摘する。戦争が続いた場合には、社会は精神的な損失を被るというのである。第一に挙げられるのは、「今日の我々の共有財産のうち最も理想的な要素たる、アメリカ民衆の祖先、民衆のこれまでの努力、民衆の記憶と伝承」であり、戦争からの精神的遺産である。しかし、ジェイムズ教授が主張しているのは、このことではない。というのも、このような成果に到達するように、我々の行動様式を意図的に形成することなどできない点、彼自身認めているからである。我々は、精神的遺産を獲得するために戦争を計画することなどできない。戦争が由来となって我々が手にする重要な精神的価値として彼が展開しているのは、次のようなことである。心身ともに不屈であること、崇高な価値のために、力のかぎり、進んで代価を払う用意があること、些細な自我から自由になる能力、些細な目的などは、一貫して、究極の目的の下に置くよう、崇高な訓練を受けること、規律を受け容れること、偉大な事業を営むにあたっては、共同社会の中の他のすべての人々と一体感をもつこと、最も崇高な経験でありながら、実現するのは稀だとわかっている精神高揚といった具合である。戦争とは、ある意味で、これら精神的価値にとっての学校である。こうした教育の裏側、それにともなう大きな精神的落胆について、ジェイムズ教授は議論しない。確かに、こうした議論は彼には要求されていない。というのも、彼自身平和主義者であり、彼が求めていたのは戦争の道徳的等価物だったからである。彼の考えによれば、戦争による教育を断念するのであれば、たとえ、どれほど、費用がかかり、知性から程遠いものであれ、とにかく、戦争の道徳的等価物を提供しなければならない。というのも、彼の見解によれば、産業文明は利益と快適さのために組織化されており、ここでは、行為の原動力は競争であり、仲間を出し抜く努力であり、大きな社会組織はあっても、これによって、個人が社会との一体感を得ることはできていないのであって、実際に、こうした産業文明にあっては、戦争による教育を提供するもの、あるいは、提供しうるものなど、何もないからである。我々が政府を運営するのは、ただ、政治的党派心を用いることによってのみである。教会は、不安げに、共同社会という主要問題を避けてとおる。家族、仕事場、学校への忠誠心が強まれば強まるほど、ますます排他的になる。

ジェイムズ教授の提案は、この国の若者たちを有益な労働に徴用することである。軍事訓練があれば身につくような、困難に耐えうる身体と精神を、若者たちは、こうした徴用労働において身につけるようになるという。ジェイムズ教授が念頭においていた目的を達成する上で、必要不可欠なことは、徴用された若者たちが、この労働を、共同社会の生活に必要であると感じなければならないということであろう。戦争が千載一遇の好機となって誘発する感情的融合に、彼らが達することがあるとすれば、自分たちの行いと共同社会との一体化を感じなければならないだろう。

ジェイムズ教授が、自分の提案を、すぐにでも実行可能な企てと考えていたとは、私には思えない。むしろ、ある種の経験の例証として考えていたのだと思う。つまり、どれほど不完全ではあれ、戦争がもたらす特性と訓練の成果を、市民が獲得しなければならないとするなら、何らかの方法で社会が市民生活において経験しなければならない事柄である。彼が強く主張しているのは、社会的な目的と価値というものが存在するということ、これらは我々市民の生活に浸透すべきであるということ、そして、このことを達成しうるような実行可能な方法を、社会は何らかの仕方で自らの能力の範囲内で考案しなければならないということである。共同社会の労働への徴用という彼の事業計画は、平和主義者の構想に不可欠な論理的核心を提示するための印象的で人目を惹く方法であった。

ジェイムズ教授が「戦争の道徳的等価物」を書いてからほぼ二〇年が過ぎた。その間には、〔第一次〕大戦が起こり、国際連盟が設立された。これは、戦争終結のために国際社会がこれまで行ってきた最も真摯な取り組みであった。今では、平和主義者の関心は、「戦争の道徳的等価物」とは異なる事柄に向けられている。有望なプロジェクトも実際に始まり、国家間の関係のあり方も、今までの歴史にはないような、周知公開と、ある種の批判に左右されるようになってきている。我々米国民は依然として国際連盟に加わっていないが、その理由は、我々の歴史の大部分をみるなら、惨禍を引き起こしたヨーロッパの政治世界の外部に我々はいたからである。国家と人種と経済が複雑に絡み合い、しかも、我々にとって異質な問題に、これまで我々は参入したいとは思わなかったし、今もそうである。だが、それにもかかわらず、大戦の結果によって、我々は、ヨーロッパ人たちと、人的にも経済的にも、これまで以上に親密な関係を取り結ぶようになった。我々の歴史には帝国主義はなかったし、我々自身軍国主義を好んでいない。このことが、必然的に、〔国際連盟本部のある〕ジュネーヴで試行されている偉大な実験に対して、共感を呼び起こしている。平和主義者は、そこから、これまでになかったような訓話用の成句と、二〇年前なら想像だにしなかった実行プログラムとを手にしている。かの偉大な心理学者が平和主義者に対して投げかけた〔戦争の道徳的等価物などという〕幾分困惑させる挑発的課題についても、平和主義者は、もっと実行可能な計画に忙殺されて、真剣に取り上げることはなくなった。実際、今日、ジェイムズの小論を読み返してみるなら、ある種、非現実的感覚をもつことになる。

ジェイムズ教授の論文集『回想と研究』には、「戦争の道徳的等価物」が収載されているが、それに引き続いて、平和晩餐会でのテーブル・スピーチが採録されている。このスピーチでも、闘うべく育てられた人間の本質について、同じ説明がなされている。平和主義者の実行計画が、生命の危急に直面して、これと折り合いをつけられなかったことが、同じように強調されており、さらに、人間の本質に深く根づいた好戦性、あるいは、戦争がもたらす興奮を求める人間性というように、敵が存在することで得られる効果について同じような感覚がみられる。ジェイムズ教授はいう。「戦争が人間社会を困難に陥れることは、未来永劫、二度とないと、真剣に人々が信じ込まされることが可能だとしたら、大部分の人々は、将来を想像するにあたって、うんざりするほどの倦怠感を感じることだろう。世界にあって、このような活力のない夏の午後にいようものなら、いったい、情熱や関心は、どこにあるというのだろうか」。平和主義者はいう。このような興奮など十分すぎるほど経験したし、その代価も織り込み済みである、と。もはや戦争の中に善を見出す必要などない。それどころか、大規模な戦争を目の当たりにし、その苦難を経験してきたからには、実際には、戦争をなくすことこそ、極めて緊急の課題となっている。今では、不戦条約があり、国際裁判所がある。両者の発端は、〔ウッドロウ・ウィルソンの平和十四か条にあり、したがって〕アメリカ産である。このような我々が国際連盟に加わらないのは、恥ずべきことである。こうした活動が行われている中で、なぜ、平和主義者は、わざわざ立ち止まって、戦闘の心理学を考察しなければならないのか。だが、ジェイムズが提起した難題は、依然、なくなってはいない。もしかしたら、平和主義者は、即座に実行可能な企てに忙殺され、不明にも、この難題の方をおろそかにしているのではないか。もっとも、自分たちの企ての重要性についてなら、一層理解しているということかもしれない。

　さて、ここで、戦争による教育が、どれほど代償があるにしても、戦争が男女ともども育て上げることになるような精神的価値について考えてみよう。心身ともに不屈であることは、ルーズベルトの「意気地無し」とは対極的な性質であるが、これは、戦争の代価を払わなくとも、おそらくは、確保できるだろう。戦争教育という実行計画は、ロースト・ポークを手に入れるために、豚のいる家を焼き払うという、あのチャールズ・ラムの実行計画を想起させる。しかし、戦争教育計画は、今日の社会秩序に対する批判を鋭く指摘している。奮闘努力を厭わぬ行動に対して我々は強い動機をもってはいても、そうした動機は、たとえば、企業の競争や職業や社会闘争で成功するというように、私的なものであり、個人的なものである。実際に有効な公共的な理想は、健康や安心感、そして、人生を満喫できる心身の状態というようなものである。我々の社会的計画は、災害や病や窮乏や退屈な重労働を取り除くことに目が向けられている。功利主義者の理想について、かつて、フレデリック・ハリソンが語ったように、社会計画が目指している世界は、誰もが安心してハムエッグの朝食に舌鼓を打てるような世界である。生存手段をめぐる闘争や競争で成功するための闘争の場合であれば、奮闘努力する人生も個人を捉える。しかし、社会の存続が危ぶまれている場合でもないかぎり、こうした努力に個人の公共的関心が含まれることは、断じてない。人が公共的な目的に対して利他的に関心をもつようになれば、様々な公共的な目的も現れてこようが、それは、自身による達成物、つまり、自分の世界を支配し指揮することに集中する利益関心として現れるよりも、むしろ、苦痛を緩和し、喜びを手にするという形で現れる。

　戦争が育むかもしれない価値は他にもある。たとえば、崇高な善に対して精一杯報いようとする意欲、我々の中の次元の低い自我に対する超然とした態度、些細な目的を究極の目的の下位に置く修身を受け容れること、偉大な事業においては、自分とともにいる人々すべてと自己とを一体化することから沸き上がってくる高揚感等々がある。これらの価値を喚起するために、市民生活に背を向け戦争に目を向けるべきであるということは、先のような市民生活で意識される動機に対する不信感を、さらにそそることでしかない。戦時において、共通善は命令法で表現されるが、平時において、共通善が命令法をとることはない。それゆえ、戦時の共通善は我々に影響力をもつが、慈善事業の場合、共通善がそのような影響力をもつことはけっしてない。

　しかしながら、ジェイムズ教授が描く人間像によれば、人間は戦闘自体を直接楽しみ、暴力に胸が躍る経験に対して、気質上、強い関心をもっていて、これは、長い年月を通じて得た生理学的社会的遺産であるという。要するに、人間の本性に内在的な好戦性といってよいが、彼はこれを誇張して表現していると私は思う。普通の人間は、戦争のための戦争など望みはしない。普通の人間の場合、自分と自分にとって貴重なものが脅かされれば、確かに闘争的脅迫観念がすぐにでも燃え立つことになる。暴力に沸き立つ経験に対して、人は関心をもっているにしても、それは、映画や探偵小説や文学上のドラマや歴史上のドラマによって容易に満たされる。ジェイムズ教授自身、退屈感や倦怠感から一転して暴力的になるような豹変ぶりには、共感の念を表していた。よく知られている話として、次のようなものがある。シャタークワ湖〔で行われる恒例の夏期文化講習会〕の二日間の部会を終えた後、〔凡庸で退屈な講習を思い出して〕彼は嘆いた。「ああ、アルメニアの大虐殺が、また一つでも起これば〔釣り合いがとれて、倦怠感も消えてなくなるだろうに〕」〔WJW I: 863『ウィリアム・ジェイムズ著作集第一巻』日本教文社、二七〇頁〕。しかし、私が思うに、平和のために虐殺という基本本能と我々が闘わなければならないということはない。自分たちの同胞の大量虐殺に対するあからさまな関心が、これほど直接的なものであるというのであれば、陸軍および海軍による連合軍事行動は、もっと簡略なものであろうし、かくも高くつくことなどないだろう。戦争の大義は、戦闘自体にあるのではなく、戦争を余儀なくさせる大義の側にあるのである。

さらに、ジェイムズ教授は、自分と同じ立場にある平和主義者たちに、教師役として役立つ戦争に注意を向けるよう喚起する。それによると、戦争による教育は、少なくとも時としてうまくいくのであって、これによって、たとえば、公共善は個人にとって真剣な関心となり、些細な目的を至上の目的の下位に置くような訓練を実行できるようになり、最後に、自分が崇高な犠牲を払ってでも貢献したいと考える社会と自分自身との一体感から、精神の高揚感が生まれるが、戦争教育は、こうした精神の高揚を喚起することになるという。さらに彼は次のことを指摘している。人間の本性が、軍隊への招集に、ほとんど本能的に反応するかぎり、そして、社会全体のために軍隊への招集を遂行する術が、戦争による教育以外に他に何もないかぎり、戦争を根絶しようと思う者は、戦争の道徳的等価物となるものを提供するか、そうでなければ、自分を犠牲にする理由を提示しなければならない。戦争は、時には、共同社会の善を個人にとって至高の善にする。戦争を根絶しようとする平和主義者は、このような機能をもつ戦争の代わりに、何を提示してきたのか。

一言でいうなら、戦争によって戦闘精神が喚起される場合、公共善は我々にとって直接的な関心となる。そうでなければ、公共善は慈善的な善になりがちであり、そのような善に到達するためには、我々は自分の私的利益を放っておかなければならない。公共善に関心をもつためには、公平無私にならなければならない、つまり、自分たちの私的自己が没頭している利益に無関心にならなければならない。戦時においては、我々は自己を国家と一体化する、その場合、国益が我々にとっての第一の利益である。闘う気構えがあるとき、我々は、同じ大義のために闘う他者すべてと共感によって調和している。それゆえ、日々の暮らしの中では、競争相手であったり、対抗者になりそうな人であったり、敵対者であったりしても、ともに闘うことに熱中している場合には、我々はすべての人々と進撃の興奮を体験する。隣人や仕事の同僚に対して普段から設けている防壁も低くなる。彼らは、普段の暮らしでは、我々の利益に反する者かもしれない。だから、我々は用心深く仕事を続ける。我々は、自分を守るために、自分の協力者や仕事仲間や雇用者に対してさえ、罰則規定のある契約や協定を用いる。きちんとした礼儀作法でさえ、うんざりしかねない人々を遠ざけておくための手段である。誰もが自分の敵になりうると考えるのは、健全な感覚である。だが、戦時ともなれば、こうした防壁もなくなる。闘争にあっては、我々は仲間から支援されていることを感じる必要がある。そうなれば、人々を自分たちの側に、しっかりとつなぎ止めることになる。重大な問題も、それ自体、夥しい数の民衆が一体感をもつことによって、神聖なものとなる。

以上のことは、普段の状況の中で容易に確認できる。たとえば、知り合いを一〇人か一五人集めて、共通の知人の性格と活動が、いかに賞賛すべきかについて、話し合ってみよう。次に、話題を変えて、全員に嫌われている人について、話し合ってみよう。どちらの場合も一体感を感ずるが、絶賛するよりも、誹謗中傷する方が、どれほど一体感が興奮に満ちたものになるか、心に止めておこう。敵を向こうに回す態度は、とりわけ、社会が団結する上で好都合である。南部の一致団結は、社会的に平等であるのに、あえて、黒人を共通の敵とすることで生じた産物である。クー・クラックス・クランは、人種的宗教的嫌悪感を用いることで、意図的に結集した集団の産物である。このような凝集力を、ある程度調べてみることは価値あることだと思う。凝集力が猛威をふるうようになるのは、人間性に潜む敵対的衝動が、今みたような絶対的権威をともなうことによるのである。

戦時における愛国心の精神的高揚と無責任な群衆意識の背後には、同じ心理的メカニズムが作用していることは、つとに知られてきた。この事実自体は、このメカニズムを賞賛する理由にも、非難する理由にもならない。それは、一つの心理的メカニズムにすぎず、他のメカニズムと同様に、立派な目的にも、恥ずべき目的にも役立つ。ジョンソン博士とともに、愛国心は無頼漢の最後の拠り所であると見立てることも、私刑は社会的正義の具体化であると称揚するのも、どちらも、同じように的外れである。このような心理メカニズムの虜になることなく、自由な理解力のあるときに、このメカニズムを吟味するのは、適切であると同時に、我々に課せられた義務である。というのも、この心理メカニズムに囚われているときには、偏見のない洞察力によって、これを分析することは、ほとんど不可能だからである。高揚感に浸っている愛国者も、抑制を失い暴徒と化した群衆も、「汝自身を知れ」という格言にしたがうことはできない。このような人も、おそらく、陶酔状態から抜け出ることはあるかもしれないが、しかし、その場合でも、熱烈な衝動をコントロールしようと必死になるのであって、この衝動を理解するどころではない。

以上のような心理メカニズムの特徴については既に指摘しておいた。敵対的衝動は、共通の敵を向こうに回して我々を団結させる。というのも、慣習化している社会編成によって、我々は自ら有する抑えがたい自我を他者の前から遠ざけておくが、この心理メカニズムは、この社会編成を破壊するほどの力をもっているからである。だが、この社会構造によって、我々は自己を自覚する。権利と特権、能力と技量の違い、優越性と劣等性、社会的地位と名声、礼儀作法と欠点、これらは、人によって異なり、我々と他の人々との違いを意識させ、両者を分け隔てるだけではない。これらによって、我々は、我々と自己自身との関係を打ち立てる。こういったものこそが、我々の個性を構成し、自我を構成するのである。この場合、個性、自我といっているのは、たとえば、自分たちは、他の人々ではなく、まさしく自分たちであることを神に感謝するとき、そして、自分たちが、家族や隣人や同胞とともに、いかなる間柄で生活し働いていくかを決めるとき、こういうときに我々が認識する個性や自我のことである。これらのものが、幾分であれ、崩壊してしまえば、我々は、もはや、かつての自分と同一の個人ではなくなる。もし、我々が他者とともに、共通の敵に対して闘いを挑んでいるのであれば、そのときには、我々は既に協力者以上になっている。つまり、我々は同じ一族に属しているのであり、それぞれ魂は異なりつつも、我々は、この闘う社会と熱狂的な一体感で満ち溢れているのである。

このような二つの態度は、誰にでも、同時に潜んでいる。我々がもつ共通の利益、そして、我々と他者との一体性、この中にのみ、社会的自我を作り上げる素材を見出しうる。そして、このような自我を他者から区別しつつも守ることにおいてのみ、我々は、自らを、信頼できる理性的存在者たらしめる自己意識を行使する。

しかし、こうした自己意識という装置でさえ、我々は、まさしく共同社会から取り入れてきた。我々が有する権利は、新たにやって来る者すべてから我々自身を守ることを可能にしている。だが、こうした権利とは、そもそも、他者によって承認されていると同時に、他者のうちにもあることを我々が承認している権利であって、それ以外の何ものでもない。我々には各自に固有の力と能力というものがあるが、しかし、このような力とは、そもそも、共同の企ての中で自らの役割を遂行していく際に発揮される力能に他ならない。そして、自分の力とはいっても、仮に、他者がこれを承認もせず頼りもしないとするなら、そもそも、自分の力など、いったい、どこにあるというのだろうか。自立した自己を最大限の誇りとして主張することは、何らかの社会的役割を満たす自分独特の能力を主張することである。傲慢にも大衆から身を引く者でさえ、自分が実際に住んでいる世界を純化して理想化したにすぎないような共同社会の観点から、自分のことを考えている。我々の思考と私的な目的からなる内面世界において、我々が語りかけることができるのは、お互いに対して共通の態度を取り入れることによってであり、この共通態度は、組織化された共同社会によって可能となる。自我とは、我々の本性の中にある、以下の二つの部分の合成ないし相互作用である。一方にあるのは、基本的衝動であって、これによって、我々は、隣人と友人、恋人と両親と子供、対抗者と競争者と協力し合う。他方にあるのは、こうした自我を喚起するものであり、このような喚起を成し遂げるのは、自分たちの周囲の人々にとっての共通の言葉によって我々が自分自身に語りかけるときである。何らかの条件の下、自分は何をしようとするのか、我々は自分に語りかけ、自分に問う。我々は自分自身の提案や考えを批判的に検討し、正しいと判定する。そして、共通の取り組みに従事する人々には、組織化された構えがあるが、こうした構えを取り入れることで、我々は自分自身の衝動に方向を与える。このような自我の二つの部分は、あえてアリストレスの言葉を用いるなら、自我の質料と形相である。一方は、社会的衝動の素材であり、他方は、言語によって我々に与えられるようになった力である。この力とは、他者が我々をみるように、我々も他者をみる能力だけではない。さらには、組織化された社会によって可能となる共通の考えや機能の点から、自分自身に語りかける能力でもある。我々は集団の対話を自分の内面世界に取り入れ、そこで、自らに対して立ち会い議論する。しかし、我々が用いる相互に連鎖し合った概念の組み合わせは、我々の概念でもある。というのも、我々が語る言語は、自分の外部にある論議領域の言語、つまり、我々が属する組織化された人間世界の言語だからである。

自己意識が高度化されて〔形相をなして〕いる領域において、我々は自分の行動様式をコントロールする。我々は他者の自我に対して自分自身を対峙させた上で、自分たちは何をしたいのか、自分たちは何をする権利を有するのか、他の人々は何を行うのか、我々は決める。この領域においては、承認された権利と容認された特権によって、我々は自己の存在を主張し、自己を維持する。人格の素材的領域、つまり、質料的領域においては、このような力を我々は何らもたない。我々は基本的な衝動を携えて生まれる。仕事仲間、クラブのメンバー、ディナーパーティの招待客であれば、我々は選ぶことができる。しかし、我々は、恋に落ちる、そして、こうした〔素材レベルの〕原初的な条件の下では、我々がどのようにふるまおうと、それは、自分で選べる事柄ではない。転んだ子供を助けるのは我々の本能であるといわれている。そして、子犬や子猫や子豚に対して我々が直接向ける態度は、犬や猫や豚に対して向ける態度とは異なる。助けようとする衝動は、敵対しようとする衝動とまったく同じように、もって生まれたものである。我々は、こうした原初的素材によって形成されているが、こうした素材を我々が直接コントロールしているわけではない。我々の社会的自我を構成する、性、親の愛、敵対、協働といった原初的衝動は、少数ではあれ、数こそ少ないが、しかし、社会においては、様々な発現の仕方で、ほとんど無限の領域に広がっている。そして、社会的な交流が発展するたびに、また、新たな発明がなされるたびに、こうした衝動は、新しい発現機会をみつける。このような衝動領域において、考えを働かせることによって、我々の社会的発達の水準を拡大させることができる。しかし、愛と憎しみ、好意と嫌悪は、直接コントロールできない。そうであるがゆえに、たとえば、共通の敵によって、我々すべてが愛国的な一群へ一体化したり、あるいは、そうした敵によって、一斉に共鳴し合って恐怖心にあおられるときには、我々は相対的に無力なのである。

こうしてわかるように、以上が、人間の社会的自我が構成される際の素材、社会的衝動の原初的素材あるいは質料であり、高度化した自己意識という形相である。だが、社会とは、こうした諸々の自我の間の相互作用であり、しかも、社会とは相互作用であるというとき、それは、多様な相で現れる自我の中から統一が生じる場合にのみ可能となる相互作用である。我々は相互に無限の違いがあるが、しかし、この違いこそが相互作用を可能にする。社会とは多様性の中の統一である。しかしながら、統一に失敗する危険はつねにある。社会の統一には二つの源泉がある。一つは、相異なる諸々の自己すべてが、その多様性の中で相互に結びつくことから生ずる統一であり、今一つは、諸々の衝動が共通であるという同一性から生ずる統一である。この場合の統一とは、たとえば、高度に組織化された大企業の社員同士の統一性、大規模大学における教職員と学生の統一性、そして、生命の危機に瀕した子供を助けるために駆けつける一群の人々の統一性といった具合である。こうした二つの統一原理によって社会は維持されている。しかし、統一に失敗するリスクは、いつの時代にも、つねにある。いかなる社会も、こうしたリスクを、どこかで意識している。我々は安全を欲すると同時に、どこかで、疑いを抱いている。歴史上、いかなる時代にあっても、社会は、このようなリスクを次から次へと目の当たりにしてきた。今日でいえば、我々はボルシェヴィキを憂えている。それは、他の時代であれば、「利害」であり、時には群衆であり、また、時には君主の専制権力であった。

かくして、元々の問いに立ち返ることになる。我々は社会の統一の中でのみ生存しうるが、そもそも、どのようにして、このような統一を我々は手に入れ維持しているのだろうか。凝集を下から作り上げる、つまり、衝動から作り上げる方法で、つねにみられる方法は、敵対的衝動を共有することである。礼儀にかなった動機では駄目だと批判が向けられるのは、単に、このことを例証しているにすぎない。政府は党派心に基づいている。有権者を投票所に赴かせるのは、自分の支持とは反対の党に対する敵対心でしかない。共同募金運動を活性化させるには、募金チーム同士を競争させればよい。宗教における最後の審判の日は、宗教間の対立の日であり、教会と分派との対立の日であり、異なる教会間の対立の日であった。救済への願いの共有では団結しない人々も、悪魔とその使者達との闘いによって団結する。さらにもっと明らかなのは、様々な集団や相対立する利益を抱える大きな共同社会が、意識的に共同社会自体を自覚化し、全体としてまとまらなければならないときには、戦闘的態度が必要になるということである。日本人や英国人に対する中国人の敵対は、中国人の国民意識を目覚めさせる以上のことをなした。南北戦争のときに奴隷が主題になったのは、国民を二分したからである。北部の人々は、アメリカ合衆国のために闘い、その闘いの中で、アメリカ合衆国ということを自覚した。共通の問題を感情に訴えて評価する上で、最も即効的な方法は、その問題のためにともに闘うことである。そして、それを達成する他の手段がみつかるまで、闘いを放棄することは、ほとんど不可能である。

問題となっているのは、闘うことへの快感でもなければ、動物としての人間に深く根ざした好戦性を満足させることでもない。共同社会自体に包み込まれている諸々の価値を我々自身が実際に体感するという問題なのである。少なくとも、一世代に一つの戦争は、国民の精神衛生上、必要不可欠であるという格言も、戦争がなおも国民的な冒険となりえた時代であれば、大雑把ではあれ、幾分、心理学的に正当化できる理由もあった。秘密外交を容認すること、つまり、国の名誉と国固有の利益は、外交交渉の場の外にあるものとして、これを大切にすること、これは、その背後に、曖昧ではあるが深淵な、ある感情があるということであった。それによれば、国の名誉と国固有の利益の中には、国としての統一性が象徴されており、この統一性は、戦争という裁定権によって可能となるという。

モンロー主義〔という欧米両大陸の相互不干渉政策〕の場合ほど、このことをうまく例証するものはない。モンロー主義の何たるかについては、見解の一致はまったくみられない。この外交方針は、中南米諸国の利益に立って始動されたが、中南米諸国は、口を揃えて、この外交方針そのものを非難する。危機に瀕している近隣は、大西洋を挟んでこちら側にあるというのに、ここにおいて、ヨーロッパ列強にとっての争点を見出しうるなどというのは馬鹿げている。考えてみればわかることだが、アメリカとカナダの国境は、大陸規模に及びながらも、確立されて以来はもとより、二〇世紀に入っても武装されたことはなく、しかも、未だかつて、この国境で一戦を交えた軍は一つもない。世界広しといえども、このような国境は他にないといってよい。いや、問題は、それが何であろうと、何かのために我々は闘うだろうということである。闘うための大義を、このような観点から考えることは、大義を支えとしている国の存在を実感することである。争点が理解できないものであればあるほど、〔共同〕社会の全員一致が、ますます、強調される。このような争点は議論できるような争点ではない。というのも、当の争点は何であるのか、冷静に確かめることが我々にはできないからである。理解不可能な争点については一致団結しなければならない。というのも、誰も十分把握できない事柄について相異なる見解をもつなどということは不可能だからである。モンロー主義に関わる唯一の争点はこうである。つまり、諸君は愛国者なのか、諸君は逞しいアメリカ人なのか、それとも、諸君は腰抜けなのか。真の理由に取り組み、ご立派な理由を断念することにしよう。将来において戦争はなくなるかもしれないと願っている場合でさえ、我々が感じているのは次のことである。公共的関心は、結局のところ、人によって見解を異にするのに対して、戦争には、公共的関心によっては達成できないような仕方で、人々を団結させる効果がある、そうであるがゆえに、闘争精神を喚起しうる何らかの争点を保持すべきである、と。

私の考えでは、これこそ、ジェイムズ教授のいう戦争の道徳的等価物が我々に提起している真の問いである。すべての他者たちがしたがう至高の争点を提示し、すべてに堪えうるよう我々を鍛え上げ、共通の目的に熱狂的に取り組むように我々を一致団結させるような、あの一体化する力が、闘争精神を措いて他にありうるだろうか。

偉大なる国民の意気を消沈させしものを思い浮かべ、
いかに気高き思想は消え去りしかを思いしとき、
人々が、剣を帳簿に持ち替え、
学究の書斎を放棄し、
金銭に血眼になりしとき、
云いようもない懸念が私を襲った
祖国よ、我は責めを負うべきか
〔ワーズワース「わが愛する英国」（『ワーズワース詩集』田部重治選訳、岩波書店、一九六六年）〕

以上のような凝集力を、隣人愛という原初的衝動に求めようとして、人間社会の歴史をみても、今日の経験をみても、何も見出しえない。隣人愛では、燃えたぎるほどの情熱の共有を創り出すことはできない。隣人愛を具体化しようと努力してきた偉大な宗教も、ひとたび社会を制覇した場合には、闘う教会として現れた。フランスの偉大な社会学者にして哲学者のオーギュスト・コントは、隣人愛から普遍的宗教〔人類教〕を創り上げようとした。普遍的宗教によって、一握りの大人物が一堂に会し、一つの宗派ができた。その宗教的コミュニティの範囲が、どれほど広範に広がっていたかについては、次の逸話がよく物語っているだろう。ロンドンで、コント主義者の大会が開かれたものの、結局分裂した。というのも、このような教会においてさえ、様々な分派が現れたからである。ロンドンのある消息通によれば、その大会に、メンバーたちは一同、馬車一台に乗ってやってきたが、帰りは二台で立ち去ったという。なるほど、西欧世界において、自分の宗派を様々なキリスト教宗派だとみなす人々の数が減少しているというわけではない。しかし、コミュニティを組織化して共通の行動をとるようにする上で、教会の力がここまで弱体化した時代は、これまでなかった。飢饉や地震や戦禍の被害者を支援しようとする共通の情熱によって、我々は団結することができる。しかし、そのような共通の取り組みに参加するときであれ、あるいは、それをうまくやり終えた場合であれ、我々をまとめ上げている国や社会がもつ至高性を感ずることはない。異性間の愛の情熱は、情愛に夢中になっている人々を周囲から隔離してしまい、家族生活は、我々を家族ごとに分け隔てる。こうした好意的な社会衝動というものは、我々を即座に結びつける力を何一つ示すことはないし、我々の高度化した自我の発生源としての複雑な共同社会に対して、意識的に献身する力を示しているわけでもない。こうした衝動の本来の在処は、人間社会の組織を形成する崇拝や習俗や慣習である。しかし、祖国に献身する中で人々を融合しうるような愛国心を、そのような衝動が形作るわけではない。

あの大戦が示したのは理論ではなく、一つの条件である。仮に戦争が公共政策の一手段でありうるとして、たとえ、その表面上の大義名分が実体のない不適切なものであるにしても、あくまで社会的凝集のための戦争ということであれば、可能かもしれない。だが、あの大戦によって、このような戦争など、もはや不可能となってしまった。今日、従来通りの戦争遂行が許容された場合、すべての戦争は世界大戦になってしまう。妥協することなく理詰めで押しとおしてしまえば、すべての戦争は、その目的を、敵軍の壊滅ではなく、敵国民全体の壊滅に定めるにちがいない。したがって、戦争は、国ごとの見解の相違を解決する政策としては、考えられなくなってしまった。論理的に不可能になってしまったのである。こういったからといって、戦争がもはや起こらないというわけではない。戦争崇拝から完全に脱却するには、その前に、また一つ大破局が必要になるかもしれない。しかし、戦争という観点から、我々の国際的な暮らしを考えることは、もはや不可能である。したがって、いやしくも、我々の暮らしを国内的かつ国際的に考えるというのであれば、国内にあって相異なりつつ対立する諸々の要素を統合するために戦争に頼るなどということは、もはや不可能ということになる。我々が同じ一つの国の国民であるという感覚に到達するには、理性的な自己意識によらざるをえない。我々が属する大きな共同社会という点から自分自身のことを考えなければならない。唯一の有効な統一感の源泉が、共通の敵に対する我々の共通の反応であるからといって、これを理由にして、自分自身と同胞との一体感に依拠することはできなくなっている。他のいかなる社会的感情も我々を一つの感情に融合することはないだろう。〔とするなら〕我々は、一国魂に依拠することなく、国を志向する精神性を達成しなければならない。

ジェイムズ教授の場合、戦争崇拝を、他の何らかの崇拝で代用し、戦争と同じ感情的効果を得られると考えていたようである。つまり、社会的必要労働に徴用された青年層の集まりである。しかし、熱狂的集団は、このような手法で意図的に創り出せるものではない。プラトンは、これには根拠があると認めていた。プラトンは、自らの理想国家のために、一群の熱狂的集団を必要としていたが、しかし、そうした集団が既に存在すると仮定せざるをえなかったのである。彼の主張する哲人王ですら、熱狂的集団を立法によって生み出すことはできなかった。ムッソリーニは、こうした状況の論理を認めることを拒んだ。彼は、ファシスト国家を一体のものにするために、敵対的衝動に依拠している。つまり、戦争の観点によって語らざるをえないわけである。彼は、想像力を刺激して、ローマ征服という情景を描かなければならないし、完全武装軍の脅威を掻き立てなければならない。彼が行っているのは、イタリア魂を喚起することであって、イタリアを志向する精神性を創り出すことではない。戦争の脅威はイタリア社会を団結させるのに役立つが、しかし、彼がそのような戦争を欲しているわけではないのは明らかである。というのも、ひとたび近代戦を遂行してしまえば、イタリア社会が壊滅することは、何よりもはっきりしているからである。だが、ムッソリーニは、当面の間は、壊滅危機を回避しつつ、威嚇行為を続けられる。ヨーロッパにあって、周辺諸国の人々の間には厭戦気分が広がっているからである。それゆえ、国を精神的に志向するようになるという課題は、あの大戦の帰結が我々に課しているものなのである。

国内で紛争が生じている場合であれば、背後には主権国家が控えており、この国家には、法と秩序の維持を強制する、至高にして究極の力が備わっていること、我々は安心して当てにできる。こうした国家は、必要とあらば、国家警察部隊を動員することができる。つまり、競合対立する利害によって、共同社会が、ひとたび、危機に瀕した場合には、共同社会の統一を強要することができるわけである。国家間の戦闘用に訓練された軍がない場合、我々はこの種の国家を維持できるだろうか。警察隊というものは、たとえ、国内治安の警察隊であっても、軍隊ではない。ひとたび戦争が起きたら、軍は無分別な服従を強いられるよう訓練されている。こうした軍の存在は、国家主権の畏怖の証である。戦争が勃発すれば、何も疑わずに軍事的に服従することを国家は強要することになるが、このような戦争の放棄を我々が強いられているとすれば、それは、国内の紛争の理性的解決を考案し、しかも、これまでよりもはるかに迅速に考案することを強いられているということになろう。思考することよりも、感じることの方が、はるかに容易である。紛争の立場を変えて、理性的解決の根拠を見出すことよりも、敵に対して怒る方が、はるかに容易である。自分の敵を共同社会全体の敵に、たとえば、ボルシェヴィキに、仕立て上げる根拠を見出すことができるのであれば、その後の処置は、もっとたやすい。共同社会がこれまで成員に対して賦与してきた精神を、自己利益追求の手段として用いることよりも、むしろ、共通の利益達成のために用いることの方が、ことのほか、努力を要する営みである。この営みこそ、国を志向するようになることの意味なのである。繰り返していえば、我々が戦争を放棄するとすれば、国の統一性を維持する方法は、あくまで、個々人の相異なる関心の多様性の中にあって国の統一性を発見する以外にない。共通の善というものは存在するのであり、しかも、我々は、この共通善に関与しているのである。社会が今後も存在しなければならないとするなら、我々は自分たちの理性によって共通善を発見しなければならない。戦争によって、いわば、横隔膜の痙攣が自然発生しようが、我々は、このような自生的な感情的反応に頼るわけにはいかないのである。

偉大な諸国民にあっても、抱え込んでいる状況には、暗澹たるほど痛ましいものがある。彼らは、これまで、何世紀にも及ぶ戦闘と戦禍という苦難に耐え抜いてきたわけであり、やがて、日々の暮らしにおいては、諸国民同士次第に親密になりながらも、無意識のうちに、人種、言語、礼拝、職業、政治、経済というように、様々に、大きな共同社会を打ち立てる。だが、共同社会が与える精神生活を彼らが実感するのは、ほんの時々のことでしかなく、共同社会のために闘うときでしかない。〔実際〕こうした情念が最もはっきりと現れるのは、一九世紀と二〇世紀のナショナリズムの中においてである。こうしたナショナリズムが意味するのは、人々が、小集団や家族や一族を超えた共同社会に属していることを突如として実感したということである。ここで人々が達成した自我を通して、彼らは自分たちの共通の国民と関係を取り結んだのである。この新しい精神的経験を手にし享受した唯一の方法は、精神的経験のシンボル、自分たちの共通の言語と文学、そして、共通の政治組織のために闘うことのうちにあった。こうした情念の本質は、戦闘という結合を除いて、国との新しい一体性を感じることができないという点にあった。それは、人々が戦闘のための戦闘を好んだということではなく、同じ大義のために闘っている人々すべてと結合するために戦闘という苦難を経験するということなのである。こうした問題には、ただ一つの解決策しかない。それは、理解可能な共通の目的対象をみつけるということである。つまり、産業と通商という目的対象であり、文学や芸術や科学における共通の価値であり、そして、政治機構が明確にし、守り、育成する共通の人間的関心である。これらの価値は、すべて、当初は、まとまりを欠いている。これらは、当初は、個人的利益や階級的利益として現れる。最初は、こうした価値を守るために、人は、これらを脅かす人々と闘う。この場合の理性的な態度は、こうした分裂や競争の背後に、いかなる共通の価値があるか、これをみつけることである。我々の共同社会の内部において、文明化の過程とは、社会を組織する際の基礎をなす、これらの共通目的を発見することである。社会を組織するにあたっては、様々な共通目的は、対立を意味するのではなく、多様な職と多様な活動を意味するようになる。役割の違いが利害対立に取って代わる。困難な課題は、相対立し合う集団と個人の経験の中で、共通の価値を実現することである。これが唯一の代替策である。文明化された諸々の共同社会においては、実際のところ、諸個人も諸々の階級も、互いに争い続けているが、他方で、彼らの争い、および、その解決、双方の基礎となる諸々の共通利益が意識されている。国家とは、こうした共通利益の守護者であり、その権威は、共通利益を維持するすべての人々の普遍的利益のうちにある。共同社会が、この共通利益をもって、多様性を社会組織へと変換する手段と理由にするとすれば、その際の共同社会の知性と意志にこそ、文明化を測る尺度がある。

争い合う国々に対して、あの大戦が提起した問題は、国々からなる共同社会の中にまで文明化を推し進めるということであった。すなわち、大戦が我々に残した要求は、国際社会を精神的に志向するということであった。戦争の道徳的等価物というものがあるとすれば、それは、次のことを追求する知性と意志のうちにある。争い合う国々の間の共通の諸利益を発見し、共通利益を基礎にして、現にある見解の対立を解決し、かつ、共通の生活を可能なものにする知性と意志である。

戦争の機能が、国家間の見解対立を調整することであるとすれば、今みた共通利益の発見こそが、戦争の道徳的等価物である。対立裁定者としては、戦争は完全に信用を失った。というのも、既に述べたように、戦争を、論理的に突き詰めていって遂行しようものなら、裁定すべき対象は何も残らない、つまり、敵国の国民でさえ跡形もなく消滅してしまうからである。しかしながら、人類の歴史に対して残すことになった価値ある貢献は、戦争終結後に成された数々の平和条約ではなかった。ジェイムズ教授は、こうした貢献をいくつか提示している。

たとえば、献身と英雄行為という精神的遺産、ならびに、国の有する価値に身を捧げること、これらは、人類の歴史において最も貴重な出来事として記されている。さらには、精神的高揚であって、これによって、ばらばらな諸個人からなる群衆が、単独の目的をもった人々による生きた結合体へと転化することになる。これらは、戦争がもたらす副産物であり、それ自体、かけがえのない価値がある。しかし、これらを手に入れようとして、わざわざ、戦争を行う者など誰もいないだろう。これこそ、ジェイムズ教授が戦争の道徳的等価物という主題で議論を起こした際に直面したパラドクスである。これはパラドクスではあるが、彼自身、その深奥部を吟味し尽くしたわけではなかった。人目を欺く秘密外交、抑圧されたマイノリティの憤怒、利己的利害の不正な保護、こういったものを、人々は、これまで許容してきたし、また、今もなお、ある程度は許容している。その理由は、こうしたものがあるおかげで、戦争が勃発し続け、貴重なことに、国民の一体化が可能となるのだという。これは、先のパラドクスよりも奇妙なパラドクスである。あえて直接喚起しようとはしない価値を、我々は素朴にも捨て去らねばならないのだろうか。

これは、倫理学と心理学、双方に関わる問いである。倫理学の解は既に与えられている。先にみた戦争の副産物を、どれほど評価しようと、戦争によって、これから精神上失われてしまうものの方が、測り知れないほどの損失になる。心理学上の解としてジェイムズ教授が求めたのは、幾分風変わりな熱狂的集団であって、それは、若者を社会労働に徴用するというものであった。彼は、〔戦争を鼓舞するような〕極端に有害な熱狂的集団の代わりに、無害の集団を用いようとしたのである。我々がみてきたように、熱狂的集団は、注文にしたがって作り出せるようなものではない。世界の中の諸々の共同社会は、戦争という装置、ならびに、戦争のもたらす脅威、これらを保持し続けようという意志をもっている。この意志が告知しているのは、個人自我よりも大きな国の自我が至高の価値をもっていること、かつ、このことを市民に理解させるのが極めて困難であることである。ジェイムズ教授がみたのは、公共的利益に人々が目を背けずにいられるのは、唯一戦争においてのみというものであった。戦時税は、人々が喜んで支払う唯一の税である。旧約聖書詩編にいう「我らが神は歴戦の勇士である」という古い天啓と吟句に、詩編作者ダビデ王とともに、立ち返る方が、今も、はるかに容易である。

私が明らかにしようと努めているのは次のことである。国際社会を志向する精神性を達成する際の主たる困難は、国ごとの利害衝突にあるのではなく、常時戦闘態勢を整えておく必要性を、それぞれの国が強く思い抱いている点にある。しかも、この戦闘たるや、建前上の目的のためではなく、国の統一や自決権や国の自尊といった感覚のためであって、それぞれの国々は、こうした感覚を、戦闘態勢に入るという方法以外では、達成しえないでいる。

国を志向する精神と国際社会を志向する精神は、相互に、切り離しがたく関わっている。既に安定している国々は、今みた必要性を、安定途上にある国々ほど感じてはいない。あの大戦をもたらした数ある原因の中でも重大な役割を果たしたのは、領邦の群雄割拠状態にあったドイツを、ドイツ国家として軍事的に統一しようとしたビスマルクの鉄血政策であり、また、汎スラブ的スローガンによって、ロシア小作農たちからなる共同体という広大な後進地域を融合したロシア皇帝の権力であった。ドイツが自ら国家としての自己を感じるために近隣諸国に脅威を与える必要性など、もはやない、このようにフランス人たちが確信しているのであれば、フランス人たちの恐怖は鎮まるだろう。ドイツにとって、この世に、神以外に恐れるものは何もない、ビスマルクによるこの傲慢な言い回しは、内憂による解体を恐れるがあまり、あえて武装解除しようとはしない国家からする挑戦であった。ビスマルクの神は歴戦の勇士であったが、それは、国際社会における劣等感の現れであった。

それゆえ、パリ不戦条約において宣言された戦争放棄は、その偉大な目標からすれば、道半ばでしかない。戦争放棄は、おそらく、世界の国々によって承認されるだろう。国家間の建前上の見解の違いに関するかぎり、西洋世界の人々が同意しているのは次のことである。国家間の見解対立は、何らかの交渉という方法で解決すべきであり、対立解決のための戦争は、文明化された国々が追い求める政策ではもはやない。自衛のためという理由であれば、依然として、戦争は許容されている。しかし、侵略のための戦争がなければ、自衛のための戦争もない。適切な交渉手段が発展すれば、この世から戦争はなくなるだろう。しかし、我々は、戦闘準備態勢までも、なくしてしまおうなどと考えはしない。だからこそ、我々は、国の名誉と国固有の利益を保持するのである。では、なぜ、国の名誉と国固有の利益は、裁定にかけられないのか。これらは国の自尊心に関わってくるからである。こうした条件があるかぎり、我々は、いつでも闘おうとする誇りの念をもつ。つまり、国にとっての自我をはっきり主張するために一切を犠牲にしようとする誇りをもつのである。これこそ、闘うことを潔しとしないという、ウィルソン大統領の不幸にして怒りを買った文言の意味である。この文言は、おそらく、言葉の矛盾を含んでいた。誇りは闘争精神を含意するのである。

さて、私が誤っていないとすれば、人類史上の今日に照らしてみて、以上述べたような態度は、国にとっての自我がいかに不安定かを暴露し、そして、国の自我を守るために承認された手段をつかんで離さないこと、つまり、戦時の精神を暴露しているのである。というのも、世界史における現代の位置からして、もし、我々が自我というものを確信しているというのであれば、国の名誉と国固有の利益という論点でありながら、国という自我を尊重する国々からなる〔世界という〕一つのコミュニティにおいて理性的な交渉に開かれていないような論点など、意味をなさないからである。国の名誉や国固有の利益という論点は、いわゆる司法判断に適合的であり、交渉の余地のあるような、どんな争点とも同じ程度に、理性的交渉に開かれてしかるべきである。だが、各自にとっての自国の自我について我々は確信をもてないでいる。したがって、あまりありそうなことではないだろうが、国の精神分析というものが一定量あるのであれば、それは、価値あるものとなろう。だが、一つのことははっきりしている。すなわち、国を志向する精神が、今ある以上に高度なレベルで、達成されないかぎり、我々は、国際社会を志向する精神など、達成しえないのである。その、おおよその判断尺度は、戦争事由として、国の名誉と国固有の利益を保っていることが、どの程度必要かということのうちにみられるだろう。

以上のような定式化が、一見したところ、意味しているのは、もし、ご立派な理由を放棄し、真の理由に集中してとりかかるなら、つまり、もし、現実面で理性的であろうとするなら、国際社会および国内社会における生活から、戦争の脅威を即座に払拭することができるということであろう。だが、事態がこのようになっているとは思えない。というのも、文明化とは、いかに理性的であるかという問題ではなく、いかに社会を組織化するかという問題だからである。ある社会にとって自我といえるものが成立するかどうかは、共通善が、当該社会の個人個人にとっての目的となるような社会組織の成立に依存する。こうした共通善が存在すること、そして、共通善を、かなりの程度、我々個人個人の目的と目標にしうるし、また、事実、していることを、我々は知っている。その結果、国内の紛争において自尊心を維持する際に認められた方法としては、我々は私闘を大方除外するにまでいたっている。しかし、社会組織において、とりわけ、生産側と、生産側が任務として遂行する社会奉仕との間においては、まだまだ、大きな隔たりがある。ここには、時折戦争によって自尊心を確かめなければならないような集団が数々ある。労働組合側も、雇用者側も、自らの連帯、つまり、共通の自我といえるものの感覚を維持するにあたって、敵対のメカニズムを用いている、つまり、それぞれ、ストライキとロックアウトで相手側に迫ろうとしているのである。その背後にあるのは、労働者は、自ら従事している社会過程において自己を実現できないということである。このような事態が深刻となっている場合、人々は、可能ならば、敵対的組織を作ることによって一体化し、自分たちの共通の目的と目標を実現し、そのことで、社会によって断たれている自我といえるものがあることを自ら確信する。人々は、自分自身に対して、自己を確信するために、つねに、この種のメカニズムを維持し守ろうとする。自分が属しており、かつ、自分に自我を付与している共同社会の目的と目標を、個人自らの目的と目標とみなす、このようなことを可能にするような共通の生活が存在する場合においてのみ、我々は、闘うことで各自我を一体化させるようなメカニズムを取り除くことができるであろう。

第Ⅱ篇

社会

『精神・自我・社会』

1934 年、没後出版、講義録

SOCIETY

Mind, Self, and Society

第Ⅱ篇『精神・自我・社会』について

第Ⅱ篇に収録しているのは、『精神・自我・社会』(1934年、没後出版)の講義録全文ならびに補遺論文4本である。

『精神・自我・社会』はミードの講義録である。主として1928年開講の「社会心理学上級コース」(速記録、速記者:Walter Theodore Lillie, Marry Ann Lilli)、副次的に1930年開講の「社会心理学上級コース」(聴講学生ノート、聴講学生:Robert Rand Page)を基にして、チャールズ・W・モリスによって加筆・修正・編集されたものである。ミード自身は、自らのノートを持ち込むことなく講義を行っている。この本の文章は、補遺論文を除き、ミード自身が書いたものではない。

原書の決定版 *Mind, Self, and Society: The Definitive Edition,* annotated by Daniel R. Huebner and Hans Joas, The University of Chicago Press, 2015 には、ヒューブナーの手によって作成された付録があり、全編全パラグラフに関して、どの講義録のどの部分が用いられたかが記されている。ここに訳出してはいないが、詳細な内訳を知りたい向きには参考になる。一例だけあげておくと、たとえば、しばしば引き合いに出される第20章「ごっこ遊び、ゲーム、一般化された他者」の構成は、次のようになっている(Appendix, pp. 438-9)。

[パラグラフ:使用ノート]
1-2 :一九二八年速記録
3-7 :一九三〇年聴講ノート
8-15:一九二八年速記録
16 :一九二八年速記録、一九三〇年聴講ノート

『精神・自我・社会』第一部 社会行動主義の観点

Mind, Self, and Society Part I : The Point of View of Social Behaviorism

第１章 社会心理学と行動主義

社会心理学は、社会的な経験の様々な局面を主題化するにあたって、概して、個人的な経験に関する心理学的視点から対処してきた。私が示そうとするアプローチの要点は、社会の観点から、少なくとも、社会秩序にとって不可欠なコミュニケーションの観点から、経験にアプローチするというものである。社会心理学は、この視点に立って、経験に対して個人的観点からアプローチすることを前提にしながらも、しかし、特に、この経験に属するものを確定しようと試みる。というのも、個人自身は、ある社会構造、すなわち、ある社会的秩序に属するからである。

社会心理学と個人心理学との間に明確な境界線を引くことなどできるものではない。社会心理学が特に関心をもつのは、社会集団の成員個々の経験と行動様式が確定される際に、当の社会集団がもたらす影響である。個人の自我に生まれつき備わっている本来的な魂があるなどという考えを放棄するならば、個人の自我と個人の自己意識が個人の経験領域の内部で発達していく過程を、我々は社会心理学者の特別な関心とみなしてよい。それゆえ、心理学の有する局面の中には、個々の有機体の自らの所属社会集団に対する関係の研究に関わる局面がいくらかあるのであり、こうした局面が一般心理学の一部門としての社会心理学を構成する。かくして、個体あるいは自己の経験と行動を、個体自ら属する社会集団に基づいて研究することのうちに、我々は社会心理学という領域の一つの定義を見出すことになる。

精神と自我は、本質的に社会的産物である、つまり、人間の経験が有する社会的側面の産物あるいは現象である。これに対して、経験の基盤をなす生理学的メカニズムの方は、精神と自我の発生と存在にとって無関連どころではなく、事実不可欠なものである。というのは、個人的な経験と行動は、もちろん、社会的な経験と行動にとって、生理学的基盤だからである。つまり、(精神と自我の起源と存在にとって不可欠なものを含めて)社会的な経験と行動の過程およびメカニズムは、生理学の点からいえば、個人的な経験と行動に依存しており、したがって、個人的な経験と行動が有する社会的機能に依存するのである。にもかかわらず、状況を把握する際、社会心理学は、これを具体的総体の観点から、個人心理学以上にはるかに密接に扱うのに対して、個人心理学の方は、状況からいくつかの要因を明確に捨象してしまう。我々は、こうした社会的な経験と行動の領域に対して、行動主義的観点から接近しようとするのである。

行動主義に代表される心理学に共通の観点はジョン・B・ワトソンにみられる。我々が用いようとする行動主義は、ワトソンが用いる行動主義よりも、はるかに適切である。こうした広義の意味での行動主義は、率直にいって、個人の経験をその行動様式の観点から研究する取り組みであり、その際、この行動様式は、とりわけ、とはいってももっぱらということでもないが、他者によって観察しうるような行動様式である。歴史的にみるなら、行動主義は動物心理学の扉を通して心理学に入ってきた。動物心理学にあっては、いうところの内観を用いることはできないということがわかった。動物の内観などに頼ることはできないのであって、外的行動の観点から動物を研究しなければならないというわけである。初期の動物心理学は、意識に対しては推論に基づいて論及し、意識が現れる場を行動様式のうちに見出そうとさえした。おそらく、この推論には、様々な度合いの蓋然性があったが、しかし、それは実験的に検証することのできない蓋然性であった。こういうわけで、科学という点でいえば、この手の推論は容易に途絶えることになった。それは、動物個体の行動様式研究に不可欠のものではなかった。下等動物に対して、こうした行動主義的観点をとることになったことで、人間という動物にも同じ観点をとることができたわけである。

しかしながら、内観という領域はそのまま残されることになった。つまり、私的でありかつ個人自身に属する経験という領域であり、一般に主観的と呼ばれている経験の領域である。このような経験に対して、いったい、どのような対処の仕方がありえたのだろうか。ジョン・B・ワトソンの考えは、『不思議の国のアリス』中の女王の考えと同じであり、「こやつらの頭を切り落としてしまえ」というものであった。だが、そのように切り落とすべきものはなかった。〔何しろワトソンの考えには〕心像などなかったし、意識などもなかったのである。ワトソンは、言語シンボルを用いることによって、いわゆる内観を説明した[1]。こうしたシンボルは、他者の耳に入るほど声高に語られるものでは必ずしもなく、しばしば、耳に聞こえるにはいたらない程度の喉の筋力をともなうものでしかなかった。思考にとって存在するものはそれだけだった。人は思考するが、しかし、言語によって思考する。こうした方法で、ワトソンは内的経験の全領域を外的行動の観点から説明した。こうした外的行動を主観的と呼ぶ代わりに、外的行動は当の個人自身によってのみ接近可能な行動領域とみなされた。人は自分自身の動作、つまり、自分自身の発声器官を観察しうるが、他の人々には、通常、こうした動作を観察することはできないというわけであった。ある種の領域には、当の個人のみが接近できるのであるが、そうはいっても、その際の観察が種類において異なるというわけではなかった。何らかの観察に対する他者の接近可能性の度合いに違いがあるだけであった。ある人が部屋を借りて独り立ちしており、他の誰も観察できない何かを観察することができたとしよう。その際、その部屋の中で、ある男が観察したものは、その人自身の経験といってよいだろう。さて、こうしてみるとき、何かが個人の喉あるいは身体において進行するが、他の誰もそれを観察することはできない。もちろん、身体動作性向を明らかにするために、喉または身体に取りつけ可能な科学的装置というものがある。容易に観察しうる何らかの身動きもあれば、その個人自身によってしかわからない身動きもあるが、しかし、この二つの事例に質的な違いは何もない。ここに認められるのは、この観察装置は、測定の成功度合いにおいて様々であるということだけである。要するに、これがワトソンの行動主義的心理学の観点である。この心理学は、行動様式をそれが生じるとおりに観察しようと試み、こうした行動様式を用いて、個人の経験を説明するのであって、内的経験を観察する際に、意識それ自体を持ち込むことはけっしてなかった。

意識に対しては別の批判もあった。それはウィリアム・ジェイムズによるもので、一九〇四年の論文「『意識』は存在するか」の中にある。[2]ジェイムズは指摘した。ある人がある部屋の中にいるとして、部屋の内部の対象は、二つの観点から観察されうる。たとえば、室内の家具は、それを購入し使っている人の観点から観察されるだろうし、また、家具を観察している人々の心中で家具自体がもっている色合いの観点、また、家具のもつ美的価値や経済的価値や伝統的価値といった観点からも観察されうる。これらすべてに関して我々は心理学の観点から語ることができる。その場合、それらは個人の経験との関係の中に置かれるわけである。しかし、同じ対象は、物質的な意味での一つの部屋の中の物質的部分としてみなされうる。ジェイムズが主張したのは、これら二つの事態が異なるとすれば、部屋の中にある一定の内容物を相異なる系列内で編成している手法の違いでしかないということであった。家具、壁、家自体、一つの歴史的系列に属する。我々は、家を築何年という観点において語り、家具を製造年数という観点において語る。ある人がやってきて、これらの対象を、その人自身の経験の観点から評価するときには、我々は、同じ家と家具を別の系列の下に置く。その人は、同じ椅子について語っているが、しかし、その人にとって、当の椅子は、今では、その人自身の経験からみて、一定の輪郭、一定の色合いをともなった物体である。その椅子は個人の経験をともなっている。今や、これらの二つの系列が、ある一定の点で出会うように、人は、これら二つの配列を行き来することができる。意識の観点からの叙述が意味するのは、単に、その部屋が歴史的系列内にあるだけではなく、個人の経験の中にもあることとの承認にすぎない。近年の哲学においては、ジェイムズの主張がますます広く承認されるようになってきている。それによると、これまで意識の中に位置づけられてきたものが数多くあるが、これらは、今や、いうところの客観的世界に差し戻さなければならないのである。[3]

心理学自体は、もっぱら意識領域だけを対象とする研究になりおおせるわけではなく、必然的に、もっと広範な領域の研究である。しかしながら、他の科学では扱っていないような諸現象――当の個人自身だけに経験的に接近しうる諸現象――を、個人の経験の内部に見出すという意味で、心理学は内観を用いる科学である。個人としての個人に（経験上）属するもの、そして、当の個人によってのみ接近可能なものというのは、心理学に他のいかなるものが含まれようが含まれまいが、確かに、心理学という分野の内部に含まれる。これこそ、心理学という分野を他と区別して扱おうとする際の我々の最良の手掛かりである。心理学上のデータは、それゆえ、接近可能性という観点から最もよく定義できる。個人の経験の中で、個人自身にとってのみ接近可能なものは、心理学固有のものである。

　しかしながら、指摘しておきたいのは、こうした「内的」経験を議論する場合でさえ、行動主義の観点をごく狭く捉えるのでもないかぎり、我々が経験に接近しうるのは、行動主義という観点からであるということである。

強く主張しておかなければならないのは、客観的に観察可能な行動は、個人の内部に現れるということである。その意味するところは、〔客観的世界とは〕別の世界つまり主観的世界においてではなく、自身の有機体内部において現れるということである。このような行動の何かしらは、我々が「〔心身の〕構え」と呼ぶようなもの、つまり、行為の初動の中に現れる。さて、このような身構えに立ち戻ってみるならば、身構えがあらゆる種類の反応を生み出すのを見て取れる。初心者の手にある望遠鏡は、〔南カリフォルニアの〕ウィルソン山頂の天文台に設置されているのと同じ意味での望遠鏡なのではない。天文台の天文学者の諸々の反応をたどりたいのであれば、我々は、当の天文学者の中枢神経系、全神経単位の系列にまで立ち返らなければならないのであり、そこにおいて我々は、その天文学者が一定の条件の下でその望遠装置を取り扱う際の正確な方法に応じた何かを見出すのである。これこそ、当の行為の初動であり、当の行為の不

◆1　特に、『行動――比較心理学序説（*Behavior, an Introduction to Comparative Psychology*）』第一〇章、『行動主義者の観点からみた心理学（*Psychology from the Standpoint of a Behaviorist*）』第九章、『行動主義（*Behaviorism*）』第一〇章・第一一章。

◆2　*The Journal of Philosophy, Psychology, and Scientific Method*, reprinted in *Essays in Radical Empiricism*〔『根本的経験論』（桝田啓三郎・加藤茂訳、白水社、一九七八年）所収〕。

◆3　現代の哲学上の実在論は、心理学を、心的状態の哲学に対する関心から解き放つのに役立ってきた。

可欠な要素である。我々が観察する外的行為こそが、当の行為内部で作動しはじめた過程の枢要部分なのである。装置の有する価値と我々がいうとき、その価値が意味するのは、初動を行うような身構えをとっている人に対して当の対象がもつ関係を通じた価値のことである[4]。ある人が、当の装置に対して特殊な神経系をもっていないのであれば、その装置にはその人にとって何の価値もないことになろう。この場合、当の装置は望遠鏡ではないことになる。

このように行動主義に関する双方の見解において、事物が有する一定の特性と諸個人が有する一定の経験は、一つの行為の内部で生ずる出来事として叙述できる[5]。しかし、当の行為の枢要部分は有機体の内部にあり、発現するようになるのは後になってからのことにすぎない。私の考えるところ、この点こそ、ワトソンが見落としてしまった行動の局面である。行為それ自体の内部には、外的ではないながらも当の行為に属する一領域というものがあり、また、その内部には、有機体の内的行動様式の諸々の特質、つまり、我々自身の身構えの中に、とりわけ発話と結びついた身構えの中に現れる特質がある。さて、我々の行動主義的観点から、こうした身構えを考慮してみるなら、この観点は心理学の分野を十分カバーしうることがわかる。いずれにせよ、このアプローチは特別な重要性をもつアプローチである。というのも、ワトソンにも内観論者にも扱いえない方法でコミュニケーションという領域に対処しうるからである。我々が言語に接近する際には、表現されるべき内的意味の観点からではなく、合図と身振りによって行われる集団内部での協働という、もっと大きな文脈に位置づけて接近したいと考える[6]。意味というのは、こうした過程の内部において現れる。我々のいう行動主義は社会的行動主義である。

社会心理学は個人の活動あるいは行動を社会過程の内部にあるものとして研究する。一個人の行動は、当の個人が成員となっている社会集団全体の行動の観点によってしか理解できない。というのも、その個人の個々の行為は、その個人自身を超えて当の集団の他の成員全員をも含んだ、より大きな社会的行為のうちに含まれているからである。

社会心理学にあっては、我々が社会集団の行動を作り上げているというとき、当の集団を構成している諸々の孤立個人の行動によってなされているとはしない。そうではなくて、我々の出発点は、集団による複合的活動という一定の社会的全体であり、我々は、そうした集団活動を成り立たせている孤立個人それぞれの行動を、この全体の中に（要素として）組み込んで分析するのである。すなわち、個人の行動様式を、社会集団の組織化された行動様式によって説明しようとするのであって、集団に属する孤立個人の行動様式によって社会集団の組織化された行動様式を説明するのではない。社会心理学にとっては、全体（社会）が部分（個人）に先行するのであって、部分が全体に先行するのではない。そして、部分は全体によって説明されるのであって、部分あるいは諸々の部分によって全体が説明されるのではない。社会的行為は、刺激＋反応の積み上げによって説明されはしない。[◆7]社会的行為は、動的な全体として――現在進行中の何かとして――説明されねばならない。全体を構成するいかなる部分も、それ自体孤立させておいては、考察されもしないし理解されもしないのであって、動的全体というのは、あくまでそこに関与している個々の刺激と反応それぞれによって示される一つの複合的な有機的過程なのである。

社会心理学において、我々は社会過程を外面からだけではなく内面からも理解する。社会心理学は行動主義的であるというとき、その意味するところは、観察可能な

◆4 価値とは、問題となっている対象がその対象に対する人の働きかけ〔のありよう〕を確定するかぎりでの、当の対象が未来において有する特性のことである（一九二四年）。

◆5 行為とは、生命過程に必要となる一定の種類の刺激を選択することによって、生命過程を維持する一つの衝動である。それゆえ、有機体は自らの環境を作り出す。刺激とは、衝動が発現する際の誘因である。刺激は手段であり、性向はその実在的な事物である。知性とは、生命を解放し維持する刺激の選択であり、生命を再構築する手助けをする（一九二七年）。

その目的は「視野に据えられて」いる必要はないが、その行為の叙述は、当の行為が目指す目標を含んでいる。これが、自然主義的目的論であり、機械論的叙述と調和している（一九二五年）。

◆6 言語もしくは発話の過程の研究――その起源と発展――は、社会心理学の一分野である。というのも、相互に作用し合う数々の有機体からなる一集団内部にある行動の社会過程によってしか理解できないからである。また、そのような集団の諸々の活動の一つだからである。しかしながら、これまで生理学者は独房中の囚人の観点を採用してきた。囚人は、他者たちが自分と同じ状況下にあることを知っており、また、他者たちとコミュニケーションを取り結びたいと思っている。それゆえ、囚人は、コミュニケーションを取り結ぶために、何らかの方法に取り組む、つまり、何か任意の事柄、おそらくは、壁をたたくといった任意の事柄に取り組むのである。さて、こうした観点に立つなら、我々の一人一人は、自分自身の意識の独房に閉じ込められており、同じように閉じ込められている他者たちもいることを知っているため、こうした人々とコミュニケーションを取り結ぶ方法を作り出す。

活動を出発点にし、これを科学的に研究し分析しようとすることである――この場合、観察可能な活動といっているのは、動態的で進行中の社会過程であり、この活動の構成要素となっている社会的行為のことである。だが、行動主義的とはいっても、個人の内的経験――つまり、今いったような過程や活動の内的局面を無視するという意味ではない。それどころか、社会心理学が特に関心をもっているのは、このような内的経験が全体としての社会過程内部で発生する点である。社会心理学は、内面から外面へと向かって行く代わりに、外面から内面へと向かっていくのであって、いわば、そのような経験が当の社会過程の内部において、いかに生成するのか、これを確定しようと努力する。それゆえ、行動主義的に考える場合、神経路ではなく行為こそが、社会心理学と個人心理学双方の根本的な基礎資料データであり、行為は、内的局面と外的局面の双方、つまり、内的側面と外的側面を有する。

以上のような一般的見解が、我々の採用する観点と密接な関係をもってきたわけである。しかし、我々の観点は、ワトソン流行動主義とは異なる意味で、行動主義的である。我々の観点は、行為の構成要素のうち、外的観察の視野に入ってこない要素を承認しており、その自然的社会的状況内にある一人一人の人間の行為を強調するものである。

第2章 〔心身の〕構えの行動主義的意味表示

人間の心理学にとって決定的なものとして現れる問題は、内観によって明らかになる領域に関わっている。この領域は、どうやら、観察者にとって生ずる行動様式を研究するだけの純粋な客観的心理学によっては、対処できなかったようだ。この領域を、客観的心理学の有効範囲内に何とか持ち込もうと、ワトソンのような行動主義者は、この領域の範囲を縮小するために、さらには、この領域にのみ存在すると想定される一定の現象、たとえば、意識をともなわない行動様式とは区別された「意識」のような現象を否定するために、可能なかぎり何でも行った。動物心理学はといえば、動物の行動様式を研究した際、それが意識的行動様式であるかどうかに関する問いを取り上げることはなかった。◆8 しかし、我々が人間の行動様式の領域に入り込む場合、無意識のうちに生ずる諸々の反射を我々は間違いなく区別できる。それゆえ、件の行動主義心理学では到達できない領域というものがあるように思える。ワトソン派行動主義者は、せいぜい、この違いを極小化するためなら何でも行ったというだけのことである。

こうした行動主義者の研究領域というのは、これまでのところ、その大部分が年少幼児の領域である。そこで採用された方法は、動物心理学の方法にすぎない。このような行動主義者がこれまで見出そうとしてきたのは、行動の様々な過程の何たるかであり、成人の活動を説明する上で、幼児の活動をいかにして用いるかということであった。心理学者が条件反射を導入したのは、この領域である。心理学者が示しているのは、一定の刺激を組み合わせるだけで、条件反射のような二次的刺激からでは生じえない帰結を得ることができるということである。このような条件反射は、幼児の側でいえば、恐怖心のような他の領域にも持ち込まれうるというわけである。幼児が何かを恐れるようになるとすれば、当の対象を、恐怖を生み出す他の対象と結びつけることによってであるということになる。同じ過程は、もっと複雑な行為を説

◆7 「社会的行為を定義しようとすると次のようになるかもしれない。自らの固有の環境のうちにあって自らの衝動に基づいてふるまう生命種がいるとして、ある衝動を発現させる誘因ないし刺激が、この生命種の性質ないしふるまい方の中に見出されるとき、このふるまい方は社会的行為である。しかしながら、私としては、社会的行為を、さらに限定して、複数の個体の協働関係に関与する類いの行為とし、この行為によって特徴づけられる各個体の対象を、ベルクソンのいう意味で、社会的対象としたい。社会的対象ということでいっているのは、複合的行為の全構成要素に対応するような対象のことである。もちろん、こうした構成要素は様々な個体の行動様式の中にみられる。それゆえ、行為の対象は、集団の生活過程のうちにみられるのであって、単独の各個体の生活過程においてのみみられるわけではない」(*International Journal of Ethics* XXXV 1925, 263-264)〔「自我の発成と社会的な方向づけ」本書第Ⅰ篇第3章、五一頁〕。

明するためにも用いられる。そこでは、我々は、諸々の要素と直接結びついていない出来事であっても、諸々の要素を結びつける。そして、このような条件づけを念入りに構成することによって、我々は、推論と推理の一層拡大された過程を説明しうる、こう信じられている。このようにして、客観的心理学に属する一つの方法が、通常内観によって対処される領域にまで持ち込まれることになる。すなわち、我々が何らかの経験をするときには何らかの観念をもち、そうした観念は他の何かを意味しているという代わりに、初発の経験が生ずると同時に何らかの経験が生じ、したがって、この二次的な経験が、当初の経験に属する反応を惹起するというのである。

このような分析をさらに妨げるような内容がまだある。たとえば、心像の内容の場合がそうである。どのような経験にも対応しない反応について、我々は何といえばいいのだろうか。もちろん、そうした反応は、過去の経験の結果であるということはできよう。しかし、たとえば、心像の内容自体、つまり、人が抱く実際の視覚上の心像を取り上げてみるなら、そこにあるのは、輪郭であり色合いであり明度であり、さらには、個別に取り出すのがもっと困難な他の様々な性質である。そのような経験〔内容〕は、我々の知覚、我々の行動様式において、一つの役割、しかも、非常に大きな役割を担っている経験である。とはいえ、それは、内観によってしか明らかにならない経験でもある。行動主義者が、ワトソン流の行動主義心理学に執着するのであれば、こうした類いの経験を避けて通らねばならない。

こうした行動主義者が望んでいるのは、個人的であろうと社会的であろうと、行為を分析することではあるが、しかし、いかなる意識にも特に考慮することもないし、意識の在処を、組織的な行動領域内部で突き止めることもないし、実在一般という、さらに広範な領域で突き止めるわけでもない。要するに、ワトソン流行動主義者は、意識自体の存在を完全に否定しようと望んでいるのである。ワトソンの主張によれば、客観的に観察可能な行動だけが、個人的であれ社会的であれ、科学的心理学の領域を、余すところなく完全に構成しているのである。彼は「精神」や「意識」といった概念を誤りとして斥けており、あらゆる「心的」現象を、条件反射、そして、同類の生理的機構に還元しようとする。要するに、純粋に行動主義的な観点に還元しようとしているのである。こうした試みは、もちろん、誤ったものであり見込みはない。というのも、精神や意識の存在それ自体は、何らかの意味において、承認せざるをえないからである。これを否定することは、必ずや、明白な不合理に陥る。しかし、精神や意識を――そのようなものなどないものとして釈明し、その存在自体を完全に否定するという意味で――純粋に行動主義的観点に還元することが不可能であるにしても、それでも、精神や意識をないものとしてその存在自体を否定することなく、精神や意識を行動主義的観点から説明することはけっして不可能ではない。みたところ、ワトソンの想定によれば、心的素材、本質ないし実体としての精神や意識の存在を否定することは、その存在を完全に否定することであり、意識や精神それ自体の自然主義的ないし行動主義的説明は問題外だということである。しかし、これとは反対に、我々としては、別の意味で精神や意識の存在をまったく否定することなく、心的実体としての精神や意識を否定してもかまわない。精神や意識を機能的に捉えることにして、経験を超越した現象としてよりも、むしろ自然的現象として捉えるのであれば、これらを行動主義的観点から扱うことができるようになる。要するに、精神や意識や心的現象の存在を否定することは不可能であり、また、望ましくもない。だが、心的でも心理的でもない現象を取り扱う際にワトソンが採用するのとまさしく同様の行動主義という用語によって、精神や意識あるいは心的現象を主題化し説明することは可能である（ここで心的でも心理的でもない現象といっているのは、心理学領域についてのワトソンの定義にしたがうなら、〔観察可能なものとして〕そこにある心理的現象すべてのことである）。心的行動は非心的行動に還元することはできない。しかし、心的な行動ないし現象は、心的ではない行動ないし現象によって説明することはできる。つまり、心的な行動や現象は、心的ではない行動ないし現象の中から、そして、そ

◆8　心理学一般は、心理学的研究の分野のように、生理学的心理学者を通じて、意識それ自体にとって代わった中枢神経系の領域にもっぱら限定されていたのだが、比較心理学は、心理学一般を、このような狭い領域から解放した。それゆえ、比較心理学によって、心理学一般は行為を全体として考慮できるようになり、あるいは、行動の全社会過程に含まれ、あるいは、その過程内で生ずるものとして考慮できるようになった。いいかえれば、比較心理学――そして、その帰結としての行動主義――は、一般心理学の研究領域を、単なる個々の有機体の中枢神経系を超え、その外部にまで拡大したのである。その結果、心理学者は個々の行為を、それが実際に内属する広範な社会的全体の一環として認識できるようになり、なおかつ、はっきりと限定された意味で、行為の意味を理解する根拠となるような広範な社会全体の一環として、行為を認識できるようになった。もちろん、そのことによって、心理学者は、中枢神経系やその内部で進行している生理学的過程に対する関心を失うわけではなかった。

れらの複合体の帰結として生ずるものとみなして説明しうる。

行動主義的心理学を用いて意識的行動を説明しようとするのであれば、我々は、ワトソン以上に徹底して、我々が行為について言明したところからはじめなければならない。我々が考慮しなければならないのは、完結した行為、すなわち、社会的な行為だけではない。中枢神経系内において、個人の行為の初動として、また、その行為を組織化するものとして何が進行するのか、その事態をも、我々は考慮しなければならない。もちろん、こうした考察は、我々の直接的な観察の領域を超えたところにまで及ぶことになる。このような領域を超えるというのは、他でもない、我々は進行中の過程自体には〔直接〕到達できないからである。このような領域は多かれ少なかれ、遮断されている領域であるが、それは、おそらく、探究すべき領域自体がもつ困難ゆえであろう。中枢神経系は、まだ、ほんの一部しか研究されていない。しかしながら、目下の研究成果が示すところによれば、行為は身構えによって組織化される。神経系内部には、諸々の行為に関与する様々な要素があり、これらを組織化する働きというものがある。つまり、今ここで生じている事柄のみならず、後になって生ずることになる諸々の段階を表象する組織化作用というものがあるのである。

たとえば、離れたところにある対象に人が近づく場合、自分がそこに行って何をしようとしているのかに即して、当の対象に近づく。ハンマーを手にしようとするのであれば、そのハンマーの柄をつかむべく、その人の筋肉において準備が整っているわけである。行為の初動段階において既に、後続する段階の行為が現れている。その意味するところは、後続段階の開始準備が整っているということだけではなく、後続段階〔像〕が、これから進行していく過程自体をコントロールする上で役立つということでもある。〔視野に見据えられた〕後続段階が、これから当の対象に対していかに近づいて行くかを確定し、その対象に対する当初の操作にあって、これから手順を踏んでいく各段階を確定する。それゆえ、我々が認識しうるのは、中枢神経系内の何らかの下部組織間の伝達経路は、これから行おうとする行為の後続段階を、当初において既に開始しうるということである。全体としての行為は、当初の段階にあって、その行為過程を確定しうるといってよい。

ある対象に対するこのような包括的身構えのうちに、別様でもありうる諸々の反応の中から選ばれる一つの身構えというものを見出すこともできる。つまり、ある対象に関して我々が抱く諸々の観念について語る際、諸々の反応が随伴するが、こうした反応から選ばれる一つの身構えである。たとえば、一頭の馬に馴染んでいる人がその馬に近づいているとき、その人はその馬に乗ろうとする人としてふるまっている。この人は適切な側に向かって歩き、鞍にまたがる準備ができているわけである。この人が馬に近づいて行くこと自体が、馬に乗るという過程全体がうまくいくかどうかを確定する。しかし、当の馬も、これから人を乗せなければならない馬に尽きるわけではない。この馬は餌を食べる動物であり、誰かの所有物である。この馬は何らかの経済的価値をもっている。当の個人は、その馬に関連した一連の事柄全体を遂行しようと構えており、こうした構えは、これから行う様々な行為という数多くの局面のうち、いずれの一局面にも含まれている。この人が乗ろうとしているのは一頭の馬なのであるが、この馬は生物学上の馬であると同時に、経済的な意味での馬でもある。こうした諸々の性質は、一頭の馬についての様々な観念に含まれている。一頭の馬のもつこうした観念上の性質を中枢神経系の中に求めようとするのであれば、馬に乗るべく開始された諸々の身動きを構成する様々な部分すべての中に、このような観念上の性質を見て取らなければならないだろう。これらの部分一つ一つを、この馬を用いようとする際の他のすべての過程と結びついたものとみなさなければならないだろうし、したがって、馬に乗ろうとする際の特定の行為がいかなるものであれ、この馬に関して、このような様々な方法で行為しようとする準備が整っているといってよい。こうした意味で、馬に乗る行為の初動段階のうちに、一つの観念としての、そういいたければ、一つの概念としての「馬」に対して我々が付与する諸々の性質を見出すことができる。

一つの中枢神経系の中に、このような観念を探し出そうとするのであれば、諸々の神経単位、とりわけ、神経単位間の結びつきの中に見出さねばならない。そこには様々な結びつきの数多くの組み合わせがあり、この組み合わせは、我々が数多くの様式で行為することができるという性質をもっている。そして、こうした可能的行為の数々は、我々が行為する様式に影響を及ぼす。たとえば、当の馬の持ち主が当の騎手であるならば、持ち主が他の人である場合とは異なる仕方で、この騎手はふるまう。この馬に関わる他の諸々の過程は、当面の行為自体を確定し、とりわけ、当の行為の後続する各段階を確定する。その結果、当の行為を時間に即してまとめあげる作用は、過程当初において現れることになるかもしれない。こうした時間的組織化作用が、いかにして、中枢神経系の中で生ずるのか、我々にはわからない。ある意味では、これから生ずることになる、また、ある意味では、現に開始されているといってもいい、こうした後続過程は、当初の段階内部に組み込まれている。行動主義的方法が十分一般的なものになれば、つまり、神経系内に存在する目下ほとんど不明確な複雑性を、今後用いるようになれば、これまで内観法でしか取り組めないと想定されている多くの分野に対しても、行動主義的方法を適用できるようになる。もちろん、ここに述べたことの多くは仮説的なものにちがいない。神経単位間の結びつきは、いかなるものか、これについては、日々、次第に多くを学ぶようになっているが、それらの多くは仮説的なものである。しかしながら、それらは、少なくとも、行動主義の形式で記述可能である。それゆえ、ある観念ということで我々がいっていることを、原理上は、行動主義の観点から記述可能なのである。

第3章 身振りの行動主義的意味表示

ワトソン派に典型的な行動主義者は、これまでのところ、ワトソンの条件づけ原理を言語の領域にまで持ち込む傾向があった。条件反射にみられる条件づけによって、馬なるものは「馬」という言葉と結びつけられるようになり、この言葉の方が今度は数々の反応の組み合わせを表出する。我々がこの言葉を用いると、この言葉にまつわる反応は、乗る、買う、売る、取引するといった反応になるだろう。我々には、これらの相異なる事態を行おうとする準備が整っているわけである。しかしながら、このような主張には、ある認識が欠けている。その認識とは、これらの異なる過程は、行動主義者のいうように「馬」という言葉と同一視されるにしても、当の行為を行うことそれ自体の中に組み込まれていなければならない、あるいは馬なるものにまつわる様々な行為の集合の中に組み込まれていなければならないという認識である。このような諸々の過程は、我々の経験の中で行為対象を作り上げるのに役立っているのであり、言葉の機能とは、行為を組織化する過程において自らの役割を果たすような機能なのである。しかし、この機能が過程全体をなしているわけではない。同種の組織化は、おそらく、人間よりも下等な動物の行動の中に広く行われているのがわかる。つまり、我々の対象を作り上げるよう役立っている過程は、たとえ言語を用いていなくとも、動物自身のうちに現れているにちがいない。もちろん、言語によって我々は行動を組織化できるようになるということは、言語のもつ重要な価値、あるいは、数ある重要な価値のうちの一つである。この点は後ほど詳細に考察しなければならないが、重要なのは、言葉の指示対象は、言語自体を使用しない個々の動物の経験のうちにも存在しうる何かであると認識することである。言語は、経験の中で言語のこうした指示内容を選択し組織化する。言語は、このような目的のための一つの道具である。

言語は社会的行動の一部である。◆[9] 我々が「言語」と名づけるものの目的に役立つような記号やシンボルは無数にある。他の人々の行動様式の意味を、おそらく、当人たちが自分で気づいていなくとも、我々は読みとっている。その目的が何であるか、我々に示してくれる何かがある。たとえば、ほんの一瞥、あるいは、当の反応を引き起こす身体の構えなどである。このような様式で成立する個々人同士のコミュニケーションは、相当程度完璧なものとなりうる。身振り〔身体による何かの表示〕上のやりとりは、明確に音声化した発話形式で理解しえなくても、そのまま進行していくことが可能である。これは、下等動物の場合にもあてはまる。相互に敵対的な身構えを取りつつ相手側に近づいている犬同士は、こうした身振り上のやりとりを続けている。これらの犬は、お互いに相手の周りを動いており、うなり声をあげ、噛みつこうとしつつ、襲いかかる機会をうかがっている。ここにこそ、言語が発生する場となる過程がある。すなわち、個々の個体の一定の身構えが、他の個体において、ある反応を呼び起こし、この反応自体が、また、当初の個体の中に、異なる接し方、異なる反応を呼び起こし、以下同様という形で無限に続くのである。実際、後にみるように、言語というのは、まさしく、このような過程の中で発生する。しかしながら、我々はまた、言語学者が行うように、言語として用いられているシンボルの観点から、言語に接近しがちである。◆[10] 我々はそうしたシンボルを分析し、そうしたシンボルを用いているときに、個人の心中に、どのような意図があるのかを見出し、その上で、この同じシンボルが、他者の心中にこれと同じ意図を呼び起こすかどうかを見つけ出そうとするわけである。この場合、人々の心中には諸々の観念の様々な組み合わせがあり、各個人は、自分たちがもっていた意図に対応する、ある種、任意のシンボルを用いる、このように我々は想定しているわけである。しかし、言語の概念を、我々が語ってきたような意味で、もっと広く解し、したがって、言語概念を、その根底にある身構えにおいて、採用しようとするなら、いわゆる意図、つまり、我々が語っている観念とは、我々が用いている身振りないし身構えの中に含まれているものだということがわかる。部屋に入ってくる人に椅子を勧めるのは、礼儀正しい行為である。この場合、この人は椅子にすわりたがっていると自分に言い聞かせているなどと、我々は想定する必要はまったくない。礼儀正しい人が椅子を勧めるのは、何かほとんど本能的なものである。観察者の観点からいえば、それは一つの身振りである。社会的行為のこうした初動段階は、文字どおりのシンボル、さらには、意図をもったコミュニケーションに先行する。

近代心理学の歴史にあって、とりわけ、言語心理学にとって、重要な文献の一つは、ダーウィンの『人間と動物における情動の表現（*Expression of the Emotions in Man and Animals*）』である。この中でダーウィンは、自らの進化論を、いわゆる「意識上の経験」の領域にまで持ち込んだ。ダーウィンが行ったのは、情動を表現する何らかの反応を呼び起こす一連の行為または行為の初動段階の存在を示すことであった。仮に、ある犬が他の犬に襲いかかる、あるいは、まさに襲いかかろうとしている、もしくは、その犬がくわえる骨を奪おうとしているとするなら、こうした行為は、襲われようとしている犬の怒りを表示する獰猛な反応を呼び起こす。ここにおいて我々がみるのは、犬の情動的身構えを表示する一群の身構えである。そして、こうした分析を人間の情動表現に適応することができる。

我々人間という有機体にあって、情動を最も鮮明にかつ容易に表現するのは顔である。ダーウィンは、このような観点から顔を研究した。当然のことながら、彼が取り上げたのは役者であり、顔の表情による情動表現を仕事とする人である。彼は筋肉の動きそのものを研究し、その際に、実際に演技するにあたって、顔の変化は、いかなる意味をもつのか示そうと試みた。我々は怒りといった表現について語り、ある段階では血気で顔が紅潮し、さらに別の段階では顔から血気が消えるさまに気づく。ダーウィンは、不安と恐怖の際の血流を研究した。こうした情動の場合、血流それ自体において変化が生ずるのを見て取ることができる。こうした変化それぞれには、それ自体の意味がある。それぞれの意味が表現するのは、もちろん、個々の行為の際の血液循環の変化である。こうした作用は、一般に、急速な作用であり、血液が急速に流れる場合にのみ生じうる。血液循環の動きには、ある変化が生じているにちがいないし、一般に、この変化が顔つきに表れるわけである。

我々の敵対行為の多くは、噛みつこうとする動物と同様に、顔が示す態度のうちに表れる。こうした態度、より一般的な言葉を用いるなら、身振りは、当の行為の意味が消え去った後でも、そのまま残っている。ダーウィンの著作の表題は自らの研究方法の要点を示している。彼は、このような身振り、こうした態度を、情動の表現として扱っていたわけであり、その際、身振りは、このような情動表示機能を有すると想定していたわけである。この見解に立てば、当の行為の意味が消え去ってしまった後でも、態度の方は〔後のやりとりにあって〕失われないままである。こうした身振りは、情動を表示するために、その後も持続するようにみえるわけである。この場合、当然のことながら、動物の経験において現れる身構えは、ある意味、人間という有機体の構えにも見合うものと想定されていたということになる。とすれば、ここにおいても、適者生存の原理を適用できることになろう。このような特殊な事態が意味するところは、これらの身振りないし身構えは、当初の行為にあった意味を失うとはいえ、後にまで持続するということだったのである。このことが示しているのは、身振りや身構えは、何らかの価値のある機能に資するがゆえに、後にまで持続

◆9 社会過程の進行をもたらしている基本メカニズムとは何だろうか。それは、身振りのメカニズムであって、このメカニズムによって、当の社会過程に関与している様々な個々の有機体の相互行為に対する適切な反応が可能になる。与えられた任意の社会的行為をとってみても、その内部においては、諸々の身振りによって、ある適応が生じている。ここに、身振りとは、当の社会的行為に関与する一個の有機体の、他の有機体行為に対する働きかけのことである。つまり、身振りとは、〔個体間相互行為内の〕第一の有機体の身体運動であって、この身体運動は、第二の有機体の〔社会的に〕適切な反応を呼び起こす特定の刺激として作用する。身振りが作用する領域とは、経験のシンボル化過程によって人間の知性が発生し発展する場となってきた領域のことであり、この経験のシンボル化は、これまで、身振り――とりわけ音声身振り〔音声による何かの表示〕――によって可能となってきたのである。動物としての人間は、こうした身振りの領域内部において、分化してきたのである。科学によって可能となる自然および人間環境に対する一切のコントロールとともに、今日における人間の社会と科学の起源と成長に関与してきたのは、究極のところ、こうした分化である。

◆10 "The Relations of Psychology and Philology," *Psychological Bulletin*, I (1904), 375ff.

するということであり、さらには、このことこそ、情動の表現であるということだった。ダーウィンの叙述部分についてのこうした考え方は、他の心理学者たちの著作にも反映されており、これらの心理学者の関心は、ダーウィンの場合と同様に、行為の研究であり、構えを通じてある個体から別の個体へと伝達される情報であった。彼らの想定によれば、こうした行為は、個体の心中にある何かを表現しているがゆえに、その存在理由をもつということであった。これは、言語学者のアプローチと同じアプローチである。言語学者が想定するのは、何らかの観念内容、何らかの感情を伝えるために、言語は存在したということであった。

よく考えてみれば、これは誤ったアプローチであることがわかる。動物が自分たちの情動を表現しようとすることなど、まったくもって不可能である。動物が他の動物のために情動を表現しようとすることなど、まずない。いえることはせいぜい、「表現」が個体内の何らかの情動を放出したということであり、いわば、排出弁を開き、動物が何らかの意味で免れたがっていた情動的身構えを解き放ったということでしかない。こうした下等動物の場合、表現が情動表出手段として存在するなど、まずありえないはずである。つまり、個体の心中にある内容を表出するという観点から、〔実際の〕表現にアプローチすることはできないのである。もちろん、役者の場合であれば、いかにして表現が明確な言語となるか、我々は確かめることができる。たとえば、ある役者が自分で激しい怒りを表現しようと考え、顔の表情によってそれを試み、そのことで、観客に自分の思った情動を伝えようとしたとしよう。しかしながら、この役者は、自分自身の情動を表現しているのではなく、単に怒りの徴表を観客に伝えているだけである。そして、観客に関するかぎりでいえば、この試みがうまくいけば、この役者は、実際に怒っている別人よりも、はるかに巧みに、怒りを表現できる。ここでは、これらの身振りが情動表現のために役だっているわけだが、しかし、こうした身振りが、情動を表現するような言語として現れたと考えることはできない。それゆえ、言語を研究する場合、身振り型行動様式という観点から行わねばならない。身振り型行動様式にあっては、言語は、明確な言語とならないままであっても、それに先立ち存在していたとみなければならない。こうしてみるなら、我々は、いかにして、コミュニケーション的機能が、言語に先行する類いの行動様式から発生しえたかを確かめなければならない。

ダーウィンの心理学が想定していたのは、情動とは、心理状態、意識の状態であるということであり、さらには、この状態は、それ自体、生命体の身構えや行動の観点から説明することはできないということであった。情動がまずそこにあり、何らかの身動きがこの情動の証を示すだろうというのが、ダーウィン心理学の想定だったのである。〔ある個体がこのような証を示した場合〕その個体と同じような成り立ちを有する他の個体は、当の証を受け取り、これに働きかける。すなわち、ダーウィンが前提においたのは、生命有機体に対峙する意識状態だったのである。意識状態とは、身振りないし身構えで表現されなければならない事態であった。意識状態は、行動において表現されねばならず、こういった表現媒体を通じて、自分以外の他の個体の意識の中にも存在するものとして何らかの様式において認知されねばならなかったのである。以上が、ダーウィンの受け容れた一般心理学上の考え方であった。

　だが、ダーウィンの説に反して、行動に先行する意識の存在を示す証拠など、我々にはない。そもそも、こうした意識の先行存在という考えは、ある有機体の側の行動が他の有機体の側に順応的反応を呼び起こすような性質を有しており、こうした行動を引き起こす何かとして、意識が先行的に存在し、しかも、この意識自体、このような行動に依存することはないというものである。とすれば、我々としては、むしろ、こう結論づけざるをえない。意識とは、今みた行動から出現した一つの創発である。すなわち、意識は社会的行為の先行条件などではまったくなく、社会的行為が意識の先行条件なのである。社会的行為の内部に意識概念を独立自存の一要素として持ち込むことなどまったくせずに、社会的行為のメカニズムを突き止めることはできる。したがって、意識形態などなくとも、あるいは、意識形態とは無関係に、社会的行為は、もっと初発の段階ないし形態において、可能となる。

第4章 心理学における平行説の発生

平行説を強調する心理学と区別しておかなければならない心理学説がある。それは、何らかの意識状態が個人の精神の中に存在すると考え、意識状態それぞれが、自らの連合法則にしたがうと考える。ヒュームに続く心理学の全学説は、圧倒的に連合主義的であった。何らかの意識状態がいくつか与えられていれば、これらは他の類似の要素によって結びつけられると想定されていた。こうした要素に含まれているのが快楽と苦痛という要素であった。諸々の意識状態の連合という、こうした原子論と結びつけられたのが、快楽および苦痛と他の何らかの感覚や経験との連合に基づいた行動心理学であった。連合説は支配的な心理学説であり、動態的な経験よりもむしろ静態的経験を主題としていた。

経験の心理学的側面を中枢神経系内にまで推し進めるにつれて明らかになったことがある。すなわち、感覚と呼んでいいような一連の非常に多くの経験はあるものの、これらの経験は、音や匂い、味や色といった静態的とみなされるものとは、似ても似つかないということであった。連合が生ずるのはこうした静態的な世界においてであった。だが、我々の経験の大半は動態的であることが次第に認められるようになった[11]。実際の行動の形態は、感覚神経の刺激伝導に反応した何らかの感覚の中にあった。さらにまた、内臓にまで到達する神経路の研究もあり、こうした神経路は明らかに情動的経験と同調していた。血液循環の全過程が明らかにされ、さらには、血液循環の突然の変調を併発する作用も明らかにされた。急激な痙攣を引き起こす不安や敵意や怒り、個体から運動能力を奪う恐怖心、これらは内臓の健康状態の中に示され、これらがもつ感覚的局面は中枢神経系と結びつけられていた。それゆえ、静態的世界に収まりきらない、ある種の経験というものがあったのである。ヴィルヘルム・ヴントは、この種の生理学の見地に立って、自らの研究課題に取り組んだ。この見地が与える手掛かりは、こうした様々な動態的経験を追跡し、ついには有機体自体のメカニズムにまでたどりうるようなものだった。

　これまで中枢神経系ならびにその運動感覚神経に対してなされてきた分析手法は、中枢神経系に対して神経の流れが伝達〔電位差による信号伝達〕され、今度は、この伝達が「意識」に生じた感覚に関与するという分析手法であった。いわゆる神経作用の説明を完全なものにするためには、まずは、その感覚的側面を解明し、次に意識内に生じた現象によって引き起こされる神経運動の帰結を解明しなければならなかった。これまで言及してきた生理学は、何らかの意味で、意識領域から自らの研究を切り離した。このようなメカニズムを下等動物にまで拡大するのは困難であった。少なくとも、そうした研究態度のために、生理学者は動物の経験という領域から離れることになった。ダーウィンは、人間という生命体のみならず、人間の行動様式もまた、動物から進化したものと考えた。これが妥当だとすると、ある意味、意識もまた動物から進化したものでなければならない。

　ここから帰結するアプローチは、行動様式それ自体という視点からのものであり、ここに、平行説の原理が生ずるわけである。意識内に生ずることは、その中枢神経系内に生ずることと平行している。生命体のうちに起こることは、生理学的出来事として、かつ、心理学的出来事として研究する必要がある。意識中枢のうちには感覚神経を動かすものが備わっており、意識中枢からは感覚と記憶像が発生する、そうである以上、生理学的メカニズムの中から、意識中枢を取り出さねばならない。同時にしかし、神経系の中で生じていることと、生理学者が意識それ自体の中に突き止めてきたこと、この両者の間の平行関係を見出さねばならない。これまで情動の問題を扱った際に私が言及したことが示しているのは、おそらく、意識内に生じていること、つまりは、生命現象の意識的側面に属するようにみえた領域に生じていることに対する、ある生理学的対応物といってよい。憎しみ、愛、怒り、これらはおそらく精神の状態である。では、これらは、いかにして、生理学的観点によって説明できるのだろうか。こうした作用自体を進化論的観点から研究すること、また、有機体がいわゆる情動の影響下にあるときに有機体自体に生ずる諸々の変化を研究すること、こうした研究は今みた情動の状態との類似性を示している。そこに、情動に明確に対応する何かを見出しうる。

このような先行研究のさらなる発展は、ジェイムズの情動に関する理論において現れた。不安に駆られれば逃げ、怒れば襲いかかる。そうであるがゆえに、生理学的観点からみた有機体のうちに、不安や怒りに対応する何かがあるといってよい。こうした情動の状態に対応するとりわけ、私がこれまで述べてきた内臓の状態に対応し、さらには、情動と結びついた血液循環における突然の変化に対応するのが、有機体における身構えである。〔このようにみることで〕心理学的状態と生理学的状態とを結びつけることが可能となる。その結果、個人の行動様式を生理学的観点から、今まで以上に完全に説明しうるようになり、さらには、意識によって説明されるものと平行関係にあるものを、身体メカニズムとその作用の中に見出しうるようになった。このような心理学は、当然のことながら、生理学的心理学と呼ばれた。生理学的心理学は、心理学者が取り扱ってきた主題内容を、有機体内部で進行中の事柄によって説明するものだった。では、動物の行為にあって、こうした様々な、いわゆる心理学的カテゴリーに対応するものとして、いったい何があるだろうか。感覚や運動反応に対応するものは、いったい何であろうか。このような問いに生理学的な解が与えられたとき、そこには、もちろん、行為内を作用場面とするメカニズムが含まれていた。というのも、身体内で生ずるものは、すべて活動作用だからである。それは遅延作用であるのかもしれない。だが、身体内において、それ自体で単なる状態にすぎないものは存在しない。つまり、静態的状態になぞらえうる生理学的状態でしかないものなど、何ら存在しないのである。こうして我々は感覚という問題に取り組み、完全な反射作用によってこれを説明しようとする。我々は感覚を刺激の観点から取り扱い、様々な情動の状態を扱うときには、行為作用の準備という観点、さらには、現在進行しているかぎりでの行為自体という観点から議論する。◆12 すなわち、一群の心理状態を行為の様々な段階に関連づけることが今や必要不可欠となる。それゆえ、平行説は、行為作用と経験内容との間の類似性を突き止める試みである。

こうした分析の必然的結果は心理学を静態的形態から動態的形態へと移すことであった。それは、単に、かつて内観によって見出された事象を有機体のうちにみられる事象と関連づけるという問題にとどまらなかった。内観によって見出された諸々の事象を、有機体の生命過程に関連づけられるような動態的な仕方で、それぞれ関連づけるという問題となったのである。こうして、心理学は、連合的、運動的、機能的、最後に行動主義的というように、次々と変わっていった。

心理学の歴史的変遷は徐々に生じた過程であった。意識は、単に除外して済むというものではなかった。初期の心理学においては、意識を脳内の分泌物として説明するような未熟な試みもあったが、これは、心理学が変遷していく際の滑稽な一段階でしかなかった。意識はそこにある何ものかであったが、身体内で進行する事象とますます密接に関係づけられる何かであるはずだった。身体内で進行する事象には、一定の明確な秩序があった。身体内で生ずるものはすべて、一つの行為の一環であった。中枢神経系に関する初期の考えが前提していたのは、精神の何らかの機能は脳内の一定領域に位置するはずであるというものであった。しかし、中枢神経系の研究は、そのような相関関係を何ら明らかにすることはなかった。明らかになったのは、中枢神経系内部には神経経路以外には何もないということだった。◆13 脳内細胞は、神経系を維持存続させるための物質を提供する神経経路の部分であるとみられたのであるが、そこには、観念それ自体の保持をつかさどるものは、何も発見されなかった。中枢神経系内部には、抽象概念に通ずる神経路を突き止められるようなものは何もなかった。前頭葉が思考過程の在処とみなされたこともあったが、前頭葉もまた神経経路以外の何も表してはいなかった。神経経路は、極めて複雑な処理を可能にし、脳のメカニズムを通じて神経作用を途方もないほど複雑化する。しかし、神経経路は、機能上、観念に対応するような構造など何も備えてはいない。こうして、有機体の観点に基づく意識研究は、意識自体を行為作用の観点から考察するようになった。

たとえば、拳を握りしめることに対応する我々の経験とは何か。生理学的心理学は、手と腕の筋肉から信号伝達される神経を通して、行為作用をたどった。このように作用という点からみれば、握るという行為の経験は、進行中の事柄の感覚機能ということになろう。意識それ自体にあっては、当の器官が行っていたことについての自覚はある。器官内で進行していることと意識に生じていることとの間には平行作用がある。もちろん、この平行作用は完全な平行作用ではない。どうやら感覚神経にのみ呼応した意識があるようだ。◆14 我々はあることについては意識しているが、他のことについては意識していないのであって、どちらを意識するのかを確定する上で、注意は極めて重要な役割を果たしているように思われる。我々が導入している平行作用は、あらゆる点で平行関係

◆12 かくして、ジョン・デューイは、ジェイムズの学説に、情動が生ずるためには、行為において葛藤状態が必要であることを付け加えた〔デューイ『人間性と行為』〕。

◆13 哲学者たちの中で、この点を特に強調したのはアンリ・ベルクソンであった。ベルクソンの『物質と記憶』をみよ。

にあるのではなく、様々な点でのみ生じうる平行作用であると思われる。ここで興味深いことは、こうなると分析の手掛かりを提供するのは有機体だということである。反応の一部分だけが意識自体に現れる。〔実のところ〕有機体こそが根本的な位置を占めてきたのである。実験心理学はといえば、生理学上の系において把握しうるものから出発し、次に、意識内においてそれに対応すると思われるものを見出そうと試みた。生理学者は、確信をもって、こうした事実を神経系内にみつけようとしたわけだが、科学者も同じ確信を共有していると考えていたので、そのような事実があれば、意識の内部を覗き込めるというわけであった。脳内神経細胞の変化（neurosis）から始めて、精神状態の変化（psychosis）において見出される事象を記録するのは、もっと容易であった。このように意識内容と中枢神経系内生理過程との何らかの平行作用を受け容れた結果、静態的観点からみた意識内容概念に代わって、動態的に行為の観点からみた意識内容という概念が生まれた。かくして、意識内容に対しては、上からの（つまりは、超経験的な）接近方法ではなく、下からの（つまりは、科学的な）接近方法がとられ、中枢神経系の生理学的過程を研究することで、精神の中にあって生理学的にみた有機体の活動に対応する事象を確定しようとしたのである。

統合作用のために機能する指令中枢という点になると、まだ疑問があった。我々は中枢神経系を考える際、ともすれば電話交換器の類推から、呼び出しと応答の入出として捉えがちである。若干の中枢部分が主要中枢部分と考えられるようになる。下等動物の脳底部、つまり中枢神経系の最重要部分となっている箇所にまで遡ってみると、そこには、ある機能組織があるのがわかる。この組織は、自ら活動する中で他の諸々の活動をコントロールする。しかし、人間の行動様式ということになると、単独の指令中枢もしくは指令中枢群を備えている系統組織などみつからない。こうしてみると、危険から逃れる際に関与している様々な過程は、他の活動と極めて密接に相互関連し合う過程となっており、その結果、コントロールが有機体内で広範に作用するということがわかる。牛に追いかけられている人は、木が目に入ると、逃げるにふさわしい場所と考える。一般的にいって、人間は事物を目にすると、それが進行中の活動を続行可能にするものと考える。諸々の中枢を様々な形でまとめあげることが、個人の全活動の確定要因なのだろう。このことは、成長という領域においても導入されてきた考えである。胎児にあっては、ある組織部分が成長を開始すると、この組織部分が成長作用をコントロールするようになり、これは成長以外の過程がコントロールされるようになるまで続く。何らかの意味で人間の知性に相当する器官、つまり、大脳皮質の内部に、変わることなくもっぱらコントロール機能だけを担うものなど見出しえない。つまり、生命身体機構自体の中に、そのようなコントロールを示す証拠は何もみつからない。ある意味、我々が想定しうるのは、大脳皮質は全体として作用するということである。だが、特定の中枢部分にまで遡ることなどできないし、この部分にこそ、思考したり行為したりする際に精神が宿っている場所だなどというわけにはいかない。無数の細胞が相互に関連し合っているのであり、細胞群の神経分布が、ある意味、統一作用をもたらすのである。しかし、中枢神経系からみて、こうした統一性がいかなるものなのか、これを説明することなどほとんど不可能である。大脳皮質の各部分はそれぞれみな、生ずること一切に関与しているように思われる。脳に到達する刺激はすべて、脳の各部分すべてにおいて反映されている。だが同時に、我々の行為は統一をなしている。そうすると、結局、どうしても解決できない問題が残ることになる。すなわち、中枢神経系の作用の統一性である。ヴントは、この種の統一性に関与するような中枢部分を突き止めようと試みた。しかし、脳自体の構造の中には、脳内のいかなる構成部分とも独立しつつ、行動全体の指令部分として作用するものなど何もなかった。この種の統一性とは、統合作用がもつ統一性なのである。もっとも、我々には、この統合作用が、細部にわたって、いかにして生ずるのか、正確に述べることはできない。

私が明らかにしたかったのは、心理学理論に対する有機体の観点からのアプローチは、行動様式を強調することによって、いいかえれば、静態的なものよりもむしろ動態的なものを強調することによって、なされなければならないということである。もちろん、他の方向で研究すること、つまり、経験を心理学者の観点から考察し、中枢神経系内で進行しているにちがいない事象に関して、結論を引き出すことも可能である。たとえば、我々は、単に中枢神経系内で作用する様々な刺激のなすがままになっているだけではないのであるが——これは心理学者

◆14 我々は既に行ってしまったことをつねに意識しているのであって、現にそれを行いつつあることを意識しているのではない。我々はつねに感覚過程だけを直接意識しているのであって、運動している過程を意識しているのではない。したがって、我々が運動過程を意識するのは、運動過程の結果としての感覚過程をとおしてでしかない。意識内容は、それゆえ、動的観点からみるなら、過程が進行するのに応じて、生理学的系と関連づけられているか、あるいは、適合していなければならない。

の自然主義的観点である――、このことは承認しうる。神経内の器官は様々な型の刺激に適応していると理解してよい。空気の波動が生じれば、耳の特定の器官に影響を及ぼし、味や匂いを感じれば、対応する固有の器官へ、その刺激が伝わっていく。当の刺激に対しては、有機体の反応があるにすぎないといってよい。このような立場はスペンサーの心理学にまで取り入れられている。スペンサーは、ダーウィン進化論を受け容れたわけである。環境は生命体に影響を及ぼし、生命体の適応は、環境の影響が生命体に及ぶことから生ずる。スペンサーの考えによると、中枢神経系は、刺激を不断に受けて神経経路を活性化させるものであり、したがって、環境が生命体を作り上げているというのであった。

しかしながら、注意という現象は、行動様式に対しては異なる説明をする。人間という動物は注意を払う動物であり、この刺激は相対的に微弱な刺激に対して向けられる。人は離れたところの音でも聞き分けることができる。我々の知性の過程総体は、一定種類の刺激に選択的に作用する注意のうちにあるように思われる。◆15 身体系統組織に衝撃を与えている他の刺激は、何らかの方法で回避される。我々の刺激は一つの特定の事物に対して向けられる。我々は、刺激の種類如何によって、受け容れたり拒否したりするだけではなく、我々の注意自体が、選択過程であるのと同様に編成過程でもある。これから行おうとすることに対して注意が向けられる場合、我々は、その後に引き続く活動を表す刺激群全体を選択している。注意によって、これから行おうとする行為の周囲領域を編成組織することができる。ここにおいてこそ、行為しつつ自らの環境を確定しているものとしての有機体があるわけである。有機体は、外部からの刺激を受けるだけの受動的感覚群にとどまらない。有機体は外に向かっていき、これから反応しようとする対象を確定し、自身の世界を組織する。ある有機体はある事物を選択し、別の有機体は別の事物を選択するが、それは、有機体それぞれが異なる様式で行為するからである。以上が、中枢神経系内において進行する事象に対するアプローチであり、心理学者に由来し生理学者に引き継がれるアプローチである。

注意の生理学は今なお未開拓な分野である。有機体自体は自らを一定の型の行動様式に合わせるが、これは動物が何をしようとするかを確定する際に極めて重要である。また、有機体には、危険回避反応のように、ある特殊な感受能力を表す反応も様々潜んでいる。ある音が、通常と異なる方向から聞こえるなら、その効果はいつもと異なるものとなろう。目についていえば、形や色の識別の場合、網膜上の中心視野外部領域は、あまり敏感ではないけれども、中心視野外部の運動に対しては、極めて敏感である。ある本を図書館で探す場合、その本の背表紙について、ある種の心像を抱くことになる。ある友人と会うことになっているなら、その友人についての一定の心像に対して敏感になっている。我々はある種の刺激に対して敏感になり、そのことで、これから行おうとする一定の行為に備える。諸々の反応が連鎖し合う場合、生命体は、一つの本能的反応を遂行すると、その後で他の刺激に直面していることに気づき、さらに以下同様というように繰り返される。しかし、我々人間は知性を有しているわけであり、このように編成組織された反応に自分たち自らで備える。注意の領域においては、あるメカニズムが作用しているに違いないのであって、このメカニズムにおいて、我々は様々な刺激を編成組織する際には、他の刺激を参照し、そのことによって、一定の反応が生じうるわけである。以上の叙述は、我々自身の行動様式を研究することで到達しうるものであるが、目下のところは、これ以上のことを述べることはできない。

心理学における平行説は、ほとんど、中枢神経系研究の影響下にあったため、不可避的に、機能主義的心理学、運動心理学、主意主義的心理学、そして、最終的には行動主義心理学につながっていった。個人の過程を中枢神経系の観点から説明できるようになればなるほど、行動様式を解釈するために、中枢神経系内にみられるパターンをますます用いることができるようになろう。私が主張しているのは、中枢神経系内にみられるパターンは、活動作用のパターンだということである。つまり、意図のパターンでも、認知自体のパターンでもなく、あくまでも活動作用のパターンなのである。他方でまた、私が指摘したいのは、中枢神経系に対しては心理学的観点から接近可能であり、生理学者に対して何らかの問題を提起できるということである。いかにして、生理学者は注意を説明しうるのか。生理学者が注意を説明しようと試みるとき、様々な神経経路の点から説明しなければならない。なぜ、他ではなくある経路が選択されるのか、生理学者がこれを説明しようとするなら、神経経路についても活動作用についても、こうした観点に立ち返らなければならない。中枢神経内に、何から何まで普遍的に適用可能な選択原理を措定することなどできない。中枢神経系内に、注意と関連する特殊なものがあるなどということもできない。注意の一般的能力が存在するなどとはいえない。注意を説明するのであれば、具体例に即して

◆15 本篇第二部第13章・第14章を参照。

限定した上で、説明しなければならない。したがって、中枢神経系の研究を心理学的観点から進める場合であっても、自ら与えようとする説明の型は、活動作用を表す経路の観点からなされなければならないのである。

要するに、以上で述べたのは、生理学的心理学が平行説の形で現れた歴史である。つまり、連合主義心理学を超えて次の段階へと展開していった心理学である。注意ということが強調されるのは、通常、心理学がこのように推移してきた過程においてである。しかし、注意に対する強調は、大部分、有機体の研究から派生したものである。したがって、我々が示してきた広い文脈において理解しなければならない。

第5章 平行説と「意識」の曖昧さ

「意識」というのは極めて曖昧な用語である。意識はしばしば、一定の条件下ではそこにあるが、他の条件下ではそこにない何ものかと同一視される。こうした意識に最も理にかなった形でアプローチするなら、人は次のような仮定を置く。すなわち、意識とは、有機体が一定の条件下にあるときに発生するものであり、したがって、中枢神経系内の何らかの現象と平行して発生するが、他の現象とは平行しないものである。運動過程それ自体に対応する意識というものはないように思われる。我々が自分の行為に関してもつ意識は、類型上感覚的な意識であり、筋肉収縮によって作用する感覚神経からの伝導に対応する。我々は実際の運動過程について意識することはないが、しかし、それと平行する感覚過程というものが我々にはある。こういう事情から、平行説に基づいた心理学は発生する。感覚過程とは、一面では、運動体としての有機体を意味する、すなわち、意識することなく進行していく有機体を意味する。全身麻酔をかけられても人は生き続ける。意識の方は、なくなったり戻ったりするが、有機体自体は生き続ける。心理学的過程を中枢神経系の観点から完全に説明できるようになればなるほど、このような意識は重要ではなくなる。

　こうした極端な説明を行ったのはヒューゴ・ミュンスターベルクである。[16] 彼の想定によると、有機体自体は単に生き続けるだけだが、この続行過程で、神経に関わる一定の変化に対応するのは、意識状態であった。自分は何かを行うと人がいった場合、その結果として生ずるのは、自ら行動中の身体における筋肉運動についての意識だったということになる。行為の初動における意識は、自ら行為しようという自分自身の意志として自分が解釈したものである。存在するのは、進行中の何らかの過程についての意識にすぎない。しかしながら、こうした極端な形の平行説は、〔他ではなく、ある対象に〕注意を向ける過程や意識がもつ選択的性質をまったく考慮しなかった。仮に、我々の行為を組織化する際の中枢神経系のメカニズムを生理学者が指摘できていたのであれば、この極端な平行説に基づいた主張は、今なお支配的となっているだろうし、個体を、有機体による選択作用を意識しているだけの存在とみなすことであろう。だが、選択過程自体は極めて複雑であるため、特にこのような平行説による主張は、ほとんど不可能となっている。意識それ自体は特に選択的であり、選択過程、刺激に対して器官を敏感にする過程を、中枢神経系の中から取り出すのは極めて困難である。ウィリアム・ジェイムズの指摘によれば、一定の刺激を優勢にするためには、この刺激の感知に必要な弁別閾は微量でよい。そこで、彼としては、一定の刺激を持続させる意志作用というものを想定できたわけである。この意志作用は、刺激が続かない意志作用に比べて、刺激の度合いをほんのわずか強調する。ヴントにあっては、こうした選択機能を遂行しうる何らかの中枢があるはずだという想定によって、平行説を可能性のある説にしようと試みた。しかし、有機体と意識との間の相互作用をどう把握しうるか、また、意識が中枢神経系にどう作用しうるか、これらについて満足のいく叙述はまったくなかった。こうして、心理学発展の現段階にあって、我々としては、相互作用説よりもむしろ平行説を採用する。

　心理学は、発展史上、平行説の段階にあるわけだが、この段階が表しているのは、これまで心理学的研究に登場した過渡期の段階ということだけではなく、これまで、極めて明確な目的に役立ち、明確な要求を満たしてきて

◆16 Hugo Münsterberg, *Die Willenshandlung*.

いる段階でもある。

我々は、ある意味で、意識的と呼ぶ経験を、〔意識とは独立に〕周囲世界において進行している経験から、明確に区別する。色を目にすれば、我々はそれに何らかの名前をつける。視覚の不具合のせいで色を間違えたとわかれば、分光器にまで立ち返って色を分析する。その場で直に感知される感覚過程とは独立した何ものかがあると我々はいう。経験の中でも、その場で直に示される反応とは独立していると考えられる経験を理解しようと我々は試みている。〔意識は誤りうるので〕誤謬という問題に対処できるように、我々は、このように意識から独立した経験を理解しようと望む。いかなる誤謬も関わっていない場合、意識から独立した経験と意識に依存した経験とを我々は区別しはしない。遠くに木がみえるというのに、実際そこに行ってみたら、その木はなかったという場合、我々は他のものを木と取り違えていたということになる。かくして、自分自身の経験〔の正誤〕を照合しうる領域というものを我々はもっていなければならない。同時にまた、自分自身の視覚から独立して存在すると認められる対象を我々は要請する。いかなるときでも、このような区別をするようなメカニズムを我々は求めているのであり、このメカニズムを次のように一般化する。つまり、我々は、外的刺激という観点に基づいて、感覚による認識の理論を打ち立てるのである。そうすることで、感覚を当てにしうる事象というものを我々は理解できるようになるのであって、このように理解するのは、感覚を当てにしうる事象と、感覚を当てにしえない事象とを、同じ仕方で区別するためである。実際にそこにある一個の対象でさえ、〔この理論によって〕やはり、説明可能である。実験室において、我々は刺激と感覚経験を区別できる。実験者が明かりをつける場合、その光がいったい何なのか、はっきりわかっている。この実験者は、網膜および中枢神経系で起こっていることを理解できており、その上で、この明かりにまつわる様々な経験とは何であるかを問う。実験者は、あらゆる種類の要素をこの過程内に動員し、被験者が明かりの何たるかを見誤るようにしむける。実験者の手には、一方では意識に関するデータがあり、他方では進行中の物理的過程がある。この実験者は、自分の研究にとって重要性をもつ分野にだけ、この分析を持ち込むのであり、しかも、同じ方法で分析しうる実験対象を自身の目の前の世界に有している。

我々が望んでいるのは、自分自身の経験に属するものと、いわゆる科学用語で叙述可能なものとを区別できるということである。我々は、ある過程については確信をもっていても、その過程に対する人々の反応に対しては確信をもてない。各個人の間には、あらゆる種類の違いがあることを我々は認識している。我々は、こうしたことを区別して考えねばならないのであり、だからこそ、我々は平行説を打ち立てて、一方で、眼前にあり万人にとって同一価値をもつ事象、他方で、人によって様々でありうる事象、この二つの平行作用を想定しなければならない。意識の領域と、意識的とはいえない物理的事象の領域とを、我々は理解しているように思われる。

「意識」という言葉を用いる際、一定の意識内容への接近可能性を表す場合と、一定の意識内容自体と同義の場合とを、私は区別しておきたい。目を閉じてみるなら、何らかの刺激を遮断することになる。麻酔薬を飲めば、世界への接近は絶たれることになる。同様に、眠ってしまえば、意識への接近は不可能である。さて、ここで区別しておきたいのは、こういった意味での意識、つまり、何らかの領域に対する接近が可能になったり不可能になったりする意識と、個人個人の経験によって確定される意識内容自体である。一つの経験であっても人によって異なるもの、つまり、ある意味で同一対象を表してはいてもその内容が異なるものを、我々は議論できるようにしたい。我々は、このような経験内容を、ある意味で我々すべてにとって共通の経験内容から切り離しておけるようにしたい。今日の心理学者が間違いなく断言するのは、経験を論ずる場合、その経験は人によって異なるということである。このような経験の中には、個人のパースペクティヴに依存するものもあれば、特定の器官に特有のものもある。色覚異常者であれば、色覚正常者とは異なる経験をすることになる。

こうしてみると、個人の経験次第で様々に異なる諸条件に即して「意識」という言葉を我々が用いるとき、この用語方法は、世界に対する我々の接近を不可能にする場合の用語方法とはまったく異なるものである。[17] これらのうち一方では、ある人が眠っていたり、注意が散漫であったり集中していたりしている場合の状況を扱っているのであり、ある意識領野のうち、何らかの構成部分を、部分的にあるいは完全に排除しているわけである。他方で、もう一方の用語方法は、個人の経験でありながら、他の誰の経験とも異なっている場合の用い方である。こ

◆17 ついでにいえば、これらの用語法と異なり、第三の用語方法として、シンボル操作のレベルに限定して「意識」という言葉を用いる場合がある。こうした意識については、以下を参照。"The Definition of the Psychical," *University of Chicago Decennial Publications*, III (1903), 77ff.; "What Social Object Must Psychology Presuppose?" *Journal of Philosophy*, VII (1910), 174ff.

の場合、異なっているというのは、他人の経験とは異なるというだけではなく、自分自身の経験であっても時間が違えば異なるものになるという意味である。我々の経験というものは、我々自身の有機的身体ごとに異なるだけではなく、時々刻々と異なっている。だが、そうした経験も、自分たちそれぞれの経験が異なるのに応じて異なるわけでは必ずしもないような性質を、部分的にはもっている。我々としては、こうした様々な形の経験を研究しうるようにしたいわけであり、そのためには、ある種の平行説を打ち立てねばならないのである。人によっては、身体外部に平行説を打ち立てる向きもあろうが、刺激を研究するなら、必然的に、身体自体を研究しなければならない。

居場所が異なれば経験内容も異なってくるのであって、それは、たとえば、ある場所に置かれている硬貨のような場合にもいえる。目の性質に依存し、あるいは、過去の経験の効果に依存する現象は他にもある。この硬貨の場合、どのようなものとして経験されるかは、様々な個人に生じたかもしれない過去の経験に依存する。同じ硬貨であっても、人それぞれの見方によって、異なるものになる。だが、当の硬貨は、一個の存在物として、それ自体として、そこにある。我々は、個人ごとに異なる空間的パースペクティヴにも対処しうるようにしたい。心理学的観点からみるなら、これよりもさらに重要なのは記憶のパースペクティヴである。記憶のパースペクティヴによって、人それぞれ目にみえる硬貨が異なってくる。こうした違いこそ、我々が分けて考えたい性質であり、我々が主張する平行説の正当性は、ここにある。つまり、一方で、物理的にも生理学的にも万人に共通なものとして確定しうる対象、他方で、特定の有機体や特定の人に特有の経験、この両者の区別である。

こうした区別を心理学の理論として設定することで、ヴントが最も効果的かつ包括的に提示したような類いの心理学が得られる。彼が試みたのは、有機体とその環境を、いかなる経験にとっても同一の物理的対象として提示することであった。もちろん、この場合、有機体とその環境であっても、異なる経験の中に反映されれば、まったく異なるものになるのはいうまでもない。二人の人間が、解剖台の上で、同じ中枢神経系を研究すれば、幾分異なったものにみえるだろう。とはいえ、二人は同一の中枢神経系をみているわけである。この二人は、それぞれ、研究過程で異なる経験をしていることになる。さて、一方において、有機体とその環境を共通の対象として置き、次に、いわば、それ以外の残余のものを取り上げ、共通の対象を別々の個人の経験の中に据えれば、その帰結は平行説となる。つまり、一方には物理的世界、他方には意識があるわけである。

この区別の根拠は、これまでみてきたように、よく知られたものであり正当なものである。だが、この区別を、ヴントが行ったように、心理学形式に組み込んでしまうと、途端に限界に達してしまい、限界を超えれば困難に陥る。正当な区別というものは、自分自身にとって固有の経験でありながらも、その中にあって、生活史の一契機によって研究しなければならない側面を、ある人が識別できるようなものである。数ある事実の中には、個人の生活史のうちにあるかぎりでしか重要でない事実もある。この種の事実を抽出する技法は、一方では生理学的環境に、他方では経験に、立ち返ることである。このようにして、対象自体が経由する経験というものは、個人が積む経験と対照され、一方での意識と他方の無意識的世界とが対照される。

この区別にしたがって、その限界線にまで突き進んで行くと、行き着く先は、万人にとって同一の生理学的有機体であり、この有機体は、万人にとって同じ一連の刺激を受ける。我々としては、中枢神経系内でこうした刺激が生み出す効果をたどって、特定の個人が特定の経験をもつという点にまで進んで行きたいと考える。特定の事例を例にとって、この試みを成し遂げることになれば、この分析結果を、我々は先の区別の一般化基準として用いる。こうなれば、一方では物理的世界が、他方では心的出来事があるといえるようになる。我々の想定では、それぞれの個人が経験する世界は、脳内にある因果系列の帰結とみなされる。我々は刺激を脳内にまでたどり、そこで、意識が出現するというわけである。こうして、究極のところ、我々は、あらゆる経験を脳内に突き止める。だが、そうなると古い認識論的亡霊が現れることになる。いったい誰の脳のことをいっているのか〔他人の脳内など覗けない〕。いかにして、その脳を認識するのか、その脳は、いったいどこにあるのか。世界の一切は観察者の脳内に存在するということになり、観察者の脳は他のすべての人の脳内にもあることになる。以下同様の悪無限である。平行説に基づくこうした区分を一つの形而上学的区分へと仕立て上げてしまうなら、あらゆる種類の困難が生ずる。この区分は、本来的にいって、実践に関わる性質をもっているのであり、今や、この性質に注意を向けなければならない。

第6章 行動主義の研究計画

これまでみてきたように、個人の経験というものを、当の個人に固有のものであるかぎりにおいて叙述しようと試みる場合、そこにある種の平行説が関わってくることになる。当人にのみ接近可能なもの、つまり、その人自身の内面生活の領域においてのみ生ずる事柄は、その発生場面状況との関連で叙述しなければならない。ある個人はある経験をし、別の個人は別の経験をする。どちらも各自の生活史の観点から叙述される。しかし、それに加えて、万人の経験に共通の事柄もある。その上で、我々の科学的叙述では、個人自身が経験する事柄、さらには、最終的には自身の経験の観点からしか叙述できない事柄を、万人に属する経験に関連づける。このことは、個人に固有の事態を説明するために、欠かすことのできないものである。我々自身の反応に固有の事象、つまり他者にはみえないが我々にはみえる事象と、万人に共通の事象とを、我々はつねに分けて考えている。単に当の個人の経験に属するものを、我々は、共通の言語、つまり共通の世界と照らし合わせるのである。このような関係、つまり、こうした相関関係を、物理的かつ生理学的に生ずる事象のうちに位置づけて考察するとき、平行説に基づく心理学が成立する。

我々のうち任意の一人が経験する特定の色や香りは、私的な出来事である。つまり、当人以外の人々の経験とは異なる。とはいえ、当の経験が指示している共通の対象というものはある。それは、同じ光ということであり同じ薔薇ということであり、こうした経験に関与している。我々が試みようとしているのは、各個人それぞれの神経系を通して、こういった刺激をたどることである。我々の目的は、このような特殊な諸条件に対応するような普遍的観点に基づく叙述である。我々としては、このような特殊条件をできるだけコントロールしたいと考える。そして、特定の経験の発生諸条件を確定すれば、我々は首尾よく条件コントロールを行えるはずである。[18]

ある人が、ある対象についての自分の経験は様々な感覚から成り立っているといい、その上で、こうした感覚が生ずる諸条件を述べようと試みるとしよう。この場合、この人は、自分はそうした条件を自分自身の経験の観点から述べているというかもしれない。しかし、このような条件は万人に共通な条件である。この人は測定し、まさしく実際に生じている諸条件を確定するだろうが、この人が測定の際に用いる装置は、結局のところ、自分の感覚的経験から成り立っている。熱いものや冷たいもの、ざらざらしたものやすべすべしたもの、こうした対象それ自体は、感覚の観点から述べられる。しかし、これらは、我々によって普遍化可能な感覚の観点から説明されるのであり、我々は、経験のこうした共通の性質を取り上げ、共通性質の観点から、様々な個人に特有の経験の何たるかを知る。

心理学はこうした相関関係に関心をもっており、人が感覚上の経験をする際、物理的世界で進行する事象と有機体内で進行する事象との間に、いかなる関係があるのか見出そうとする。このような研究計画はヘルマン・ヘルムホルツ[19]によって実行された。世界というものは、科学法則によって記述しうるような諸条件下で、現にそこに存在するということだった。つまり、刺激は物理的観点によって叙述されたのである。神経系内で進行する事象は、ますます正確に叙述可能となり、さらには、神経内事象は、個人が自分自身の生活の中にみる一定の経験と神経内事象とを相互に関係づけることも可能となった。こういうわけで、心理学者が寄せる関心は、経験が生ずる諸条件と個人に特有な事象との間にある相関関係を突き止めることにある。心理学者はこのような叙述を可能なかぎり普遍的なものにすることを望むのであって、この点において科学的である。心理学者は、一個人の経験を自身によってコントロール可能な観点、つまり、当の経験が現れる諸条件の点から、可能なかぎり厳密に叙述しようと欲する。そこで当然のことながら、個人の行動様式を、その人の反射神経の点から叙述しようと試み、個人の高度に複合的な反射神経を、より単純な行為形態にまで、可能なかぎり遡及しようとする。心理学者は、行動主義的叙述をできるだけ用いるのだが、その理由は、こうして同じように自ら条件制御している領域を基にして、行動主義的叙述を定式化できるからである。

現代心理学の背後にある動機は、知能テストの領域に

◆18 以下、平行説に関する方法論上の解釈を行うが、これについては、本書第15章においてさらに議論する。

表れている。この領域では、一定の状況と一定の反応との間の相関関係が追究される。この心理学の性質こそ、(個人経験を可能なかぎり客観的観点から叙述しようとする点において)可能なかぎり行動主義的なのである。だが、それだけではない。この心理学は、さらには、こうした叙述と相関関係を突き止めることにも関心をもっており、そのことで、行動様式を可能なかぎりコントロールしようとするわけである。我々のみるところ、現代心理学は、実践的問題、特に教育問題に関心をもっている。我々は、幼児や児童の知的能力を、測定条件の明確な使用法や反応の明確な類型の下に置かなければならない。個人はそれぞれ独自の特徴をもっているというのに、どのようにして、ほぼ均一な反応類型の中に位置づけることができるのだろうか。個人は他者と同じ言語をもたなければならないし、同一の測定単位をもたなければならない。さらには、自分自身の経験の背景として、一定の文化を受け継がなければならない。個人は自分を一定の社会構造に適合させなければならないし、社会構造自体を個人の一部にしなければならない。どのようにすれば、そんなことが達成できるのだろうか。我々が扱っているのは個々別々の個人であるが、しかし、これらの個人は、共通する全体の一構成員となっていなければならない。我々は、このような共通の世界と個人に特有の事象との間の相関関係を把握しなければならない。こうして我々の手にする心理学は、学習問題や学校教育問題に取り組み、人によって異なる様々な知能を、可能なかぎり共通な観点によって叙述できるように分析しようと努めている。我々が突き止めたいのは、子供が果たさなければならない課題と相関関係にありうる何かである。言葉を話すということには、ある明確な過程が含まれている。個人は何をなしうるか、そして、個人が受けなければならない特定の訓練はいかなるものか、これらを確定する際の同型の基準が、話すことの中にあるとするなら、それはいかなるものか。心理学はまた、実務上の問題、販売技術や人材の問題といった分野にまで踏み込む。心理学が扱う分野は、さらに、異常な事柄にまで及び、異常な個人に特有な事象を把握しようと努め、これを正常な個人と関連づけ、さらには、こうした異常な事象に表れる構造と関連づけようとする。ここで理解しておくと興味深いのは、心理学が、個人個人の経験とその発生条件との相関関係を把握するという問題から出発し、さらに、こうした経験の行動的観点からの叙述に取り組んでいること、同時に、心理学が、自ら見出すこうした相関関係を、訓練と統制のために実践的に用いようと努力することである。心理学は、本質からして、次第に実用科学になりつつあり、連合心理学の下、かつてのドグマとずっと結びついてきた心理学的哲学的諸問題を、今では脇に追いやっている。以上が、行動主義心理学に及んでいる影響である。

　行動主義心理学は、連合説に対峙されるべき理論ではないし、そう解釈すべきでもない。行動主義心理学が突き止めようとしているのは、個人経験の発生諸条件である。個人の経験というものは、その性質上、経験をたどるために我々が行動にまで立ち返るべく仕向けるような類いのものである。個人の経験は、心理学研究に独特の特徴を与える。歴史学とあらゆる社会科学は人間を主題とするが、しかし、心理学的主題を主たるものにしているわけではない。たとえば、経済学、価値や欲望の問題、政治学の問題、個人と国家の関係、個人の観点から考察すべき人間関係を主題とする上で、心理学は極めて重要である。社会科学はすべて、心理学的局面をもっているといってよい。歴史学は伝記に他ならない、つまり、数多くの伝記の系列である。だが、これらの社会科学はすべて、各個人を、共通の性質の中で主題化する。個人が異質なものとして際立っている場合、当の人物の考察は、その人が全体社会の中で成し遂げる事柄といった観点、あるいは、その人が及ぼしかねない破壊的効果といった観点から行われる。しかし、我々は、そもそも、社会科学者として、この人の経験自体を研究するわけではない。心理学者がまさしく取り組もうとしているのは、いかなる個人であれ、自らの生涯のいかなる時点においてももつかもしれない経験、なおかつ、そのような個人に特有の経験を主題化しうるような技法を打ち立てることである。このような経験を扱う技法は、個人の経験の発生諸条件を理解することのうちにある。可能なかぎり個人経験の発生諸条件の観点から、個人の経験というものを叙述すべく、我々は取り組むべきである。心理学者が目を向けているのは、本質的に、対象をコントロールするという問題である。もちろん、心理学には、知識のための研究という側面はある。我々は知識を増大させようと望む。しかし、知識増大の背景には、我々が手にする知識を通じて対象をコントロールしようとする試みがある。そして、極めて興味深く見て取れるのは、現代心理学がコントロール実現可能領域へとますます踏み込みつつあることである。現代心理学が成功するのは、可能なかぎり検証可能な相関関係を打ち立てることにおいてである。社会の全成員の性質の中に認めることができると同時に、しかし、特定個人の中にも確認しうる要素を、我々は個

◆19 *Die Lehre von dem Tonemphindungen: Handbuch der physiologischen Optik.*

人の性質の中に把握したいと考える。これこそ、ますます前面に押し出さざるをえない問題である。

最近の心理学については、言及しておくべきもう一つの局面がある。すなわち、形態心理学あるいはゲシュタルト心理学であり、これは、近年、関心を集めている。そこにおいて我々が見て取るのは、個人の経験に、さらには、こうした経験の発生諸条件に共通な経験の要素あるいは局面を正しく評価している点である。[20] 対象自体においてみならず、個人の経験における知覚領域においても、何らかの一般的な形態があるという。これらは確認可能である。ある色のようなものを取り上げ、これを、感覚機能の何らかの組み合わせから作り上げることはできない。個人の経験であれ、およそ経験というものの端緒は何らかの全体でなければならない。求めている要素を我々が突き止めるためには、経験には何らかの全体が必然的にともなうはずである。我々にとって特に重要なのは、個人の知覚に共通にみられる要素、さらには、このような知覚の発生条件と考えられる事象を、このように正しく評価することである。この立場と対立的なのが、我々が知覚する際に抱く全体など、独立自存の個々の要素をひとまとめにしたものにすぎないという想定の下で行われる経験分析である。ゲシュタルト心理学が我々に提供してくれるのは、個々ばらばらな要素ではなく、それとは別の要素、すなわち、個人の経験、ならびに、経験の発生条件を規定する世界、この双方に共通の要素である。以前であれば、取り扱うべき対象は、刺激であり、さらには、中枢神経系内において踏査可能な上、個人の経験への関連づけが可能な事象であった。ところが、今では、個人の経験と、経験を条件づける世界と、この双方において認識すべき何らかの構造を、我々は想定しているわけである。

行動主義心理学が表現しているのは、一つの体系であるよりもむしろ、ある一定の傾向であって、それは、可能なかぎり個人の経験の発生諸条件を叙述する傾向である。相関関係は平行説の中に表れている。平行説という言葉は、心身の区別、物心の区別を表現しているがゆえに、不適切ではある。とはいえ、刺激の全作用を中枢神経系にいたるまで隈無くたどることができるのも確かであり、したがって、我々としては、皮膚の内側の問題を取り上げた上で、有機体内の何かにまで、つまり、外部で生ずる一切を表す中枢神経系にまで立ち返ることができるように思われる。我々に影響を及ぼす光についていえば、光が我々の網膜に到達するまで、光は我々に影響を及ぼすことはない。音が耳に到達するまで、音は我々に影響を及ぼしはしない等々。したがって、全世界は、有機体自体の内部で進行する事象の観点から叙述しうるといってよい。我々が関連づけようとしているのは、一方では中枢神経系内での現象、他方では個人の経験、この両者である。

しかし、認めておかなければならないのだが、このように述べてしまうと、我々は恣意的な切断を行っていることになる。中枢神経系それだけを取り出すことはできないし、物理的対象それだけを取り出すこともできない。全過程は、刺激を端緒としつつ、出現する一切を含む過程である。したがって、心理学は、知覚の違いと刺激の物理的強度とを相互に関連づける。何かを持ち上げているとき、その重さの度合いを、我々は中枢神経によって叙述できるだろうが、これは叙述方法としては困難であろう。心理学が行おうとしているのは、こういうことではない。精神状態の変化（psychosis）を脳内神経状態の変化（neurosis）と相互に関連づけようとしているわけではないのである。心理学が試みようとしているのは個人の経験を、経験の発生条件の観点から叙述することであり、このような条件は、脳内神経細胞の変化の観点から叙述されることはほとんどない。ときには、当の過程を中枢神経系にまでたどることはできるだろうが、しかし、その発生条件の大部分を中枢神経系によって叙述することは不可能である。たとえば、自分たちが享受する光の強度によって、また、自分たちが出す音によって、我々は経験をコントロールする、つまり、熱さや冷たさが我々にどのような効果をもたらすか、こういったことを通じて、我々は経験をコントロールする。我々がコントロールするというのは、こういうことなのである。実際の有機体に対処することによって、我々はこれらの経験を変えることができるかもしれないが、一般的に我々が試みているのは、個人の経験と経験が生ずる状況とを相互に関連づけることである。こうした類いのコントロールを行使するためには、我々は一般化された形で叙述しなければならない。我々が知りたいのは、経験が現れうる諸条件である。発見可能な相関関係で最も一般的な法則をみつけることが我々の関心である。しかし、心理学者の関心は、個人の経験と関連づけ可能な類いの条件をみつけることである。我々が試みているのは、個人の経験と状況を可能なかぎり共通の観点で記述することである。これこそ、いわゆる行動主義的心理学を重要視する所以である。新たに登場し古い体系に取って代わるのが新しい心理学だというのであれば、行動主義心理学は新しい心理学ではない。

◆20 W. Köhler, *Die physischen Gestalten in Ruhe und im stationaren Zustand; Gestalt Psychology.*

客観主義的心理学は、意識を取り除こうとするのではなく、個人の知性を叙述しようとするのであるが、その際、知性が、いかに行使されるのか、そして、いかに改善されるのか、こうしたことを理解しうるような用語を用いる。したがって、当然のことながら、このような心理学は、経験の意識的側面と経験の物質的側面とを可能なかぎり接近させるような叙述を求め、あるいは、こうした経験の二つの側面を、両領野に共通の言語へと移し変えようとする。一定の物理的事実についての言語、一定の意識的事実についての言語というような、二つの言語を我々は必要としない。二元的言語を用いた分析を極端にまで推し進めるならば、次のような言い方にみられるような帰結を得ることになろう。意識に影響を及ぼす何らかの因果関係を追跡しているのであるから、意識内で生ずるものはすべて、何らかの方法で、頭脳の中で突き止められるはずであるというわけだ。ここで語られている頭脳は、観察している頭脳によって叙述されているのではない。バートランド・ラッセルが語るところによれば、自分が言及している実際の脳は、生理学者が観察している頭脳ではなくて、生理学者自身の頭脳だという〔たとえば、ラッセル『心の分析』講義Ⅶ〕。これが妥当であるかないか、これは、心理学者にとって、まったくもって取るに足らない問題である。これは、今日の心理学の問題ではない。行動主義は、ある点までは妥当であるが、限界点を超えると妥当でなくなるなどと考えてはならない。行動主義的心理学が取り組むのは、ただ、有意義で、相関関係がうまく作用するような共通の叙述を得ようとするだけである。心理学の歴史は、これまで、このような方向へ歩んできた歴史である。今日において心理学の学会で生じていることを目にするなら、さらに、心理学が他の分野に転用されている手法を目にするなら、誰でもわかるのは、心理学の問題関心、その背後にある衝動が、まさしく、科学による経験の諸条件のコントロールを可能にするような相関関係を把握しつつある点にあるということである。

「平行説」という言葉は、不適切な意味合いをもっている。この言葉は、歴史的にも哲学的にも、心的なものに対する物的なもの、無意識的世界に対する意識といった比較対照と結びついている。実際のところ、経験の何たるかを叙述する際、我々は経験の発生諸条件と対置させるだけである。「平行説」の背後にあるのはこのような事実である。相関関係の説明を達成するためには、両者の分野を、可能なかぎり共通の言語で叙述しなければならない。行動主義は、この方向へ向かって行く運動にすぎない。心理学は、意識を扱うものではない。心理学は個人の経験をその進行条件との関連において取り扱う。

この条件が社会的な条件である場合には、心理学は社会心理学となるわけである。行動様式を通して、経験へのアプローチがなされる場合には、その心理学は行動主義的心理学となる。◆21

◆21 ある種の形而上学的意味合いをさらに避けるために、ここでいっておきたい。我々は一方で、個人的であるような経験、これまで私秘性ということで言及してきた意味でおそらく私的であるような経験をもち、他方で、共通世界をもっている。こういったからといって、そのことで、存在ないし実在には、形而上学的に相互に区別しなければならない、二つの独立自存のレベルがあるということにはならない。一個人の経験として現れ、自分自身の感覚ないし知覚として現れるものの多くは、後には、公的なものになる。あらゆる発見は、それ自体、発見者の生活史の観点から叙述すべき経験を端緒としている。当の発見者は、他の人がみない例外や意味合いを記すことができるし、それらを記録することができるのは、自分自身の経験の観点からのことでしかない。発見者は、そうした例外や意味合いを、他の人が似たような経験ができるように、定型化しておき、その上で、こうした新規な事実の説明の何たるかを、解明しようと試みる。発見者は仮説を立ててそれを検証し、そうすることで、仮説は後に共有財産となっていくわけである。すなわち、心的なものと物的なもの、私的なものと公的なもの、これら二つの領域の間には、密接な関係がある。我々は両者を区別するが、同じ要因が、当初は私的にすぎないものであっても、後には公的なものになることを認識する。発見者にとって自分自身の私的な経験であるものが、普遍的形態へと不断に転換していくのは、発見者の観察を通じて、その人の仮説と実験を通じて行われる発見の作業なのである。同じことは、他の分野にもいえるのであって、たとえば、偉大な芸術家が、自分自身の情念を主題にし、それに普遍的な形式を与え、そのことで、他者が、芸術家の情念の世界へと入っていくという具合である。

『精神・自我・社会』第二部 精神

Mind, Self, and Society Part Ⅱ : Mind

第7章 ヴントと身振りの概念

我々が関心をもつ社会科学の特殊な領域は、ダーウィンの研究と、さらに洗練されたヴントによる説明を通じて切り開かれた領域である。

ヴントの平行説の叙述を採用すれば、我々は社会的経験という問題を研究しうる立場に立つことになる。ヴントが取り組んだのは、身体内部で進行し中枢神経過程によって表される事象と、個人が自分自身のものと認める経験にあってその内部で進行する事象、この両者の間に平行説が成り立つことを示すことであった。彼が発見しなければならなかったのは、この二つの領域に共通な事象、つまり、心的経験の中にありながらも物的身体的観点によって究明しうる事象であった[1]。

ヴントは、身振りという極めて重要な概念を抽出した。身振りは、社会的行為の一部として、発達の初期段階においても見出しうるが、後の段階ではシンボルとなるものとして扱われている[2]。社会的行為のうち身振り部分こそが、同一の社会的行為に関与する他の個体に対する刺激として作用する。身振りを説明する方法として、私は犬の争いを例解として使ったことがある。二匹の犬それぞれの行為は、他方の犬が反応する際の刺激となる。このとき、この二匹の犬の間には、ある種の関係が成立している。当の行為が、他方の犬によって反応を受けるにしたがって、今度は、その行為が変質を被る。一方の犬が他方の犬を襲いかかろうとするとき、まさにこの事実自体が、他方の側の犬に対する刺激となり、そのことで、他方の側の犬自身の立場ないしは身構えを変えるのである。この犬が身構えを変えると、その途端に、今度は、この犬の身構えの変化自体が原因となって、最初に襲いかかろうとした犬に対して、身構えを変化させるように仕向けることになる。ここでは身振りのやりとりが成立している。しかしながら、これらの身振りは、特定の意味を帯びているという意味での身振りではない。この場合、まさか、犬が独り言で「もし、その動物がこちらの方向からやってくれば、その動物は私の喉元目がけて飛びかかろうとするだろうし、そうなれば、私としては、あちらの方向へ逃げよう」と考えているなどと、我々は想定しはしない。ここで起きている事象は、他方の犬の向かってくる方向が契機となって、自らの形勢に実際に

◆1 *Grundsätze der physiologischen Psychologie* を参照。ヴントの精神物理学的平行説の根本的欠点は、あらゆる精神物理学的平行説にとっての根本的欠陥である。ヴントに理論上要請されている平行説は、実際のところ、心的側面において完成することはない。というのも、経験の生理学的過程のうち、〔神経伝達による〕運動の局面ではなく、感覚の局面だけが、心的なものと相関関係をもつからである。それゆえ、ヴントによって要請されている平行説にあっては、その心的側面は、生理学的側面と補完し合ってのみ完結しうるのであり、したがって〔生理学的側面と補完し合わなければ〕平行説はまったく機能しない。彼の精神物理学的平行説のもつこうした根本的欠陥が、自らの平行説を拠り所にしている社会的経験の分析――とりわけ、コミュニケーションの分析――を損なっているのである。

◆2 *Völkerpsychologie*, Vol. 1. ミードのヴント評価については、"The Relations of Psychology and Philology," *Psychological Bulletin*, I (1904), 375ff. さらに一層批判的なものとして、"The Imagination in Wundt's Treatment of Myth and Religion," *ibid*., III (1906), 393ff.。

変化が生じているということなのである。

同様の状況は、ボクシングやフェンシングにおいても見て取れる。たとえば、相手側が、フェイントをかけたり、身をかわしたりしはじめる場合が、その例である。こうなると、今度は、二人のうち、こちら側が攻撃態勢を変える。実際の攻撃が生ずる以前に、両者の間で攻撃の探り合いが相当程度行われることになろう。これは、先の犬の争いと同じ状況である。個人が試合で勝とうとするなら、攻撃と防御の大部分を長丁場で考えている暇はないのであって、即座に攻撃と防御を実行しなければならない。一方の側は、相手側の身構えに「本能的に」適応しなければならない。もちろん、この人はじっくりと考えるかもしれない。攻撃機会の可能性を切り開くために、熟慮の上でフェイントをかけるかもしれない。しかし、試合運びの大部分は、時間をかけて熟慮することなどせずに、行わなければならない。

この場合の状況では、当の行為の何らかの構成要素が他方の個体にとって刺激となり、この個体は数々の反応に適応するようになる。さらに、この適応自体が、今度は、当初の個体の刺激となって、自らの行為を変更し、前とは違った行為を開始するようになる。それぞれの行為の初動段階は、実際に発生する諸々の反応に対して刺激となっているわけであり、こうした初動段階にあるそれぞれの個体の側には、一連の身構え、つまり一連の身体運動がある。ある反応が生ずると、その初動は、他方の個体の刺激となって、この個体自らの身構えを変更し、異なる行為を採用するようになる。「身振り」という言葉は、社会的行為の初動段階を意味するといっていいだろうが、この場合の社会的行為とは、他の個体の側の反応に対する刺激のことである。ダーウィンは、このような身振りに関心をもっていたが、それは身振りが情動を表現することを理由にしていた。ダーウィンは身振りを論ずる際、大仰にも、あたかも身振りの機能は情動だけを表現するとしていたのである。ダーウィンの身振りに関する考察はこうである。身振りは、他の個体の側に即して機能を果たしていると同時に、自分自身の観察に即しても機能を果たしている。ダーウィンにとって、身振りは動物の情動を表現していた。彼は、犬の身構えのうちに、飼い主と散歩する際の喜びを見て取った。こうして、身振りに関する彼の論じ方は、大部分、このような観点によるものだった。

ヴントにしてみれば、ダーウィンの論じ方は、身振りという問題に取り組む上で妥当はものでないことを示すのはたやすかった。身振りは、根本的には、情動表現の機能を担ってはいなかった。それは、身振りが刺激であるからではなく、身振りが、様々な個体が関与する複合的行為の構成部分だからである。身振りは自分以外の個体が反応する際の道具になるということであった。身振りが一定の反応を生み出す場合、その身振り自体が、相手側の個体内で生ずる変化に対応して、変質するのであった。身振りは、〔複合的〕社会的行為を編成組織化する構成要素であり、この編成体において極めて重要な要素である。観察者が人間である場合、身振りは観察者にとって情動の表現であり、このように情動を表現する働きは、十分な信頼性をもって、芸術家や役者の制作活動領域になりうる。役者は詩人と同じ立場にいる。役者は、自分自身の態度、自分の声の調子をとおして、つまりは身振りをとおして、情動を表現している。それは、詩人が自らの詩によって自らの情動を表現し、そのような情動を他者のうちに喚起するのと同じことである。このようにして、我々は、動物の社会的行為にはみられないような機能を習得し、あるいは、我々自身の大部分の行動、たとえばボクサーやフェンシングの選手の行動にはみられないような機能を習得する。我々には、このような相互のやりとりというものがあり、このやりとりは、身振りとともに進行しつつ、情動表出という役割を果たし、他者の反応を喚起する。そして、これらの反応自体が、あらためて適応し直す際の刺激となり、ついには、最終的な社会的行為の遂行が可能となる。これに関する別の事例は親子関係の中に見出しうる。すなわち、幼児の泣き声が刺激となり、親の側では、これに応えるべく、あやすような口調が現れ、その帰結として、幼児の側の泣き声に変化が生ずる。ここには、二つの個体間で一連の適応行為が行われており、親子間では、子供をあやすことに関わる共通の社会的行為が行われているわけである。こうして、今みたすべての事例において一つの社会過程があるといってよい。この社会過程において抽出しうるのは身振りであって、この身振りは、社会過程の中で情動表出機能を有しており、情動の表出となり、後には、〔情動を超えて〕ある意味の表出、つまりは、ある観念の表出となりうる。

こうした状況で原初的なものは、異なる個体間の相互作用をともなう社会的行為の状況であり、したがって、社会過程を遂行していく際、異なる個体間におけるふるまい方の相互調整をともなう社会的行為の状況である。このような社会過程において見出しうるのは、我々が身振りと呼ぶものである。つまり、行為の中でも〔特に〕相手側個体の反応を調整することになる行為局面のことである。行為のこうした局面には、観察者にそれとわかるような身構えがともない、さらには、我々が内面的態度と呼ぶ事象もともなう。動物も怒ったり恐れたりするかもしれない。身振り行為の背後には、怒りや恐れといった情動的態度があるが、しかし、これは進行中の全過程の部分にすぎない。怒りは襲いかかるふるまいの中に表れ、恐れは逃げ惑うふるまいの中に表れる。それゆえ、身振りが意味するのは個体の側の情動的態度であり、身振りは我々にとって情動的態度という意味合いをもっていることがわかる。ある動物が怒っており襲いかかろうとしているとする。この事態は動物の行為の中にあり、動物の身構えによって示されるのがわかる。この場合、当の動物は、反省した上で襲いかかろうと決定しているという意味で、威嚇行動を伝えようとしているというわけにはいかない。人間の場合、殴るということを伝える前に、他者を殴ってしまうことはある。自分の背後で大きな音がすれば、自分が何をしているのかわからぬまま、思わず飛び退いて逃げることもある。もし、自分は飛び退いて逃げているのだという考えがこの人の心中にあるのであれば、この身振りは、観察者からみて、逃げていること意味するだけではなく、この個人がもっている考えをも意味しているわけである。ある場合には、観察者からみて、犬の身構えは襲いかかることを意味するとわかっていても、この身構えは犬の側で襲いかかろうと意識的に決定していることを意味するなどと、この観察者はいわない。しかしながら、もし、誰かが他人の目の前で拳を振り上げているのであれば、それを目の当たりにしている人の脳裏によぎるのは、拳を振り上げている人は敵対的身構えを示しているということだけでなく、この人の心中には何らかの考えがあるということである。ここで想定されるのは、拳を振り上げることが攻撃可能性を意味するだけでなく、当の個人は自分の経験の中に、ある考えをもっているということである。

さて、このような身振りが、その背後において、ある考えを意図しており、かつ、この身振りが、他者に対して、同じ考えを喚起するとき、ある特定の意味を有するシンボルが成立していることになる。犬の争いの場合であれば、しかるべき反応を引き出すことになる身振りがある。目下の場合でいえば、あるシンボルがあるといってよいが、このシンボルは、第一の個人の経験におけるある意味に対応し、かつまた、第二の個人の中に当の意味を引き起こすものである。身振りがこのレベルにまで達しているならば、それは我々が「言語」と呼ぶものになる。こうなると、身振りは、今や、ある特定の意味を有するシンボルであり、ある一定の意味を表示していることになる。◆3

身振りとは個人の行為の特定の局面のことである。ここで特定局面といっているのは、行動が社会的に進行していく過程で、他者の側に、当初の個人の行為に対する適応が生ずる局面のことである。音声身振り〔音声による何かの表示〕についていえば、この身振りが、〔経験の単なる感情的側面においては重要ではないにしても〕特定の意味を有するシンボルになるのは、次のような場合である。すなわち、音声身振りが、当の発信者に対して及ぼす効果と同じ効果を、その受け手側個人、あるいは、音声身振りに明確に応答する側の個人に対して及ぼし、したがって、当の音声身振りが、その発信個人自身の自我に対する指示をともなっている場合である。一般に身振りは、そして、音声身振りの場合は特に、社会的行動の領域内における何らかの対象を示しており、この対象は、特定の社会的行為に関与している全個人にとって共通の関心対象であり、したがって、これらの個人は、当の対象の周囲に、あるいは、対象自体に関心を向けている。身振りの果たす機能は、いかなる行為であれ一定の行為に関わっている諸個人の間で、当の行為が関与している一つのあるいは複数の対象に即して、適応を可能にすることである。特定の意味をもつ身振りあるいは特定の意味をもつシンボルは、特定の意味をもたない身振りに比べて、このような適応ないし再適応をはるかに促進する。その理由はこうである。特定の意味を有する身振りやシンボルを個人が発信する場合、一定の社会的行為にこの個人とともに関与している他の個人に対して、当の身振りに対する〔あるいはその意味に対する〕構えを呼び起こすのだが、それと同じ構えを、発信側個人に対しても呼び起こすからであり、したがって、こうした身振りは、発信側個人に対して、当の身振りに対する他者たちの構えを〔発信側行為の構成要素として〕意識させ、そのことで、その構えを考慮しつつ、他者側の行為に対して、自分が行う次の行為を調整するからである。要するに、一定の社会的行為内で相互調整メカニズムを行うとき、意識的な、あるいは特定の意味をもつ身振りのやりとりの方が、無意識的な、あるいは特定の意味をもたない身振りのやりとりに比べて、はるかに適切かつ有効に作用する。なお、ここで、社会的行為といったが、そこには、実際そうであるように、当の社会的行為を営んでいる個人それぞれによる、自分自身に対する他者たちの構えの遂行が含まれている。

いかなる社会的な行為ないし状況においてであれ、ある個人が、身振りによって、他の個人に対して、その相手のなすべきことを示す場合、発信側個人が自分自身の身振りの意味を意識しており、あるいは、自らの身振りの意味が自分自身の経験内において現れることがあるが、

◆3 "A Behavioristic Account of the Significant Symbol," *Journal of Philosophy* XIX (1922), 157ff〔本書第I篇第1章〕

それは次の場合にかぎる。すなわち、当の身振りに対する相手側の構えを発信側個人が取り、かつ、受け手側個人が、その身振りに対して表立ってはっきりとわかるように反応するのと同じ仕方で、発信側個人も、その構えに対して、表に現れない形で反応する傾向をもつ場合である。身振りが、特定の意味をもつシンボルになるのは、次の場合である。つまり、当の身振りが、他の諸個人、つまり、身振りが向けられている諸個人に対して、表立ってはっきりとした反応を喚起する、あるいは、喚起すると想定され、かつ、その身振りが、発信側のうちに、同じ反応を表に現れない形で喚起する場合である。さらにいえば、社会過程内で行われる身振りのやりとりすべてにおいて、（様々な個人間という意味で）外的であろうと、（ある個人の自分自身に対するという意味で）内的であろうと、発信側個人が、その身振りに関わる意味の内容と流れについて意識しているかどうかは、自分自身の身振りに対する他者の構えを、発信側個人がそのように受け取ることにかかっている。このようにして、あらゆる身振りは、一定の社会集団ないしコミュニティ内において、特定の行為ないし反応を表すようになる。つまり、受け手側個人には、表立ってはっきりと呼び起こし、発信側個人には、表立たない形で呼び起こすような行為ないし反応を意味するようになるわけである。身振りが表すこうした特定の行為ないし反応こそが、特定の意味を有するシンボルとしての当の身振りの意味なのである。特定の意味を有するシンボルとしての身振りによってのみ、精神もしくは知性の存在が可能となる。というのも、特定の意味を有するシンボルとしての身振りによってのみ、思考が発生しうるからである。ここで思考といっているのは、そのような身振りによって、個人自身が自分自身に対して語りかける、内面化された、あるいは、暗黙の対話のことにすぎない。社会過程において我々が他の個人と行う外面的な身振りのやりとりを、我々自身の経験の中に内面化することこそが、思考の本質である。このように内面化された身振りが特定の意味を有するシンボルであるのは、このシンボルが、当該社会ないし社会集団内の個々の成員すべてにとって同じ意味を有するからである。すなわち、こうした身振りは、身振りに反応している個人それぞれに何らかの構えを喚起するが、それと同じ構えを、身振りを発している側の個人それぞれに喚起する。そうでなければ、個人は身振りを内面化できないだろうし、身振りとその意味を意識することもできないだろう。後にみるように、精神や意識の生成と存在の原因として作用する同じ手続き――すなわち、ある個人の自己に対する、あるいは、自己自身の行動に対する他者の構えを取り入れること――は、同じく、特定の意味をもつシンボルないし特定の意味をもつ身振りの発生と存在を必然的にともなう。

ヴントの理論の場合、個人における身振りと、情動や知性的構えとの間に平行関係が成立するからこそ、相手側の個人においても、同様の平行関係が成立しうる。当初の身振りは、他の個人の側にも一定の身振りを喚起し、それが同じ情動的な態度ないし同一の観念を引き起こし、あるいは、喚起することになる。こうした事態が起こるところでは、それぞれの個人は互いに対話を始めるようになっている。先に私が言及したのは、特定の意味を有するシンボルも身振りもともなわない、そのかぎりでの身振りのやりとりであった。犬は互いに対話したりしない。犬の心中には観念というものはないし、犬が、相手側の犬に、何らかの観念を伝えようとしているなどと我々は想定しない。しかし、人間の場合には、もし、個人の身振りが、身振りと平行して、何らかの心的状態、つまり、当の個人がこれから行おうとしていることについての観念をもっているのであれば、さらには、もし、この身振りが、相手側個人のうちに同様の身振りを喚起し、同様の観念を呼び起こすなら、その身振りは、特定の意味を有する身振りとなる。この身振りは、両者の心中にある観念を表している。

ヴントの平行説を受け容れるとすると、この分析を遂行する場合、ある種の困難が現れる。ある人が誰かの目の前で公然と拳を振り上げれば、それは、我々がいう意味で、一つの身振りであり、相手側にある種の反応を引き起こす行為の初動段階である。相手側の反応は様々でありうる。拳を挙げた人の体格にもよるだろうし、相手側の方も拳を振り上げるかもしれないし、場合によっては、逃げるかもしれない。数多くの様々な一連の反応が可能である。言語の起源に関するヴント理論を完成するためには、当初の個人が用いる身振りは、ある意味で、相手側個人の心中に同じ観念を呼び起こすように、相手側個人の経験の中で再生されねばならない。ここで、言語生成の端緒段階と生成以後の段階とを混同してはならない。確かに、犬の身構えをみると途端に、この構えは襲いかかろうとしているのだと我々はいい、あるいは、ある人が椅子を探しているのをみると、それは、彼がすわりたがっているということだと、我々はいうが、これは正しい。当の身振りは、こうした〔推論思考〕過程を意味する身振りであり、その意味は、我々が目にすることによって喚起される。しかし、我々の想定では、このような言語発達の端緒段階に我々はいるはずである。仮に、ある物的状態に対応する何らかの心的状態があると想定するのであれば、いったい、どのようにして、当の身振りが他の個人の構えのうちに同じ身振りをまさに喚起するようになる局面に、我々は到達することになるのだろうか。言語生成の端緒段階にあっては、他者の身振りが意味するのは、それを目にしている側の個人が、今にも、その身振りに対応しようとしている事柄である。当初の身振りが意味しているのは、これを目にした側の個人が考えている事柄ではないし、この個人の情動でもない。身振りを発した側が怒りから襲いかかろうとしており、それを目にしている側に恐怖が生まれているとしよう。この場合、身振りを目にしている側が心中に抱くのは、怒りではなく、恐怖である。目にしている側にしてみれば、当初の身振りが意味するのは、あくまで恐怖である。これこそが、言語生成の原初的状態なのである。大きな犬が小さな犬を襲う場合、小さい方は、しっぽを巻いて逃げるだろうが、しかし、当初の身振りが相手側に喚起するのは、最初の個体の側で当初の身振りが行ったことではない。反応というのは、一般的にいって、社会的行為における刺激とは種類が異なる。つまり、反応は、刺激がもたらす行為とは異なる行為を喚起するのである。当の社会的行為に対応する何らかの観念があると想定するならば、受ける側としては、その行為の後の段階で、最初の個体が描いた観念を得たいと思うだろうが、しかし、そもそも、得たいと思う観念は、受ける側の個体自身がもつ観念であり、何らかの目的に応じようとするものである。身振り「A」が、これに対応する観念「a」をもつとしよう。この場合、身振りを発する側の身振り「A」は、これを受ける側において、身振り「B」を、そして、これと関連した観念「b」を引き起こす。この受ける側において、身振り「A」に対応する観念は、観念「a」ではなく、観念「b」である。このような過程が、一方の個人の心中に、相手側個人の有する観念そのものをもたらすことなどありえない。

ヴントによるコミュニケーションの心理学的分析に立つ場合、任意の身振りがなされているとして、これに対応する側の有機体は、いかにして、当の身振りを発している側の有機体がもつ観念と同じ観念ないしは心的相関関係を得るのか、あるいは、経験するのか。ヴント説の困難は、社会過程内のコミュニケーションを説明するために、自我を、当の社会過程に先行するものとして前提している点にある。だが、実際はといえば、逆であって、自我は、社会過程によって、そして、コミュニケーションによって説明しなければならない。そして、個人個人は、コミュニケーション、あるいは、異なる個人の精神のやりとりが可能となる以前の段階において、当該社会過程内で本質的な関係を取り結んでいなければならない。身体は、それ自体、自我ではない。身体が自我となるのは、社会的経験という文脈の内部で精神を発達させきった場合においてのみである。ヴントが思いつかないのは、経験の社会過程内において、かつ、この過程によって、自我と精神の存在と発達を説明することである。ヴントは自我というものを先行的に前提し、これが社会過程さらには社会過程内コミュニケーションを可能にすると考えている。このような前提の置き方は、ヴントの社会過程分析の説得力を削ぐものである。というのも、ヴントが行っているように、精神の存在を端緒として前提し、これをもって、経験の社会過程を説明し、あるいは、可能にすると考えるなら、精神の起源、および、精神の持ち主同士の相互作用は神秘的なものとなるからである。他方で、しかし、もし、経験の社会過程を、精神の存在に（何らかの基礎的形態で）先立つものと理解し、精神の起源を、社会過程内にある諸個人同士の相互作用によって説明するなら、精神の起源のみならず、精神の持ち主同士の相互作用もまた、神秘的ないし超自然的にみえることはなくなる（ここで、相互作用といったが、これは精神の性質に内在し、精神の存在と発達によって、ともかくも、前提されるように思われる）。精神が発生するのは、社会過程あるいは経験の文脈内の身振りのやりとりによるコミュニケーションを通じてであって、コミュニケーションが精神を通じて発生するのではない。

こうしてみると、ヴントは重要な事実を見落としているのであって、それは、コミュニケーションこそが、いうところの「精神」の本質にとって根本的であるということである。さらにいえば、他でもなくこの事実を認めることのうちにこそ、精神の行動主義的説明の価値と利点が主に見出されるのである。それゆえ、ヴントのコミュニケーション分析は、コミュニケーションを取り交わすことのできる精神の存在を前提しており、ヴントの心理学に基づくかぎり、このような精神の存在は依然として説明不可能な神秘にとどまる。他方で、コミュニケーションの行動主義的説明は、このような前提を置くのではなく、その代わりに、コミュニケーションと社会的経験によって、精神の存在を説明し明らかにする。精神を、コミュニケーション過程、一般的には社会的経験の過程から発生し発達してきた現象として理解すること——つまり、社会過程により前提されたものとしてではなく、社会過程を前提とする現象として理解すること——によって、行動主義的分析は、精神の本質に真の光を与えることができるのである。ヴントは、身振り（ないしシンボル）と観念、感覚的過程と心的内容といった二元論ないし分割を保持しているのだが、その理由は、自らの精神物理学的平行説のために、この二元論に身を委ねてしまうからである。ヴントは、社会的行為内のコミュニケーション過程によって両者の間の機能的関係を確立する必要性を認めているのであるが、しかし、こうした機能的関係を彼の心理学的基礎に基づいて確立したところで、そのような類いの関係だけでは、社会的経験の文脈が精神の存在と発達に対してもつ関連を明らかにすることなど、まったくできないだろう。このような関連を解明するのは、唯一、コミュニケーションの行動主義的分析によってのみ、つまり、行動主義的分析の帰結として導かれるコミュニケーションの観点から精神の本質を叙述することによってのみである。

第8章 模倣と、言語の起源

ヴントの難点はこれまで模倣概念によって解決されてきた。ある人が目の前で拳を振り上げると、それをみた人は、振り上げている人を模倣するというのが真だとしよう。その場合、もちろん、拳を目にした人は、拳を振り上げた人の行っていることを、そのまま行っているのであろうし、その人が抱いている観念と同じ観念を抱いているということになろう。実際、反応が社会的行為における刺激と同じである場合もあるにはある。しかし、一般的にいって、反応と刺激は異なる。それでも、これまでのところ一般的に想定されているのは、何らかの個体は相互に模倣し合うということである。模倣という問題、そして、模倣が行動様式において果たす役割については、今まで数多くの研究がなされてきた。特に下等動物の場合、そうである。しかし、こうした研究の結果は、高等動物の行動様式においてさえ、模倣を軽視するというものであった。これまでのところ、猿は最も模倣したがる動物であるとされているが、科学的研究によれば、これは根拠のない話であることがわかっている。猿は極めて迅速に学習するが、模倣するわけではない。犬と猫についても、こうした観点から研究がなされてきたが、ある個体の行動様式が、他の個体に同じ行為を喚起するのに役立つことは、これまで確認されていない。

人間において、音声身振りの場合には、つまり、言語に関するかぎり重要な身振りの場合には、模倣というものがあるように思われる。だから、特に言語学者は、心理学者が言語学者以上に正確な分析に到達する以前は、我々は耳にする音を模倣するという仮定に立っていた。このことは、さらに、ある種の動物の場合にあっても、特に鳥のように比較的豊かな音声分節能力を発揮する動物の場合、十分な証拠があるように思われていた。スズメをカナリアの近くで飼うことで、カナリアを模倣するよう、スズメに教え込むことができる。オウムは「話す」ことを学ぶ。我々がみるように、これは純粋な「言語能力」ではない。というのも、オウムは観念を伝えているわけではないからである。しかし、オウムは周囲で発せられた音を模倣するという言い方は、ごく一般的になされる。

人間心理学において、全般的本能としての模倣は今では疑われている。人間には、他者が行うことを目にして、それを行おうとする明確な衝動があるというように想定されていた時代も、かつてはあった。子供の場合、外見上は模倣が多くみられる。また、未開人にあっては、模倣としかいいようのない言語能力もある。知性に欠けるとみなされている人の場合、どういう意味なのかもわからぬまま、繰り返し言葉にする人もいる。これは、聞こえてくる音をありのままに繰り返しているわけである。しかし、なぜ、個体はこのように模倣しなければならないのか、疑問は未解決のままである。模倣には何か理由があるのだろうか。あらゆる行動様式には、その背後に、何らかの機能があると我々は想定する。では模倣の機能とは何なのか。一見したところ、幼い個体の発達過程に答えがあるようにみえる。子ギツネは、親といっしょに歩き回り、親とともに狩りをし、食用に適した動物に関して取捨選択することを学ぶ。子ギツネは、元々、人間の臭いに対する嫌悪感をもっているわけではないが、年老いたキツネと過ごすうちに、やがて、人間の臭いを嗅ぎつけると逃げ出すようになる。この場合、一連の反応が特定の刺激とはっきり結びつくようになっている。子ギツネが親ギツネと歩き回るならば、このように本来的にもっていた反応が、一定の明確な刺激と結びつくようになるわけである。極めて一般化された意味において、キツネは親を模倣し、人間を避けるという言い方が可能である。しかし、こういう言い方をしたからといって、それは、模倣という自動的な行為として逃げ出すという意味ではない。子ギツネは、逃げ出すという状況のうちに置かれているのであって、人間の臭いがする場合には、この臭いは、逃げ出すという反応と明確に結びつくようになる。下等動物にあって、どんな子供も単に大人の行為を模倣しているだけではない。そうではなくて、子供は、幼児期の間に、多かれ少なかれ本能的な反応の組み合わせと一定の刺激の組み合わせとの結びつきを身につけるのである。

以上の観察と補足条件は、後にみるように、模倣という考えがしばしば用いられてきた際の疑わしい意味を正当化するものではない。「模倣」という言葉は、社会心理学や社会学において、一時は、極めて重要な意味をもつようになった。この言葉は、フランスの社会学者ガブリエル・タルドによって、社会学理論全体の基礎として用いられた◆4。心理学者は、当初、十分な分析をすることなく、人間には、他の人間がすることを行う傾向があると仮定した。今では、この種のメカニズムを明らかにするのがどれほど難しいか、わかろうというものである。他人がウィンクをするからといって、なぜ、ある人がウィンクしなければならないのだろうか。いかなる刺激が原因となって、当人以外の人がウィンクするようになるのだろうか。ウィンク以外のことをしている別人の視覚がそうさせているとでもいうのだろうか。こうした想定は不可能である。

ヴントの平行説には、彼が言語を説明する際の根拠がみられる。ヴントは、個体の行動様式にとって何らかの意味を有する物理的状況を想定していたが、他方でまた、何らかの意味で生理学的あるいは生物学的価値の表出であるような諸々の観念の心的複合態を想定していた。彼の課題は、このような状況から、特定の意味を有するコミュニケーションとしての言語を析出することである。

これまで言及してきたように、身振りのやりとりで表現されるような状況というものがある。つまり、行為の何らかの局面が、当の行為に関与する個体に対して刺激となっており、その個体に、当該行為における自らの役割を遂行させるような状況である。さて、この行為のうち、社会的活動内の他の個体たちにとって刺激となっている部分は、身振りである。身振りとは、それゆえ、行為にあって、他の個体に及ぼす影響をもたらす部分のことである。こうした身振りは、ある意味で、それが他の個体に影響を及ぼすかぎりでの行為を表している。たとえば、握り拳のような暴力の脅威は、相手側の個体に対しては、防御するか逃げるかといったことにつながる刺激である。握り拳には、防御する逃げるといった行為それ自体の意味合いがともなう。ここでいっている意味合いとは、反省的意識という観点からみたものではなく、あくまで、行動という観点からみた意味合いである。観察者にとって、このような身振りは、危険、ならびに、この危険に対する個人の反応を意味している。それは、ある種の行為を喚起する。ここで、意識というものを前提し、この中に、感覚形態をとった刺激だけでなく、ある観念も現れるとするなら、心の中には、このような刺激が表れる感覚が存在し、握り拳という視覚像、これに加えて、攻撃という観念が存在するわけである。握り拳がこのような観念を喚起するかぎりにおいて、それは危険を意味するといってよい。

　今や問題は、観念とシンボル自体とのこうした関係を、身振りのやりとりの中で理解することである。先に指摘したように、このような関係は、闘ったり逃げ出したりといった、その場で直接示された反応のうちにあるわけではない。こうした関係がその場に現れるにしても、身振りのやりとりに関するかぎり、ある種の行為は別の種類の行為を相手側の個体のうちに喚起する。すなわち、いってみれば、当該の脅威が闘いをもたらすのである。逃げ出すという観念は、襲うという観念ではない。身振りのやりとりにあっては、様々な個体の行為をともなう全社会過程への準備態勢というものがあり、身振りは、当の行為の構成要素であり、自分以外の個体たちを刺激するのに役立つ。身振りは、当の身振り自体とは異なる行為を喚起する場合もあるが、反応の方は一般的に刺激自体とは異なる。子供の泣き声は、母親側のあやすという反応を喚起する。一方の側が不安であるのに対して、他方の側は保護つまり配慮である。こうした反応は、いかなる意味でも、泣く側の行為と同じではない。ヴント派のいう意味で、観念、つまり、ある特定の刺激に反応する心的内容というものがあるとしても、その場合の観念は反応の中に反映されるものではないだろう。

　おそらく言語が伝えているのは、様々な個人の経験の中である程度一致している一定の内容に対応する一連のシンボルであると思われる。そのようなものとしてのコミュニケーションがありうるとすれば、シンボルというものは、当該諸個人すべてにとって同じ事物を意味していなければならない。当の刺激に対して、多くの人が異なる反応をするのであれば、その刺激はその人たちにとって異なる事物を意味している。多くの人が一緒に重いものを持ち上げているとき、人それぞれ占める位置が異なる。もし、それが異なる種類の反応を要する協働過程であるなら、ある個人の側における行為の要請は、他の人々に対しては別の反応を喚起する。身振りのやりとり

◆4　*Les lois de li'mitation.*『模倣』。

は、異なる個人すべてにとって普遍的な意味内容をもつシンボルをともなうわけではない。身振りのやりとりは、普遍的な意味内容がなくても、極めて有効でありうる。というのも、一個人が与える刺激は、集団内の諸個人に対して異なる反応を喚起するのに適切な刺激になりうるからである。各人が適切に対応しうるように、個人個人が特定の刺激に対して相等しい意味を与えるなどということは、絶対に必要なわけではない。人々が群衆の中に入り込み、あちこち様々な方向へ動くとしよう。人々は、自分たちに向かってくる人々に対して、いわば、無意識のうちに適応する。人々はお互いに聡明に動く。そして、おそらく、人々はみな、まったく違ったことを考えているが、しかし、他人の身振りのうちに、つまり各自の身構えと身動きのうちに、様々な反応をとりうるような適切な刺激を見て取っている。このことが示しているように、すべての人にとって同じ事柄を意味するようなシンボルなど何もなくても、身振りのやりとりがあることで、協働的活動が生ずることになる。もちろん、そのような条件下で聡明な個人が、こうした身振りを、特定の意味を有するシンボルに翻訳することは可能である。しかし、その種の言葉に翻訳するために、わざわざ立ち止まる必要はない。このような普遍的な論議〔領域〕は、協働的行動様式における身振りのやりとりにとって、必要不可欠なことではけっしてない。

このような協働的行動様式は、おそらく、蟻や蜂の中にみられるものとしては唯一のタイプの行動様式であろう。蟻や蜂の社会のように極めて複合的な社会においては、様々な個体間に何らかの関係が成立しており、それは、多くの点で人間の行動と同じくらい複合的なものである。一部の大きな蟻の巣の中には、多数の個体からなる様々な社会があり、こうした諸々の社会は、それぞれの機能ごとに様々な集団に分かれている。ある個体の行為に対して刺激となるものは、別の個体に対しては異なる反応をもたらす。協働的活動があるわけである。しかし、こうした昆虫の行動様式には、何か特定の意味を有する言語を示す証拠となるものはない。もちろん、昆虫社会は、多大な作業がなされなければならない領域であるが、しかし、それでも、特定の意味を有するシンボルを示す証拠は、これまでのところない。

ここで、以上に示した二つの状況を明確に区別しておきたい。特定の意味を有するシンボルなどまったくなくても、意味それ自体をまったく提示していなくても、動物の行動様式の中には、我々が用いる意味で高度の知性があるといってよい。必要不可欠なのは協働的活動であり、その結果として、ある個体の身振りが他の個体に対して適切な反応を喚起する。だが、ある個体の身振りが他の個体の側に極めて様々な反応を喚起することはありうるにしても、特定の身振りに対して、相異なる個体すべてが共通の意味を与えることなど、ありそうにもない。蟻にとって餌を意味する共通のシンボルなどというものはない。餌は数多くの事物を意味しているのであって、それは、集めなければならないものであり、貯蔵しておかなければならないものであり、働き蟻によって運ばれなければならず、闘い蟻の口の元に置かなければならないものである。餌それ自体を意味する何らかのシンボルが存在するという証拠はない。餌がみえており、その臭いがし、どこかに置かれていることが、一定の反応を引き起こすのである。一匹の蟻が餌となる対象を手に入れ、よろよろ歩きながら、それを巣まで持ち帰る。後になって、この対象は、食べるべき事物になる。つまり、この対象は、一連の諸々の活動を意味しているわけである。たどった道に残されている臭いは、その道をたどる他の昆虫にとって一つの刺激ではあるが、そのような昆虫の集団にとって「道」を意味するシンボルは何もない。巣の中に仲間以外の個体の臭いがするなら、それは、他の個体たちからの襲撃を意味する。しかし、よそ者の蟻であっても、巣から出てきた蟻の分泌粘液に覆われ、中に囚われているなら、その個体がどれほど大柄であろうと、襲撃はないのである。この臭いは、それ自体では、敵を意味しない。以上の二つの状況を比較してみよう。一方において、高度に複合的な社会的活動があり、そこでは、身振りが、集団全体の適切な反応を誘発する刺激となっているだけである。他方、人間の状況においては、これとは別の反応があって、この反応は、集団の全成員にとって同じ意味を有する特定のシンボルないし特定の身振りによって伝えられる。人間の状況において、敵の叫びは、攻撃を誘発する刺激にとどまらない。それは、民族を異にする人がいるということ、異なるコミュニティに属する人がいることを意味し、戦闘が続行中であることを意味する。それは、あらゆる個人にとって同じ意味をもっており、その意味は一連の異なる反応を伝えている。

既に述べたように、ヴントの観点にとっての課題は、今みた第二の性質を、より原初的な身振りのやりとりの中で、あるいは、身振りのやりとりによって伝えられている行動様式の中で理解することである。ある集団の様々な成員において、単一の刺激（観察者からみて単一の刺激であるもの）に対して知的な反応があるからといって、それだけでは、コミュニケーションをともなっているとはけっしていえない。では、人はどのようにして正真正銘の言語に到達しうるのか。ヴントが出発点としている前提は、何らかの刺激に反応する心的諸条件というものがあり、さらには、こうした条件同士の間に何らかの関連性があるというものである。何らかの光景、臭い、特に音は、何らかの観念と結びついている。ある人が何らかの音を発しているとして、もし、その人の心中に何らかの観念があり、その人が用いる身振り、たとえば音声身振りが、相手側に同じ身振りを喚起するのであれば、相手側の身振りは、その人に同じ観念を喚起する。たとえば「敵だ」という言葉によって、敵対的反応が引き起こされる。さて、私が「敵だ」といえば、これを聞いた人の心中には、私の心中に喚起されるのと同じ反応が喚起される。この場合、我々は、共通の意味を有する特定のシンボルをもっているということになろう。当該集団の全成員の成り立ちが、特定のシンボルが共通の意味をもつようになっているのであれば、特定の意味を有するするシンボルによるコミュニケーションの基礎が成立していることになろう。

以上のような分析の難点については、これまで言及してきたところである。つまり、ある特定の身振りが他の個人に対して同じ身振りを喚起するという難点である。これは、たとえ、当初の特定身振りが示すものと同じ観念が、他の個人において同じ音声身振りと結びついているると想定しても、やはり難点である。たとえば、「敵だ」という言葉が敵意を意味すると想定しても、どのようにして、ある人が「敵だ」といい、それを聞いた相手側もまた、同じように「敵だ」というような状況が生じうるのか。ある人が「敵だ」といっても、闘う個人もいれば、逃げ出す個人もいる。この場合、「敵だ」という音声に対応する指示内容が二つあって、両者は異なるということである。我々が理解したいのは一つの刺激のことであり、それは何らかの心的内容を有しており、他者の側にも同じ刺激を喚起し、したがってまた、同じ内容を喚起するということである。こうした過程の起源は、さえずり合う鳥同士にみられるかもしれない。ある刺激は、それを感知した側の個体の行動様式の中に、同じ刺激を喚起するように思われる。もちろん、このような鳥同士の中にある心的随伴事象が何であるのか、我々にはわからない。しかし、我々人間の経験の中にあるのと同じ意味内容を鳥がもっているわけではないだろうと述べることは可能である。オウムが伝えようとしているのは、我々にとって文が意味するようなことではない。しかしながら、既に示したところであるが、カナリアのさえずりは、スズメによって取り入れられる。このように一見したところ模倣にみえる過程については、いずれ詳細に議論しなければならない。

先に主張したように、各個体の側には相互に模倣し合う一般的傾向を示す証拠はまったくない。そのような傾向を叙述しようと試みても自ずと挫折する。このような試みが意味するのは、他の人々が行っているのと同じことを行う性向が我々にはあるということであり、また、これらの傾向は、我々の性向のうちにあるだけではなく、他の人々が行っていることを示す何らかの特定の刺激に付随しているということであろう。ある人が何かを行っているとして、それが目に入れば、他の人々にとっては、同じことをする刺激となるだろう。この場合、我々が想定しなければならないのは、この人が行っていることは、既に、模倣する個人の性向のうちにある一つの反応だということである。このように想定すれば、おそらく、我々の性向のうちには、既に、この種の活動すべてが備わっており、これらの活動は、同じことを行っている他の人々の姿がみえれば、それによって、喚起されるということになるかもしれない。だが、このような想定は完全に不可能である。

心理学者が模倣を分析するようになると、模倣〔の範囲〕を、人々がたまたま同じことをしている領域に限定した。ある人が走っているなら、その人は、他の人が同時に走るような刺激を喚起しているのかもしれない。ある動物が実際に走っているのがみえれば、それは、他の動物も走るように刺激していると我々は想定する。こうした想定は、群れをなして生活している動物を保護するにあたって、極めて重要である。牧草地で草を食む牛は、すべて群れをなして歩き回る。一頭だけにしておくと、神経質になり、草を食べなくなるが、他の複数個体と一緒にしておくと、再び正常に戻る。群れの中にいれば、一頭でいる場合よりも、いつもしていることを一層速やかに行う。群れをなして動き回る傾向は、ありえない類いの本能ではない。というのも、特定の方向へ動く動物は他の動物にとって刺激となるはずだと我々は考えることができるからである。個体自体の行為において具現化されているものを約言していえば、以上が、「群棲」本能の中にあることのすべてである。群棲動物は、同一集団内で他の個体と一緒にいると、一頭でいるときよりも正常に行為する。孤立している場合よりも、よく餌を食べるわけである。しかし、身近にある何か特定の行為ということになると、見出しうるのは、せいぜい、当の動物は同じ方向に動く傾向があるということだけである。この傾向があるから、群れの中で突発的に一斉に群行動をとるということになるのだろう。この種のものが、いわゆる「見張り番」に関わっているのである。ある個体が、他の個体よりも多少とも敏感である場合、自分の頭をもたげて走り出すと、他の個体も、この個体と一緒に動き出す傾向をもっている。もちろん、これは、写し取るという意味での模倣ではない。というのも、ある個体が他の個体を写しているわけではないからである。当の個体は、他の個体が走り出すときに、走り出すという傾向があるだけである。今、猫が一匹、迷路学習用のボックスに入れられており、レバーを動かすことで猫がドアを開けられるようになるまで訓練を施し、十分な頻度でこれを繰り返したとしよう。そうすると、この猫は真っ先にこのレバーを動かすようになるだろう。今度は、別の猫を同じボックスに入れ、最初の猫をみることができるようにしておく。だが、この新しい猫は同じ動作を模倣しないだろう。ある動物が行うことが刺激となって、別の動物が同じ動作をするようになる証拠はない。

しかしながら、人間同士の間には模倣する傾向があり、とりわけ、音声身振りを再現する傾向があるように思える。後者の傾向については、人間同士のみならず、鳥同士の間にもみられる。特殊な方言が話されている地域に行って、そこにしばらく住んでいると、自分がその地域の方言を話しているのに気づくはずである。たとえ、そのようにしようと望まなかったとしても、何かのせいで、そうなるのだろう。これを最も単純に表現するなら、無意識のうちに模倣しているという言い方になる。同じことは他にもあって、様々な口癖にあてはまる。ある人のことを考えていると、あたかもその人の口ぶりと同じように、自分でも話しているのに気づく。これはよくあることである。個人の口癖というものは、いかなるものであれ、その人のことを考えているときに自分でもつい真似しがちな口癖のことである。これがいわゆる「模倣」である。興味深いことだが、下等動物の場合、事実上、そうした行動を示す徴候はない。カナリアがさえずるようにスズメをしつけることはできるだろうが、しかし、その場合、スズメに絶えずカナリアのさえずりを聞かせるようにしておかなければならない。こういうことは、たやすく生ずるわけではない。口真似をする鳥マネシツグミであれば、他の鳥の鳴き真似を始めるようである。このように鳴く能力が特別に生まれつき備わっているのだろう。しかし、一般的にいえば、他の個体の鳴く過程を取り入れることは、下等動物の場合、生まれつきのものではない。模倣能力は人間に固有のものと思われる。この場合、人間は、ある種、独立した意識的存在者にまで達しているといってよい。

しかし「模倣」だけでは、言語の起源という問題を何ら解明しない。我々が立ち戻るべきは、同一の意味のもつ何らかのシンボルに我々が到達しうる場面状況であって、単なる模倣本能それ自体から、そのようなシンボルを引き出すことはできない。身振りが他の有機体において同一の身振りを喚起するといった一般的傾向を示す証拠はないのである。

他の有機体が行っていることを目にしたり耳にしたり

することで、ある有機体の側がこれを再現する単なる傾向を模倣と呼ぶとしても、このような模倣が無意識のうちに起こるなどということは、身体機構上、ありえない。たとえ想定上であれ、有機体が自らの身体的成り立ちからして、有機体の目や耳に届く光景や音声の一切が契機となって、有機体の側にある種の性向が喚起され、目にしたこと耳にしたことを視聴覚上の経験領域において再現するようになるなどと考えるのは不可能である。このような想定を可能と考えるのは、古くさい心理学だけである。今、仮定として、精神は諸々の観念から成り立っており、我々の意識的経験の性質は対象に関する一連の印象にすぎず、人間は、こうした印象に対して、いわば神経運動上の性向を適応させているとしよう。人によっては、こうした事態を思い描いて、これは目や耳に入ってきた対象を再現しようとする人間の性向であると考えるかもしれない。だが、個体の生命活動に不可欠な過程を遂行する一連の行為を有機体のうちに認めるならば、そして、知覚経験あるいは感覚経験をこうした図式にあてはめようとするなら、すぐに気づくはずである。知覚経験は、我々からすれば反応に対する刺激と呼びうるが、単にみたもの聞いたものを再現するだけの刺激ではありえない。知覚経験とは、むしろ、有機体にとっての生命過程を遂行するための刺激なのである。動物は食物に目をやり、その臭いを嗅ぎ、敵の気配を耳にする。親は子供に目を配り、子供の声を注意して聞く。自ら属する種にとって不可欠な有機体の生命過程を遂行する生命個体にとって、これらはすべて刺激である。これらの行為は、単独の有機体に収まる行為ではなく、動物たちが群れをなして行動を共にする協働過程に属するものであり、個体群の生命にとって不可欠な諸々の過程を遂行しているのである。模倣という特殊な衝動を、このような単独有機体行為という枠組みにあてはめることはできない。こうした協働過程を理解しうるようなメカニズムを提示しようというのであれば、中枢神経系がもつ複雑さをもってしても不適切であろう。そのようなことをする人は、ガリバー旅行記の登場人物の一人のように、何も話さないで無駄口をたたかぬようにしておきながら、そのくせ、話したいこと一切を袋に一杯詰め込んで持ち歩こうとするような状況に陥ることになろう。取りうる様々な行為を中枢神経系によって表そうとするのであれば、いわば、そうした行為が詰まった巨大な袋を持ち歩かなければならないだろう。しかしながら、模倣を〔言語発生のための〕原初的な反応とみなすわけにはいかない。

第9章 音声身振りと、特定の意味を有するシンボル

模倣概念は音声身振りの領域で極めて広く用いられてきた。そこでは、ある一定の有機体の側に、耳に入ってくる音声を再現する傾向があるように我々には思える。人間も、言葉を真似る鳥も、その例である。しかし、ここでも、「模倣」には、即座に真似る傾向はほとんどない。というのも、歌を再現するように鳥をしつけ、あるいは、幼児が人間の音声上の身振り〔音声による何かの表示〕を取り入れるようになるには、かなりの時間がかかるからである。音声身振りは、ある種の反応に対する刺激であるが、動物が耳にする音を声に出すよう仕向ける単なる刺激ではない。もちろん、鳥の場合、聞こえてくる音声を単に繰り返すということであれば、そこまで到達しているような状況に置かれることもありうる。鳥の発する一つの音声が別の音声を呼び起こすと仮定すれば、鳥が最初の音を耳にするとき、その鳥は二番目の音でもって反応することになる。なぜ、あるさえずりが別のさえずりに応答するのかを問うのであれば、当の音声身振りが、生理学上、他とは区別された意味を有するような何らかの過程を調べてみなければならないだろう。一例として、鳩がクークーと鳴く過程が挙げられる。ここでは、あるさえずりが、相手側に対して、別のさえずりを喚起する。これは身振りのやりとりである。ここでは、ある一定のさえずりによって表現されている一定の構えが、これに呼応するさえずりをともなう別の構えを喚起する。もし、個体が、相手側に対して喚起するのと同じさえずりを、自らのうちに喚起しようとするならば、その個体は相手側がふるまうのと同じようにふるまうにちがいないし、当の特定のさえずりを再現するためには、相手側が用いるさえずりを、当の個体も用いるにちがいない。そこで、隣り合わせの鳥籠にスズメとカナリアを入れておき、一方の鳴き声が一連のさえずりを他方の側に喚起するようになっているとして、カナリアが発する

ようなさえずりをスズメの方も発しているなら、この場合の音声身振りは、多かれ少なかれ、同じタイプの音声身振りにちがいないとわかる。このような状況下にあると、スズメは自身の発声過程で、カナリアが用いるさえずりを用いるわけである。スズメはカナリアに影響を及ぼしているだけではない、自身のさえずりを耳にする中で、自分自身にも影響を及ぼしているのである。スズメが用いているさえずりがカナリアのさえずりと同じであるなら、スズメ側のさえずりが自身のうちに喚起する反応は、カナリアが自らのうちに喚起している反応である。これこそ、いわゆる「模倣」説を採用する際に強調されてきた状況である。スズメとカナリアの音声レパートリーに共通するさえずりをとおして、スズメがカナリアの音声身振りを実際に用いている場合、スズメには、カナリアのさえずりによってもたらされる反応と同じ反応を、自らのうちにもたらす傾向があるといえるだろう。それゆえ、このような傾向があることで、スズメの経験において、この特定の反応は一層重要なものとなる。

スズメの発する音声身振りが、カナリアによる同じさえずりとしてスズメの耳に入ってくるものと同じであるなら、スズメ自身の反応は、この場合、カナリアのさえずりに対する反応と同じものになるのがわかる。これこそが、音声身振りに対して特別な重要性を与える。つまり、これは社会的刺激の一つである。ここでいっている社会的刺激は、音声身振りを発する個体に影響を及ぼすのであるが、その様式は、また、他の個体によって音声身振りが発せられた際に当初の個体に影響を及ぼす様式と同じである。すなわち、我々は自分が話しているのを耳にすることができるわけで、我々の話すことが我々に対してもつ意味内容は、他者たちに対してもつ意味内容と同じである。スズメがカナリアのさえずりを用いるのであれば、スズメは自らのうちに、カナリアのさえずりが喚起する反応を、喚起しているのである。それゆえ、スズメが、カナリアの用いるさえずりを用いるかぎりにおいて、スズメは、このさえずりに対する音声上の反応を強めるだろう。というのも、こうした音声反応が現れるのは、カナリアが当のさえずりを用いるのみならず、スズメもまた当のさえずりを用いる場合にかぎられるからである。このような場合、前提されているのは、特定の刺激が当の個体自身のうちに現れるということ、すなわち、学習対象としての特定のさえずりを喚起する音声上の刺激は、カナリアのみならずスズメの音声レパートリーの中にも現れるということである。このことを承認するなら、この刺激に相当する特定のさえずりは、いわば、両者の音声レパートリーの中に書き込まれ、明確に示されることになるのがわかる。こうしたさえずりはやがて習慣となる。我々が想定しているのは、あるさえずりは別のさえずりを喚起し、ある刺激はある反応を喚起するということである。このような反応を喚起するさえずりが、カナリアによってのみならず、スズメにも用いられるとしよう。そうすると、スズメがカナリアのさえずりを耳にするときにはいつでも、スズメは他ではなく当の特定のさえずりを用いることになる。さらに、スズメ自身の音声レパートリーの中に同じさえずりがあるのであれば、この特定の反応を生み出す傾向は〔スズメとカナリアの間で〕二重にあることになる。その結果、このさえずりは、他のさえずりを発する場合に比べて、はるかに頻繁に用いられるようになり、かつ、スズメが鳴く際の役割を、はるかに明確に担うことになる。数あるさえずりのうち、カナリアが反応する一定のさえずりに対して、スズメも同じく反応する傾向があるかぎり、以上に述べた状況こそが、スズメはカナリアの役割を受け取るという状況なのである。この特定のさえずり、あるいは、さえずりの連鎖には、いわば、〔スズメ側とカナリア側から〕二重の重要性が加わっている。このような様式においてこそ、スズメによってカナリアの鳴き声を学習するということを、我々は理解しうる。いやしくも、模倣のメカニズムを理解しようとするのであれば、二種類の個体間に同様の傾向があると想定しなければならない。

以上の説明をさらに敷衍するために、犬同士の争いにみられる身振りのやりとりに立ち返ることにしよう。この場合、一方の犬が相手側から受け取る刺激は、刺激している個体側が示す反応とは異なる反応を誘発する。一方の犬が相手側に襲いかかろうとして、相手側の喉元に飛びかかろうとしているとする。襲われそうになっている犬の側では、おそらく、襲ってくる犬の喉元に飛びかかろうとして、自分の位置を変えようと反応する。身振りのやりとりがあるわけである。つまり、自らの位置と身構えを、双方とも変えようとしているのである。このような過程にあっては、模倣のメカニズムはまったくないだろう。一方の犬は他方の犬を模倣しているわけではない。襲われそうになっている犬は、襲う側の攻撃を避けるために、異なる身構えをとる。一方の犬の身構えに作用する刺激は、相手側にある種の反応を喚起するだろうが、自身の側に、その反応を喚起することはないはずである。襲おうとしている犬は、自身の身構えによって影響を受けているが、それは攻撃態勢を整える過程を遂行しているだけのことであり、したがって、当の犬への影響が作用する場面は、進行中の過程を強化する場面である。これは、当の犬にとって、相手側の身構えを遂行しようとする刺激とはなっていない。

しかしながら、ある個体が音声身振りを用いていると して、ある音声要素が一定の反応を誘発する刺激となっていると想定するなら、当の音声身振りを用いる動物が自ら発した音声を耳にする段階で、その動物は、少なくとも、同じくそれを耳にした他の動物が反応するのと同じ仕方で反応する傾向を、自らのうちに既に喚起していることになろう。これは極めて軽微な傾向かもしれない。たとえば、ライオンは自分の唸り声で、自分でわかるほどに、恐れおののくわけではない。唸り声というものは、これから攻撃対象となる動物に対しては、威嚇効果を与えるのであり、一定の条件下では、脅威という性質ももっているわけである。しかし、鳥の鳴き声の場合のように、洗練された発声過程ということになると、ある音声身振りが別の音声身振りを喚起するという具合になる。もちろん、このような発声過程は、鳥が雌雄の間でつがうときに、固有の機能をもっているわけだが、しかし、身振り自体が特別の重要性をもつようになる。求愛のような活動においては、発声は極めて大きな役割を果たし、ある鳴き声は別のさえずりを喚起する傾向がある。ライオンの唸り声の場合、これに対する反応は、音声を発するというよりもむしろ、逃げ惑うか、あるいは状況次第では、闘うかであるといってよい。唸り声に対する反応は、第一義的に有声反応というわけではない。それは、むしろ、個体自身の行為作用である。しかし、鳥の鳴き声においては、発声は巧妙な仕方で遂行されるわけで、その刺激は一定の反応を喚起する。そのため、鳥は、鳴き声を発している場合、自らの刺激によって、他の個体において発せられているものと同じ反応を生み出すように影響を受ける。自身において発せられる反応は、他の個体の影響によっても発せられる以上、〔単に〕他の個体のさえずりによって喚起される場合に比べて、重要性は二倍になる。こうした反応が喚起される頻度は、他の音声に対する反応よりも、はるかに高くなる。これこそが、音声あるいは音声身振りに対して、一見模倣の証拠であるかのような装いを与える。◆5 ある特定の反応を喚起する刺激は、集団内の他の個体においてみられるばかりではなく、当の音声身振りを用いる特定の鳥の音声レ

◆5 模倣を、再び、根本的な生物学的過程として捉え返す試みが、ボールドウィンによってなされた。すなわち、快い感覚を回復させる傾向が有機体側にあるというものである。咀嚼過程においては、噛むという過程自体が、刺激を回復させ、味覚を再現させる。ボールドウィンはこれを自己模倣と呼ぶことに固執した。このような過程は、たとえそれが生ずるとしても、我々が主題にしている状況をうまく扱えるわけではけっしてない（一九一二年）。

パートリーの中にもみられる。このような刺激Aが反応Bを喚起する。今、この刺激Aが反応Bと音声上異なっているとして、なおかつ、AがBを喚起すると仮定するなら、Aが他の個体の数々によって用いられる場合、これらの個体は、Bの仕方で反応するだろう。こうした個体のうち、音声身振りAの方も用いる個体がいるとすれば、この個体は、自身のうちに反応Bを喚起していることになろう。その結果、反応Bは、他の反応に比して、一層強調されていることになろう。というのも、反応Bは、他の個体たちの音声身振りによって喚起されるだけでなく、当の個体自身によっても喚起されるからである。このように反応Bが他にもまして強調されるという事態は、刺激Aによって表わされる同一性というものがなければ、つまり今の場合でいえば、刺激の同一性というものがなければ、けっして起こらない。

音声身振りの場合、個体は、自身の発する刺激を耳にする際には、他の個体によって発せられているかのように耳にする。それゆえ、当の個体は、他の個体による刺激に反応するのと同じように、自身の刺激に対して反応する。すなわち、鳥は自分自身に対して歌声を発する傾向があり、幼児は自らに語りかける傾向がある。鳥や幼児が発する音声は、他の音声を発するための刺激である。ある特定の反応を喚起するような特定の音声があるところでは、この音声が他の個体によって発せられている場合、この特定音声は、それを耳にした個体において、この特定反応を喚起する。こうした特殊な音声をスズメが用いる場合、当の音声に対する反応は、他の反応に比して、はるかに頻繁に聞かれることになろう。このようにして、スズメの音声レパートリーの中から、カナリアのさえずりにみられるような音の要素が選択されることになる。そして、特定の模倣性向など想定しなくとも、このような選択は、スズメのさえずりの中にスズメとカナリア双方に共通の音の要素を次第に確立することになろう。ここには、ある選択過程が作用しており、それによって、共通のものが選び出されるのである。「模倣」は、他者が個体に影響を及ぼすように、自身に影響を及ぼす個体というものに依存する。そのため、当の個体は、〔相手側と〕同じ音声身振りを用いるかぎり、相手側の影響のみならず、自分自身の影響を被っているわけである。

それゆえ、音声身振りは、他の身振りにはないような重要性をもっている。我々が顔で何らかの表情を示している場合でも、自分自身の顔を見ることはできない。自分自身が話しているのが耳に聞こえれば、そうでない場合よりも、我々は一層注意を払う傾向がある。自分が苛立っていて、その苛立ちを声色に出している場合、苛立った声が自分の耳に入ると、そのことに気づいて驚く。しかし、顔に苛立ちが表れている場合、それが刺激となって相手側に表情を喚起するだろうが、この刺激は、苛立っている個人の側に表情を喚起する刺激ではない。音声身振りの場合、顔の表情の場合よりも、自らを理解しやすく、自制しやすい。

他人に何らかの感情を抱いて欲しいとき、それを装う手段として身体的表現を用いるのは役者だけである。役者は、絶えず鏡を使うことで、自分がどのようにみえるかを自分に対して示してくれる反応を手に入れる。役者が示す表情は、怒りであり愛であり、あれやこれやの、あるいは、それ以外の態度である。役者は、鏡に映っている自分を吟味することで、自分がどのように表情を示しているかを知る。後になって、その身振りを用いるときには、それは一つの心像として存在している。役者は、そのような特定の表情が恐怖を喚起することをはっきりと理解している。他の人々が反応するのと同じように自分自身の身振りに反応するような場合、音声身振りを用いないとすれば、このような状態に到達しうるのは、ただ、鏡を用いることによってのみである。しかし、音声身振りがあれば、他の人が反応するのと同じように自分自身の刺激に反応する能力を得られるわけである。

弱い者に威張り散らすのは決まって臆病者だという古い諺に何ほどかの真理があるとすれば、それは次のような事実に基づくのがわかるだろう。つまり、弱い者に威張り散らしている人の構えは、脅される側に恐れの身構えを喚起しているわけだが、この威張り散らしている本人自身、自分のうちに、こうした恐れの身構えを喚起しているのであり、そのため、空威張りを自分に引き起こすような特殊な状況に置かれると、この人自身の構えは、実のところ、脅される側の人々の身構えであることがわかるわけである。他人の威張り散らす構えに屈してしまうような自分自身の構えが、かえって、威張り散らす構えを喚起するものだとすれば、その人は、その分だけ、自分自身のうちに威張り散らす構えを喚起しているのである。人が用いる身振りが自分自身に対して及ぼす効果ということに立ち返ってみるなら、今述べたことには、ある程度の真理があるといってよい。人が自分自身のうちに喚起する構えが、まさしく、その人が他の人々に喚起する構えであるかぎり、その構えに対する反応は選択され強化されている。これこそが、我々がいうところの模倣の唯一の基礎である。模倣とはいっても、これは、他の人が行っていることをみたままに単に行っているという意味での模倣ではない。我々がいっている模倣のメカニズムは、ある個人が自分自身に反応を喚起しているとして、その反応が、まさしく、自分が他者のうちに喚起する反応であるようなメカニズムのことであり、したがって、このような反応に対して、そうでない反応よりも、一層重要性を与え、ついにはこうした反応の組み合わせを、反応全体の中でも優勢なものへと作り上げていく、そのようなメカニズムのことである。こうしたことは、いわゆる無意識のうちに行われているといってよいだろう。スズメは、自分がカナリアを模倣していることを知らない。スズメが行っているのは、スズメとカナリアに共通のさえずりを徐々に選択しているにすぎない。そして、このことは、模倣があるところでは、どこでも、あてはまる。

感嘆を示す喚声に関するかぎり(そして、こうした音声は、我々自身の音声身振りの中では、動物の感嘆音声のうちにみられるものと一致するであろうが)、これに対する反応は、そのまま会話を直に取り交わすことになるわけではないし、こうした反応が個人にもたらす影響は比較的わずかである。このような喚声を、特定の意味を有する発話と関連づけるのは困難であるように思える。我々が誰かに対して怒鳴り散らしているとき、我々は意識的に怯えているわけではない。そうではなくて、我々が語るとき、我々がいっていることの意味は、つねに、我々の心に浮かんでいるのである。ある感嘆の叫びを耳にしたとして、これに対する個人の中での反応は、他者の中での反応と同じ性質をもっているが、叫びを発した当の個体の行動の中では何ら重要な役割を果たしていない。ライオンが自分の唸り声に対して反応しても、当の個体の反応においては、ほとんど重要性をもっていないが、我々がいっていることの意味に対する我々自身の反応は、絶えず、我々自身の会話につながっている。音声対話を滞りなく続けていこうとするのであれば、我々は、つねに、自分の発する身振りに反応していなければならない。我々が語っていることの意味とは、語っていることに対して反応する性向なのである。訪問客に椅子をもってくるよう誰かに頼むとする。頼んでいる側は、椅子をもってくる性向を相手に呼び起こすのであるが、しかし、頼まれた側の動作が遅ければ、自分で椅子をもってくることになる。音声身振りに対する反応は、一定の事柄を行うことであり、人は自分自身に同じ性向を呼び起こす。他の人が返答するのと同じように、人は自分につねに返答している。返答においては、ある程度、同一性があるにちがいない、このように人は想定しているのである。これこそ、共通の基礎に基づいた行為である。

これまで私が二つの状況を対比させて示してきたのは、発話ないしはコミュニケーションが、音声の叫びの他に何もない状況から、特定の意味を有するシンボルが用いられる状況にいたるまで、どれほど長い道のりを経なければならないかということであった。特定の意味を有するシンボルに固有なことは、個人が自分自身の刺激に反応する場合、他の人がそれに反応するのと同じ仕方でなされるということである。このようなとき、当の刺激は特定の意味を有するようになるのであり、このようなとき、人は何かを語っているのである。オウムに関するかぎり、その「発話」は何も意味していない。だが、人が、自分の音声過程によって、特定の意味をもって何かを語る場合、その人は、自分の声のとおる範囲で他のすべての人に語っているのと同様に、自分自身にも語っているのである。この種のコミュニケーションに適しているのは、唯一、音声身振りのみである。なぜなら、音声身振りに対してのみ、人は、他の人が反応する傾向があるのと同じように、反応し、あるいは、反応する傾向をもつからである。手話にも同じような性質があるのは確かである。耳の不自由な人が用いる身振りを、自分でも用いているのを、自分自身でみるわけである。身振りは、他の人に影響を及ぼすのと同じ仕方で、自分自身に影響を及ぼす。もちろん、同じことは、いかなる形の筆談にもあてはまる。しかし、そのようなシンボルは、すべて、特殊な音声身振りから発達してきたものである。というのも、音声身振りこそが、他者に影響を及ぼすように、個人に影響を及ぼす基本的な身振りだからである。音声身振りが特定の意味を有するにいたらない状況というのは、先に述べた二羽の鳥の音声化過程の場合にみられる◆6。とはいえ、同じ類いの過程はあるのであって、それは、一方の鳥の刺激が他方の鳥に反応を喚起する性向のある場合であり、この刺激は、どれほど微細であろうと、自分の側に当の反応を喚起する傾向がある。

◆6　これに関して議論する場合、本書補遺論文Ⅲ「自我と反省過程」参照。

第10章 思考、コミュニケーション、特定の意味を有するシンボル

これまで強く主張してきたのは次のことである。自分以外の人の反応を耳にしたり目にしたりする場合、それ自体が刺激となって、同じ反応を〔自分に〕喚起するが、このような意味では、模倣に特別な機能があるわけではないということである。そうではなくて、むしろ、個人の中に、他の人の行為と同類の行為が既に表れているのであれば、模倣を可能にするような一つの状況があるということなのである。こうした模倣を遂行する際には、必要となることがある。それは、個人の行動や身振りが他の人にある反応を喚起する場合、この行動や身振りは、同時に、自分自身にも同じ構えを喚起する傾向をもつはずだということである。犬の争いでは、このようなことは現れない。一方の犬の身構えは、相手側の犬に同じ身構えを喚起する傾向はない。二人のボクサーの場合、いくつかの点で、このようなことが実際に生ずるかもしれない。フェイントを仕掛ける側は、対戦相手による何らかの一撃を喚起している。自身のフェイント行為は、自分にとって、そのような意味をもっている。つまり、フェイントを仕掛けた側は、ある意味、自らのうちに対戦側と同じ攻撃行為を既に開始しているのである。このことは明確に進んでいくわけではない。しかし、このボクサーは自らの中枢神経系中枢部を既に刺激しているのであり、この中枢神経は、対戦側が誘発されて仕掛けようとするのと同じ攻撃を、自ら仕掛けようと仕向けている。その結果、フェイントを仕掛けた側は、相手側のうちに喚起するのと同じ反応を、自らのうちに喚起する、あるいは、喚起しようとする。ここに、いわゆる模倣にとっての基礎がある。以上が、発話の仕方や身だしなみ、〔対象に対する〕構え方において、今日、広く認められている過程である。

他者が我々をみるように、我々は多かれ少なかれ無意識のうちに自分をみる。他者が我々に語りかけるのと同

じように、我々は無意識のうちに自分自身に語りかける。スズメがカナリアのさえずりを取り入れるのと同じように、我々は、自分のまわりで耳にする方言を取り入れる。もちろん、我々自身の仕組みのうちに、このような独特の反応があるにちがいない。我々が自分自身に何かを喚起しているのであれば、我々はその同じ何かを他の人にも喚起しているのである。そのため、無意識のうちに、我々はこのような身構えを取り入れる。我々は無意識のうちに自分自身を他者の立場に置き、他者が行うように自分でも行う。ここでは、端的にその一般的なメカニズムを取り出しておきたい。というのも、このメカニズムは、いわゆる自己意識の発達や自我の出現において、根本的に重要な性質をもっているからである。我々が他者のうちに喚起するこうした反応を、我々は特に音声身振りの使用を通じて絶えず自分自身のうちに喚起している。その結果、我々は他者の構え〔や態度〕を自分自身のうちに取り入れている。人間の経験の発達において言語がもつ決定的な重要性は次の事実のうちにある。つまり、言語の刺激は、相手側に影響を及ぼすのと同じように、話している個人にも影響を及ぼしうるということである。

ワトソンのような行動主義者の考えによれば、我々の思考の一切は、声をあげることであるという。思考する際、我々は単に一定の言葉を用い始めているにすぎないというのである。ある意味これは正しい。しかしながら、ワトソンは、この点に関わるすべてを考慮に入れているわけではない。すなわち、言語刺激は、複雑な社会過程に必要不可欠な本質的要素であり、こうした社会過程の価値評価をともなっているということを考慮していないのである。音声を発する過程それ自体は、このような極めて重大な性質をもっている。そこから音声過程も、この過程と連動する知性や思考も、単に特定音声要素間の相互作用につきるわけではないと想定するのは、一理あるといってよい。だが、このような見解は、言語の社会的文脈を無視している。◆7

こうしてみると、音声刺激の重要性は次の事実のうちにある。すなわち、自分が語ることを自分で聞くことができ、かつ、それを耳にする中で、相手側が反応するように、自分でも反応する傾向があるということである。そこで、他者に対する個人の側のこうした反応について語るならば、我々は、誰かに何かをするように頼んでいる状況に立ち返ることになる。こうした状況を表現する場合、通常、人は相手に何かをするよう頼んでいることを自分でわかっているという言い方をする。たとえば、誰かに何かするよう頼んではみたものの、結局、自分でそれを行っている場合を例にとろう。おそらく、頼まれた相手にはその声が聞こえていないか、やり方がのんびりしているために、こちらが自分でそれを行っているということになろう。このようにして、頼んだ方の個人は、自分のうちに、相手側にするように頼んでいるのと同じことをする傾向を見て取る。その要求自体が、相手側個人に引き起こした反応と同じ反応を、頼んでいる本人に対して、引き起こしたのである。自分ではやり方を知っていても、他の誰かにそれをするように説明するのは、何と難しいことか。それに対する相手側の反応が遅い場合、相手に教えていることを自分でしないではいられなくなる。相手側個人のうちに喚起しているのと同じ反応を、自分自身のうちに喚起していることになる。

このことを説明しようとする場合、通常、我々は神経系内部の一定の中枢群を想定する。これらの中枢は相互に結びついており、神経作用の中で姿を表す。中枢神経系の中に、たとえば、「椅子」という我々の言葉に相当する何かをみつけようとする場合、我々が見出すことになるのは、様々に生じうる諸々の反応をひとまとめにしている全体でしかないだろう。ここで様々に生じうる反応というのは、ある反応が一方向で始まるならばその過程を遂行し、また、別の方向で始まるならば別の過程を遂行する、このような結びつきをなしている諸々の反応のことである。そもそも、椅子とは我々がすわるものである。それは、我々から離れたところにある一つの物的な対象物である。人は、離れたところにある一つの対象の方向へ動いていくかもしれないし、対象のところまで行ったら、すわるという動作過程に入るかもしれない。この場合、ある刺激があって、それが一定の神経経路を興奮させ、当の個人はその対象のところまで行ってすわるように促すのである。このような神経中枢の作用は、ある程度、物理的である。注意すべきは、当初の作用に対して、後続する作用がもたらす影響があるということである。後に進行することになる後続過程は、既に開始されており、こうした後続過程は当初の過程に自らの影響を及ぼすのである(この過程以前に生ずる過程は、既に開始されている以上、完成されうるわけである)。さて、神経要素の大群を、たとえば、我々の周りの対象に関わる行動様式につながるようにまとめあげているものは、中枢神経系の中に見出せるものであり、我々が対象と呼ぶものに対応している。その複雑さたるや、極めて高度であるが、中枢神経系は、ほとんど無数の要素を内部に有している。これらの要素は空間的に相互に結びつくように組織化されうるだけでなく、時間的にも相互に結びつくように組織化されうる。この時間的組織化という事実によって、我々の行動様式は、それぞれが前項に後続する一連の段階から構成されているのである。そして、後続する段階は既に開始しており、先行する段階に影響を及ぼすこともある。◆8 これから行おうとする事態は、現在行っていることに対して働きかけているのである。我々が物的な対象物と呼ぶものに関連した神経要素において、先のような組織があるのであれば、それは、中枢神経系によって記述される概念的対象と我々が呼ぶものとなろう。

大づかみにいえば、事物についての観念あるいは概念と我々が呼ぶものに相当するのは、今みたような諸々の反応の組み合わせを一つにまとめあげたものが始動するということなのである。たとえば、犬の観念とは何かと問い、その観念を中枢神経系の中に見出そうとする場合、そこに見出されるのは、特定の神経回路によって、多かれ少なかれ、結びついた諸々の反応の全体集合であろう。その結果、「犬」という言葉を用いると、人は、このような反応の集合を呼び起こす傾向をもつわけである。犬というものは、可能性としてみれば、遊び仲間であり、敵であり、自分の所有物あるいは誰か他の人の所有物でありうる。一連の非常に多くの可能的反応があるわけである。我々すべてに属するこのような反応には、特定の型があり、また、個人ごとに異なる他の型もあるが、しかし、「犬」という言葉によって喚起されうる様々な反応は、つねに、組織化されて一つのまとまりをなしている。それゆえ、ある人が他の人に犬について語っているとき、その語り手は、他者に喚起している反応のこうした組み合わせを、自分自身のうちに喚起しているのである。

◆7 身振りというものは、その発生基盤にまで遡ってみるなら、つねに、身振りより広く身振りを諸局面として有する社会的行為に内在し、あるいは、そうした社会的行為をともなう。コミュニケーションを扱う際、我々はまず無意識な身振りのやりとりの中に、その原初的発生源を認識しておかなければならない。意識的コミュニケーション、つまり、意識的な身振りのやりとりは、身振りが記号となったときに発生する。〔身振りが記号になるとは〕すなわち、身振りを発動する側の個人にとっても身振りに反応する側の個人にとっても、発動側個人による後続行為の観点からみて、身振りが一定の意味ないし意味内容を帯びるようになるときである。その結果、反応側個人に対して発動側個人の後続行為を先行的に指し示す予示として役立つことによって、身振りは、当該社会的行為の個々様々な構成要素を相互に調整することができるのである。さらにまた、発せられた身振りは、相手側個人のうちに表立った形で反応を引き起こすのであるが、それと同じ反応を、身振り発動側個人に対しては、表立たない形で喚起する。こうした身振りの喚起作用によって、今みたような相互調整との関連の中で自己意識の発生が可能となるのである。

◆8 本篇第二部第13章と第16章を参照。

もちろん、他者においてのみならず個々の自分自身において生ずるこうした反応の組み合わせに対して、このようなシンボル、こうした音声身振りがもつ関係こそが、音声身振りを素材にして、私のいう特定の意味を有するシンボルを創り出しているのである。シンボルというものは、他者のうちに反応の一群を喚起するように、個人のうちに反応の一群を喚起する傾向をもっている。しかし、音声身振りが特定の意味を有するシンボルとなる際には、それ以上の何かが関与している。つまり、「椅子」や「犬」のような言葉に対する反応が、ある個人の自己内に生ずるのだが、こうした反応は、当の個人に対する反応であるのと同様に一つの刺激でもある。もちろん、これこそが、事物の意味、あるいはその意味内容と我々が名づけるものに関わるものである。◆9 当の対象の意味が我々の経験の中に今現れていなくとも我々は行為することはできるが、我々はしばしば対象に関して知性的と呼ばれる仕方で行為する。これは、うっかり者の大学教授に関して語られることであるが、たとえば、晩餐会に参加するために正装し始めたはいいが、〔着替えながら、つい〕うっかりして、タキシードに着替える代わりにパジャマに着替えはじめ〕気がつくとベッドでパジャマを着て横になっているなどということがありうる。当初着ていた衣服を、これから正装するために脱ぐといった一定の過程が開始されたはずであるが、脱ぐ行為を機械的に行ううちに、つい、そもそも正装のために、元の衣服を脱いでいたことを忘れてしまったわけである。元々晩餐会に行こうとしていたのが、気がついてみると、ベッドで寝ていたというわけである。晩餐会のために着替えるという行為の当初の意味は、結局、心中に現れなかったのである。パジャマに着替えベッドで横たわってしまう一連の段階は、どれも、後続する行為を参照して自分の行動を方向づけていたわけで、〔そのかぎりで〕知性的な段階といえる。だが、結局のところ、この人は、自分が何をしているのか、考えることはなかったのである。この場合、後続する行為は自分の反応に対する刺激ではなく、一旦行為が開始された後は、単にその行為が自動的に進行していったのである。

自分たちが行っていることの意味を語る場合、我々は、今行おうとしている反応自体を、自分の行為総体に対する一つの刺激にしている。この反応は、後続する行為段階に対する刺激となるのであり、この後続段階の行為は、この特定の反応という観点からみて、これから行われることになるものである。ボクシングの場合でいえば、対戦相手に向けて繰り出そうとしている〔フェイント〕攻撃というのは、対戦相手の防御を誘発するような一定の反応を喚起するためのものであり、そのことで、〔相手の防御策を予測しつつ〕自ら攻撃を仕掛けられるようにするものである。この攻撃の意味というものは、自分の闘い方を予期する中で、これから加えようとする実際の攻撃を準備するための一つの刺激なのである。このボクサーが自分の心中に喚起する反応（つまり、対戦相手の防御反応）は、ひとたびチャンスがきたら攻撃せよという、自分自身に対する刺激である。このボクサーが自分の中で既に開始しているこの行為は、自身の後続する反応に対する刺激となる。このボクサーは、対戦相手が何をしようとしているのか、わかっている。というのも、対戦相手の防御の動きは既に喚起されている動きだからであり、事が開始したなら攻撃せよという刺激となるからである。このような意味は、自分の望むはじまりが現れたら攻撃せよという刺激とならないかぎり、自分のふるまい方の中に現れてはいなかったはずである。

以上述べてきたことは、動物においてみられる知的行動様式と、反省能力をもつ個人と我々が呼ぶものとの違いである。◆10 動物は思考しないといわれている。動物は、

◆9 いかなるものであれ任意の社会的状況あるいは行為を構成する身構えや反応の基盤あるいは複合体を、そのような状況や行為に関わる諸々の個人のうち、任意の一人の経験の内部に、取り込むことが（すなわち、他の諸個人に対するその人の身構え、他の諸個人に対するその人の身構えに対して諸個人の側から示される反応、その人に対する諸個人の身構え、そして、こうした身構えに対するその人の反応、こういったものを、その人の経験のうちに取り込むことが）、ある観念が意味するもののすべてをなしている。あるいは、いずれにしても、このように経験のうちに取り込むことが、当の個人の「心の中に」観念が生じ、あるいは、存在することの唯一の基礎である。

無意識の身振りのやりとりの場合、あるいは、無意識の身振りのやりとりを通じて維持されるコミュニケーション過程の場合、そこに関与する諸々の個人のうち、誰一人として、当の対話の意味を意識してはいない、つまり、この対話に関与し、あるいは、この対話を続けている個々ばらばらの個人のうち、誰であろうと、その人の経験の中に、このような意味が現れることはない。これに対して、意識的な身振りのやりとりの場合、あるいは、意識的身振りのやりとりを通じて維持されるコミュニケーション過程の場合、そこに関与する諸個人一人一人は、当の対話の意味を意識している。その理由は、まさしく、当の対話の意味がその人の経験のうちに現れるからであり、このような現れこそが、当の意味の意識にほかならないからである。

◆10 動物の意識にほかならないからである。動物のふるまいの本性については以下を参照。"Concerning Animal Perception," *Psychological Review*, XIV (1907), 383ff.

自分が関与し責任を有する地位に自ら立つことはないし、また、自分の相手をしている人間の立場に立つことはないし、実際に「その人がそうするなら、自分の方はこうする」などということはない。もし、個人がこのように行為することができ、なおかつ、自分自身に喚起する身構えが、自分に対して、他の行為をするような刺激となりうるのであれば、その場合、我々は意味のあるふるまい方をもっているわけである。相手側の反応が喚起され、その反応が自分の行為〔全体〕を方向づける刺激となるならば、その場合、その人は、相手側の行為の意味を、自分自身の経験のうちにもつことになる。これこそが、我々が「思考」と名づけるものの一般的メカニズムにほかならない。というのも、思考が存在しうるためには、シンボルが、一般的にいえば、音声身振りが存在しなければならないからであり、これらは、個人が相手側に喚起している反応を個人自身のうちに喚起し、その結果として、当の個人は、こうした反応の観点から、後続する自分のふるまい方を方向づけることができるからである。ここには、鳥や動物が相互にコミュニケーションを交わすという意味で、コミュニケーションが含まれているだけではない。さらに加えて、自分が相手側において喚起している反応を、当の個人自身のうちに喚起することも含まれている、つまり、相手側の役割の遂行であり、相手側が行為するように自分も行為するという傾向である。相手側が遂行しているのと同じ過程に人は参加し、この参加に即して、自分の行為全体を方向づける。参加とは、ある対象の意味を構成するもの、すなわち、相手側においてのみならず自分自身における共通の反応なのである、そして、この相手側が、翻って、自分自身の自我に対する刺激となるわけである。

精神というものを、ある種の意識的実体とみなし、その内部には、何らかの漠然とした感じ〔具合〕と心的状態があると考え、さらには、こうした心的状態の一つを〔身振りのやりとりも協働過程もなしに、ただそれだけで〕普遍的なものであると考えるなら、言葉はまったくもって恣意的なものとなる、つまり、単なるシンボルでしかない。◆11 この場合、数々の言葉を選び、子供がするように、これらを逆さまに発音することもできるわけである。こうなると、音の配置に関しては無限の自由があるようにみえるだろうし、言葉は、知性の過程の外部にあるまったく機械的なものであるようにみえてしまう。しかしながら、言語が協働過程の一部分であり、この一部分は、その全活動の継続可能性を確保するための、相手側の反応に対する調整であることがわかるならば、言語は恣意的であるとはいっても、その恣意性は、あるかぎられた範囲内だけである。今誰かに話しかけているなら、話しかけている本人は、おそらく、第三者にはまったく思いいたらない何かによって、その人の構えの変化を察知できる。この場合、相手の癖を知っているのかもしれないし、その癖が、話しかけている人に対する身振りとなり、当の個人の反応の一部となる。身振りの内部には、一定の可能な範囲で、シンボルとして役立ちうるものがある。個々ばらばらのシンボルからなる全体が一つの意味をもつものであれば、それは受け容れられるといえよう。しかし、そのようなシンボルはつねに身振りである。つまり、こうしたシンボルは、つねに、個人の行為を構成する部分であり、この部分は、その個人が相手側に対して行おうとしていることを示しており、したがって、この相手側が、これから行われる行為の手掛かりを活用する場合には、行為する側の個人も、自分のうちに、相手側の構えを喚起することになる。意識のありのままの状態を単に一つの言葉で表示するという意味でとるなら、言語は、けっして、まったく自由に意味表示しうるものではない。ただし、ある人の行為において、いかなる特定部分が協働的活動を導くのに役立つかということについては、多かれ少なかれ、自由の余地がある。その行為の

◆11 ミューラーは、思考の意味を言語の中に置こうと試みる。だが、この試みは誤りである。というのも、言語は、思考の最も効果的なメカニズムとしてのみ、思考の意味を伝えうるのであって、それは単に、言語が、意識的なあるいは特定の意味を有する身振りのやりとりを、最高度で最も完全な段階にまで発展させるということでしかないからである。仮に、思考が、身振りを発している有機体の中で発展するというのであれば、当の身振りを発している有機体の中には、ある種の潜在的な身構え（つまり、完全に遂行されてはいないが開始されてはいる反応）がなければならない——いいかえれば、そこになければならないある種の身構えというのは、別の個人が発する身振りに対する顕在的な反応に呼応する身構えのことであり、なおかつ、この他者の有機体の中に当の身振りによって誘発され喚起された身構えに相当するかぎりでの身構えのことである。そして、このような潜在的な構えないし反応に対してメカニズムを提供するのは、中枢神経系なのである。

言語を推論と同一視するのは、ある意味では不合理であるが、別の意味では妥当である。妥当であるといっているのは、すなわち、言語過程が、〔複合的な〕社会的行為全体を、自分で当の行為に関与する一定の個人の経験の中にもたらし、したがって、推論過程を可能にするという意味である。しかし、推論過程は言語過程によって、つまり、言葉によって、実際に行われるにしても、あるいは、行われなければならないにしても、推論過程は、単に言語過程によってのみ構成されるわけではない。

様々な局面が、協働活動を導くのに役立つかもしれない。それ自体では重要ではないと思えるものが、問題となっている構えの何たるかを示す上で、極めて重要なものとなりうる。この意味で、身振りそれ自体は、重要でないものとして語りうる。しかし、当の構えが示そうとしているものに関していえば、身振りは極めて重要なものである。これは、シンボルの純粋に知性的性質と、シンボルの情動的性質との違いの中に見て取れる。詩人が依拠しているのは、シンボルの情動的性質である。詩人にとって、言語は、豊かで味わい深い価値を有していても、我々の方では、それをまったく気にしないということも、おそらくある。一〇語に満たない表現で、あるメッセージを表現しようとする場合、我々は単に何らかの特定の意味を伝えたいと思うだけであるが、詩人の方は、表現それ自体において、本当に生き生きとした綾といっていいもの、情感あふれる鼓動を扱っているのである。それゆえ、我々が用いる言語には、一つの広大な範囲というものがある。だが、この広大な範囲のいかなる局面が用いられようと、それは社会過程の一部である。そして、このような社会過程の一部によって、つねに、我々は他者に影響を及ぼすように自分たちにも影響を及ぼし、自分たちが語っていることをこのように相互理解することをとおして、社会状況を成立させるのである。これこそ、いかなる言語にとっても根本的なことである。言語が言語たるかぎり、人は自分のいっていることを理解しなければならないし、他者に影響を及ぼすように自分自身にも影響を及ぼさなければならない。

第11章 意味▼[12]

我々が特に関心をもっているのは、人間レベルの知性である。すなわち、人間の社会過程内において、様々な個人の行為を相互に適応させることである。ここで適応といっているのは、コミュニケーションを通じて生ずるものである。具体的にいえば、人間の進化過程において、低い段階にあっては身振りによって、進化過程の高い段階にあっては、特定の意味を有するシンボル（諸々の意味をもち、したがって、いくらでも代わりがきく単なる刺激以上の身振り）によって行われるわけである。

このような適応の中心となる要因は「意味」である。意味の発生場面とその在処は、次のような関係領域内である。すなわち、ある人間の身振りと、それに後続し、この人の身振りによって別の人間に示されたものとしての行動、この両者の関係である。この身振りが、別の人に対して、当初の人の後続する（ないしは帰結として生ずる）行動を示しているならば、この身振りは意味をもっている。いいかえれば、一方で、ある身振りとしての一定の刺激と、他方で、その刺激が社会的行為の端緒ではないにしても初期の局面となっているような社会的行為の後続局面、この両者の間に成立する関係こそが、意味の発生場面と存在場面を構成するのである。かくして、意味とは、〔後続行為をともなう複合的な〕社会的行為の何らかの局面間の関係として客観的にそこにあるものの発展の産物である。意味は、このような社会的行為に対する心的付加物ではないし、伝統的に「観念」として考えられてきたものでもない。ある有機体によるある身振り、当の身振りを初期段階として含む社会的行為の帰結、そして、当の身振りに対する他の有機体の反応、これらが関係項となって、身振りの三部構成関係あるいは三項関係が成立する。つまり、身振りとこれを発している有機体との関係、身振りとこれに反応する有機体との関係、そして、身振りと、一定の社会的行為の後続局面との関係である。このような三項関係こそが、意味生成場面の基盤を構成しているであり、あるいは、この基盤が意味領域へと発展していくのである。身振りは社会的行為のある帰結を表している。つまり、身振りが表している帰結に対しては、当の社会的行為に関与している諸個人の側が示すような、ある一定の反応があるわけである。そのため、意味は反応の観点によって与えられ、あるいは記述される。意味が指示している社会的行為、あるいは、意味の発生場面としての社会的行為には様々な局面があって、この局面間にある種々の関係のうちに、意味は、

◆12　以下を参照。"Social Consciousness and the Consciousness of Meaning," *Psychological Bulletin*, VII（1910）, 397ff.; "The Mechanism of Social Consciousness," *Journal of Philosophy*, IX（1912）, 401ff.

つねに顕在化しているわけではないにしても、潜在してはいるのである。そして、人間の進化段階でいえば、意味の発展は、シンボル化をとおして生ずる。

我々がこれまで総じて関心をもってきたのは、経験と行動の社会過程であり、この社会過程は、ある有機体の行為によって、当の行為に対する適応を、別の有機体の反応的行為の側に喚起する際に現れるような過程である。我々がみてきたように、意味の本質は、このように現れる社会過程と密接に結びついているのであり、さらにいえば、意味は、その生成場面と発達場面としてみれば、社会的行為の諸々の局面の中で成立する三項関係を必然的にともなう。すなわち、ある有機体の発する身振り(は、当初、この有機体による行為のうちに含まれているのであるが、この身振り)が別の有機体の適応的反応に対して有する関係、かつ、この身振りが当初の行為の完成に対して有する関係――つまり、反応する側の有機体が、当初の有機体の発した身振りに対して、当初の有機体による行為の完成を示し、あるいは、指し示すような関係である。たとえば、母鳥の鳴き声に対する雛鳥の反応は、鳴き声の意味に対する反応であり、この鳴き声は、場合によっては、危険もしくは餌を指し示しており、そして、この鳴き声は、雛鳥にとっては、このような意味ないしは含意をもっている。

社会過程にはコミュニケーションも含まれるわけだが、こういった社会過程があるからこそ、ある意味で、この過程に関与している個々の有機体の経験領域において、新たな対象が出現する。有機体の様々な過程ないし様々な反応は、ある意味で、それ自体で反応対象となっているものを〔意味〕構成している。すなわち、どのような任意の有機体であれ、ある意味で、有機体が存在するからこそ、有機体自身が生理学的かつ化学的に反応する対象(つまり、対象が有機体にとって有する意味)が存在するのである。たとえば、何かを食して消化しうる有機体が存在しなければ、そもそも、食べ物、つまり、食用の対象など存在しないといってよい。同様に、社会過程は、ある意味で、当の過程の反応対象あるいは適応対象を〔意味〕構成する。すなわち、対象は、経験と行動の社会過程内部の意味によって構成されるのであり、この意味構成は、当の過程に関与している個々の有機体の諸々の反応もしくは行為の相互適応を介してなされる。ここに、適応は、コミュニケーションによって可能となるのであり、こうしたコミュニケーションは、進化の初期段階においては身振りのやりとりという形をとり、進化の後の段階では言語という形をとる。

自覚や意識は、社会的経験過程における意味の存在にとって、必ずしも必要不可欠なものではない。任意の社会的行為において、ある有機体の側が発する身振りは、この有機体の行為とその帰結に直接関わる他の有機体の側に、ある反応を喚起する。そして、ある身振りが、ある有機体（つまり身振りを発している有機体）の一定の社会的行為の帰結のシンボルであるのは、この身振りに対して、別の有機体が、身振りの帰結を示すものとして、反応するかぎりにおいてであり（かつ、そのことによって、この別の有機体もまた、先の有機体が発した社会的行為に関与することになる）かぎりにおいてである。したがって、意味の成立するメカニズムは、意味に関する意識や自覚が創発する以前において既に、社会的行為の中に存在している。身振りに反応する側の有機体による行為ないし適応的反応こそが、身振りを発した側の身振りに対して、身振りのもつ意味を与えるわけである。

シンボル化は、シンボル化が生ずる以前には〔意味〕構成されていなかった対象〔の意味〕を構成する。つまり、シンボル化が生ずる社会的諸関係という場面がなければ存在することもなかった対象〔の意味〕も、シンボル化によって、対象〔の意味〕として構成されるのである。言語は、前もって既にそこにある状況ないし対象をシンボル化するだけではない。言語は、当の状況あるいは対象の存在あるいは出現を可能にする。というのも、言語は、当の状況あるいは対象が創出されるメカニズムの一構成要素だからである。他の個体の身振りに対して、ある個体の反応があるとき、この社会過程は、この反応を、当の身振りの意味として、身振りに関連づける。したがって、こうした社会過程があることで、社会状況の中に新しい対象が発生するようになり存在するようになるわけである。ここで新しい対象といっているのは、このような個体の身振りの意味に依存し、あるいは、この意味によって構成される対象のことである。こうしてみるなら、本来的にいって、意味というものを、意識状態と考えるべきではない。〔対他的・対外的〕経験領域の外部に心的に存在しあるいは存続している諸関係のまとまりとみなすべきでもない。そもそも、このようなまとまりは、〔対他的・対外的〕経験領域の内部にある。それどころか、意味というものは、客観的なものと考えなければならない、つまり、意味の存在の在処は、その一切を、こうした〔対他的・対外的〕経験領域それ自体のうちにあるものとして考えねばならないのである。[13] 任意の社会

◆13 自然は意味（meaning）と意味合い（implication）を有するが、しかし、シンボルによる意味表示（indication）を有してはいない。シンボルは、シンボルが指示する意味とは区別される。意味は自然のうちにあるが、シンボルは〔自然のうちにあるのではなく〕人間の継承物である。

的行為にあって、ある有機体が他の有機体の身振りに反応する場合、この反応は当の身振りの意味である。また、ある点でいえば、こうした反応によって出現し存在するようになるのが、新しい対象――あるいは、ある古い対象の新しい意味内容――であり、この身振りは、先の社会的行為にあっては初動段階をなし、この社会的行為の帰結をとおして、新しい対象〔あるいは新しい意味内容〕を指示するのである。というのも、繰り返していえば、正真正銘の意義からして、対象というものが〔意味〕構成される場は、〔対他的・対外的〕経験という社会過程内部だからであり、その構成媒体は、こうした社会過程に関与しこの過程を続行する個々の有機体間で取り結ばれるコミュニケーションならびに相互適応行動だからである。たとえば、フェンシングにおいては、身をかわすことが相手の攻撃の一解釈であるのと同じように、社会的行為にあっては、他者の身振りに対するある有機体の適応的反応は、その反応者による身振りの解釈なのである――つまり、適応的反応こそが、その身振りの意味なのである。

自己を意識するというレベルにいたると、このような身振りは、一つのシンボル、つまり、特定の意味を有するシンボルとなる。しかし、実のところ、身振りの解釈は、心それ自体の内部で進行している過程ではないし、必ずしも、心というものをともなう過程でもない。身振りの解釈は、外的な過程であり、〔本人にしかわからない心中の私秘的過程ではなく〕はっきりと表立って現れる過程であり、身体的あるいは生理的過程なのであって、〔対他的・対外的な〕社会的経験という現に生じている領域において進行しているのである。シンボルによって、あるいは、シンボルの発展の最高度にして複雑な段階においては（つまり、意味が人間の〔対他的・対外的〕経験において到達する段階においては）、言語によって、意味を記述したり説明したり正確に言明したりすることは可能である。だが、言語は、論理的にも潜在的にも、既にそこにある状況を、社会過程から引き出しているにすぎない。言語シンボルは、ある特定の意味を有する身振り、あるいは、意識的な身振りにすぎない。

ここで二つの主要論点を説明しておく。（一）社会過程は、そこに関与している個人個人の間のコミュニケーションを可能にし、このコミュニケーションを通じて、自然のうちに数多くの新しい対象の出現をもたらす、そして、この新しい対象（つまり、〔新たな〕「共通意味感覚」の対象）は、コミュニケーションとの関わりの下で存在するわけである。（二）任意の社会的行為があるとして、その内部における、ある有機体の身振りとその身振りに対する他の有機体による適応的反応は、当の行為の端緒としての身振りと当の行為の完成や帰結との間に存在する関係を打ち立てる。この場合、当の身振りは、そもそも、この関係を指示しているわけである。この二点が、当の社会過程における二つの根本的、かつ、相互補完的で論理的局面をなしている。

いかなる社会的行為においても、その帰結は、当の社会的行為を指し示している身振りから明確に分離されているのであり、この分離は、当の身振りに対する他の有機体の反応によってなされている。いいかえれば、この分離を行っている反応は、当の身振りによって指し示されたものとして、当の行為の帰結を指示するのである。このような状況は、心的あるいは意識的レベルで分析される以前に、すべて、非心的つまり非意識的レベルにあるのであって、ここに完全に与えられている。デューイによれば、意味はコミュニケーションを通じて発生する[14]。この叙述が示しているのは、社会過程がもたらす内容であって、単なる観念や活字それ自体のことをいっているのではない。そうではなくて、我々の住み処たる日々の環境を構成する対象にこれまで大いに関わってきた社会過程のことをいっているのである。つまり、コミュニケーションが主要な役割を果たす過程である。このような社会過程が自然のうちに新たな対象を生み出しうるのは、この社会過程が、そこに関与する個々の有機体同士のコミュニケーションを可能にするかぎりにおいてである。社会過程によって新しい対象が存在するようになる——つまり、はっきりいっておけば、〔新たな〕共通意味感覚に基づく対象世界全体が存在するようになる——というとき、その意味するところはこうである。諸々の出来事からなる全体構造の中から、新たな対象が日々の社会的行動にとって有意な関連のある固有の対象として抽出されるが、これは社会過程によって可能となるのであり、この過程によって、新しい対象の抽出が限定され条件づけられるのである。そうした共通感覚的な意味で、あるいは、そのような意味をもつものとして、新たな対象は、日々の社会的行動に相関的にのみ存在する。同じように、後の段階になって、社会過程がさらに発展していくと、コミュニケーションによって新たな対象が存在するようになる。すなわち、諸々の対象が科学的目的にとって有意な関連をもつようになることで、諸々の出来事からなる全体構造の中から、科学に固有の対象が存在するようになるだけでなく、科学的対象の全体領域というものが存在するようになるのである。

◆14 デューイ『経験と自然』第五章。

これまでみてきたように、意味の論理的構造は三項関係のうちに見出すことができる。すなわち、身振り、適応的反応に対する身振りの関係、任意の社会的行為の帰結に対する身振りの関係である。ある有機体が発する身振りに対して別の有機体が反応するとき、この反応は、当の身振りを解釈しているのであり――かつ、身振りの意味を明らかにしているのであって――、この場合の意味や解釈は、その身振りによって開始され、そのことで、両有機体が関与することになる社会的行為の帰結として示されているわけである。身振り、適応的反応、身振りによって開始される社会的行為の帰結、これらの間に成立する三項関係あるいは三部構成関係は、意味の基礎をなす。というのも、そもそも意味が存在するのは、次の事実にかかっているからである。すなわち、ある有機体が発した身振りを前にして別の有機体が示す適応的反応は、当初の身振りによって開始され指し示された一定の社会的行為の帰結に向けられているという事実である。かくして、意味の基礎は、社会的行動様式のうちに客観的に存在する、あるいは自然のうちに、社会的行動様式に対する自然という関係において客観的に存在する。意味とは、ある対象の表示内容なのであり、この表示内容のありようは、当の対象に対して有機体、あるいは、有機体からなる集団が有する関係如何にかかっている。本来的にいっても、第一義的にみても、意味は、心的内容ではない(精神あるいは意識の内容ではない)。というのも、意味は、意識されている必要はまったくないし、実際、人間の社会的経験の過程の中で、特定の意味を有するシンボルが進化するまでは、意味は意識されないからである。意味が意識されるようになるのは、ただ、このように特定の意味を有するシンボルと身振りが同一視されるようになる場合だけである。ある有機体の側から発せられる身振りの意味は、当の身振りに対する別の有機体による適応的反応であり、この反応は、身振りによって開始される社会的行為の帰結として示されているのであり、相手の身振りを前にした有機体の適応的反応は、それ自体、当の社会的行為の完成に向けられ、あるいは、関連づけられている。いいかえれば、意味に必然的にともなっているのは、この身振りによって示され開始される社会的行為の帰結に対して、ある有機体の身振りが有する指示内容である。そして、別の有機体は、この指示内容に即して、この身振りに適応的に反応しているわけである。こうして、相手の身振りを前にした有機体の適応的反応が、当の身振りの意味なのである。

身振りは、意識されている(つまり特定の意味を有している)か、意識されていない(つまり特定の意味を有していない)か、そのどちらかでありうる。身振りのやりとりは、人間よりも下等動物の場合、特定の意味を有してはいない。というのも、このような場合、身振りのやりとりは自覚的に意識されていない、つまり、(感じや感覚を含んでいるという意味では意識的であるとはいえ)自己を意識しているわけではないからである。人間と対比させていえば、動物は、他の個体に対して何かを示し、他の個体にとっての意味を明らかにすることはあっても、その場合、同時に、自身に対して、あるいは、自身にとって、同じ事物ないし意味を、示したり明らかにしたりするわけではない。というのも、動物には精神も思考もないからであり、したがって、特定の意味を有している、あるいは自覚的に自らを意識しているという点でいえば、動物にあっては意味というものが存在しないからである。ある身振りが発せられても、その身振りに対する別の有機体の反応が、身振りを発している側の有機体に対して、その受け手側の有機体が反応している対象を示していないのであれば、その身振りは特定の意味を有してはいない◆15。

意味の意味▼という問題に関しては、かなり巧妙な議論がなされてきたものの、これまでのところ無駄に終わっている。意味の意味という問題を明らかにするにあたり、心的状態に訴えかける必要はない。というのも、我々がみてきたように、意味の本質は、社会的行為の構造のうちに潜在している、いいかえれば、社会的行為を構成する三つの要素それぞれの間の関係のうちに潜在しているからである。すなわち、ある個人の身振り、その身振りに対する他の個人による反応、最初の個人の身振りによって開始された一定の社会的行為の完成、この三つである。そして、右に述べたように、意味の本質は社会的行為の構造のうちに潜在しているわけだが、この事実によって、さらに強調しておかなければならないことがある。すなわち、社会心理学において議論の出発点に置くべき最初の仮定は、経験と行動の進行中の社会過程であり、諸個人からなるいかなる集団も関与しており、こうした個人個人の精神や自我や自己意識の存在と発展が拠って立つ社会過程だということである。

第12章 普遍性

我々の〔対外的対他的〕経験が認識しあるいは見出すのは、そのものに特有の事象である。そして、そのものに特有の事象というのは、妥当な意味理論にとって必要不可欠な重要論点である。それは、個別性という要素が意味理論にとって必要不可欠な論点であるのと同じことである。たとえば、赤を例にとるなら、赤という様々な事実があるだけではない。〔赤に特有の事象を認識する〕経験のうちに、ある赤があるのであって、この赤は、経験が関与し続けているかぎりは、他の何らかの赤と同一のものである。このような赤は、ちょうど一つの感覚のように、切り離してみることができる。そして、こうした赤は、それ自体、いずれ消えゆく束の間のものである。しかし、赤ということのうちには、こうした束の間の性質に加えて、我々が普遍的と呼ぶ何かが存在する、この普遍的な何かは、当の束の間の赤に、ある意味を与える。ここに生じている事柄は、ある色であり、ある色とは赤である。それはある種の赤である――そして、この赤は、色それ自体を叙述する場合には、消えゆく束の間の性質をもたない何ものかである。こういった特定の意味内容から、たとえば、椅子や木や犬といった他の対象へと議論を移すなら、そこにみられるのは、植物や動物といった、我々の身の周りの個別の対象から区別しうる何ものかである。一匹の犬の中に我々が認識するのは、感覚に関わる諸要素からなる一つのまとまりではなく、むしろ、ある犬であるという性質である。そして、〔わざわざ〕この個別の犬に対して関心を抱く理由が特にないかぎり、つまり、その犬の飼い主、その犬が嚙みつきやすいかどうかといった何らかの問題に関心がないのであれば、その動物に対する我々の関係は、普遍的な関係である。つまり、その動物は、一匹の犬ということでしかない。ある人に何をみたのか問えば、その答えは、犬だったたということになる。この場合、その犬の色については見分けがつかなかったかもしれない、つまり、目にしたのは犬一般ということになる。

ここには、犬を目にした経験自体の中に与えられている意味というものがある。そして、行動主義心理学にとって扱いが難しいとされているのは、このような意味であり、あるいは、普遍的性質である。たとえば、一匹の犬のような、ある動物に対して、ある反応がある場合、眼前の光景の中のある対象に向けられた一つの反応があるだけでなく、〔他ではなく犬として〕認識しているという反応がある。このように〔犬として〕認識しているという反応は、普遍的な何か〔犬一般〕であって、個別の何か〔目の前のその犬〕ではない。このような要因は、行動主義的観点から記述できるだろうか。もちろん、我々は哲学的意味合いには関心はないし、犬なるもの〔犬性〕の形而上学にも関心はない。そうではなくて、我々が関心をもっているのは、同じ種類の動物であるかぎり、目の前の動物以外の他のどの動物にも本来的に備わっている性質を〔それとして〕認識しているというこ

◆15 我々が「意味」と名づける事象にふさわしい特質が二つある。一つは、参加であり、今一つは伝達可能性である。意味が生成しうるのは、ただ、個人が相手側に喚起している行為の何らかの局面が、当の個人自身においても喚起されうる場合にかぎる。この点で、つねに参加があるわけである。こうした参加の帰結は伝達可能性である。すなわち、個人は、自らが他者に示すことを、自身に対しても示すわけである。特定の意味をもたないコミュニケーションというものもある。それは、個人が相手側に身振りを発し、相手側に反応を喚起してはいるが、その反応が、身振りを発している側が自ら事前に想定していた反応と同じではない、あるいは、そうした同じ反応を共有する傾向をもたない場合である。観察者の観点からすると、〔〜として特定化された〕意味というものは、身振りのうちにあるといえよう。この場合の身振りとは、ある協働的行為内における相手側あるいは他者たちに対して適切な反応を喚起する身振りのことである。しかし、当の協働的行為に向かって行く性向が、身振りを発する個人の内部に喚起されないかぎり、また、当の身振りによって直接影響を被る個人が、身振りを発する個人の構えのうちに、自らを置いてみることのないかぎり、身振りは、当の協働的行為に関与する諸個人に対して特定の意味をもつにはいたらない（草稿）。

▼**意味の意味** C・K・オグデン&I・A・リチャーズ『意味の意味』（C. K. Ogden and I. A. Richards, *The meaning of Meaning*, 1923）参照。『精神・自我・社会』の編者モリスは、シカゴ大学の大学院生時代（一九二二〜二五）、ミードの演習コースの中で『意味の意味』をミードとともに読んでいる（Daniel R. Huebner, *Becoming Mead: The Social Process of Academic Knowledge*, The University of Chicago Press, 2014, p. 295 n7）。

とについてである。さて、このように、いわゆる普遍的なものの認識があるわけだが、この普遍性認識に対応するるといえるような普遍的性質の反応というものが、はたして、我々の性向のうちにあるのだろうか。私が描こうとしているのは、このような行動主義的叙述の可能性である。

中枢神経系が示すのは、単に無意識反射運動の組み合わせだけではない。すなわち、放熱器に触れて思わず手を引っ込めたり、背後で大きな音が聞こえて思わず飛び上がったりというような、一定の特殊な刺激に対する一定の不可避の反応だけではない。中枢神経系は、その種の行動様式に対してメカニズムを提供するだけではなく、我々がこれから反応しようとする対象の認識に対してもメカニズムを提供する。このような認識は、数々の刺激の集まりのうちの任意の刺激に対して応答する反応という観点から叙述しうる。すなわち、釘を打ち込もうとして、ハンマーに手を伸ばしてみたもののみつからなかった場合、打つのを中断してハンマーを探すようなことをせずに、煉瓦や石といった何かハンマーの代わりのものを探す。こうしたハンマーの代用品は、釘を打ち込むのに必要な運動量〔質量×速度〕のある重さをもったものである。この人が手に握って釘を打つという目的に役立つものであれば、何であれ、ハンマーになるだろう。あ

る重い対象物を握るという動作を含む類いの反応は、普遍的なものである[16]。当の対象の個別の性質がどのようなものであれ、その対象が、今みたような反応を喚起するならば、普遍的性質をもっているといえる。普遍的性質は、個々の場合において様々な変種が含まれているにもかかわらず、このような性質ゆえに当の対象の認識が可能となるものである。

さて、状況が異なれば諸条件は様々であろうが、どれほど多様であっても、中枢神経系の中に、こうした反応を引き起こしうるようなメカニズムは、ありうるのだろうか。我々が扱っている対象――空間的次元のみならず時間的次元をもつ対象――を表象するだけの十分複雑な性質をもったメカニズムというものは、ありうるのだろうか。メロディや楽曲といった対象は、一つのまとまりをもった出来事である。我々は最初の数節の音を聞けば、そのメロディないし楽曲の全体に反応する。こういった統一性は、伝記によって表現された人々の人生にもある。伝記の場合、ある人の誕生から死までをたどり、個人の成長に属する一切のことや、その人の経歴の中で起こる変化を示している。こうしてみると、中枢神経系の中には、対象のもつこのようなひとまとまりの性質に対応しうるようなものが何かあるのだろうか。メロディや人生のような複雑な対象に対して行動主義的説明を行いうる

ような何かがあるのだろうか。中枢神経系は、ほとんど無数の要素と可能な組み合わせをもっているから、単に対象が複雑というだけでは、深刻な困難が生ずることはない。だが、我々の認識対象がもつ性質を、単なる感覚とは区別されたものとして、我々に対して示す何らかの反応がある場合、こういった反応に見合うような仕組みを、はたして、中枢神経系のうちに見出しうるだろうか。

認識は、無数の対象の中に発見しうる何ものかを、つねに意味している。「色」というものが、正常な神経系の網膜に対する光波の直接的関係を意味するかぎり、人はある色を一旦感じることができる。こうした経験は、生ずると同時に消え去るが、〔この時の経験自体は〕繰り返されることはない。しかし、何かは認識されるのであり、当の経験自体において与えられる普遍的性質というものがある。そして、この普遍的性質の方は、少なくとも、無数の反復が可能である。これこそ、行動主義的に説明することも叙述することもできないとされてきたものである。行動主義的心理学が行うのは、このような経験の特性を反応の観点から記述することである。人によっては、普遍的反応というものはありえず、あるのは、個別の対象に対する反応だけであるというかもしれない。だが逆に、個別の対象に対する反応であっても、〔釘を打つというように〕煉瓦や石やハンマーに関して生じうる反応であるかぎり、数多くの個別の対象に対応する反応の形態のうちに、〔たとえば釘を打つための道具という〕普遍概念がある。そして、こうした個別の対象は、この反応との関係において何らかの特性をもっているということだけであれば、個別の対象は数においては無数でありうる。無数の刺激に対してこうした反応がとる関係こそが、我々が「認識」と呼ぶ事象のうちに表象される関係にほかならない。我々が「認識（recognition）」という言葉を用いる場合、そこでいっているのは、おそらく、このような特定の目的に役立つ対象を取り上げているということでしかない。一般的な意味でいえば、その対象性質が一つの刺激となって対象認識にいたるわけだが、こうした対象性質は、我々の〔対他的・対外的〕経験の中に現れるということである。こうして、様々な個別性と対比的に普遍的となっている何かを、我々は理解しう

◆16 抽象概念と普遍概念は対立と抑止の所産である。たとえば、壁というものは、回避の対象であり、飛び越えるべき対象である。どちらの対象も心的なものであるが、同時に、一つの概念である。言語があるおかげで、こうした心的対象を〔心中に〕とどめておくことができる。抽象概念は下等動物にとっても存在するが、下等動物は抽象概念を〔心中に〕保持しておくことはできない（一九二四年）。

るのである。私が思うに、いかなる習慣においても、我々は様々に異なる刺激に対応するものを認識しうるのであって、この場合、反応は普遍であり、刺激は個別である。あくまで、この個別要素が、ある刺激として役立ち、あくまで、この反応を喚起するかぎりにおいて、この場合の個別のものは、この場合の普遍的なものに包摂されているといいうる。以上が、個別事例とは対比的な意味での普遍形式についての行動主義心理学による記述である。

次に述べる論点は、交響曲や人生といった、より複雑な対象によって示されるものであり、場合によっては様々な変種もあれば調和のとれた対照もあるけれども、どちらかといえば、どれも程度の問題である。音楽批評家が、交響曲のような複雑な対象を議論する場合、この批評家の前にある対象に対して呼応する何かが、中枢神経内にあるといえるだろうか。あるいは、リンカーンやグラッドストーンといった偉人の伝記でいえば、たとえば、モーレイのような歴史家の面前には、無数の要素をもちつつも全生涯といったものが拡がっているというような状況である。この場合、モーレイは、様々に変貌していくグラッドストーン一切を同一のグラッドストーンとして認識するわけだが、このような認識態度に対応する一つの対象が、モーレイの中枢神経系内にあるといえるのだろうか。モーレイにこのようなメカニズムがあるというのであれば、歴史家の頭脳の中に、グラッドストーンに対応する事象を取り上げることができるだろうか。できるというのであれば、それはどのようなものだろうか。もちろん、それは、単にグラッドストーンという名前に対する唯一の反応などではあるまい。それは〔歴史家の頭脳の中の歴史的人物像であるかぎり〕、何らかの仕方で、〔歴史家〕モーレイが経験したことのある社会関係すべてを表象しているにちがいない、つまり、あくまで〔歴史家〕モーレイの経験した社会関係と類似のものが〔歴史的人物〕グラッドストーンの生涯の中で生じたかぎりにおいてであるが、モーレイ自身のふるまい方に関わったすべての社会関係を表象しているにちがいない。それは、ある種の統一体であるにちがいない。ここで統一体といっているのは、いかなる時点であれ、その全体に接しさえすれば、他のいかなる要素であれ、グラッドストーンについての歴史家の経験の中で、明らかにされるような統一体である。こうした統一体は、グラッドストーンの性格のうち、いかなる側面をも明らかにするだろうし、グラッドストーンが現れるどんな状況も明らかにするだろう。こうしたこと一切が、〔歴史家〕モーレイの中枢神経内の〔歴史的人物〕グラッドストーン像のようなもののうちに潜在的に存在していなければならないわけである。それは無限といっていいほど複雑であるが、中枢神経系の方も、同じく、無限といっていいほど複雑である。それは空間的次元のみならず時間的次元をも表している。それは、当初の反応に依存しつつも遅れて現れる行為をも表しうる。そして、この後になって現れる反応は、その端緒において、しかし、表立って現れる以前に、当初の反応に影響を及ぼしうる。

こうして、我々は、中枢神経系の構造の中に、時間的次元を思い描くことができる。たとえば、メロディのもつ時間次元がそうであって、また、音階の中の楽音間間隔がそうであり、また、メロディの何らかの終わりを予期している場合のように、聞こえているそれぞれの音符は、これから聞こえてくる楽音に対する我々の反応が始まることによって実際に影響を受けるというように理解するといった具合である。このような予期は、我々の経験の中に、いったいどのように現れるのか。このように問うた場合、これを行動の観点から詳細に述べるのは困難なはずである。しかし、こうした経験は、後に聞こえてくる楽音に対応する準備態勢によって確定され、そして、後から聞こえてくるはずの楽音が今聞こえていなくても、このような準備態勢は、そこに存在しうるのである。楽曲が長調で終わるのか短調で終わるのか、これから反応しようとする様式こそが、今現在響いている楽音を理解鑑賞する様式を確定する。このような構えがあるからこそ、長い楽曲であろうと、あらゆる楽曲を理解鑑賞する特性を我々は有するのである。端緒において与えられているものは、後続する事象に対する構えによって確定される。これこそ、我々の経験の一局面なのである。ジェイムズは、これを、感覚的接続詞の議論において、「そして」「しかし」「けれども」を用いて例証している。たとえば、ある命題を主張し、「しかし」と続けるならば、それは、この命題に対する聞き手の構えを確定する。聞き手は、何が導入されようとしているのかについてはわからないが、しかし、この命題に対する何らかの異議があることについてはわかる。聞き手のわかっていることは、反省的形態で述べられるのではなく、むしろ、一つの構えなのである。「しかし」という構えがあり、「もし」という構えがあり、「〜だけれども」という構えがあるわけである。あるメロディの始まり、詩に含まれる韻律に対して我々がとるのは、このような構えであり、我々が取り扱っている事象構造に意味内容を与えるのは、このような構えなのである。

聳え立つ円柱あるいはその支柱に対しては、我々は何らかの構えを示す。このような構えを喚起するには、当の対象に関するヒントがありさえすればよい。画家や彫刻家は、音楽家が行うように、こうした構えを刺激する。

これらの刺激の予示をとおして、それぞれの刺激は、一つの反応が有する複雑性を反映させることができる。さて、数多くの刺激の作用が可能になり、多種多様に反映する形態が、こうした構え一切を調和にまで、まとめあげられるようになると、我々が美しいと考える一つの美的反応を喚起されることになる。反応のもつこうした複雑性の調和こそが、対象の美を構成する。無数の反応を喚起する様々な刺激というものがあるのであり、その性質は、翻って、我々の当初のその場の経験のうちに反省されることになり、諸々の刺激は相互に調和的な関係を取り結ぶようになる。経験自体が後になって現れる各段階は、当初のその場の経験のうちに現れうるのであり、この当初の経験は、それはそれで、経験の後続段階に影響を及ぼす。十二分に複雑な中枢神経系があれば、我々は、無数の反応を見出しうるだろうし、また、こうした反応は、当初のその場においてのみならず、後になっても存在しうる。そして、後になって現れる場合には、今ここに行われているふるまい方に、その時点で既に影響を及ぼしうる。

こうして、ある意味では、中枢神経系のうちに我々は複雑な対象に対応するような事象を見て取ることができる。ここで複雑な対象といっているのは、我々の実際の経験のうちにありながら、幾分曖昧で無数の意味をもつような対象であり、空間的のみならず時間的にも複雑な対象のことである。このような複雑な対象の何らかの側面に我々が反応するとき、対象がもつこうした側面以外の意味はすべて、既に存在するのであり、いつでも、この側面に関与しうるし、また、この側面に知的あるいは情動的な意味内容を付与しうる。したがって、中枢神経系のうちに示されるような構えの編成体のうちに、我々が対象の意味と呼ぶもの、つまり、普遍的な事象の何たるかを、見て取ることができる。にもかかわらず、人はこれを否定するのだが、私にはその理由がわからない。それぞれ多種多様な無数の刺激に対する反応がどのような対応をとるか、その在り方如何が、特殊なものに対する普遍的なものの関係を我々に与えてくれるのであり、対象のもつ複雑性の度合いは、我々自身のふるまい方の時間的空間的に可能な組み合わせを表す中枢神経系の諸要素と同じように、無限大である。そいうわけで、モーレイのような歴史家がグラッドストーンのような歴史的人物に対してとる何らかの類いの反応、つまり、中枢神経内に現れるような一つの反応について、我々は正当に語りうるわけであり、そのことによって、一つの反応が有する複雑性すべてを考慮しうるのである。

（我々がこれまで強調してきたのは、反応を喚起する刺激の個別性とは対照的な意味での反応の普遍性ないし一般性である。そこで、今度は、普遍性の社会的次元について注目してみたい）〔編者モリスによる挿入〕。

思惟は、普遍性に関連して生ずる。そして、我々は対象を通じて普遍的なものを考えるのだが、普遍的なものとは、この対象とは区別しうるものである。我々が鋤について考えるとき、自分の思考において、我々は何か個別の鋤に拘泥しているわけではない。さて、我々が鋤一般について考える場合、我々の思考対象として何かあるにちがいない。当の思考は特定時点で生じている特定事象であるが、思考対象としての何かは、この特定事象のうちにないことは明らかである。思考というものは、〔その時その場で生ずる〕出来事すべてを超越している。我々の思惟〔の何たるか〕を説明するために、実体、本質あるいは時間を超えた存在というような領域を想定しなければならないのだろうか。これは、近代の実在論者によって一般的に想定されている。この問いに対するデューイの解は次のようなものと思われる。鋤というものは、あれこれの個別の鋤とは独立していながらも何らかの特徴を有するのだが、抽象化作用を有する注意能力によって、我々は鋤一般の何らかの特徴を、あれこれの鋤とは別個のものとして扱ってきた。もちろん、鋤一般の特徴は、あれこれの個別の鋤の中に、その現実存在ないし存在を有する。いかなる鋤も一つの鋤である以上、このような性質はどんな鋤にも見出せる。そうであるなら、鋤一般の性質は、数々の鋤の中のどの一つからも独立している。さらに進んで、次のようにもいえるだろう。鋤一般の性質は、鋤が現れようが、使いつぶされようが、それぞれの鋤が存在する特定時点からは独立している。いいかえれば、鋤一般の性質は、時間からは独立しており、永続的対象ないし実体と呼びうる。だがデューイはいう。我々の思考内において、こうした性質が時間から独立しているからといって、こうした性質の存在が、それぞれ個別の鋤から取り除かれることにはならない。……意味というものは言葉自体に内蔵されてはいないとする点で、デューイは前述の実在論者に完全に同意する、すなわち、デューイは、唯名論者ではない。だが同時に、デューイは主張する。鋤の意味の在処は鋤一般であるというとき、その意味は、思惟がもつ社会的性質をとおしてこれまで発生してきた一つの特性としてあるのである。近年の用語を用いるなら次のようにいってよかろう。意味は社会的な経験のうちに現れ出でるのである。それはちょうど、色というものが、視覚器官をもった有機体の経験のうちに出現したのと同じことである。[17]

意味それ自体、つまり、思考の対象は〔対他的・対外的〕経験のうちに発生するのであり、その媒介となるのは個人であり、この場合の個人は、自らを刺激して、当の対象に反応する際に、相手側の構えを取り入れるのである。意味とは、他者に対して指示しうるものであるが、同時に、同じ指示過程によって、それを指示している側の個人に対しても、指示される。個人が、相手側の役割を担う中で、自分自身に対して意味を示しているかぎりにおいて、その個人は自らのパースペクティヴを占めるにいたっている。そして、自分自身のパースペクティヴの観点から、意味を相手側に示しているかぎり、かつ、そのように示されている事象が自分にとっても相手にとっても同一のものであるかぎり、当の意味は、相異なるパースペクティヴのうちにあっても、存在可能な事象であるにちがいない。それゆえ、意味とは普遍的なものである。つまり、意味が相異なる様々なパースペクティヴに属していながらも、これらが共通のパースペクティヴにまとめあげられているのであれば、少なくとも、これらのパースペクティヴに〔意味の〕同一性が共有されているかぎり、意味とは普遍的なものなのである。さらにいえば、〔共通のパースペクティヴに〕まとめあげる原理が、実際に今ここにあるパースペクティヴ以外のパースペクティヴを許容するものであるかぎり、普遍性は、論理的には無限に拡張されうる。しかしながら、行動様式における意味の普遍性は、結局のところ、パースペクティヴの違いとは無関係なものとなる。つまり、特定の意味を有するシンボルを用いて示される諸々の性質に対しては、パースペクティヴもまた様々であるが、行動様式における意味の普遍性は、このようなパースペクティヴの違いとは関係ないのである。ここで、特定の意味を有するシンボルというのは、すなわち、それを用いる個人自身に対して、そのシンボルが他者たちに対しても示す事象を、指し示しているような身振りのことである。こうした他者たちにとって、このような身振りは、協働的過程の中で適切な刺激として役立つのである。[18]

特定の意味を有する身振りないしシンボルが、特定の意味を有するためには、その発生場面として、経験と行動の社会的過程をつねに前提としている。あるいは、論理学者たちが述べるように、論議領域というとき、その意味するところは、特定の意味をもった身振りないしシンボルが、まさしく実際上も、意味をもつようになる際の場面状況、あるいは、場のことである。このような論議領域を構成しているのは、経験[19]と行動の共通の社会過程を続行しつつ、そこに参加している諸個人からなる集まりである。このような共通の社会過程の中で、特定の意味をもった身振りやシンボルは、当の集まりの全成員にとって、同一のあるいは共通の意味を有する。その際、成員たちが、こうした身振りやシンボルを〔自分たちで〕作り出し、それを他の諸個人に向かって示している場合であろうと、あるいはまた、このような身振りやシンボルを作り出したのが他の諸個人であり、自分たちに向かって示され、それに対して自分たち成員が表立って反応する場合であろうと、事に変わりはない。論議領域とは、端的にいえば、共通のあるいは社会的な意味群からなる一つの〔参照〕系である。◆20

思考と理性がもつ普遍性そのもの、あるいは、〔特定個人とは無関係という意味での〕脱個別個人性そのものは、行動主義的観点からみれば、自分に対して他者たちがとる構えを当の個人自身が取り入れることで生ずるものである。さらにいえば、こうした他者たちの構えすべてを、この個人が、最終的には、共通の構えあるいは観点へと結晶化した所産なのであり、こうした共通の構えあるいは観点こそ、「一般化された他者」の構えあるいは観点と呼びうるのである。

無数にある様々な特定条件下で、あるいは、無数にある様々な特定状況の中で行為する際の諸々の様式のうち、選択の対象となる様式は、ごく普通の無数の諸個人にとっては、多かれ少なかれ、同一のものであるが、このように選択される行為様式こそ、〔論理学や形而上学においてどのように扱われようが〕普遍的なものが、実際のところ、帰着するすべてなのである。このように選択される行為様式も、〔後続行為・後続反応が想定された複合的な〕社会的行為から切り離してしまえば無意味である。というのも、社会的行為場面においてこそ、行為様式は、選択的行為様式に関わっており、あるいは、社会的行為から、行為様式がもつ特定の意味が引き出されるからである。◆21

◆17 このパラグラフは、以下の草稿からの抜粋である。"The Philosophy of John Dewey," *International Journal of Ethics*, XLVI (1935), 64-81.

◆18 このパラグラフは草稿からの抜粋である。

◆19 共通の世界が存在するのは……、唯一、共通の〔集合的〕経験が存在する場合のみである〔草稿〕。

◆20 我々がいうところの思考法則は、社会的交流の抽象物である。我々がもつ抽象的思考、技術、方法の全過程は、本質的に社会的である〔一九一二年〕。〔後続行為・後続反応が想定されている複合的な〕社会的行為の編成体は、我々が普遍的と呼ぶ事象に対応するものである。それは、機能的にいって、普遍的なるものなのである。

第13章 反省的知性の性質

行為の一時的抑止が、思考〔開始〕の前兆となっており、あるいは、反省の発生場面であるとき、こうしたタイプの行為の一時抑止において我々が示してきたのは次のような事態である。すなわち、一定の社会的状況において未来の行為が有する相異なる可能性ないし選択肢が、個人に開かれたものとして、その個人の〔対外的・対他的〕経験の中にあるということ、しかも、その可能性や選択肢は、暫定的で、事に先立ち、数多くの中からの選択に備えるようになっているということである――すなわち、当の個人が関与している、ないしは、既に開始している一定の社会的行為を完成させるような様々な方法、あるいは、選択的な方法のことである。反省ないし反省的行動は、自らを意識しているという状況の下でのみ発生する。そして、反省ないし反省的行動によって可能になるのは、行動の社会的かつ自然的環境に関して、すなわち、行動が関与することになり、しかも、反応する様々な社会的自然的状況に関して、個々の有機体が自らのふるまい方を、目的をもってコントロールし組織化することである。自我の組織化とは、端的にいって、個々の有機体が自らの社会的環境に対して、自らとりうる諸々の構えの組み合わせをまとめあげることである――さらにいえば、ここで、構えとは、このような環境の観点から、自らに対して示す構えであり、あるいは、こうした環境を構成する社会的な経験と行動の過程で機能する一つの要素である。このような反省的知性を社会行動主義の観点から扱うということが、根本的に重要である。

私が先に述べたのは、ある対象を我々が叙述する場合、そこには、単なる反応以上の――その反応がどれほど複雑であろうと――何ものかが関与しているということであった。音楽の一楽節に我々は反応するだろうが、音楽を聴くという経験のうちには、その楽節に対する反応を超えるものは何もないといってよい。なぜ我々は反応するのか、我々が反応している対象は何なのかといったことを、述べることはできないだろう。〔音楽という対象に対する〕我々の構えは、単に、我々には好きな音楽もあるが好きでない音楽もあるということでしかなかろう。我々が見聞きしてわかることの大部分は、この種のものである。我々は欲しい本を選ぶが、選んだ本の性質は、いかなるものかなど、述べることはできないだろう。初対面の人の顔つきを説明する場合、おそらく、最も親しい友人たちの顔つきよりも詳細に説明することはできるだろう。友人たちがその場に現れれば、我々はすぐにでも友達と会話を始めることができる。その場合、その友人たちが誰であるかなど、確かめる必要はない。しかし、ある人の話をこれまで聞かされてきたとして、いざ、その人のことを見分けようとすると、聞かされてきた話の内容にその人が一致しているか、詳しく吟味することになる。熟知している人とであれば、このようなことを考えるまでもなく、我々は会話を続ける。我々が事を見分ける過程の大部分は、当の対象をそれとして認識できる性質を、わざわざ確認することなど含んでいない。我々はある人のことを言葉で説明しなければならないこともあろう。その場合、説明できないとわかることもある——その人のことを知りすぎているからである。こうし

◆21 あらゆる永続的な関係は、これまで、修正を免れていない。それでも、論理学の定項、論理的条件命題における前件−後件関係からの演繹は、修正されないまま存続している。これと同じカテゴリーに属するのが、いわゆる普遍的なるもの、あるいは、概念である。これらは、論議領域の構成要素であり構造である。我々が、自分たちの帰属先にして来歴を示す集団のパースペクティヴにおいて持続する性質を、他者たちに対するあるいは自分たちに対する社会的行動様式において示すかぎりにおいて、我々は、自分たちのふるまい方にとって不変の事象、いいかえれば、事態の転変とは無関係な事象を示しているのである。形而上学が、このような論理的構成要素を経験的習慣から引き出し、これらに、持続的存在という性質を付与するのであれば、このような形而上学が見落としてしまうのは、次のような事実である。すなわち、事態の転変に無関係であるということは、反省が生ずる行為状況に対してまったく相関的であるということである。いいかえれば、相異なる様々な状況下にあっても、我々は、状況の違いに無関係な対話と思考の方法、したがってまた、あるパースペクティヴから別のパースペクティヴへと解釈変更をもたらすような対話と思考の方法を見出しうるのに対して、状況に対する無関連性が関わってくるのは、単に、反省している問題がもつ広範な性質でしかないのであって、このような無関連性は、状況に無関係な対話と思考の方法の発生場面たる社会的行動様式という領域を超えることはない（草稿）。

た対象性質の詳細を見分けなければならない場合もある。その場合に、批判的に吟味する構えをとっているのであれば、当の対象の中に、こうした複雑な反応を喚起するものが何なのか、探し出さねばならない。こうしたことをしているときには、我々は、当の対象の性質、そういいたければ、その意味とは何なのかを、叙述していることになる。こうした特定の反応を喚起するものは何なのか、我々は自分自身に示さなければならない。ある人を我々が見分けるのは、たとえば、その人の体つきからである。ある人が、長い闘病生活のせいで、あるいは、熱帯で日焼けしたために、すっかり変わった姿で部屋に入ってきた場合、友達であろうと、その人のことを即座に見分けることはできないだろう。友人を見分けるには何らかの要素というものがある。うまく見分けられるような性質を我々は理解しなければならないし、そうした性質を誰かに、あるいは、自分に示さなければならない。いかなる刺激が、こうした複雑な性質についての反応を喚起するのか、我々は確定しなければならないだろう。このことは、音楽批評において例証されるように、しばしば極めて困難なことである。ある楽曲のせいで、聴衆がすべて眠り込んでしまうこともあるが、おそらく、そこにいる人は、誰一人として、その作品において、このような特殊な反応を喚起したものは何なのか述べることはできないだろうし、聴衆一人一人における様々な反応が、どのようなものか、語ることはできないだろう。この種の対象を分析することができ、かくも複雑な行為にとって、刺激はいかなるものか、理解することができるとすれば、それは、並外れた才能の持ち主である。

ここで注目したいのは、反応をまさに喚起するような特性を指示するものがある場合、いかなる過程を経て、そうなるのかということである。人間よりも下等な種類の動物は、たとえば、犬における嗅覚のように、人間の能力をはるかに超えた繊細な識別能力でもって何らかの特性に反応する。だが、その臭いがいかなるものであったかを他の犬に示すことは、犬の能力を超えたものだろう。最初に臭いを嗅ぎつけた犬が、この臭いを嗅ぎ分けるよう、別の犬を使いに出すなどということは、ありえないだろう。人間であれば、臭いの嗅ぎ分け方を、別の人に語ることができる。何らかの反応をもたらすような特性がいかなるものか、人は示すことができる。下等動物の知性がいかなるものであろうと、下等動物の知性から、人間のような反省的生物の知性を決定的に区別するのは、こうした能力なのである。一般的にいわれているのは、人間は理性的動物であるが、下等動物はそうではないということである。少なくとも行動主義的心理学の観点から私が示したかったのは、このような区別にあたって我々が心中に抱いているものである。それは、ある対象に対して我々が行う類いの反応があるとして、こういった反応をもたらす特性を指し示すことなのである。このような反応をもたらす特性を指し示すということは、まさしく、刑事を派遣する捜査課と犯人を追跡する猟犬との違いにほかならない。ここには二つの種類の知性がある。どちらも特化されている。猟犬が行うことを捜査課はできないだろうし、捜査課が行うことを猟犬はできないだろう。猟犬の知性に対比的なものとしてみれば、捜査課の知性とは、その人を捕まえるという反応を喚起するような特性とは何なのかを指し示す能力のうちにある[22]。

以上は、理性に関わる事象を行動主義者の観点から説明したものであるといってよい。理性を用いて推論しているとき、それは、自分自身に対して、一定の反応を喚起する特性を指し示していることなのである。理性を働かせているということは、これに尽きる。ある三角形において、既知の角に対して、相対する辺が一つ与えられれば、その三角形の面積が決まる。一定の特性があれば、一定の反応が示されているのである。必ずしも理性に基づくものではないが、これらとは別の過程もあって、その過程においては、古い反応から新しい反応を打ち立てることができる。他の反応の中にある複数の反応を選択し、これらを組み合わせることもできる。手引き書一冊でもって、一定の組み合わせの反応につながるような一定の組み合わせの刺激が得られるかもしれないし、そうなると、他の複雑な反応の中から、その組み合わせの反応を選び出すことにもなるだろうし、その場合、以前には選び出したことのない組み合わせかもしれない。タイプライターで何かを書くとき、タイプライターの使い方に関して指導を受けることもあるかもしれない。その場合、はじめに、かなりの技術を身につけることができるだろうが、それにしたところで、様々な反応を喚起する刺激の指示を含んでいることに変わりはない。以前は結びつくことのなかった諸々の刺激を、今では、結びつけられることになる。そうなれば、これらの刺激は、複雑な反応をともなうことになる。こういった事態は、当初は、知性とは縁遠い反応であるかもしれないが、過去に

◆22 知性と認識（knowledge）は行為過程の内部にある。思惟するというのは、世界が行動様式にとって適合的であるように、そして、生物種の生命目的に到達しうるように、世界を提示する複雑な過程なのである（草稿）。
思惟することは〔自分と他者に対して〕指し示すことであり、事物について考えることは、行為する前に、当の事物に注意を向けて指し示すことである（一九二四年）。

経験した反応からは自由になっているにちがいない。たとえば、〔pp.=pagesといった〕二重省略文字を書く場合、筆記の場合の書き方とタイプライター上でのキーの打ち方とでは、二重文字に対する反応が異なる。間違ってしまうとすれば、それは、用いる反応が、ずっと異なってきたからであり、他の数ある反応と結びつけられてきたからである。図画の先生は、生徒たちに、時折、右手よりもむしろ、左手で絵を描かせる。それは、一旦右手についた癖を取り除くのが難しいからである。これこそ、理にかなった仕方で行為しているときに、実際に行っていることである。つまり、ある複雑な反応を喚起するような刺激とはいったい何なのか、これを自分自身に対して指し示しているのであり、さらにいえば、当の諸々の刺激の順序によって、当の反応の全体像はいかなるものなのかを、確定しているわけである。こうして、このような刺激を他の人々あるいは自分自身に指し示すことができる能力こそが、我々が理性に基づく行動様式と呼ぶものなのであり、これは、理性をともなわない下等動物の知性、さらには、我々自身の多くの行動様式とは異なる。

人間を他の動物から区別するのは、このように刺激領域を分析する能力によってであり、こうした能力があるおかげで、人は他ではなくある刺激を選択し、したがって、当の刺激に属する反応を持ち続けることができるのであり、当の刺激を他の刺激から選び出し、それを別の刺激と再結合するわけである。たとえば、鍵がうまく動かないこともある。何らかの要因に気づくだろうが、その一つ一つは一定の反応をもたらす。この場合、何を行っているのかというと、それは、鍵が動かないという刺激に対して注意を払うことによって、こうした反応の過程を持続させているのである。人間は、既にある諸々の反応を組み合わせるだけではない。そういうことであれば、人間より下等な動物でもできる。それ以上に、人間は諸々の活動に加わり、それらを区分けするのであり、さらには、特定の要素に注意を払いつつ、こうした特定の刺激に対応する様々な反応を保持し、その上で、これらの反応を結びつけ、別の行為を築き上げる。これこそ、我々が学習と呼ぶものであり、あることの仕方を他人に教えることなのである。対象の特定局面や特性が何らかの類いの反応を喚起するのであれば、それを人に指し示すことは、誰もが行う。我々はこのことを説明する際、一般的には、意識は感覚過程をともなうだけであってカ〔神経伝達〕運動過程をともなわないという。我々は感覚過程を直接コントロールできるが、〔神経伝達〕運動過程をコントロールすることはできない。我々は刺激領域における特定の要素に注意を向けることができ、刺激に対して、そのような注意を向けることで、刺激を保持し、そのことによって、反応をコントロールすることができる。このようにして、我々は自らの行為をコントロールする。我々は、運動神経路を通して、直接自分たちの反応をコントロールするわけではない。

刺激領域において何らかの要素を分析すれば、反応をコントロールできるだろうが、下等動物の場合、このような能力はない。しかし、〔人間の場合〕ある人に対して「これを見て。これを見ておいて」ということができるのであり、そうすることで、自分の注意を特定の対象に向けておくことができる。人は注意を向け、そのことで、特定対象に対応する特定反応を〔数ある反応の中から〕取り出すことができる。こうして、我々は自分たちの複雑な活動を要素分解し、そのことで、学習が可能となる。行われているのは、特定の行為を喚起する特定の刺激に注意を向けることによって、過程を分析することである。そして、この分析こそが、当の行為の再構成を可能にする。いわれているように、動物も物事を組み合わせることはするが、それは、試行錯誤を通じてのみであり、組み合わせがうまくいけば、それを単に自己維持するだけである。

身振りは、一旦人間集団の行動様式の中で創り出されると、集団の行為の構成要素を指し示し、したがって、こうした要素を自発的注意領域内に組み込むことに、身振りは、はっきりと役立つ。自発的注意と非自発的注意にも、もちろん、根本的な類似性がある。明るい光や特定の臭いは、有機体を完全にコントロールするものといってよく、そのかぎりで、他の活動を抑止する。しかしながら、自発的行為は一定の性質を指し示すことに依存しており、そうした性質を指摘し保持し、そのことで、当の性質に属する反応を保持する。このような類いの分析は、いわゆる人間的知性に必要不可欠のものであり、人間的知性は言語によって可能となる。

注意の心理学は連合心理学を排除した。我々の前に現れるものごとに関して、我々の経験のうちにある無数の〔観念〕連合が発見されたが、しかし、連合心理学は、〔数ある観念の組み合わせのうち〕なぜ、他ではなくある連合が支配的な連合であるのか、けっして説明することはなかった。連合心理学が打ち立てた原則は、ある一定の連合が強い状態にあり、ごく最近のもので、頻繁に起こるものであれば、それは支配的な連合であるというものだった。だが、実際のところ、状況によっては、当の状況下で最も弱い要素と思われるものが、心を捉えて放さないこともある。心理学者は、このような状況に対処できるようになってはじめて、注意の分析を取り上げるようになり、自発的注意が刺激領域における何らかの性質の指示に依存することを理解できた。このような指し示しは、諸々の反応を選び出し再び組み合わせることを可能にする。

音声身振りの場合、相手側に喚起される反応を、発している側に喚起する傾向がある。そのため、子供は親や教師や牧師の役割を演ずる。こうした状況下の身振りは、個人のうちに一定の反応を喚起すると同時に、相手側にもその反応を喚起する。そして、個人の側で身振りを遂行することは、当の刺激がもつ特定の性質を他の性質と区別して扱うことになる。相手側の反応は、当の刺激を他の刺激と区別して扱う個人の側に存在する。危険に直面している人に対して、思わず声をかける人は、その人自身、実際に身をかわす行為を遂行するわけではないが、身をかわそうとする構えをとっている。この人自身は、危険に直面しているわけではないが、自分自身のうちに、身をかわす反応を構成する特定要素をもっており、我々は、こうした特定要素を意味と呼ぶわけである。中枢神経系に即していえば、これは、上部神経路を刺激しているのであって、実際に身をかわすことにつながっていくことを意味する。劇場に入り、プログラムを目にして、火災の場合に最も近い出口を選ぶよう注意している標示に気づくとき、その人は、避難に関わる様々な反応を選び出している。この人の前には、様々な反応すべてが、いわば、列挙されているのであり、おそらく、劇場側から求められる方法で、避難手段を選び出し組み合わせることで、これからしようとしていることに備えるのである。設備点検技師がやってきて、あれこれ様々な手段を選び出し、手段を並べ立てて避難行動経路を選ぼうとする。人は自己を意識しているかぎり、点検技師と同じことをしているのである。様々な反応の順序がどのようなものとなるか確定しなければならない場合、我々は、そうした反応を一定の様式で組み合わせている。我々がこのようなことをなしうるのは、我々に働きかけている様々な刺激の順序を指し示すことができるからである。これこそ、人間的知性に関わるものであって、下等生物種にみられるタイプの知性とは区別される。我々は象に対して別の象のしっぽをつかめとはいえない。そのようにいったところで、この刺激は、我々自身に対して示すのと同じことを象に対して示してはいない。我々は、この象に対して一つの刺激となるような状況を作り出すことはできる。しかし、この象に働きかけて、この刺激がいかなるものか、象自身に対して示すことはできないし、ましてや、象が自分の身体器官系統内で、この刺激に対する反応をもつように仕向けることなどできない。

身振りは一つの過程を提供し、この過程を通じて、人は、他者のうちに喚起される可能性のある反応を、自身のうちに喚起する。この反応は、自身にとってのその場の物理的環境に関するかぎりでいえば、自身がその場で示す反応の一部ではない。我々がある人に何かをするようにいうとき、我々が示す反応は、実際の事柄そのものを行うことではなく、そのような行いの端緒なのである。コミュニケーションが我々に与えるのは、反応の構成要素のうち、あくまで心的領域で思い描かれうる部分である。我々はこのような反応の構成要素を遂行するのではなくて、こうした要素は、我々が指し示す対象の意味を、その場で構成しているわけである。言語は、一定の刺激を指し示す過程であり、行動系の中で刺激に対する反応を変質させる過程である。社会過程としての言語によって、我々は諸々の反応を選択し、個々の有機体の中で保持することができるようになったのであり、だからこそ、諸々の反応は、我々が指し示す事象との関係の中で存在するのである。その時その場で実際に行われる身振り〔の形式〕は、ある程度は、任意である。身振りによって、指し示される事物にふさわしい反応が喚起されるのであれば、それが指で示されようが、視線で示されようが、頭の動きによろうが、身構えによろうが、あれこれの言語上の音声身振りによってであろうが、事情に変わりはない。これこそが、言語の本質的構成要素である。身振りは、その使用によって別の人の反応を引き起こすような反応を、発した個人のうちに喚起するか、あるいは喚起する傾向のあるものでなければならない。こうしたものが、精神が作用する際に用いられる素材である。どれほどわずかであろうと、ある種の身振りがなければならない。反応だけを切り離しておいて刺激の指し示しを欠いたままにしておくのは、ほとんど語義矛盾である。これまで指摘しようと試みてきたのは、コミュニケーションのこうした過程が、我々の心中にある素材を我々に提供する上で、いかなることを行うのかということである。このようなことをコミュニケーションが行うのは、身振りを提供することによってであり、この身振りは、他者たちに影響を及ぼすように我々に影響を及ぼすことで、相手側がとる構えを喚起し、さらには、我々が相手側の役割を担うかぎりで、我々がとる構えを喚起するのである。我々が当の構えを理解するのは、つまり、当の意味を理解するのは、自分たちのコントロールの及ぶ範囲内においてであり、このようなコントロールの本質は、発生した問題に迫られて、新たに構築された行為を提供すべく、こうした様々に可能な反応を結びつけることのうちにある。このようにして、我々は、行動主義的心理学の観点から、理性に基づく行動様式を正確に述べることができる。

ここで、これまでの説明に対して、今一つの要因をつけ加えたいと思う。すなわち、神経系の時間的性質が未来への配慮および選択に対してもつ関係である。[23]

中枢神経系によって可能となるのは、何らかの行為が既に開始されている場合、当の行為の実際の完成に先立って、その行為の完成に必要となる一つのあるいは複数の何らかの対象に関して、数多くの選択しうる反応を〔表立ってではなく〕思考実験的に開始するということである。したがってまた、選択可能な数ある反応の中から、表立って実行に移すべき反応を一つ受け容れる際に、知性あるいは反省的選択を行使することが可能となるわけである。[24]

人間の知性は、人間のもつ中枢神経の生理学的メカニズムによって、いくつかの選択可能な反応の中から、目下の環境における問題状況においてとりうる反応を、熟慮の上で一つ選択する。そして、知性によって選択され実際に示される反応が複雑であるならば、つまり、一つ一つは単純であっても複数の反応の組み合わせ、連鎖、集合、系列という形をとるのであれば、環境において発生した当の問題を、個人よって最も適切で調和のとれた様式で解決できるように、知性は単純な反応の組み合わせや連鎖をまとめあげることができる。

人間の知性は、未来の反応を様々に選択しうる可能性を、一定の環境的状況における今現在のふるまい方の確定に取り入れるのであり、さらには、中枢神経系のメカニズムを通じて、現在の行動を確定している要因ないしは条件の構成要素として、諸々の可能性を行使するのである。このことによって、知性に基づくふるまい方ないし行動は、反射的、本能的、習慣的ふるまい方ないし行動と決定的に区別される。つまり、反応の延期は即時の反応と決定的に区別されるのである。今現在の有機体行動において生ずる事象は、ある意味で、つねに過去から創発したものであり、事前に正確に予言されたことなど未だかつてないといってよい、つまり、過去について、あるいは、創発事象に適合的な過去における諸条件について、どれほど知識が完全であろうと、知識に基づいて予言されたことなど未だかつてないといってよい。知性によって方向づけられる有機体行動の場合、有機体行動がもちうる未来の可能な諸結果もしくは諸帰結が、有機体に今現在影響を及ぼすという点において、知性のもつ自発性という要素は特に際立っている。未来のふるまい方という我々の観念、あるいは、それについての我々の観念とは、一定の環境状況に直面した際に、選択肢となりうるいくつかの方法で行為する性向のことにほかならない。つまり、このような性向ないし構えは、環境における状況に対して実際に表立って現れる反応や作用に先立って、中枢神経系構造の中に現れうる、あるいは、潜在的に喚起されうるのであり、また、このように行動に表立って現れる反応をコントロールし選択する際には、確定要因として関与しうるのである。実際の行為とは異なり、あるいは、表立った行動に現れることのないものとしてみれば、観念とは、端的にいって、我々が目下のところ行ってはいない事柄なのである。観念とは、これから表立って現れる様々な反応の可能性であって、実際に行われるにあたって、我々は中枢神経内で様々な反応を思考実験的に試し、さらには、実際に働きかけ、あるいは、実行に移す事柄に好都合となるように、様々な反応を棄却するわけである。知性に基づく行動様式の過程は、本質的に、様々な選択肢の中から選択する過程である。知性とは、概して、選択性の問題なのである。

知性に基づく行動様式には、反応を延期させることが必要不可欠である。自分が直面している社会的状況、そして、自分に対して適応困難な問題をもたらす社会的状況に対しては、個人は、これから表立って行われる反応ないし作用をまとめあげ、思考実験によって試行し、最終的に選択するだろう。だが、もし、そうした社会的状況の中で、反応の組織化や実験思考上の試行や最終的な選択といった過程が遂行されるまで、これから表立って行われる反応ないし作用を延期できないのであれば、そもそも、今みたような過程は不可能である。すなわち、ある一定の刺激に対して、これから表立って行われる何らかの反応を、即座に実行しなければならないのであれば、反応の組織化も潜在的試行も最終的選択もまったく不可能であろう。反応の延期がなければ、あるいは、反応の延期によらなければ、行動に対する意識的コントロールも知性によるコントロールも、行使されることはない。というのも、行動の確定に知性が作用するのは、このような選択的作用、つまり、延期されることによってはじめて選択的となる作用をとおしてだからである。実際、知性を構成するのはこの過程なのである。中枢神経系が提供するのは、単に、この過程に必要不可欠な生

◆23　本書第16章を参照。

◆24　我々が対象に到達する以前に、こうした反応を準備しておけるのは一つの強みである。世界の方が我々に完全に張りつき密着して〔距離感がないままで〕いるのであれば、我々には思案する時間がないことになろう。その場合には、こうした世界に反応する方法は一つしかなかろう。

遠隔〔対象を射程に据える〕器官と反応を延期する能力をとおして、個人は、遠方に見据えられた未来に関して自らの生を計画し、その可能性によって、未来を生きるのである。

理学的メカニズムだけではなく、この過程の前提条件として必要不可欠な作用の延期という生理学的条件なのである。知性とは、本質的に、未来の可能な行為帰結の観点から、今現在の行動がはらむ問題を、その問題の根底にある過去の経験に関連づけて解決する能力にほかならない。すなわち、過去と未来を参照し、あるいは、双方の観点から、現在の行動がはらむ問題を解決する能力である。知性には、〔過去の〕想起と〔未来の〕展望が不可欠である。そして、知性を行使する過程とは、一定の環境的状況に対する反応あるいは作用を延期し、まとめあげ、選択する過程である。この過程が可能となるのは、中枢神経系のメカニズムによる。そして、この神経系があるがゆえに、個人は、自身に対する相手側の構えをとることができるのであり、したがってまた、個人が自身にとって対象となるのである。これは、社会的環境に対して、実際に環境一般に対して適応していく上で、個人が自由にしうる最も効果的な手段である。

いかなる種類のものであろうと、構えというものは、何らかの複合的行為の端緒あるいは潜在的始動、つまり、一定の構えを取り入れる個人が他の諸個人と同調しつつ、関与しあるいは加わる社会的行為の端緒あるいは潜在的始動を表している。伝統的な想定では、行為における意図的な要素は、究極のところは、観念、つまり、意識的な動機でなければならず、したがって、心の存在を意味しなければならないか、あるいは、心の存在に依存していなければならないというものであった。だが、神経中枢系の本質に関わる研究が示しているところによれば、一定の行為に対する様々に可能な完成形態は、(特定の生理学的組み合わせにおいて表現される)生理学的構えという形態において、実際の完成に先立って存在するし、様々な完成形態をとおして、一定の行為の初動段階の構成要素は(今現在のふるまい方の最中に)、これに後続する段階によって左右され、あるいは、影響を受ける。したがって、行為における意図的要素は、生理学的源泉、つまり、行動主義的基底をもっているのであって、本質的にも必然的にも、意識的であるわけではないし、また、心理的であるわけでもない。

第14章 行動主義、ワトソン主義、反射

これまで議論してきたのは、概念あるいは観念を、行動主義的に論ずる範囲にまで持ち込みうる可能性であり、そのようにすることによって試みてきたのは、ワトソンが提示した行動主義から、不適切にみえるものを取り除くことである。思考する過程を、語る過程へと連れ戻すことによって、ワトソンは思考を単に言葉やシンボルや音声身振りと同じものと考えているように思える。ワトソンは、反射を、一つの刺激から別の刺激への移転とすることによって、このような同一視を行う。条件反射は、この過程の専門用語である。心理学者は、何らかの特殊な刺激に応答する諸々の反射の組み合わせを取り出し、その上で、様々な条件下で、このような反射に対して表現を与え、刺激自体に別の刺激がともなうようにする。

心理学者の知見によると、このような反射は、これまでずっと必要な刺激だったものがなくなっても、新たな刺激があれば、それによって生じうるという。典型的な事例は、子供の背後で轟音を聞かせると同時に白ネズミをみせ、これを何度か繰り返すと、しまいに子供は白ネズミを怖がるようになるというものである。このような轟音は恐怖感を引き起こす。白ネズミがいるというだけで、このような恐怖をともなう反応を条件づけ、その結果、この子は、白ネズミを怖がるようになる。こうして、まったく音がしなくとも、白ネズミによって恐怖をともなう反応が喚起される。◆25

ワトソンは、また、客観的心理学者のいう条件反射を用いて思考過程を説明する。この見解に立つなら、我々

◆25 暗闇に対する子供の恐怖感は、〔闇夜の〕雷鳴で目覚めることから生じたのかもしれない。そのため、子供は暗闇に怯える。これは証明されているわけではないが、条件づけによる可能な解釈である。

は事物と結びついた音声身振りを用い、そのことによって、事物に対する反射を音声過程によって条件づけることになる。椅子が目の前にあるとき、そこにすわる性向を我々が有するのであれば、我々は「椅子」という言葉によって、こうした反射行為を条件づける。元々、椅子は、このようにすわるという行為を誘発する刺激である。そして、ひとたび条件づけられれば、子供は、椅子という言葉を用いることで、すわる行為を進んで行うようになる。このような過程には、特別な制限は何もない。このような反射の条件づけに対しては、言語過程が特に適用される。周囲にある対象に対しては、無数の反応がある。音声身振りによってこうした反応を条件づけることができ、したがって、一定の反応が遂行されるときにはいつでも、同時に一定の音声要素が用いられると想定してみよう。この場合、この音声身振りが生じればいつでも、当の反応が喚起されるという地点に我々は到達できていることになる。こうしてみれば、思考するとは、このような様々な音声要素を、それが喚起する様々な反応とともに、用いることにほかならない。心理学者であれば、音声身振りによる反射の条件づけ以上に複雑なものを、思考過程において探し求める必要はなかろう。

込み入った経験を分析するという観点に立つなら、今みたような説明は極めて不適切であるように思える。ある種の経験についてであれば、この説明でもおそらく十分であろう。軍隊で訓練を受けた身体は、様々な条件反射の組み合わせを表している。一定の命令を下せば一定の編制隊が出来上がる。これがうまくいくかどうかは、このような命令が下されたときに〔兵士たちが〕自動的に反応できるかどうかにかかっている。もちろん、ここにあるのは、思考なき行為である。このような自動的反応の状況の下で兵士が思考したところで、自ら進んで行為することなどまずなかろう。彼の行為は、ある意味で、思考の欠如に依拠している。別の場合であれば、入念な思考がなされるにちがいないが、しかし、そのような入念な思考が上官によってなされてしまえば、兵士の編制過程は自動的なものとなるにちがいない。ここに見て取れるのは、このような説明では、上官のレベルでなされなければならない思考を正当に評価したことにはならないということである。確かに、一兵卒であれば、思考することなく、隊を編制する過程を進めていく。ここで、同じ条件下で、思考が上官レベルでなされているとするなら、明らかに、行動主義者は構想計画に固有の事態を説明できない。条件反射の観点からは説明できない何か決定的なことが、ここで進行しているのであろう。

命令を遂行する際、兵士が自ら考えることなく、単に命令が下されたたけで命令が実行されるように行動する様式は、下等動物に特徴的なタイプの行動様式である。我々はこのようなメカニズムを用いて、ある種の有機体の入念な本能を説明する。諸々の反応の組み合わせが次々に続いていく。ある処置が完了すると、そのことで、生命個体は一定の刺激に接するようになり、この刺激によって、別の処置が続いていき、同様の展開が進行する。このような過程が極めて念入りに行われている例は、とりわけ蟻のうちにみられる。〔だが〕人間の共同社会に固有の思考は、おそらく、蟻の共同社会にはみられない。〔確かに〕働き蜂は、これから出会うこともなく、これまで接したこともない幼虫の餌のために、麻痺した蜘蛛を貯えるが、これは、未来を配慮して意識的に行っているのではない。人間の共同社会では、食物を冷蔵庫に蓄えておき、後で食するが、これは蜂が行っていることと同じことである。しかし、重要な違いは、今現在、意識的に目的をもって行為することである。後の準備のために冷蔵庫を用いる個人は、実際には、自らに対して、これから生ずる状況を示しているのであり、未来の使用に関しては、貯蔵という方法を定めているわけである。

条件反射に関するワトソンの叙述は、経験のこのような構成要素を考慮していない。こうした議論は、幼児にみられるような経験の場合に、実験的に応用されてきただけである。ワトソンが解明しているのは、単純なメカニズムであって、これは広く応用可能ではあるにしても、この応用にともなう複雑な事象一切を考慮しない場合にかぎる。もちろん、新しい考え方にとって、最大限の応用範囲を見出し、その後で生ずる特定の困難に応じようとするのは正当ではある。では、行動主義的心理学についての我々の説明を作りかえることで、我々の通常の言葉でいう、我々が行っていることについての意識を、ワトソンの場合以上に、正当に評価することはできるだろうか。私がこれまで示してきたのは、中枢神経系の中で観念に相当するものを、少なくとも描くことはできるということであった。これは、ワトソンの説明においては無視されているように思える。彼は、一定の刺激に対して一組の反応を帰属させて、有機体のメカニズムが、これらの刺激を変更することができ、ある刺激で別の刺激を代用できることを示している。しかし、こうした過程を成し遂げる観念は、このような代用だけでは説明できない。

先の事例では、ある人に椅子を差し出し、すわるようにいうケースを述べたが、このように声に出していうことは、当の椅子についての特定の知覚像〔すわるための家具の認知〕の代わりとなる。〔だが〕人は、もっぱら、他の何かにかかりっきりになっている〔ため、声が聞こえていない〕かもしれないし、その場合〔声が聞こえていない以上〕、声に出された刺激は、すわるという当初の反射行為の中で作用する刺激ではない。ことによると、当の椅子に何ら注意を払うことなく、部屋に入ってきてすわるかもしれない。しかし、このような〔声による知覚像の〕代用では、何らかの意味でその椅子に反応するメカニズムを描写したことにはならないし、その人が声を出してするようにいった事柄についての観念を描いたことにもならない。私が示したのは、我々の中枢神経系の中には、こうした複雑な反応に対応するメカニズムがあるということであり、このような反応を喚起する刺激は、完全に遂行されきってはいない何らかの過程を、作動可能な状態にするということである。人が我々に椅子を勧めるときでも、ただ今のところ、我々はすわってはいない。とはいえ、すわるという行為過程は始動していない。つまり、すわってはいないが、すわろうとしてはいる。ある過程について考えることによって、我々はその過程に備えているのであり、ふるまい方の活動手順の筋書きを描いている。その上で、我々は、その行動のための様々な処置を遂行すべく準備しているのである。既に作動している運動推進力が、こうした様々な経路を刺激しているのであり、これにまつわる反応が、より迅速に、より確実に生ずる。このことは、様々な行為が関係し合う場合には、特にあてはまる。我々は反応の一つの過程を別の過程に結びつけることができるし、本能に支配される下等な反射形式〔を基礎にしてそこ〕から、〔何にでも応用可能なという意味で〕包括的な反射作用を我々自身の行動様式の中で築き上げることができる。ところで、以上述べたことは、ある意味で、神経系の構造によって示される。我々は数々の反応を思い描くことができるが、これらは、先の例でいえば椅子という対象に対する、いかえれば、そうした対象の意味と呼ばれるものに対する様々な反応とともに発生する。椅子の意味は、そこにすわることであり、ハンマーの意味は、釘を打つことである。こうした反応は、たとえ、まだ遂行されていなくとも、神経内で刺激を受けている。中枢神経系内におけるこのような過程の刺激は、おそらく、我々が意味と呼ぶ事象にとって必要不可欠なものである。

この点において問われてよいのは、一定の領域において、あるいは、一定の経路をおおって、実際に生じている神経興奮が、観念と呼ぶ事象を正当に代用しているかどうかである。ここで我々が直面するのが平行説である。これは、観念と身体状況との間の区別、つまり、我々が心的状態と呼ぶものと、脳内神経細胞変化による身体上の説明との間にみられる区別を平行関係にあるとみなす。行動主義的心理学に関して聞かれる抗議は、数多くのメカニズムを設定しておきながら、我々が意識と名づける事象が作用する余地を残していないことであろう。また、こうもいわれるかもしれない。私が述べてきたような様々な過程の結びつき、中枢神経系内の様々な反応の組織化といったものは、結局のところ、ワトソンが言及していた事象と違いはない、と。彼の議論にも、椅子に対応する数多くの反応があり、「椅子」と声に出す、音声身振りによって椅子にまつわる反応を条件づけている。とはいえ、既に述べたように、意識には、そのような条件反応以上に、もっと多くの意味合いをもった何かがあることを我々は認めている。兵士が示す自動的反応は、自動的反応に関する思考をともなう行動様式とは異なっているし、自分たちが行っていることについて意識することとも異なっている。

行動主義的心理学がこれまで取り除こうとしてきたのは、多かれ少なかれ形而上学的で厄介な事態であり、これは、世界に対しては心的なものを、身体に対しては心を、物質に対しては意識を打ち立てる際に絡んでくる問題である。こうした試みは袋小路に入るように思われた。こうした平行説は、有益であると確証されたこともあったが、これを中枢神経内で進行する事態の分析に用いた後では、行き詰まりに陥っただけであった。内観に対する行動主義者の批判は正当化される。心理学研究の観点からすれば、それは、実り多い取り組みではない。ワトソン流に、内観を一掃し、さらには、我々が行っているのは、我々が主観的に発音している言葉を聞いているだけだというのでは、妥当な推論とはいえまい。こういうことでは、我々が内観と呼ぶ事象に対処する方法としては、確かに、まったくもって不適切である。とはいえ、心理学が関心を寄せているはずの現象に対処する手段としてみるなら、内観は、まったくもって望み薄であるのも確かである。行動主義者が従事していること、つまり、我々が立ち返るべき立場は、実際に生ずる反応それ自体である。そして、内観の意味内容を、反応に翻訳できるかぎりにおいてのみ、我々は、いかなるものであれ、申し分のない心理学的原理を手にしうるのである。心理学は形而上学的問いに立ち入る必要はないが、しかし、心理学的分析それ自体に用いられる反応をしっかりと把握することは重要である。

私は次のように主張しておきたい。実際に生ずる反応は、観念または意味であると同時に、一定の音声身振りと結びつくようになるが、このような過程の在処は、有機体の活動内部であるのに対して、犬や子供や兵士の場合、こうした過程は、いわば、有機体の外部で生ずるのである。兵士は、一連の機動演習をとおして、訓練される。なぜ、こうした演習の特定の組み合わせが課されるのか、あるいは、この組み合わせが用いられる用途については、兵士は知らない。動物がサーカスで調教されるように、兵士は軍事教練をただ遂行するだけである。同様に、子供も、自分の役割をまったく考えることなく、実地訓練の中に放り出される。思考に固有のものが意味するのは次のことである。つまり、対象としての椅子を「椅子」という言葉と結びつける過程こそが、社会において人間が行う、したがって、また、内面化する過程に他ならないということである。このような行動は、確かに、有機体外部で生ずる条件づけられた行動と同じくらいに真剣に、さらにはそれ以上に真摯に、考察されてしかるべきである。というのも、思考の産物を理解する以上に、思考の過程を理解することが、はるかに重要だからである。

ところで、こうした思考過程それ自体は、いったい、どこで生ずるのか。いっておくなら、ここでは、意識とは何かに関する問い、あるいは、脳内において進行している事柄は意識と同一視しうるのかといった問いについては、回避している。そうした問いは、心理学的な問いではないからである。私が問うているのは、ワトソンの意味でいえば、我々の反射ないし反応のすべてが条件づけられるような過程は、いったいどこで生じているのかということである。というのも、この過程は、行動様式の中で生じている過程であり、過程の結果としての条件反射によっては、説明できないからである。子供が白ネズミを怖がるのは、反射行動を条件づけることで説明できる。しかし、ワトソン氏のいっている行動様式を説明するのに、今述べたような反射行動を一連の条件反射によってさらに条件づける点に求めることなど、ワトソン以上にワトソン的な人物にご登場願って、彼の〔いっている〕反射行動の条件づけでもしてもらわないかぎり、不可能である。反射行動を条件づける過程というのであれば、ふるまい方自体の中に取り入れねばならないはずであって、形而上学的な意味で精神を設定しておいて、精神論的方法で、それが身体に働きかけるなどとはせずに、行動主義的心理学が対処しうるような実際の過程として捉えるべきである。これでも、形而上学的な問題は残ったままだが、心理学者たるもの、反射を条件づける過程そのものが、ふるまい方自体の中で生ずるものとして叙述しなければならない。

我々は、中枢神経系の中に、このような行動様式に必要なメカニズムの核心部分を見て取ることができる。反射行動の中には、たとえば、膝蓋腱《しつがいけん》反射のように、我々が確認できるものもあり、また、刺激が、反射から中枢神経まで到達し、再び反射に帰って行くのを我々はたどることができる。反射の大部分については、我々は詳細に確認できない。だが、反射を詳細にたどるのにふさわしい諸要素があれば、類推を行うことはできるし、これまで述べてきたような複雑な機構、さらには、我々の周囲にある対象や、交響曲や自伝のようなもっと複雑な対象に相当する複雑な機構を、自分自身に対して提示できる。今や問うべきことは、諸々の反応群の組み合わせを単に興奮させることが、はたして、観念ということで我々がいっている事柄なのかどうかである。少しばかりの意識による説明でとどまる代わりに、行動によって、このような観念を抱き続け、解釈しようと試みようとするとき、はたして、こうした観念を行動様式レベルにまで持ち込み、少なくとも、行動様式によって、我々は観念をもっているというときの意味内容を表現することができるだろうか。我々一人一人は、少しばかりの意識を心のうちにとどめており、しかも、そのような印象が意識に与えられている、このように想定する方が、もっと説明が簡単になると考える向きもあろう。このような考え方をするから、結果として、意識は、何ら説明されることなく、神経系自体の中に反応を打ち立てるとしてしまうのである。だが、行動主義に関して問うべきことは、ある考えをもっている、あるいは、ある考えを習得するというときの意味内容を、行動主義的観点から説明しうるかどうかなのである。

　今しがた述べたように、反射の単なる条件づけに関するワトソンの説明、つまり、当の言葉が用いられると、それにまつわる反応の一定の組み合わせが作動するといった説明は、ある考えを習得する過程に対応しているようには思えない。ワトソンの説明が対応しているのは、ある考えをもつことで生ずる帰結である。というのも、ひとたび当の考えに到達したからには、人は、その考えを達成しようと着手するからであり、こうした過程が後続するだろうと我々は想定するからである。ある考えを習得するということは、ある考えをもっていることで生ずる帰結とは異なる。というのも、ある考えを習得することには、反射運動を開始すること、あるいは、これを条件づけることが必然的に含まれているのであって、反射運動自体は、この過程を説明するために用いられることはないからである。では、いかなる条件の下で、こうした過程が生ずるのだろうか。我々は、行動の観点から、こうした条件を示すことができるだろうか。行動主義の観点に立つことで、その帰結がどうなるかについては叙述することはできるが、しかし、行動主義の観点に立って、様々な考えを習得する、あるいは、もちつづける過程を叙述できるだろうか。

　幼児の場合であれば、ある考えを習得する過程は、その子の周囲にいる人々とふれ合う過程、つまり、社会過程である。幼児は、自分が何をしているかについて理解することなく、独力で悪戦苦闘しつつも何とかやっていける。幼児が独り言をいっているときには、音声身振りによって反射を条件づけるようなメカニズムはまったくない。しかし、幼児が他の人々とふれ合うときには、様々な反射を条件づけることができるのであり、こうしたことは、下等動物の行動様式においても起こる。犬に教え込むことで、特定の言葉に対応する一定の事柄を行うようにすることはできる。何らかの音声身振りによって、我々は犬の反射を条件づける。同じようにして、子供は「椅子」という言葉で椅子を指し示すようになる。しかし、動物は、自分がこれから何を行おうとしているか理解していない。そして、議論を、こうした段階の子供にとどめておくなら、いかなる考えもその子供が抱いているとすることはできない。ある考えを伝える際に必然的にともなう事柄は、反射の条件づけによっては叙述できない。私が示してきたのは、このように考えを伝えるということは、次のような事実を必然的にともなうということである。すなわち、刺激は反応を喚起するだけでなく、その反応を受け取る個人もまた、自分自身で、当の刺激、つまり、当の音声身振りを用い、かつ、自分自身のうちに、その反応を喚起するという事実である。以上が、少なくとも、ある考えを伝えることに後続する事態の端緒なのである。これよりもさらに複雑な事態となると、犬の行動様式には見出せない。我々がある特定の言葉を発すると、犬は後ろ足で立って歩くことくらいはできる。だが、犬にできないのは、他の個体が自身に与えている刺激を自分自身に与えることである。こうした刺激に対して犬は反応することはできても、自身の反射行動を条件づけることに、いわば、自ら関与することはできない。この犬の反射行動は、他者によって条件づけることはできるが、この条件づけを自分で行うことはできない。こうして、まさしく自己条件づけの過程がいつでも継続的に進行していること、これこそ、特定の意味を有する発話の特性なのである。

もちろん、我々の発話には、我々が自己意識と呼ぶ事象の領域には入らない一定の側面もある。長い世紀をとおして、人々の発話には、様々な変化が生じてきたのであり、こうした変化には、個人の誰もがまったく気づかなかったものもある。しかし、特定の意味を有する発話について我々が語るとき、それがつねに意味しているのは、個人は、ある言葉を耳にすると、何らかの意味で、自分自身を指示対象にしつつ、その言葉を遣うということである。これこそ、発話内容についての対人理解と呼ばれるものである。この人は、反応する心構えができているだけでなく、聞こえてきたのと同じ音声刺激を用いるのであり、今度は、その自分の発した音声に反応しようとする性向がある。このことは、特定の意味を有する発話を他者に対して用いる人にもあてはまる。この人は、相手側に対して行為するよう求めていることを知っており、かつ、理解しているのであり、ある意味では、当の発話過程を遂行するような反応を自分自身のうちに引き起こしている。別の人に話しかける過程は、自分自身に話しかける過程でもあり、かつ、自分がその他者に喚起している反応を、自分自身に喚起する過程でもある。そして、発話している人が発話しているということを意識しているかぎりにおいて、話かけられた人は、聞こえてきた同じ音声身振りを自分でも用い、したがって、相手側が喚起している反応を自分のうちにも喚起する性向をもち、少なくとも、当のふるまい方に関わる社会過程を続行する性向をもつ。これは兵士の〔反射的〕行動とは異なる。というのも、特定の意味を有する発話があった場合、人は、何かするよう求められていることを、自分自身理解しているからであり、自分も一翼を担っている何事かを遂行することに同意しているからである。ある通りにどのように向かって行くべきかに関して、ある人が他者に道順を指示する場合、指示する人自身、詳細な道順すべてを理解している。この人は、〔道順を理解するという点で〕自分自身を相手側と同一であるとみなしている。聞き手の側は、道順を指図どおりに動くだけでなく、相手が示してくれたものと同じ道順を、自分自身に対しても、指図として示している。行動主義的観点からすると、これは、何事かについて意識している人というときの意味内容である。このような場合につねに確実に含まれている意味は、個人は、話しかけられた側と同じ過程を遂行する性向があるということであり、自分自身に同じ刺激を示し、したがって、同一の過程に参加しているということである。自分自身の反射を条件づけているかぎりにおいて、この過程は自分自身の経験に関わっているわけである。

私が思うに、重要なことは、次のことを認めることである。我々の行動主義的心理学は、人間の知性に対処する上で、私が今しがた描いた状況、つまり、自分にいわれている内容の意味を自分で理解している状況を提示しなければならないということである。自分が観察している身振りと同じ身振りに対応している何事かを、個人が用い、そのことを、自分自身に語りかけ、なおかつ、自分に語りかけてきている人の役割のうちに、自分自身をおいている状況を考えてみよう。このとき、当の本人は、自分が耳にした事柄の意味を把握しており、その考えを理解しているのである。つまり、その意味内容は、自分自身の意味内容となっているのである。この種の状況こそが、我々がいうところの精神という事象に関わっているように思われる。ここで、状況とは以下のようなものとしていっている。すなわち、こうした社会過程内では、ある個人は他の諸個人に影響を及ぼしているのであるが、この社会過程自体が、影響を受ける側の諸個人の経験のうちに引き継がれるのである。◆[26] 個人がこのような構えをとるのは、単なる繰り返しとしてではなく、現在進行している精巧な社会反応の一環としてなのである。単なる条件反射による説明を向こうに回していえば、適切な行動主義的叙述に関与しているのは、今述べたような過程を行動の観点に立って叙述する必要性なのである。

第15章 行動主義と心理学的平行説

ことによると、行動主義が到達している立場は、脳内神経細胞の変化（neuroses）と精神状態の変化（psycho-ses）に関わる平行説と呼ばれる説と思われているかもしれない。すなわち、中枢神経内で生じている事象と、これに平行し、あるいは、対応する経験との関係における平行説である。ありうる議論としては、たとえば、外部で生じている局所的変化のため、網膜上に興奮が生じ、こうした興奮が中枢神経系における特定点に到達する場合にのみ、色彩感覚、あるいは、色彩のある対象についての経験が現れるというものがあろう。こうした変化が外部で生じている瞬間に、対象がみえると我々は信じている。すなわち、我々は電光がみえるといった例である。だが、我々が教えられているところによれば、光というのは物理的変化を示しており、この変化は、信じられないほどの速度で進行し、何らかの方法で、光波によって網膜に移され、さらには、中枢神経系に移される、そして、その結果として、中枢神経系内でこうした振動が生ずると思われている箇所で、我々は当の光を目にするのである。もちろん、こうした物理的変化の伝達には、一定の時間が必要不可欠であり、こうした作用が生じている間にも、対象における物理的変化が生じているかもしれない。知覚において誤る可能性があるだけでなく、目の前で目にしている対象においてさえ、我々は誤るかもしれないのである。というのも、〔我々に届く〕光は、光が照らし出している〔時点の〕局所的変化自体より、時間的に後の現象だからである。光の速度は一定であり、しかも、網膜と中枢神経系の特定点との間で進行する過程は、光の到達過程よりも、はるかに時間のかかる過程である。星の光を例にとるなら、我々にとっては都合よく、この状況の応用範囲が広がる。我々が目にする光は、太陽から約八分前に発せられたものである。つまり、我々が目にする太陽は、八分前のものである。星の中には、我々のはるか彼方にあるため、我々の元に星の光が届くのに何光年もかかるものもある。こうして、我々の知覚がもつ状態は、ある時点で、我々が中枢神経内で突き止めるものである。神経系に何か干渉作用があれば、こうした特殊な経験は生じない。こうした方法で、我々は平行主義的説明の背後にあるものを叙述することになる。一定箇所で脳内神経細胞の変化として生ずる事象を、我々の経験内部で生ずる事象と関連づけるなら、おそらく、まったく異なる二つの事象を見出すことになろう。

中枢神経内の局所的変化は、神経系内で進行している電気的化学的力学的過程であるのに対して、我々が目にする事象は着色光であり、我々が語りうるのは、せいぜい、一方と他方が一見したところ平行関係にあることくらいである。というのも、この二つは同じものとはみなしえないからである。

さて、行動主義的心理学は、このような事象を、少なくとも、感覚経験に条件反応を引き起こす因果系列として、打ち立てることはしない。そうではなくて、環境に対する全反応を、我々が目にする色彩対象、今の場合でいえば、光に対応する事象とみなすわけである。行動主義的心理学は、神経系のいかなる箇所にも、感覚経験を探り当てようとはしない。ラッセル氏の言葉を用いるなら、脳内ということになるが〔たとえば、ラッセル『心の分析』講義Ⅶ〕、行動主義心理学は、このようなところに、感覚経験を位置づけたりはしない。ラッセルはといえば、因果過程が発生する脳内箇所で生ずる事象の効果として、感覚経験を考えている。彼が自らの見解に即して指摘するところによれば、人は感覚経験を脳内に突き止めることができるわけだが、こうした頭脳は、経験的にいえば、〔自分のではなく〕他者の頭脳の中にのみ存在

◆26 本篇第16章と第24章を参照。

するのだという。生理学者の場合であれば、こうした興奮がどこで生ずるのか、人々に説明する。その場合、生理学者が実際に目にしているのは、あくまで〔標本等をとおして〕読者に明示している頭脳であり、想像上、脳内にある事象である。しかし、この説明によれば、生理学者が目にしている事柄は、当の生理学者自身の脳内になければならないはずである。こうした困難からラッセルが逃れる手法は、自身がいっている頭脳は、我々が理解する脳ではなくて、生理学的分析内に含まれる脳であるということになろう。こうしてみると、想定上、経験される世界は、それ自体で頭脳の内部にあり、何らかの神経変化が進行している箇所に位置するなどとする代わりに、行動主義者が行うのは、経験世界を有機体の行為総体に関係づけることである。今しがた述べたように、なるほど、様々な興奮状態が中枢神経内の特定箇所に到達しないかぎり、こうした経験世界は現れない。また、こうした神経回路のある箇所を切除するなら、経験世界の大方は消えてなくなることも確かである。行動主義者が行う、あるいは、行うべきことは、〔部分的な行為ではなく、初動から達成にいたるまでの〕当該行為のまとまり全体、つまり、行動様式の全過程を、説明単位にすることである。こうすることで、神経系のみならず、有機体に関わる他のすべてを考慮にいれなければならない。というのも、神経系は、有機体全体にとっては、特定部分でしかないからである。

行動主義的あるいは動態的心理学の観点からすると、素材としての、つまり、経験としての意識は、人間個人のあるいは社会集団の環境にすぎない。すなわち、こうした意識が、当の個人ないし社会集団によって構成されているか、この個人や集団に依存しているか、また、現に存在している様式として、相関的であるかぎり、意識は環境にすぎないのである。(「意識」という言葉の別の意味が生ずるのは、反省的知性との関連においてであり、さらにまた別の意味が生ずるのは、経験の様々な局面のうち、共通のあるいは社会的な局面とは対比された意味での私的ないし主観的局面との関連においてである)。

我々が経験する世界全体、つまり、我々が経験するような自然は、基本的には、行動の社会過程と結びついている。この社会過程内にあっては、諸々の行為は、身振りによって開始される。その際、身振りは、一度発せられると、今度は他の有機体の側からの適応過程を喚起するため、その機能様式は、身振りによって開始された行為の完成ないし帰結を指し示し、あるいは、そこに関与するというように作用する。すなわち、客観的世界の意味内容は、我々が実際に経験するように、大部分は、社会過程の客観的世界に対する関係を通じて、とりわけ、こうした関係内部で作り出される意味の三項関係〔身振り、帰結指示、他者の反応喚起〕を通じて構成されるのである。精神のそして自然の全意味内容は、意味の性質を呈しているかぎり、こうした社会過程内の三項関係に依存する。この場合、三項関係は、社会過程の内部、そして、社会的行為を構成する様々な相の中にあるのであって、そもそも意味というものが存在するのは、こうした三項関係を前提しているわけである。

しかしながら、このように社会過程の観点から説明され、明らかにされるものとしての意識ないし経験が、頭脳の中に突き止められるはずはない。その理由は、意識や経験の在処という以上、そこに含意されているのは、精神が空間概念としてある（少なくとも、無批判に受容される想定としては、正当化されえない概念としてある）というにとどまらない。さらにいうなら、脳内における意識や経験の在処などというものは、ラッセル流生理学的独我論に陥り、相互作用論にとって克服不可能な困難に陥るからである。意識というものは、機能作用的なものであって、実体的なものではない。意識という言葉の主要な意味のうち、どちらの意味においてであれ、意識をいうのであれば、頭脳の中においてであるよりも、むしろ、客観的世界の中になければならない。つまり、意識が帰属する在処は我々の棲息環境であり、意識の特性とは、こうした棲息環境の特性なのである。しかしながら、頭脳の中に位置するもの、あるいは、そこで生ずるものは、生理学的過程である。我々が意識を失ったり回復したりする際の生理学的過程である。幾分比喩的にいうなら、ここでいっている生理学的過程とは、窓のブラインドを上げ下げする過程なのである。

さて、先に指摘しておいたように、経験ないし意識の過程をコントロールしたいのであれば、身体内の様々な過程、とりわけ、中枢神経系に立ち返ればよい。平行説を打ち立てているときに我々が行っているのは、世界内にあって経験過程をコントロールしうるような要素を叙述することである。平行説が位置している場所は、〔何らかの〕ふるまい方が生ずる地点と、経験において反応が生ずる地点、この両地点の間であり、我々が確定しなければならないのは、こうした反応をコントロールしうる諸々の要素である。概して、我々がこうした反応をコントロールするとき、有機体自体に注意を向けるよりも、むしろ、有機体の外部にある対象を用いる。もっと明かりが欲しいのであれば、もっと高出力の電球をつければよい。総じて、我々のコントロールの在処は、対象自体に対する反応過程内であり、こうした観点からすれば、平行関係が作用する場は、対象と知覚との間、電光と可視性との間である。これが、ごく普通の個人が打ち立てる類いの平行説である。個人の周囲にある事物とその人の経験との間にある平行関係を設定することによって、この人は、事物がもつ特性の中でも、特に、経験のコントロールを可能にしている事物特性を選び出しているのである。この人の経験は、自分の助けとなるかぎりでの事物を見続けるという経験であり、したがって、当の対象の中から、そうした経験の中に表れる特性を識別するのである。しかし、自らの中枢神経系内の何らかの局所的障害ゆえに自らに困難が発生しているのであれば、この障害にまで立ち返る必要があろう。この場合、件の平行関係は、自らの経験と、中枢神経系内部の興奮状態との間にあることになろう。自分でものがよくみえていないとわかれば、視神経に生じている障害を見つけ出すことになろう。この場合、平行関係は、自身の視覚と視神経の機能作用との間にある。自身のもつ何らかの心像に関心があるのであれば、過去において中枢神経に影響を及ぼした経験に立ち返る。このような経験が中枢神経に及ぼしている何らかの効果は今現在も残存しているため、平行関係を設定しようとするのであれば、それは過去の出来事と今現在の中枢神経の状態との間にあることがわかるだろう。このような関係は、我々の知覚総体において、極めて重要な事柄となる。過去の経験の痕跡は、我々の知覚世界上においても、継続的に作用し続けている。さて、我々の行動様式におけるこうした段階、つまり、我々が過去を想起すること、過去の観点から今現在に対して知性に基づいて反応すること、こういったものに対応する事柄を、有機体の中において把握するために、我々は、中枢神経系内で進行している事象と眼前の直接的経験との間に平行関係を打ち立てる。我々の記憶は頭脳内の一定の神経路の条件に依存しているのであり、想起過程をコントロールするために、こうした条件が選び出されねばならない。

我々が心像それ自体から思考過程へと移行するにつれて、今述べたような型の相関関係は次第に顕著になる。知覚に関わる知性は、いわゆる「思考」において、極めて精密になっている。人がある対象を知覚する際、当の対象に対する自分の反応をとおして知覚する。自分のふるまい方に注目してみると、しばしば気づくのは、網膜の周辺に到達している光線のため、何かをみようとして、自分の顔を一方の側に向けているということである。その何かは何であったのか確かめるために顔を向ける。「そこにある何かに気づいている」という言葉を遣うようになるわけである。人混みの中から誰かが自分たちをみていると感じることもあろう。その場合、誰が自分をみているのか、自分の顔をそちら側に向けているのに気づく。このように顔を向ける性向が我々に示しているのは、他人の目から発せられる視線というものがあるという事実である。我々のすべての経験にあてはまることだが、反応こそが、刺激において何が自分たちに向かってくるのかを自分たちに解釈しているのである。そして、このような注意こそが、いわゆる「感覚」を素材として、そこから知覚表象を作り上げるのである。反応を解釈することは、反応に対して意味内容を与えることである。我々が思考するということは、自分自身の反応によって、そのような解釈を精緻化することでしかない。音は、身をかわしてよける動作を誘発する何かであり、光は、これからみようとする何かである。危険が、おそらくまだ遠くにある何かである場合、あるいは、投資に失敗して資金を損失する危険、負傷のために何らかの臓器に害が及ぶ危険、こういった場合、これらの解釈は、極めて入念な思考過程をともなう。単に身をかわしてよけるだけでなく、我々は食習慣を変えることができるし、もっと運動したり、投資先を変えたりすることができる。このような思考過程は、刺激に対する我々の反応であるが、同時に、有機体において必然的に進行する過程でもある。とはいえ、我々が思考と呼ぶものすべてを有機体内で突き止めようとしたり、脳内に閉じ込めようとしたりするのは、誤りである。投資の成否は投資のうちにあるのであり、食物の有益な性質も有害な性質も、食物のうちにあるのであって、脳内にあるわけではない。このような事物の性質と有機体との関係は、我々がこれから行おうとするような類いの反応に依存している関係である。それは、中枢神経系内において精密に示されている。我々がこれから行おうとする反応の様式は、こうした中枢神経系内に見出せるのであり、さらにいえば、そもそも思考が存在するためには、可能な結びつきの中にあって、過去の経験と今現在の反応との間の結びつきがなければならない。まだ幾分遠くにある何らかの危険に対して知性を用いて対処するために、我々は、外部にある数多くの事物総体を、とりわけ、過ぎ去った事物を、今現在の状態と結びつける。投資や内臓疾患の場合であれば、今のところ危険が差し迫っていないにしても、それでも、こうした危険を回避するように、我々はこれに反応しなければならない。さらに、こうした過程は、中枢神経系内に見出さねばならないような複雑な結びつきをともなう過程であって、とりわけ、この過程が過去を表しているかぎり、そういえる。それゆえ、我々は、中枢神経系内で生じている事象を、経験のうちにある事象と平行的な事象として提示するわけである。これは現在の「科学」知識で可能なかぎりでの話であるが、仮に、中枢神経内に何らかの変化を起こすよう要求されれば、我々としては、中枢神経系過程内で進行中の事象をどうにかしようとするだろう。〔その場合〕我々は救済策を想定し、これを中枢神経系自体に応用しなければならないはずである。他方で、先の場合であれば、中枢神経系に影響を及ぼす対象の方を変え続けるはずである。今日においては、我々に直接できることはほとんどない。だが、我々の記憶にも影響を及ぼし、我々の思考にも影響を及ぼしうるような反応を、思い描くことはできる。もちろん、ある困難な課題に取り組まねばならない場合、頭脳が明晰な時間帯と条件を選択しようとする。これは、一定量の思考を行うために、脳内神経要素間の見込みのある協調作用を確保しようとする間接的な試みである。これは、家の中の照明装置と目にみえるという経験との間に成立するのと同じ類いの平行関係である。我々の諸々の反応をコントロールするためには、一方では、中枢神経系外の条件に、他方では中枢神経系内の条件に、注意を払わなければならない。世界と脳との間には、平行関係一般などというものはない。行動主義心理学が行おうとしているのは、我々のふるまい方がうまくいくように、世界にあって、我々が変更し改善したいと考える諸条件に対応するものを、諸々の反応の中に、諸々の反応群総体の中に見出すことである。

我々の今現在の経験の中には過去というものがあるが、こうした過去が存在するのは、中枢神経系のためであり、これは、有機体にあって、中枢神経系以外のすべての器官と結びついている。ひとたび、ヴァイオリン演奏における何らかの技量を身につけたならば、このような過去の経験は、神経と筋肉それ自体の中に記録されている。しかし、その記録場所は、主として、神経系内にみられる経路間の組み合わせの中、つまり、経路間の全組み合わせの中であって、こうした経路は、刺激に対して開かれており、その結果、刺激が入力されると、複雑な反応の複合的組み合わせが発揮されることになる。我々の過去の記録は我々自身の下にとどまり続けるが、それは、我々の経験に由来し、かつ、何らかの意味で中枢神経系内に記録されている諸々の変化に即して、とどまり続けるのである。人間という生物種に特有の知性は、このように過去をとおして獲得された複雑なコントロール様式のうちにある。〔ヒト科ほ乳類としての〕人間の過去は、自ら行為する際に用いる技能のうちに恒常的に存在している。しかし、このような過去が中枢神経系の中にあるというだけでは、正しい説明にならない。過去が我々の経験の中に出現するようなメカニズムが存在するにちがいないというのは確かであるが、これは、過去が経験の中に出現する数ある条件の一つではあっても、唯一の条件ではない。もし、ある人のことを誰だかわかったとすると、それは、かつてその人と会ったことがあるという事実を通じてであるにちがいない。再びその人に会ったとすると、かつて自分がその人に反応したとおりの反応をする性向がある。しかし、このような反応が生ずるためには、当の個人、あるいは、その人に似た誰かが、そこにいなければならない。過去というものは今現在の世界のうちに見出されなければならない。◆[27]行動主義的心理学の観点から、我々は中枢神経系を取り上げているのであるが、その理由は、ただ、我々生命体が過去〔の行為・出来事〕を現在において活用しつつ活動する際に直接関わるメカニズムとして作用するのが、中枢神経系だからでしかない。ある過去を有する一定の状況に対して、ある有機体が反応する様式を理解したいのであれば、我々が立ち入って調べなければならないのは、中枢神経系内に〔想起可能な形で〕残っている過去の諸々の行為が有機体に対して及ぼしている効果である。この事実には疑問の余地はない。したがって、こうした効果は特に重要なものとなってくる。しかし、行動主義的心理学にとって、「平行説」は、家の中の暖かさと家に据えつけられた暖房装置との間にある平行関係と何ら異なるものではない。

第16章 精神とシンボル

これまで我々が指摘してきたのは、事物の意味、つまり、事物について我々が抱く観念は、有機体の事物に関する行動様式において有機体の有する身体器官構造と一致しているということであった。このような事態を可能

◆27 ここに含意されている過去理論については、『現在というものの哲学』〔本書第Ⅲ篇に収録〕、特に第1章参照。

にしている構造は、主として、中枢神経系内にみられた。こうした神経系に固有の特性の一つは、ある意味で、この系は時間的次元を有するということである。すなわち、事の発端において既に、後続する過程〔の認知像が〕が存在し、そもそもの当初の過程を確定しつつあることが可能なように、我々がこれから行おうとしている事物は時間的秩序の中で整序されうるのである。我々がこれから行おうとしていることは、当の対象に対する我々の当面の対処の仕方を確定しうる。

中枢神経系のメカニズムによって我々に可能となるのは次のことである。すなわち、我々が関わっている行為は、いかなる行為であれ、様々な構え、あるいは、様々な潜在的な反応をとおして、別様可能性をもちつつやがて表立った形で様々に実現可能な達成状態として、今現在において、存在するということである。いかなる行為であれ、当の行為の後続局面が、当初の行為局面に対して明確なコントロールを及ぼすことからして、今みたような事実は理解され認識されるにちがいない。より厳密にいえば、中枢神経系は、まだ表立って現れていない反応のメカニズムを提供するのであって、このメカニズムによって、既に開始された行為の様々に可能な達成状態を、行為の実際の達成に先立って、潜在的に試行することが、個人にとって可能となる。したがってまた、この試行作業に基づくことで、明確に遂行し、あるいは、はっきりと実行に移すのに最も望ましい行為を、個人は独力で選択できるのである。要するに、中枢神経系によって、個人は自らの行動に対して意識的にコントロールすることができるわけである。反応がつねに即座に現れる非反省的行動様式から、反省的行動様式を区別するのは、主として、反応を延期するという可能性である。中枢神経系の中でも高次中枢部が関与しているのは反省型の行動である。その際、どのようにして、このような関与が可能になるのかといえば、一定の刺激に対する様々に可能な反応ならびにそうし反応の組み合わせからなる全体のうち、いずれかの反応を選択する過程を、単純な刺激－反応弧における刺激と反応の間に介在させることができるからである。

心的過程が生ずる領域というのは、今述べたような領域であり、これは、中枢神経系によって表現されるような様々な構えから成り立っている。したがって、この領域は様々な観念からなる領域である。すなわち、今現在の行動を、当の行動がもたらす未来の帰結〔の認知像〕、あるいは、未来の行動によって、コントロールする領域である。いいかえれば、高等動物、特に人間に固有の特性である知性に基づく行動様式といった類いの領域である。中枢神経系を通じて表現しうる様々な構えは、それに後続する様々なタイプの行為にまとめあげることが可能である。対応ないし反応の延期は、中枢神経系によって可能となるのであるが、こうした延期は、精神によってコントロールされた行動、あるいは、知性に基づく行動に際立った独特の特徴である。◆28

行動主義的観点に立って考えようというのであれば、そもそも、精神自体、いったい何であるのか。もちろん、精神は、極めて曖昧な言葉であり、私は曖昧さを回避したいと考える。精神の特性として私が示したのは、人間のもつ反省的な知性であり、これは、下等動物の知性とは区別しうる。理性を普遍的な事象に対処する特別の能力とみなすべきであれば、我々は、下等動物のうちにも、普遍的な反応を見て取るべきであろう。さらにまた、指摘できるのは、下等動物のふるまいも目的志向的であるということ、そして、一定の目的につながらないようなタイプのふるまいは排除されるということである。以上のように指摘すれば、それは、動物の精神について語る際の「精神」と呼ばれる事象に合致しているように思われるかもしれない。だが、我々は一般に、反省的知性ということでいっている事象を、人間有機体のみに属するものとして認識している。人間以外の動物も、未来に関して行為するが、その意味するところは、動物には一時的衝動というものがあり、これは、後続する経験においてしか満たされえない〔欲求〕発現を求めているものだということである。そして、このことが、どのように説明されようとも、後続する経験は、今現在の経験をいかなるものにすべきか、確定する。ダーウィンの説明を受け容れるのであれば、自らの行動様式が特定の未来に対

◆28 知性に基づく人間の行動において中枢神経系が果たす役割あるいは機能自体は重要ではあるが、これを検討する際には、念頭に置いておかなければならない事実がある。それは、こうした行動は、本質的にあるいは根本的に、社会的であるということである。さらには、そうした行動は、つねに持続する社会的な生命過程を必然的にともない、かつ前提としており、そして、このような持続する社会的な過程は統一をなしており――あるいは、社会過程を構成する諸々の行為の任意の一つも統一をなしているのであり――、このような統一性を、個々ばらばらの神経要素に還元することはできないし、とりわけ、単に、数多くの個々ばらばらな神経要素へと適切に分解することなどできはしない。こうした事実は社会心理学者によって認識されなければならない。そうした個々ばらばらな神経要素の在処は、持続する社会過程の統一体内部であり、あるいは、この過程が表現され具体化されている諸々の社会的行為の任意の一つの統一体内部である。これらを切り離すように分析したところで、切り離された神経要素は、分析の帰結ないし最終結果である以上、統一性を破壊することはないし、また、破壊することもできない。

して一定の関係をもっている、たとえば、特定の生物種にとっての環境のうちにあるような一定の関係をもっている場合にのみ、当の生物種は生存しうるということになろう。自らの行動様式が未来を確実にする生物種は、当然のことながら、生存することになろう。このような主張の場合、論者がいっているのは、少なくとも間接的には、過去の出来事の帰結として今現に存在している事物の構造をとおして、未来が生命体の行動様式を確定させているということになる。

他方で、反省的行動様式について語る場合、そのことで我々が明確に指し示しているのは、諸々の観念によって未来〔像〕が今現に存在しているということである。知性を有する動物とは区別されたものとして、知性を有する人間の場合、自らに対して、これから起ころうとすることを提示する。動物もまた、明日の自分の食物を確実にするような仕方で行為するかもしれない。リスは木の実を隠すが、これから起ころうとする事柄の像をリスが思い描いているとは、我々は考えない。リスは夏の時期に生まれて幼少期を過ごし、その間、他の個体から手引きを受けることはまったくないが、しかし、年取ったリスと同様に、木の実を隠し始める。この行為が示しているのは、〔経験の伝授がない以上〕経験が特定の生物種の活動を導くわけではないということである。しかしながら、未来を見据えることのできる人間は、はっきりと、一定の事の成り行きを追求し、一定の状況を思い描き、それに即して、自らのふるまい方に方向を与える。未来を見据えることのできる人間には穀物貯蔵が役立つが、リスの場合、それと同じ結果を、行き当たりばったりの衝動にしたがい、その衝動のままにふるまうことで手にする。しかしながら、人間の知性にとって特質となっているのは、今述べたように、我々の今現在の行動様式を確定しているものとして、未来がどのようなものになりうるかを思い描くことである。すなわち、諸々の観念によって、未来〔像〕を今現在あるものとして描くことである。

我々がそのような像を描写する場合、反応によって、つまり、我々がこれから行おうとしていることによって描く。我々の前に何らかの問題があるとすると、我々が当の問題を叙述する場合、我々の今現在の反応によって当の問題に立ち向かうことを可能にするような未来の状況という観点から行われる。こうした類いの思考は人間という生物種を特徴づけており、そのメカニズムを我々は抽出しようと努力してきたわけである。このメカニズムに不可欠なものは、事物の特性を指し示す様式である。ここに、事物特性は、反応をコントロールし、かつ、人間という生物種自体にとって様々な価値を有する。そのため、こうした特性は、有機体の注意を引くだろうし、望ましい結果をもたらすことになるだろう。獲物の臭いは、肉食獣の注意を引き、その臭いによって、肉食獣自らの飢えを満たし、自らの未来を確かなものにする。肉食獣にみられるこうした状況と、いわゆる理にかなった働きをする人間のふるまい方との間にある違いは、いかなるものだろうか。根本的違いは、人間の個体の場合、何らかの様式で、こうした事物特性を、それが何であれ、他者および自分に対して指し示すということである。こうした対象指示的身振りによる事物特性のシンボル化こそが、少なくとも、知性に基づく行動様式にとっての諸々の手段を提供するメカニズムを構成している。それゆえ、人は、ある種の足跡を指し示して、この足跡は熊を表しているというのである。こうしてみると、何らかのシンボルによって、こうした類いの足跡を見分け、それが〔当初は〕集団内の異なる成員によって利用しうるようになり、しかし、やがては、特に、自分自身によって利用しうるようになるわけだが、こうしたことこそ、人間の知性に特有のものなのである。「今目の前にある事物を、今目の前にない事物に通ずるものとして」確認しうること、さらに、音声によるものであれ、その他によるものであれ、ある種の身振りを習得し、身振りを用いることによって、他者に対しても自分に対しても、当の目の前にある事物が有する意味合いを指し示すことができること、そして、そのことによって、目の前の当の事物に関するふるまい方を方向づけられるようにすること、こうしたことは、人間の知性にとって際立った特性であり、動物の知性にはみられないものである。

このようなシンボルは何をしているのかといえば、当の状況にとっての固有の特性を選び出しているのであり、そうすることで、この特性に対する反応が、個人の経験のうちに現れるようにしている。シンボルは、想像の形で存在するといってもよい。たとえば、今しがた通り過ぎたばかりの熊の足跡に我々が出くわした際、すぐにでも逃げ出す傾向、あるいは、胃が重くなり吐き気をもよおすといった具合である。この足跡は熊だという予示は、熊を回避しようとする反応を喚起するか、あるいは、熊狩りをしている最中であれば、さらに狩りを続行することの徴候となる。反応が表立った形で遂行される以前に、当の反応を駆り立てる刺激を指し示し強調することを通じて、人は反応を〔対外的・対他的〕経験に取り入れるにいたるのである。このシンボルが事物自体のために用いられる場合、ワトソンの言葉でいえば、人は反射を条件づけていることになる。熊を目にすれば人は通常逃げ出す。熊の足跡は、こうした反射行為を条件づけていたわけであり、自分で、あるいは、友達が「熊だ」と声を上げれば、やはり同じように、こうした反射行為を条件づけることができる。こうした結果、記号は、行為に関するかぎりでいえば、事物を〔事物に代わって〕表すようになるのである。

これまで明らかにしようとしてきたのは、今述べたような行動様式のタイプと、乳児と白ネズミと後頭部で聞こえる轟音の実験で示したようなタイプ、この両者の間にある違いである。後者の状況では、反射行動の条件づけがあり、この条件づけ内部では、異なる要素を切り離しておくことはできない。しかし、「熊」という言葉、あるいは、足跡の目撃をともなう反射行為の条件づけがある場合、個人の経験において、刺激と反応の分離がある。ここにおいて、シンボルは熊を意味し、そのことが、今度は、その場所を離れることを意味するか、あるいは、狩りを続行することを意味することになる。こうした状況下にあって人が熊の足跡をみつけた場合、その人は足跡を恐れているのではない。熊を恐れているのである。足跡は熊を意味する。先の子供はネズミを怖がっている。したがって、恐れの反応が向けられているのは、目に映る白ネズミの姿である。足跡も、熊を指し示すシンボルも、ある意味では、反応を条件づけあるいは始動させるといえるかもしれない。しかし、恐怖の対象は、熊であって、その記号ではない。シンボルを、シンボルとして、切り離して扱うことによって、我々は、こうした一定の特性を持ち続けることができ、こうした特性を、当の対象との関係の中で切り離し、したがって、反応との関係の中で切り離すことができる。私が思うに、これこそが、我々人間の知性を、独特といえるほど、特徴づけるものなのである。我々は数々のシンボルの組み合わせをもっており、この組み合わせによって、我々は何らかの特性を指し示し、さらには、こうした特性を指し示すことにおいて、数々のシンボルを、その時その場の直接的環境から切り離し、一つの関係だけを明確にしておくのである。我々は熊の足跡を〔足跡として〕抽出し、足跡を残した獣に対する〔我々の〕関係だけを〔頭の中に〕残しておく。我々が反応するのは、あくまで、こうした関係に対してであり、他のものはどうでもいいわけである。人は足跡を、熊の表徴として保持し、さらには、回避すべき何か、あるいは、狩るべき何かというように、経験の中で対象がもつ意味の表徴として保持する。私の考えでは、当の対象との関係において、また、その対象に属する反応との関係において、こうした重要な特性を抽出する能力こそが、物事を考え抜く人間、あるいは、精神をもつ人間について語るときに我々が一般的にいっている意味内容なのである。こうした能力こそが、白ネズミの場合のような反射行動の条件づけと、シンボルによる

人間の思考過程との間に、非常に大きな違いを生み出す。◆29

行動様式の中にあって、こうした水準の経験を可能にするもの、つまり、〔よりによって〕一定の特性を、他の諸々の特性との関係の下で選択し、こうした特性が喚起する諸々の反応との関係の下で選択することを可能にしているものは、いったい何なのか。明らかなことだが、私の答えは、我々の社会的行動様式の中で、身振りのやりとりの中で発生するようなシンボルの組み合わせという観点からなされる、一言でいえば、言語の観点からなされる。一定の特性を指し示し、こうした特性が事物および反応に対してもつ関係を指し示すシンボルを、我々が行動様式の中に取り入れるとき、シンボルによって可能になるのは、シンボルが我々の行動様式を確定する範囲内で、こうした特性を選び出し、これを保持することである。

田畑を横切って歩いている人が、地表の裂け目に出く

◆29　事物ないし対象の意味は、当の事物や対象に固有の備わっている属性ないし特性である。いかなるものであれ意味の在処は、いうところの「意味をもっている」当の事物の中である。我々がシンボルを用いるとき、そのことで我々は、ある事物の意味のことをいっているのである。シンボルが表しているのは、意味を有する事物ないし対象の意味である。シンボルには、〔対外的・対他的〕経験の何らかの部分が与えられている。そして、経験部分のいずれかがこうして現れている時点（ないしは今ここで経験されている時点）にあって、あるいは、そういう状況下にあって、シンボルに与えられた経験部分は、今ここで直接現れてはいない、あるいは、今ここで与えられてはいない他の経験部分を、指し示し、表示し、表象するのである。シンボルは、それゆえ単なる代替刺激以上のものである。つまり、条件づけられた反応ないし反射を引き起こすだけの単なる刺激以上のものである。というのも、条件反射、つまり、単なる代替刺激に対する反応は、意識をともないはしないし、ともなう必要もないからである。これに対して、シンボルに対する反応は、意識をともなうし、また、ともなわなければならない。条件反射、そして、条件反射にともなう構えと意味を意識すること、これらが相まって言語を構成するのであり、したがって、思考、および知性に基づく行動様式の土台を作り上げ、かつ、そのメカニズムを構成する。対象に対する人々の反応がどのようになるか、したがって、対象の意味はいかなるものか、これを個人同士が互いに指し示すことができる、そのための手段が言語なのである。言語は、単なる条件反射の系ではない。理性に基づく行動様式につねにともなうのは、自己に対する反省的な指示である、つまり、個人に対して、その人の行為ないし身振りが他の個人に対してもつ特定の意味を指し示すことである。そして、このような行動様式の経験的な基礎あるいは行動主義的な基礎、つまり、思考の神経生理学的メカニズムは、これまで述べてきたように、中枢神経系の中に見出さねばならない。

わし、とても飛び越せそうもなかったとする。この人は先を進みたがっていても、この裂け目のせいで、先に進もうとしても、それができない。この種の状況にあっては、これまで自分では気づかなかったような類いの特性すべてに対して、ある感受能力が発生する。立ち止まれば、いわゆる頭を働かせ始める。この人は先を進む道の目印を探しているだけではない。犬も人間も、どちらも、裂け目を横切ることのできる場所を探そうとする。だが、人間にできて犬にできないことは、裂け目の両側の距離が一つの方向に向かってだんだんと狭まっていそうだと気づくことである。この人は、飛び越えるのに最適の場所を選び出す。そして、自分自身に指し示している両側の距離の狭まり具合が、自分がこれから進んで行くべき方向を確定する。仮に、犬が、離れたところから、幅の狭まっている箇所を目にしたならば、そちらの方向へ走っていくだろう。しかし、人間の場合、幅が次第に狭まっていくことをシンボルによって自分自身に指し示すことができるのに対して、犬の場合、次第に狭まっていく様子に影響を受けることは、おそらくないだろう。

人間の場合、通常、自分の周りに自分以外の様々な対象を目にし、自分以外のイメージが自身の経験のうちに現れる。人間は木をみて、目の前の裂け目を渡る橋として役立ちそうだと考える。このような状況下では、見込みのある様々な類いの行為が自分の心に浮かんできて、これを試そうとするかもしれないし、あるいは、自分の用いるシンボルをとおして、自分で思い描いてみるかもしれない。人間は、一定の刺激によって一定の反応を単に条件づけているわけではない。条件づけるだけなら、刺激に縛られてしまうことになろう。シンボルによって人間が行うのは、今現在目の前に現れている一定の特性を指し示すことであり、そのことによって、これから行う様々な反応を、いつでも開始できるようになる。人は、目の前の裂け目を見下ろし、谷の両側の幅が〔あちらに行くと〕次第に狭まっているのを目にし、その場所まで走っていくかもしれない。あるいは、他に急いで渡ることのできる道はないのかどうか、立ち止まって自問するかもしれない。この人が立ち止まって考えるのは、他の様々なことを試してみるかもしれないからである。この人は、裂け目を渡る一切の可能性に気づいているのである。シンボルを用いて、こうした可能性すべてを確保しつつ、これらを比較検討することで、最終的な決定が可能となる。実際に行う行為の初動は、自身の経験のうちにある。この人の性向においては、既に、ある方向へ進んでいく可能性が高いのであり、これから行おうとすることは、既に、この人の経験内部にあり、これがこの人の決心を固めつつあるわけである。さらにいえば、このような決心が、この人の構えのうちにあるだけではない、「狭いから飛べる」という言い方によって選び出される事柄もまた、彼の構えのうちにある。この人は、飛び越える準備ができており、このような反射作用の準備は整っており、これから行おうとすることを確定する身構えができているのである。このようなシンボルは、単なる反射の条件づけとは異なり、刺激を選択する様式なのであり、この様式によって、様々な反応を、一つの行為形式へとまとめあげることが可能となる。[30]

私の考えでは、有効な帰結をもたらす知性に関するかぎりでいえば、〔刺激を〕条件づける反応を人が求める状況は、つねに、ある何らかの問題〔状況〕という形の中で現れる。ある人が今まさに先へ進もうとしているときには、道を指示するものを求めるが、しかし、無意識のうちにそうする。つまり、単に自分の前方にある道をみる。先にみたような様々な状況下で道を探し求めているということを意識しているわけではない。しかし、ひとたび、裂け目に出くわすと、そこから後戻りする過程そのものによって、前へ進む運動は阻止される。いわば、こうした葛藤が、その人に対して、他の様々な事情の全体像をみる自由な余地を与えることになる。こうなると、この人が探し求める類いの事態は、当該状況下における行為の様々な可能性を表象する特性となるだろう。この人は、思い浮かぶ様々な刺激の観点から、反応の様々な可能性を〔経験のうちに〕保持する。そして、こうした場面で様々な可能性を保持する能力こそが、その人の思考能力を構成するのである。

下等動物の場合には、このような状況が妥当する確証はないが、それは以下の事実によってかなり明らかになっている。つまり、我々の場合、いかなるシンボル、いかなるコミュニケーション方法も詳細に理解し、さらには、様々な反応にふさわしい事態一切を詳細に理解し、そのことで、個人の経験のうちに様々な反応すべてを保持しうるのに対して、動物の行動様式の場合、こうしたことはみられないのである。以上が、反省する知性的な生物の行為を下等な生物種の行動様式から区別するものであり、そして、こうしたことを可能にするメカニズムが言語なのである。言語は行動様式を構成する要素であることを、我々は認めなければならない。しかしながら、精神には、事物の特性に対するある関係をともなう。こうした特性は当の事物のうちにある。そして、刺激が喚起するのは、ある意味で有機体のうちに〔既に〕現れている反応であるのに対して、反応の方は、目の前にある事物に向けられる。この全過程は、心的産物ではないし、この全過程を頭脳の内部に入れておくことなどできない。心性とは、シンボルの組み合わせによって媒介される状況に対して有機体が有する関係なのである。

第17章 反応と環境に対する精神の関係

我々がこれまでみてきたように、様々な心的過程は事物の意味と関わりをもっており、こうした意味は、個人がもつ高度に組織化された様々な構えをとおして叙述しうる。このような構えにともなうのは、様々な要素の同時存在状況だけではなく、他の時間的関係をもともなう状況である。すなわち、ある意味で既に開始されている後続の反応に対して、今現在の反応を調整するという関係である。我々が対象と呼ぶ事態に関する構えを、このように〔未来を見据えて今現在において時間的に〕組織化することが、我々にとって事物の意味を構成するものなのである。こうした意味は、論理学の用語でいえば、普遍的なものとみなされる。すでにみたように、こうした普遍性は、ある意味で、習慣的な反応に帰属しており、こうした反応を引き出す特定の刺激とは対照的である。

行動主義の観点からみれば、普遍性は反応の同一性の中に反映される。もちろん、こうした反応を喚起する刺激の方は、まちまちである。以上の叙述を一つの論理形式で表現し次のように述べることができる。反応は普遍的であるのに対して、刺激は個別的であるが、あくまで、反応のもつ普遍性の下に置かれている個別である。

このように諸々の構え相互間の様々な関係をみることで、「実体」と属性の関係が明らかになる。我々は、何らかの意味で、家屋のことを、色という属性が付与されうる実体として語る。この場合の色は、〔家屋という実体にとっては〕偶発事象であるにしても、属性それ自体としては、ある一定の実体に内在するものである。このように、ある一定の属性が〔属性として〕ある一定の実体に内在するという関係は、居住に関わる諸々の行為の集合に対して、特定の反応が有する関係、たとえば、我々の周囲の対象を装飾するという反応が有する関係なのである。家屋は我々を保護しなければならない、つまり、眠っているときであろうが起きているときであろうが、我々には家屋があてがわれなければならないし、家屋は家族生活にとっての必要条件を備えていなければならない。これらは、諸々の反応の組み合わせを表す本質的な必要物であって、こうした組み合わせの中では、一つの反応は必然的にそれ以外の反応を含んでいる。しかしながら、こうした反応以外にも、様々に異なる反応がある。我々は装飾品を使うことで、自分たちの趣味を満たしうるが、それだけではなく、気まぐれを満たすこともある。これらは必要不可欠なものではない。多様な形をとる何らかの反応というものがあるが、他方では、多かれ少なかれ変わらぬまま標準化された諸々の反応が一定のまとまりをなしている。諸々の反応がまとめあげられてでき

◆30 反省が作用するのは知覚領域の再構成においてであり、このことによって、諸々の衝動が葛藤状態にあったとしても、もはや行為を抑制することはなくなるということが起こりうる。このことが生じるのは、時間を要する再適応によるのであって、葛藤状態にある様々な衝動のうちの一つが後になって発現するようになるわけである。この場合、知覚領域の中に、他の衝動が入り込んできたのであり、この衝動によって、これまで行為を抑制していた事象の発現を延期するようになったのである。こうして、溝の幅のせいで、飛び越えようとする衝動が抑制される。〔再適応過程によって行為の抑制がなくなれば〕知覚領域に、もっと幅の狭い溝のイメージが登場しているわけであり、溝の幅の狭い方向へ移動する衝動を含めて、様々な衝動の組み合わせの中に、これから前進しようとする衝動が、ふさわしい場所を見出したということになる。

知覚領域の再構成が生じうるのは、他の感覚上の特性が、以前には気づきもしなかった知覚領域に現れることによる。溝の橋渡しをするのに十分長い板がみつかることもある。板を持ち上げ、溝の向こう側に橋を架けようとする衝動の組み合わせが既にあるため、当人が目的地点に行こうとする様々な衝動の系統の中に、この板もまた一選択肢として入ることになる。いずれの場合であれ、自らの性質のうちに、〔一方では、溝の幅の狭くなっている箇所についてのイメージ、他方では、板がみつかるというように〕こうした対象に添う反応がないのであれば、刺激に対応する準備はできないだろう。さらにいえば、このように反応しようとする様々な傾向もまた、がんじがらめとなっている習慣から解放されないかぎり、このような刺激に感応すべく当人を駆り立てることはないだろう。それゆえ、このような自由こそが、反省の前提条件であり、そして、我々の社会的な自己反省的行動様式こそが、集団生活において個人個人にこうした自由を与えるのである〔草稿〕。

た組み合わせは、諸々の事物がもつ様々な意味に対応しており、さらにいえば、こうした意味に対して、その普遍性において、つまり、多様な刺激によって喚起される習慣的な反応という相で、対応している。こうした反応の組み合わせが事物に対応しているのは、論理的な関係においてなのである。

今しがた述べたのは、数々の習慣からなる集合体に反映されるものとしての実体が、その属性に対応する諸反応に対して有する関係であった。原因と結果という関係においても、依存という意味で、反応相互間の関係がある。たとえば、遂行対象に関して、講ずべき処置を調整するということも含まれているわけである。ある時点では、手段と目的という関連で現れる手段も、別の時点では、原因と結果という関連で現れる。我々がここにみるのは、ある反応の別の反応に対する依存関係、より大きな系の内部にある必要不可欠な関係である◆31。こちらの手段を選択するか、あちらの手段を選択するか、ある因果系列を選択するか、別の因果系列を選択するか、これは、我々がこれから何を行おうとしているかに依存している。我々がもつ様々な習慣は、次のような形で調整される。我々には、相互に関係し合う習慣の集合体があるが、たとえば、これから旅に出ようと決めた場合、鞄の荷造り、列車の乗車券の手配、預金の引き出し、旅行にもっていく本の選択等々というように、様々な習慣が作用し始めるといった具合である。諸々の反応は編成されて一つの全体をなしているのだが、ある人が旅に出ようと決心した場合には、反応相互間のしかるべき関係において、こうした反応が即座に作用し始める。人が実際にもっている類いの知性を行使しうるためには、我々のもつ様々な習慣のうちに、このような反応の編成体がなければならない。

こうして、行動主義的叙述にあっては、精神に固有の内容であるとされる事象、つまり、事物の意味にとって、しかるべき場所があるわけである。こうした要因を我々は〔対象に対する〕構えと呼んできた。もちろん、世界には、諸々の構えの集合体に対応する事柄がある。近代の心理学が避けてきたように、我々もここでは、論理学上、形而上学上の問題を避けている。この心理学が行おうとしているのは、コントロールすることであって、形而上学的問題を解決することではない。さて、行動主義的心理学の立場からすれば、我々は、事物の意味と呼ばれるものを、〔事物に対する〕構えによって叙述することができる。個人のもつ組織化された構えは、事物の意味ということで心理学者が理解している事象である。少なくとも、心理学者にとって、構えという観点によって意味を叙述することは、初期心理学者が精神に占める静態的概念の観点によって意味を叙述したように、正当である。

これまで私が指摘してきたのは、中枢神経系のうちに、我々が議論してきたような諸々の反応の複合体、あるいは、反応の複合体のメカニズムを見出しうるということ、少なくとも、正当に、このように想定しうるということである。ある人が旅の準備をするとして、この人が先に述べたような手続きを踏んでいるという場合、我々が想定しなければならないのは、諸々の神経要素がこうした手続きに必要不可欠であるということだけではない。さらに想定すべきことは、中枢神経系内における様々な反応間の関係がとる様式の方もまた、次のような類いのものでなければならないということである。つまり、この人が一つの反応を遂行すれば、必然的に、これに関連した別の反応を自由に発動させる刺激を見出す準備が、この人にはできているということである。中枢神経系の中には、神経要素つまり神経細胞に関して、ある編成体があるにちがいないのであって、この編成体は、心に関与しうる神経細胞の全組み合わせを担い、また、反応同士が相互に依存し合うような関係を担っている。この中には、神経系の生理学的研究において確認されているものもあれば、こうした研究を基礎に想定されなければならないものもある。既に述べたように、それ自体で、意味に対応すると想定されているのは、神経細胞内部で進行している特定の生理学的過程ではない。初期の生理学的心理学者は、ある特定の心理学的過程について語ったが、しかし、神経内部で進行している力学的電気的物理的活動の中にあって、我々が観念と呼ぶものに対応するものなど、何も存在しない。特定の状況下にあって神経内部で進行している事象は、あれこれ様々な事物を意味する一定の反応が神経興奮の形で伝導しているということなのである。ここにこそ、一定の神経組織の特殊性がみられるのである。編成組織化ということが生ずるのは中枢神経系内部である。ある意味で、会社事業組織の運営を行っているのは、技術者の研究室の中である。しかし、たとえ技師研究室が企業組織の様々な部門を組織化し統制しているにしても、青写真や統計資料集の中にみられるのは、工場内で進行している実際の生産ではない。同様に、中枢神経系は、身体が遂行する様々な過程一切を調整する。有機体内部に、我々が経験と呼ぶ事象に対応

◆31　表象作用には、先行する行為の後続する行為に対する関係が含まれる。様々な反応からなるこのような関係が意味を与える。

するものが何か純粋に生理学的メカニズムとしてあるとするなら、そして、それが通常意識と呼ばれるのであれば、それは、中枢神経内の神経要素が表現している有機的過程総体である。我々がみてきたように、このような過程は、反応という構え、つまり、複雑な環境に対する有機体の適応であり、反応を誘発する刺激に対して、生命体を感受可能にする構えなのである。

私が強調しておきたい論点は、これらの構えが環境を確定する様式である。諸々の反応が編成組織化されて一群をなしているとする。こうした反応が、たとえば、まず電信を送り、次に輸送手段を選択し、さらに我々を銀行に赴かせ現金を引き出し、列車内での読み物を入手すべく手はずを整える。反応のある一群から別の一群へと進んで行くにつれて、我々は、反応の次の一群に対応する環境を選び出しているのがわかる。一つの反応を終えることは、他の事物をみる位置に入ることである。網膜要素の出現は世界に色を与えた。聴覚器官の発達が世界に音をもたらした。我々は自らの反応との関係の中で組織化された環境を選び出すのであり、その結果、〔対象に対する〕構えが、それ自体で、我々の編成組織化された反応を表すのみならず、世界にあって我々にとって存在するものをも表すことになる。我々にとって眼前にある実在の特定局面が、我々の反応によって、我々に対して選び出されるわけである。我々は次のことを認識しうる。すなわち、他の環境ではなく、この特定の環境内に生命が棲息するのは、有機体が、自らの反応を誘発する刺激に対して感受能力を有するからにほかならない。我々が事物を理解するのは、事物のもつ時間的関係性〔未来を見据えた今現在〕においてであり、〔その意味で〕事物は、中枢神経系内にみられる時間的組織化に対応している。我々は、事物を、空間的にも時間的にも自らの所在から離れているものとして認識する。つまり、我々は目の前の事態に対処しながらも、目の前にない事態に対処しうる。我々の世界は、これから生ずる反応によって、我々に対して明確に描写されるのである。◆32

ある一定の状況を有機体とその環境とに割り振るというとき、そのことで、いったい何のことをいっているのか、これを叙述するのは難しい問題である。何らかの対象が我々にとって存在するようになるのは、有機体の特性による。食物を例にとろう。たとえば、牛のように、草を食する動物が存在するようになれば、草は食物になる。当の対象は、以前は存在しなかった。つまり、食物としての草は存在しなかったのである。牛の出現が新たな対象をもたらす。その意味で、有機体の出現によって、以前には存在しなかった対象の一切が出現するにいたるわけである。◆33 有機体と環境への意味の割り当ては、事物のみならず有機体においても、発現している。このような意味の発現は、心理的状態あるいは心的状態の問題ではない。環境に対する有機体の組織化された反応についても、反作用が発現する。この場合の反作用とは、環境による有機体の確定にとどまらない。というのも、環境が器官を確定するのとまったく同じように、有機体が環境を確定するからである。有機体の反作用があることによって、以前存在しなかった諸々の対象が総体として出現するのである。

有機体の内部には、感受能力に関して、ある一定の不可欠な構造ないしはゲシュタルトというものがあり、これが、有機体の知覚する外的対象の特質を選択的かつ相関的に確定する。我々が意識と呼ぶものを位置づけるのであれば、まさに有機体とその環境との間のこうした関係のうちにあるとしなければならない。我々は、自らの生理学的感受能力によって、環境を構造的に選択するのであるが――たとえば、色、情動的価値等々――、このような構造的選択は、本質的に、我々が意識ということでいっている事柄である。歴史的にみると、我々はこれまで、このような意識を精神あるいは頭脳の中に突き止める傾向があった。眼と眼に関連する過程は対象に対して色を付与するのであって、これは、牛が草に対して食物としての特性を付与するのとまったく同じ意味でいえる。すなわち、感覚を対象に対して投射するという意味ではなく、むしろ、眼それ自体を、対象との一つの関係の中に組み入れるという意味であって、こうした関係によって、対象が有する質として、色の出現と存在が可能となるのである。色が対象に備わるのは、色が知覚能力のある何らかの有機体に対して関係を有することによってのみである。知覚能力を有する有機体の生理学的あるいは感覚的構造が、対象の経験内容を〔たとえば～色として〕確定する。

それゆえ、ある意味で、有機体があるからこそ、有機体にとっての環境がある。さらに、有機体と環境は相互に確定し合い、その存在を互いに他に依存する以上、適切に解するなら、生命過程は、有機体と環境との相互作

◆32 環境の構造とは、有機体の自然に対する反応の描写である。社会的環境であろうと個人的環境であろうと、いかなる環境も、環境と相互対応関係下にある行為の論理構造を、つまり、表立った発現形態をとろうとする行為の論理構造を描写しているのである。

◆33 動物における食物摂取過程を、食物対象を構成しているものとして語るのには、異論もあろう。確かに、両者は相互に関連し合っている（草稿）。

用の観点から考察されねばならない。

社会的環境には諸々の意味が付与されるが、それは、社会的活動過程をとおしてであり、その社会的活動は、様々な客観的関係からなるひとまとまりの編成組織である。その際、この編成組織が発生するのは、社会的活動に従事している有機体からなる集団との関係においてである。いいかえれば、社会的な経験と行動の過程においてである。外的世界におけるある種の特性の場合、そうした特性が外的世界に備わるのは、ただ、個々の有機体が相互に作用し合う社会的集団に関してのみ、あるいは、そうした社会集団との関係においてのみである。それはちょうど、外的世界の他の特性の場合、それが外的世界に備わるのが、個々の有機体自体に関してのみ、あるいは、その有機体との関係においてのみであるのと同じことである。社会的環境に対して、行動の社会過程が有する関係——あるいは社会的有機体が有する関係——は、物理的-生物学的環境に対して、個々の生物学的活動過程が有する関係——あるいは個々の有機体が有する関係——と類似している。◆34

我々がこれまで述べてきた平行関係は、有機体とそれに対応する対象との組み合わせという平行関係のことである。牛には空腹感というものがあり、さらにまた、視力と嗅覚があり、これらが食物というものを生み出す。この全過程がみられるのは、単に胃袋の中だけではなく、食み、反芻する等々の全活動の中にみられる。この過程は、眼前に存在しているいわゆる食物と密接に関連している過程である。有機体は、いわば、微生物学上の実験室を設けるのである。たとえば、食物になりそうな草はないものかと、牛が歩き回るといった具合である。こうした平行関係のうちに、我々が対象の意味と呼ぶものが見出される。具体的にいえば、対象特性や事物に対する有機体側の反応の編成組織化された構えのうちに見出されるのである。意味はそこに〔対象との平行関係のうちに〕あるのであり、精神はこのような意味に対処する。組織化された刺激は組織化された反応に対応している。

様々な反応が、反応誘発的な刺激との関係において、相互に組織化される事態、これこそが、いうところの「精神」を扱う際の心理学固有の主題である。「心的な」という言葉と同様に「精神」という言葉は、一般に人間という有機体に限定して用いられるが、その理由は、先にみたような特性や意味を他と区別して取り出すことを可能にするシンボル集合体を、我々が人間のうちに見て取るからである。物理的対象としての家屋の建築素材は石やセメントやレンガであるが、我々は、家屋の意味を、こうしたものから区別しようとする、そして、そうすることで、我々は家屋の使用ということをいっているのである。これこそ、家屋を心的事象にするものにほかならない。[35] もちろん、そういいたければ、我々が家屋の建築素材それ自体を他と区別して取り出しているのは、物理学者や建築家の観点に立ってのことである。家屋をみるにあたっては、様々な見地に立つことができる。何らかの動物が住んでいる巣穴は、ある意味では、動物にとっての家であるが、しかし、人間が家に住む場合、この家は、この人からすれば、いうところの心的特性という意味をもっており、巣穴に住んでいるモグラからすれば、当の巣穴に、おそらく、このような心的特性はない。個人個人は、家屋の中から、自らの反応に対応する諸々の要素を選び出す能力をもっているため、自らの反応をコントロールしうるのである。人間は新型ボイラーの広告を読み、このボイラーを使えば、以前よりも一層暖をとることができ、以前よりも快適な化粧室をもつことができる。人は、自分自身の反応の観点に立って、過程をコントロールすることができる。人間は意味を把握し、そのことで、自分の反応をコントロールする。家屋に関わる諸々の要素を選び出す能力によって、家屋は心的事象となる。モグラもまた、自らの食物をみつけ、敵と遭遇し敵を回避しなければならない。だが、自らの巣穴が他の巣穴に比して特別の利点をもっていることをモグラは自らに対して示しうるなどと、我々は考えない。モグラの巣穴は、〔住み処とはいえても〕心的特性をまったくもない。

---

[34] 一つの社会的有機体、すなわち、個々の有機体からなる一つの社会集団は、自らにとって特殊な、諸々の対象からなる環境を構成し、あるいは、創出する。それはちょうど、一つの有機体が、自身にとって特殊な、諸々の対象からなる環境を構成しあるいは創出するのと同じこと、あるいは、同じ意味である（ただし、一つの有機体が創る環境は、一つの社会的有機体が創る環境に比べて、発達の度合いははるかに低い）。

[35] 自然——外的世界——は客観的にそこにあり、我々にとっての自然の経験と対峙している、あるいは、個々の思索者自身と対峙している。外的対象は、これを経験する個人とは独立して、そこにあるが、それでも、外的対象が一定の特性を有するのは、当の個人の経験ないし精神に対して外的対象が有する関係をとおしてであり、こうした関係なくしては、あるいは、こうした関係と独立したところでは、外的対象は一定特性をもたない。外的対象が有する一定の特性とは、当の個人に対して、あるいは、一般化していえば我々に対して、当の対象が有する意味なのである。物理的対象ないし物理的実在と、これらの対象や実在の心的ないし自己意識的経験との区別——つまり、外的経験と内的経験との区別——は、後者が意味に関与し、意味によって構成されているという事実のうちにある。諸個人によって経験される対象は、当の対象について思考する諸個人に対して、一定の意味をもっている。

っていない。心的能力の在処は、自らの反応に対応する心的事象を環境の中で指し示す有機体の能力であり、その結果として、人は諸々の反応を様々な方法でコントロールできるのである。行動主義的心理学の観点からすれば、これこそが、心的能力の在処である。モグラやその他の動物の場合、環境に関わる行動には複雑な要素がある。しかし、人間の場合、環境の中にあって、このように複雑で高度に組織化された反応を喚起する特性とは何なのか、自らに対しても他者に対しても指し示すことができる。そして、このような指し示しによって、人間は、そうした諸々の反応をコントロールできる。人間は、下等動物に属する適応性よりもはるかに優れた能力をもっており、諸々の刺激を選び出し、それ自体を他と区別して取り出すことができる。生物学者は、食物が一定の価値を有することを認めている。人間は、他の動物と同様に、こうした価値に対応するのであるが、他方で、人間は、さらにまた、食物における一定の特性の意味とは、食物に対する自らの消化反応における一定の事物であることを、指し示すこともできる。心的能力の在処は、他者に対しても自己に対しても、このような価値を指し示すことであり、だからこそ、自らの反応をコントロールしうるのである。

我々のアプローチからすれば、心的能力が現れるのは、有機体が他者に対して、かつ、自己に対して意味を指摘しうる場合のみである。これこそ、精神が現れる、そういいたければ、出現する時点である。我々が認識しておかなければならないことは、我々が扱っているのは、あくまで、有機体自身の感受能力によって選択した環境に対して有機体が有する関係である。心理学者の関心は、こうした関係をコントロールすべく人類が進化してきたメカニズムにある。〔有機体と環境との〕関係は、そのようなものとして指し示される以前から、ずっと、そこに存在し続けているのである。しかし、〔人間以外の〕有機体は、自身のふるまいにおいて、このような関係をコントロールしてはいない。このような有機体は、元来、このような関係をコントロールする手段としてのメカニズムをまったくもっていない。しかしながら、人間という有機体は、言語的コミュニケーションというメカニズムを生み出すにいたり、それによって、このような関係をコントロールできる。こうして明らかなのは、関係をコントロールするメカニズムの大部分は、中枢神経系にあるのではなく、有機体に対して事物が有する関係にあるのである。対象がもつ特性としての意味を選び出し、他者および自身に対して指し示す能力こそが、個々の人間に対して人間固有の力を与える能力である。このようなコントロールが可能となったのは、言語による。こうした意味で、あえていうなら、いうところの「精神」を構成しているのは、意味をコントロールするメカニズムにほかならない。しかしながら、心的過程の在処は言葉の中ではない、それは、有機体の知性の在処が中枢神経系の諸要素の中ではないのと同様である。心的過程も知性も、有機体と環境との間で進行している一つの過程の構成要素である。この過程内においては、シンボルが過程を構成する要素として機能する。そして、こうした過程こそが、コミュニケーションを極めて重要なものにしている。言語の中から精神という領域が出現するのである。

精神を、一個の人間有機体の観点からしかみないのであれば、不合理である。というのも、精神の中心は個人としての有機体にあるけれども、精神は本質的に社会的現象だからであり、有機体の生物学的機能ですら、はじめから社会的だからである。いやしくも精神を受け容れ可能な形で説明しうるためには、個人の主観的経験を、頭脳の自然的社会生物学的活動との関係下に位置づけなければならない。そして、このことが可能なのは、ただ、精神の社会的性質を承認する場合のみである。個人的経験を社会的経験の過程から切り離してしまえば、つまり、経験の社会的環境から切り離してしまえば、なおさら欠陥のあるものになるのは明らかなはずである。それゆえ、精神が発生し発達する場は、社会過程の内部、すなわち、社会的相互作用の経験的基盤内部であるとしなければならない。すなわち、我々は個人の内的経験を社会的行為の観点から把握しなければならないのである。ここでいっている社会的行為は、独立自存の個人個人の経験を、こうした個人同士が相互作用する社会的文脈の中に組み込んでいる行為のことである。人間の頭脳によって可能となっている経験過程は、相互作用し合う諸個人からなる集団にとってのみ可能となる。つまり、一つの社会の成員としての個々の有機体にとってのみ可能なのであって、他の個々の有機体から切り離された個々の有機体にとって可能となるのではない。

精神が社会過程から発生するのは、当の過程が全体として、この過程に関わる一定の諸個人の中の任意の個人の経験に関与し、あるいは、その経験の中に現れる場合のみである。こうした事態が生ずるとき、個人は自己意識的になり精神をもつ。このような個人は、当の過程全体に対する自らの関係、ならびに、自らとともに当の過程に参加している他の個人に対する自らの関係を自覚するようになる。さらに、この過程を遂行している——自らを含めて——諸々の個人の反応と相互作用によって、この個人は、当の社会過程が修正されたものであることに自覚的となる。精神あるいは知性が進化の過程で出現するのは、経験と行動の社会過程全体がこの過程内に属する個々の個人のうち任意の個人の経験の中に組み込まれるときであり、さらには、この過程に対する個人の適応が、この過程について自覚している、あるいは、意識していることによって、修正されまた洗練されるときである。このような社会過程全体が、この過程に関与する諸個人の経験の中に組み込まれるのは、再帰性によって――つまり、個人の経験が個人自身に回帰すること――によってである。このような再帰性によって、個人は意識的に社会過程に適応することができるのであり、さらには、いかなる社会的行為においても、この過程に適応することによって、この過程自体の帰結を修正することができるのである。それゆえ、再帰性は、社会過程内において、精神が発達するために必要不可欠な条件である。

『精神・自我・社会』第三部 自我

Mind, Self, and Society Part Ⅲ: The Self

第18章 自我と有機体

知性の発達について叙述した際に我々が示しておいたのは、言語過程は自我の発達にとって必要不可欠なものであるということであった。自我には、ある性質があり、これは、生理学からみた有機体に固有の性質とは異なっている。自我というのは、発達成長していく何ものかである。自我は、生まれると同時に当初からそこにあるものではなく、社会的な経験と活動の過程の中で発生する、つまり、社会過程全体に対して、かつ、この過程内にある他の諸個人に対して、当の個人が有する関係の結果として、一定の個人の中で発達していく。下等動物の場合、動物の生態にみられる知性は、人間の知性の大部分と同様に、自我を必然的に含んでいるわけではない。たとえば、我々の習慣的行為において、つまり、ただそこにある世界の中で、また、我々が適応しきっているために、わざわざ思考が関与することもまったくないような世界の中で動き回るような場合、完全に目が覚めているときに人々がもっているような、ある程度の感覚的経験というものはある。すなわち、世界がただそこにあるというわけである。我々の周りにあるこのような性質は、自我との関係の中に占める位置がなくとも、経験の中には存在するかもしれない。もちろん、このような状況条件の下でも、その場で直接生ずる経験と、この経験を自我にとっての経験へと自分自身で〔あらためて〕まとめあげたものとを、人は区別するにちがいない。つまるところ、本人がいうのは、一定の事項は、本人の経験のうちに、本人の自我の経験のうちに、占める位置をもっていたということになる。なまじ、そこそこ見識をもつレベルにあると、我々はどうしても、経験の一切を〔あくまで〕自我にとっての経験へとまとめがちである。我々は自分の経験、とりわけ感情的な経験を、極めて密接に自我と同一視してしまうので、自我にとっての経験でなくとも、苦痛や快楽が存在しうるということを理解するためには、一瞬であれ〔苦痛や快楽という〕抽象概念が必要となる。同様に、通常、我々は自分たちの記憶を自らの意のままにまとめあげてしまう。我々が事柄を時間的に特定するとなると、つねに、自分たちにとっての過去の経験という観点に立って日付をつける。時間的にも場所的にも特定できない数々の記憶を我々はしばしばもっている。ある心像が突如として我々の前に現れると、我々は、その経験が元々いつ生じたのか説明できずに当惑する。その心像をはっきりと明確に覚えてはいるが、しかし、それがどこで起こったのか明確にはならない。そして、起こった場所を自分の過去の経験によって特定できるまで、我々は満足しない。それでも、よく考えてみれば、自我は必ずしも有機体の生活に関わっているわけではないし、我々が感覚的経験と呼ぶものに関わっているわけではない、すなわち、我々の周囲にあり、我々が習慣的に反応している世界における経験に関わっているわけでもないということ、これは明らかだと思われる。

我々は自我と身体を極めて明確に区別しうる。経験に関与している自我がその場になくとも、身体はその場にありうるし、極めて知性的な様式で作用しうる。自我がもっている特性は、自我が自身にとっての対象であるということであり、こうした特性は、自我を、他の対象および身体から区別する。目は足をみることはできても身体全体をみることはできないというのは、完全に真である。我々は自分の背中をみることはできない。身のこなしが敏捷であれば、背中のある部分を感じることはできる。しかし、我々は自分の身体全体を経験することはできない。もちろん、幾分曖昧としていて、位置を特定するのが難しい経験というものはあるが、しかし、身体にまつわる経験は、我々にとって、自我を中心にまとめあげられる。我々は自分の足をみることができるが、あえてことさらオペラグラスを逆さまにしてそこから足を覗いてみるなら、自分の足だと思うのが困難なほど奇妙な物体としてみえることだろう。身体の各部分は自我とははっきり区別できる。自我が深刻なほど損なわれないまま、我々は身体の一部を失うこともありうる。身体の様々な部分を経験する能力ということだけであれば、テーブルを経験する能力とさして変わらない。テーブルに触れたときの感触は、片方の腕でもう片方の腕を触れているときの感触とは異なるが、しかし、テーブルの感触とは、我々が確実に接触している何ものかを経験していることである。自我が、何らかの点で、自我にとっての経験の一部になるという意味からいえば、身体は身体自体を全体として経験することはない。

私が明らかにしたいのは、自我がもつ特性であって、それは、自己にとっての対象という特性である。この特性は「セルフ」という言葉のうちに現れている。この言葉は再帰代名詞であり、かつ、主語〔主体〕にも目的語〔客体・対象〕にもなりうる事態を示している。この種の対象は、本質的に他の対象とは異なっている。この種の対象は、過去においては、意識として区別されてきたのであり、自分自身の自我に対して向き合う経験、かつ、自分自身の自我となる経験を指し示す言葉であった。そこで想定されていたのは、意識は何らかの仕方で自己にとっての対象になる能力を備えているということであった。意識を行動主義的に叙述する際には、身体的物理的意味での有機体が自身にとっての対象となりうるような類いの経験を我々は突き止めなければならない。[◆1]

自分を追いかけてくる人から逃れようと走り去っているとき、その人は逃げ去る行為にまったく余念がないの

◆1 人間の行動は、その人が属する社会集団にあって、自らが自身にとっての対象となりうるというものである。すなわち、人間の行動は、下等動物に比べて、人間を、進化論上、はるかに高度な発展産物にする事実である。根本的には、この社会的事実こそが人間を他の下等動物から区別する――しばしば主張されているのだが、魂や精神は、個人としての人間に神秘的かつ超自然的に付与されてはいるが下等動物には付与されていないとしておいて、その上で、人間は、魂や精神をもつがゆえに、下等動物と区別されるというわけではない。

であって、この人の経験は周囲の諸々の対象の中に紛れてみえなくなるかもしれない。したがって、この人は、当面の間、自我というものをまったく意識していない。もちろん、このような事態にいたるには、逃げる行為に、完全に没頭しなければならない。しかし、私が思うに、自我が関与することのない経験もありうるのであって、そうした類いの経験を我々は認めてよい。このような状況の理解に資するのは、おそらく、次のような経験であろう。つまり、差し迫った状況下で行為に没頭している最中に、没頭している当の行為の背後から、個人の経験の中に過去の記憶や未来の予期が現れてくるような経験である。戦争の最中、トルストイは、将校として、最も差し迫った戦闘行為に携わっているときに、自らの過去の経験について数々の記憶像が浮かんできたことを記述している。あるいは、溺れている最中に、心中に数々の記憶像がよぎることもある。このような事例においてみられるのは、一方では、〔自己にとっての〕対象としての自我が関与することのない極限的な活動に完全に巻き込まれているような経験であり、他方では、自我が〔自己にとっての〕主要な対象になっている記憶や想像というような活動であり、両者は著しい対照をなしている。さらにいえば、一個の有機体は、事物に取り囲まれつつ、自身の身体部分を含めて、事物に関して行為するのであるが、自我は、このような有機体とは完全に区別されうる。身体の各部分は、身体以外の対象と同じように、対象といえるが、しかし、知覚領域のうちに、ただあるといった対象でしかない。身体部分は、当の有機体にとっての一つの対象たる自我をともなってはいないのである。この点はしばしば見過ごされていると私は思う。動物の生命過程の擬人的再構成を極めて誤ったものにしているのは、こうした事実にほかならない。個人は、いかにして、自身にとって一つの対象となるように、〔主体としての〕自身の外に（経験上）出て行けるのだろうか。これこそ、自己性あるいは自己意識に関する心理学の本質問題である。その解決はいかなるものか、これは、一定の人格ないし個人が関わっている社会的行動様式や社会的活動の過程を参照することによって見出しうる。理性という道具を持ち出したところで、理性自身による経験領域の分析のうちに理性を対象として据えなければ、完全にはならない。あるいは、一定の社会的状況下で、相手側個人と関わりつつ、個人が行為する際に、自らを、相手側個人の経験と同じ経験のうちに置かないかぎり、理性は完全にはならない。理性は、自身に対して、客観的な構え、つまり感情から距離を置いた構えをとらないかぎり、個別個人性を脱するようにはなりえない。個別個人性を脱することがなければ、我々は単に意識をもつだけで、自己意識をもつことにはならない。理性に基づく行動様式にとって必要なのは、個人が自身に対して、個別個人性を脱却して対象化された客観的な構えをとることであり、個人が自身にとって対象となることである。というのも、有機体としての一個人は、自ら行為する経験的状況にとって、明らかに本質的で重要な事実あるいは構成要素でありながらも、同時に、有機体自体について客観的に考慮しないかぎり、知性に基づいて、あるいは理性にかなうように行為することができないからである。

〔経験主体たる〕個人は自分自身を対象として経験するが、直接的にではなく、間接的に経験するのである。すなわち、同一社会集団に属する他の成員個々人の特定の観点から、いいかえれば、自ら属する社会集団全体の一般化された観点から、自分自身を経験するのである。というのも、個人が、自我として、あるいは個人として、自身の経験に入っていくのは、直接的にでも無媒介にでもなく、自身にとって主体となることによってでもなく、あくまで、この個人にとっては、あるいは、この個人の経験の中では、他の個人たちが対象であるのと同じように、個人が、まずもって、自身にとって対象となるかぎりにおいてだからである。さらにいえば、この個人が自身にとって対象となるのは、ただ、この個人と他の個人がともに関与している社会的環境あるいは経験と行動の文脈の中で、当の個人に対する他の諸個人の構えを、当の個人自身がとることによってのみだからである。

我々が「コミュニケーション」と呼ぶ事象の重要性は、次の事実のうちにある。すなわち、コミュニケーションは、ある行動形態を提供するのであり、この行動形態の中で有機体あるいは個人が自身にとって一つの対象となるという事実である。我々が議論しているのは、あくまでこの種のコミュニケーションであって、雌鳥のヒヨコに対して鳴くことでも、狼が群れに対して吠えることでも、牛が鳴き声を上げることでもない。ここでいっているのは、特定の意味を有するシンボルという意味でのコミュニケーション、他者に対して向けられているだけでなく、当の個人自身に向けられているコミュニケーションのことである。こうしたタイプのコミュニケーションが行動の一構成要素となっているかぎり、コミュニケーションは、少なくとも、自我を取り入れるのである。もちろん、注意して聴こうとしていなくとも音が耳に入ってくることもあるだろうし、知らない事物が目に入ってくることもあるだろうし、実際には気づかぬまま、事をしでかしてしまうこともある。しかし、個人個人が自分自身に対して対象となるような行動を我々がとるのは、自分が他者に対して語っていることに自分自身が反応する場合であり、自分自身のこのような反応が、自分のふるまい方の一構成要素となる場合であり、自分がいっていることに耳を傾けるだけでなく自分自身に反応し、相手側がこちらに応答するのとまったく同じように、当の個人が自分自身に語り応答する場合である。

私の考えでは、このような自我は、そもそも、生理学上の有機体ではない。生理学上の有機体は自我にとって必要不可欠ではあるが[2]、しかし、我々は、少なくとも、生理学上の有機体を欠いた自我について考えることはできる。不死を信じている人々、あるいは、死者の魂の存在を信じ、幽体離脱する自我の可能性を信じている人々は、身体とは完全に区別しうる自我を想定しているわけである。このような人々は、どのようにして、こうした考えを都合よく抱いていられるのか、これは未解決の問題であるが、しかし、事実として、我々は自我というものと有機体というものとを切り離すわけである。一つの対象としての自我の端緒は、我々の理解するかぎりでいえば、人々の経験の中には「生き霊」という考えにつながるような経験があったという点に見出しうるといってよいだろう。未開人の想定では、生き霊というものがあって、おそらく、その在処は横隔膜であり、生き霊は、眠っている間は一時的に、そして、死んでしまえば完全に身体から離脱する。こうした生き霊を、敵の身体からおびき出すこともできるし、おそらく、殺してしまうこともできる。幼少期であれば、このような生き霊は、子供が自分で作り上げた想像上の遊び仲間によって演じられ、さらには、このような遊び仲間を通じて、子供たちは、遊びの中の自分たちの経験をコントロールするようになる。

自我は、自身にとって一つの対象となりうるものとしてあるわけで、本質的には、社会構造であり、社会的経験の中で生ずる。ひとたび自我が生じて以降であれば、自我は、ある意味で、自身に対して自らにとっての社会的経験を提供するわけであり、そのため、我々は、絶対的に孤立した自我というものを思い描くことはできる。しかし、社会的経験の外部で生ずる自我というものを思い描くことはできない。ひとたび自我が生じてから、残りの人生を独房の中で過ごす人のことを、我々は考えることはできるが、しかし、こうした人であっても、自分自身を、自身にとっての話相手としており、それまで他者とコミュニケーションを取り交わしてきたように、このような自分自身とともに考え、さらに対話することができる。今しがた述べた過程は、ある人の自我に対して他の人が反応するように、その人自身が自分の自我に反応する過程であり、他者に対する当人自身の対話に参加しており、自分がいっていることを自覚しつつ、なおかつ、それ以降、これからいおうとすることを確定するために、今いっていることの自覚自体を用いる、そういう過程である――そして、我々はみな、このような過程に慣れ親しんでいる。自分たちが語っていることを理解することによって、他者に対して自分が語っていることを、我々は絶えず追跡し、我々の対話を継続すべく、こうした理解を用いる。我々は、自分たちがこれからいおうとしていることを、そして、これから行おうとしていることを絶えず見つけ出しているのであるが、これは、言葉を発し、事を行うことによってなされるのであり、こうした過程の中で、我々はこの過程自体を絶えずコントロールしているのである。身振りのやりとりにおいては、我々が話すことは、他者に対して、一定の反応を喚起し、そのことが今度は我々自身の行為を変える。その結果、

◆2 (a) あらゆる社会的な相互関係ないし相互作用は、そこに関与するすべての個人に共通する一定の社会‐生理学的資質に根ざしている。社会的行動のもつこうした生理学的基盤は――その究極の所在ないし在処は個人の中枢神経系の下位部分にあるのであるが――、社会行動の基盤でもある。その根拠は、まさしく、こうした基盤自体が社会的でもあるからである。すなわち、生理学的基盤の在処は、ある一定の個人の側にある衝動や本能や行動性向であって、個人は、一人あるいは複数の他の諸個人の協働的支援なしには、衝動や本能や行動性向を遂行することも、これに明確な表現や満足を与えることもできないからである。行動の生理学的過程というのは、行動のメカニズムでもあるが、必然的に複数の個人をともなう過程であり、一定の個人に加えて他の個人も必然的に関与している過程である。社会的行動の生理学的基盤が生み出す根本的な社会関係の例としては、(生殖本能を表現する)異性間関係、(親としての本能を表現する)親子間関係、(群居本能を表現する)隣人間関係などがある。個人の行動にみられるこうした比較的単純で原基的な生理学上のメカニズムないし性向は、人間の社会行動すべての生理学的基盤を構成するだけでなく、人間的自然の根本的な生物学的な素材でもある。したがって、我々が人間的自然というとき、我々は本質的に社会的な何ものかのことをいっているのである。

(b) 有機体内で開始された行為は他者の行為の中において完成を要するという点で、生理学上の有機体の活動は、有機体の攻撃と防御の場合と同様に、性においても親においても、社会的である。……個人の行為パターンも、これらの場合、社会的であるといってよかろうが、他方で、そのようにいえるのは、ただ、有機体が自らの反応を達成するために、他の個体の構えや性質の中に刺激を探し求め、さらには、自分自身の行動によって、相手側を自身の環境の一部分として維持する性向があるかぎりにおいてである。相手側、あるいは、自分以外の他者たちの実際の行動は、生物個体の中で、自身の行動パターンの一部として開始されるわけではない(草稿)。

相手側が返す応答が原因となって、我々が当初行動しはじめていた事柄は変化していく。身振りのやりとりはコミュニケーションの端緒である。個人は自分自身と身振りのやりとりを継続するようになる。個人は何かを語り、そのことが、自分自身の中に一定の応答を喚起し、この応答によって、当人は当初いおうとしていたことを変更するのである。たとえば、ある人が何かをいいはじめるとして、これが何か不愉快なことだとしよう。この人はそれを口に出すと、それがむごいことだと自分で気づく。この場合、自分が口に出しかけていることが自分自身に効果を及ぼし、そのことが、発言をやめさせることになる。つまり、ここには、当の個人と自分自身との間に、〔音声〕身振りのやりとりがあるわけである。特定の意味を有する発話ということで我々がいっているのは、その発話行為は当の個人自身に影響を及ぼす行為だということであり、さらには、当の個人自身に及ぼす効果は、他者との対話を知性に基づいて遂行することの構成要素であるということである。さて、我々は、まず、〔相手と対話するという〕社会的局面を、いわば、切断した上で、しばらくの間は、それなしで過ごし、その結果を踏まえて、今度は、別の人に語りかけるかのように、自分で自分自身に語るのである。◆3

このように社会的局面を切断するような抽象化過程は、いつまでも続けられるものではない。人は聞き手を求め、誰かに自分自身を打ち明けなければならない。反省的知性において、人は行動しようと考え、さらに単独で行動しようと考えるのだが、その結果としてみれば、こうした行為は、ある社会過程の一部であることに変わりはない。思考することは社会的行為の準備となる。思考する過程そのものは、もちろん、進行していく内的対話にすぎない。だが、対話とはいっても、それは、ひとたび完成すれば、自分が考えている事柄を聞き手に対して表現することを意味する身振りのやりとりなのである。人は自分が他者に対して語っていることの意味内容を、〔その時点での〕実際の発話からは切り離しておいて、その意味内容を語る以前に、既に語る準備ができている。人は、その意味内容をじっくりと考え抜き、おそらく本の形で書くこともある。しかし、その場合でも、意味内容は、依然として社会的交流の一部なのであって、この交流にあっては、人は他の人々に対して語り、同時に自分自身に対しても語っており、さらには、自身の身振りに対してなされる反応によって、他者への語りをコントロールする。人間が自分自身に対して反応するということは、自我にとって必要不可欠であり、こうした類いの社会的行動様式こそが、当の自我が現れるような行動を提供するのである。言語以外に、個人が自身にとって一つの対象となるような行動形態を私は知らない。そして、私の理解しうるかぎりでいえば、個人が自身にとって対象とならなければ、個人は再帰的意味での自我ではない。この事実こそが、コミュニケーションにとって決定的に重要性を与える。というのも、コミュニケーションは、個人が自分自身に対して反応する類いの行動だからである。

日々のふるまい方や経験において我々が理解しているのは、自分の行っていることや語っていることの大部分について、人はとりたてて重要な意味を込めてはいないということである。そのような人がいるとすれば、それは本来のその人ではないと、我々はしばしばいう。たとえば、我々は、対話を終えて、重要なことを言い忘れたと気づくことがあり、また、話した内容に自我〔の真意〕を込めることのできなかった部分があると気づくことがある。コミュニケーションを取り結ぶ自我にとっての主旨を確定するのは、社会的経験それ自体である。もちろん、自我の大部分は表現するには及ばない。相手が異なれば、我々が取り結ぶ一連の関係も、それぞれ異なる。話相手が異なれば話す内容も異なる、それが我々である。自我には、自己に対する関係内の自我にとってのみ存在する部分もある。つき合う相手に応じて、我々は

◆3　一般的に認識されていることであるが、知性をとりわけ社会的に表現すること、あるいは、「社会的知性」としばしば呼ばれるものを行使すること、これは、一定の個人がもつ能力、そして感受能力に依存する。すなわち、一定の社会的状況にあって、当の個人に関わる他の諸個人の役割を、その個人が担い、あるいは、「そうした他者たちの立場に自らを置いてみる」能力に依存し、さらには、他者たちの当の個人への構え、かつ、相互間の構えに対して、そうした能力の帰結として、どれだけ感応するか、その感受能力に依存する。このような知性の特殊社会的表現は、もちろん、我々の観点からすれば、特別な意義をもつ。ここに我々の観点とは、すなわち、知性の性質総体はその根幹において社会的であり、今述べたように、自我を他の人々の立場に置くこと、そして、他の人々の役割ないし構えを自我が担うことは、知性ないしは知性に基づく行動がもつ様々な側面ないし表現の一つというだけではなく、知性のもつ特性の本質そのものだというものである。スピアマン〔Spearman　イギリスの心理学者〕のいう「知性のX要因」――彼によると、知性がうちにもっている未知の要因――は、（我々の知性の社会説が妥当だとすれば）単に、知性を有する個人が相手側の構えまたは他者たちの構えを取り入れる能力にすぎない。そして、こうした能力ゆえに、知性を有する個人は、思考を進行させる契機としてのシンボルないし身振りの意義を理解し、あるいは、その意味を把握するのであり、したがって、思考に必然的にともなうシンボルや身振りを用いて、自身との内的対話を継続することができるのである。

様々に異なる自我の中で異なる自我を使い分ける。我々は、ある人とは政治を語り、別の人とは宗教を語る。様々に異なる社会的対応には、それに見合う様々に異なる自我がある。自我の出現に関わっているのは社会過程それ自体である。こうした類いの経験を離れて、自我が自我として存在することはない。

今しがた指摘したように、ある意味で、多面的人格というのはよくみられることである。自分が属するコミュニティに即した、また、自分が置かれている状況に即した全体的自我の編成体というものがある。我々が暮らしている相手が現代人であろうが、過去の人々であろうが、我々自身の想像上の人物であろうが、過去の人々であろうが、社会の何たるかは、もちろん、人それぞれによって異なる。通常、我々が属する類いのコミュニティ全体の中では、ある統一された自我というものがあるが、しかし、これとて、分裂することもある。神経質でいくぶん不安定であり人格面で分裂している人にとっては、ある種の活動は不可能となる。そして、そうした類いの活動は、別の自我を切り離して、これを発達させるかもしれない。その結果生ずるのは、「me」という自我と「I」という自我という二つの分裂した自我であり、二つの異なる自我である。これこそが、人格分裂傾向が存在する条件である。ある記録によると、ある教育学教授が姿を消し、コミュニティからいなくなり、後になって西部のとある伐採地でみつかったという。この教授は職務を投げ打って、そういいたければ、教授職よりもくつろげる森に赴くにいたった。これを病理学的側面からみるなら、爾余の自我を忘却し取り除いたということになる。この結果にともなって生じたのは、個人をその人自身にとっての個人として特定するような何らかの有形の記憶を取り除くということである。我々がしばしば認めることだが、自我を分裂させる亀裂が我々には幾重にも走っている。ある種の事柄を忘れることができれば、つまり、過去の経験において自我が密接に関わっていた事柄を消去できれば、我々はうれしいだろう。ここにみられるのは、様々な自我が存在しうる状況である。そして、自分たちがどの自我になっていくのかについては、そこに関連する社会的反応の組み合わせにかかっている。数々の活動の組み合わせに関わっている事柄すべてを忘れることができれば、我々は明らかに、自我のうちこれに関わっている部分を手放すことになる。たとえば、ある情緒不安定な人を取り上げてみよう。この人に話すことに専念させ、同時に、あなたが今書いているものに目を向けさせるとする。この結果、この人はコミュニケーションの二つの別々の系列を遂行していることになる。同じことを、もし、あなたが理にかなった仕方で行うなら、これらの二筋の流れを進行させていくことができるわけで、その結果、二つの流れは交錯することなく進行していくことになる。あなたは、活動に関してまったく異なる二つの組み合わせを遂行していくことができるわけである。こうして、一人の人間の自我の分裂という事態が生じうることになる。この事態は、個人の行動を分離させる二つの種類のコミュニケーションを打ち立てる過程である。〔こうした分裂した自我にあっては〕一方の自我にとっては、当の事態は語られ耳に入ってくるのであるが、他方の自我からすれば、存在するのは、ただ、書かれているものを自分がみているという事実だけである。もちろん、この場合、一つの経験が他方の経験領域に干渉しないようにしておかなければならない。精神上の分裂が生じやすいのは、ある出来事が情緒上の激変をもたらす場合である。一旦分裂すれば、それぞれは、独自の方向へ進んでいく。

完結した自我の統一性と構造は、社会過程全体の統一性と構造を反映している。完結的自我は個々の要素的な自我から構成されているが、こうした個々の自我は、個人が関与している社会過程の様々な局面のうちの任意の二つの局面の統一性と構造を反映している。いいかえれば、一つの完結的自我を構成し、あるいは、完結的自我へと組織化される様々な要素的自我は、全体としての社会過程構造の様々な局面に対応している完結的自我構造の様々な局面である。したがって、完結した自我の構造は、完結した社会過程の一つの反映である。一つの社会集団の組織化と統一化は、当の社会集団が関与し、あるいは遂行している社会過程内で生ずる様々な自我の任意の一つの組織化と統一化と同一なのである。[4]

人格の分裂という現象は、完結的、統一的自我が、その構成要素としての数々の部分的自我に分裂することで生ずる。こうした構成要素としての様々な自我は、それぞれ、社会過程の様々な局面に対応している。ここに、社会過程とは、当人が関与している社会過程、さらに、個人の完結的なあるいは統一的な自我が生ずる社会過程のことである。こうした様々な局面は、社会過程にあっては、個人が属する様々な社会集団のことである。

◆4 精神の統一性は自我の統一性と同じものではない。自我の統一性を構成しているのは、個人が関与し、さらに、自我の構造に反映されている社会的な行動や経験の関係的なパターン全体の統一性である。しかし、このような全体的パターンの局面や特徴の多くは、意識の中にあるわけではない。したがって、精神の統一性は、ある意味では、自我の一層包括的な統一性からの抽象物である。

第19章 自我発生の背景

〔以上の議論を踏まえるなら〕今や浮上してくる問題は、細部にわたってみるとき、いったい、どのようにして自我が生ずるかである。自我発生の背景について、いくらか指摘しておかなければならない。まず、動物間の身振りのやりとりには、ある種の協働的活動をともなうものがある。この場合、一方の動物の身振り行為の開始は、一定の様式で反応する相手側に対する一つの刺激となっているが、他方で、こうした相手側の反応が始まると、今度は、それが、はじめに身振り行為を開始した側にとっては、これからやってくる反応に対して自らの身振り行為を適応させる刺激となる。以上が、当の行為が完結するための準備となり、最終的には、この準備の帰結であるような行動様式につながっていく。しかし、身振りのやりとりには、〔身振りを発する側の〕個人や動物や有機体の自身に対する指示はともなっていない。身振りのやりとりは、他者たちの行動様式に関わる行動様式であるとはいえ、身振りを発する当の生物自体からの反応を喚起するようなやり方で行われるわけではない。だが、我々が既にみたように、身振りが他の有機体に影響を及ぼし、それゆえ、有機体において、相手側に生じたのと同じ性質の反応を喚起するかもしれないように、〔身振りを発した側の〕有機体に影響を及ぼす何らかの身振りというものはある。それゆえ、この場合には、ある状況が成立している。そこでは、個人は、少なくとも、自らにおいて、諸々の反応を喚起し、こうした反応に応答するかもしれない。つまり、社会的刺激が、相手側に及ぼす事象と同様の効果を、当の個人に対して及ぼすような状況である。たとえば、こうした状況こそが、言語によって表現される事柄である。言語にこのような状況がなければ、特定の意味を有するシンボルとしての言語など、なくなるだろう。何しろ、こうした状況がなければ、そもそも、当の個人は、自分が語る事柄の意味を理解できなくなるからである。

我々人間にとっての社会的環境に備わっている固有の特性は、言語に属するのであるが、これは、人間の社会的活動に固有の特性による。既にみたように、こうした特性はコミュニケーション過程のうちに見出しうる。もっと特定していえば、〔何かを何かとして指し示すような〕意味が〔その時その場で〕存在する事態の土台をなす三部構成関係のうちに見出しうる。すなわち、ある有機体の身振りに対して別の有機体が適応的反応を示すという関係は、発信側有機体の指示能力のうちにある、つまり、身振りに端を発した行為の完成ないし帰結を指し示すものとしての能力のうちにある（それゆえ〔三項関係に即していえば〕、当の発せられた身振りの意味とは、受け手側有機体が、それを、送り手側有機体によって指示されたものとして、あるいは、一つの身振りとして受け取る反応のことである）。いわば、〔後続反応・後続行為が想定されている複合的な〕社会的行為の中から身振りを取り出し、それを、あくまで身振りとして抽出するもの――つまり、身振りを、個人行為〔のうちにとどまるだけ〕の単なる初動段階以上の何ものかにするもの――は、その身振りに対する、別の有機体ないし他の様々な有機体の反応である。このような反応が、身振りの意味であり、あるいは、身振りに意味を与えるのである。ここでは、行動の社会的な状況と過程は、そこに関与している個々の有機体の行為によって前提されている。身振りは、社会的行為の中で〔他と区別して〕分離可能な要素として発生する。このようになるのは、身振りが他の有機体の当の身振りに対する感受能力によって選択されるという事実による。身振りは、単に単独個人の経験においてのみ身振りであるようなものとして存在することはない。繰り返していえば、ある有機体による身振りの意味の在処は、他の有機体側の反応なのであって、この反応が向けられている対象は、発信側有機体の行為の完成態として予想される事態、つまり、当の身振りによって開始され指示されている行為の完成態として予想される事態である。

我々が時折語りがちなこととして、人は、あたかも、あらかじめ議論の全体を心のうちで組み立てることができ、その後で、これを言葉にして、誰か他の人に伝えることができるかのような事態がある。実際はどうかといえば、我々の思考過程は、つねに、何らかのシンボルをとおして生ずる。シンボルがなくとも、人は自分の経験の中で「椅子」の意味を把握しうるだろうが、しかし、この場合、我々は椅子の意味について思考してはいない。今何をしようとしているかについて考えることなく、我々は椅子にすわることもある。つまり、この場合、当の椅子に近づいていくことが、おそらく、既に我々の経験の中で生じているのであって、したがって、椅子の意味は、この行為場面のうちにある。しかし、もし人が椅子について考えているのであれば、その人は、椅子について何らかのシンボルを抱いているにちがいない。そのシンボルは、椅子の形状であるかもしれないし、誰か他の人が椅子にすわる際にとる構えかもしれない。しかし、それ以上に抱かれる可能性が高いのは、椅子にすわる反応を喚起する何らかの言語上のシンボルであろう。思考過程の中にあっては、この意味を指示しうる何らかのシンボルがなければならない。すなわち、すわるという反応を喚起する傾向を有しており、また、他の人々にとってもこの目的に役立ちうる傾向を有するシンボルがなければならないのである。こうしたシンボルがないのであれば、それは思考過程ではない。

我々が有するシンボルは、すべて、普遍的である。◆5〔他人にはまったく通じない〕絶対的に特殊なものについては、何も語ることはできない。いやしくも何らかの意味をもっていると語るのであれば、それは、いかなるものであれ、普遍的なのである。当のシンボルが、それを語っている人にとって存在しているのと同じように、これを耳にした人にとっても自らの経験において存在しているかぎり、当人が語っている事柄は、語り手以外の他の人のうちに、ある特定の反応を喚起する。伝達手段としての言語には、話し言葉の言語もあれば、手振りによる言語もあり、さらには、顔の表情による言語もあるだろう。人は悲しみや喜びを表すことができるし、何らかの反応を喚起することもできる。単に顔の表情だけで洗練された会話を行うことのできる未開人もいる。こうした場合においてさえ、コミュニケーションを交わす人は、誰か他の者が影響を受けることを期待するのと同じように、自らも表情を浮かべることによって影響を受ける。思考することとは、つねにシンボルを含んでいるのであって、このシンボルは、思考が思考者自身に喚起するのと同じ反応を、他者のうちに喚起する。このようなシンボルこそ、論議〔領域〕の普遍的特性である。こうしたシンボルは、その特性からして普遍的である。我々がつねに想定しているのは、我々の用いるシンボルが相手側の行動様式のメカニズムの一部になっているかぎりにおいて、相手側においても同じ反応を喚起するシンボルだということである。何かを語る人は、他の人々に語る内容を、自分自身に対して語っているのである。そうでなければ、この人は自分が何について語っているのか理解できない。

もちろん、他の人々と対話する際、他者に喚起するのと同じ反応を、語り手側の自我に喚起しない対話も数多くある。これは、特に、情動的態度の場合にあてはまる。誰かを脅しつけようとする場合、この人は自分自身を脅しつけようとはしない。さらには、対話に登場する諸々の意味の組み合わせの中には、シンボルとしての性質をもっていない意味もある。役者はこのような意味を承知している。すなわち、役者は何らかの構えを示すとき、いわば、この構えが悲しみを表すことを知っている。そうだとすれば、この役者は、聴衆がするように、自分自身の身振りに、ある意味で反応することができるわけである。ただし、これは、自然な状況ではない。人は、いついかなるときも役者であるわけではない。むろん、我々もときには行為しつつ、いったい自分たちの構えの効果がどのようなものとなるのか、考慮することもあろう。そして、一定の結果を生み出すべく、一定の声の調子を意図的に用いることもあろう。こうした声の調子は、我々が誰か他の人に喚起したいと思っている反応と同じ反応を、我々自身のうちに喚起する。しかし、対話の際に進行するものの大部分は、このようなシンボル状況を有しているわけではない。

自分自身に生じている出来事を他人のうちにも喚起するような類いの表現をみつけること、これは、役者のみならず、芸術家にとっても、課されている仕事である。抒情詩人は、自分自身に生じていることに対して感情的な身震いをともなうような美的経験というものをもっている。そして、言葉を用いる芸術家として抒情詩人が探し求めている言葉は、自分の情動に発する構えに対応する言葉であり、自分自身が示す構えを他者にも喚起するような言葉である。詩人が自ら選んだ言葉によって自分

◆5 思考する過程は、様々な普遍的特性によって、あるいは、様々な普遍的特性をとおして、進行していく。行動主義の観点からいえば、普遍的特性とは、端的にいって社会的行為〔＝後続行為が想定された複合的行為〕全体として解釈されるだろう。こうした社会的行為全体には、当の行為に関わっている全個人の構えのまとまり、そして、相互のつながりが必然的にともなっており、これらは、こうした個人たちによる実際に表に現れた反応をコントロールするものとして作用している。ある一定の社会的行為における様々な個人の構えと相互作用を、このようにまとめあげているもの、これこそが、普遍的特性ということで我々がいっている事態である。こうした一定の社会的行為に関与している諸個人の実際に表に現れた反応が、いったいどのようなものになるか、普遍的特性は、これを確定する。その際、こうした行為が（たとえば、実現を望んでいる目的に対して物理的社会的手段がもつ関係というように）何らかの種類の具体的プロジェクトに関与していようが、あるいは、相対性理論やプラトン的イデアのように、幾分純粋に抽象的な議論に関わっていようが、事情に変わりはない。

自身のうちに生じた帰結を吟味しうるとすれば、それは、当の言葉で他者のうちに喚起したいと願っている反応が、はたして、同じく当の言葉で自分自身のうちにも喚起されるかどうか、これを確かめることでしかない。吟遊詩人は、芸術家の立場と、ある程度同じ立場にいるわけである。当初その時その場で直接経験した事柄は、コミュニケーションの形をとってはいない。これについては、ワーズワースのような詩人の例が、興味深い手掛かりとなる。ワーズワースは、詩人の表現技法に格別の関心をもっていて、自身の詩集やその序文の中で、いかにして自らの詩が他ならぬ詩として生まれたのか、語っている。それによると、経験自体は、おしなべて、詩的表現に対する直接的な刺激ではなかったという。当初の経験が詩的表現を得るまで、ともすれば十年の歳月を要することもあろう。このように、かつて経験した情動を喚起するような言語表現をみつける過程を達成するには、ワーズワースが自然と触れ合った際に体験したような夢うつつの経験の真っ直中にいる場合よりも、その時の情動を今現在想起しようと試みている場合の方が、はるかに容易である。経験した当初よりも記憶が不鮮明になっている今、思い抱かれている反応に対して、当時の経験を言葉にして表現したものが、どのように対応するのか、詩人はこれを試し確かめなければならない。かつて、詩を書くのは極めて困難であると語った人がいる。この人には、着想は十分あったが、必要とする言葉を見つけ出すことができなかったのである。この人に対して正しくも語られたのは、詩は着想で書かれるのではなく、言葉で書かれるということであった。

我々が普段話していることの大部分は、このような純粋に美的な性質をもっているわけではない。普段の話し言葉の大部分において、我々は、自分たちが喚起する情動を味わって感ずるわけではない。他人のうちに我々が喚起している情動的反応を、我々自身のうちに喚起するために、我々が言語刺激を用いることなど、通常はない。もちろん、情動に訴えるような状況に人は共感をいだく。しかし、その際、共感ということで人が求めているのは、結局のところ、自分以外の人のうちにありながら、なおかつ、自分自身の経験の中で自分を支える何かである。詩人や役者の場合であれば、その刺激は、相手側のうちに喚起する事柄を、当の芸術家自身のうちに喚起するが、しかし、これは、言語の通常の機能ではない。怒っている人は、自分が誰か他の人に喚起している恐怖を、自分自身のうちにも喚起しているなどと、我々は考えない。我々の行為の情動的部分は、相手側に対して喚起する反応を、我々のうちに直接喚起するわけではない。ある人が敵意を抱いている場合、相手側が示す構えに、この人は関心を寄せるだろうが、この相手側の構えは、怒りを顕わにした声の調子を前にして自然に出てくる構えであって、怒っている当人が自身のうちに明確に認識している構えではない。誰か他の人を驚かすために用いる声の調子に、自分自身が驚くということはない。情動的側面は、音声身振りの大部分を占めているが、この側面に即していえば、他者の側に喚起する反応を自分自身にも喚起するなどということは、まったくないのであって、この点、特定の意味を有する発話の場合と大いに異なる。後者の場合、他者の側に喚起している類いの反応を、我々は自分自身のうちに喚起するはずである。我々は、自分たちが何を語っているのか知らなければならないし、相手側が示す反応を我々は自分自身に喚起するのであって、こうした反応こそが、我々が何を語るか、その内容を左右するはずである。理性の働きが意味することとは、我々が他者のうちに喚起する類いの反応は、我々自身のうちにそのとおりに喚起されるということ、さらにいえば、このような反応は、今度は、我々がこれからさらに、何を語り何を行おうとしているかを確定する上で、しかるべき役割を果たすということ、これである。

コミュニケーションにとって本質的なことは、コミュニケーションにおけるシンボルが、他者のうちに喚起する事柄を、当人自身の自我のうちに喚起するということである。いかなる人であろうと、同一の状況下に置かれている人に対して、シンボルは、こうした類いの普遍性をもっていなければならない。ある刺激が相手側に対して影響を及ぼすように、本人に対しても影響を及ぼしうるのであれば、いつでも言語が成立する可能性がある。ヘレン・ケラーのように目のみえない人を例にとるなら、このような刺激に相当するのは、一つの接触経験であって、同じ一つの接触経験が、ヘレン・ケラーに対して与えたように、別の人にも同じ刺激を与えることができたのである。こうした類いの言語からヘレン・ケラーの精神は形成された。彼女自身認めていたように、他の人々のうちに喚起する反応を自身のうちにも喚起するようなシンボルを通じて、他の人々とコミュニケーションを取り交わすことができるようになってはじめて、彼女は、我々が心的内容あるいは自我と呼ぶものを手にしえたのである。

自我の発生に関与する背景的要因の組み合わせは、他にもあるのであって、これは、ごっこ遊びと競技という活動に現れている。

既に述べたように、未開人の中で、自我と生命有機体とを区別する必要が生ずるのは、いわゆる「生き霊」の存在を認める場合である。すなわち、個人には、自我でありながら物のようでもある自我がある。このような自我は、他の人々に影響を及ぼすように、当の個人自身によって影響を被る自我であり、かつ、幽体離脱も身体回帰も可能であるという点で、その場にいる生命有機体とは区別される自我である。これこそ、独立した実体としての魂という概念にとって基礎となっている。

こうした生き霊に相当するものを、我々は子供のうちに見て取る。すなわち、数多くの子供が自分自身の経験の中に創造する、目にみえない想像上の仲間のことである。自分たちが他者たちのうちに喚起し、かつまた、自分自身のうちに喚起する反応を、子供は、このようにして、まとめあげる。もちろん、このように想像上の仲間と遊ぶことは、通常の遊びの中でも特に興味深い一局面にすぎない。こうした意味での遊び、とりわけ、系統化されたゲームに先行する段階の遊びは、何かのふりをするという、ごっこ遊びである。こうした遊びでは、子供は、母親になりきり、教師になりきり、警察官になりきる。つまり、子供は、いわば、様々な役割を演じているのである。いうところの動物のじゃれ合いの中にこれを示すものがある。親猫が子猫とじゃれ合い、犬同士がじゃれ合うといった具合である。犬が二匹でじゃれ合っている場合、それぞれ、攻め手にまわり守り手にまわる。こうした過程では、ともすると、じゃれ合いが高じて、本気でケンカすることになりかねない。そのため、噛みつき具合を加減する様々な反応から何らかの組み合わせができあがる。しかし、こうした状況において、これらの犬は、子供が意識的に相手側の役割を演じているという意味で、明確な役割を演じているわけではない。このように明確に演じる傾向は子供の場合にみられるわけだが、これは、子供たちが演じる様々な役割を、しつけの基礎としている幼稚園で、我々が実際に行っていることなのである。ある子供が何らかの役割を演じる場合、この子は、それにともなう特定の反応ないしは諸々の反応を喚起する刺激を、自身のうちにもつわけである。もちろん、この子も、犬がするように、追いかけられれば逃げるだろうし、あるいは、犬がじゃれ合うときにするように、この子もまた、向きを変え襲いかかることもあろう。しかし、かの犬の場合にしていることは、何かのふりをするのと同じではない。たとえば、子供たちが集まって「インディアンごっこをする」。その意味するところはこうである。すなわち、インディアンになりきっている子供は、インディアンに相当する様々な刺激の一定の組み合わせをもっていて、この刺激自体が自分以外の人々のうちに喚起しようとする様々な反応を、この子供自身のうちに喚起するということである。インディアンになりきっている間、この子供は、これらの刺激に対する自分自身の様々な反応を利用しつつ、同時に、ある一つの自我を形成する過程では、こうした刺激を用いる。子供には、これらの刺激に対して反応する性向があり、この反応が当の刺激群をまとめあげる。この子供が演じることとしては、たとえば、自分自身に何かを値付けして示し自分でそれを買う、自分に手紙を出して郵便受けからそれを取り出す、自分のことを親だと称し教師だと称する、あるいは、警察官になりきって、〔犯人に見立てた〕自分を逮捕するといったようなものがある。この場合の子供は、様々な刺激を一揃いもっていて、この刺激が他者たちに喚起する類いの諸々の反応を、自分自身のうちに喚起するわけである。この子供は、一群の対応で応じ、これらを一つのまとまりに仕上げる。以上が、自分の自我にとって他者となる際の最も単純な形態である。この形態には何らかの時間的状況がともなう。この子供はある人物になりきって何かを語り、別の人物になりきってそれに受け答えする。さらには、別の人物になりきって語る反応は、最初の人物になりきっている自分に対する一つの刺激である。かくして、当の会話は進行していく。こうして、自分のうちにも、それに応答する別の自分のうちにも、何らかの組織化された構造が発生し、それぞれの自分の中の構造同士が、別々の自分の間で、身振りのやりとりを続けていく。

ごっこ遊びと、連携化された組織ゲームにおける状況とを比べてみると、次のような根本的違いがあるのに気づく。一つのゲームの中でプレーする子供は、当のゲームに関与する他の人すべての身構えをいつでもとれるよう準備できていなければならない。そして、ゲーム参加者の様々な役割は、相互に対して一定の関係を有していなければならない。ここで、〔アメリカ版〕鬼ごっこを例にして、極めて単純なゲームを取り上げよう。隠れている一人を除いて、他の子はみな、この隠れている子を探そうとする。子供一人に対して、捕まえられる役割と捕まえようとする役割以上の役割が要求されることはない。一人の子供が、捕まえられる側を演じているとするなら、この子は、その役割を演じ続けるが、しかし、ここでは、基礎的な連携組織〔プレー〕が形成されることはない。鬼ごっこのような初歩的段階の遊びでは、あたかも気分の赴くままに、この子は、好き勝手に役割を変える。しかし、数多くの人々が関与するゲームにあっては、一つの役割を担っている子供は、他のすべての人々の役割を〔実際には担わなくても〕担う準備ができていなければならない。野球チームに参加するのであれば、この子は、自分の守備位置に関与する各守備位置が示す反応に対して、責任を果たさなければならない。自分のプレーを遂行するためにも、この子は、他のメンバー全員が何をしようとしているのか、知らなければならない。つまり、準備上、各ポジションの役割のすべてを担わなければならないのである。もちろん、各ポジションの役割が一斉に同じ時点で意識上に現れる必要はない。だが、ある一定の瞬間においては、たとえば、ボールを投げようとしている人、そのボールを受けようとしている人等々といった具合に、この子は、自分自身の身構えのうちに、三つか四つのポジション上のプレーヤーが現れるようにしておかなければならない。こうした反応は、ある程度、自分自身の行為性向のうちに現れなければならない。それゆえ、ゲームにおいては、このような他者の様々な反応からなる組み合わせがあり、これは、極めて組織化されているため、一人の身構えが連携相手の適切な身構えを喚起するのである。

このような連携組織は、ゲームのルールという形式の下に置かれる。子供というものは、ルールに強い関心をもっている。子供は困難に直面すると、そこから逃れるために、その場でルールを作る。ゲームの楽しみの一つに、こうしたルール作りがある。さて、ルールとは、ある特定の構えが喚起する反応の組み合わせである。ある一定の構えをとれば、他の人々のうちに、ある一定の反応を要求しうる。こういった反応は、すべて、最初に構えを示す自分自身のうちにもあるわけである。このような場面では、これまで述べてきたような諸々の反応が組み合わされて組織化されている。このような反応の組み合わせは、ごっこ遊びにみられる役割に比べて、はるかに洗練されたものといえる。ごっこ遊びの場合、反応の組み合わせはあるにはあるが、お互いの反応のやりとりが、いつまでも続いていくだけである。こうした段階では、子供のもつ自我はまだ十分発達していないと我々は語る。この場合の子供は、自分が受ける直接的な刺激に対して、かなりの程度、知性に基づいた形で反応するが、しかし、諸々の反応は組織化されてはいない。この段階の子供は、自分の生活を、我々大人が子供に望むようなやり方で、つまりは、全体として、まとめあげるわけではない。ごっこ遊びタイプの反応の組み合わせがあるだけである。この段階の子供は、一定の刺激には反応する。そして、その反応は自分自身のうちにあるが、同時に、他者のうちにも喚起される。だが、この段階の子供は、全体的な自我をなしているわけではない。ゲームの段階になると、子供は様々な役割を組織化された形で身につけていなければならない。さもなければ、そもそも、ゲームでプレーすることはできない。ゲームが表しているのは子供の生活における役割遂行の推移なのであって、これは、ごっこ遊びにおける他者役割遂行から、言葉の十全な意味で、自己意識にとって必要不可欠な組織化された役割遂行へと進展していくのである。

第20章 ごっこ遊び、ゲーム、一般化された他者

我々が語ってきたのは、自我が一つの対象として発生する際の社会的条件であった。言語に加えて、二つの事例を見出したわけである。一つは遊戯であり、今一つはゲームである。こうした論点について、私の説明を要約し、さらに展開していこうと思う。これらについて私はこれまで子供の観点に立って語ってきた。もちろん、我々の文明の発生源として、未開人の構えについても触れることはできる。ゲームと対比的な遊戯に関する著しい事例は、神話や、とりわけ、宗教上の儀式において、未開人たちが奉ずる数多くの遊戯にみられる。小さな子供の場合にみられる純粋なごっこ遊び上の構えは、未開人の場合においてはみられないだろう。というのも、ここでの参加者は成人であり、なおかつ、疑いもないことだが、参加者が解釈する事象との関係に対して、こうした遊戯過程が有する関係は、多かれ少なかれ、最も未開な人々の心の中にさえあるからである。こうした宗教儀式を解釈する過程においては、遊戯が組織化された形で存在する。これは、おそらく、小さな子供のごっこ遊びに関して幼稚園で行われている事象と対比できるだろう。ここでは、諸々のごっこ遊びは一つにまとめあげられていて、それぞれの遊びは一定の構造ないし関係を有するようなものとなる。少なくとも、これと同種類の何かが、未開人の遊戯においてみられる。このタイプの活動がみられるのは、もちろん、人々が自分たちの身の周りのものを扱うような日常生活においてではない——こうした日常生活では、多かれ少なかれ、明確に発達した自己意識がある。こういった活動がみられるのは、むしろ、自分たちの周囲の力に対する、つまり、自分たちが依拠している自然に対する構えにおいてであり、また、漠として不確実なかぎりでの自然に対する構えにおいてである。

ここでは、〔先の日常生活の場合とは異なり〕はるかに原始的な反応がみられる。こういった反応が表れるのは、〔たとえば神といった〕自分たちに対峙している側の役割を担う場合であり、自分たちの神や英雄の表情を真似て神や英雄になりきっている場合であり、神の御業や英雄の偉業を表象している一定の儀式を経験する場合である。確かに、こういった過程は多かれ少なかれ明確な技法に発展していき、コントロールされている過程である。とはいえ、この過程については、次のように語ることもできる。すなわち、小さな子供たちが、ごっこ遊びで、自分の周囲にいて影響を受けつつも頼っている漠然とした人物を真似て、たとえば、親になりきり教師になりきっている状況と同様の状況から生じた過程なのである。こうした真似の対象となる人物は、子供たちが受け容れる人物、つまり、子供たちが演ずる役割であり、そして、そのかぎりで、自分自身の人格の発達をコントロールする。こうした成果こそ、幼稚園が目標に据えて努力しているものに他ならない。幼稚園は、こうした様々な漠然とした人物の性格を取り上げ、園児の人格形成に資するように、人物性格相互間の社会関係を一つにまとめあげていく。◆6 こうした人物性格相互間関係の組織化を、わざわざ外部から採用するのは、子供の経験上、この年齢段階では組織化を欠いていると想定されているからである。幼児や未開人にみられるこうした状況とは対照的に、ゲームそれ自体というものがある。

連携化された組織ゲームとごっこ遊びとの間の根本的違いは、ゲームの場合、子供は、自分以外のゲーム参加者すべてのプレー上の構えをとらなければならないということである。ゲーム参加者は、自分以外の参加者の様々な構えをとるが、これらの構えは、ある種のユニットにまとめあげられているのであり、諸々の構えのこうした編成体こそが、各参加者の反応をコントロールする。先に用いた事例は、野球のプレーヤーに関してであった。選手自身のプレー一つ一つは、当該試合に参加している自分以外の選手のプレーの仕方をこの選手が引き受けることによって、確定される。この選手のプレー内容は、この選手自身が、〔想定上〕同じチームの自分以外のすべてのメンバーになることによって、コントロールされるのであり、少なくとも、他の選手たちのプレー上の構えが、この選手自身の反応に影響を及ぼす。こうして、一人の「他者」を我々が理解する場合、その他者は、同一過程関与者たちの様々な構えを束ね上げている者なのである。

個人に対して、その人の自我の統一性を与えるような組織化されたコミュニティないし社会集団のことを、「一般化された他者」と呼ぶことができるだろう。一般化された他者が示す構えは、コミュニティ全体が示す構えである。[7] こうして、たとえば、野球チームのような社会集団の場合、このチームが、チーム内のいかなるメンバーの経験に対しても、組織化された過程あるいは社会的活動として関与するかぎりにおいて、このチーム自体は、一般化された他者である。

こうした個人が真の意味で自我を発達させようというのであれば、人間が織りなす社会過程の内部で、自分自身に対して、かつ、相互に対して、他の個人たちが示す構えをとるだけでは十分ではないし、また、単にこのような観点から、当の社会過程全体を、この人の個人的経験のうちに持ち込むだけでは、不十分である。これらに加えて、他の人々がこの個人にも他の人々相互に対しても示す構えを、この個人自身が取り入れるのと同じ仕方で、この個人は、さらに他の構えをとらなければならない。つまり、組織化された社会ないし社会集団の成員として、他の人々が共通の社会的活動や一連の社会的取り組みの組み合わせに従事しているとするなら、その様々な局面ないし側面に対して他の人々が示す構えを、この個人自身が取り入れる必要があるのである。さらに加え

[6] "The Relation of Play to Education," *University of Chicago Record*, I (1896-97), 140ff.

[7] 有機体としての他の人間と同様に、無生物が、任意の個人に対して、一般化され組織化された——つまり十分に社会化された——他者の部分を構成することは可能である。ただし、それは、この個人が、(思考のメカニズム、つまり、身振りの内面化されたやりとりによって)そのような無生物対象に対して社会的に、あるいは、社会的様式にのっとって反応するかぎりにおいてである。一つの対象であろうが諸々の対象の組み合わせであろうが、生物であろうが無生物であろうが、人間であろうが動物であろうが、単なる物体であろうが、いかなる事物であれ、当の個人の行為対象となっており、あるいは、当の個人の社会的反応対象となっているのであれば、その対象は、当の個人にとって一般化された他者として成立している事態の一構成要素である。一般化された他者の構えをとることによって、当の個人は、自分自身に関して、自分を、一つの対象ないしは一個人として意識するようになる。こうして、たとえば、未開形態の宗教儀式は、一定の社会集団ないしはコミュニティとその自然環境との間の関係を社会的に具現したものでしかない。つまり、当の集団ないしはコミュニティの個々の成員が、自然環境と社会関係を取り結んでいく際に採用する、あるいは、(ある意味では)自然環境とやりとりを進めていく際に採用する一つの組織化された社会的手段なのである。このようにして、自然環境は、当の社会集団ないしはコミュニティの個々の成員それぞれにとって、総体としての一般化された他者の構成要素となる。

て、このような組織化された社会ないしは社会集団自体が全体としてもつこういった個々の構えを一般化することによって、当の個人が行為の目標としなければならないことがある。それは、その時々において社会が遂行している様々な社会的取り組みであり、さらには、当の社会の生活を構成する一般的な社会過程、および、社会的取り組みをとおして具体的に現れる一般的な社会過程のもつ広範囲な様々な局面である。こうした社会全体に関与し参加している個人個人であれば、どんな個人にとってであろうと、当人たちの経験領域において、その時々の社会全体あるいは組織化された社会それ自体の広範囲な活動を習得すること、これがすなわち、個人の自我の最も十全たる発達の土台であり、かつ、必要条件である。自分が所属する社会組織集団の構えを個人が遂行する場合も、その構えの対象を、当の集団自体が従事する組織化された協働的社会活動、あるいは、そうした活動の組み合わせに向けることではじめて、当の個人は、完全な自我を発達させるのであり、あるいは、自分で発達させた完全な自我を有することになる。

　社会過程が、この過程に関与しこれを遂行している諸個人の行動に影響を及ぼすのは、つまり、コミュニティがその個々の成員の行動様式を方向づけるのは、一般化された他者という形式においてである。というのも、社会過程あるいはコミュニティが、決定要因として、個人の思考に入っていくのは、この形式においてだからである。抽象的に思考する場合、個人は自分自身に対して一般化された他者の構えをとるが、◆8 これは、一般化された他者としての構えが特定の他者たちに表明されるかどうかとは無関係である。具体的に思考する際に個人が一般化された他者の構えをとるのは、この個人とともに一定の社会的な状況ないし行為に関与している他の人々が、当の個人の行動に対して示す構えのうちに、一般化された他者という構えが表明されているかぎりにおいてである。上記いずれの場合であれ、いやしくも人が思考しうるのは、ただ、自分自身に対して一般化された他者の構えをとることによってのみである。というのも、このようにしてのみ、思考するということが――あるいは、思考過程を構成する身振りの内的やりとりが――生じうるからである。そして、一般化された他者の構え、あるいは、その総体を個人個人が自分自身に対してとることを通じて、論議領域の存在が可能となる。ここで、論議領域といっているのは、思考発生時に、その文脈において、思考が前提している共通のあるいは社会的な諸々の意味からなる〔参照〕系のことである。

　それゆえ、自己意識的な個人は、様々な種類の社会的問題に対しては、自ら属する一定の社会集団やコミュニティ（あるいは、その一部分）の組織化された社会的な構えをとり、また、担う。こうした社会的問題というのは、当の集団やコミュニティがその時々に直面するものであり、かつ、その時々に応じてこうした集団やコミュニティそれ自体によって行われている様々な社会的取組み、あるいは、組織化された協働的事業と結びついて発生する。そして、このような社会的取り組みや協働的事業の個々の参加者として、個人は、それにふさわしく自らの行動様式を律するわけである。たとえば、政治において、個人は自分自身を一つの政党総体と一体化し、当の社会的コミュニティ以外の者〔非政党員〕に対しても、所与の社会的状況内で政党が直面する問題に対しても、当の政党全体の組織化された構えをとる。個人は、その結果、その政党全体がとる構えをとおして、反応し対応するのである。こうして、個人は、自分の政党に所属する他の個人個人すべてと、特別な一連の社会的諸関係を取り結ぶ。同様にして、個人は、他にも様々な部類の個人たちと、それぞれに、別の種類の一連の社会的諸関係を取り結ぶ。これらの部類それぞれに属する個人は、また、特定の組織化された（社会的機能によって限定された）下位集団の中のうちの一つの成員でもあり、同時に、個人は、こうした下位集団を含んだ一定の全体社会あるいは社会的コミュニティの成員でもある。最も高度に発達し、組織化された複合的な社会的コミュニティ——文明人によって発展してきたコミュニティ——においては、今みたような様々な社会的機能を営む集団部門ないし下位集団があって、これは諸個人によって構成されており、かつ、いかなる個人もそこに属している（そ

◆8　既に述べたように、言葉もしくは特定の意味を有する身振りによって、個人は自分自身と内的に対話するのであるが——つまり、思考過程ないし思考活動を構成する対話のことだが——、これは、「一般化された他者」という観点から、個人によって遂行される。こうした対話が抽象的になればなるほど、思考はますます抽象的になり、ますます、一般化された他者は、特定の個人との結びつきから隔たっていく。すなわち、とりわけ抽象的に思考している場合において、個人によって遂行されている当該内的対話の相手は、特定の個人であるよりも、むしろ、一般化された他者である。こうして、たとえば、抽象的概念とは、社会集団あるいはコミュニティ総体の構えの観点によって叙述された概念である。こうした抽象的概念が叙述される際、その土台となっているのは、抽象概念に対して一般化された他者がとる構えを個人が意識していることであり、そして、個人が一般化された他者の構えをとり、その上で、抽象的概念に反応することの帰結として、こうした概念は叙述されるのである。したがってまた、抽象的命題は、誰もが——つまり、知性を有する個人であるなら、他の誰であれ——受け容れるような形式で叙述されるということになる。

して、こうした集団部門ないし下位集団内では、自分以外の個々の成員とともに、個人は、一連の特定の社会的諸関係を取り結ぶ）。このような部門ないし下位集団には二種類のものがある。一方では、たとえば、政党、クラブ、企業というような具体的な社会的部門ないし下位集団があり、これらは、すべて、実際に機能的な社会的単位であり、こうした単位によって、個々の成員は、直接相互に関係し合っている。他方では、たとえば、債務者集団や債権者集団というように、抽象的な社会的部門ないし下位集団があって、こういう集団によって、個々の成員は、多かれ少なかれ間接的にのみ、相互に関係し合っている。こうした集団は、社会的単位としては、多かれ少なかれ間接的に機能するだけである。しかし、組織化され統一された一定の社会全体の全成員の中にあって、諸々の社会関係を拡大したり細分化したり豊饒化したりする上で無限の責任を与え、あるいは、代表するのも、こうした集団である。これらの抽象的な社会集団部門ないしは下位集団に個々の成員が所属することによって、個人は、ほとんど無数の諸個人とともに、（どれほど間接的であろうと）特定の社会的諸関係を取り結ぶことができる。かくも無数の人々と社会的関係を取り結べるのは、これらの人々もまた、抽象的な社会的集団部門ないし下位集団のうち、いずれかの成員であり、あるいは、そこに含まれているからであり、しかも、これらの集団は、様々な社会的コミュニティそれぞれを分割する機能的境界線を越えて広がっていて、そこには、そうしたコミュニティのいくつか（場合によっては、すべて）に属している諸個人が含まれているからである。様々な個人から成り立っているこのような抽象的な社会的集団部門ないしは下位集団のうち、最も包括的で広範囲に広がっている集団は、もちろん、諸個人の参加およびコミュニケーション的相互行為によって範囲を確定された論理的な論議領域（あるいは、普遍的に共有された特定の意味を有するシンボル群からなる〔参照〕系）によって特徴づけられている集団である。というのも、このような集団部門ないし下位集団すべての中で、今述べた集団こそが、最大多数の個人成員を要求するからであり、かつ、このような集団によってこそ、考えられるかぎり最大多数の個人が、どれほど間接的で抽象的であろうと、何らかの種類の社会的関係を相互に取り結ぶことができるからである――そして、このような社会的関係というのは、コミュニケーションという一般的に妥当する人間の社会過程において、身振りが、特定の意味を有するシンボルとして、普遍的に機能することから生ずる一つの関係なのである。

先に指摘しておいたように、自我が十全に発達するにあたっては、一般的に二つの段階がある。第一段階においては、個人の自我が構成されるのは、単に、特定の構えの編成体によってだけである。この特定の構えとは、この個人が他の人々とともに参加する特定の社会的行為〔＝後続行為が想定されている複合的行為〕にあって、他の人々が当の個人に対しても相互に対しても示す特定の構えのことである。しかし、個人の自我が十全に発達する第二段階では、個人の自我は、これらの特定の個人の構えの編成体によって構成されるだけではない、さらには、一般化された他者の様々な社会的構え、あるいは、当の個人の所属する社会集団全体の様々な社会的構えの編成体によっても構成されるのである。こうした社会的なあるいは集団の構えは、個人にとってのその時その場の直接的な経験領域のうちに取り入れられるのであり、当の個人の自我の構造ないし構成の要素として組み込まれるのであって、これは、特定の他者たちの構えが取り入れられ、組み込まれるのと同じ仕方でなされるわけである。さらにいえば、個人が、このような社会が示す構えに到達し、また、そうした構えをとることに成功するのは、この構えが有する組織化された社会的な意味連関と意味内容をとおして、特定の他者たちの構えがさらにまとめあげられ、その上で一般化されることによってである。かくして、自我が十全な発達段階に達するのは、他者たちの個々の構えが、組織化された社会の構えまたは集団の構えへと、編成されることによってであり、したがってまた、当の個人とそれ以外の人々すべてが関与している社会行動あるいは集団行動の一般的な体系的パターンが、個人に反映されるようにな〔り、自我がこの反映にふさわしいものにな〕ることによってである。このパターンは、組織化された集団の構えによって、個人の経験のうちに、全体として組み込まれるパターンである。こうした集団的構えを、個人が自分自身に対してとるのは、自らの中枢神経メカニズムを通じてであり、それはちょうど、個人が他者の個々の構えを〔自分に対して〕とる場合と同じである。

ゲームには、ある理にかなった道筋というものがある。したがって、今述べたような自我の組織化が可能となる。つまり、到達すべき明確な目的があり、こうした目的に関して行われる様々な個人の諸々の行為は対立することなく、すべて相互に関連し合っているのであり、ある人が、同じ一つのチームに対して別の人が示す構えにおいて、自分自身と対立することはない。チーム内でボールを投げる側の人の構えを、ある人がとるのであれば、その人は、そのボールを受け取る反応をとることもできる。この二人は、試合自体の目的を推し進めるべく、結びつけられている。この二人は、統一され組織化された様式で、相互に結びつき合っている。それゆえ、ゲーム段階にいたると、そこには、ある明確な統一性が生ずる。この統一性は、〔当人のみならず〕他の人々の自我の組織にまで取り入れられる。このゲーム段階と対照的なのが、ごっこ遊び段階の状況であり、ここでは、次から次へと役割が単純に引き継がれる。こちらの状況は、もちろん、子供自身の人格を特徴づける状況である。子供というものは、その時々に応じて違った者となる。ある時点での子供の人となりが、別の時点での人となりを確定することはない。これこそ、子供時代の欠点であると同時に魅力でもある。それだから、子供を当てにはできない。子供が今現在行っていることすべてを考慮すれば、将来、いつ何時であれ、この子供が何をしようとするのか、わかってくるなどと、想定するわけにはいかない。子供は、一つの全体像へ組織化されているわけではない。子供には、確定的な性格もなければ、確定的な人格もない。

こうして、ゲームは、組織化された人格が発生する場面状況を例証している。子供が相手側の構えを示し、かつ、この構えによって、二人に共通の目的に即して、この子供がこれから行おうとする事柄を確定しうるかぎり、この子供は、社会集団の有機的な成員になりつつある。この子供は、当該社会の連帯意識を引き継ぎつつあり、また、その必要不可欠な成員になりつつあるわけである。この子供がとる相手側の構えによって、この子供自身によるその場の表現をコントロールしうるかぎりにおいて、この子供は当の社会集団に所属する。ここに関与しているのは、ある種の組織化された過程である。このようにゲームによって表現される事柄は、もちろん、子供の社会生活においても、不断に表現されている。だが、社会生活というような広範な過程は、子供自身の対面的な直接経験を超えている。ゲームが重要なのは、ゲームが子供自身の経験領域内に完全に収まっている点にある。そして、今日みられる類いの我々の教育の重要性は、可能なかぎり、この教育を、子供の経験領域の範囲内に組み込むことである。子供が示す様々な構えは高度に組織化されているため、これらは自分の反応を明確にコントロールする。これは、ゲームの最中の様々な構えが、子供自身によるその場の反応をコントロールするのと同様である。ゲームの最中においては、我々は、組織化された他者、つまり、一般化された他者を習得している。このような他者は、子供自身の性向の中にみられ、さらには、子供の対面的な直接的経験においても現れる。そして、このように、特定の反応をコントロールする組織化された活動は、子供自身の性向においてみられるのであるが、これこそが、子供自身の自我に統一性を与え、子供自身の自我を確立するのである。

ゲームにおいて進行していることは、子供の生活においても、絶えず進行している。子供は、自分の周りにいる人々の構えを頻繁に遂行し、その中でも、とりわけ、何らかの意味で子供をコントロールし、かつ、子供が頼りにしている人々の役割を演ずる。子供は、当初はいくぶん抽象的なやり方で、この過程の機能を取得する。この過程は、やがて、ごっこ遊び段階を超えて、実際のところ、ゲーム段階へ進んでいく。子供はゲームをしなければならない。子供を捉えて放さないのは、コミュニティ全体の広範な連帯感よりも、むしろ、ゲームにおける連帯感の方である。子供がゲームに参加すると、その ゲームは、子供が完全に関与できる一つの社会的状況を表現している。ことによると、子供が所属する家族の連帯感、あるいは、子供が生活しているコミュニティの連帯感よりも、ゲームにおける連帯感の方が、はるかに、子供の心を捉えているかもしれない。社会的な組織には様々な種類のものがあり、その中には、相当程度持続的なものもあれば、幾分一時的なものもある。子供は、そうした組織に関与しており、そこでは、ある種の社会的ゲームを行っているのである。こうした時期は、子供が何かに「所属し」たがる時期であり、現れては消えていく様々な組織にも子供は入っていく。子供は、組織化された全体において役立ちうるような一廉の人物になり、したがって、自分が属する集団との関係において自身を決定するようになる。こうした過程は、子供のもつ連帯感が発達していく上で、著しい段階をなしている。この過程によって、子供は所属コミュニティの自己意識的な成員へとなりおおせることになる。

以上が人格生成の過程である。この過程を、私はこれまで、子供が自分以外の者の役割を担う過程として語ってきたのであり、人格生成は言語の使用を通じて生ずると述べた。言語は、大部分、音声身振りに基づいており、この身振りによって、コミュニティにおける協働的活動が営まれる。言語は、特定の意味を有するという点でいえば、他の人々のうちに喚起する構えを、言語を発する当の個人のうちに喚起する傾向のある音声身振りである。社会的活動を媒介する身振りによって、このように自我を完成することこそが、相手側の役割を遂行する過程を発生させる。この役割遂行という言い回しは、幾分不適切である。というのも、この言い方は、役者が表現する所作を示唆しており、これは、我々自身の経験に関わっている事態よりも、実際には、はるかに洗練されているからである。こうした洗練度からして、役割遂行という言い方は、私が念頭に置いていることを正確には表現していない。役割遂行過程を最も明確に見て取れるのは、子供の遊びが様々な役割を演ずるような状況の中でも、ある原初形態においてである。ここでは、たとえば、子供が今にも代金を払おうとしている場合、この事実自体が、代金を受け取る人の構えを喚起する。まさにこの過程が、この子供のうちに、売買に関わる相手側による対応的活動を喚起している。この子供は、自分が相手側のうちに呼び起こそうとしている反応に対して、自分自身を刺激し、その上で、ある程度、こうした状況に対応するように行為する。ごっこ遊びの場合、子供は、自身のうちに喚起した役割を明確に遂行する。既に述べたように、ごっこ遊びにおけるこうした役割は、個人のうちに明確な意味内容を与えるものであり、その意味内容は、誰か他の人に影響を及ぼすのと同じように自分に影響を及ぼす刺激に対応している。一人の人格と関わっている相手側の有する意味内容とは、こちら側の個人のうちにある反応であり、しかも、この個人の身振りが相手側に喚起する反応なのである。

ここで、財産概念を引き合いに出して、我々の基本概念を例証してもよいだろう。「これは私の財産であり、私が自由にしてしかるべきである」と我々がいうとき、この主張は、ある一連の反応を喚起するだろうし、こうした反応は、財産というものが存在するコミュニティであれば、どんなコミュニティにおいてであれ、同一のものであるにちがいない。この主張に必然的にともなっているのは、財産に関する一つの組織化された構えであり、これは当のコミュニティの全成員に共通のものである。人は財産に関して明確な構えをもっていなければならないのであって、それは、自分の財産は自分のものだが、他人の財産も尊重するという構えである。〔諸々の反応をひとまとめにした組み合わせとして〕このような構えは、全成員の側に存在していなければならないのであり、したがって、ある人が財産に関してこのように述べると、この人は、自分自身のうちに、自分以外の他者すべての反応を喚起することになる。この人は、私が一般化された他者と呼んできたものがとる反応を喚起しているのである。財産や宗教儀式、教育過程や家族関係と我々が呼ぶものに関する、このような共通の反応、こうした組織化された構え、これこそが社会の存立を可能にする。もちろん、社会の範囲が広がれば広がるほど、こうした対象は、ますます明確に普遍的にならなければならない。〔社会が可能であるためには〕いずれにせよ、諸々の反応の明確な組み合わせが存在しなければならないのであり、このような組み合わせは、抽象的であるといいうるし、相当程度大きな集団に共有されうる。財産は、それ自体、極めて抽象的な概念である。財産は〔権利上〕、個人が自分で処分しうるが、自分以外には誰も処分できないものである。財産に対する構えは、犬が骨に対してもつ構えとは異なる。犬は、骨を手に入れようとして、どんな犬とでも争うことだろう。この犬は相手側の犬の構えをとっているわけではない。「これは私の財産だ」と語る人は相手側の構えをとっているのである。この人は自分の権利に訴えているわけであり、そうするのは、集団内の他のすべての人が財産に関してもっている構えを、この人がとることができるからであり、したがって、この人は自分自身のうちに他の人々の構えを喚起しているからである。

組織化された自我の形成に与っているのは、当該集団に共通する様々な構えの編成体である。一人の人間が一つの人格であるのは、その人がコミュニティに属しているからであり、そのコミュニティの諸々の規則を自分の行動様式のうちに引き継ぎ、取り入れているからである。こうした個人はコミュニティの言語を、自ら人格を獲得する手段として受け容れる。さらには、コミュニティ内の他のすべての人々が与える様々な役割を果たすことを通じて、コミュニティの成員が有する構えを習得するようになる。これこそが、ある意味で、人間がもつ人格の構造なのである。何らかの共通の事柄に対して個々の成員が有する反応には、共通の反応というものがある。そして、個人が他の人々に影響を及ぼす際に、当の個人のうちに、こうした共通の反応が呼び起こされるかぎりにおいて、この個人は自分自身の自我を喚起する。それゆえ、自我を作り上げている土台としての構造は、このようにすべての人に共有されている反応である。というのも、人が自我となりうるためには、あるコミュニティの一成員でなければならないからである。こうした反応は抽象的な構えであるが、しかし、人間の人格性と我々が呼ぶものを構成している。こうした反応は、個人に対して、その人の行動指針と呼べるもの、つまり、コミュニティの価値であるものに対して、コミュニティの全成員が有する承認された構えを与える。こうした個人は、自らを一般化された他者の立場に置いているのであり、これは、当該集団の全成員の組織化された様々な反応を表象している。一般化された他者とは、行動指針によってコントロールされる行動様式を導くものであり、そして、このように諸々の反応の組織化された束を有する人とは、道徳的な意味で、我々がいうところの、人格性を有する人なのである。

それゆえ、諸々の習慣の束とは異なって、自我の形成に資するのは、諸々の構えからなる一つの構造である。たとえば、我々はみな、ある人が話す際の抑揚のような、何らかの習慣の束をもっている。これは、もってはいるが気づいてはいない音声表現上の習慣の束である。我々が有するこの種の習慣の束は、我々にとっては何ら重要ではない。自分たちが話す際の抑揚は、他人の耳に入るだろうが、我々自身がその抑揚に特別の注意を向けないかぎり、自分たちの耳に入ってくることはない。我々の話し言葉につきものである情動的表現の束も、同様の種類のものである。自分は楽しげに自分の考えを今しがた語っていたと知ることはあろうが、その詳細な過程は、我々の意識的な自我に逐一よみがえることのない過程である。このような習慣というものは、ひとまとまりの束として存在しており、意識的な自我に関与することはないが、しかし、無意識的自我と呼びうるものの形成に役立っている。

結局のところ、自己意識ということで我々がいっていることは、とりわけ、それがコミュニティ成員の形成に資する諸々の反応の重要な組み合わせである場合、我々が他者たちのうちに喚起している諸々の構えの集合を、我々自身のうちに自覚させることなのである。通常の言葉遣いにみられることであるが、意識と自己意識とを一体化したり混同したりするのは残念なことである。しばしば用いられているように、意識が関わっているのは経験領域だけであるが、自己意識が関わっているのは、当該集団内の自分以外の者が有する一定の反応群の組み合わせを、自分たち自身のうちに喚起する能力なのである。意識と自己意識は同一レベルにあるのではない。幸か不幸か、人間は自分だけで、自らの歯痛を感ずるが、これは我々がいう意味での自己意識ではない。

これまで強調してきたのは、自我を構成する上で基礎となる構造と私が呼んできたもの、いわば、自我の枠組みである。もちろん、我々を構成しているのは、すべての人に共通のものだけではない。人はそれぞれ、他の誰とも異なる自我というものをもっている。しかし、いやしくも我々がコミュニティの成員であるためには、これまで私が描いてきたような共通の構造というものが存在していなければならない。コミュニティの成員のうちには、全成員の構えをコントロールする諸々の構えの一群があるが、我々がこういったコミュニティ成員でないかぎり、我々は自我たりえないのである。我々が共通の構えをもたないかぎり、そもそも我々は権利をもちえない。自己意識的な人間として我々が習得したものこそが、我々を社会の成員にし、かつ、我々に自我を与えるのである。自我は、他者の自我との明確な関係の中でしか存在しえない。我々自身の自我と他者の自我との間に厳格な境界線を引くことなどできない。というのも、我々自身の自我が存在し、そういう自我として、我々自身の経験に関与するのは、ただ、他者の自我が存在し、かつ、他者の自我もまた他者の自我として我々自身の経験に関与するかぎりにおいてだからである。個人が自我を有するのは、ただ、当人が属する社会集団内の他の成員の自我との関係においてのみである。当の個人の自我構造は、この社会集団に属する他のすべての個人の自我構造と同じように、この個人が属する社会集団の一般的な行動パターンを表現しあるいは反映しているのである。

第21章 自我と主観的なるもの

自我が生成する場面過程は一つの社会過程であり、この過程は、当該集団内の諸々の個人による相互作用を必然的にともなう、つまり、当該集団という〔諸個人に〕先行する存在を必然的にともなうのである。[◆9] 自我生成過程はまた、当該集団内の様々な成員が関与する一定の協働的活動を必然的にともなう。さらに、その意味するところを述べるなら、個人の自我が発生することになった組織よりも、一層高度に洗練された組織が、こうした社会過程の中から次々に発達することになるだろう。そして、個人個人の様々な自我は、こうした洗練された社会組織の内部において発生し存在しつつ、この社会組織にとっての器官となり、少なくとも、必要不可欠な構成要素となるといってよい。こうしてみると、諸々の自我が発生する場面でありつつも、その内部において分化や進化や組織化が次々に生ずるような、一つの社会過程というものがあるわけである。

心理学のこれまでの傾向は、自我というものを、多かれ少なかれ独立自存のものとして扱ってきた、つまり、

◆9 個々の有機体と、この有機体を成員とする社会全体との関係は、多細胞有機体における個々の細胞と当の有機体全体との関係と類似している。

考えられるかぎり、それ自体で独立して存在しうるような、ある種の実体として扱ってきたわけである。自我というものを、ある種、感覚を意識することと同一視するところから出発するのであれば、〔存在〕世界には単独の自我が存在するということも可能かもしれない。この場合の感覚を客観的と呼ぶのであれば、そうした自我は、それ自体で存在すると考えることは可能である。我々は、独立した身体を、それ自体で存在しているものと考えることはできるし、こうした身体は、問題にしている様々な感覚や意識状態をもっていると想定することもできるし、したがってまた、思考内部のこの種の自我を、単にそれ自体で存在しているものとみなすこともできる。

次に、「意識」という言葉には別の用法もある。我々がこれまで特に取り組んできたのは、こちらの用法であって、それは、思考すること、あるいは、反省する知性と呼べるものを意味する。この用法でいう意識は、つねに、少なくとも暗黙のうちに、意識の中にある「I」と関連している。意識という言葉のこちらの用法は、先に述べた用法と必然的なつながりをもっているわけではない。むしろ、まったく別の概念である。意識という言葉の一つの用法は、何らかのメカニズムと関係している、つまり、ある有機体が行動する際の一定の様式に関わっている。ある有機体に感覚器官が備わっているとするなら、この有機体の環境には、〔感覚にとっての〕対象が存在しており、こうした対象の中には、自身の身体部分も含まれていることになろう◆10。当の有機体に網膜も中枢神経系もなければ、視覚の対象は、まったく存在しないことになるというのは確かである。このような視覚の対象が存在しうるためには、何らかの生理学的条件が存在しなければならない。しかし、こうした対象は、必ずしも、それ自体で自我と関わっているわけではない。我々が自我を獲得すると、我々は、何らかの種類の行動様式を獲得するのであり、何らかのタイプの社会過程を獲得することになる。そして、こうした社会過程は、様々な個体間の相互作用を必然的にともないつつも、何らかの類いの協働的活動に従事する個体を含んでいる。こうした過程内において、自我は、自我として生成しうる。

我々がここで区別しておきたいのは、生命体の行動様式における一定の構造過程としての自我と、経験される対象についての意識と我々が呼ぶものとの区別である。両者に必然的な関係はない。ずきずきと痛む歯は、極めて重要な要素である。痛む歯に注意を向けざるをえない。歯痛という経験をどうにかしようとするために、我々は歯痛を、ある意味で自我と同一視する。ときには、雰囲気に属するといっていいような経験を我々はする。たとえば、全世界が意気消沈しているように思える、空には暗雲が立ちこめ、嫌な天気になり、我々にとって興味のある価値が低下しつつある、といった具合である。このような状況を、我々は必ずしも自我と同一視しない。単に、自分たちのまわりの雰囲気を感じるだけである。こうなると我々は、こうした陰鬱な状況に陥りがちなことを思い出すにいたり、過去にも、こうした経験があることに気づく。続いて、たとえば、悩みを軽くし、鎮痛剤を飲み、あるいは、休息をとる。こうして、世界の性質は変わっていく。こうしたものとは異なる他の経験があって、我々は、つねに、これらを自我と同一視する。私が思うに、自分だけしか接近しえないがゆえに主観的と呼べるようなタイプの経験と、反省的と呼べる経験とは、はっきりと区別できる。

反省をそれ自体単独で取り出してみるなら、反省は、自分だけが接近しうる何ものかであるのは確かである。たとえば、ユークリッド幾何学において、ある人が、ある命題の証明を自分自身で考え出したとすると、その思考内容は、本人のふるまい方の内部で生じた何ものかである。当面の間は、それは、この人の思考のうちにしか存在しない証明である。その後、この人がその証明を公表するなら、それは共有財産となる。ついしばらくの間、この証明を利用できるのは、当の本人だけであったにもかかわらずである。こういった類いの内容として、他にも、たとえば、記憶心像や想像上の遊戯などがある。これらに接近しうるのは、当の本人だけである。このように我々が一般に意識と同一視するタイプの対象と、我々が思考過程と呼ぶ過程とには、ある共通の特徴がある。それは、両者とも、少なくとも、ある局面では、本人以

◆10 我々は自分たちの環境を構成的に選択するということ、これが、言葉の第一義的意味で、我々が「意識」と呼ぶものである。有機体は、たとえば色といった感覚的性質を、自らが反応する環境の中へ投影することはない。しかし、有機体はこの環境に対して感覚的性質を付与するのであって、これは次のようにいうのと同じ意味である。すなわち、牛は、草〔という環境〕に対して、餌であるという性質を付与する、あるいは、もっと一般化していえば、生命有機体と何らかの環境内事物との関係は、食物という対象を生み出す。特定の感覚器官を有する有機体というものが存在しなければ、言葉の本来の、あるいは、通常の意味で、環境などというものは存在しない。自らの環境を有機体は（選択するという意味で）構成するのである。そして、意識はしばしば環境の特性を指示内容とするが、それは、環境が、有機体としての我々人間によって確定され、あるいは、構成的に選択されるかぎりにおいてであり、かつ、（そのように選択されあるいは構成された）環境と有機体としての人間との関係に依存するかぎりにおいてである。

外には接近できないということである。だが、既に述べたように、この二つの種類の現象は、まったく異なるレベルのものである。これらは、接近可能性という特徴としては共通であっても、必ずしも同一の形而上学的地位にあるわけではない。ここで形而上学的問題について議論しようとは思わないが、次の点は主張しておきたい。自我というものは、社会的行動様式の中で生成する一定の構造を有するのであって、こうした構造は、いわゆる主観的経験とはまったく異なる。ここで主観的経験といっているのは、当の有機体だけが接近しうる一連の特定対象からなるものである。こうして、接近の私秘性という共通の性質があるからといって、両者を混同するわけにはいかない。

これまで言及してきたような自我が生成する場面は、身振りのやりとりが生命個体の行動様式の中に取り入れられるときである。こうした身振りのやりとりが個体の行動様式に取り入れ可能となり、その結果、他の個体の構えが当の有機体に影響を及ぼすようになって、有機体がそれに対応する身振りで応答し、したがって、自身の過程のうちに、相手側の構えを喚起するとき、一つの自我が生成するのである。下等な生物の間で遂行可能な単なる身振りのやりとりでさえも、身振りのやりとりが知性的機能を有するという事実によって説明することができる。このような場合においてさえ、身振りのやりとりは社会過程の一部なのである。身振りのやりとりが個体の行動様式の中に取り入れられると、知性の機能を維持するだけでなく、さらに優れた能力を習得するようになる。私がある友達と議論を続けようとしているとして、その友達の構えをとることができれば、その構えをとることにおいて私は自分自身に対してそれを適用し、その友達が応答するように、自分も応答することができる。こうなると、身振りのやりとりを自分自身の行動様式のうちに採用しなかった場合に比べて、私は議論の内容をはるかに優れたものにすることができるわけである。同じことは、友達の側にもあてはまる。我々双方が状況をあらかじめ考えておくことで、議論はよいものとなる。それぞれの個人は、また、コミュニティの構えをも、つまり、一般化された構えをもとらなければならない。個人が自分自身の状況に即して行動する際には、コミュニティ内のすべての個人が行うのと同じような仕方で行動する準備ができていなければならない。

コミュニティが発達する中で最も偉大な進歩のうちの一つが生成するのは、今述べたようなコミュニティの個人に対する反応が、我々のいう制度的形態をとる場合である。このことで我々がいっているのは、一定の状況下ではコミュニティ全体が個人に対して同一の様式でふるまうということである。誰かの財産を盗んでいる人がいるとすると、それが、トムであろうがディックであろうがハリーであろうが、この人に対してコミュニティがとるふるまいの様式に何ら違いはない。こうした状況下にあっては、コミュニティ全体の側に同一の反応の仕方があるわけである。このような反応様式を、我々は制度の形成と呼ぶ。

ここで、ごく簡略に触れておきたい別の論点がある。これコミュニティ全体が反対しているにもかかわらず、これに抗して我々が反応する唯一の方法は、ある意味で、目の前のコミュニティを投票で凌駕するような高次のコミュニティを創出することである。人によっては、自分の周りの世界全体に反対するところまで達している者もいるかもしれない。こういう人は、全世界を向こうに回して、あくまで一人で抵抗するかもしれない。だが、これを遂行するためには、理性の声で自らに語らなければならない。過去の声と未来の声を十分に把握しなければならないのである。これこそが、コミュニティの声以上の声を自我が獲得する唯一の方法である。一般的にいって我々が想定しているのは、既存のコミュニティの世論というのは、過去のコミュニティと未来のコミュニティを含んだより広範なコミュニティと一致するということである。あるいは、我々の想定をいうなら、組織化された慣習は我々が道徳と呼ぶものを表象している。人がしてはいけないことというのは、万人が非難するような事柄である。コミュニティの構えを我々自身の反応と対比させてみるなら、今述べたことは正しい言明である。しかし、忘れてならないことは、この言明がもつ別の潜在可能性である、つまり、コミュニティに対して応答しつつもコミュニティの意思表示が変化していくことを要求するといった潜在可能性である。我々は事物の秩序を改革できるのであり、既存のコミュニティの行動規範を、よりよい行動規範にしていくことを要求しうる。我々は単にコミュニティに拘束されているだけではない。我々の発言内容にコミュニティの側が耳を傾けるような、そういう対話に我々は取り組んでいるのであり、コミュニティ側の反応もまた、我々の主張すべき発言内容によって影響を受ける反応なのである。このことは、危機的状況において特にあてはまる。人は立ち上がり、自分の行いを正当化すべく、自らの立場を主張する。こうして人は、いわば、自らの「法廷出頭日」を待つ。そのとき、人は自らの見解を述べることができる。その場合、自分に対してコミュニティが示す構えを、人は変えることもできるかもしれない。対話の過程は、個人が権利だけではなく義務を有する過程である。その権利・義務とは、個人が自ら所属するコミュニティに対して語り、個人同士の相互作用を通じて生ずる変化を、やがて、コミュニティにもたらすという権利であり義務である。これこそ、もちろん、人が何か新たなことを考え出すような相互作用によって、社会が前進していく唯一の道である。我々は絶えず、何らかの点で、自分たちの社会の組織を変えていくのであり、我々は、それを知性に基づいて行うことができるのであるが、それは、我々が考えることができるからである。

以上が、自我というものが生成する反省過程である。そして、この種の意識と、他方で、何らかの対象が有機体にとって接近しうる度合いによって確定される一連の特性としての意識、この両者を区別しようと私は試みてきた。なるほど、我々の思考過程は、まさしく思考している間は、当の有機体だけが接近しうるのも確かである。しかし、同じく、当の有機体にのみ接近可能であるという特性であっても、そのことで、思考なり自我なりが、単に接近しうる対象の集合と同一視可能な何かになるわけではない。我々は、自我を、同じく意識と呼ばれるものと同一視するわけにはいかない。つまり、対象の特性が私秘的観点からみてあるいは主観的観点からみて、そこにあるという性質と同一視するわけにはいかないのである。

もちろん、一般的に行われている区別でも、意識と自己意識とは区別されている。つまり、苦痛や快楽といった経験のような何らかの経験に対応する意識と、対象としての自我の認識、あるいは、その出現に関わる自己意識との区別である。しかし、ごく一般的に想定されているように、特定の経験に対応する意識内容の方も、自己意識をともなうとされている。つまり、苦痛は、つねに、誰かにとっての苦痛であり、誰か個人に関わることがなければ、それは苦痛とはならない。ここには、真理の確固たる原理がある。だが、到底、これで話が尽きるわけではない。苦痛はまさに一人の個人に属するのである。その苦痛があなたにとってのものであれば、それはあなたの苦痛なのである。苦痛は誰にとっても本人の苦痛になりうるが、すべての人にとっての苦痛ということであれば、それは、比較的どうでもいいことである。麻酔をかけられている状態であれば、現に生じている苦痛は経験から分離されるため、苦痛は、いわば、あなたの苦痛ではなくなっている。こう考えるのは可能であろう。麻酔状態による経験の分離という場合以外にも、この手の事例はあるのであって、たとえば、不愉快なことを経験しても、何か他のことに注意を向けているために、不快感が我々に及ばないということもある。もし、我々が、いわば、事態から逃れることができ、事態を凝視しているる目から、当の事態を切り離しておけるのであれば、その事態の耐えがたい性質の大方は消えてしまうのがわかるだろう。苦痛に耐えられないということは、苦痛に対する一つの反作用である。実際に苦しみに対する反作用をこらえることができるのであれば、その苦しみ自体のうち、何らかの中味を取り除いているのである。この場合実際に生じていることは、その苦しみは当人にとって苦痛ではなくなるということである。こうなると、単に苦痛を客観的にみているわけである。以上のような考え方は、情動に流されがちな人に対して、我々が絶えず主張している考え方である。この場合、感情を害する原因そのものを取り除いているのではなく、そうした原因に対する反作用を取り除いているのである。裁判官が有する客観的性格は、中立である人、つまり、端的にいって状況の外部に立ち、これを評価しうる人が有する客観的性格である。ある人が我々に示す悪意に関して、裁判官が示す構えをとりうるのであれば、こうした悪意に憤慨しているのではなく理解しているという域にまで達しているのであり、理解することは許すことであるという状況に達している。このような構えによって、我々は、かなりの経験を自分自身の自我の外部に追いやる。他者に対する構えに典型的で自然的な構えは、悪意に対する憤慨であるが、しかし、我々は今や、そうした自我を乗り越えており、他の構えをもつ自我になっている。こうしてみると、我々には情動的状況に耐える際には、これにしたがう悩あるいは一定の技法というものがあって、苦のである。このような技法の本質は、ある程度、自分の自我を経験から切り離す点にあり、その結果として、当の問題は、もはや、その個人本人の経験ではなくなる。

さて、もし、我々が経験を完全に切り離すことができ、その結果、当の経験を思い出すこともなく、自我のうちに、それを日々刻々と継続的に取り上げる必要もないとすると、我々に関するかぎり、経験というものは、もはや存在しなくなる。経験と自我とを同一視する記憶がなければ、経験と自我との関係に関するかぎり、経験は確かに消えてしまう。とはいえ、経験は、自我のうちに取り上げられなくとも、感覚的な、あるいは、感知可能な経験として、存続するかもしれない。この種の状況は、多重人格という病理的症例のうちに現れる。そこでは、個人は、自分の経験の一部に関して、記憶を失っている。この場合、自分の経験のうち、失われてしまった部分と結びついていたものは、すべて、消え去り、個人は、異なる人格となってしまう。経験のうちにあろうがなかろうが、過去は〔まさに起こったという点で〕実在性を有する。しかし、この例では、過去は自我と同一視されることはない。つまり、自我を形成する上で何ら資するところはない。たとえば、こうした類いの態度を、我々は他者に関してとることがある。それは次のような場合である。ある人が悪事を働いたとして、やがて、状況の申し立てを行うことになり、罪を告白し、おそらく、悔い改めることになり、結局、撤回することになるといった場合である。このような場合、許しはするが、けっして忘れないというような人がいるとすれば、その人は嫌な友人であろう。許すということは思い出さなくなるということであり、記憶を取り除くことなのである。

経験内容と自我とのつながりはゆるやかであって、これに関する事例は数多くあり、経験内容は自我の外部にあっても一定の価値を有するという我々の認識を擁護することができる。少なくとも、認めねばならないことは、次のことである。我々が経験内容とみなすものは、自我にとって次第に本質的なものではなくなりつつあり、今現在の自我から遠ざかり、経験内容の意義は、以前の自我にはあったとしても、今の自我にはもはやない、こうした状況にまで我々は達しうる。極端な事例からみて支持しうる見解は、こうした経験内容の何らかの部分は、自我から完全に除外されるというものであろう。こうした経験内容は、ある意味では、特殊な条件が揃いさえすれば、いつでも現れうる状態にあるのではあるが、当面のところは、自我から切り離されて、我々の自己意識の感覚レベルには入って来ない。

他方で、自己意識の方は、社会的個人をめぐって明確に組織化されている。しかも、既にみたように、このように組織化されている根拠は、単に、人が社会集団の中にいて他者から影響を受けると同時に他者に影響を与えるということだけではなく、これに加えて（これこそ私が強調してきた論点であるが）、一人の人間の自我としての自身の経験は、当人が、他者に対する働きかけから受け継いでいる経験であるということなのである。人が自我となるのは、当人が他者の構えをとり、他者が行うように、自身に対して行為するかぎりにおいてである。身振りのやりとりが、経験を方向づけてコントロールする際の行動様式の構成要素となるかぎりにおいて、自我は生成しうる。社会的行為の中で他者に影響を及ぼし、その上で、その際の刺激によって喚起された相手側の構えをとり、そして、今度は、こうした構えをとる反応に対してさらに対応する、このような社会過程こそが、一つの自我を構成する。

我々の身体は我々の環境の一部である。個人は、自分自身を意識することなく、いいかえれば、相手側がこちら側に示す構えをとることなく、自らの身体および身体感覚を経験しうる。意識の社会〔的生成〕説によれば、意識ということで我々がいっているのは、人間個人の経験にとっての環境が有する特定の性質と局面のことであり、その成立根拠は人間の社会にあり、人間社会とは、つまり、他の個々人の自我からなる社会であり、これらの自我は、それぞれ相手側が自分たちに対して示す構えをとる。意識の心理学的概念ないし理論は、それだけでは、不適切であり、社会心理学的観点からの補足を必要とする。相手側が自分に示す構えをとり、あるいは、感ずること、これが自己意識を構成する。これは、単に、個人が意識しており個人が経験する器官の感覚に尽きるわけではない。社会的経験の過程で個人の自己意識が生成しないかぎり、個人は、自身の身体、つまり、その感情と感覚を経験することはあっても、それは、単に自らの環境のその場かぎりの部分としての身体でしかなく、自分自身の環境部分としての身体でもないし、自己意識に即した身体でもない。まずもって、自我と自己意識が発生しなければならないのであって、その後で、こうした身体的経験が、特に自我と同一視されうる、あるいは、自我によって我がものとされうる。いわば、こうした経験の継承に関与するためには、まずもって、このような継承に関わる社会過程内部において、自我が発達しなければならない。

自己意識をとおして、個々の有機体は、ある意味で、自身の環境という領野の一部となる。自身の身体は、当の有機体が反応し対応する一連の環境的刺激の一部となる。社会過程の中でも高度なレベルの場面状況を離れると——つまり、相互に働きかけ合う有機体同士の間で意識的コミュニケーションや意識的な身振りのやりとりをともなうレベルの場面状況を離れると——、個々の有機体は、自らを全体として、自身の環境に対峙させることはない。つまり、有機体は、全体として、自身にとっての対象となることはない（したがって、自己意識的ではない）。さらには、有機体は、全体として、自ら対応する刺激であるわけではない。それどころか、〔高度のレベルの社会過程を離れてしまうと〕有機体が反応するのは、自身の部分ないし個別の局面に対してのみであって、これを、自身にとっての部分ないし局面とみなすことはまったくなく、自身の環境一般の部分ないし局面としてしかみていないのである。高度の社会過程内部においてのみ、つまり、社会的環境や社会的状況の高度に発達した形態に即してのみ、個々の有機体は、総体として、自身にとっての対象となり、したがって、自我を意識する存在となる。低レベルの無意識的な社会過程において、したがってまた、経験と行動の社会過程に論理的に先行し、かつ、それによって前提されている単に心理学的生理学的環境あるいは状況においては、有機体は今みたような自身にとっての対象とはならない。自己意識的と呼びうるような経験や行動において、我々は、他の諸個人に即して、しかしまた、とりわけ自分自身に即して、行動し反応するのである。そして、自己意識的であることは、本質的にいって、他の諸個人に対する自身の社会的関係によって、自身の自我にとっての対象となることである。

自我の本性を考察する際には、思考が占める中心的位置を強調しておかなければならない。感情経験とこれに突き動かされる随伴物よりも、むしろ、自我を意識していることこそが、自我の中核的にして第一義的構造を提供するのであって、これは、本質的にいって、情動的現象であるよりは認識的現象である。思考する過程あるいは知性を用いる過程とは、いいかえれば、特定の意味を有する身振りという外的やりとりを、個人が内面化すること、そして、内面において上演の対象とすることなのであり、こうした身振りこそが、個人が同一社会に属する他の個人と相互作用する際の主たる様式を構成している。このような思考過程あるいは知性的過程は、自我が生成し発達する際に経験する初期段階である。なるほど、クーリーとジェイムズは、反省的な感情経験のうちに、つまり、「自我感情」をともなう経験のうちに、自我の土台を見出そうと努力しているが、しかし、そのような経験のうちに自我の本性を見出しうるとする理論は、自我の起源、あるいは、こうした経験を特徴づけるとされる自我感情の起源を説明しない。このような経験においては、個人は、他者が自分自身に対して示す構えをとる必要はない。というのも、単なる感情経験ということだけなら、それは、当人が他者の構えをとるようにふるまう必要はないし、そのようにふるまわないのであれば、当人は、自我を発達させることはできないからである。個人の自我が感情的経験以外の様式で発生していないかぎり、つまりは、我々がこれまで述べてきた様式で発生していないかぎり、そもそも、感情的経験の中で、他者の構えをとるようにはふるまわないだろう。自我の本性は、これまで述べてきたように、認識的なものなのである。つまり、内面化された身振りのやりとりこそが思考過程を構成する、あるいは、このやりとりによって思考あるいは反省が発生するのであって、自我の在処とは、実に、こうしたやりとりなのである。したがって、自我の起源と土台は、思考の場合と同様、社会的なものである。

第22章 「I」と「me」

これまで自我の社会的基盤について詳細に議論してきた。その際に示唆してきたのは、自我の本性は、単に〔心身の〕社会的構えの組織化にあるのではないということであった。ここで、社会的な「me」を自覚していることでもあった。ここで、社会的な「me」を自覚している「I」の本性に関する問いをはっきりと提起してよいだろう。ここで提起しようとしているのは、いかにして一人の人間が「I」であると同時に「me」でもありうるかという形而上学的問いではない。そうではなく、行動様式そのものの見地からみた「I」と「me」の区別の意義を問おうとしているのである。ふるまい方において、いったいどのようなところで、「me」と対照的な「I」が出現するのか。ある人が、社会の中における自分の位置を確認し、自分は何らかの役割と特権を有していると感ずるとするなら、これらは、もっぱら、「I」に関して確定されているのである。だが、この「I」は「me」ではないし、「me」にもなりえない。比較してみるなら、我々には、優れた自我もあれば劣った自我もあるだろうが、しかし、これも、やはり、「me」と対照的な「I」ではない。というのも、優劣どちらであろうと、これらは、ともに自我だからである。我々は優れた自我を認めて劣った自我を認めない。しかし、どちらか一方を取り上げてみるなら、どちらであれ、いずれも、あくまで「me」という承認を受けるものとして、そこにあるわけである。「I」に注目が集まることはない。つまり、我々は自分自身に語りかけるが、自分自身をみることはない。「I」の反応対象としての自我は、他者の構えをとることを通じて生成する。このような構えをとることで、我々は「me」を取り入れ、その「me」に対して、我々は「I」として反応する。

この問題を最も単純な仕方で取り扱うとすれば、想起の観点から議論することになろう。私が自分に語りかけるとすると、私は、かつて何と言ったか、思い起こし、加えて、おそらく、その際に生じた情動的内容を思い起こす。この時点の「I」は、後続する次の時点の「me」の中に現れている。しかしまた、そうはいっても、私は瞬時に自分に追いついて入れ替われるわけではない。私が「me」になるのは、あのとき自分が何といったか、私が思い起こすかぎりにおいてである。しかし、〔思い起こすかぎりであるとはいえ〕「I」に対しては、このように「me」になるという機能的関係が生じうる。我々は〔今当面は〕自分が何であるか、完全に自覚することはないといったり、あるいは、自分自身の行為に自分で驚いてしまうといったりするが、このようなことがいえるのは、〔後において「me」にはなりうるが、今現在は、まだ「me」になっていない、したがって未確定な〕「I」があるからなのである。我々が自分自身を自覚するのは、我々が行為するときである。〔その時々に何かをしている〕「I」が絶えず経験のうちに現れるのは、あくまで、想起の中においてである。わずかな時間しかたっていないのであれば、我々は経験の中に直接舞い戻ることができる。それから後になると、残りの経験については〔一旦忘れた後に思い起こす〕記憶像に頼ることになる。したがって、想起の中に現れる「I」は、いうなれば、一秒前、一分前、一日前の自我の広報担当者として、そこにいるということになる。〔今現在の〕想起の中にあるものとしてみれば、それはあくまでも「me」であるが、「me」は当時においては「I」だったのである。それゆえ、「I」は、まさしく自身の経験において、いったいどこで登場するのかと問うならば、歴史的人物として登場するというのが、その答えとなる。一秒前の本人こそが、「me」にとっての「I」である。「me」にとっての「I」という役割をこれから担わなければならないとすれば、それは別の「me」なのである。〔自己の推移〕過程の中では、人は、その時その場の「I」の反応を直に得ることはできない。◆[11]「I」は、ある意味で、我々が自分自身と同一視しているものである。「I」を経験のうちに組み入れることは、我々の意識的経験の大部分についての数ある難題の一つを構成している。「I」は経験の中に直に与えられるわけではない。

「I」というのは、自分以外の者の構えに対する有機体の反応であり、◆[12]「me」というのは、当の個体が自らとる他者の諸々の構えの組織化された一群である。自分以外の他者の諸々の構えが、組織化された「me」を構成するのであり、その上で、人は、こうした「me」に対して「I」として反応する。以下では、これらの概念をもっと詳細に吟味していくことにしよう。

身振りのやりとりには、「I」も「me」もない。〔身振りを契機にこれから行われる〕当該行為全体がまだ遂行されていないからである。しかし、このような身振りの領域においても、「I」や「me」の準備は行われている。こうなると、個人が自分以外の他者たちの構えを自らのうちに喚起するかぎりにおいて、諸々の反応の組織化された一群が生ずる。こうした他者たちの諸々の構えが組織化可能なかぎり、個人はこれらの構えをとることができるのであり、こうした能力ゆえに、個人は自己意識を獲得する。諸々の構えの組織化された組み合わせ一切をとることで、個人は自身にとっての「me」を得ることになる。これこそ、個人が自ら知っている自我である。個人がチーム内の他のメンバーにボールを投げることができるのは、チーム内のメンバーがこの個人に要求しているからである。これこそ、この個人の意識のうちに直に存在している当人にとっての自我である。この個人は他のメンバーの構えを取り入れて臨んでおり、メンバーたちが何を欲しているか、自分の行為がいかなる帰結をもたらすか知っている。そして、この個人は、試合状況に対して責任を引き受けているわけである。こうしてみると、今みたような諸々の構えの組み合わせが組織化されて存在することによって、「I」としての個人が反応しようとしている〔対象〕「me」が構成されるのである。だが、そのような反応が、これからどのようなものになるのか、これについては、当人にはわからないし、他の誰にもわからない。当人の反応は、ことによると、ファインプレーかもしれないし、あるいは、エラーかもしれない。当人のその場の経験において現れているかぎりでの状況に対して、いかなる反応をするのか、これは未確定である、そして、今これからとろうとする反応が、「I」を構成するものなのである。

「I」は、当人がこれから行う行為作用であって、これは、自身の行動様式のうちにある社会的状況と対比的である。「I」が自身の経験のうちに入っていくのは、当人の〔具体的〕行為が遂行されてしまった後のことである。そのときになって、当人は「I」に気づくのである。試合中、チーム内で、当人はボールを投げなければならなかったし、事実、ボールを投げた。当人は義務を果た

◆11　有機体の感受能力は、自身の身体部分を環境の中に投影する。しかしながら、生命過程自体を環境の中に投影するのではない。想像力を働かせて有機体を説明し尽くしたところで、有機体の生そのものが提示されるわけではない。このような説明が提示しうるのは、おそらく、生現象が生ずる諸条件であろうが、統一的な生過程を提示しうるわけではない。環境内の自然的有機体は、つねに、事物のままである（草稿）。

◆12　生物学的個人としてみた「I」については、本書所収の補遺論文Ⅱ「生物学的個人」、Ⅲ「自我と反省過程」参照。

し、おそらく、自信をもって球筋をみることであろう。これが、この義務を果たすべく「me」が現れるのである。これが、自身の経験において「me」が現れる様式である。当人は、自身の〔心中の〕うちに、他のメンバーの構えの一切をもっていたわけであり、この構えが、一定の反応を要求していたのである。これが、当該状況における「me」であり、当人の反応が「I」である。

ここで、とりわけ、注意しておきたい事実は、「I」のこうした反応は、多かれ少なかれ、未確定なものだということである。人が他者たちの様々な構えをとるとき、自分自身の行動様式に影響を及ぼすものとして採用するのであるが、このような構えが「me」を構成する。そうした「me」は、既に〔疑う必要のないものとして〕そこにある何物かであるが、しかし、「me」に対する反応の方は、目下のところ、まだ与えられていない。腰を落ち着けて何かについて思案しようとする場合、その人は、自分のうちに〔当面は疑う必要のないものとして〕そこにある何らかのデータをもっている。今、その思案対象が、その人にとって解決しなければならない社会的状況だとしよう。この人は、集団内のあれこれの個人の観点から自分をみつめる。こうした集団内の個人個人は、それぞれみな関連し合っていて、この人に何らかの自我を与える。さてそこで、この人は、いったい、これから何をしようとするのだろうか。むろん、〔この時点では〕この人はそれを知らないし、他の誰もそれを知らない。〔だが〕この人は、当の状況を自分の経験のうちに取り入れることができる。というのも、この人は、その状況に関与する様々な個人の構えを取り入れることができるからである。こうした人々の構えを取り入れることによって、その状況がこの人たちに、どう思われているのかがわかる。実際、この人がいうのは、次のようなことだろう。「自分は、あれこれのことを行ったわけだが、それらは、自分にとっては、ある種の行動指針として義務づけられているようなものだった」。このように考えて行動するとしても、別の集団の場合であれば、おそらく、不適切な立場に置かれることになろう。この状況に対する反応としての「I」は、この人がとる様々な構えに〔実際に〕携わっている「me」とは対照的に、〔目下のところ〕不確かなものである。そして、いよいよ〔「I」としての〕反応が実際に生ずると、「me」は、〔対外的・対他的〕経験の領域において、概して記憶心像として現れる。

我々にとっての見かけの現在は、それ自体としては極めて短い。しかしながら、過ぎ行く諸々の出来事を我々は経験する。出来事の推移過程の一部は、過去の何らかの部分と未来の何らかの部分を含みつつも、我々の経験のうちに直に存在する。ボールが目の前を落ちていくとき、我々にはボールが落下しているのがみえる。その際、落下中のボールの一部は目に入らないが、一部は目に入ってくる。今しがたボールがどこにあったか、我々は覚えているし、そのボールが、経験の中で既に目に入っている範囲を超えて、これから、どこに向かうことになるか、我々は予期する。我々の自我についても同じことがいえる。我々は何かをしているのであるが、振り返って、自分たちが何をしているのか確認すれば、そこに必ずともなうのは、記憶像が浮かび上がることである。それだから、実際のところ、〔以前の〕「I」は経験において「me」の一部として現れる。だが、こうした経験を基礎にしてこそ、我々は、何かを今現在行っている個人と、この行為している個人に問題〔解決〕を提起している「me」とを区別する。反応が当人の経験のうちに入ってくるのは、その反応が生じた後になってのことにすぎない。これから自分が何をしようとしているのか知っているという人がいるとすれば、その場合でも、おそらく、その人は間違っているだろう。この人が何かしようと着手すると、何かが生じて干渉を引き起こす。実際に現れる行為作用は、あらかじめ予期しうる事態とは、いくらか異なるのがつねである。これは、歩くという過程を単に行ってみる場合でさえあてはまる。予期していたとおりに歩み出してみると、そのことで、ある種の状況に置かれることになり、当初予期していたのと幾分異なる様相を呈することになる。これは、ある意味で、これまでと異なる新しい状況である。未来に成り行くことは、いわば、個我（the ego）つまり「I」が、これから行う歩みである。こうした未来への成り行きは、「me」のうちには与えられていないものである。

ある課題を解決しようとしている科学者の状況を考えてみよう。そこでは、当の科学者は一定の反応を予示するような何らかのデータをもっている。こうしたデータの組み合わせの中には、この科学者にある一定の法則を適用するよう要求するものもあるが、他方では、別の法則の適用を要求するものもある。データは、〔仮言的推定からえられる様々な〕帰結的意味合いを帯びたものとして、目の前にある。この科学者は、しかじかの色合いが何を意味するか、わかっている。自分の目の前に、これらの色に関するデータがある場合、そのデータそれぞれは、この科学者の側に即してみれば、一定の様々な反応を表しているが、しかし、目下のところ、これらのデータ同士は、相互に矛盾し合う関係にあるとしよう。一つのデータが表す反応をとれば、別のデータが表す反応をとるわけにはいかない。自分が今何をしようとしているのか、この科学者にはわからないし、他の誰にもわからない。〔こうした場合〕自我のとる行為作用は、一つの〔解決すべき〕問題〔状況〕という形で対立し合うデータ群に対して応答しているのであって、科学者としてのこの人に相対立する要求を課しているわけである。この科学者は当の問題を様々な様式でみなければならない。このように「I」がとる行為作用というものは、事柄に先立っては、その性質を理解しえないようなものなのである。

それゆえ、「I」というのは、このような「I」と「me」との関係において、いわば、個人の経験内部にある社会的状況に対して反応している何ものかである。「I」とは、他者たちが個人に向けて現にとっている構えに対して、当の個人が、ある構えをとるときに、この他者たちに示す応答なのである。さて、この個人が他者たちに示そうとしている様々な構えは、この個人自身の経験のうちに現れているが、この個人が実際に他者たちに示す反応の方は、これまでになかった新たな要素を含むことになろう。「I」は、自由という観念、つまり、自ら事をなしうるという観念をもたらす。状況というものは、我々が自我を意識する様式で行為すべく、そこにあるのである。我々は自我を意識しており、状況がいかなるものか、意識しているが、しかし、厳密にいって、我々がこれからいかにふるまうべきかについては、一定期間の行為過程が行われるまでは、けっして経験のうちに入ってはこない。

以上述べたことが根拠となって成立しているのが次の事実である。すなわち、「me」が経験のうちには現れるというのと同じ意味では、「I」は経験のうちには現れないという事実である。「me」が表象しているのは、我々自身の構えのうちに既にあるコミュニティの一定の組織であり、ある反応を要求している。しかし、実際に生ずる反応は、何か偶然生ずるものである。何か偶然生ずるものに関しては、確実性などというものはない。行為には道徳的必然性はあるが、機械的必然性はない。行為が実際に行われるまさにそのときに、何が行われたのかがわかる。以上の説明によって、状況における「I」と「me」の相対的位置、ならびに、行動〔場面〕における両者の分離について、理解できると思われる。「I」と「me」は、過程においては分離されているが、全体の部分であるという意味では、あいともなうものである。両者は分離されているとはいえ、一つのまとまりをなしている。「I」と「me」の分離は虚構ではない。両者は同一のものではない。というのも、既に述べたように、「I」は、何か完全には予測しえないものだからである。「me」は、ある種の「I」を要求するが、それは、行動様式自体のうちに与えられている義務を、我々が果たすかぎりにおいてである。しかし、「I」の方は、何か状況自体が要求するものとは、つねに異なる。だから、いってみれば、「I」と「me」との間には、つねに違いがあるわけである。「I」は「me」を喚起すると同時に「me」に反応する。両者相まって、社会的経験のうちに現れるとおりの人格を構成する。自我は、本質的に、これら両者の区別可能な局面とともに進行している一つの社会過程である。自我に、もし、こうした二つの局面がなければ、自覚的な責務などというものはありえないし、経験において新規なものなど、何も存在しない。

第23章 〔心身の〕社会的構えと〔身体関与的〕対象世界

自我というのは、〔確固たる〕実体であるよりも、むしろ、身振りのやりとりが一個の有機体内に継続的に内面化されている一つの過程である。この過程は、それ自体で存在するのではなく、個人を一構成要素として含む社会的組織全体の一局面にすぎない。社会的な行為の編成組織は、有機体内部に継続的に組み込まれて、やがて個人の精神となる。社会的な行為の編成組織には、他者たちの様々な構えが含まれているが、しかし、今や、高度に組織化されている。そのため、こうした様々な構えは、個人個人別々の役割というよりも、我々のいう社会的構えとなる。進行中の相互作用の中で自分自身の有機体を他者たちと関連づける過程は自我を構成するが、それはあくまで、この過程が、「I」と「me」とのやりとりをともなう個人の行動様式のうちに組み込まれるかぎりにおいてである。◆13 身振りのやりとりをこのように個人の行動様式へ組み込むことの意義は、社会全体で優れた

◆13 この見解からみれば、意識的コミュニケーションは社会過程内の無意識的コミュニケーションから生ずる。つまり、特定の意味を有する身振りを用いるやりとりは、特定の意味をもたない身振りを用いるやりとりから生ずるわけである。こうした様式で意識的コミュニケーションが発達することは、社会過程内で精神と自我が発達することと同時に生ずる。

協働調整を獲得し、集団成員としての個人が能率を向上させた点にある。この点こそ、ネズミや蟻や蜂の集団内において生じうる過程と、人間のコミュニティ内において生じうる過程との違いである。社会過程が、その様々な帰結とともに、個人の〔対外的・対他的〕経験のうちに実際に取り入れられると、その結果として、進行中の過程は今まで以上に効果的に行われるようになる。というのも、こうした社会過程は、ある意味で、個人のうちであらかじめ繰り返し再現されているからである。こうした条件の下で、個人は今まで以上に自らの役割をうまく担うだけではなく、自らを一成員とする組織に対しても働きかける。

こうした身振りのやりとりの本質そのものによって必要になってくるのは、相手の刺激に対する個人の構えを通じて、相手側の構えの方も変化するということである。下等動物種における身振りのやりとりにおいても、やりとり内で行き来する行動は顕著である。というのも、当の個体は他の個体の構えに対して自ら適応するだけでなく、自分以外の個体の構えを変えるからである。こうした身振りのやりとりにおける個体の反応は、ある程度、社会過程自体を絶えず修正するような反応である。個人の経験において最も興味深いのは、このような過程の修正である。個人は、自分自身が発する刺激に対して相手側が示す構えをとり、そうした構えをとることで、自分の構えが修正されるのに気づくことになる。というのも、自分の反応が、当初示そうとしていた反応とは異なるものになり、そのことでまた、反応のさらなる変質につながっていくからである。

根本的な構えというものは、おそらく、徐々にしか変化しない構えであり、いかなる個人も、個人としては、社会全体を再編することはできない。しかし、個人は、自身の構えによって社会に絶えず影響を及ぼしている。というのも、個人は、自身に対する集団の構えを取り上げて、それに対して反応し、この反応をとおして集団の構えを変えるからである。もちろん、これは、我々が不断に行っていることであるが、あくまで自分たちの想像の中で、つまり、思考の中でのことである。我々自身が成員となっているコミュニティにおいて、これまでとは異なる状況を引き起こすべく、我々はつねに自分自身の構えを用いている。我々はつねに努力しているのであり、自分たち自身の見解を前面に出し、他者たちの構えを批判的に吟味し、賛成したり反対したりしている。しかし、このようなことができるのは、我々が自分自身のうちに、コミュニティの反応を喚起しうるかぎりにおいてである。そもそも我々が観念をもちうるのは、コミュニティの構えをとることができ、その上で、この構えに反応できるかぎりにおいてである。

下等動物の場合、社会的状況に対する個体の反応、つまり、社会状況に対峙した場合の個体の身振りは、人間でいうなら観念に相当するものではある。しかし、下等動物の身振りは観念ではない。我々であれば、コミュニティの反応に応答する反応を喚起するために、音声身振りを用いる。その際、我々は、自分自身による刺激のうちに、コミュニティの反応への応答をもっているわけであり、こうした応答こそが、観念なのである。たとえば、「私の考えは、これこれのことをしなければならないというものである」というとしよう。この場合の考えというのは、社会の側から当人になされた要求に対する当人自身の応答である。また、社会の要求からして何らかの税金を払わなければならないと、人々がいっているとしよう。要求された当人としては、その種の税金は違法であると考えることもあろう。この場合、コミュニティの要求に対する、とりわけ、課税額査定者に対する当人の応答が、当人の〔対外的・対他的〕経験のうちに生ずるかぎりにおいて、この応答は観念である。自分自身の行動様式のうちに、こうした要求に対する応答を表現するシンボルがあるならば、その度合いに応じて、当人による査定額がどうあるべきかについて観念をもっている。この度合いが、観念によって表象された状況となるのは、当人が、自分自身と対照的な課税額査定者の役割を演じつつも、当人による査定額に対して応答しているかぎりにおいてである。この状況は犬のケンカにみられる状況とは異なる。犬のケンカの場合であれば、一方の犬が飛びかかろうと構えているときに、別の犬がとるのは別の構えであり、飛びかかってくる動作を打ち負かそうとする。この違いは、犬の場合、身振りのやりとりが、実際に行われるケンカの一部であるのに対して、税額評価の場合、あらかじめ課税額査定者の構えをとりつつ、それに対する自分自身の反応を実際に行い、あるいは、喚起しているということである。こうしたことが当人の〔対外的・対他的〕経験のうちに生ずるのであれば、当人は観念をもっているのである。

ある人が誰かを脅かし、脅かした側が、その場で殴り返されたとしよう。この場合、観念といえる要素は何もない。脅かされた側が十まで数えて、この脅迫は何を意味するのか、よく考えるのであれば、この人は、ある観念をもっているのであり、この状況を、ある観念によって構成された場面状況に変えているわけである。既にみたように、このことが、我々が精神と呼ぶものを構成する。我々はコミュニティの構えをとっているのであり、身振りのやりとりにおいて、こういった構えに反応している。この場合の身振りは、音声身振りである。このような身振りは、特定の意味を有するシンボルである。今、シンボルといったが、行動様式の領域外にある何ものかのことをいっているのではない。シンボルとは、反応が誘発されるようにあらかじめ設えられている刺激以外の何ものでもない。以上が、シンボルということで我々がいっていることのすべてをなしている。ある言葉が発せられると、〔それにともなって〕一撃の殴打という行為が生ずることもある。殴るという行為自体は、元々歴史的にみれば、〔殴打を誘発するよう〕発せられた当の言葉よりも古い。しかし、この言葉が侮辱的言動を意味するのであれば、それに対する反応〔殴打〕は、今では、その言葉に必然的にともなう反応である。つまり、当の言葉という刺激自体のうちに与えられている何ものかである。以上をもって、我々はシンボルといっている。後続する行為をさらに方向づけるために用いられる構えによって、こうした反応が示されうるのであれば、当の刺激と構えとの関係こそが、特定の意味を有するシンボルということで我々がいっていることなのである。

既に述べたように、我々の内面で進行する思考過程というものは、今述べたような意味でのシンボルが有する作用である。身振りによって我々自身の構えのうちに反応が喚起され、こうした反応が喚起されると即座に、今度は他の反応が誘発される。当初の意味だったものが、今や、別の意味を有する新たなシンボルとなる。当初の意味は、それ自体で、別の反応を促す一つの刺激となったわけである。犬のケンカにあっては、一方の犬が示す身構えは、他方の犬の身構えを変更するという意味を有する。しかし、身構えのこうした変更は、今では、〔言語や特定の意味を有するシンボルではないにしろ〕最初の犬への新たなシンボルとなっている。そして、この最初の犬もまた、自らの身構えを変更するのである。ある意味であったものが、今や、ある刺激となる。やりとりが絶えず進行していく中、当初反応であったものは、身振りの領域において、ある刺激となる。そして、当の刺激に対する反応が、刺激の意味なのである。反応が意味であるのは、そうした反応が、今みたような身振りのやりとりの内部にあるかぎりにおいてである。我々の思考過程とは、ある状況をこのように絶えず変更していくことであり、その際に用いられているのが、状況を我々自身の行為作用のうちに引き継いでいくという能力である。つまり、ある状況が我々自身の側に別の構えを要求するように、状況を変える能力であり、社会的行為が完成するような地点にまで、状況に引き続き対処していく能力である。

「me」と「I」は思考過程のうちにあり、両者は、思考過程を特徴づけるやりとりを示している。「me」というものがなければ、我々が用いている意味での「I」はない。「I」という形での応答がなければ「me」はない。これら二つは、我々の経験のうちに現れるかぎりにおいて、人格を構成している。我々は一定の国民に生まれる個人であり、地理上の一定領域に住みつき、何らかの家族関係と何らかの政治的関係をもっている。これらはすべて、「me」を構成する一定の状況を表している。しかし、このことに必然的にともなうのは、「me」をうちに含む思考過程内において、有機体によって「me」に向けて継続的に行われる作用である。自我というものは、まず存在してそれから他者と関係を取り結ぶような代物ではない。そうではなくて、自我とは、いわば、社会的潮流の中の一つの渦なのであって、それゆえ、社会的潮流の一部分でもある。自我とは一つの過程であって、この中で、個人は、自らを取り巻く状況に対して、あらかじめ自らを絶えず適応しつつ、当の状況に反応し返していく。その結果として、「I」と「me」〔の過程〕は、つまり、今みたような思考、こうした意識的適応は、さらには、社会過程全体の一部となり、一層高度に組織化された社会を可能にする。

「I」と「me」は身振りのやりとりのうちにある。仮に〔反射的に〕「ある言葉と殴打一撃」が同時に生ずるだけなら、あるいは、ある社会的状況に対して、反省することなく直ちに応答するというのであれば、先の意味での人格は存在しない。それは、ちょうど、犬や馬の本性において人格が存在しないのと同じことである。もちろん、我々は家畜に対しては、人格〔らしきもの〕を付与する傾向がある。しかし、家畜の状況を深く理解してみれば、社会過程を個体の行動様式に取り入れるような事態など、家畜にはないことがわかる。家畜には、こうした取り入れのためのメカニズム、つまり、言語はない。それだから、家畜には人格はないと我々はいう。家畜には、自らを取り巻く状況に対して責任能力はない。これに対して、人間の場合、個人は自分自身を自らの社会的状況と一体化する。個人は状況に反応する。もちろん、状況に対する個人の反応は、その性質上、批判を受けることもあれば、支持されることもあるけれども、個人の反応は、状況が提示する責任の引き受けを必然的にともなうことになる。下等動物の場合、このような責任の引き受けは存在しない。我々は動物のうちに人格のようなものを投影するが、しかし、動物には人格という性質はない。結局のところ我々が理解するにいたるのは、人格のない動物には権利はないということである。我々人間は自由に動物の命を奪う。動物の命を奪ったからといって、罪を犯したことにはならない。動物にとっては〔「I」と「me」において構成される時間意識上の〕未来が存在しない以上、命を奪われても何も失わない。「I」の反応によって、何らかの意味で自らコントロールしうる「me」が経験のうちにあれば、その結果として、未来が存在しうるのであるが、しかし、動物は、自らの経験のうちに、そのような「me」をもたない。動物には、これまで述べてきたような類いの自我はない、つまり、想起によって過去にまで拡大しうるような自我がない以上、動物は自ら意識しているような過去をもたない。おそらく、下等動物の経験にも心像はあるだろうが、しかし、観念や想起が、その要件を満たす意味で、あるわけではない[14]。動物は、未来を見据え過去を想起する人格性質をもたない。いわば、権利自体を付与するような未来も過去も、動物にはないのである。とはいえ、我々に共通にみられる態度は、動物に対しても動物自身の人格のようなものを認める態度である。我々は動物に語りかけ、語りかける際には、あたかも、人間がもつ内的世界のようなものを動物ももっているかのように我々はふるまうわけである。

我々を取り巻く無生物的対象に対して我々がその場でとる構えにおいても、同様の属性が現れている。我々は、こうした対象に対して、社会的な人間としての構えをとる。もちろん、誇張してみるなら、このことは、我々が自然詩人と呼んでいる人々においては、極めてよくあてはまる。詩人は自分の周りの事物と社会的な関係を取り結んでいる。おそらく、最も鮮明に現れているのはワーズワースにおいてであろう。『ティンターン修道院詩集』は、ワーズワースの幼少時代の社会的関係、さらには、生涯を通じた社会的関係を、はっきりと示していると思う。人間の自然に対する関係を彼は叙述しているが、これは、本質的には愛の関係、つまり、一つの社会的な関係である。このような物的な対象物に対する個人の構えは、人が他の対象に対して有する構えに他ならない。これは社会的な構えである。椅子につまずくと、人はその椅子を蹴飛ばす。仕事や遊びにおいて自分と結びついた対象に対して、人は愛着をもつ。自分を取り巻く事物に対して子供たちがその場で示す反応は社会的なものである。小さな動物に対して我々は特別な反応を示すが、これにははっきりとした根拠がある。というのも、いかなる小動物のうちにも、親が示す反応を喚起する何かがあり、そのようなものは、親が示す普遍的な反応を喚起する。このことは、動物のみならず、物的対象物にもあてはまる。

〔身体関与的な〕物的対象物とは、自然に対する社会的反応から我々が作り上げた抽象物である。我々は自然に対して語りかける。つまり、蜘蛛、海、森というように我々を取り巻く対象に呼びかける。こうした呼びかけの対象について、我々が知るにいたったものがあるからこそ、後になってから、そうした類いの反応から抽象するのである。◆15 しかしながら、その時その場で示す反応というのは社会的である。我々が思考過程を自然のうちに見て取るとき、我々は自然を合理的なものにしているのである。自然は我々が予期するとおりにふるまう。我々は周囲の物的事物〔様態〕が示す構えをとっているのであり、我々が状況を変えるなら自然も異なった仕方で反応する。

手があるからこそ、〔身体関与的〕事物〔様態〕と呼ばれるものがある。手は、行為を達成することと、〔身体関与的〕事物〔様態〕とを識別している。仮に、我々人間も、犬がするように、咀嚼する器官を用いて食べ物を口に入れるのであれば、そもそも、〔身体関与的〕事物〔様態〕としての食物を、実際に食事をするという行為の達成、つまり、食の達成から識別する根拠は何もなかろう。〔そもそも手を使わなければ〕人間もまた、歯でもって食物を得ようとしてくわえるはずであり、このように食物を口でくわえる行為自体が、食物を食べる行為ということになろう。だが、人間の場合、食事の達成と、食物を口に運ぶこととの間に、手が介在する。この場合、我々は一つの〔身体関与的な〕事物〔様態〕を操作しているわけである。このようなものは、食するという行為の端緒と食の最終達成との間に入ってくる。このように端緒と達成の間に介在するという意味では、この〔身体関与的な〕事物〔様態〕は、普遍的なものである。ここで我々が物というとき、念頭に置いているのは、〔身体関与的な〕事物〔様態〕、つまり、我々がつかむことのできるもののことである。もちろん、たとえば、所有権や詩人の想像力のように、つかむことのできない「物」というものもある。だが、我々を取り巻くものについて

◆14　ある事物が別の何かの記号であり、そういうものとして当の記号を用いることを動物が理解しうるという証拠はない（一九一二年）。

◆15　〔身体関与的〕物的対象物というのは、当初は社会的反応を引き起こすことのない対象が、個人の側に応じて、あらためて個人のうちに、ある社会的反応を喚起する対象であることがわかる。対象との社会的交流を我々が遂行できないのであれば、その対象は、世界にとっての物的対象物である〔草稿〕。
自然科学における我々の〔対象に対する〕構えを、我々は心理学に持ち込んできた。その結果、我々が当初もっていた意識の社会的性質というものを失ってしまったのである。子供は、〔身体関与的〕対象物を作り上げる以前に社会的対象を作り上げる（一九一二年）。

我々が語るとき、〔身体関与的な〕事物〔様態〕のことをいっているのである。こうしたものを作り上げる際に役立つ特性は、主として、手によって確定される。身体による接触は、こうしたものの実質と我々が呼ぶものを構成している。もちろん、このようなものには、色もにおいもあるが、しかし、色やにおいを、身体によって操作可能な何ものか、つまり、身体が関与するものに固有のもののと、我々は考えている。このようなものは、人間の知性の発達にとって極めて重要な性質をもっている。身体行為の達成が、食することの達成であろうが、コンサートを聴くことの達成であろうが、それは、〔身体関与的な〕事物〔様態〕という意味では、普遍的である。ある行為の端緒とその達成との間には、一連の〔身体関与的〕事物〔様態〕がある。しかし、こうしたものは、我々すべてにとっての経験に属するという意味において、普遍的である。コンサートから我々が何を達成するかは、人によってまったく異なる。しかし、我々が関わっている〔身体関与的〕事物〔様態〕は、今みたような意味で、すべての人に共通であり、したがって、普遍的である。実際に身体が何を享受するかは様々な形態をとるだろうし、こうした形態は、一人一人の個人によってしか到達しえない一つの経験を表している。しかし、手が扱うものは、〔誰もがそうしうるという意味で〕普遍的なものである。我々は、誰もが到達しうるような特定の領域を区別して扱う。我々には、誰もが使える可能性のある一連の装置がある。我々には、こうした身体が関与するものを測定する際の一連の度量衡がある。この意味で、〔身体関与的〕事物〔様態〕が介在することによって、自我が作用しうる場面としての共通の質が可能になるのである。◆[16]

橋を建造中の技術者は、我々が技術者に対して語るという意味で、自然に対して語っている。橋を建造する際には、応力と歪みというものがあって、技術者はこれに対処する。だが、対処したところで、自然は、他の反応をもって反作用してくるのであり、技術者は別の方法でこれに対処しなければならない。この技術者は、あれこれ思考する中で、〔身体関与的〕事物〔様態〕が示す構えをとっているのである。この技術者は自然に対して語っているのであり、自然はこの技術者に応答している。自然は知性的な在り方をしている。その意味するところは、我々の行為作用に対する自然の側からの何らかの反応があるということであり、さらにいえば、自然の側の反応は我々にとって表象可能であり、かつ、応答可能であり、そして、我々が応答し終えるたびに、この反応は様々なものとなる。自然のこうした可変的在り方は、我々にとって応答可能な変化なのであり、最終的には、我々は自然と協働可能な点にまで達する。

以上述べてきたことは、近代科学が、いわゆる魔術の中から抜け出して発達してきた歩みである。魔術というのは、まさしく、今しがたみたのと同じ反応ではあるが、しかし、さらなる想定がされている。つまり、事物は、我々が行うのと同じように、思考し行為することができるというものである。我々にとって害となる対象や、頼りにし信頼しうる対象に対して、我々がとる構えの中に、魔術は保たれている。我々はみな、この種の魔術を、ある程度は持ち続けている。我々が何かを回避するのは、それが、ある点で危険であると感じられるからである。我々は、何らかの予兆を尊重し、これに、ある程度注意を払う。我々は、重要な決定を行う際に、自然を野放しにして悪影響を被り続けることはないけれども、周囲の自然に対して、ある種の社会的反応をそのまま維持し続ける。こうしたことは、通常表に出ないままになっている構えであるが、しかし、数々の状況の下で、我々に姿を表す。理性にしたがい、推論し思考するかぎりにおいて、我々は、周囲の世界に対して、科学の場合には批判的に、魔術の場合には無批判的に、ある社会的構えをとり続けるのである。

第24章 個人による社会過程の導入としての精神

これまで社会過程という観点から自我と精神を描いてきた。身振りのやりとりを、有機体としての個人の行動

◆16 〔身体関与的〕事物〔様態〕の社会的起源と性質については、本書第Ⅱ篇第35章、また、『現在というものの哲学』（補遺論文〔本書未収録〕参照）。

様式のうちに導入することとして、把握してきたわけである。このような導入の結果として次のような事態が生ずる。有機体個人自身の構えが、相手側に、諸々の組織化された構えを喚起しつつ、当の有機体自身が、この構えを自身の身振りの形で取り入れる。そして、他者たちの反応に、さらに反応し返すことにおいて、この有機体個人は、自分が属するコミュニティ内の他者たちのうちに、組織化された別の諸々の構えを喚起する。この過程は、ある意味で「I」と「me」において特徴づけられる。ここで「me」といっているのは、個人が「I」として反応する対象であり、一群の組織化された構えをなしているものである。

ここで特に強調しておきたいことは、社会過程は、そこにおいて現れる自己意識的個人に対して、時間的にも論理的にも先行する存在だということである。[17] 身振りのやりとりは、進行中の社会過程の一部である。これは、個人が単独でもたらしうる代物ではない。言語、とりわけ、特定の意味を有するシンボルの発達を可能にしてきたのは、このように個人の外部にある社会状況を個人自身の行動様式のうちに取り込むことである。これによってもたらされるのが、人間社会にみられる驚くべき発展であり、他の個人たちの反応において生じようとしている事態を予見する可能性であり、さらには、このように生じる可能性のある事態に対して、あらかじめ個人が適応する準備をしておくことである。翻って、これらによって、今までとは異なる社会状況が作り出され、これが、私のいう「me」のうちにあらためて反映される。その結果として、個人自身もまた、今までとは異なる構えをとるのである。

政治屋であれ政治家であれ、何らかの政策案を通そうとしている場合を考えてみよう。この政策案で、この人は、自らの内面にあるコミュニティの構えを示しているものとする。この提案に対してコミュニティがどのように反応するか、この人にはわかっている。この政治家は、自分の経験のうちにあるコミュニティの側の反応表明に対して応答する、つまり、コミュニティ側の表明を汲み取るわけである。この政治家は、コミュニティの構えとしての一連の組織化された構えをもっている。この政治家自身の貢献、つまり、この場合の「I」は、〔現にコミュニティのうちにある構えを〕再編成する政策案である。つまり、この政策案は、自分のうちに再現されているとおりに、コミュニティに対して提案しているものである。もちろん、この政策案が提出され、政治的議題になるかぎりにおいて、この政治家自身も変化しているわけである。こうなると、この政治家が政策案を提示していることの帰結として、新たな社会状況が生じていることになる。政策案提示を端緒としたその後の過程全体は、コミュニティ全員の経験においてと同様に、この政治家自身の経験においても進行していく。この政治家の成功の度合いは、どの程度、最終的な「me」がコミュニティ内の全員の構えを反映するかにかかっている。私が指摘しているのは次のことである。すなわち、政策提案をきっかけに生ずることは、この政治家の精神の中だけで生じているのではなく、むしろ、この政治家の精神のありようは、自身の行動様式のうちに表明される社会的状況の内容であるということ、つまり、このようにコミュニティにおいて現に進行している偉大な協働過程として表現された内容であるということなのである。

私が回避したいと考えているのは、何か客観的なものがあって、個人は、この何ものかを取り上げ、その上で、これを主観的なものにしているといった意味合いである。コミュニティの全成員の側に、共に生存するという現実の過程があるのであって、この過程は身振りという手段によって遂行されている。こうした身振りは、過程全体

◆17 心と身体との関係とは、理性を備えたコミュニティの一成員として行動する際の自我の編成組織と、〔身体関与的〕事物〔様態〕としての身体有機体との間にある関係である。

人間を特徴づける理性的な構えとは、それゆえ、個人が従事している過程全体が自分自身に対して有する関係なのであり、この自分自身というのは、自分自身を刺激して自ら反応する際に、自分以外の他者たちの組織化された役割を当人が担う中に反映されている。このように、他者たちとは区別されたこの自我は、コミュニケーションという領域の内部にあり、同時に、他者たちもまた、このコミュニケーション領域内にある。他者たちに対して、あるいは、自らの自我に対して指示されはするだろうが、しかし、こうした指示の身振りに反応しないものがある。これは、知覚領域内にあって、我々が〔身体関与的〕事物〔様態〕と呼ぶものである。人間の身体は、特にこれを分析する際には、〔身体関与的〕事物〔様態〕とみなされる。

それゆえ、自我と身体との境界線は、まずもって、自我が生成する、行為の社会的編成組織のうちにあるのであって、これは、生理学上の有機体の活動とは対照的である（草稿）。

心と身体を区別する際の理にかなった根拠は、社会的なパターンと有機体自体のパターンの間にある。教育はこの二つを緊密に結びつけなければならない。目下のところ、我々にはこれを十分把握できるカテゴリーはない。こういったからといって、教育に不利に作用している何かがあるといっているのではない。ただ、把握するための装置ないし知識を我々が欠いているということにすぎない（一九二七年）。

を媒介する様々な協働的活動において、一定の段階をなしている。こうして、精神の出現において生じてきたことは、すべて、この過程が、ある程度、特定個人の行動様式の中に引き継がれてきたということなのである。たとえば、警察官が交通整理の際に用いるような、一定のシンボルというものがある。一定のシンボルとは、〔心の中にではなく〕そこに外在している何かである。市当局から交通整理を吟味するよう要請されている技師がいるとして、この技師が、交通に関して警察官がとる構え、さらには車の運転手がとる構えと同じ構えをとる場合、そのことで、そうした一定のシンボルが主観的なものになるわけではない。我々がいっているのは、この技師もまた、運転手の側にある組織化された構えをもっているということである。つまり、止まれというシンボルが、減速することであり、ブレーキをかけることだと、この技師は知っている。この技師の身体器官には〔警官や運転手の場合と同様に〕明確に訓練された一定部分があり、一定の条件下では車を止めなければならないという具合になっている。警察官が手を挙げるのは、〔交通者に対して〕様々な行為を喚起する身振りであって、それによって、車の検問が行われる。このような様々な行為は、交通を研究する専門家自身の側にある組織化された構えの中にもある。この専門家は、警察官と運転手双方の構えをとることができる。このような意味においてのみ、社会過程は「主観的」なものとなる。警察官や運転手の構えを子供がとる場合のように、この技師が、単に、これらの構えをとるということだけなら、それは、子供のごっこ遊びということになる。しかし、この構えが、実際の交通整理のためにとられるのであれば、我々が精神と呼ぶものが作用していることになる。精神とは、発生している問題に対処するために、このような外的過程を個人の行動様式のうちに取り込むことにほかならない。

このような特定の構えの編成体とは、ある社会過程の中から発生するのであって、論理的には、社会過程の方が編成体に先行する。ある人の行為が相手側に対して反応を誘発する刺激となり、その過程が次々に行われるという具合に、有機体が協働的な仕方でふるまう、このようなコミュニティがあるとすれば、それは、我々が精神ないし自我と呼ぶ特定タイプの構えの編成体に先行する存在者なのである。単純な家族関係を例にとろう。ここでは、成年男女と、扶養対象となっている子供がいる。ここにあるのは、家族集団内の相互作用をとおしてしか進行しえない一つの過程である。個人が先行し、コミュニティがその後に成立するなどとはいえない。というのも、個人は〔社会〕過程自体から生じるからであり、それは、ちょうど、分化細胞の発生過程の場が、人間の身体あるいは多細胞生物種であるのと同じことである。分化細胞が存在するためには、進行中の生命過程が存在しなければならない。同じように、個人が存在するためには、社会過程が存在しなければならない。個人を構成要素とする過程が存在しなければ個人も存在しえないということは、生理学的状況において真であるのとまったく同じように、社会においても真である。このような社会過程があれば、人間の知性が可能となる。その場合、この社会過程が、身振りのやりとりに基づいて、個人の行動様式のうちに持ち込まれ、さらにいえば、こうして可能となった反応によって、異なるタイプの個人が発生するのはもちろんである。おそらく、子供がするのとまったく同じように、単にごっこ遊びをするにとどまり、社会上のゲームともいえる活動に参加しない個人もいるかもしれない。しかし、個人という在り方の人間が可能なのは、そうした活動が責任をともなって機能しうるような社会過程があるからである。個人が示す構えは、社会的反応に不可欠な構成部分である。泣き叫んでも他者たちに一定の反応が喚起されないならば、そのような泣き声は、音声身振りとして、維持されることはない。泣き叫ぶという構えは、こうした身振りの相互作用においてのみ、構えとして存在しうるのである。

精神というのは、こうした身振りが、特定の意味を有するシンボルという形態で、相互に作用し合うことである。ここで思い起こしておかなければならないのは、〔何かを表明する〕身振りというものは、反応との関係、構えとの関係においてしか、存在しえないということである。言語が、もし一定の刺激と結びついた一連の単なる無原則な名辞群のようなものでしかなければ、言語は発生することはなかっただろう。言葉は社会的な相互関係性の中から発生したのである。ガリバー『旅行記』の一節〔第三篇第五章〕には、あるコミュニティについての物語があった。このコミュニティでは、ある機械装置が作られた。アルファベットの文字を、無数の組み合わせで、機械的に入力できるようになっていた。そこで、コミュニティの成員たちが集まってきて、〔鉄のレバーで〕機械を回転させるごとに、アルファベット文字がいかに並べ替えられるのか、確かめようとした。〔この機械では〕入力された様々な文字が、『イリアス』の中の一編の詩、シェイクスピア戯曲の一つ、あるいは、その他の偉大な作品という形で、並べ替えられて出てくるというようになっていたのである。この話の背後で想定されていたのは、シンボルは、我々がシンボルの意味と呼ぶものとは、まったく無関係であるということであろう。この想定には根拠がない。反応なくしてシンボルは存在しえないからである。苦痛の叫びに対して反応する性向がなければ、救いを求める叫びもありえない。シンボルだけでなく、その反応も我々自身の本性のうちにあると仮定するなら、ある協働的反応を開始する社会的刺激の部分集合という意味としての、このような特定の意味を有するシンボルこそが、ある意味で我々の精神を構成するのである。人類がこれまで成功してきたのは、〔後続行為が想定されている複合的な〕社会的行為の一環をなす一定のシンボルに対する反応を組織化することにおいてである。その結果として、人類は自分と協働する相手側の人の構えをとるのである。これこそが人類に精神を与える。

動物の群れの見張り役をつとめるのは、群れの中で、どの個体よりも臭いや音に対して敏感な個体である。危険が近づくと、見張り役は他のどの個体よりも素早く走り出し、他の個体は後に続くのであるが、これは、群れをなす動物の場合、一斉に走り出すという性向があるからである。ある社会的刺激というものがある。つまり、いってみれば、他のすべての個体が反応する身振りである。見張り役の個体は、いち早く臭いを嗅ぎつけ走り出す。これが他の個体すべてにとって一つの刺激となって、同じように走り出す。この事態は、まったくもって外的である。つまり、ここには心的過程は一切関わっていない。見張り役の個体は、信号を出さねばならない個体であるなどと、自覚しているわけではない。一定の瞬間に走り、他のすべての個体も走り出す、ただそれだけのことである。しかし、精神があれば、信号を出す動物もまた、これに反応する他の個体の構えをとる。精神をもつ個体は、自分の出す信号が何であるのか、わかっている。ある人が「火事だ」と叫ぶなら、その人は、その叫びを耳にした他者たちのうちに喚起する反応を、自身のうちにも喚起しうるだろう。この人が、叫びを耳にした人の構え――つまり、火事に対する反応という他者の構え、他者の恐怖感――をとることができるなら、そのかぎりにおいて、自身の叫び声に対する反応は、当人以外の人々のふるまい方と対比的なものとして、自身のふるまい方によって心的出来事を作り出す何ものかであるといってよい[18]。だが、この場合に生じていることは、動物の群れにおいて外在的に起こることが、人間の行動様式のうちに持ち込まれているということでしかない。どちらの場合も、同じ信号があれば、同じ反応性向があるということである。しかし、人間は信号を発することができるだけでなく、自身のうちに、恐怖心から逃げ出すという構えを喚起することができる。そして、恐怖心を叫び声にすることを通じて、自分自身の叫ぶ性向に働きかけ返し、これを抑制することもできる。危険から逃れようとする場合、人間は、集団全体の組織化された構えをとることにおいて、自分自身に反応し返す。人は、自分自身の発する刺激に対する反応を、自分自身のふるまい方のうちに見て取ることができ、さらには、自分のふるまい方を確定するために行われる身振りのやりとりを利用することができるわけである。これ以上に自覚的な構えは他にあるまい。人間がこのように行為することができれば、合理的なコントロールが開始可能となり、したがってまた、この方法以外で成立する社会よりも、はるかに高度に組織化された社会が可能となる。こうした過程は人間を活用しているにしても、それは、以前には意識がなかったのに、今では意識を備えている人間を活用しているわけではない。そうではなくて、この過程が活用しているのは、社会過程全体を自身の行動様式のうちに取り入れている個人なのである。もちろん、こうした能力は、まずもってシンボルに依存しているが、それは、あくまで自身が反応しうるシンボルである。我々の知るかぎり、音声身振りこそが、こうしたタイプのシンボルが発達するための条件であった。音声身振りがなくとも、こうしたシンボルが発達しうるかどうかについては、私には断言できない。

ここで確信しておきたいのだが、我々の理解によれば、精神のうちに持ち込まれる内容は社会的相互作用の発達とその産物にすぎない。これは極めて重要な発達であり、我々の能力では、たどりきれないほどの複合性と複雑性をもった社会を成し遂げている。だが、元はといえば、これは、自分以外の他者の構えを引き継ぐということ以外の何ものでもない。動物が相手側の構えをとることができ、かつ、その構えを用いることで、自身の行動様式をコントロールすることができるのであれば、その度合いに応じて、精神と呼ばれるものが成立する。これこそが、精神の出現に関与している唯一の装置である。

自分に対して、また、自分で思考している内容に対して他の個人たちがとる構えを、当の個人がとることによって可能となったのが、経験と行動の社会過程の個人による内在化、つまり、特定の意味を有する身振りのやりとりの内在化である。このような内在化なしに、知性や

◆18 私が精神ということでいっているのは、まさしく、特定の意味を有する複数のシンボルから構成されているものとしての言語のことである。我々の精神の内容は、（一）内的な対話、社会集団から個人への対話の導入であり、（二）心像である。心像は、心像が機能する行動との関係において考察すべきである（一九三一年）。

空腹が食の過程において果たす役割と同じ役割を、心像は行為において果たす（一九一二年）。
本書第Ⅱ篇所収補遺論文Ⅰ『行動様式における心像作用の機能』を参照。

精神が発生しうる、あるいは、発生しえた経路があるとは、私には思えない。こうした内在化をとおして、精神あるいは思考が生じたとするなら、言語なしには、いかなる精神あるいは思考もありえないし、これまでにもありえなかった。言語発達の初期段階は、精神ないし思考の発達に先行していたにちがいない。

第25章 自我の局面としての「I」と「me」[19]

今や、コミュニティにおける自己意識的な自我あるいは精神の位置を議論する段となった。こうした自我が姿を表すのは、自己を主張するとき、あるいは、コミュニティの大義に自らを捧げるときである。自我というものは、社会全体の中で、新たなタイプの個人として現れる。〔これまでとは違った〕新たな社会総体といったものが存在するのは、私がこれまで描いてきた類いの個人の精神が出現するがゆえにであり、そして、自身を自ら主張し、あるいは、自身をコミュニティと一体化する自我が存在するがゆえにである。自我は、新たな社会の発達にとって重要な局面である。というのも、こうした〔新たな自我が有する〕社会的構えを、コミュニティ総体の反応へと持ち込む可能性がある場合にこそ、そうした新しい社会が発生しうるからである。身振りのやりとりを個人の行動様式の中に持ち込むことをとおして生ずる変化は、コミュニティの構成員たる諸個人すべての経験のうちに生ずる変化である。

もちろん、このような変化が、コミュニティに生ずる唯一の変化というわけではない。話し言葉において明確な変化が生じても、誰もまったく気づかないこともある。こうした変容過程の発生を突き止めるには、科学者による研究が必要である。このことは、人間組織の他の局面についてもいえる。こうした局面変化は、ヴントが『民族心理学』で行っている神話研究が示しているように、気づかないまま進行するといってよい。神話が説明しているのは、意識的に指令されることがほとんどないまま、組織化が生ずる様式であり、この種の変化は、いつでも進行しているということである。ある人の新しい流行に対する構えを例にとろう。当初は、反対の構えをとるかもしれない。だが、しばらくすると、この人は、こうした流行変化の真っ直中にいる自分のことを考えるにいたる、そして、ショーウィンドウにある洋服に気づき、こうした洋服に囲まれている自分をみる。自分の中で変化が生じているのに、自分でそれに気づくことはない。こうして、一つの過程が進行していくことになる。この過程によって、他者と相互作用する個人は、皆同じことをすることにおいて、不可避的に似た者同士になっていく、だが、この過程は、我々がいうところの意識の中には現れない。我々がこの過程に自覚的になるのは、他者たちの構えを明確にとるときである。しかも、こうした状況は、以前の状況と区別されなければならない。人によっては、この個人は特定のファッションで着飾りたいわけではなく、人と違った格好をしたいだけだという向きもあろう。この場合、この人は、自身に対する他者の構えを、自分自身の行動様式のうちに取り入れているわけである。よその蟻が一匹、別の巣の中に引きずり込まれると、この蟻は巣の中の他の個体たちに襲われ、八つ裂きにされる。人間のコミュニティにおいては、余所者に対する構えとなると、個人は自分自身の構えをとり、コミュニティの構えにしたがうのを拒むかもしれない。何しろ、コミュニティ全体で余所者を襲うような構えをとりかねないからである。この蟻の事例は、〔自分たちの巣にとっては〕まったくもって対外問題であるが、人間個人の場合、自分以外の他者たちの構えをとりつつ、その上で、自我を適応させるか、それとも、闘い抜くかという問題である。このように個人が自分の自己意識を用いる過程で、自我として認識することこそが、当の個人に対して、自己主張の構えを与えるか、そうでなければ、コミュニティに献身する構えを与えるのである。このようにして、個人は明確な自我となる。こうした自己主張にあっては、動物の群れを支配しているリーダー格の個体が他の様々な仲間に対して獰猛に襲いかかるかもしれない状況もあるが、人間においては、状況はまったく異なる。動物の群れの場合、個体は一定の状況下で本能的に

◆19 本章の他にも、以下を参照。"The Definition of the Psychical," *University of Chicago Decennial Publications*, 1903, pp. 104ff.; "The Mechanism of Social Consciousness," *Journal of Philosophy*, IX (1902), 401ff.; "The Social Self," *ibid.*, X (1913), 374ff.

行為しているだけであるといえる。人間社会の場合、個人は自分自身の構えをとるだけでなく、ある意味で、自分の臣下の構えをとる。この個人が支配者であるかぎり、この人は〔臣下に〕何を期待すべきか、よくわかっているわけである。この支配者個人の経験の中で、事が起こると、動物の群れのリーダーの場合とはまったく異なる反応が生じ、様々な情動をともなうことになる。動物の群れのリーダー格の場合、単なる怒りや敵対心があるだけであるが、人間の場合、自我が、権力あるいは支配の意向をもって、他の自我に対して意識的に自らを主張するという経験を積む。一般的にいって、個人の中にコミュニティの反応が導入されるようになると、経験における新しい価値、新しい反応の秩序が生ずるようになる。

これまで「I」と「me」の観点から自我について議論してきた。ここでいっている「me」が表象しているのは、コミュニティ内の他者たちを表す諸々の構えの集まりであり、特に、一方でゲームに関して他方で社会制度に関して詳細に議論しておいた際の諸々の反応の編成体である。このような状況においては、有機体個人の側に、いかなる社会的行為にも応答する諸々の構えが編成されていて、一定の集まりとして存在している。たとえば家族の場合にみられるように、いかなる協働的過程においても、個人は、当該集団内の他の成員からの何らかの反応を喚起する。こうなると、これらの他者たちの反応がこの個人において呼び起こされ、その結果、この個人がこれらの反応に応ずる可能性があるわけである。この可能性の度合いに応じて、自我の成立に与っている二つの内容、すなわち、「他者」と「I」を我々は有するわけである。両者の違いは我々の経験のうちに表現されるのであって、いうなれば、他者を認識することにおいて、そして、自分以外の人々のうちに我々自身を認識することにおいて表れる。相手側と我々との関係の中で相手側を認識できなければ、我々は自分自身を認識できない。個人が自分自身を一つの自我として認識しうるのは、当の個人が相手側の構えをとる場合である。

もちろん、我々がいっているのは、有機体の反射のような単なる生体反応とは別の社会的状況のことである。その、いくつかについては、ある人が無意識のうちに自分の周りにいる人々に対して適応する例をあげて、既に論じたところである。このような経験においては、自己意識はない。人が自己意識を獲得するのは、ただ、当人が相手側の構えをとる、あるいは、そうするように刺激を受けていると自覚している場合のみである。この場合、この人は、自身の中で相手側の構えに対応している立場にあるわけである。ここで、ある経済取引状況の中に我々がいるものと想定してみよう。取引相手が我々に何らかの申し出をしているとして、その申し出を受諾したり拒否したりすることで我々が自分の意志を表現しうるのは、そうした相手側の構えを我々がとる場合である。これは、自我が示す反応であるが、無意識的に何かを差し出す場合とは、まったくもって異なる反応である。たとえば、ある少年が宣伝用のビラを我々の腕に押しつけてきたとする。我々は、この少年についても、我々自身についても、はっきりと意識することなく、そのビラを受け取る。我々が心の中で考えていることは、おそらく、別のところにあるだろうが、それでも、受け取る過程は進行していく。もちろん、同じことは幼児の場合にもあてはまる。子供は、自分に近づいてくるものを経験する際、即座にそれに適応するが、このような経験のうちに自我は現れてはいない。

自我が出現するとき、自我にはつねに他者の経験がともなう。〔他者の経験なしに〕単独で成立する自我の経験などというものは存在しえない。植物であろうが下等動物であろうが、自らにとっての環境に反応するが、しかし、そこに自我の経験というものはない。自我が〔対外的・対他的〕経験の中に出現するとき、その自我は自分以外の他者に対峙して出現する。こうした他者が生物としての人間の経験のうちに出現する条件の輪郭については、これまで述べてきたところである。すなわち、協働的活動の中にあって、相手側に喚起するのと同じ反応を個人自身のうちに喚起するような類いの刺激が存在するということである。個人の経験ないし行動様式において、相手側の反応が必要不可欠な要素となるとき、さらにいえば、相手側の構えをとることが自身の行動において必要不可欠な要素となるとき、こうした場合にこそ、個人は自分自身の経験において自我として出現する。こうした事態が生ずるまで、個人は自我としては出現しない。

もちろん、理にかなった社会は、諸々の個人からなる特殊な仲間に限定されるわけではない。いかなる人間も、理性的であるかぎり、理にかなった社会の一員になりうる。我々自身の反応に対するコミュニティの構えは、我々が行っている事柄の意味によって、我々自身の内部に取り入れられる。こうしたことが最も広範囲に生ずるのは、普遍的に妥当する論議において、つまり、理にかなった世界が我々の意見に対して応答する中においてである。意味というものは、コミュニティというものと同じくらい普遍的である。意味は、そうしたコミュニティが有する理にかなった特性に、必ず、深く関わっている。意味とは、我々理性的存在者から構成される世界が、我々自身の見解に対して不可避的に行う反応である。このような過程によって、我々は、対象と自分自身との双方を、経験のうちに持ち込むのである。他者が我々自身の経験のうちに出現するのは、今述べたように組織化され一般化された構えを我々がとるかぎりにおいてである。

もし、ある人が、誰だかわからない人に、道端で出会ったなら、その人が見知らぬ人に示す反応は、同じコミュニティの一員であるかぎりどんな人に対しても示す反応である。この見知らぬ人は、他者、しかも、組織化された一般化された他者といってもよかろう。人は、一般化された他者が自分の自我に対してとる構えをとる。〔道端で出会ったこの二人はぶつかるのを避けるために〕片方が歩く方向を変えれば、もう片方は別の方向へ進んで行くはずである。一方の人は、自身の内部にある構えとして、他方の人の反応を有するわけである。自身の内部にこうした構えがあるからこそ、その人は自我となりうる。以上の事態には、自己意識なしに、いわば本能的に、単に右へ曲がることを超えた何かが含まれている。自己意識をもつためには、人は、自分がこれからしようとしている事態を方向づけるように、自身の有機体のうちに、相手側の構えをもたねばならない。ある人がこのような構えをとる際に、その人自身にとってのその時その場の経験において現れるものが、我々のいう「me」である。コミュニティにおいて自身を維持することのできる、そのかぎりでの「me」こそが、コミュニティ内で認識されるのであるが、それは、この自我が自分以外の他者たちを認識するかぎりにおいてである。以上が、これまで「me」局面ということで私が語ってきた自我の局面にほかならない。

「me」と対比されるのは「I」である。個人には諸々の権利があるだけではない。個人には様々な義務もある。個人は、一市民でありコミュニティの一員であるだけではなく、身振りのやりとりを例にみてきたように、当のコミュニティに反応しつつ、コミュニティに対する反応過程において、コミュニティを変える人間でもある。「I」というのは、自分自身の経験のうちに現れるかぎりでのコミュニティの構えに対する個人の側からの反応である。こうした組織化された構えに対する個人の側の反応は、今度は、この構えを変える。既に指摘したように、これは一つの変化ではあるが、コミュニティの変化が生ずるまで、自身の経験のうちには現れない。「I」が我々の経験の中に出現するのは、想起においてである。我々が成し遂げたことを知るのは、我々が行為し終わった後でしかない。我々が述べた内容を知るのは、我々が語り終わった後においてのみである。我々自身の性向のうちにある組織化された世界に対する適応は、「me」を表す適応であって、絶えずその場で作用している。しかし、組織化された世界に対する反応が、身振りのやりとりという性質を有する反応であることもあるだろうし、この反応が、ある意味で新規な状況を創出する場合もあるだろう、また、人によっては、発生した問題のうち自分の側からみた側面を取り上げ、他者たちに対しては自己主張し、他者たちは自分に対して異なる構えをとっているると言い張る場合もある。このような場合、経験のうちに以前は現れていなかった何か重要な事態が生じつつあるのである。

人がこれから行為しようとする際の一般的条件は、その人の経験のうちに現れるだろうが、しかし、この人も、自分が今まさにどのように反応しようとしているかについては、まだわからない。それはちょうど、科学者が、ある問題を考察しながら、そこから、この先、どのような特別の仮説を展開しようとしているかについては、目下のところ、わからないのと同じである。これまで妥当していた理論に反するような何らかの事態が生じているとしよう。いったい、これを、どのように説明すべきか。たとえば、ある発見がなされたとしよう。それによると、ラジウムが一グラムあれば、ポットの湯を沸騰したままにしておくことができ、しかも、一見したところ、エネルギーをまったく消費しないというのである。ここでは、放射能概念成立以前の物理学理論に反する何かが生じている。こうした事実を目の当たりにしている科学者は、何らかの説明をみつけなければならない。この科学者が提案するのは、たとえば、ラジウム原子が崩壊過程にあり、その結果エネルギーを放出しているということであろう。これに先立つ理論の場合、原子というものは永久不変の事物であって、そこからエネルギーを取り出すなどということは不可能であった。しかし、今や、原子自体が諸々のエネルギーの相関関係をともなう一つの系であると想定されれば、こうした系の崩壊によって、莫大な量のエネルギーに相当するものが放出されるということになる。私が指摘している論点はこうである。科学者がもつ観念は当の科学者の脳裏に浮かんだものといってよいが、そうしたものは、当初は、科学者の精神のうちになかったものだということである。こうした科学者の精神というのは、むしろ、このような観念が出現する過程なのである。何らかの状況下において自分の権利を主張する人は、自身の頭の中で、該当する状況に備えて予行演習をしてきている。この人は、所属コミュニティに対してこれまで様々に反応してきており、ひとたび該当する事態が発生すれば、自身を奮い立たせ、これまでに自分の心のうちにあった何かを語る。だが、自分の権利についてこのようなことを、生まれてはじめて心中で考えたときには、いったい、そのとき、自分が何をしようとしているのか、わからなかったわけである。このような場合には、この人は、自分自身にとってまったく新規な事柄を語ったのである。それはちょうど、科学者が新たな仮説をひらめいたとき、その仮説は、この科学者にとって、まったく新規なものであるのと同じことである。

諸々の構えの編成体に関わっている社会的状況に対して、今述べたような新規な応答がなされるとき、この応答の仕方こそが、「me」と対比的なものとしての「I」を構成する。「me」とは、社会的慣例にのっとっている習慣的な個人のことである。「me」はつねにその場で作用している。「me」には、誰もがもっている習慣、つまり、反応の仕方がなければならない。そうでなければ、個人はコミュニティの成員たりえない。しかし、自分の考えを述べるという点では、個人は、つねに、このように編成されたコミュニティに反応し直している。その際、必ずしも、攻撃的な意味で自己主張しているわけではなく、あくまで、自分の考えを述べているのであって、どんなコミュニティにもみられるような協働的過程内の自分であろうとしているのである。このように考えを述べる場合に該当する諸々の構えは、所属集団から集められる。しかし、様々な構えが自分の中で編成されている個人は、これらの構えを、今までにまったくなかったような〔新たな〕表現で述べる機会がある。

以上のことが明らかにしているのは、そもそも新規なものが出現しうるのかどうかに関する一般的な問いである。もちろん、新規なものは、絶えず現れているのであって、新規なものの認識は、より一般的な用語でいえば、創発という概念で表現されている。創発は、ある再編成をともなう。しかし、再編成というのは、以前にはなかった何ものかをもたらすものである。酸素と水素が一体となることではじめて、水が出現する。その出現以降、水とは酸素と水素の化合物である。しかし、両元素が分離されたままの状態にあっては、水などというものは存在しなかったわけである。創発という概念は、近年の哲学が重要視してきた概念である。〔酸素と水素と水に関して〕数学上の方程式の観点に立ち、両辺の値は絶対的に等しいと考えるなら、もちろん、新規なものは何もない。世界は、単に、この等式を満足させる事態でしかない。XとYに、いかなる値を置こうと、同一の等式が成り立つ。〔そういう意味では〕等式が成立するのは確かであるが、しかし、その場合でも、実際のところ、これまでにはなかった何か別のことが生じているのである。たとえば、一緒に働かなければならない様々な個人からなる集団というものがある。ある社会集団においては、諸々の反応の仕方が編成されて束をなし共通の習慣となったものが、すべての成員のうちになければならない。しかし、様々に異なる個人個人が特殊な環境の下で行為する様式次第では、あらゆる種類にわたる個人個人の違いが生ま

◆20

れ、この違いが様々な人々を特徴づける。こうした人々が、ある共通の仕方で行為しなければならないからといって、これらの人々から、一人一人の違いが失われるわけではない。共通言語というものは、人々がいる場で作用している。しかし、人々が新たに出会うたびに、言葉の使い方は違ってくる。再編過程における新規性という要素は、諸々の個人が所属集団に対して反応することを通じて生ずる。このような再編成は、あらかじめ与えられているわけではない。それは、〔究明すべき〕問題を叙述したからといって、そこに、科学者の推し進める特定の仮説が与えられているわけではないのと同じである。編成された「me」、つまり、ある意味で単にコミュニティの一員としての「me」に対して、個人が反応することこそが、自我の経験における「I」を表象する。

「me」と「I」との相対的価値は、状況に大いに依存する。もし、ある人がコミュニティにおいて自分の財産権を主張するのであれば、その人が当のコミュニティの一員であることが、第一義的重要性をもつ。というのも、その人自身の権利の承認を当人に保証するのは、自分以外の人々の構えを当人がとることだからである。このような状況下で「me」であることは重要なことである。このように「me」であることが、当人に対して、当人の立場を与え、コミュニティの一員であることの尊厳を与える。それは、当人がコミュニティの一員であることによって備わる諸々の価値に対して当人が示す情動的反応の源泉である。「me」であることが、他者たちの経験に参与する際の基礎である。

ときとして、ある状況に対する個我（the ego）あるいは「I」の反応、つまり、自分の考えを述べる様式こそが、最も重要な感情を当人にもたらす。こうなると、人は一定の状況に対して自己主張をするのだが、その際に強調されるのは〔その状況に対する〕反応である。こうした自己主張において要求されているのは、社会的慣行、つまり、既存の規範からの自由である。もちろん、こうした状況が可能であるのは、いわば、偏狭で制約されたコミュニティから一層大きなコミュニティに訴える場合のみである。ここで、一層大きなといっているのは〔地理的大きさのことではなく〕、制約がそれほど厳格ではない権利をもつことの論理的意味のことである。人は、もはや何の意味もない固定的社会的慣行から、当該の権利が公共の名において承認されているようなコミュニティへと訴える。さらに、人は他者たちに訴えるが、その

◆20 Cf. *The Philosophy of the Act*, Part III.

場合、たとえ、その訴えが後世の人々に対するものであろうと、ある想定に基づいているのであって、それは、自分自身の訴えに応答する他者たちからなる編成集団が、必ずや、あるはずだというものである。こうした場合には、「me」と対比的なものとしての「I」の構えが存在する。

「I」という局面も「me」という局面も、ともに、自我が十全な姿で現れるために必要不可欠である。あるコミュニティに所属するためには、人は、集団内にいる自分以外のすべての他者たちの構えをとらなければならない。思考を続けるためには、自身の内部で受け容れた外的な社会的世界を用いなければならない。こうしたコミュニティにおいては理にかなった社会過程が成立しているがゆえに、コミュニティにおける自身と他者たちの関係をとおして、人は市民として存在する。他方で、個人は絶えず社会的構えに反応しており、コミュニティの協働的過程内において、自身の所属するコミュニティそのものを絶えず変えている。こうした変化は、控えめで些細な変化かもしれない。人によっては、いいたいことがないかもしれない。もちろん、長い時間をかければ口に出すにしてもである。とはいえ、一定量の適応と再適応は生じている。我々は、ある人のことを、社会習慣にしたがった個人として語る。このような人の考えは、この人の隣人の考えとまったく同じである。こうした状況下にあって、この人は「me」でしかない。この人が様々に適応するにしても、いわば、無意識のうちに起こる微調整でしかない。このような場合と対照的に、はっきりとした人格をもっている人もいる。こういう人は、組織化された構えに対して、はっきりと違った対応を示す。このような人の場合、「I」の方こそが、経験にとって一層重要な局面をなす。以上みたように「I」と「me」という、絶えず現れる二つの局面は、自我において重要な局面をなしているのである。◆21

第26章 社会的状況における自我の実現

自我の発達に関しては、さらにもっと詳細に述べておかなければならない局面がまだある。自我が発生する社会的状況における、自我の実現である。

これまで議論してきたように、自我は、自ら所属するコミュニティという組織をともなって、本質的に「me」として経験のうちに出現する。もちろん、このような組織は、当の個人にとっての独特の資質と独特の社会的状況によって表現される。この個人はコミュニティの一員であるが、しかし、当のコミュニティの個別の構成員であって、他の誰とも異なる個別の性質と立場を有する。この個人が現在のような人物になっているのは、このコミュニティの一員であるかぎりにおいてである。だが、この個別の個人が生まれる際に素材となっているものがあるにしても、それは自我ではなく、当人が構成員となっているコミュニティ内において他者たちと取り結んでいる関係によるものであろう。このようにして、この個人は自分を現にある自分として承知している。そして、このことは、政治的市民権という点、あるいは、所属集団の一成員資格という点においてだけではなく、反省的思考という観点からみてもいえる。こうした個人は、思

◆21 一般に、心理学者たちは、我々が「知覚」と呼んでいる事柄に関わる過程を取り扱ってはいる。しかし、自我の特性については、ほとんど考慮していない。自我の重要性が心理学の領域に持ち込まれたのは、大部分、病理学者たちを通じてである。〔人格・意識の〕分裂現象は、自我を主要な関心事としてきた。そして、本文で述べたような精神のこのような社会的特性が、どれほど確実に根本的なものであるか、示してきた。人格を構成するものは、集団内で協働的活動に従事する成員たち同士で行われる類いのやりとりにある。このような協働的活動こそが、人間という知性を有する動物を生み出してきたわけである。

想家からなるコミュニティの一員であり、思想家たちの文献を読み、自らも著作活動を通じて思想を公表し、思想家コミュニティに貢献する。この個人が所属しているのは、理性的存在者たる人々すべてからなる社会集団であり、自らと重ね合わせている理性は、不断の社会的やりとりをともなう。個人が所属しているコミュニティで最大のものは、つまり、あらゆる人々をとおして、かつ、あらゆる人々にとって、いたるところに成立しているものは、思想世界それ自体である。個人は、このようなコミュニティの一員なのであって、個人が現にあるとおりの人物となっているのは、このような一員としてである。

あらゆる人々にとっての自我は、社会過程によって、あるいは、社会過程をとおして構成されており、かつ、この社会過程の個人による反映の産物である――反映ということを、より厳密にいえば、むしろ、この社会過程が示しており、かつ、あらゆる自我がそれぞれの自我構造において把握している、そのかぎりでの組織化された行動パターンの個人による反映物である。これは事実であるが、しかし、だからといって、このことが、あらゆる個人の自我は自身に固有の個性つまり自身の独特のパターンを有するという事実と両立不可能というわけではないし、この事実にとって有害というわけでもない。というのも、社会過程内において、個人個人それぞれの自我は、自我の編成構造において当の社会過程全体の行動パターンを反映しつつも、他方で、あくまでも、社会過程内にいる自身に固有の独特な観点から、そうした行動パターンを反映しているからであり、したがって、自我の編成構造において、そうした全体的な社会的行動パターンを反映する場合であっても、当の個人からすれば、同じ社会過程内の当人以外の他の個人が自我の編成構造において反映するパターンとは異なった局面ないしパースペクティヴを反映するからである（それはちょうど、ライプニッツ的宇宙におけるあらゆるモナドが、それぞれ異なった観点から、当の宇宙を映し出し、したがって、当の宇宙について、それぞれ異なる局面ないしパースペクティヴを映し出すのと同じことである）。いいかえれば、経験と行動の人間社会過程内の個人すべてにとっての自我編成構造は、全体としての当該社会過程の相互連関的編成パターンを反映しつつも、このパターンによって構成される。しかし、個人個人それぞれの自我構造は、こうした相互連関的パターンに関して、それぞれ異なった局面ないしパースペクティヴを反映しつつも、これによって構成される。というのも、それぞれの自我は、この相互連関的パターンを、当の自我にとって独特の観点から反映するからである。したがって、個人個人それぞれにとっての自我と自我構造が、社会的起源と社会的構成を共有するからといって、様々な個人の間にみられる個人ごとの広範な違いと多様性を排除するものではないし、個人個人それぞれ実際にもっている独特の、そして、多かれ少なかれ特有の個性と矛盾するものではない。一定の社会ないし社会的コミュニティ内のあらゆる個人にとっての自我は、その編成構造において、当の社会ないしコミュニティが示しまた維持している社会行動編成の相互連関的パターン全体を反映する。そして、自我の編成構造は、このようなパターンによって構成されている。しかし、個人個人にとっての自我それぞれは、自我構造の中で、このパターンの独特で異なる局面ないしパースペクティヴを反映しつつ、しかも、このパターンを示す組織化された社会行動の全過程内において、自身にとって固有の、かつ、独自の立場ないし観点から反映する。すなわち、個人にとっての自我は、それぞれ、様々にして独特の仕方で、全社会過程と関連づけられており、こうした関連において、自我は、諸々の関係について、本質的に独特の関心を占める。そうである以上、個人にとっての自我構造は、このパターンによって構成されるにしても、その構成様式は、自分以外の人々にとっての自我の場合とは異なる。

既にみたように、こうした社会に対して個人は絶えず作用し返す。個人はコミュニティに対して適応するわけだが、その際、あらゆる適応には、当のコミュニティの何らかの変化がともなう。もちろん、こうした変化は極めて重要であろう。ここで、我々が表象しうる最も広大なコミュニティを取り上げてみよう。つまり、いわゆる普遍的論議〔領域〕において表される理性に基づいたコミュニティである。比較的最近になるまで、このような社会の形態は、アリストテレス的世界の形態であった。しかし、アメリカ、イギリス、イタリア、ドイツ、フランスといった社会の人々は、実体と属性というアリストテレス的関係の代わりに多元的関係の論理を導入し、そうした世界の構造を大きく変えた。さらに、ある個人――つまり、アインシュタインのことだが――の側からの〔世界に対する〕反応をとおして、別の根本的変化が世界の形態において生じた。歴史上の偉大な人物は、極めて根本的な変化をもたらす。個人個人の知性の活動を通じて生ずるこのような重大な変化は、単に「me」の側からの働きかけだけでなく、「I」の側からの働きかけを通じて着実に生ずる類いの変化の極端な表現にすぎない。このような変化は、徐々に、そして、多かれ少なかれ、気づかぬうちに生ずる変化である。ある歴史的時代から別の歴史的時代に移行するにしたがって、根本的な変化が生じてきたのを我々は知っている。また、こうした変化は様々な個人の側の働きかけによって生じてきたことも我々は知っている。我々が認識しうるのは最終的な結果だけでしかないが、こうした違いをもたらす重大な変化が生ずるのは、自らが置かれている状況を現実に変えていこうとする無数の個人の意志表明によるのである。もちろん、具体的変化となると、極めて小さいため、我々には見分けがつかない。既に指摘したように、この手の変化をもたらす個我（the ego）ないし「I」が経験において現れるのは、個我や「I」の側からの働きかけが生じてから後のことにすぎない。自分が語ろうとしている言葉を言い終えてはじめて、我々は、自分のことを、当の事態を語った人間として、つまり、この特定の事態について語る特定の自我として、認識することになる。自分が今何をしているのか、知ることになるのは、これから行おうとしていることを成し遂げて以降においてのみである。どれほど注意深く未来を計画しようと、未来は、予見しうる事態とはつねに異なるものになる。このように我々は〔今現在に対して〕絶えず何かをもたらそうとし、何かをつけ加えようとしているのだが、この何かとは、すなわち、我々が自我と一体化している事態であり、しかも、この自我たるや、事をなし終えてはじめて我々の経験レベルに出現するのである。

もちろん、こうした自我が行おうとしている事態を、我々は、ある点では確定できる。我々は〔事に先立って〕あらかじめ一定の責任を引き受けることができる。人は契約を取り結び約束をし、これに拘束される。しかし、状況は変わりうるし、実際の履行も、個人が自分で遂行しようと予期していた事態と異なることもある。だが、人は自分が結んだ契約に拘束される。所属コミュニティの一員であり続けるためには、人は一定の事柄を行わなければならない。いわゆる理性にかなった行動様式という義務の場合、つまり、自然法則、経済法則、政治体制の法規範が成立している世界に対して適応する場合、我々は何が生じようとしているか述べることができるし、自分たちがこれから行おうとしている事柄に対して責任を引き受けることができる。とはいえ、事を行う際に現れる実際の自我は、当の行為の履行を待ち構えている状態にある。こうしてみると、事を行う際に実際に現れる自我は、このように今現在進行中の生きた行為作用なのであり、反省的経験のうちに直接入り込んでくることはない。当の行為が生じて以降はじめて、我々はその行為を想起の中で理解し、さらには、我々が既に行った事態の観点から評価することができる。こうした「I」こそが、我々が絶えず実現しようと試み、実際になされるふるまい自体をとおして実現しようとしているものといってよかろう。人は、事を行う自分自身に先立って、このような「I」を把握することはけっしてない。自分では気づかない自分自身について、ときには、誰か他の人が何事かを教えてくれる。当人は自分自身について確かなことはわからないのであり、自分が他の人々を驚かすのと同じくらい、自分のふるまいによって、自分自身驚くのである。

我々の生命における諸々の可能性、つまり、ウィリアム・ジェイムズが満悦の意をもって示した類いのエネルギーは、我々自身のその時その場の表象を超えたところに成立する自我の様々な可能性である。そのような可能性がいったい何であるか、我々にはわからない。〔だが〕そのような可能性を理解しうるかぎりでいえば、それは、ある意味で、我々にとって予見しうる最も魅惑的な内容である。たとえば、自分自身に備わっている可能性、あるいは、自分自身に備わっていて欲しいと考える可能性を、少なくとも想像において解き放つことによって、我々は恋愛小説や映画や芸術を大いに楽しむ。自分では実行したいのに実際にはできない自我の願望から、劣等感というものは生ずる。いわゆる劣等感から、我々は、このような願望に対して適応する。「I」が有する諸々の可能性は、今現在実際に進行している事態や生じている事態に属するのであって、「I」というのは、ある意味で、我々の経験にとって最も魅惑的な部分である。「I」の場面においてこそ、新規なるものが生ずるのであり、我々にとって最も重要な価値の在処は、このような場面である。我々が絶えず求めているのは、ある意味で、こうした自我の実現である。

このような自我を実現するには様々な方法がある。この自我は社会的自我である以上、他者たちとの関係において実現される自我である。自我に備わっていて欲しいと考える価値そのものをもつためには、自我は他者たちに承認されなければならない。自我がその劣等性を知るのは他者たちとの比較においてであるように、自我は、ある意味で、他者たちに対する優越性よって自らを実現する。優越感は、自分の周りの人々と比べたときの自分自身に即して抱かれるが、劣等感の方は、これとは逆の状況である。人の内面の意識に遡って、自尊心を維持する上で、我々が依存しがちな事態を見つけ出すのは興味深いことである。もちろん、自尊心には深遠で確固たる拠り所もある。人は約束を守り自分の責任を果たす。こうしたことは自尊心の土台となっている。だが、このようなものは、我々が関わるコミュニティの成員ほとんどすべてにおいてみられる特性である。時と場合によっては、失敗することはあるにしても、全体としてみれば、我々はつねに信頼に足る人間である。我々はコミュニティに属しており、我々の自尊心は、自分自身を自尊心ある個人として承認することにかかっている。しかし、これだけでは十分ではない。というのも、我々は、他の人々との違いにおいて、自分自身を承認したいからである。もちろん、我々は経済的にも社会的にも自分に固有の地位をもっており、そのことで群を抜くことができる。我々はまた、ある程度、様々な集団において地位に就いており、そのことで自己確証をえる。だが、こうした事柄の背後にあるのは、概して、他の人々よりも自分の方がうまく事をなすという感覚である。ここで、このような優越感に立ち返ってみるのも極めて興味深いものである。その多くは些細な性質のものであるが、しかし、我々にとって非常に重要である。我々は、事あるごとに、話し方の作法や着こなしの作法といった話題に立ち返り、また、記憶力をはじめ、あれやこれやといった話題に立ち返るかもしれないが、他の人々よりも目立った事柄を話題にするのがつねである。もちろん、我々は直接自慢話をしないように気をつけはする。他人よりも優れたことをできるからといって、それを見せびらかして気をよくしているなどと、ほのめかすならば、実に子供じみている。そんな状況を人にみせないように、我々はたいそう苦心する。だが、その実、我々は大いに満足しているのである。子供にあっては、また、未開のコミュニティにあっては、こうした優越感は自慢され、これを誇りに思う人もいる。だが、我々の時代の先進的な集団においてさえ、自分の自我を実現するのに不可欠な方法として、このような優越感がみられる。こうした優越感は、利己的な、あるいは、自己中心的な人間の表現と呼ばれるものと同一視することはできない。人間にあっては、金銭や努力の問題となると、ごく普通の人が好むように、嘘偽りはないし、また、他人の成功を認める上でも、嘘偽りはないし、それを享受するといってよい。しかし、そうだからといって、自分の能力を享受できなくなったり、自身の成功から自分だけの満足感を得られなくなったりするわけではない。

こうした意味での優越感は、必ずしも、不快なタイプの自己主張的な性格を表しているわけではないし、こうした人が、自分を人より高い地位に就かせるために、他の人々を低く見積もりたいというわけでもない。ごく控えめにいえば、これは、外見上、ややもすれば、自己実現がとりやすい形である。だが、我々誰もが認めるように、こうした形は単に嘆かわしいだけでなく、道徳的にみて多かれ少なかれ軽蔑に値すると、我々は誰もが認めている。しかし、人には、ある要求、変わらぬ要求というものがあって、自分の周りにいる人々よりも何らかの意味で優位に立って、自分の自己を実現したがるのである。このような要求は、私が今述べたような状況においては、ますます、はっきりと現れるのであって、こうした状況は、説明するのが最も難しい事態である。他人の不幸には、とりわけ、有名人について知られた不幸には、ある種、蜜の味のようなところがある。こうした蜜の味は、我々がゴシップと呼ぶ出来事において、悪意のある噂話においてさえ、表現される。これに対しては、我々は用心しておかなければならない。我々は、ある出来事を、本当の悲しみをもって語るかもしれない。とはいえ、それが、自分たちに起こったのではなく、誰か他の人に起こったことである場合には、ある種の喜びがある。

これは、自分以外の誰かがつまずいたときのおかしさに夢中になるのと同じ態度である。このようなおかしさには、みている自分たちは、起き上がるために一苦労する必要がないという、ある種の解放感がある。これは、我々が自己意識と呼ぶものの背後にあるもので、直接出てくる反応である。直接出てくる反応のおかしさは、他人の苦しみを喜ぶ際に、必ず現れるわけではない。ある人が本当に足の骨を折れば、我々はその人に同情しうるが、しかし、その人が這い回っているのを目にすれば、結局のところ、おかしかったということになる。これは、多少なりとも、個人と相手との同一視というものがある状況である。我々は、いわば、この人と一緒につまずき始め、この人がつまずいてしまった後に、立ち上がり始める。笑いについての我々の説からいえば、人がつまずいてしまう状況では、思わず自分の身体を支えてしまうものだが、笑いとは、そうしたその時その場の性向から解放されることなのである。我々は、自分自身を相手と同一視し、この人の身構えをとる。つまずいた人の身構えには、立ち上がろうとする涙ぐましい努力がともなうが、みている我々としては、そうした努力をする必要はない。こうした涙ぐましい努力をしないで済むという解放が、笑いとなって表れるのである。笑いというのは、いわば、つまずいた人にとっての状況下で行われる「I」の反応様式である。みている個人は、つまずいた個人が立ち上がるのを手伝おうとするが、しかし、この反応の中には、ある要素があって、そこには、歩道でつまずいて倒れてしまった人に対して優位に立っているという気持ちが表れていたのである。こうしてみると、先のような笑いにまつわる一般的状況は、身体に関わる状況においてみられるだけでなく、コミュニティにおいても同じようにみられる。コミュニティにあっては、人は失態を演じてしまうのであって、我々は、この人に対しては、先の場合と同じようなおかしみと優越感をもつ。

このような事例において、私が明らかにしたいのは、「I」という素朴な構えと、「me」という、もっと洗練された構えとの違いである。人はまったく適切にふるまい、笑いたくなるのをこらえ、つまずいて倒れ込んだ人を、すぐにでも手助けしようとする。この状況を享受する「I」とは対照的に、「me」という社会的な構えがある。だが、「I」としては、おそらく、ある種、害のない仕方で、この状況を面白おかしく過ごすことだろう。ここに悪意はまったくない。もっと深刻な類いのスキャンダルや窮地を求めて、ある種の満足感に浸るような状況においてさえ、優越感をともないはしても、しかし、悪意があるわけではない構えというものがある。我々は、口に出すことについては非常に注意するかもしれないが、それでも、このような状況下では、何らかの意味で、優越感を抱いている自我の構えがある。我々は、これまで、このようなとりわけ厄介なことを行わずにいるのであり、むしろ、これまで、避けてとおってきたのである。

優越感は、自らを所属集団と一体化している自我のうちにあると、増幅される。これが愛国心となると、優越感は厄介なものとなる。愛国心にあっては、これまで述べてきたような状況では、まず、許容されることのないような優越感の主張が正当化されてしまう。他国民に対する自国民の優位性を主張することは真っ当だと完全に思われてしまうし、自分たちの国を構成する人々のふるまい方において優れた価値を明らかにするために、他の国々の人々のふるまい方に対して否定的なレッテルを貼ることも、まったく妥当であるようにに思われてしまう。それはちょうど、政治や宗教においても、ある党派をそれ以外のすべての党派に対して優位に扱うのが妥当であるのと同じように、確かである。これは、古き時代、つまり、宗教戦争の時代におけるナショナリズムの排他的表現に取って代わったものである。人は、他の集団よりも優れた集団に属していたし、自信をもって自説を主張したが、それは、神は我らの側にありと思っていたからである。こうした状況において我々が見て取るのは、この類いの優越性、つまり、自己意識に適合的で、かつ、ある意味で、自己意識にとって不可欠にみえる優越性が、一見したところ、まったく妥当であるようにみえる状況である。もちろん、こうした優越性は、ナショナリズムや愛国心に限定されない。我々はみな、自分の所属集団は、他の集団よりも優れていると信じている。集団仲間以外の他の人や他の集団相手には話せないゴシップ話であっても、これが、集団仲間内であれば、我々は集まって興ずることになる。もちろん、指導者の優位性ということも、それなりに役立つ。というのも、我々の間で高い地位を有する人々にとっての熱狂は、集団を組織化する上で役立つからである。だが、全体としてみると、我々が依拠する共通認識は、仲間以外の他の人々は、我々に比べて見劣りするというものである。

集団の優越感は、当の集団の組織編成〔の度合い〕によって説明されるのが一般的である。過去において様々な集団が生き残ってきたのは、共通の敵に対して団結してきたかぎりにおいてである。こうした集団が存続しているのは、共通の敵に対して一致団結して対処してきたからである。適者生存の観点からすれば、以上が、最もうまく組織化されているコミュニティの説明である。確かにこれが最も容易な団結の方法であり、それが適切な説明であるといえるかもしれない。

ある人が正真正銘の優越性をもっているのであれば、それは、はっきりとした職務の遂行に基づく優越性である。ある人が優れた外科医であり、あるいは、優れた法律家であれば、このような人は自分の優越性を誇りに思うことができる。だが、これは、あくまで、自分で活かしている優越性である。この人が、自分の所属するコミュニティにおいて、実際に優越性を活かしているのであれば、そこには、他の人に対して自分の優越性を鼻にかけているだけの人のことを考える場合に思い浮かぶ利己主義的な要素はない。これまで強調してきたのは、優越感のうち利己主義的ではない局面である。その理由は、我々自身の経験において、我々は、こうした点を覆い隠すことがときどきあるからである。しかし、優越感が職務能力上の表現に変われば、それは、まったく正当となるばかりでなく、自分が生きていく上での状況を変える方法でもある。我々が事態を変える際に用いるのは、他の人々にはないが自分にはある能力である。このような能力こそが我々を有能にする。差し迫った際の構えというものは、優越感、自分の自我を維持する感覚をともなうものである。優越性というのは、目指そうとして視野に据える目的ではない。それは、自我を維持するための手段である。我々は他の人々とは違うことを示さなければならないのであり、それを成し遂げる方法は、他の人々にはできない、あるいは、うまくできない何事かを行うことである。

さて、自分自身の特性という点で自我を維持し続けることができるということは、何か魅力的なことである。このことを、自慢ばかりする人間にみられるような露骨な方法で単純に受け取るなら、自我を維持する過程は、下品で醜悪な側面を人目にさらすことになる。だが、この過程が、自ら維持する職務能力へつながる表現であれば、そのような性質はなくなる。これはナショナリズムという表現の究極の帰結であると我々は考えている。国家は、専門家がそうしているように、職務能力において自らを表現できなければならない。国際連盟には、このような組織の端緒がある。一つの国家が、様々な国家からなるコミュニティの一員としてなすべきことを認識する。国際連盟による委任統治制度でさえ、少なくとも、統治国家側の統治行動に対して、機能能力上の側面を強調しているのであって、単なる軍事力の表れでしかないような側面を強調しているわけではない。

第27章 「me」と「I」の貢献

これまで、自我の異なる局面として「I」と「me」とを区別しようと試みてきた。「me」とは、自分以外の他者たちの組織化された構えに相当する。このような構えを我々の方も明確にとり、かつ、その帰結として、このような構えは、自己意識的性質を有するかぎりでの我々自身の行動様式を確定する。こうしてみるなら、「me」は「I」の形態を作るものとみなされるかもしれない。新規なるものは、「I」の作用において生ずるが、しかし、自我の形態は、社会的習慣として確立されている形態である。

こうした社会習慣的な形態は最小限に縮小されることもある。芸術家の構えには、芸術上の創作があるわけで、斬新でなければならないという原理が極限まで強調される。社会習慣化されていないことへのこうした要求は、現代芸術において特に顕著である。ここでは、芸術家は因襲を打破するものと想定されている。もちろん、こうした構えは、芸術家の役割に本質的なものではないし、公然といわれるほどに極端な形で生ずることは、まずおそらくない。ここで過去の芸術家を取り上げてみよう。古代ギリシアの世界において、芸術家は、ある意味で、最高の職人であった。彼らが行うべき事柄は、英雄的人物や神々の描写、神殿の建立として、多かれ少なかれ、共同体によって定められており、自分たち自身によっても受け容れられていた。このような芸術上の表現行為にとって不可欠なものとして、明確なルールが受け容れられていたわけである。とはいえ、こうした芸術家は、芸術家同士を区別すべく、表現行為の中に独創性を持ち込んでいた。芸術家の場合、従来の型にはまることなく自由なことが強調され、つまり、「me」の構造の中にない事柄が強調されるわけであるが、これは、おそらく、可能なかぎり、推し進められる。

同じような強調は、ある種のタイプの衝動的なふるまい方にも現れる。衝動的なふるまい方というのは、方向づけられることのないふるまい方のことである。「me」の構造は、ここでは「I」の発現〔様式〕を確定することはない。ここで、フロイト派の表現を用いるなら、「me」とは、ある意味で、検閲官である。「me」は、生じうる類いの表現を確定し、舞台を設定し、合図を出す。衝動的ふるまい方の場合、このようにその場の状況に関与している「me」の構造が、ふるまいに対して方向づけを与えることは少しもない。たとえば、自己主張する状況というものを取り上げてみよう。ここでは、他の人々に比べて自己主張ばかりしているものとする。さらに想定しておけば、情動ストレスがひどく高ぶってしまい、本来きちんとしたふるまいを遂行すべきところ、品位ある社会のしきたりが崩れており、そのため、当の人物が暴言を吐いているものとする。このような状況下にあっては、「me」のありようは、当の状況によって確定される。もちろん、一個人が自己主張してかまわない領域というものがあり、また、一定限度内であれば、自己主張する権利もある。しかし、情動ストレスが昂じてしまい、限度というものがまったくみられず、おそらく暴言を吐くといっていいほど、個人が我を張りとおしている場合を考えてみよう。この場合、「me」と対比して、「I」の方が支配的な要素となっている。通常の状況と考えられている場合であれば、個人が行為する様式は、所属集団内の他者たちの構えをとることによって確定される。だが、もし、この人に、人々と意見が衝突するような機会の経験もなく、子供のように他の人々と親しくふれ合う機会もなければ、その結果生ずる状況は、この人の反応がまったく抑制のきかないものとなる。

社会的な方向づけ[22]は、「I」の発現〔様式〕とは対比的な意味で、「me」の発現〔様式〕である。社会的な方向づけとは、制限を設けることである、つまり、確定基準を与えて、「I」が「me」を、いわば、すべての人にとっての関心事業の遂行手段として用いることができる

◆22 社会的な方向づけに関しては、以下参照。"The Genesis of the Self and Social Control," *International Journal of Ethics*, XXXV (1924-1925), 251ff.〔本書第I篇第3章〕; "The Working Hypothesis in Social Reform," *American Journal of Sociology*, V (1899-1900), 367ff.; "The Psychology of Punitive Justice," *ibid*., XXIII (1917-1918), 577ff.

ようにするものである。人々が、こういった類いの組織化された発現〔様式〕の範囲外に置かれると、社会的方向づけをまったく欠いた状況が生じてしまう。フロイト派にみられる多かれ少なかれ現実離れした心理学において思想家たちが取り扱っているのは、性生活、あるいは激情的な形をとった自己主張である。しかし、正常な状況は、社会的に確定した状況下における個人の反応をともなう状況でありながら、個人の側が、「I」として、自分自身の反応を向ける状況でもある。この場合の反応とは、個人の経験においては、自我と同一視される表現である。このような反応によって、個人は、制度化された個人よりも上位に置かれることになる。

既に述べたように、制度とは、結局のところ、我々すべてが、自身のうちに持ち合わせている諸々の構えの編成体にほかならない。つまり、自分以外の他者たちが身につけた諸々の構えの編成体であり、このように編成された構えが、行動様式を方向づけ確定するのである。ところで、制度化された個人とは、個人が自分なりの仕方で自分の考えを表現する際の手段である、あるいは、手段のはずである。というのも、個人による自己表現は、自我にとって必要不可欠でありながらも自我から生ずる諸々の価値において、自我と同一視されるものだからである。このような価値が自我から生ずるといっても、それは、こうした価値に利己主義的な特質を帰することではない。というのも、我々が先に言及した正常な状態においては、個人は、共通の取り組みに貢献しているからである。ファインプレーをする野球選手は、自分が所属するチームの野手に要求されるプレーをしている。この選手は自分のチームのためにプレーしているわけである。たとえば、外科医が、超絶技巧といえるような手術を施し、挙げ句の果てに患者を死なせてしまう場合のように、人によっては、もちろん、スタンドプレーをする、つまり、チームが勝つことに貢献するよりも、ファインプレーをみせることの方に強い関心がある場合もあるかもしれない。しかし、正常な状態において、個人の貢献が表現されるのは、当人の行為に関与する社会過程の中においてであり、したがって、自我に価値があるとしたところで、利己主義や自己中心主義をともなうことはない。これと正反対の状況というものがあって、そこでは、自己表現するために、自我は、ある意味で、所属集団や所属社会を利用し尽くすことになる。こういった状況は、自己満足のために集団全体を悪用するような、いわば、偏狭な自我を作り出してしまう状況である。それでも、こうした自我が存在することでさえ、社会的な出来事である。我々は、利己的な人と衝動的な人とをはっきりと区別する。むきになって人を殴る人は、おそらく、それほど利己的な人ではない。このような人は、必ずしも、自分の利害のために、ある状況に乗じるような人ではない。自分を利するために、事に乗ずる人の場合に関わっているのは、偏狭な自我であって、自分が成員となっている社会集団全体に自我を関連づけることはない。

自我に固有の自己表現には、疑いなく、価値がともなう。そして、自我に固有のものとは、自我が我がものとするものである。とはいえ、こうした価値の在処は、社会的状況なのであって、価値は社会的状況を離れては存在しない。価値が成立するのは社会的状況においてのみであるにしても、価値とは、状況に対する個人の貢献である。

我々が求めているのは、確かに、自己表現であるような類いの表現である。束縛されていると感じるときには、個人は、ある状況が必要であることを認識する。その状況とは、自分が、単に社会習慣化された「me」であるだけでなく、社会的な取り組みに対して、自ら貢献する機会があってしかるべきであるという状況である。決まり切った仕事をする人の場合に生ずるのは、機械に対する反動であり、さらに生ずるのは、要求が定型的な仕事であっても、社会過程全体においてふさわしい場所に収まってしかるべきであるという要求である。もちろん、定型的な仕事を行う場合であっても、そこに関わるものとして、精神的にも肉体的にも決定的に重要な健康というものが一定程度ある、つまり、人生にとって必要不可欠な役割がある。自分の貢献度がごくわずかしかなく、多かれ少なかれ機械的なやり方でなされる何らかの過程を、極めて巧みに成し遂げることができ、また、そうであるがゆえに、この手の過程を遂行するのに、よりよい状況にいるとわかっている人もいる。ジョン・スチュアート・ミルのような人は、一日のうち一定時間、決まり切った仕事を続け、残りの時間で独創的な仕事に没頭することができているわけである。一定程度の定型的な仕事を行えない人というのは、健全な個人ではない。個人の健康にも社会の安定にも、かなりの程度、そうした定型的な仕事が必要となる。機械産業に対する反動は、定型的な労働に従事する時間を制限すべく、要求しているだけであって、そうした時間をすべて廃止することまで、要求しているわけではない。とはいえ、この点を考慮しても、個人が自己表現しうる何らかの方法がなければならない。この種の表現を行える状況こそが、特に貴重であると思われる。つまり、個人が、一人で何かを行うことができる状況であり、自分自身で物事をじっくり考える機会があれば、自ら責任を果たしつつ、自分なりの方法で事を成し遂げる状況である。当面の「me」の構造によって、個人がその種の自己表現のための機会を手にするような社会的状況は、最も刺激的で満足のいく経験の一部をもたらす。

こういった経験は、堕落をともなう形で起こるかもしれないし、今まで以上に高い価値の出現をともなう形でも起こるかもしれない。暴徒がもたらす状況においては、「me」の方が暴徒となって、通常以上に暴力的な類いの衝動的表現をひたすら支持し強調する。こうした傾向は、人間の本性に深く組み込まれている。〔たとえば〕殺人物語において、病める者の「I」に、いかなる役割が当てられているかをみると、驚くべきものがある。もちろん、物語自体においては、興味関心の焦点となっているのは、殺人犯を追跡して捕らえることである。しかし、そのように殺人犯を追い詰めることで、人は、未開社会のコミュニティにみられる仇討ちの考え方を思い起こすことになる。殺人物語では、誰もが認める悪党がやっつけられ、追い詰められ裁きを受けることになる。こうした表現にともなうのは、自我の堕落であるかもしれない。祖国防衛をめぐる状況においては、暴徒の態度がはびこるかもしれないし、道徳的に崇高な態度が広がるかもしれない、どちらになるかは個人次第である。自由奔放にふるまってかまわない状況、つまり、「me」の構造自体が「I」に活躍の機会を与える状況は、自己表現にふさわしい状況である。先に言及した状況は、ある人が友達とすわっていながら、その友達とは別の人のことを考えていると素直に語る場面であった。このように、自分の思うままにふるまう場合には、満足感がある。他の状況であれば、まず、口にしそうもなければ、思うままに任せることもないようなことが、ここでは、当然のごとく口から出てくるわけである。この人と同じように考える集団に加われば、本人も驚いてしまうようなことさえ、人はしでかす。今みたような状況下の「me」は、当の社会的関係によってはっきりと作り出されている。さて、こうした状況によって、思わず衝動的な表現をしてしまう場合、その場に固有の満足感をえる。それが、高級であろうが低級であろうが、満足感の源泉は、当の社会過程の中で「I」の表現に帰されている価値なのである。

第28章 創発的自我の社会的創造性

これまで議論してきたのは、自我にまつわる諸々の価値、とりわけ、「me」に関わる局面とは対比的に、「I」に関わる局面にまつわる様々な価値であった。「me」は、本質的に、ある社会集団の一成員であり、それゆえ、当の集団の価値、つまり、その集団が可能にする類いの経験を表している。こうした価値は、社会に属する価値である。ある意味で、このような価値は最高の権威をもつ。それは、何らかの点で極端に道徳的で宗教的な諸条件の下では、全体のための自己犠牲を動員する価値である。こうした構造をもつ事態というものがなければ、自我の存続は不可能となる。これは、外見上のパラドクスを生み出す条件である。つまり、全体が自我としての個人自身の生命を可能にするというのに、この全体のために個人は自分を犠牲にする条件である。社会集団の中にいなければ個人の意識は存在しえないのと同じように、自己実現過程においてある種の自殺を必然的にともなうような条件の下では、個人は、ある意味、進んで生きようとはしない。こうした状況とは対照的に、先に言及しておいた価値は、「me」よりもむしろ、とりわけ「I」に帰せられる価値、つまり、芸術家、発明家、発見の最中の科学者が、その場で直面している構えにみられる価値であり、さらに、一般的にいえば、計算も不可能な「I」の行為にみられる価値であり、社会の再編をともなう行為、したがって、この社会に属する「me」の再編をもともなう行為にみられる価値である。「I」にみられるのは、経験のこうした局面であり、「I」に帰せられる価値は、この種の経験自体に属する価値である。こうした価値は、芸術家、発明家、科学上の発見者に固有のものではなく、「me」に応答する「I」がある場合に、あらゆる自我が経験する事態に属する。

「I」の反応には適応がともなうが、この場合、適応とはいっても、あくまで、自我に影響を及ぼすだけでなく、自我の構成に資する社会的環境にも影響を及ぼす適応である。すなわち、ここでいっているのは、進化論の観点を意味するのであって、個人は自身の環境によって影響を被るだけでなく、自身の環境に影響を及ぼす。初期の時代に共有されていた進化論の説明が想定していたのは、単に、有機体として生きている原形質に対する環境の影響であって、ある意味で、生存していかなければならない世界に対して、原形質を合わせて作り上げるというものであった。この見解に立つなら、個体に対して絶えず作用している影響とは対照的に、個体の方は実際には受動的である。だが、今日において認識する必要があるのは、有機体の特性がその環境を決定する要因となっているということである。我々は、ありのままの感受能力を、それ自体で存在するものと語るが、この場合に忘れられているのは、感受能力は、つねに、ある種のタイプの刺激に対する感受能力であるということである。生命個体は、その感受能力に即して、ある環境を選択する。ここでいっている選択とは、たとえば、居住のために、ある人が、ある都市、ある国、ある特定の気候を選択するという意味で、選択するということでは必ずしもない。そうではなくて、選択するということの意味は、生命体が、自ら反応しうる環境上の特性を見出し、有機体にとって生命過程の維持存続に必要不可欠な何らかの結果を得るために、そうした結果をもたらす経験を使用するという意味である。それゆえ、有機体は、ある意味で、目的と手段の観点から、自らの環境を表示しているのである。こうした類いの環境の確定は、もちろん、生命体に対する環境の影響と同じように、実在的なものである。生命体が、環境の中でも祖先には対処不可能であった一部分に対処しうる能力を発達させると、それがどのようにして生じようと、その度合いに応じて、自らにとって新たな環境を作り出したことになる。牛が草を食物として消化しうる器官をもっていれば、その牛は、〔以前に比べて〕新たな食物を加えることになるのであり、こうして新たな食物を追加することにおいて、以前は食物でなかったものが、今や食物となる。その生命体にとっての環境は増大したことになる。有機体は、実際のところ、自らの環境に対して限定的である。こうした状況は、作用と反作用がある状況であり、生命体を変質させる適応は、環境をも変質させるにちがいない。

ある環境に対して人間が適応していけば、その人は、〔今までとは〕異なった個人となる。しかし、今までとは異なった個人となることにおいて、この個人は、自らが生存するコミュニティに対して影響を及ぼしたことになる。それはわずかな影響かもしれないが、しかし、既に自ら適応しているかぎりにおいて、当の適応は、自ら反応しうる環境のタイプを変えてしまったことになり、したがって、その世界は、今では異なる世界となっている。個人と、その個人が生活しているコミュニティとの間には、つねに、相互の関係性がある。通常の条件の下では、我々がこうしたことを認識するのは、比較的小さな社会集団に限定される。というのも、ここでは、ある程度、組織の特性を変えることなしには、個人は当の集団に参加できないからである。当の個人が集団内の人々に適応するのと同じくらい、人々はこの個人に適応しなければならない。これは、この個人の周囲に働く力によって、個人自身を型にはめるようにみえるかもしれないが、しかし、社会の方も、同じように、この過程を通じて変わっていくのであり、ある程度は、今までとは異なる社会となる。こうした変化は望ましいものであるかもしれないし、望ましくないものかもしれない。だが、いずれにせよ、こうした変化は不可避的に生ずる。

コミュニティに対する個人のこうした関係が顕著になるのは、我々が精神を獲得し、精神の出現によって、今までよりも広範な社会が、際立って異なる社会となるときである。偉大な精神と偉大な人格を持ち合わせた人々は、それまで自分たちが反応してきたコミュニティを著しく変質させてきた。このような人々のことを、それだけで、我々は指導者と呼ぶ。しかし、こうした人々が行っているのは、せいぜい、自分をコミュニティの一員にしている一個人、つまりは、コミュニティに所属している一個人によってもたらされたコミュニティ内の変化を、幾重にも累乗しているだけのことである。◆23 偉大な人物というのは、コミュニティの中にあって、そのままの自分

◆23 天才の行動は、ごく普通の個人の行動とまったく同じように、社会的に条件づけられている。天才が成し遂げる成果は、社会的刺激の結果であり、あるいは、そうした刺激に対する反応である。これは、ごく普通の個人の達成成果の場合とまったく同じである。ごく普通の個人の場合とまったく同じように、天才が自らに応答し返すのは、自ら所属する社会集団組織の観点からであり、また、いかなる事業であれ、自ら関わることになっている事業に対して当の集団が示す構えの観点からである。さらにいえば、天才は、こうした集団が示す一般的構えに対しては、自分自身の明確な構えをもって反応する。それは、ごく普通の個人の場合とまったく同様である。しかし、所属集団の一般的構えに対して反応する際のこうした明確な構えは、天才の場合、独特であり独創的である。他方で、ごく普通の個人の場合には、そうではない。ある一定の社会的な状況あるいは問題あるいは事業によって自らの行動が条件づけられているという点では、天才もごく普通の個人も変わるところはないが、それでも、こうした状況や問題や事業に対して天才が示す反応の独自性と独創性こそが、天才とごく普通の個人とを分かつのである。

でありつつ、そのことによって、当のコミュニティを〔これまでとは〕異なるコミュニティにした人々のことである。偉大な人物は、自分の属するコミュニティを、拡大し豊かにしてきたのである。歴史上偉大な宗教家といっていいような人物は、自分もコミュニティの成員でありつつ、コミュニティ自体の可能な規模を無限に拡大してきた。イエス・キリストは、寓話の中の同胞の言づてのような叙述において、コミュニティ概念を家族の観点から一般化した。当該コミュニティの外部にいる人であっても、そのコミュニティに対しては、一般化された家族という構えをとるだろうし、そうすれば、自らとそのような家族的関係を取り結んだ人々のことを、自分の所属するコミュニティの成員、つまりは、普遍的宗教によってつながれたコミュニティの成員と考える。個人の構えをとおして当該コミュニティが変わっていくことは、もちろん、歴史的にみて、印象的にして感動的なものとなる。このような変化によって、当初は個々ばらばらであった個人個人も、象徴的な人として傑出することになる。こうした人々は、〔新たな〕人としてのつながりにおいて、新しい秩序を表し、それゆえ、当初のつながりの拡大の流れにそって十全に発達すれば存在することになるコミュニティを表象することになる。新しい考え方が、偉大な個人たちを通じて生み出され、そのことが、こうした個人にとっての棲息環境を途方もないほど拡大させる構えを生み出す。所属コミュニティ内の誰であろうと、その人と同胞である人は、当の集団を超えた広い社会の一成員であり、そうしたコミュニティの中で生きる度合いに応じて、そのような広い社会の創出に与ってきたのである。

「I」が置かれている状況に対して、「I」としての個人がこのような反応することにおいて、重要な社会的変化は生ずる。こうした変化のことを、我々はしばしば、ある種の人々の個人的な天分の現れと語る。芸術家、科学者、政治家、宗教的指導者として偉大な人物、つまりは、自分たちが属する社会に対して、新たな社会を創造するほどの影響力をもたらす人々が、いったいいつ現れるのか、我々にはわからない。天才というものをはっきりと定義しようというのであれば、私が先に述べた類いの事柄、計算不可能な特質に立ち返ることになろう。すなわち、個人が自ら当該コミュニティの一員になることによって、個人の側から環境を変革するという事態である。

我々が述べている類いの個人が登場するときには、つねに、拠り所となる点があるのであって、潜在的には生まれてはいるが十分には語られてはいないような社会あるいは社会秩序の新たな形態に即して登場するのである。

たとえば、キリストや仏陀のような宗教上の天才、あるいは、ソクラテスのような思慮深いタイプの天才を取り上げてみよう。こうした人々に独特の重要性を与えているのは、〔自ら属する社会よりも〕広い社会に即して、生きていく上での構えをとってきたということである。そうした広い状態は、自分たちが住むコミュニティの制度のうちに、潜在的には多かれ少なかれ既に示されていた状態であった。こうした個人は、コミュニティの偏見といってもいいような見解からは逸出している。しかし別の意味でいえば、こうした人は、他のいかなるコミュニティよりも、コミュニティというものの原理を完全に表現している。それだからこそ生ずる状況というものがあるのであって、たとえば、自分自身の考える社会の原理を言葉で示す天才が処刑されるという事態である。アテナイ人の場合には、理性の原理を示した廉によって〔ソクラテスが〕、ヘブライ人の場合には、完全な同胞愛を示した廉によって〔キリストが〕処刑されたのである。我々が天才と呼ぶ人とは、こういった類いの人物のことである。芸術的創造の領域においても、同様の状況がある。芸術家もまた、自ら属する社会よりも広い社会に応答する広範囲にわたる情動的表現を象徴する作品内容を世に問う。我々が自分たちの住むコミュニティを今までとは異なったコミュニティにしていく度合いに応じて、我々はみな、天才に必要不可欠なものを手にするのであり、その影響が深遠であるなら、この必要不可欠なものは、天才になるのである。

「I」が示す反応は、社会的状態の劣化をともなう過程であるかもしれないし、一層高次の統合をともなう過程であるかもしれない。群衆を例にとって、その様々な表現行為をみてみよう。群衆とは、個人個人が相互に関係し合う中で成立してきた何らかの価値を排除する組織である。さらにいえば、自らを単純化する組織であり、そうすることで、個人に、とりわけ抑圧されてきた個人に、他の状況では許されないような表現を、あえてとることを可能にする組織である。こういった個人の反応が生じてしまうのは、社会構造自体が実際に劣化しているからであるが、しかし、このことは、こうした条件下で生ずる個人にとって身近な価値を取り去るものではない。この個人は今みたような状況から自分の情動的反応を得ているわけだが、それは、暴力的な表現を顕わにして、他の人が皆行っていることを、自ら行っているからである。コミュニティ全体が同じことをしているのである。かつて存在した抑圧はなくなっており、個人はコミュニティと一体化し、コミュニティは個人と一体化している。もっと平凡な性質の事例であれば、周囲の人々との個人的な関係のうちに見て取れる。我々の礼儀作法というのは、人々の間のやりとりを仲立ちする方法であるのみならず、お互いに対して自分を守る方法でもある。礼儀作法に則ることで、自分を周りから切り離し、自分が他の誰からも触れられないようにする人もいるだろう。礼儀作法が提供しているのは、人々同士を、つまり、知っているわけでもなく知りたいわけでもない人々同士を、それぞれ遠ざけておく方法である。我々はみな、こういった類いの過程を利用する。しかし、ときには、あえてお互いをよそよそしくしておくような作法からはずれる場合もある。自国であればほとんど会うのを避けるかもしれない人であっても、遠く離れた外国であれば、我々はその人と会って、腕も折れんばかりに抱きしめる。他の国々と敵対関係にある状況にあっては、気分が極めて高揚することになる。我々はみな、共通の敵を前にして一体化するように思える。国内の障壁はなくなり、一つの企てを共有することで、我々とともに立ち上がる人々とは、社会的な仲間意識をもつようになる。同じことは選挙運動においても生ずる。選挙期間中であれば、自分たちが属する特定の集団の成員の誰に対しても、我々は歓迎の意を示し、ときには、タバコの一本も差し出す。こうした状況下では、我々はある種の遠慮をやめてしまう。つまり、遠慮することで、濃密なつきあい経験から事実上遠ざかっていられるのに、これをやめるのである。人によっては、礼儀作法がよいために、その犠牲となることもある。礼儀作法は人を守るだけではなく、人を包み込む。しかし、我々が述べてきた状況の下では、人は自分の殻から抜け出し、そうすることで、自分が以前所属していたコミュニティよりも広いコミュニティの明確な一員となる。

このように拡大された経験は、多大な影響を及ぼす。改宗した人が新たに経験するのは、こういった類いのものである。それは、コミュニティに対する帰属感であり、同じ集団に属する無数の成員と親密な間柄にあるという感覚である。こういったことが、改宗の際に時折みられる極端な熱狂の背後にある経験である。こうした人が、教会の普遍的なコミュニティに加わってきたのであり、その結果生ずる経験が表現しているのは、その人の自我が当のコミュニティ内の誰とでも一体化しているという感覚である。愛の感覚があるかどうかがわかるのは、たとえば、ハンセン病患者の足をきれいに洗うといった行動によってである。一般的にいえば、自分の属するコミュニティから最も隔たったところにいる人を探し出し、一見卑屈にみえるほど身を捧げ、自らの自我をこの個人と完全に一体化することによって、愛の感覚があるかどうかわかる。これこそが、障壁を打破する過程なのであり、そのことで、個人は、すべての人の兄弟となる。中世の聖者は、インドの宗教技法がそうしたように、自らを生けるものすべてと一体化する方法を編み出した。このように障壁を打破することで、万感の思いがわき起こることとなる。というのも、そのことで、長いこと抑圧され自由を奪われてきた人々と接触する可能性が解き放たれ、無数の交流が開花することになるからである。個人は、そのような新たなメンバーになるべく一歩を踏み出し、一体感を経験し、そうすることで、新たなコミュニティの全成員にとってふさわしい価値を受け容れるようになった。

こうした経験は、もちろん、測り知れないほどの重要性をもっている。我々は、コミュニティの中で、いつも、こうした経験を利用する。国家間の相互関係を維持する手段としては、我々は敵対的な構えを公然と非難する。我々が思うのは、武力行使と外交上の駆け引きの方法を超えるべきであり、国家相互間関係については、ある種の政治的関係に達するべきだということである。すなわち、それぞれの国家を互いに、共通のコミュニティのメンバー同士とみなしうる関係であり、したがって、自らの見解を主張する際は、敵対的構えにおいてではなく、共通の価値によって行えるような関係である。これこそ、我々が国際連盟の理念として打ち立てたものである。だが、忘れてはならない。我々が自分たちに固有の政治制度をあれこれ作り上げることができるのは、各政党間の様々な対立関係を導入することによってである。〔対立し合う〕政党が複数なければ、極めて重要な公共的争点について意志表示するために投票所にやってくる有権者を、一握りさえ、獲得できない。だが、票を求めて他党と闘っている政党があれば、我々は、その中に、コミュニティのかなりの部分を党員登録できる。利益関心を維持するのは党争原理である。対立する政党を倒したいと考える数多くの人々の利益関心を、我々は動員することができ、そして、実際そうするよう投票所へ赴かせることができる。もちろん、政党の綱領など、我々にとってさして重要な意味をもたない。というのも、ごく普通の制度を運用し続ける上で実際に我々が精神面で頼っているのは、綱領などよりももっと粗野な党利党略的衝動が作用するかどうかだからである。政党黒幕による腐敗した幹部組織に反対するのであれば、公共的な事柄のために人々の利益関心を惹きつけることができる人々に対して、忘れずに、ある種の感謝の念を抱かなければならない。

我々は、通常、自我が率直に意志表示できるような状況に頼っている。そして、自ら一体化している集団にとって共通の敵を前にして意志表示しうるときほど容易に自我が意志表示しうる状況はない。キリスト教世界を表現するものとして、最もしばしば我々の心に響く讃美歌は「見よや十字の旗〔進めキリスト教伝道師たち〕」である。聖パウロは、異教徒世界に対抗して、彼の時代の教会を組織化した。ヨハネ黙示録は、暗黒の世界に対抗するコミュニティを表象している。政争がデモクラシーの組織にとって本質をなしていたのと同じくらい、サタンの観念はこれまで教会の組織にとって本質をなしていた。闘う相手というものが必要なのである。というのも、自我が最も容易に自己表現できるのは、ある明確な集団に結集するときだからである。

秩序だった社会の価値は、我々の生存にとって必要不可欠である。だが、十分に発展した社会というものがありうるとすれば、個人が自分の見解を表現する余裕もなければならない。そうした自己表現の手段というものが前もって用意されていなければならない。芸術家や科学者がそうしているように、一個人が自分の見解を表現しうるような社会構造がないうちは、我々は、群衆のうちにみられるような類いの社会構造に逆戻りしてしまう。つまり、集団にとっての嫌悪対象に対して、誰もが勝手気ままに自分の意見をいうのである。

未開社会と文明社会の違いの一つは、文明社会における個人に比べて、未開社会における個人の自我の方が、自分の思考と行動に関して、自分の所属する特定の社会集団によって行われる社会的活動の一般的な編成パターンによって、はるかに徹底的に確定されるということである。いいかえれば、文明社会に比べて、未開社会は、個性に対して与えられる許容範囲がはるかに狭い。ここでいっている個性とは、つまり、当の社会内部にいる、あるいは、そこに属している個人の自我の側にみられる独創的にして独自的で創造的な思考と行動のことである。実際、未開社会から文明社会への進化の大部分は、個人の自我とその行動様式を、漸次、社会的に解放することに依存しており、かつ、その結果である。そして、こうした解放によってもたらされ、かつ、可能となったのが、人間の社会過程の改良と洗練なのである。文明社会に比べて、未開社会の場合、個性の性質は、多かれ少なかれ達成しきった一定の社会的型によって構成される度合いがはるかに高い。この社会的型が、あらかじめ与えられ、指示され、範例化されているのは、社会的行動様式の編成パターンにおいてである。つまり、所与の社会集団が示し遂行している経験と行動の社会過程が統合されて出来上がっている関係構造においてである。文明社会では、個性が構成されるのは、個人がもつ画一性によってよりもむしろ、与えられた社会的型から逸脱し、あるいは、それを修正した上で具現化することによってである。さらにいえば、未開社会の場合に比べて、個性には、はるかに独特で特別で独自のものとなる傾向がある。しかし、最も現代的で高度に進化した文明形態においてさえ、個人の思考や行動がどれほど独創的で創造的であろうと、自分の関与する社会的生活過程に示され、あるいは、その過程を特徴づけている経験と活動の一般的な編成パターンに対して、個性は、つねに必ず、ある明確な関係をもっており、かつ、その編成パターンを自らの自我あるいは人格の構造において反映させている。そして、自らの自我あるいは人格というのは、本質的に、こうした編成パターンの創造的表現ないし具現化なのである。それ自体単独で作用する、つまり、社会的生活過程から孤立して作用する精神をもっている個人など、一人もいない。社会的生活過程こそが、精神の生成場面であり、精神の出現場面である。それだからこそ、社会的生活過程において、社会的行動の編成パターンが精神に刻印されてきたのである。

第29章 自我に関する個人説と社会説との対比

一方で、諸個人が関与しておりかつ諸個人が経験的に相互作用している社会過程から、個人個人の自我を導き出す社会心理学、他方で、社会過程に関与している諸個人の自我から、当の社会過程を導き出す社会心理学、この両者には明確な違いがある。第一のタイプの社会心理学の場合、まず想定されているのは、社会過程あるいは社会秩序であり、これは、その過程に関与し、あるいは、その秩序に属している個々の有機体にとっての自我が出現するための論理的かつ生物学的前提条件である。逆に、第二のタイプの場合、論理的にも生物学的にも、個々の自我の方が、諸個人が相互作用する場面としての社会過程や社会秩序にとって、前提条件をなしている。

精神、自我、そして、経験ないし行動の社会過程の発達に関する社会説と個人説との違いは、かつて国家に関して合理論者と経験論者によって唱えられた進化論と契約説との違いに相当する。[24] 個人説の場合、個人および個人の経験、つまり、精神と自我を、これらが関与する社会過程に対して論理的に先行するものと捉え、こうした社会過程の存在を、個人とその経験によって説明する。他方で、社会説の場合、経験ないし行動の社会過程を、この過程に関与する個人とその経験に対して、論理的に先行するものと捉え、社会過程によって、個人とその経験の存在を説明する。しかし、個人説では、論理的に先行するとされている事態を説明できない、つまり、精神と自我の存在を説明できない。対して、社会説では、論理的に先行するとされている事態を説明できる、すなわち、生殖のような根本的な生物学的生理学的関係と相互作用によって、あるいは、相互保護や食物確保のための個人間の協働によって、行動の社会過程の存在を説明できる。

我々の主張はこうである。社会的環境との関連がなければ、精神が表れる場はなく、そもそも、精神は存在することすらできなかっただろう。社会的な関係や相互作用の編成体やパターンは(とりわけ、特定の意味を有するシンボルとして機能し、したがって、一つの論議領域を創り出している身振りによって取り交わされるコミュニケーション関係と相互作用の編成体あるいはパターンは)、精神によって前提されており、精神の本性に関わっている。[25] 精神に関するこうした完全な社会説あるいは社会的解釈の立場は、その論旨を次のように把握している。すなわち、精神が発達し存在するのは、経験と活動の社会過程、つまり、精神が前提している社会過程の中で、かつ、この過程を通じてのみであり、これ以外の仕方では、精神は発達することも存在することも不可能である。このような完全な社会説は、精神の部分的な社会説(つまり、ほんの部分的にのみ社会的に捉える説)から、はっきりと区別しておかなければならない。この部分的社会説の見地に立つなら、精神が発現の場を得ることができるのは、社会集団の組織の中においてのみ、あるいは、この組織を通じてのみなのであるが、しかし、精神は、ある意味で、個々の有機体に生まれつき備わっている能力、つまり、先天的ないし遺伝的属性であり、こうした能力なくして、そもそも、精神は、社会過程の中に存在することもできないし、この過程の中で自己維持することもできないということになる。したがって、精神は、それ自体、本質的には社会的現象などではなく、むしろ、本性においても起源においても生物学的な現象であって、精神が社会的現象となるのは、ただ、精神固有の顕現形態と発現形態においてにすぎないということになる。さらにいうなら、半社会説によれば、社会過程は精神を前提し、ある意味では、精神の産物である。これとはまったく対照的に、我々の見解は正反対で、精神は社会過程を前提し、かつ、社会過程の産物である。我々の見解の長所は、この見解をとることで、詳説することができ、かつ、実際にも、精神の生成と発達について説明することができるという点である。他方で、精神を個々の有機体に生まれつき備わった遺伝的生物学的な能力であると考える立場では、精神の本質も起源も、実際には、まったく説明できない。この立場では、それがいかなる種類の生物学的能力なのかも説明できないし、進化上の発達の一定の段階にある有機体が、いかにして、その能力を有するにいたるかについても説明できない。◆26 さらにいえば、社会過程が精神を前提し、かつ、精神の産物であると想定するのは、ある種の下等動物における社会的コミュニティの存在と矛盾するように思われる。特に、蜂や蟻にみられるような高度に複雑な社会的組織とは矛盾する。こういった組織は、みたところ、純粋に本能的あるいは反射的な原理にのっとって機能しており、

◆24 歴史的にみれば、合理論者も経験論者も、個人の観点から経験を解釈する立場に立っている（一九三一年）。

我々がそこにいるのと同じくらい、他の人々もそこにいる。つまり、自我であるためには、他に人々の自我が必要である（一九二四年）。

我々の経験においては、我々がこの場にいるのと同じくらい、事物もそこにある。我々の経験は、我々のうちにあるのと同じくらい、事物のうちにある（草稿）。

◆25 精神に関する社会説を擁護する際、精神の本性に関しては、我々は、いかなる形であれ、本質論的実体論的立場とは反対に、機能的立場を擁護している。精神の特質と在処に関しては、とりわけ、あらゆる頭蓋内説と表皮内説に対して我々は反対している。というのも、精神に関する社会説からすれば、精神の領域は、経験と行動の社会過程の領域と共存しなければならないし、また、こうした領域の全構成要素を含まなければならないからである。ここでいっている社会過程とは、精神によって前提されつつ、しかも、精神が生成しあるいは存在するようになる際の基盤であり、諸個人間の社会的関係と社会的相互作用からなる基盤のことである。精神が社会的に構成されるのであれば、いかなる個人にとっても、その精神の作用領域と在処の範囲は、精神を構成する社会的活動あるいは社会的関係の装置が作用する範囲と、同じ拡がりとなっていなければならない。したがって、精神の領域が、精神の在処としての有機体個人の皮膚によって限界づけられているなどということはありえない。

こうした組織を形成し構成する個々の有機体において精神ないし意識が存在することを少しも要件としていない。たとえ、この矛盾を回避しようとして、あくまで高等動物レベル、つまり、人間の社会的な関係や相互作用に代表されるようなレベルにおいてのみ、経験と行動の社会過程は精神の存在を前提し、必然的に精神の産物となると認めたところで、ほとんど容認しがたい想定をしなければならいことに変わりはない。つまり、このように既に進行中で発達途上の過程が、さらに存続するためには、進化の特定段階で、突如として、いわば、外部から、まったく外在的な要因を導入し、これに頼らなければならなくなるのである。

個人は、それ自体としては、自身の経験の内部に、対象として参入するのであって、主体として参入するのではない。個人が対象として経験内部に参入しうるのは、ただ、社会的な関係や相互作用に基づいて、あるいは、組織化された社会環境の中にあって他の諸個人と相互にやりとりする経験をとおしてのみである。なるほど、一定の経験内容（とりわけ筋肉感覚上の経験内容）は、有機体個人当人にしか経験できず、他の人には経験不可能であるのは確かである。さらには、こうした私的あるいは「主観的」経験内容は、公的あるいは「客観的」経験内容とは対照的に、通常、特に当人の自我と密接に結びついているものとみなされ、また、特別の意味で自我の経験であるとみなされているのも確かである。しかし、このように、当の有機体個人の一定の経験内容はその当人にしか経験できないからといって、そのことで、我々が提示している自我の社会的本質ならびに社会的起源に関する説は、何ら影響を受けるものではないし、矛盾に陥るわけでもない。経験の私的あるいは「主観的」内容が存在したところで、変わることのない事実というものがある。それは、社会的関係の組織化された環境の内部で、自身に対して他の諸個人が示す構えを当人がとることによって、当の個人は自身にとっての対象となるのであるが、自己意識には、こうしたことがともなうという事実である。さらにいえば、個人が、このように自身にとっての一つの対象とならないかぎり、個人は自己意識的になることはないし、自我を有することもまったくないという事実である。この個人が他の諸個人と社会的な相互作用をすることがなければ、そもそも、この個人は、自身の経験の私的あるいは「主観的」内容を自分自身に関係づけることもないし、さらには、単に私的ないし「主観的」経験内容だけでもって、あるいは、そういう経験内容に即すだけで、個人が、自分自身そのものに、つまり、個人としての自分自身、人間としての自分自身に、意識的になることも不可能である。というのも、繰り返していえば、意識的に自分自身そのものになるためには、自身にとって対象とならなければならないし、あるいは、対象としての自分自身の経験に参加しなければならないからである。そして、個人が自身にとっての対象になりうるのは、ただ、社会的手段によってのみ、自身に対して他者が示す構えをとることによってのみである。[◆27]

もちろん、社会過程において、ひとたび、精神が発生すれば、この過程が発達していくことで、社会過程を構成する諸個人間の社会的相互作用は、精神発生以前に可能だった形態に比べて、はるかに複雑な形態をとることが可能となる。しかし、ある一定の過程の産物が、さらに発展していくのに貢献し、あるいは、その発展にとって必要不可欠な要因になっていくからといって、そこに奇妙なことは何もない。それゆえ、社会過程は、その起源ないし、その端緒の存在を、様々な自我の存在とその

◆26 心理学の伝統的な想定によると、経験の内容は徹頭徹尾個人的なものであり、そもそも、いささかたりとも社会的な観点によって説明しうるものではない。たとえ、経験にとっての環境ないしは文脈が社会的なものであろうと、そのことに変わりはない。クーリーの場合のような社会心理学は、これとまったく同じ想定に基づいているのであるが、こうした心理学にとって、あらゆる社会的な相互作用は、そこに関与している諸個人の想像力に依存しているのであり、さらにいえば、社会的経験の過程内における諸個人相互の直接的な意識的影響に即して生ずる。したがって、クーリーの社会心理学は、彼の『人間性と社会秩序』にみられるように、不可避的に内観に基づいており、その心理学的方法には、完全に独我論的な意味合いがともなっている。つまり、個人の精神の中以外に、社会は実在としては存在しないのであり、いかなる意味でも本質的には社会的なものといっていい自我の概念は、想像力の産物であるという。クーリーにとっても、自我は経験を前提にしており、経験は、自我が生成する過程である。しかし、彼にあっては、この過程はそもそも〔精神に〕外在的かつ社会的であるよりも、〔精神に〕内在的で個人的なものなのであって、そうである以上、心理学上彼が加担している立場は、客観的で自然主義的であるよりも、むしろ、主観主義的で観念論的な形而上学となっているのである。

◆27 精神や知性を発達させるための人間の生理学上の能力は、人間の有機体全体がそうであるのと同じように、生物学的進化過程の産物である。しかし、ひとたびこの能力が与えられれば、人間の精神や知性自体が実際に発達していく過程は、精神や知性が表現をもち意味をもつような社会的状況に即して進行していかなければならない。したがって、それ自体が、社会進化過程の産物、つまり、社会的な経験と行動の過程の産物である。

相互作用に依存することはない。複雑性と組織編成において、より高度な段階に到達するには、社会過程は自我の存在と相互作用に依存するけれども、社会過程がこの段階に到達するのは、自我が社会過程内において発生して以降のことである。

『精神・自我・社会』第四部

社会

Mind, Self, and Society, Part IV: Society

第30章 人間社会の基礎――人間と昆虫

これまでの議論で追究してきたのは、人間有機体の経験の中での自我の発達であった。今や、この自我の生成場面たる社会的有機体についていくらか考察しうる段階にいる。

我々が知っている人間社会は、精神と自我なしには、存在しえない。というのも、人間社会にとって最も特徴的な性質はすべて、社会を構成する個々人が精神と自我を有することを前提とするからである。しかし、もし、人間の社会過程の発達の下等段階において、つまり、社会過程というものが、そこに関わる個々の有機体の生理学上の分化と要求の単なる結果でしかなく、しかも、これに全面的に依存する段階において、精神と自我が、社会過程内において生起することなく、あるいは、そこから出現することがなければ、人間社会を構成する諸個人は精神と自我を有することはない。このような人間の社会過程の下等な段階というものが存在したにちがいないのだが、それは、生理学的な理由にとどまらない。加えて、（もし、精神と自我の起源と本質に関する我々の社会説が妥当だとすれば）精神と自我、意識と知性は、そもそも、こうした下等段階なしには、出現しえなかったからでもある。つまり、社会過程の内部で、あるいは、社会過程をとおして、人間が精神と自我を発達させるためには、精神と自我が人間のうちに存在する以前に、人間が関与していた何らかの持続的な社会過程が存在していなければならなかったからである。◆1

あらゆる生命有機体の行動は、根本において社会的な側面を有している。こうした行動すべての根底に横たわっている生物学上のあるいは生理学上の根本的な衝動と欲求、とりわけ、飢えと性の衝動と欲求、つまり、食物摂取と生殖と結びついた衝動と欲求は、その性質上、最広義において社会的であり、社会的意味合いを有している。というのも、いかなる個々の有機体も、衝動と欲求を満たそうとするならば、社会的な状況と関係を必然的にともない、あるいは、必要とするからである。かくして、社会的行動が、どれほど単純であろうと複雑であろうと、粗野であろうと高度に組織化されていようと、未発達であろうと十分発達していようと、このような衝動と欲求が、社会的行動のあらゆる型と形態の土台を構成することになる。個々の有機体の経験と行動は、つねに、それよりも広い社会全体の、つまり経験と行動の社会過程の構成要素である。個々の有機体は——自らの経験と行動を動機づけつつもこれらのうちに発現する生理学上の根本的衝動と欲求が、社会的特性を有することによって——、進化上最も下等なレベルにあっても、こうした社会全体あるいは過程に関わっている。生命有機体にあって、その性向あるいは身体上の成り立ちが、他のすべての生命有機体から完全に孤立したまま生存し、あるいは自己維持しうるような類いのものは存在しない。あるいは、（自身の種であろうとその他の種であろうと）他の生命有機体に対する何らかの関係、つまり、厳密な意味で社会的な関係が、自らの生命過程において必要にして不可欠な役割を何ら果たしていないような類いの生命有機体は存在しない。あらゆる生命有機体は、全般的な社会的環境ないしは社会的状況に結びつけられている、つまり、有機体自ら作り上げている生活の拠り所たる社会的な相互関係と相互作用の複合体に結びつけられているのである。

こうした根本的な社会生理学的衝動ないし欲求（そして、その帰結としての構え）は、生命有機体のすべての種における社会的行動と社会組織にとって基本的なものである。こうした衝動ないし欲求の中にあって、人間の社会的行動の場合に最も重要であり、（未開であろうと文明化されていようと）人間の社会組織の全般的形態総体において、最も決定的にあるいは明確に表れるものは、性あるいは生殖の衝動である。ただし、同じように重要なものがあるのはいうまでもない。たとえば、親が親として示す衝動ないし態度は、もちろん、性衝動と密接に結びついて関連しており、さらには、隣人が隣人として示す衝動や態度は、親が示す衝動や態度を一般化したものであり、さらには、あらゆる協働的な社会的行動は、多かれ少なかれ、隣人が示す態度や衝動に依存している。こういうわけで、家族は、種の維持再生産のための根本的単位である。つまり、家族とは人間の社会組織の単位であり、この組織によって、生命に関わる生物学的活動あるいは機能が遂行され維持される。たとえば、氏族や国家のように、人間の社会組織の比較的大きな単位あるいは形態は、すべて、究極のところは、家族に基づいており、かつ（直接的にか間接的にかにかかわらず）家族の発展形態あるいは拡大である。氏族や部族組織は、家族組織が直接拡がったものであり、国家や国家的機構は、氏族や部族組織の直接拡がったものであり、したがって、究極的には、間接的にではありながら、家族組織が拡がったものともいえる。要するに、組織化された人間社会は、すべて、その最も複雑で高度の発展形態においてさえ、ある意味で、構成員間の単純で基礎的な社会生理学的関係の拡大であり派生態である（ここでいっている社会生理学的関係とは、生理学的分化から生ずる両性間の関係であり、親子間の関係である）。人間社会組織の一切は、こうした関係に基づいており、かつ、こうした関係に由来している。

さらにいえば、あらゆる社会組織が拠って立つ社会生理学的衝動は、社会的関係と社会的相互作用つまり社会的な反応と活動からなるすべての複合体において表現されており、そのことによって、社会的な分化と進化の全

◆1 他方で、経験と行動の人間的社会過程から精神と自我が出現して以降、この出現の帰結として、人間社会の発達あるいは進化の速度は驚くほど加速されるようになっている。

ひとたび自我が社会的な生命過程から発生して以降、社会の進化あるいは発達と、自我の進化あるいは発達とは、相関的であり、相互依存的である。

般的過程を構成する二つの極のうちの一つとなっている。こうした衝動は、根源的な生理学的素材であり、これを基にして、人間的自然が社会的に構成される。したがって、人間的自然とは徹頭徹尾社会的なものであり、つねに、真に社会的な個人を前提としている。実際、人間的自然に関する生理学的あるいは哲学的議論であれば、いかなるものであれ、ある仮説を含んでいる。それによれば、人間個人は、組織化された社会的コミュニティに属しており、その人間的自然の由来となっているのは、個人自身がコミュニティ全体ならびにコミュニティ内の他の個々の成員と取り結ぶ社会的相互作用と社会的関係であるという。他方で、社会的な分化と進化の一般的な過程の今一つの極を構成しているのは、他者たちが示す同一の反応に対して個人の側が示す反応である。つまり、一連の社会的刺激があった場合、それに関して、階級の反応や社会の反応に対して、あるいは、他の諸個人たちの社会集団組織全体が示す反応に対して、個人の側が示す反応である。このように階級が示すあるいは社会が示す反応は、社会制度の源泉であり、土台であり素材である。こうして、我々は社会的な分化と進化の一般的過程の二極をみてきたわけだが、一方を個人的あるいは生理学的極、他方を制度的極と呼ぶことができる。◆2

既に指摘したように、社会有機体は個人個人によって用いられるが、その場合、個人個人の協働的活動が全体生活にとって必要不可欠となっている。こうした社会有機体は、人間社会の外部にも存在する。昆虫は、極めて興味深い発達を示している。昆虫の生活を説明する際、我々は擬人的な方法をとりがちである。というのも、蜂や蟻の社会組織の中に人間のコミュニティ組織を見て取るのが比較的容易であるようにみえるからである。それぞれの役割に応じて様々なタイプの個体もいれば、様々な個体の生活を確定しているようにみえる生活過程もある。人間社会と類比的な生活過程に言及するのは魅力的ではある。しかし、目下のところ、このような仕方で類比を行う根拠は我々にはない。というのも、我々は、昆虫社会の中に、いかなるコミュニケーション組織も確認できないからであり、さらには、昆虫コミュニティにおける組織編成原理は、人間のコミュニティにみられる原理とは異なる原理だからである。

これらの昆虫における組織編成原理は生理学的可塑性という原理であり、この原理によって、一定の役割に応じて様々な形態の生理学的過程が実際に発達していく。したがって、生殖の全過程は、昆虫のコミュニティ全体のために遂行されるが、これを担うのは、一匹の女王蜂や女王蟻、つまり、生殖器官が異様に発達した単独の個体であり、そして、コミュニティ内には、一匹の女王に対応して生殖器官の退化した他の昆虫がいるわけである。戦闘だけをもっぱら担う集団も発達していくことになり、こうした生理的機能に基づいた分化のために、これらの昆虫は自力で餌を摂ることができないほどである。一つの個体を社会全体にとっての一器官とするような、こうした生理学上の発達過程は、一個の生理学的有機体の中の相異なる細胞の発達に匹敵するほどである。ある意味、多細胞形態に見出しうる機能は、すべて、単細胞においても見て取れる。単細胞形態は、生命過程全体を遂行しているといってよい。単細胞形態は運動し、老廃物を排泄し、繁殖する。しかし、多細胞形態にあっては、組織が分化しており、そこでは、運動用の筋肉細胞、酸素吸入と老廃物排泄を担う細胞、生殖過程用に設けられた細胞が形成されている。こうして、機能分化した複数細胞からなる組織ができあがることになる。同様に、蟻や蜂のコミュニティにおいては、様々な個体間で生理学上の機能分化が生じており、これは、多細胞形態組織における様々な細胞の分化と比較しうる。

とはいえ、こうした機能分化は、人間社会における組織編成原理ではない。もちろん、性に関しては根本的な区別があり、これは生理学上の分化であることに変わりはないし、また一般的にいって、生物個体間における親と子供の区別は生理学上の区別であるといってよい。しかし、これらを除けば、実質的にみて、相異なる個人間にあって、人間のコミュニティの形成に資するような生理学上の区別は、まったくない。したがって、たとえば、蟻や蜂のコミュニティの場合と異なり、一定の個体群の社会器官への生理学的分化を通じて、組織が発生することはありえない。それどころか、人間の場合、あらゆる個人は生理学上の構造において本質的に同じであり、こうした個体間で生ずる組織形成過程は、昆虫における組織形成過程とはまったく異なる過程でなければならない。

◆2　自我がもつ局面あるいは側面のうち利己的なものと利他的なものとの二項対立は、自我のもつ内容対構造の観点から説明しうる。ある意味では、こういってもよい。自我の内容は個人的（利己的、それゆえ、利己的であることの源泉）であり、他方で、自我の構造の方は社会的、したがって、利他的、あるいは利他的であることの土台）である。

自我の合理的、あるいは、主として社会的な側面と、その衝動的ないしは情動的、あるいは、主として反社会的で個人的側面、この両者の関係については、次のようにいえる。行動主義的にみた自我の発現という点に関しては、大部分、後者が前者によってコントロールされる。それに対して、自我における様々な衝動間で時折生ずる葛藤、あるいは、その衝動的側面を構成する様々な要素間で時折生ずる葛藤は、自我の合理的側面によって処理され調停される。

昆虫の機能分化が進展していく可能性の度合いには驚くべきものがある。高度な社会組織の成果の多くは、今みたようなコミュニティによって維持されている。昆虫のコミュニティは、他の微小な動物の浸出体液を好むため、これを捕まえ、さらには、我々が乳牛を飼うのとほとんど同じように、この微小動物を飼う。昆虫コミュニティは、戦闘要員群をしたがえており、これらは襲撃を遂行し、いわば奴隷を敵から略奪し、後になって奴隷を働かせているように思われる。昆虫コミュニティは、人間社会にはできないことを行うことができる。つまり、昆虫コミュニティは、次世代における雌雄の別を確定し、どの個体が次世代において親となるか、選び出して確定する。ここには、驚くほどの発達の成果があるのがわかるし、こうした発達成果は、我々が社会の中で遂行しようとする我々自身の取り組みにも匹敵する。しかし、こういった成果が遂行される様式は、我々の場合とは本質的に異なる。その遂行様式は、生理学的分化によるのであり、こうした動物の研究をみても、我々には、人間の組織が生成する際のコミュニケーションという媒体はまったく見出しえない。蜜蜂の群れや蟻の巣の社会的本質に関しては、まだほとんどわかっていないないし、さらには、これらの動物社会と人間社会の間の明白な類似性に我々は注目するけれども、両者において、組織編成はまったく異なっている。

いずれの場合においても、一つの組織というものがあって、この内部において、〔他と区別される〕特定の個体が現れるのであり、なおかつ、この組織が条件となって、相異なる様々な個体が出現する。蜂の巣においてみられるような特別な発達状態も、蜂のコミュニティ内でなければ存在しえない。こうした社会集団の進化を理解する上で、ある程度示唆を得ることは可能である。たとえば、マルハナバチの場合のように、群棲することのない個体群を見出すことはできるし、昆虫社会発達の起源となりうるような他の個体群に関しても、多少なりとも有意義な仮説を立てられるだろう。おそらく、群棲動物の場合、世代から世代へと受け渡すだけの余剰食物を見出すことができれば、決定的要因となるだろう。独居動物の場合、最初の世代が死滅すると、後には幼虫が残されることになり、その結果、新しい世代が出現するたびに、成虫の世代は完全に消滅する。蜂の群れのような組織の場合、食物が豊富にあるため、自分の世代から次世代にまで個体が生存できる条件が生ずる。こうした条件下において、複雑な社会の発達は可能ではあっても、依然として生理学的分化に依存している。コミュニケーションによって、自分の世代から次世代にかけて、ある経験が伝達されるような事態が生ずる証拠は、まったくみられない。それでも、こうした余剰食物という条件の下では、このような生理学的発達が、驚くほどの仕方で開花する。こうした分化は、コミュニティの中においてしか生じえない。女王蜂や戦闘要員の蟻、こういったものは、昆虫社会の中からしか発生しえない。このように役割の異なる様々な個体をかき集めたところで、一つの昆虫社会が出来上がるわけではない。そもそも、こういった役割の異なる個体が発生するには、昆虫社会の方が先行していなければならないのである。

人間社会の場合、別々の個体がそれぞれ本質的に異なる知能をもつなどということは、ありそうにもないし、昆虫の発達の原因となっているような社会的基盤がまずあって、そこから諸々の個人が発達するなどということもありそうにもないと思われがちである。人間の場合、個人個人は大方同じであり、両性間の生理学的分化の観点からみて、知性に本質的な違いはない。生理学上、本質的に同質な有機体があるのであり、したがって、個人の出現をもたらす社会的基盤のようなものがあるとは思えないというのである。こうした考察ゆえに発達してきた学説は、人間社会は諸々の個人から発生したのであって、諸個人が社会から発生したのではないというものであった。したがって、社会契約説の想定では、個人が、まずもって、知性を有する個人つまり自我として、すべてを知っており、こうした個人が寄り集まって社会を形成するということになっている。この見解に立つなら、たとえば、一群の投資家たちが意図的に集まって役員たちを選出し取締役会に任命することで法人企業が発生するのと同じようにして、社会も発生したということになる。先行するのは個人個人であり、社会は何らかの諸個人の支配から発生するというのである。この説は古いものであるが、そのいくつかの局面は今でもみられる。だが、私がこれまで述べてきた立場が正しいとするなら、つまり、個人が自らの自我に到達するのは、他者とのコミュニケーションを通じてのみであるとするなら、いいかえれば、特定の意味を有するコミュニケーションによって社会過程が綿密に作り上げられることを通じてのみであるとするなら、自我が社会的有機体に先行することはありえない。社会的有機体がまずもって存在していなければならないのである。

哺乳動物における親子関係には、ある一つの社会過程が関わっている。我々の場合でいえば、この過程において出発点となるのは、人間同士の間に存在する唯一の身体的分化（ただし性別を除く）であり、こうした生理学的分化が我々の社会過程の基礎を与える。こういった集団は、人間よりも下等な動物の間にも存在しうる。これらの動物の組織は、生理学的土台の上に成り立っている。

つまり、ある個体が一定の仕方で行為するのは、その生理学的身体構造のゆえであり、別の個体が反応するのは、その個体自身の生理学的身体構造のゆえである。このような過程には、当の反応を喚起する身振りがあるにちがいない。だが、こういった初期の段階では、身振りのやりとりは、特定の意味を有してはいない。それでも、生理学的分化に依存した組織編成の過程にあっても、コミュニケーションの端緒はそこにある。また、個体同士の間には争いもあるが、これは必ずしも、生理学的条件に基づいているわけではない。

個体間で、ある争いがあるとする。その場合、たとえば、飢え、性的争い、指導権争いといった生理学上の背景があるかもしれない。おそらく、何らかの生理学的背景をつねに見出しうる。だが、こうした争いは、実際のところ、同一の立場にある個体間での争いであり、こうした争いの場合、犬の争いにおいて既に例解した〔第Ⅱ篇第3章参照〕のと同じような身振りのやりとりがある。こうしてみるなら、生殖であろうが、子育てであろうが、争いであろうが、いずれにせよ、協働過程におけるコミュニケーション過程の端緒を我々は手にしていることになる。こういった身振りは、まだ、特定の意味を有するシンボルではないが、しかし、コミュニケーションとして解釈しうる。この背後にあるのは、ある社会過程であり、この過程の一定部分は生理学上の分化に依存している。だが、この過程は、同時に、身振りをともなう過程である。

見たところ、こうした過程から、特定の意味を有するコミュニケーションが生成する。コミュニケーション過程において、これまでとは別のタイプの個体が出現する。もちろん、この過程は、一定の生理学的身体構造に依存している。つまり、相手側の個体に対して反応する上で不可欠な刺激が自分自身に示されても、個体の側がこれに対する感受能力を欠いているならば、このようなコミュニケーションは、そもそも生じえない。実際、聾唖の子供の場合、言語の発達に対してまったく配慮が払われないかぎり、子供の知能は通常の発達を示すことはなく、下等動物のレベルにとどまるということがわかる。それゆえ、言語には身体生理学上の背景がある。しかし、それは、様々な個体間にある生理学上の差異といった背景ではない。我々は誰もが発声器官と聴覚器官をもっている。我々の発達が正常になされるかぎり、我々はみな、他者に影響を及ぼすように自分自身にも影響を及ぼすことができる。このように自分自身の身振りが他者に影響を及ぼすのと同様に自分自身に対しても影響を及ぼす能力の中から、人間の社会的有機体にとって固有の個体が現れたのである。その際、社会的有機体を構成している人々は、この能力の度合いに関していえば、生理学的に同一である。こうしたコミュニケーションが発生する諸々の社会過程のうち、ある種のものは生理学的違いに基づいている。しかし、個人は、社会過程にあって、他の諸個人と生理学的に異なっているわけではない。以上が昆虫社会と人間社会との間にある根本的な違いを構成していると主張しておきたい。[◆3] このように区別するにあたっては、もちろん、留保をつけておかなければならない。というのも、将来、蟻や蜂の中には言語があることを発見する方法があるかもしれないからである。既に述べたように、我々にわかっているのは、生理学的特性の分化ということであり、これが、これまでのところ、蜂や蟻のような昆虫社会固有の組織を説明している。さらにいえば、人間社会に固有の組織形態は、言語の発達に負っている。

ともすれば、昆虫の生理学を人間の生理学と対比的にみて、その違いを観察したくなる。しかし、こうした違いに思いを巡らせるのは魅惑的ではあろうが、他方で、この分野で一般化できるほどの妥当な根拠はまだないといってよい。人間は昆虫とは異なる。もちろん、蟻や蜂

◆3 社会化された人間という動物がとる〔心身の〕構えというのは、相手側が自分に対して示す構えであり、さらには、自分と他の諸個人がたまたま居合わせていたり関わっていたりする任意の社会的状況に対して相手側が示す構えである。だからこそ、こうした任意の状況の下で人間は自分自身を相手側と一体化するのであり、さらには、相手側が表立って反応し、あるいは、そのように反応する可能性がある場合でも、自分の側としては表面化しないように反応したり、また、場合に応じて、自分自身で表立って反応するかどうかを決めたりするのである。他方で、社会化されてはいても人間以外の動物の場合には、相手側が自身に対して示す構えもとらないし、自他共々関わっている状況に対して相手側が示す構えもとることはない。その理由は、生理学上、そのように行為する能力がないからである。したがってまた、人間の場合と異なり、こうした動物は、相手側の構えに気づくことによって、任意の社会的状況に対する自身の明示的な反応を、臨機応変に協働しつつ、方向づけることはできない。

下等動物においては、あるいは、それより高度に発達した昆虫社会の成員においてさえ、あらゆるコミュニケーション、つまり、あらゆる身振りのやりとりは、おそらく無意識的なものである。それゆえ、精神が発生する、あるいは、発生しうるのは、ただ、人間社会においてのみである、つまり、人間の中枢神経系によって生理学的に可能となる社会的な関係と相互作用の特に複合的な文脈の内部においてのみである。したがってまた、人間は、自己意識的であり、あるいは、そうなりうる、つまりは、自我をもつ、ないしは、もちうる唯一の動物であることは明らかである。

には脳はあるが、大脳皮質に相当するものはまったくない。こうした生理学的違いという原理に基づいたタイプの社会があるように、生理学的違いに基づいた身体組織があるはずである。このことは我々も認める。脳と大脳皮質という器官がつけ加わっていることで、人間の様々な身体構造には統一が与えられている。昆虫の場合には、それぞれの生理学的役割が実際に協力し合うことで統一が成立している。詳細については明らかではないが、この背後には何らかの生理学的な基礎がある。[4] 知性をもった生物が知性を発達させるのは、特別の発達を遂げた頭脳と大脳皮質をともなう中枢神経系のような器官を通じてである。このことを認識しておくのは重要である。脊椎動物の体幹の中軸をなす脊柱は、多少なりとも固定的な反応の組み合わせを示している。大脳皮質の発達があるからこそ、このように夥しい数ではあっても、比較的固定化された様々な反応の可能な組み合わせが作り出されるわけである。それゆえ、中枢神経系と重なっている脊椎という一器官によって、末梢神経系を通じて現れる様々なタイプの反応が組み合わされることが可能となる。こうして、有機体としての人間にあっては、ほとんど無限ともいえるほど多様な反応が現れる。

脳それ自体の発達に即してみることで、人間に特有の行動様式が出現する可能性を理解できる。これに対して、単純化して脳幹と体幹だけで説明しようとすると、人間の行動様式は非常にかぎられたものになってしまい、人間は、動物としては、虚弱でさして重要でない動物となってしまう。その場合には、人間がなしうることは、さして多くはない。人間は走り、山に登り、手を使って自分の口に運べるものを食べるが、こういったことができるのは、反射作用が元の中枢神経系に回帰することによってである。しかし、中枢神経系にみられる様々な過程のすべてが組み合わせられることで、人間の活動には無数の可能な反応がある。大脳皮質に通ずる様々な神経経路においては様々な刺激が生ずるのであるが、こういった刺激に対しては、様々な反応が多様な組み合わせで結びつくからこそ、人間は、腕や足、その他の身体部分を用いる際には、様々な仕方で動かしつつも、どんな形でも組み合わせることができる。[5]

既にみたように、人間という動物の発達には、人間に固有の知性の発達にとっておそらく言語と同じくらい本質的な重要局面が他にもある。すなわち、〔身体にとっての〕事物〔様態〕を取り出すために、手を用いるということである。人間が社会的存在として発達する際には、言語と手が付随して貢献する。知性が全面開花するには自己意識が発生しなければならない。事を成就する際の行為が知的に発達しうるのであれば、当の行為には達成にいたる前段階というものがなければならない。その際、言語と手が、この前段階に必要なメカニズムを提供する。我々はみな、言語と手をもっているし、我々はみな、社会的動物として同質の存在であり、知性をもった存在である。我々はみな、いうところの「意識」をもちつつ、事物からなる世界に生きている。我々をつなぐこうした媒体においてこそ、人間社会は発達するのであって、この媒体は、昆虫社会が発達する際に仲立ちとなる媒体とは、まったく異なる。

◆4　無脊椎動物の場合、最も発達した社会であっても、その個々の成員は、相互間の社会的な関係や相互作用の中から、精神ないし自我、意識ないし知性を発達させるだけの十分な生理学的能力を持ち合わせてはいない。したがって、無脊椎動物の社会は、精神と自我が社会内部で出現する際に前提となる複雑性の度合いに達することもできないし、さらには、精神と自我が社会内に出現しあるいは発生した場合にのみ可能となる複雑性の度合いに達することもできない。精神と自我を社会的に発達させるのに必要な生理学的能力を持ち合わせているのは、人間社会の個々の成員だけである。したがって、社会の構造においても組織においても、個々の成員のうちに精神と自我が出現することではじめて可能となる複雑性のレベルに到達しうるのは、人間社会だけである。

◆5　既に一般的な形で述べておいたことだが、動物有機体のいかなる種においてであろうと、可能な社会的発達の限界——つまり、当該種に属する各個体にとって達成可能な社会組織の複雑性の度合い——を画するのは、その個体にとって適切な生理学的資質の性格と程度であり、いいかえれば、社会的行動上の生理学的能力である。人類に固有のケースでいえば、可能な社会的発達の限界を画するのは、少なくとも理論的には、脳内の神経細胞あるいは神経要素の数であり、さらにいえば、個人の表立った行動に対する影響度やその方向づけ次第で生ずることになる神経細胞や神経要素の可能な組み合わせと相互関係の数と多様性である。

精神と自我に関して生得的なあるいは遺伝的なものはすべて、人間の中枢神経の生理学的メカニズムである。精神と自我は、経験と行動の人間社会的過程から——つまり社会的関係と社会的相互作用という人間的基盤から——生成するのであるが、人間個人において、こうした生成が生物学的に可能となるのは、まさに、この中枢神経系によるのである。

第31章 人間社会の基礎――人間と脊椎動物

これまでみてきたのは、人間社会の組織編成原理は、生理学的分化によって成り立つ昆虫社会の組織編成原理とは異なるということであった。個々の人間は、お互いに多くの点で同質であり、生理学上は比較的わずかな違いしかない。生理学上の分化がある場合であっても、人間個人は自己意識をもって人間社会の構成に資するという点では、生理学上の分化に左右されない。他方で、昆虫社会の場合、社会の存在そのものは、生理学上の分化によって左右される。人間個人の自我の構造と内容を構成するのは、〔心身の〕様々な社会的構えであり、これらの構えの編成は二重に行われている。すなわち、社会的構えは、一方では、個人の中枢神経系内の神経要素とその相互の結びつきによって編成され、他方では、個人が関与している社会的集団的な行動とふるまい方の整序化された一般的パターンによって編成されるのであり、この場合の個人は、パターン化された行為を遂行する諸個人からなる社会もしくは集団の一員としての位置を占めている者である。

なるほど、社会のはじまりの段階にある脊椎動物の多くは生理学的分化に依存していないことも、確かである。人間よりも下等な動物の場合、こういった社会は、比較的わずかしかない。もちろん、家族であれば、かなりあるのであって、下等な動物の場合でも、人間より数は少ないが、家族は存在するといってさしつかえない。幼児期ゆえに必要な親子関係があるだけではない。比較的長続きするつがいの関係もあり、これが家族の組織を作り出す。しかし、家族組織のみに基づく比較的大きな組織がみられるわけではない。動物の群れ、魚の群れ、鳥の群れは、緩やかな集団をなしているかぎりでは、家族に固有の生理学的機能の発達から生ずるわけではない。このような群れが示しているのは、「本能的な関係」と呼びうるものである。その意味するところは、こういった個体それぞれが群れをなして、各自の活動を遂行するような刺激を、相互のうちに見出しているようにみえるということである。群れをなしている動物は、群れから離れている場合よりも、草を食べる機能をうまく使いこなす。こういった生物の場合、他の動物が動き出すと、そちらの方向に動き出すような本能的性向があるように思われる。こうしたことは、たとえば、牛の場合のように、草を食べる際、集団をなして草原を動き回る場合にみられる。ある個体が動き出すと、そのことが他の個体に対して刺激となって、当初の個体が動いている方向に他の個体も一斉に動く。牛が群れをなす場合の取りうる限度は、だいたいこのようなところと思われる。さらには、襲撃を仕掛けるために、あるいは、身を守るために、動物が群れをなすこともある。たとえば、狼の襲撃から身を守る群れ、群れを集団で襲う狼といった具合である。しかし、このようなメカニズムは、組織の土台としては比較的脆弱で、個体の全生活過程を確定するほど個体の生活に関与してはいない。個体のありようは、群れとの関係をとおして確定されているわけではない。襲撃から身を守るという観点からすれば、群れは新しい形の組織として生じ、個体の生存を可能にする。しかし、実際に食べたり繁殖したりする過程は、群れをなすこと自体に依存してはいない。群れは組織を表しているにしても、全個体からなる組織として、それぞれの個体の生活を決定づけているわけではない。さらに根本的なこととしていえば、下等動物の中にみられるかぎり、家族は、群れ自体の構造を可能にするものとして、生ずるわけではない。確かに、外からの襲撃から身を守るために牛が群れをなす際、仔牛は群れの輪の中にかくまわれるのであり、これは、家族関係の発達形態であり、親が仔牛を保護するという一般的構えの発達形態である。しかし、ここから本能が発達して、最終的に身を守る過程や襲撃する過程に結実したわけではない。

これに対して、人間集団の場合、ある発達過程があって、この過程を通じて、自我の出現によって可能となった組織の中から、社会の複雑な局面が発生した。最も未開な集団の様々な成員の関係のうちにさえ、防御の場合であろうと攻撃の場合であろうと、おそらく、相互に協力し合う構えを見て取れるだろう。このように協働し合う構えが、家族の有する構えと結びつきつつ、自我が生成する状況場面をもたらすと思われる。自我があれば、この自我を意識することを基礎にして、社会がさらに発展する可能性がある。このような自己意識に基づく社会は、牛の群れのような緩やかな組織とも、昆虫の複合的な社会とも、大いに異なる。人間独自の社会を可能にしているのは、自我それ自体である。確かに、ある種の協働的活動は、自我の生成に先行してみられる。〔自我が生成していなくても〕何らかの緩やかな組織があって、その中で様々な有機体が協力し合うにちがいない。また、ある種の協働的活動があって、その中で、個体の発する身振りが、相手側の個体に対して刺激となるのと同時に、自分に対しても同じタイプの刺激となるにちがいない。その結果、身振りのやりとりが個体の行動様式の中に受け継がれることも可能となる。自我が発達するには、このような条件が前提となっている。しかし、ひとたび自我が発達すれば、私がこれまで言及してきた様々な社会とは性質の異なる社会が発達していく土台が得られる。

家族関係をみることで、昆虫社会にみられるような類いの組織について、何らかの示唆が得られるかもしれない。というのも、ここには、たとえば、親と子といった具合に、様々な成員間に生理学的分化があるからである。群衆の場合には、牛の群れのような社会への後退がみられる。複数個体からなる集団は、牛の場合のように、雪崩を打って一か所に殺到することもある。今描いた二つの事例の場合、それだけを取り出して、自我と切り離してしまえば、人間社会の構造はみられない。人間より下等な動物の場合にみられる家族から、人間社会を構成することはできないし、群れから人間社会を作り上げることもできない。こういった例を持ち出して説明しようとしたところで、一個人の自我あるいは複数個人の自我をめぐって編成される人間社会の根本的な組織を無視することになろう。

もちろん、ある意味で、人間社会を成り立たせるものとして、生理学的土台というものがある。つまり、脊椎動物にみられるように、中枢神経系が発達するにあたっては生理学的土台があり、人間の場合、中枢神経系は最も高度な発達を遂げている。個体が示す様々な反応は、中枢神経系組織を通じて、時間的にも空間的にも、あらゆる種類の秩序の中で組み合わされる。脊柱が担っているのは、刺激を受けて自動的に生じうる一連の様々な反応である。これに対して、中枢神経系の皮質レベルでは、このように様々に可能な反応が、あらゆる形で組み合わされる。こうした高度な脳によって、高等脊椎動物の様々な活動が可能になっている。以上は、生理学の用語を用いていえば、いわば原料としての素材であり、これを基にして人間という社会的存在の知性が発生する。

人間は際立った仕方で社会的である。生理学的にみれば、人間が社会的であるのは、他と比較して、ほんのわずかな点でしかない。もちろん、生殖や育児のように根本的な過程というものがあり、こうした過程は人間の知性の社会的発達の一部として認められてきた。人間には、生理学上の幼児期があるだけではない。幼児期はさらに延長されて、平均寿命の約三分の一を占めるほどである。このような幼児期に対応して、個体に対する親としての関係は、家族の範囲をはるかに超えて拡大してきた。学校の発達、さらには、たとえば、教会や政府に関わる制度のような諸々の制度の発達は、親子関係の拡大形態である。以上は、単純な生理学的諸関係が無限ともいえるほど複雑に結合していく場合の形式的例解である。我々は幼児を養育し、母親の観点から幼児をみる。妊娠中の母親に向けられる配慮、つまり、〔出産をひかえた〕母親には適切な食物が与えられるように配慮されるのを我々は目にする。学校教育の実践方法として一年生教育で最初に行われるのは、最も重要な習慣形成であることを我々は知っている。我々はレクリエーションの観点から教育を考慮するのであり、これは何らかの方法で公的管理を受ける。これらすべての点において我々が見て取るのは、最も原初的な条件の下でさえ親が直に行う子育ては極めて念入りに仕上げられているということである。とはいえ、これは、本来の子育てにみられる様々な過程の組み合わせが継続的に結びついていった所産でしかない。

あえていうなら、以上は、中枢神経系において生ずる類いの発達の概観である。ここには比較的単純な様々な反応が集まっており、これらは無限に複雑化していく。この複雑化の様式は、たとえば、諸々の反応があらゆる順序で相互に結びつきつつまとめあげられ、あるいは、一つの複雑な反応を分解することで、それを今までと異なる様式で再構成し、さらには、こうした反応を他の過程と結びつけていくといった具合である。たとえば、楽器の演奏を考えてみよう。演奏には直接見て取れる傾向がある。それは、周期的過程に向かっていったり、一定の音を強調するために、身体のリズム、つまり、ゴリラにみられるような身動きを用いたりするものである。次にあげられるのは、身体全体の動きを細かく分解していく可能性である。たとえば、精巧なダンスの構成、歌に現れる音にダンスを合わせていく関係、要するに、古代ギリシアの偉大な演劇において表現される諸々の現象である。こうした成果は、今度は、楽器の演奏を通じて具体化されることになる。楽器は、ある点では、身体の様々な器官の写しである。このように具体的に現れる複雑な結合体は、すべて、高度なレベルの中枢神経系に存在する類いの複合体が社会のうちに具体化されたものにすぎない。我々は単純な反応を取り上げ、これを分析し、異なる条件下で再構成する。この種の再構成は、自我の出現と同一視される類いの知性の発達をとおして行われる。たとえば、図書館、輸送系統、政治的組織に結実する諸個人間の複雑な関係といった社会の制度は、中枢神経系内部に存在する複雑性を、拡大した形で、いわば、社会というスクリーンに投影する様式以外の何ものでもない。もちろん、こうした制度は、中枢神経系の作動を機能的に表現しているにちがいない。

こうした様々な反応の精密化は、人間という動物そしてこれに対応する人間社会において出現するにいたるまで、推し進められてきたわけだが、ここまで発達する可能性は、自我の行動様式においてコミュニケーションが発達することのうちに見出しうる。相手側個人のうちに喚起する行為と同種の行為を〔自分の側に〕もたらすような構えを引き起こすことによって、分析という過程、つまり、行為自体を要素分解することが可能となる。フェンシングやボクシングの選手の場合、対戦相手に一定の反応を喚起すべく何らかのフェイントを仕掛けるが、それと同時に、自分が何をしているのか自覚しているかぎり、自身のうちに同じ反応の初動動作を喚起している。このようなフェイントを仕掛けているとき、選手は中枢神経系のある一定領域を刺激しているわけであって、この一定領域が優位に作用する余地があれば、こちら側としても、相手側が行うのと同じ動作を行うことになる。ここで既に行われているのは、自身の身体動作の採用であり、この動作の特定局面の抽出である。そして、こうした抽出を行うことで同じく既に行われているのは、自身の反応の分析であり、自分のなしうる様々な戦法が心中に浮かぶことを目指しているわけである。この選手が行ったのは、神経系が作用する複雑な過程の中の様々な部分に対応する領域を刺激するということである。今では、様々な仕方で、これらの領域を結びつけることができるのであり、このように結びつけることは、反省的知性が作用する一つの過程である。こういった過程を最も十全に例証するのは、チェスのプレーヤーの場合である。優れたプレーヤーは、自分の中枢神経系の中で、相手側と同じ反応をする。心中では、四手先五手先まで、指し手を進めることができる。自分の行っている指し手は、相手を刺激して、ある一手を打たせるが、それと同時に、自分を刺激して、相手と同じ一手を心中で行うように仕向けるのである。このような過程によって、相手側からの様々な反応の観点に立って、自分の戦法を様々な要素に分解することができるのであり、さらには、そうした観点を基礎にして、自身の戦法を再構成することができるわけである。

これまで強調してきたのは、コミュニケーション過程とは脊椎動物に備わっている特別の知性の洗練に他ならないという論点である。反応を分析して、個々の要素に分解し、これらを再構成することができるようなメカニズムは、脳自体によって可能となるのであり、コミュニケーション過程とは、こういったことを個人自身のコントロールの下で行うための手段である。個人は、自分の反応を様々な要素に分解し、その反応を、多かれ少なかれコントロール可能な条件の下で、自身がなしうる様々な事柄の一組として、自分自身に対して示すことができるわけである。コミュニケーション過程とは、端的にいって、個人の知性を自由に行使しうるようにする。しかし、この能力をもつ個人とは、社会的な個人である。個人は、単独でこの能力を発達させた上で、その後に、この能力に基づいて社会に参入するというわけではない。個人が自我となり、このように知性をコントロールする能力を手にするのは、社会的個人となることによってである。自我があることによって、個人は自己反省することができ、かつ、自身に対しては自分のなしうる様々な事柄を示すことができる。こういった類いの自我を個人が獲得しうるのは、社会においてのみである。

それゆえ、脊椎動物としての人間の知性を人間社会において精緻化しうるかどうかは、他者に影響を及ぼすように自分自身にも影響を及ぼしうるような類いの社会的反応が発達しうるかどうかにかかっている。このような社会的反応が発達するからこそ、個人は自分以外の個人の構えを取り入れ精緻化することができる。このようなことをなしうるのは、実際に生ずる反応を担っている高度に発達した中枢神経系を通じてである。歩く、殴るといった反応、あるいは、いかなるものであれ、単純な反応は、脳幹の柱状部を発動の場としている。こうした単純なレベルを超えて発生する反応は、単純な反応の組み合わせでしかない。ある本を取りに部屋へ行く場合、その人の脳内で生じているのは、部屋へ行く動作に関わる過程と、その本を手にする過程とを結びつけることである。他者が示している反応をとるとき、その人が行っているのは、端的に言って、今までみてきたような様々な反応を喚起しているにすぎない。つまり、必要な反応を引き起こすために、ある反応と別の様々な反応を結びつける、そのような様々な反応を喚起しているのである。神経中枢が下等な形態の様々な反応の結合に関与しているとき、この中枢は高次の心的過程に対応している。そして、こうした中枢によって、様々な反応を複合的な形態において精密化することができるのである。

人間という生命体は、こうした組み合わせを行うメカニズムを自らのうちに備えている。個人は、相手側が何をしようとしているかを、自分自身に対して示すことができ、さらには、こうした指し示しを基礎にして、相手側の構えをとることができる。この過程を通じて、個人は自分の行為を分析し、再構成することができる。個人がもっている類いの知性は、生理学的分化に基づいているわけでもないし、群棲本能に基づいているわけでもない。こうした知性の基礎になっているのは、社会過程を通じた発達であり、こうした過程があるからこそ、個人は、自身に対して様々に可能な反応を指し示し、こうした様々な反応を分析し再結合することによって、様々な社会的反応の中で自身の役割を担いうるようになるのである。人間社会を可能にするのは、このような類いの個人である。これまで考察してきた様々な論点と対立的なのが、まったく非論理的な分析である。この立場は、蟻の巣における分化に匹敵しうるような分化が人間社会の諸個人間にもみられるというだけで、人間個人はあたかも生理学的に分化していると捉える。人間にあっては、言語をとおした機能的分化こそが、〔動物の場合とは〕まったく異なる組織編成原理をもたらすのである。そして、この組織編成原理が、〔動物とは〕異なったタイプの個体を作り出すのみならず、〔動物の場合とは〕異なった社会を作り出すのである。

第32章 有機体、コミュニティ、環境

次に、有機体の環境に対する関係のありようを、コミュニティとその環境との関係において発現するかぎりにおいて、取り上げたい。

我々が確認してきたのは、ある意味で、個々の有機体は自身の感受能力によって自らの環境を確定するというものであった。当の有機体が反応しうる唯一の環境は、その感受能力が示す環境のみである。それゆえ、当の有機体にとって存在しうる類いの環境は、ある意味で、その有機体が確定する環境である。有機体の発達過程で、感受能力の多様性が増大するならば、有機体の環境に対する反応も拡大する。つまり、その有機体は、感受能力の拡大にともなって、さらに大きな環境を有することに

なる。環境に対して有機体が直接反応することで、一定程度のコントロールにつながることがある。食物の場合や、風雨や敵から身を守る場合でいえば、生物は、自らの反応を通じて、ある程度直接環境をコントロールする。しかし、環境のありようが生物の感受能力に左右される場合と比べるなら、こうしたコントロールはごくわずかである。もちろん、生命種全体に及ぶ諸々の影響の中には、感受能力による環境確定に対応しないものもある。たとえば、地震のような大変動がそれであって、こうした出来事によって有機体は今までと異なる環境へ投げ込まれることになるが、生物自体の感受能力がこれに直接関わることはない。さらには、氷河時代の漸進や消滅のような地質学的な大変動が、実際に有機体に加わることになる。有機体はこれらをコントロールできない。こういった大変動は単に起こるだけである。この意味では、生命種が環境をコントロールするよりもむしろ、環境が生命種をコントロールする。とはいえ、生物が環境に反応するかぎり、生物の感受能力を通じて、環境もコントロールされる。この意味では、生物の方が環境の成り立ちを選択し識別しているのである。生物は、自らの反応対象を選択し、自らの目的のために、つまり、自らの生命過程に関わる目的のために、これを利用する。生物が利用する大地とは、自らが踏みしめる大地であり、かつ、自らが穴を掘る大地である。生物が利用する木々は、自らがよじ登る木々である。だが、このようにいえるのは、当の動物がこれらに対して感受能力をもっている場合のみである。刺激と反応の間には、ある関係がなければならない。生物が当の環境に反応しうるのであれば、その環境は、ある意味で、行為に内在していなければならない。

環境と生物とのこうした密接な関係のありようは、我々がしかと銘記しておくべきことである。というのも、状況にアプローチする際に我々がややもすると取りがちな観点は、まず、環境が我々に先行して、まさにそこにあり、生命種は、こうした環境に参入し、あるいは、こうした環境の内部に生命種が出現しるというものだからである。さらにいえば、我々が考えがちなことは、こうしたかぎりでの環境が生命種に影響を及ぼし、生命種にとって生存可能な諸条件を設定するというものだからである。このようにしてできあがるのが、「先行する」ある環境の内部で適応が生ずることになっているという問題設定である。これは、地球上の生命史という科学的観点からすれば、自然なアプローチではある。地球は、生命の出現以前に、そこにあったわけである。地球は依然として存在しているが、その間、様々な生命種が絶滅しては別の生命種が現れる。地質学上の記録に現れる生命種を、我々は偶然的出来事とみなし、多かれ少なかれ、偶発的なものとみなす。地球の歴史においては、偶然発生し出現する事物に生命の出現が左右される決定的時期を我々は数多く指摘できる。生命種は、環境に完全に左右されるようにみえる。こういうわけで、我々は、生命種の観点から環境を叙述するのではなく、環境の観点から生命種を叙述することになる。

とはいうものの、生命体が反応する唯一の環境とは、生命体の感受能力とその実際の反応によってあらかじめ確定されているかぎりでの環境である。確かに、反応が生命体にとって不都合な反応であることもある。しかし、我々が関心を寄せている変化は、生命体が自ら選択する環境において、かつ、生命体が自らの行動様式によって編成する環境において、生命体が被るかぎりでの変化である。自らにとって有利に作用する対象であろうが不利に作用する対象であろうが、生命体は、対象から距離を置いたところに存在する。生命体は、そうした対象に向かっていったりそこから離れていったりというように、自身の身体運動を通じて、当の対象との間合いを測る。対象から離れた場所での経験において生命体に影響を及ぼすものは、当の対象に接触した場合、その後で何が生ずるかという、未来の見込である。未来の見込は、食物との接触であれば好都合であろうし、そうでなければ、敵の獰猛な口との接触ということになるかもしれない。遠隔〔対象〕経験が示しているのは、このような帰結である。これこそ、環境が存在する様式である。

遠くにみえる事物は、我々が当の事物に向かって行けば、やがて接触対象となる。我々にとっての環境は、ある意味で、仮説的な在り方をしている。「その壁なら、向こうにある」というとき、その意味するところは、「我々はある種の視覚的経験をしているのであって、その経験から我々に見込まれるのは、硬さ、凹凸、冷たさをもった一定の接触対象である」というものである。我々の周囲に存在するものは、すべて、我々にとって、こうした仮説的様式で存在している。もちろん、こうした仮説は、接触によって、いってみれば、実験によって確証される。過去の経験から生じた確信をもって、断固たる態度をとり、通常の結果を期待する。我々は、時折、思い違いを免れえないが、その場合には、我々の周囲に存在する世界は仮説的様式で存在することを悟る。遠隔〔対象〕経験をとおして我々に生ずる事態は、ある種の言語である。その言語が我々に示しているのは、仮に、我々と当の対象との間の距離を実際に行き来することができるのであれば、我々がするかもしれない起こりうる経験である。たとえば、アメーバのように、遠隔経験をもたない生命種、あるいは、遠隔経験を有してはいても、それに機能的にしか関与しない生命種は、他の生命種が有している類いの環境をもたない。私がこの点を明らかにしておきたいのは、次の事実を強調するためである。すなわち、環境というものは、本質的な意味において、生命体の特性によって確定されるという事実である。世界を科学的に説明するという我々の観点に立てば、こうした様々な生命種にとっての様々な環境の外部に立ち、これらを相互に関連づけることができる。この立場においては、環境の研究は、環境が生命種に対して有する関係の中で行われ、まず、我々の環境を記述し、その後で、環境を生命体と関連づけることになる。しかし、様々な環境が生命体自体にとって存在する以上、こうした環境の存在様式は、生命体によって選択された性質で存在するるのであり、可能な反応によって構造化されて存在するのである。◆6

このように生命体が（選択と組織化によって表現しうる）自らの環境に対して行使するコントロールと対比していえば、さらに別のコントロールがある。これは、既に言及したように、周囲に存在する対象を実際に自らの反応によって確定する生命体においてみられる。ある動物が穴を掘り、あるいは、巣を作るのであれば、そのかぎりにおいて、この動物は様々な物を集めて、自分で家を作るわけである。このようにして実際に巣が作られても、これは、先に私が言及した類いのコントロールとは異なる性質を有する。たとえば、蟻は、自分たちの食用に、巣穴の中の通り道に、ある種の植物が生育するままにしておく。この事例は、先に既に言及したコントロール以上に、環境をコントロールしている。というのも、この場合のコントロールは、動物による積極的反応を必要としており、この動物次第で植物の成長の行方が左右されるからである。このような行動は、これらの昆虫の生活のごくわずかな部分しか形成していないが、しかし、こうした行動は現に行われている。こういった類いのコントロールは、穴や巣を作ることを超えている。というのも、動物が自らの生活過程を続ける際の環境を実際に作り出しているからである。人間という有機体について驚くべきことは、昆虫を例にして今しがた言及した類いのコントロールを入念に拡大している点である。

既に述べたように、環境とは、あくまで我々にとっての環境である。我々は手の届くもの、つまり、操作可能なものを目にすると、今度は、これを接触する対象として扱う。こうした環境を作り上げるに当たって手が果た

◆6 共通経験の世界と科学の世界との関連については以下を参照。*The Philosophy of the Act*, Part II.

す重要性については、既に強調しておいた。生命体の行為は、食物を食べる行為のように、達成につながる行為である。手は、こういった達成過程の始まりと終わりの間に出現する。我々は食物を手にし、取り扱い、さらに、既に述べたかぎりでの環境に関していえば、食物を操作対象の観点から食物を自分自身に提示するといってよい。我々が手にしうる果物は、我々が〔何かとして〕取り扱えるものである。取り扱える果物というのは、食べられる果物であるかもしれないし、蠟で作られた模造品であるかもしれない。しかし、この対象は〔身体にとっての〕事物〔様態〕である。我々の周囲にある〔身体関与的〕事物〔様態〕の世界は、単に、我々の動作の目標であるだけでなく、行為の達成を可能にする世界である。もちろん、犬とて、物をくわえあげて、持ち帰ることはできる。犬は、自分のあごを使って物を運ぶことはできる。だが、あごを使って餌をむさぼる過程以上に犬がなしうるのは、せいぜい、ここまででしかない。犬のこうした行為は、実行すれば即座に完成する。しかし、人間という動物の場合、行為の端緒とその達成との間に、道具を用いて実現に寄与する段階というものがある。事物〔様態〕は、行為のこうした道具的局面に登場する。我々にとっての環境それ自体は、〔身体関与的〕事物〔様態〕から成り立っている。我々の行動様式は、我々にとっての反応対象を、ある種の〔身体関与的〕事物〔様態〕に意味変換するのであるが、この〔身体関与的〕事物〔様態〕は、即座に終了する行為の実際の完了時点よりも、〔時間的に〕さらに向こうに待ち構えているものである。我々がつかむことのできる事物、細かく砕くことのできる事物というのは、つかんだり砕いたりといった行為が達成される以前の段階であっても、我々にとって〔想定上〕到達範囲内にある事物であり、かつ、我々にとって、ある意味では、さらに行われる活動に即して操作可能な事物である。ここで、仮に、動物は、自らの感受能力、対象に向かって行く身体運動、また、反応によって、自らの環境を構成していると語るとすれば、人間という生命種の場合、今しがたみたように、実際的意味において、我々自身の手の産物である〔身体関与的〕事物〔様態〕によって、自らの環境を構成していることがわかる。もちろん、知性の観点に立って、こうした対象物は道具であり、我々が用いることのできる事物であることを考慮すれば、事物には、さらなる利点がある。これらの事物は、行為の端緒と達成の中間に現れるのであり、したがって、我々は、自ら有する対象物によって、目的手段関係を表現できるのである。我々は自分たちの目的を、手段によって自由に分析できる。人間の手は、もちろん、中枢神経系によって可能となる無数の動作によって支えられており、人間の知性の発達において決定的な重要性をもっている。（人間の祖先が樹上生活を送っていたと仮定するなら）人間が樹上から降りる能力を有するという想定は重要であるが、もっと重要なのは、人間の親指が他の指とは反対側の位置にあり、必要とする対象をつかんだり利用したりできるようになっているということである。かくして、我々は自分たちにとっての世界を、様々な〔身体関与的〕対象物に分解し、最終目的や目標を見据えた上で、我々にとって操作可能で利用可能な事物から構成される一つの環境を切り開いていくのである。

今みたような個人の効用に基づく使用に加えて、こうした〔身体関与的〕事物〔様態〕の使用には、組織化された集団による使用もある。それは、集団にとっての世界に対するコントロールを促進する上で、我々が事物を使用する場合である。たとえば、穴居人について我々が有する物語にみられるように、こうした集団を、最も原初的な段階に限定してみるなら、使用される事物は、せいぜい、棒と石どまりであって、それ以上のものはほとんどない。こういった集団にとっての環境は、動物にとっての環境とさして異なるものではない。しかし、人間社会が、さらに大規模に発達するようになると、自らの環境を徹底的にコントロールするようになった。人間という生物は、望みどおりのところに自身の住み処を建て、都市を造り、遠く離れたところから水を引き、周囲で育ちそうな植物を根づかせ、生かしておく動物を決め、昆虫の生態に対して奮闘しつつ、どの昆虫を駆除せずに生かし続けておくか決め、環境内にどの微生物を生かしておくか決めようと試みている。人間という生物は、衣服と家屋をとおして、自分たちにとって温度はどの程度がふさわしいかを決める。交通手段によって、自分たちにとっての環境の範囲を規制する。地球上の人類が前進していくための苦闘は、おしなべて、いかなる生活が周囲にあってしかるべきかを決めることであり、自分たちの生活を確定し影響下に置くような〔身体にとっての〕対象物をコントロールすることである。コミュニティそれ自体は、環境に対して感受能力を有することによって、自らの環境を創造する。

我々は、ダーウィン進化論、つまり様々な生命種間の生存競争を、進化発展問題にとって必要不可欠な部分であると考える。しかし、何らかの昆虫や微生物を無視するとすれば、人間には、その社会的能力において、基本的に対立関係にあるような生命種はない。我々は、どの野生動物を飼い慣らすかを決める。我々は、動物や植物の生態で現存する形態の一切を駆除することができる。我々は、自分たちが求める種なら、どんな種でもまくことができ、必要とする動物であれば、どんな動物であろうと、生かすことも殺すこともできる。我々にとっての難題を課すようなダーウィン的意味での生物環境は、もはや存在しない。もちろん、我々には、地質学的な力、いわゆる不可抗力としての天災をコントロールすることはできない。こういった力は突然やってきて、人間が作り上げてきたものを一掃する。太陽系の変動は、端的にいって、我々の住む惑星を消滅させかねない。このような力は、我々のコントロールの及ばないところにある。太陽系に変化が生じれば、我々の住む惑星は、いとも容易に絶滅しかねない。こうした力は、我々にはコントロールできない。しかし、地球上の人類という種の発達にとって重要と考えられる力を取り上げてみれば、こうした力は、かなりの程度で、人間社会のコントロール下にある。個体数の増加圧力という問題は、生存種の淘汰において、つねに、重大な役割を果たしてきた。自然は、過剰生産の原理に基づいて、種を選択しなければならないのであり、あえて擬人法を用いていえば、そうすることで、突然変異が生じうるようになり、こうした変異の中には、他の種よりも優位に立つものもあるわけである。バローズが植物実験において数多くの品種を用いることで、ある品種であれば優位に立つことを期待していたのと同じように、擬人法を用いていえば、自然は変種を用いて、生存しうる以上の生命種を作り出し、その中の優れた種が生存することを期待するのである。ある種の昆虫の死亡率は九九・八パーセントであり、そのうち生存する個体の数は減少傾向にある。生物としての人間にとっても、人口圧力問題は依然としてあるが、既に有する知識を用いれば、生存しうる人口を確定できるだろう。知性を用いて人口問題に対応するかぎり、人口問題は、社会の管理下にある。それゆえ、社会自体の内部から生ずる問題であろうと、社会によって確実にコントロールすることができる。このように自身の進化をコントロールすることこそ、人間社会の発達の目標である。

これまで妥当なこととして語られてきたのは、生物進化の中には、いかなる目標も与えられていない、つまり、進化論は自然の力学理論の一部であるということである。こうした進化は、いわば、背後から作用する。進化論の説明は、既にそこにある諸力の観点からなされる。こうした進化過程において、一定の状況に適合し、したがって、生存競争を生き延びる特定の個体が現れるわけである。こうした適応過程は、必ずしも、我々がより望ましいと考える個体を選択する過程ではない。寄生虫は、明らかに、進化の過程の所産である。寄生虫は様々な器官を失っているが、それは、もはや必要でないからである。しかし、寄生虫は宿主から栄養素を摂取する生活に自ら適応してきたわけである。このような生命種を我々は進化の観点から説明できる。こうした観点からみれば、自然を、ますます高度に複雑化し一層完全な個体を産出しているとみなす必要はない。こうした変化は、発生する状況に対する変異と適応によって、いとも容易に説明される。あらゆる被創造物が向かって行く目的を持ち出す必要はまったくないのである。

にもかかわらず、私が今しがた提示した人間の状況は、ある意味で、一つの目的を提示している。いってみれば、それは、生理学的意味においてではなく、地球上の生命過程の一傾向としてである。人間社会は、自らの生存条件がどのようなものかを自ら確定しうるのであって、人間社会が直面している状況は、もはや、環境が引き起こす困難に立ち向かおうと単に努力するような状況下にはない。人類が自らの環境をコントロールできるのであれば、人類は、ある意味で、自らを安定化させ、発展過程が有する目的に到達するだろう。例外があるとすれば、社会の側が、自らの環境をコントロールする過程で、発展し続ける場合である。我々人間は、寒冷気候で生きて行くために体毛で覆われた新たな生命種を生み出す必要はない。探検家が北極に行けるような衣服を作り出すことができればいいのである。我々は、熱帯の暑さに耐えられるような条件を明らかにすることができる。部屋の壁の中に電線を張り巡らせることで、我々は室温を上げたり下げたりできる。微生物の場合でさえ、我々が微生物をコントロールできるのであれば、ある程度人間社会が行っているように、我々は様々な環境のありようを確定してきたわけである。自分たちに対して環境が有する直接的な関係の中での環境のありようだけではない、さらには、物理的環境が微生物等の生命個体に及ぼす影響の中で物理的環境のありようをも確定してきたのである。それゆえ、仮に、こういうことができるのであれば、進化の目標としての最終到達点を作り出すことになろう。

もちろん、こういった類いの最終的な適応というのであれば、実際のところ、我々はそこから程遠い状況にある。したがって、正確にいうのであれば、社会有機体の進化の前途には、長い道のりが待ち構えている。しかし、仮に、社会有機体がこの目標を既に達成してしまい、生存と再生産を可能にする条件を確定したというのであれば、生物学的進化を確定してきた原理の観点からみて、人間という生命種において、これ以上の変化は生じないだろう。人間にとっての状況というのは、あらゆる生命体が、選択過程と組織編成過程において、自らの環境に対して行使するコントロールの発展の所産である。我々は他の惑星に移動することはできないし、太陽系の運動の未来のありようを明らかにすることはできない（この種のありうる変化は、人間有機体の想定可能な一切のコントロールを超えている）。しかし、こうした限界を別にすれば、ダーウィン的意味で、個体の生命に影響を及ぼす力、また、考えうるかぎり生命を変える可能性のある力、これらは、社会自体によるコントロールの下に置かれるようになってきている。さらにいえば、こういった力が、社会によって行使されるコントロールの下に置かれるかぎり、人間社会は生物進化過程の目的を提示している。もちろん、つけ加えるまでもないことだが、人間社会の発達に関するかぎり、この過程自体は、到達点からは程遠い。

第33章　思考とコミュニケーションの社会的な基盤と機能

人間個人が自分自身について意識的になるのと同じ社会的－生理学的な仕方で、個人はまた、他の様々な個人についても意識的になる。自分自身についても他の諸個人についても、個人が意識的になることは、自身の自我の発達にとっても、自ら属する組織化された社会ないし社会集団の発達にとっても、同じように重要なことである。

　人間の社会組織の根底をなす原理を私は既に示したが、この原理は、自分以外の他者との関わりをともなうコミュニケーションの原理でもある。コミュニケーションの原理が要求するのは、自我の中に自分以外の他者が出現することであり、こうした他者を自分の自我と一体化することであり、他者をとおして自己意識に到達することである。このように他者と関わることが可能となるのは、コミュニケーションをとおしてであるが、これは、あくまでも、人間という生物が行うことのできるタイプのコミュニケーションである。このタイプのコミュニケーションは、社会をなしてはいても今述べたような原理をもっていない他の生命形態同士で行われるコミュニケーションとは異なる。いわゆる見張り役の動物については、先に議論した。この場合、ある動物が察した身の危険を、群れの中の他の動物に対して、コミュニケーションを交わしているという言い方は可能かもしれない。それは、ちょうど、雛を呼び寄せるめんどりの鳴き声が、雛に対するコミュニケーションであるといえるかもしれないのと同じである。ある個体の身振りが、自分以外の個体に対して、外的状況に対する適切な構えをとらせるよう作用する条件は様々ある。ある意味では、一方の個体は相手側とコミュニケーションを交わしているといえるかもしれない。しかし、そうしたコミュニケーションと自己意識的なコミュニケーションとの違いは明白である。見張り役の場合、身振りを発した個体は、自分以外の個体とのコミュニケーションが生じていることを知らない。我々は、いわゆる群衆意識のうちに、こうした事例を見て取る。演説の巧みな人に影響されて、聴衆全体が示す〔心身の〕構えである。巧みな演説家を前にした人々が示す構えに、人は影響を受けつつ、こうした構えは、聴衆の様々な人々に跳ね返る。その結果、人々は全体として反応するようになる。人は、聴衆全体が示す全般的構えを感ずる。この場合、実際的な意味で、コミュニケーションがある。つまり、ある個人は、自分以外の個人とコミュニケーションを交わしているのであって、その伝達内容は、双方にとって重要性をもつ環境の一定部分に対して他の個人が示す構えである。こうしたレベルのコミュニケーションであれば、人間集団が有する社会組織より下等な社会形態においてもみられる。

他方で、人間の集団の場合、このような種類のコミュニケーションがあるだけではなく、さらに加えて、こうした身振りを用い、そのことで意志を伝達する人が、相手側に構えを喚起するのと同様に、自分の側でも相手側の構えをとるようなコミュニケーションもある。身振りを発する側の個人自身は、その身振りによって刺激と影響を受けている相手側の役割を担う位置にあるわけである。このように相手側の役割を担うことを通じて、身振りを発した側の個人は自分自身に回帰し、そのことで、自身のコミュニケーション過程を方向づける。このように相手側の役割を担うという表現を私はしばしば用いてきたが、このことがもつ重要性は、単に一時的なものではない。これは、身振りの偶然の結果、たまたま起こるものではないのであって、協働的活動の発達において重要性をもつ。このように役割を引き受けることで直接得られる効果は、個人が自分自身の反応に対してコントロールを行使できるという点にある。[◆7] 個人が自分以外の人の役割を担うことができるのであれば、ある協働的過程において個人の行為をコントロールするという事態が、当の個人自身の行動様式において生じうる。自分以外の人の役割を担うことを通じて、個人が自分自身の反応を、このようにコントロールすることこそが、集団における行動様式の組織化という観点からみた場合、このような〔相手側の構えを遂行する〕タイプのコミュニケーションの価値を生み出す。こうしたコミュニケーションは、動物の群れそれ自体や昆虫社会において遂行可能な協働過程よりも、さらに高度な協働過程を一層推し進める。

かくして、社会的な方向づけは、自己批判的吟味によって作用しつつ、個人の行動ないしは行動様式に対して、極めて密接にかつ広範囲に効力を発揮する。そして、この社会的な方向づけは、個人が関与する経験と行動の組織化された社会過程に即して、当の個人とその行動を統合するのに役立つのである。人間がもつ中枢神経系の生理学的メカニズムによって、個々の人間は、他の諸個人の構えをとることができるのであり、さらにいえば、この個人と他の人々が社会集団組織に属している場合であれば、他の成員および集団全体に対してこの個人が有する統合的な社会関係に即して、この個人は、この社会集団が自分に対して示す構えをとることができる。したがって、経験と行動の全般的な社会過程をこの集団が遂行しているとき、この過程は、この個人自身の経験において、自分自身に直接提示される。このことによって、当の個人は、社会集団全体と集団内の他の成員双方に対して自身がもつ関係に即して、つまり、こうした社会過程をとおして、自身の行動様式を、意識的にかつ批判的に、統制し導くことができる。かくして、個人は自己意識的となるだけでなく、自己批判的にもなる。したがってまた、このような自己批判の社会的な発端と土台が所以となって、個人の行動や行動様式に対する社会的方向づけが作用する。すなわち、自己批判とは本質的に社会批判である。自己批判によって方向づけられた行動とは、本質的に、社会によって方向づけられた行動である[◆8]。かくして、社会的方向づけには、人間個人を押しつぶし自己意識的な個性を消し去る傾向があるどころか、逆に、社会的方向づけこそが、人間の個性を実際に構成し、かつ、この個性に密接に関連しているのである。というのも、個人が意識的かつ個人的人格として現にあるのは、当の個人が社会の一員であり、経験と活動の社会過程に関わり、そのことによって、自身の行動様式において社会的に方向づけられるかぎりにおいてだからである。

自己意識的なコミュニティの組織編成のありようそのものは、他の諸個人の構えをとる様々な個人に左右される。既に指摘したように、こうした過程の発達を左右するのは、ばらばらの個人が示す構えではなく、集団が示す構えを身につけることである、いいかえれば、私のいう「一般化された他者」の構えを身につけることである。

これについては野球の試合を引き合いに出して既に例証したところである。個々の選手がチームとして示す構えは、協働的反応に関わっているのであり、このような反応にあたっては、チーム内の様々な役割が相互に関わり合っているわけである。ある人が集団内の別の個人の構えをとるかぎり、この人は、自分の行為と集団内の他の成員の行為との関係の中で、その構えをとらなければならない。この人が完全に適応できるのであれば、当の過程に関与する全員の構えをとるはずである。もちろん、どの程度それができるかは、その人の能力に制約される。しかし、それでも、あらゆる知的な過程において、自分たちの行為を知性に基づいたものにするために、我々は当の活動に関与するすべての人々の役割を遂行することが十分にできる。コミュニティ全体の生活が、どの程度、

◆7　社会進化の観点からみれば、次のようにいえる。任意の社会的行為、あるいは、その行為を構成要素とする全体的な社会過程、こういったものをその行為に関与する個々の有機体それぞれの経験のうちに、直接的に、かつ組織化された全体として、導入し、そのことで、この導入に即して、個人は自分自身の行動様式を規制し統制するといっていいのであり、これこそが、個々の有機体において自己意識のもつ特定の意義と意味を構成するのである。

我々はこれまで次のことをみてきた。思考過程ないしは思考活動は、個人が自分自身と一般化された他者との間で行う対話である。さらにいえば、こうした対話の一般的形態と主題は、何らかの解決すべき問題が経験の中に立ち現れることによって与えられ確定される。人間の知性は、思考の中で表現されるのであるが、こういった知性は、ある特性をもつものと理解されている。それは、知性を有する有機体に立ちはだかるのは、環境への適応という問題であり、このような問題が生じたら、どんな問題であれ、正面から立ち向かい対処していくという特性である。したがって、これも既にみてきたところであるが、知性に基づく行動の本質的な特性は、反応を即座に行わずに遅らせるということである。すなわち、思考を続けながらも行動は一旦停止するということである。このように反応を遅らせることと、反応を遅らせることを目的として思考すること（ここには、与えられた環境状況において可能な複数の反応の中から、思考過程の結果として、最善の、あるいは、最も有用なものを最終的に選択することも含まれる）、この両者が可能となるのは、生理学的にいえば、中枢神経系のメカニズムを通じてであり、社会的にいえば、言語のメカニズムを通じてである。

◆8　フロイトのいう心理学的「検閲」概念は、本文でみたような自己批判による社会的方向づけという作用を部分的に承認しているといえる。つまり、性的な経験と行動様式に即して検閲が作用することを認めているわけである。しかし、このように個人が自分自身を検閲もしくは批判することは、当の個人の社会的な経験や行動や関係の他のすべての局面にも反映されている。これは、我々が採用する自我の社会説からすれば、当然かつ不可避的に導き出される事実である。

一人一人の個人の自己意識的生活に関わることができるか、これは千差万別である。歴史学が従事していることは、一般的にいって、発達をたどることである。だが、その発達自体は、歴史家が記述しているその時代にあっては、当時の社会成員の実際の経験には現れえなかったものである。歴史記述のこうした性格は、歴史の重要性を明らかにしている。人は過去に生じたことを顧みることができるし、当時誰も気づくこともなかった変化や力や利害関係を明らかにすることができる。だが、実際に生じた過程は、当時の一人一人の経験を超えた過程である以上、我々は歴史家の叙述をまたねばならない。

時には、新たに進行しはじめている行為に関して、他の人々以上に、その行為を取り入れることができる人が現れる。こういう人は、所属コミュニティ内のすべての集団と関係を自ら進んで取り結ぶことができるのだが、自身の構えの方は、自分以外の成員の生活の一部にはまだなっていない。このような人は指導者になる。封建秩序の下では、様々な階級は一定の伝統的環境の下で行為することはできても、相互に切り離されている度合いが極めて高いため、お互いに理解することはできない。このような場合でも、所属集団の自分以外の成員がとる構えを会得できる個人が現れるかもしれない。この種の人物がいなければ、お互い完全に切り離されたままの集団が複数ある場合、こういう人物は、こうした集団間のコミュニケーションを可能にするがゆえに、極めて重要になる。我々が語るこの種の能力は、政治においては、政治家が示す構えである。政治家は、集団が示す様々な構えを理解して行動することができ、その上で、自分自身の経験を普遍化することによって、様々な構えを取りもつことができる。そのため、他の人々も、このような政治家をとおして、この種のコミュニケーションを取り結ぶことができるわけである。

たとえば、ジャーナリズムに関わるメディアにみられるように、コミュニケーションのメディアが極めて重要であることはすぐわかる。というのも、メディアが報道する状況をとおして、人は、他の人々の構えと経験を理解することができるからである。演劇は、重要な状況と思われてきたことを上演することで、このような機能を果たしてきた。演劇は、古代ギリシア人たちが自分たちの悲劇の中で行ったように、伝承の中から、人々の心のうちにある様々な人物特性を選び出した上で、こうした特性をとおして、その時々の時代に固有の状況を表現してきた。だが同時に、このように演劇で描かれる状況は、コミュニティ内の様々な階級構成員間で生じた障壁が実際に固定的ではあっても、階級間障壁を越えて、個人個人を感動させる。このようなタイプのコミュニケーションは、演劇から小説へと発達してきたが、こうした発達は、今日のジャーナリズムが有するのと同じ重要性をもっている。小説の場合、読者の身の周りでは目にすることのない状況が描かれており、その描写形式は、この状況内集団の示す構えに読者が感情移入できるようになっている。以上のような条件においては、それがない場合に比べて、参加感の度合いははるかに高まり、その結果、コミュニケーションの可能性もはるかに高くなる。もちろん、このような発達状態には、共通利益の存在が関わっている。個人の生活過程の外部にある要素をあれこれ集めたところで、そこから社会が出来上がるわけではない。コミュニケーションへの参加にとって唯一可能な基盤としては、個人個人が自分から積極的に関わるような類いの協働を前提としなければならない。そもそも、火星人とコミュニケーションを取り交わすことなど、はじめからできないし、先行する関係もないのに、社会を創出することなどできない。もちろん、自分たちと同じ性格を有するコミュニティが火星に既に存在しているのであれば、コミュニケーションを取り交わすことはできる。しかし、コミュニティがあっても、それが、自分たちのコミュニティのまったく外部にあり、利益関心を共有することもなく、協働的活動もまったくないのであれば、そのようなコミュニティとコミュニケーションを取り結ぶことはできない。

人間社会にあっては、普遍的宗教や、また、普遍的経済過程に現れるような何らかの普遍的形態がこれまで生じてきた。宗教の場合、こうした普遍的形態は、たとえば、親切心や手助けや援助のように、人間たちが相互に対して示す根本的な構えにまで遡る。このような構えは、集団内における個人個人の生活に関わっている。そして、こうした構えの一般化された概念は、あらゆる普遍宗教の背後に見出しうる。この一般化される過程というのは、隣人同士の愛をともなうような過程であり、また、協働活動に携わっている場合であれば、困っている人々や苦しんでいる人々に対する援助をともなうような過程である。元気がなく、病気やその他の不幸な状態にある人がいる場合、その人を助けるというのは、「人として」根本的な構えであるが、こうした構えは、人間のコミュニティ内にいる様々な個人の成り立ちそのものに固有のものである。たとえば、戦場の真っ直中であって負傷した敵軍兵士を救援する場合のように、完全な敵意に満ちた敵対的な構えがみられる状況下にあっても、こうした根本的な構えはみられる。騎士道的構え、あるいは、単にパンをお互いに分け合うことは、たとえ相手が敵であっても、お互い同じ個人同士とみなすことである。これらは、個人自身が、ある協働的構えのうちにあると気づくような状況であり、このような状況の中から、つまり、普遍的な協働的活動の中から、普遍的宗教が発生したのである。このような根本的な隣人愛の発達は、憐れみ深いサマリア人の寓話〔『福音書』〕に描かれている。

他方で、それぞれの個人同士の間では、交換という根本的過程がある。交換過程発生の由来となったのは商品であって、これは、当面のところ自分たちでは必要とはしないが、必要な事物を手に入れるために利用できる物である。このような余剰物を有する個人同士がお互いにコミュニケーションを交わすことのできるところであれば、どこにおいても、交換過程は発生しうる。必要性を示す構えに対して参加するという事態があるわけである。ここでは、交換することが双方にとって互恵的価値があることを承認する点で、それぞれが自分を相手側の構えのうちに置く。これは高度に抽象的な関係性である。というのも、自分にとって〔目下のところ〕使用不可能な何物かがあることで、当人は、他の誰かと、交換関係を取り結ぶことになるからである。これは、既に隣人愛を事例にして言及した状況と同じように普遍的な状況である。こうした二つの事例にみられる構えは、最も普遍的な社会、そして、当面のところは、最も抽象的な社会を表している。こういった構えは、それぞれ自分自身の生活過程に即して組織化された様々な社会集団の範囲を超えることのできる構えであり、さらにいえば、実際に敵対し合っている集団間においてさえ現れうる構えである。交換過程や支援過程においては、この過程がなければ敵対し合う可能性のある人々であっても、協働的活動という構えを取りはじめることができる。

これらの構えの背後にあるのは、誠実なコミュニケーションであれば、どんなコミュニケーションにも関わる事態である。背後にあるこうした事態は、ある場合には、宗教的態度〔構え〕や経済的構え〔態度〕よりも普遍的であるが、別の場合には、それほど普遍的ではない。人は、コミュニケーションを取り結ぶ前に、コミュニケーションの対象をもっていなければならない。一見したところ、人は外国語についてのシンボルをもっているかもしれない。しかし、そういう人でも、その外国語を話す人々と共通の観念（そして、この共通観念は共通の反応をともなう）を何らもっていないのであれば、この人は、その言語を話す人々とコミュニケーションを取り結ぶことはできない。したがって、対話過程の背後においてさえ、協働的活動がなければならない。コミュニケーション過程は、宗教と経済的過程の双方の役割を果たす点において、普遍的宗教や普遍的経済的過程よりも普遍的である。こうした宗教的活動と経済的活動は、これまで、最も普遍的な協働的活動であったし、今もそうである。

ある意味では、おそらく、科学のコミュニティは、同じように普遍的となったコミュニティである。しかし、自己を意識する兆しもなければ学識もない人々の間では、こうしたコミュニティは見出しえない。それゆえ、コミュニケーション過程は、ある意味で、今述べたような様々な協働的過程よりも普遍的である。コミュニケーション過程は、自己を意識する社会にあって、こうした協働的活動の遂行を可能にする媒体である。しかし、それは、協働的活動の媒体でもあることに人は気づくはずである。コミュニケーションなしに、それ自体で単に進行可能な思考の領域などというものはない。思考というのは、社会的使用の可能性の外部に追いやられて成立しうる領域でも領分でもない。たとえば宗教や経済にみられるように、コミュニケーション対象が存在し、協働的過程が存在し、コミュニケーション対象が社会的に使用可能であるような何らかの領域が存在しなければならないのである。いわゆる「論議領域」に到達するためには、このような類いの協働的状況を想定しなければならない。こういった論議領域は、今みたような様々な社会過程すべてにとっての媒体である。その意味で、論議領域は様々な社会過程よりも普遍的である。だが、論議領域は〔社会過程なしに〕、いわば、それだけで進行していく過程ではない。

この点はぜひとも強調しておく必要がある。というのも、哲学、ならびに、哲学とともに歩んできたドグマは、思考過程と思考内容とを打ち立てつつ、思考内容を、思惟が進行しているまさにその場面過程の先行的存在としてきたからである。しかしながら、思考するというのは、個人とその相手とがともに関与する広い社会過程において、当の個人が相手側の構えに対して示す反応以外の何ものでもないのであり、さらには、個人がとるこうした他者たちの構えによって、これから行おうとする自らの行為を導いて行くことに他ならない。これこそが、思考過程の在処である。そうである以上、思考が、それだけで単独で進行していくなどということはありえない。

これまで言語というものを、人間に固有の社会を可能にしてきた社会組織の一編成原理としてみてきた。もちろん、仮に火星人が存在するとしても、我々が火星人と社会関係を取り結ぶことができるのであれば、火星人とコミュニケーションを交わすこともできる。あらゆる思考過程の本質をなす論理定項を取り出すことができれば、おそらく、そうした論理定項によって、他のコミュニティとコミュニケーションを続けていく位置に我々は立つことになろう。こうした論理定項は共通の社会過程を構成することになる。その結果、歴史上のいかなる時代であろうと、あるいは、いかなる空間的位置にあろうと、自分たち以外のどのような生物とも社会過程を取り結ぶことがおそらく可能となる。思考によって、ある社会の未来像や過去の姿を我々は思い描くことができる。しかし、我々がつねに前提しているのは、このようなコミュニケーション過程が生ずる社会的関係である。我々は、コミュニケーション過程を、独立自存する何かとして創り上げることはできないし、社会過程の前提として創り上げることもできない。それどころか、思考とコミュニケーションが可能となるためには、社会過程が前提されているのである。

第34章 コミュニティと制度◆9

私が既に名づけたように「一般化された社会的構え」というものがあるのであって、このような構えによって、組織化された自我が可能となる。コミュニティにあっては、本質的に、同一状況下における一定の行為の仕方というものがある。どのような人が行う場合であっても、こうした一定の行為の仕方は、我々が何らかの措置を講ずる場合に、我々が他者の側に喚起する様式である。我々が自分たちの権利を主張する場合、主張している権利が普遍的な権利であるからこそ、ある明確に定まった反応を我々は要請する。明確に定まった反応というのは、誰であろうと、示すべき反応であり、あるいは、おそらく、示すことになる反応のことである。そうした反応は我々自身の性向のうちにある。そして、そうした権利主張がなされれば、他の誰に対しても、ある程度同じ構えをとる準備が、我々にはできている。我々が他の人々に対してそのような反応を喚起する場合、我々は相手側の構えをとることができるのであり、したがって、自分自身のふるまい方を相手側の構えに合わせることができる。それゆえ、我々が生活しているコミュニティにおいては、このような共通の反応が連鎖をなしてまとまって存在する。こうした反応こそが、我々が「制度」と呼ぶものである。当該コミュニティの全成員の側からすれば、制度は、特定の状況に対する共通の反応を表している。このような共通の反応は、もちろん、個人の性質に応じて様々である。窃盗を例にとれば、保安官が示す反応は、司法長官の示す反応とは異なるし、判事や陪審員が示す反応とも異なる等々といった具合である。とはいえ、これらはすべて、財産制度を維持する反応であり、他の人々の所有権の承認に関わっている。様々な形態をとりつつも、ある共通の反応があるわけである。こうした様々な形態は、様々な地位の公務員において示されるように、共通反応の多様性に対して統一を与える編成体をなしている。警察官に助けを求める場合もあれば、州検事の職務遂行に期待を寄せ、あるいは、法廷とその職員に犯人の公判手続きの執行を期待する場合もある。こうした様々な公務員すべてが示す構えを、人は財産制度の維持そのものに関わるものとして受け取る。こういった構えはすべて、ひとまとまりの過程としてあって、ある意味で、我々自身の性向のうちにみられる。こうした構えを我々が喚起するとき、これまで私が「一般化された他者」と呼んできたものが示す構えを我々はとっているのである。反応がこのように編成されて様々な組み合わせをなしているとき、これらの組み合わせは相互に関連し合っている。ある人がこうした反応の一組を喚起する場合、当人は、他の組み合わせの方も暗黙のうちに呼び起こしているのである。

こうして、社会の諸々の制度というのは、集団活動あるいは社会的活動の組織化された形態である。つまり、こうした活動に対して他者たちが示す構えをとることによって、社会の個々の成員が適切かつ社会的に行為することができるように組織化された形態である。たとえば教会のように、抑圧的で、固定観念にとらわれ、極端に保守的な社会制度は、多かれ少なかれ硬直的で柔軟性を欠いた反進歩性によって、個性を押しつぶし消し去り、あるいは、こうした制度に関わりしたがっている個人個人の自我あるいは人格における思考と行動の独特で独創的な発現を思いとどまらせる。このような社会制度は、経験と行動の全般的社会過程の有害な所産ではあるが、しかし必然的な所産ではない。社会制度が抑圧的で、あるいは、硬直的なほど保守的であることはあるにしても、そうなるのに必然的な理由もなければ不可避の理由もない。あるいは、多くの制度がそうであるように、社会制

◆9 "Natural Rights and the Theory of the Political Institutions," *Journal of Philosophy*, XII (1915), 141ff.

度が、どちらかといえば、柔軟で進歩的であり、個性を妨げるよりも促進することもあるが、しかし、そうなる必然的な理由もなければ、不可避の理由もない。いずれにせよ、何らかの類いの社会制度がなければ、あるいは、社会制度を構成する組織化された社会的構えと社会的活動がなければ、完全に成熟した個人の自我も人格もありえない。その理由はこうである。社会制度は、全般的な社会的生活過程の組織化された発現〔形態〕であるが、こうした全般的社会的生活過程に関与する個人の一人一人が、社会制度の具現体あるいは表現体としての組織化された社会的な構えと活動を、自分の個人的な経験において、反映しあるいは理解するかぎりにおいてのみ、これらの諸個人は、十分に成熟した自我ないし人格を発達させ、自らのものとすることができるからである。個人の自我と同様に、社会制度は、人間の進化段階における社会的生活過程内部における発達形態であり、あるいは、この過程の固有の、かつ、形態化された発現体である。社会制度は、それ自体としては、必ずしも、個々の成員における個性を破壊するものではない。与えられた任意の環境にあって、（愚かで愚鈍な人のように、知性もなければ社会的責任もない諸個人とは反対に）、何らかのコミュニティないし社会集団の成員として知性がありり社会的責任のある諸個人すべての行動を特徴づけるような行為があるとするなら、社会制度というのは、こういった行為の固定化された何らかの特定パターンというような狭い定義を表すものでも、支えるものでもない。それどころか、社会制度は、個人の行動様式の社会的なパターン、あるいは社会的責任のあるパターンを定義する必要があるにしても、それは、あくまで、極めて広義の、そして、一般的な意味においてのみであって、独創性と柔軟性そして行動様式の多様性に対して、十分な許容範囲を提供しなければならない。人間レベルにおける社会的生活過程の組織化された全体構造を、形式化された主要な機能的側面ないし局面としてみれば、社会制度は、当然のことながら、このような社会的生活過程の動態的で進歩的な特性を帯びている。◆10

たとえば、特定のコミュニティにみられる慣習のように、しばしば恣意的であると語られるような制度化された反応が数多くある。慣習というのは、もちろん、その最善の意味であろうと、道徳と区別することはできないし、個人が自分の周囲にいる人々に対して示す礼儀表現以外の何ものでもない。誰もが誰に対してももっていて当然な礼儀を、人々は表現しなければならない。こうした表現があってしかるべきではあるが、しかし、もちろん、礼儀を表現するための習慣の数多くは、極めて恣意的なものである。人々に挨拶する方法は、コミュニティごとに異なる。あるコミュニティでは適切なものであっても、別なコミュニティでは敵対的なものとなるかもしれない。ここで生じてくる問いは、礼儀正しい態度を表現する一定の仕方は、いわゆる「因襲的な」ものなのかどうかというものである。これに対する答えとして、我々は礼儀と因襲を区別することを提案する。因襲というのは、社会的反応だけを、周りの文脈から孤立させて取り出したものである。コミュニティの性質は、その本質的な特性においては、社会的反応のうちに表現されるとあってみれば、〔因襲のように〕周りから切り離された社会的反応などというものは、コミュニティの性質に内在することもないだろうし、その成り立ちに資するわけでもない。そもそも、混同の一因があるとすれば、それは、礼儀と道徳を、因襲と同一視してしまう点にある。というのも、因襲は恣意的であるといえても、礼儀と道徳の方は、その意味では、因襲的ではないからである。こういうことだから、保守派は、純粋な因襲を社会的状況の本質と同一視してしまうのであり、何も変わってはならないというのである。だが、私が言及した区別の意味するところは、こうである。諸々の社会制度は、様々な個人が社会的行為を遂行している場面状況に対する様々な社会的反応としてあるのであって、こうした諸々の制度は、有機的な仕方で相互に関連し合っているが、因襲の方はそうではないということである。

　このような相互関係は、たとえば、歴史の経済的解釈において明らかにされている論点の一つである。これは、最初、多かれ少なかれ、マルクス主義的社会主義者による党是として提示されたもので、独特の経済的解釈を意

◆10　これまで主張してきたところであるが、人間社会は、社会の成員個々人の誰に対しても、社会の組織化された社会的行動のパターンを刻印し、したがってまた、成員個々の行動パターンは、同様に、個人の自我のパターンとなる。しかし、それだけではない。さらに加えて、人間社会は個人に対して、社会的構えによって、自分自身と意識的に対話する手段ないし能力として、精神というものを与える。この場合、社会的構えとは、個人の自我構造を構成しつつ、この自我構造に反映されたものとして、人間社会の組織化された行動のパターンを具現化するものである。精神が個人に与えられることによって、今度は、個人の方が、逆に、自身のさらなる発達の途上にある（つまり、自身の心的活動を通じてさらに発達している）自我のパターンを、人間社会の構造ないし組織に刻印することができるのであり、したがってまた、個人は、ある程度、自身の自我によって、社会行動ないし集団行動の一般的なパターンを再構成し修正することができる。

味していた。これは、今では、歴史家の技法へと受け継がれることになり、次のように認識されている。経済状況というものは、いうまでもなく、大部分の社会的発現形態よりも接近しやすいのであるが、もし歴史家が現実の経済状況を理解することができれば、この状況から、問題となっているコミュニティにおける経済以外の発現形態や制度を理解することができる。中世の経済制度を理解することで、同時代の経済以外の制度の解釈が可能になる。経済制度を直接理解できれば、それを徹底的に究明することで、経済以外の制度がどのようなものであったか、あるいは、あったにちがいないかを知ることができる。制度、慣習あるいは言葉というものは、ある意味で、当該コミュニティそれ自体の生活習慣を表している。ある個人が他者たちに対して、たとえば、経済的観点から行為するとき、その個人は、単独の反応を喚起しているだけでなく、それに関連する数多くの反応の全体をも喚起しているのである。

　同じ状況は、有機体の生理学的機能においてもあてはまる。ある人が立っているとき、そのバランスが崩されると、バランスの再調整が要請される。この調整が可能であるのは、ただ、神経系内で影響を受けた部分が、相互に連携し合った一定の反応を生み出す場合にかぎられる。反応を構成する様々な部分は、これを個別に取り出すことはできるが、しかし、有機体は、全体として行為しなければならない。こうしてみると、社会の中で生きている一個人が、自身に対して全体として反応するある種の有機的組織体の中で生きているのは確かである。そして、この個人は、自分の行為作用によって、このような多かれ少なかれ組織化された反応を喚起するわけである。個人の注意に入ってくるのは、こうした組織化された反応を構成する何らかの微小な部分にすぎない。たとえば、個人は、一定額の送金しか考慮しない。しかし、この送金に関わる交換は、経済組織全体がなければ、そもそも生じえない。翻って、この交換には、集団生活にあって、当の交換以外の全局面がともなうのである。個人は、いつでも、ある局面からそれ以外の全局面に関わることができる。というのも、個人は、自身の性向のうちに、自分の行為作用が喚起する類いの反応をもっているからである。いかなるものであれ、制度化された構えをとることで、個人は、自らが完全な自我である度合いに応じて、ある程度、社会過程全体を組織化する。

　このような社会的反応を個人の中に取り込むことが、教育過程を構成する。ここで教育過程といっているのは、多かれ少なかれ抽象的な方法でコミュニティの文化的生活環境を継承する過程のことである。[◆11] 教育とは、疑いなく、自身の刺激に対する様々な反応の一定の編成体を継承する過程である。コミュニティが自分に対して反応する仕方と同じように、個人が自分に対して反応するようになるまでは、個人は、本当のところ、当のコミュニティに属してはいない。年端のいかない少年が、自分の住んでいる都市に所属するよりもむしろ、不良仲間に属するように、個人もまた小さなコミュニティに属すこともある。我々はみな、排他的な小集団に属して、その内部にだけとどまるかもしれない。我々自身のうちにある「組織化された他者」は、それゆえ、活動範囲の狭い一つのコミュニティである。今では、我々は、ある程度、国際社会を志向する精神を手に入れようと努力している〔本書第Ⅰ篇第9章二節参照〕。自分たちは〔身近なコミュニティ〕より大きいコミュニティの成員であると我々は気づきつつある。今日の時代の強烈なナショナリズムは、結局のところ、より大きなコミュニティの国際社会を志向する構え〔態度〕を喚起するはずである。この状況は、少年と不良仲間との状況と似ている。この少年も、こうしたより大きいコミュニティに参加する程度に応じて、より大きな自我を手に入れる。一般的にいって、所属コミュニティ自体を構成する社会的反応の編成体に自我が呼応してきたのは間違いない。自我が発達する度合いは、コミュニティに依存するのであり、個人が様々な反応の制度化された集まりを自身のうちに喚起する度合いに依存する。犯罪者自身は極めて小さな集団に属している個人であり、それよりも大きく、自分が属していないコミュニティに対しては、略奪行為を行う者である。犯罪者は、他人の財産を奪うが、しかし、所有権を承認し保護するコミュニティには所属していない。

我々の行為に対しては、ある種、組織化された反応というものがある。こうした反応は、一定の状況下で、我々に対して人々が反応する様式を表している。我々はコミュニティの成員として他者たちに働きかけるがゆえに、このような反応は我々の性向のうちにある。ここで私が強調しているのは、このような反応の編成体こそが、

◆11 教育に関するノートや論説や論文、約一八編のうち、注目に値するのは以下のものである。"The Relation of Play to Education." *University of Chicago Record*, I (1896), 140ff.; "The Teaching of Science, in College," *Science*, XXIV (1906), 390ff.; "Psycology of Social Consciousness Implied in Instruction." *ibid*, XXXI (1910), 688ff.; "Industrial Education and Trade Schools," *Elementary School Teacher*, VIII (1908), 402ff.; "Industrial Education and the Working Man and the School." *Ibid.*, IX (1909), 369ff.; "On the Problem of History in the Elementary School." *Ibid.*, 433; "Moral Training in the Schools." *Ibid.*, 327ff.; "Science in the High School." *School Review*, XIV (1906), 237ff.

コミュニティを可能にするということである。

我々が想定しがちなのは、コミュニティの価値を我々がどう評価するかは、コミュニティの規模次第であるというものである。アメリカ人は、社会の質的な内容に比して、規模の大きさを賛美する。〔だが〕古代アテネの都市国家のような小さなコミュニティは、これまで世界が経験してきた中でも、最も偉大な精神的産物のいくつかを生み出してきた。これを、合衆国が達成したものと比べてみれば、コミュニティの単なる大きさとコミュニティの達成物の質的内容との間に有意な関係があるかどうかなど、問う必要もない。私が明らかにしたいのは、高度に発達し高度に組織化されたコミュニティのうちに潜んでいる普遍性である。さて、アテネは、ソクラテス、プラトン、アリストテレスの本拠地であり、同時代の偉大な形而上学の発達拠点であり、また、政治思想家と偉大な劇作家の生誕地であったわけだが、この地は、実際のところ、全世界に属しているといってよい。我々はこのような質的達成物を小さなコミュニティの産物であるとみなすけれども、それがこの小さなコミュニティのものであるのは、ただ、そのコミュニティを普遍的にする組織がある場合にかぎる。古代アテネのコミュニティは、奴隷労働に依存し、偏狭かつ狭隘な政治的状況に依存していたのであり、アテネの社会的組織があった地域は普遍的ではなかったし、さらに広大なコミュニティの土台にもなりえなかった。ローマ帝国は、そのほとんどが解体したが、それは、この帝国の全経済が奴隷労働に依拠していたからである。ローマ帝国は、普遍的基盤に立って組織化されてはいなかった。法的観点と行政機構という点からみれば、この帝国は普遍的であったし、古代ギリシア哲学が今日の我々に伝承されているのと同じように、ローマ法もまた、今日まで伝え及んではいる。あるコミュニティにおける組織の達成物であれば、いかなるものであれ、それが成功する度合いに応じて、コミュニティは普遍的になり、さらに広いコミュニティを可能にする。ある意味でいえば、コミュニティが、普遍的理性の働きによって表現されるコミュニティ以上に大きくなることはありえないのであり、古代ギリシアは普遍的理性を、ギリシア自身の自己意識にまで高めて表現した。◆12 同じ意味で、イエス・キリストの福音は、誰もが訴えうる隣人愛の態度を、はっきりと表現し、普遍的宗教誕生を促す土壌を形成した。もちろん、普遍性を体現している社会は現実には発生していないのは確かであるが、すばらしいもの、称賛すべきものは、普遍的なものなのである。

政治的にみれば、アメリカはこれまで、ある意味で、我々が「自治」と呼ぶものに対して普遍性を与えてきた。

中世の社会組織は封建制とギルドの下で存在した。自治を有していた身近な社会組織は、すべて、条件つきの特別なギルドあるいは特別なコミュニティであった。これまでアメリカで生じたのは、我々が自治原理を一般化してきたということであり、そのため、自治は、コミュニティ全体を政治的にコントロールする必要不可欠な機関となっている。この種のコントロールが可能であれば、理論上、コミュニティの規模に限界はない。この意味においてのみ、政治的規模の大きいことは、コミュニティが自ら達成したものの表現となろう。

　こうして、社会的反応の編成体によって、個人は、自身のうちに相手側の単独の反応を喚起するだけでなく、いわば、コミュニティ全体の反応をも喚起することができる。これこそが、個人に対して、いうところの「精

◆12 プラトンが考えていたのは、都市国家は、最善の――実際には最善ではないにしても、唯一実際的なあるいは実現可能な――種類の国家形態ないし社会的組織であるということだった。これについてはアリストテレスも同意した。さらに、プラトンによれば、いかなる都市国家も、全世界から、社会的に完全に切り離されているのが望ましかった。他方で、アリストテレスが強く認識していたのは、様々な都市国家間には、あるいは、任意の都市国家と全世界との間には、社会的な相互関係が必要であるということだった。だが、アリストテレスが発見できなかったのは一般的原理であった。一般的原理ということでいっているのは、都市国家自体の政治的社会的構造に壊滅的な打撃を与えることもなく、また、これを堕落させることもなく、都市国家間の関係、また、都市国家と全世界との間の関係を取り決めることのできる原理のことである。プラトンの場合と同様に、アリストテレスも、こうした関係構造を維持することを望んではいたのである。つまり一言でいえば、アリストテレスは根本的な原理を把握できなかったわけである。根本的原理であれば、古代ギリシアの都市国家の社会的政治的組織を、単一の社会全体内の複数都市国家間の相互関係にまで一般化して適用することができるはずである。ここでいっている単一の社会全体とは、たとえば、古代アレクサンドリアの帝国のようなものであり、この内部にあっては、それぞれの都市国家は、すべて、単位として組み込まれている。さらにいえば、根本的原理であれば、都市国家の社会的政治的組織を、そうした社会全体ないし帝国自体にまで適用し、とりわけ、たとえ内部に単位としての都市国家が含まれていない場合でも、このような社会全体ないし帝国にまで適用することができるはずであった。以上が妥当だとすれば、アリストテレスが発見できなかった根本原理とは、端的にいって、普遍的理性を行使する自我によって成立する社会の統合と組織編成の原理にほかならない、いいかえれば、各自我にとっての組織化された構造の中で、自ら関与し、また、自らの拠って立つ組織化された社会的行動のパターンを、理性的自我が反省する原理である。

神」を与えるものである。こうなると、何事かを行うというのは、何らかの組織化された反応を意味する。自身のうちに、このような反応があれば、この人は、我々のいう「精神」を有するわけである。このような反応が喚起される際の手段として役立つシンボルということで我々がいっているのは、こうした反応のことなのである。「政府」「財産」「家族」といった言葉を用いることは、いわば、こうした言葉が有する意味を明らかにすることである。ところで、このような意味は、何らかの反応に基づいている。自分が行うことに対してコミュニティが示す普遍的反応を、自身のうちでも示す人がいるとすれば、その人は、今述べたような意味で、コミュニティの精神をもっている。ある人が科学者として所属するコミュニティは、自分の全同僚から構成されているといってよい。だが、このコミュニティには、そこで語られることを理解できる人であれば、誰でも含まれる。同じことは文学についてもいえる。読者数の規模は、文学の規模と相関関係にある。組織化の達成次第で、規模はどのようにもなりうる。この意味で、規模が大きいことは、質的達成の指標である。偉大であるものごとは、ある意味で、つねに客観的である、つまり、普遍的である。個人の心的発達は、個人同士相互に関与し合った関係の中で示される諸々の反応の編成体を、個人自身のうちで獲得する点にある。

いわゆる「言語」に付随するものにあって、理にかなった相をなしているのはシンボルであり、このシンボルは、反応が遂行される際の手段つまりメカニズムである。協働作業が有効であるためには、諸々の反応を遂行可能にするシンボルを人はもっていなければならない。したがって、特定の意味を有する言語を習得することが最重要となる。言語とは組織化された反応である。その意義、つまり、このような反応のもたらす意味合いは、コミュニティのうちに見出しうるのであって、このコミュニティから、組織化された反応が個人自身の性向にまで受け継がれる。特定の意味を有するシンボルとは、行為にあって身振りとして作用する部分のことにすぎないのであって、これは、身振りを示す個体の側の経験の中で、行為過程の他方の側を、つまり、相手側の反応を、引き起こすのに役立っている。こうしてみると、シンボルの使用は、その使用範囲を数学の到達点にまで拡大した場合でも、最も重要なものである。そこでは、たとえシンボルが何を意味するのか知らなくとも、諸々のシンボルを取り上げて、シンボルが属する数学界のルールにしたがって、これらを容易に結びつけることができる。実際、こうした領域においては、シンボルの意味を抽象しなければならない。ここには、その意味がいったい何なのかわからなくても、理にかなった推論過程を遂行するプロセスがあるわけである。我々がxやyといったシンボルを取り扱っている場合、どのようにして、これらのシンボルを相互に結びつけることができるのだろうか。こうしたシンボルが何に利用されているのか、我々はあらかじめ知ってはいない。一定の状況下においてであれば、シンボルを、このような仕方で取り扱うことはできるけれども、結局のところ、我々はシンボルを現実の事象に適用して、シンボルを用いるわけである。シンボル自体は、単に、反応を喚起する方法にすぎない。シンボルは単なる言葉ではないのであって、あくまで、一定の反応に呼応するかぎりでの言葉なのである。我々が様々なシンボルを一定の組み合わせで結びつけるとき、我々は不可避的に、諸々の反応を一定の組み合わせで結びつけるのである。

このことは、あらためて普遍性問題を提起する。個人が相手側の構えをとるかぎりにおいて、そのシンボルは普遍的である。だが、このような対面状況に限定されている場合、シンボルは真の普遍概念なのだろうか。我々は、このような限定場面を乗り越えることができるだろうか。論理学者のいう論議領域は、普遍性の範囲をはっきりさせている。論理学の初期段階においては、こうした普遍性は一組の論理的公理によって表現されていると想定されていた。だが、かつてこのように想定された公理は、今では普遍的とはみなされていない。したがって、実際のところ、普遍的であるとされている「普遍的」論議〔領域〕は、これまで、絶えず改訂されねばならなかったわけである。普遍的論議〔領域〕は、おそらく、我々が接触する理性的存在者としての人間を表しているといっていいのであって、論議領域のような世界には、潜在的な普遍性というものがある。私の考えでは、以上のような事態が、特定の意味を有するシンボルの使用に関わる唯一の普遍性であるということになろう。特定の意味を有するシンボルの組み合わせが、このような点で普遍的な意味をもっており、かつ、我々がこうしたシンボルの組み合わせを習得できるのであれば、このような言語で、知性に基づいて語ることができる人は誰であれ、先にみたような普遍性を有する。こうしてみると、人はこのような言語を話すべきであり、そのように表示された意味を有するシンボルを用いるべきであるということを除けば、普遍性に限界はない。これこそが、こうした言語に参入する人すべてにとっての絶対的普遍性を与えるのである。もちろん、様々な論議領域がある。しかし、お互いに潜在的に理解可能である度合いに応じて、すべての論議領域の背後には、論理学者のいう論議領域があり、この領域には〔コミュニケーションによって理解しうる」一組の定項と命題関数がある。このような論議領域を用いる者は誰であれ、同一の論議領域に属することになろう。これこそが、コミュニケーション過程に潜在的普遍性を与えるのである◆[13]。

これまで私が明らかにしようとしてきた立場はこうである。我々が属する社会が表しているのは、個人が関わっている一定の状況に対する諸々の反応の編成体である。さらにいえば、個人が、このように組織化された反応を自らの性向のうちに継承し、社会的に反応する際に、シンボルを用いることで、そうした反応を喚起するかぎりにおいてのみ、個人は、心的過程を推し進めうる場面としての精神をもつ。その際、ここでいっている精神とは、その内的構造を、自らが所属するコミュニティから引き継いだものなのである。

社会過程全体の統一性こそが、個人の統一性であり、個人に対する社会的方向づけは、進行下にあるこのような共通の過程のうちにある、つまり、その個人の反応を方向づけながらも、同時に、その個人を固有の機能において分化させる過程のうちにある。特殊な状況の下で自分が何をすべきかに関して、その人に手掛かりを与えるのは、人が自分を他の人々の位置に置いてみる能力である。これこそが、人に対して、我々のいうコミュニティの一員としての地位特性を与える。この地位特性とは、すなわち、政治的観点からみれば市民権であり、また、その人がコミュニティに所属するという様々な点のうち任意の一つの点からみれば、成員権である。こうした地位特性は、当人をコミュニティの一員にする。そして、この人が自身をコミュニティの一員とみなすのは、ただ、コミュニティに関わる人々の構えをこの人自身がとるからであり、共通の構えによって自身の行動様式を方向づけるからに他ならない。

我々が人間の社会の一員であることは、ごく普通の個人の側からみれば、ほとんど注意を喚起することのないものである。こうした個人は、人間社会ということそれ自体を基盤にして、それ以外に何も加えることなく、宗教を打ち立てることに満足することはめったにない。つまり、宗教の範囲が広がれば広がるほど、当の宗教に所属していると意識的に考える人は、ますます少なくなる。我々はこれまで、人間社会の一員であることを、それほど真剣に考えてこなかった。しかし、これは次第に現実的なものになりつつある。世界大戦は、数多くの価値を揺るがしてきた。インド、アフガニスタン、メソポタミアで生じていることは我々自身の生活に関与していることに、我々は気づいている。したがって、我々のいう「国際社会を志向する精神」というものを我々は理解しつつある。人類を構成する集団のうち地球の反対側にいる人々の反応に呼応するような仕方で、我々は反応しつつある。

我々が自分たちの所属集団より大きい社会に属するかどうかという問いに対する答えは、我々自身の行動がこうしたより広いコミュニティにおいて反応を喚起するかどうか、そして、その反応が、今度は我々自身の行動様式に跳ね返ってくるかどうかという点にかかっている。我々は、国際的観点において、対話を続けることができるだろうか。[14] この問いは、ほとんど、社会組織の問いである。社会組織に必要な反応は、今まで以上にはっきりと我々の経験の一部になってきているが、それは、我々がこれまで以上に他の人々と密接に結びつくようになってきているからである。我々の経済組織は、ますます念入りに編成されるようになってきている。そのため、我々が南米、インド、中国で売る商品は、我々の生活にはっきりと影響を及ぼすようになってきている。我々は自分たちの顧客とよい関係を築かなければならない。南米で行う経済政策を首尾よく推進していくつもりであるなら、我々はモンロー主義の意味の何たるかを説明しなければならない等々といった具合である。

我々は自分たちの所属する社会全体をますますはっきりと理解するようになってきているが、それは、我々自身の行為に対して相手側の示す反応が、相手側においてのみならず、我々自身においても生み出されるように社会組織ができているからである。キップリングがいうには、「東は東、西は西。お互い違うのであるから、両者

◆13　普遍的特性（あるいは普遍的に妥当しつつ特定の意味を有する身振りないしシンボル）のこうしたメカニズムによって思考過程は作用するのであり、このようなメカニズムによってこそ、人間個人は、身近で所属する狭い社会集団を超えるのであり、それにともなって、こうした社会集団もまた（個々の成員をとおして）、自らの限界を超えていく。さらにいえば、このような社会集団の周りには、組織化された社会関係と相互作用からなる広大なコンテクストあるいは環境が全体をなして存在しているのであり、社会集団は、その一部にすぎない。だが、この集団は、そうした普遍的特性をとおして、自らをこのような全体と結びつけるのである。

生理学的にみるなら、人間の社会秩序における精神の普遍性は、根本的には、この社会秩序に属する全個人にみられる類似の神経構造の普遍性に基づいている。すなわち、精神の社会的発達にとって必要なタイプの神経構造である。

◆14　以下の文献参照。"National-Mindedness and International-Mindedness," *International Journal of Ethics*, XXXIX（1929）, 385ff〔本書第Ⅰ篇第9章第二節〕;."The Psychological Bases of Internationalism," *Survey*, XXXIII（1914-15）, 604ff.

が出会うことはない」。だが、両者は出会いつつある。これまで想定されてきたのは、東側の西側に対する反応も、西側の東側に対する反応も、相互に理解できないというものであった。だが、我々が実際に気づいているのは、我々は覚醒しつつあり、お互いの役割を交換しはじめているということである。組織を作り上げる過程は、我々の意識的経験の背後でみえない形で進行しているのであって、こうした組織化過程が進展すればするほど、我々は密接に結びついて一つになっていく。我々の身振りによって相手側に喚起される反応が、我々によって、我々自身の側にもますます喚起されるにつれて、我々は相手側を一層理解するようになる。

これらすべての背後には、もちろん、所属コミュニティよりも広いコミュニティがあるのであって、これは、宗教上の言葉でいえば、「神聖なるコミュニティ」、つまり普遍的宗教のコミュニティと呼ばれる。しかしまた、そうしたコミュニティは、協働的活動に基づいてもいる。よきサマリア人の例が、その事例となる。そこにおいて、イエスが人々を迎え入れて示したのは次のことだった。苦難が生じて、被った側が、被っていない側のうちに、ある反応を喚起し、その反応は理解された。つまり、被った側の苦難は一つの刺激であり、その刺激が他方の側の性向のうちに、当の反応を喚起したわけである。これこそ、「隣人愛」の名でとおっている根本的な関係の土台である。それは、ある意味で、我々すべてが誰に対しても示す反応である。見知らぬ他人が、手を差し伸べる態度を我々自身のうちに喚起する。同じことは、それ以外の人の場合も当てにできる。こうした隣人愛が、我々をみな同じ仲間にする。隣人愛によって提供されるのは、人間に共通の性向であり、これは、あらゆる普遍的宗教の土台となっている。しかしながら、このような隣人愛が表現している状況は、極めて狭い範囲にとどまる。そのため、隣人愛を土台とするような宗教は、苦難の場合の同情にみられるように、人間生活を、ほんの二三の結びつきに限定するか、あるいは、宗教自体による表現を、人間性向のうち情動的側面に限定する。だが、社会関係を一層広範囲に展開していくことができれば、街区においてであろうが、コミュニティにおいてであろうが、世界においてであろうが、人は、すべての人の隣人となることができる。というのも、この場合、相手側の構えに人は一層近づくことになり、同時に、この構えもまた、その人自身のうちに喚起されるからである。本質的なことは、我々を一つにまとめあげる社会的な結びつきの全メカニズムが発達していくということである。そのことで、我々は、自分たちの多様な生活過程の中で自分以外の側の構えをとることができる。

自我を有する人間個人の場合、自分が身近で直接居合わせている社会や集団よりも、あるいは、身近で直接所属している社会や集団よりも、つねに、広範囲な社会的コミュニティの一員であり、より広範囲な社会集団の一員である。いいかえれば、社会行動ないし集団行動の一般化されたパターンというものは、そこに関与する諸個人の組織化された構えそれぞれに――つまり、各自我の統合された構造それぞれに――反映されているのであり、このような一般化されたパターンは、当該諸個人にとっては、自分たちとの直接的な関わりよりも、はるかに広範な関連性をもっているのがつねである。この広範な関連性とはすなわち、自分たちの直接的な関わり自体を超えて、諸々の社会的関係からなる一層広範な社会的環境ないし社会的コンテクストにまで広がっている、つまり、直接的な関わりは、その周囲にある社会的環境ないし社会的コンテクストの、多かれ少なかれ限定された部分にすぎないわけである。このような広範な関連性を諸個人が気づくのは、そもそも、個人個人の存在が、感覚能力を有し、あるいは、意識を有する生物であることの帰結である。つまり、個人個人が精神をもっていることの帰結であり、したがって、個人個人が遂行する論理的思考活動の帰結なのである。◆[15]

第35章 社会活動における「I」と「me」との融合

溺れかけている人を全員で助けようとしている状況にあっては、全員で努力しているという感覚がある。そこでは、誰もが、自分以外の人々から、全員で同じことを行うべく刺激を受けている。このような状況下にあっては、人はすべての人と一体化している感覚をもつ。というのも、そこにみられる反応は、本質的に同一の反応だからである。チームワークの場合、個人と集団との一体化がある。しかし、この場合、たとえ、個人の行うべきことを当人以外の人々が決定しようが、この人は自分以外の人とは異なることを行っている。もし事態が円滑に進行しているなら、他の状況でみられるのと同じような高揚感があるかもしれない。それでも、規制されたコントロールという感覚はある。ある意味で「I」と「me」とが融合しうる場合においてこそ、宗教的かつ愛国的態度にみられる特別な高揚感が生ずる。このような態度にあっては、ある人が他者のうちに喚起する反応は、そのまま、その人自身が自分で発している反応である。ここで、宗教、愛国心、チームワークにみられる態度における「I」と「me」の融合について、これまでより詳細に議論することにしよう。

普遍的隣人愛という考え方においては、親切や手助けといった諸々の構えが何らかの集合をなして存在している。ここでは、ある人の反応は、相手側と自分の側に同一の構えを喚起する。したがって、強烈な情動的経験を生み出すような「I」と「me」の融合が生ずることになる。こういった融合が関与する社会過程が広範になればなるほど、その結果として生ずる高揚感つまり情動的反応は一層大きなものになる。我々は日々の仕事の合間に、休憩してトランプのブリッジに興じ、あるいは、何か他の息抜きを楽しむ。それは、一時間程度続くだろうが、その後は、我々は再び退屈な仕事を始める。だが、我々は社会の全生活に関わっている。我々には社会生活上の義務が課されており、我々は様々な状況で自己主張しなければならない。こうした要因は、すべて、自我の背後に潜んでいる。しかし、私が今述べている状況においては、背景に潜んでいる事態と、我々の誰もが行っている事柄とが融合している。これこそが生活の意味であると我々は感ずる。こうして、人は、高揚感あふれる宗教的態度を経験するわけである。すべての人が同じコミュニティに所属するかぎりにおいて、誰もがお互いに一体感をもつような態度を示すにいたる。我々がこのような態度を持ち続けるかぎり、その間は、困難で耐えがたい社会的状況において直面しなければならない責任のせいで我々の重荷となっている統制の感覚から解放される。以上は、我々の社会活動においては通常の状況であり、こうした状況の問題を、我々は精神の背後に抱えているわけである。しかし、このような状況、つまり、宗教的な状況にあっては、すべてが高揚し、どんな人をも同一集団所属者として受け容れるような態度にまで高められる。ある人の利益関心はすべての人の利益関心である。様々な個人間の完全な同一化があるわけである。個人の内部には、「me」と「I」との融合がある。

この場合の「I」のもつ衝動が隣人愛であり親切心である。人は飢えた人々にパンを与える。我々の誰もがうちに有する社会的性向こそが、一定のタイプの反応を喚起する。つまり、人は与えたがるわけである。銀行預金残高がわずかであれば、もっているものすべてを貧しい人々に与えるわけにはいかない。とはいえ、一定の宗教的状況下で、一定の背景をもつ集団内部であれば、まさにもっているものすべてを与えるという態度を習得することができる。より多く与えることによって、与えることが刺激される。与えるべきものをそれほど多くもたない場合であっても、進んで身を委ねようとする。「I」と「me」の融合があるわけである。「I」をコントロールするために「me」があるのではない。そうではなくて、他者のうちに喚起された構え自体が刺激となって、人に同じことをするように状況が作られているのである。愛国心の場合にみられる高揚感は、この融合と類似の例を表している。

情動的な観点からみると、こうした状況は特に貴重である。もちろん、こうした状況にともなって、社会過程が首尾よく完成されることがある。私の考えでは、宗教

◆15 任意の社会集団ないし社会コミュニティに属する諸個人が意識するようになるのは、本文で述べたように、集団やコミュニティを超えて広がる広範な社会的関連性であり、さらにいえば、この集団やコミュニティをうちに含みつつ、これ以外のあらゆる特定の人間社会や組織化された社会集団をも含む人間社会あるいは文明全体のもつ社会関係と社会的相互作用からなる一層広範なコンテクストである。このような事態の仲立ちとなっているのは、特に論理的な論議領域――つまり、特定の意味を有しつつ普遍的に妥当する諸々のシンボルからなる一般的な体系である。そして、この論議領域は、思考が活動する領域として、あらゆる思考ないし推論によって前提されており、なおかつ、相異なる言語と相異なる民族的慣習という境界を越えている。任意の人間社会の集団ないしコミュニティにおける一般的行動パターンが有する広範な関連性あるいは関係的意味連関というものは、未開人の場合には最も不明瞭であり、高度に文明化された近代人の場合には最も明瞭に現れている。近代文明の個人個人は、自ら所属するコミュニティや国家や国民のメンバーであるのみならず、ある任意の民族の成員でもあり、文明全体の成員ですらあり、かつ、そのように感じている。こうした事態が成り立つのは、近代文明における個人の理性的に思考する自我をとおしてであり、あるいは、こうした個人が自身に対しても他者に対しても示す社会的構えをとおしてである。この場合の社会的構えは、理性的に思考する自我を構成しており、自ら所属する身近な集団自体の行動パターンを反映するのみならず、それを超えて、より広範な人間社会ないし集団行動の広範な一般的パターンの関連性を反映している。この広範なパターンからみれば、身近な集団行動パターンは、その部分でしかない。

的態度〔構え〕にともなって生ずるのは、このように社会的刺激が世界全体に対して有する関係である、つまり、社会的構えがより広範な社会にまで持ち込まれるのである。これこそが、宗教的経験が現れる一定の領域であると思われる。もちろん、はっきりと明示された神学があって、その中では、神との明確な交渉があり、人は、この神とやりとりする場合、部屋にいる他者とやりとりするのと同じくらい具体的にふるまうこともある。こういう場合に生ずる行動様式は、他の社会集団に即して示される行動様式と、端的にいって、類似のタイプのものであり、おそらく、その行動様式は、一般に宗教的態度に固有のものとされている特別に神秘的な特性を欠いているることであろう。それは、おそらく、打算的な態度であって、神が特別の恩寵を与えてくれるかぎりにおいて、誓いを立ててそれを遂行するような代物であろう。ところで、こういった態度は、通常、宗教の一般的説明の部類に入るだろう。だが、これに加えて一般的に認識されているのは、今みたような態度は、社会的構えを世界全体にまで特に拡張していくものでなければならないということである。これこそ、われわれが一般的に宗教的経験と呼ぶものであり、さらには、宗教という神秘的経験が発生する状況であると思われる。社会的状況は世界全体に拡がっていく。

我々が、すべての人々、そして、我々の周囲にあるすべてのものと一体的に感ずる態度をとることができるのは、一週間のうち数日、また、一日のうち数時間にすぎないかもしれない。その一日が過ぎれば、我々は市場に行って、他人と競争しなければならないし、困難な経済状況にあっては、困難を逃れるために荒波を泳ぎ切らなければならない。我々は高揚感を持続させることはできない。だが、このような場合であっても、こうした生活上の諸々の要求は、我々に課される義務にすぎない、つまり、特別の瞬間において、宗教的態度を得るために遂行しなければならない義務にすぎないといってよい。しかしながら、こうした経験が得られるときに生ずるのは、このように自我と他者とが完全に一体化する感情なのである。

同じ一体感であっても、私がこれまで「チームワーク」と呼んできた形態において生ずる一体感は、今しがた述べたものとは異なる構えであり、おそらくは、一層高度な構えであろう。この場合、人は、一定の状況下で他者たちと協働することから生ずる類いの満足感を有する。もちろん、規制されている感覚は依然としてある。結局のところ、人が行うことは、他の人々が行っていることによって決定されるからである。人は自分以外のすべての人々の立場を敏感に気づかざるをえない。つまり、他の人々が何を行おうとしているか、人は知っているわけである。だが、チームワークの中で自分の役割を遂行するためには、その人は、他の人々が反応しようとしている様式に絶えず注意を払わなければならない。こうした状況には固有の喜びがある。だが、それは、いわば、単に流れに身を任せて、自暴自棄の感覚に陥りかねないような状況ではない。自暴自棄に陥るような経験は、宗教的な状況、あるいは、愛国心を喚起する状況のものである。だが、チームワークには、宗教や愛国心にはない満足感がともなう。宗教的状況の場合、その満足感に関していえば、抽象的である。いかにして人が他者たちに手を差し伸べるべきか、これは極めて複雑な営みである。他者たちにとって普遍的な支援者たろうとする人は、かえって、誰にも歓迎されない厄介者であることに気づくものである。いつでも、誰彼かまわず他人を支援しようとしている人ほど、身近にいて迷惑な人はいない。実りある支援は知性に基づいた支援でなければならない。だが、よく組織化された集団がひとまとまりの何かを行うような状況に接すれば、チームワーク経験という自我感覚が得られる。これは、知性的な観点からみれば、単なる抽象的な隣人愛に比べて一層高度であるのは確かである。チームワーク感覚がみられるのは、すべての人が共通の目的に向かっており、かつ、この共通の目的が、各自の遂行している固有の役割にまですべて浸透している場合である。

社会奉仕に携わる過程で、隣人愛という根本的態度〔構え〕を表明しようとしている人にしばしばみられる構え[16]は、専門技術者、組織主催者の構えと比肩しうるだろう。これは、チームワークの構えを極端な形で例証している。専門技術者は集団内の他のすべての個人の構えをとるのであるが、それは、専門技術者が自分で指令することができるような仕方で集団に関与するからである。専門技術者が機械工場から単なる青写真をもって出てきた段階では、その機械はまだ存在していない。だが、〔この段階で〕専門技術者が知っていなければならないのは、人々は何を行うべきであるか、それには、どの程度時間がかかるか、関連する過程をどのように測定するか、どのように無駄を排除するかといったことである。このように、他の人々の構えを可能なかぎり十全かつ完全にとり、また、完全に他者の役割を担うという観点から自分自身の行為に着手するとき、我々はこれを「専門技術者の構え」と呼んでよいだろう。これは、高度の知性に

◆16 "Philanthropy from the Point of View of Ethics," *Intelligent philanthropy*, edited by Faris, Lane, and Dodd.

基づいた構えである。社会のチームワークに対する深い関心をもって、このような構えを作り上げることができれば、それは、高度な社会過程の部類に入り、重要な経験に属することになる。この場合、「me」が完全に具体化されているかどうかは、その人が指令する過程において、どこまで他のすべての人の構えをとりうるか、その能力にかかっている。ここで得られる「me」の具体的内容は、集団内において自我が他のすべての人と単に感情的に一体化する場合にはみられない。

以上は「me」との関係における「I」の様々な発現形態であり、これらは、「I」と「me」の関係の叙述を完全なものにするために、私が明らかにしたかったものである。こうした状況下の自我は「I」の作用であり、「me」の中で他者の役割を遂行することと調和している。自我は「I」でもあり「me」でもある。つまり、「I」が反応しようとする状況を「me」が設定しているわけである。「I」も「me」も、ともに自我に関与しており、ここでは、互いに相手を支え合っている。

さて今度は、「I」と「me」の融合を議論するにあたって、別のアプローチに立って、身体にとっての対象物を、社会的対象としての自我と比較することをとおして吟味してみよう。

既に述べたように、「me」は、ふるまいが生ずる場面状況を表しており、「I」は、この状況に対して実際に反応する。このように状況と反応への二重の分離は、知性に基づいた行為すべてにとって特徴的なものであって、たとえ、そこに、こうした社会的メカニズムをともなわない場合であっても、事情に変わりはない。ある問題を表現する一定の状況があるとする。その場合、有機体は、当の問題に関わる様々な反応をまとめあげることによって、この状況に反応する。部屋の中の様々な品物の間を移動する場合であろうと、森を通り抜ける場合であろうと、複数の自動車の間を移動する場合であろうと、我々の日々の動きにおいては、こうした諸々の活動が組織化されているはずである。その場に現れている刺激は、傾向として、極めて多様な反応を喚起する。しかし、有機体が実際に示す反応は、こうした諸々の傾向の編成体なのであって、他の一切の反応を仲立ちする単独の反応なのではない。ある個人が部屋に入るとすると、椅子にすわるのでもなく、本を取り出すのでもなく、窓を開け、あるいは、何らかの意味で、請われている多くのことをする。この人は、何か特定のことをする。おそらく、机の方に向かっていき、そこから必要としていた書類を取り出し、それ以外のことは何もしない。それでも、部屋の中には、この個人にとって、諸々の対象が存在する。椅子、窓、テーブルは、それ自体として存在するのであるが、それは、この個人が通常これらの対象を使用するからである。この個人の知覚の中で、椅子が価値をもっているとすれば、その価値とは、この個人の反応に属する価値である。そういうわけで、この個人は椅子のそばをとおり、テーブルの横をとおって、窓から離れる。この人は、その場面で、一つの情景を作り上げる。それは、必要な書類の入っている机の引き出しの方へこの人が実際に動いていくのを可能にする諸々の対象からなる一つの光景である。この情景は、この人が求めている目標に到達する手段である。椅子、テーブル、窓は、すべて、対象として、この情景の一部になる。身体にとっての対象物というのは、ある意味でいえば、人が反応する際に、達成状態として存在する反応対象ではない。部屋に入った瞬間、即座に椅子にすわりこんだとすれば、その人は、椅子に注意を向けること以上のことはほとんどしない。この場合、離れたところにある対象として、椅子が目に入ってきて、これからそこに向かって〔ゆっくり〕歩いて行く際と同じ意味で、椅子を目にするわけではない。これから歩いて行ってすわろうとする場合の椅子は、今現在すわっている椅子ではない。だが、その椅子は、一旦腰を下ろした後であれば、その人を受け容れてくれる何物かであり、その椅子に対して、対象自体が有する特性を与えているのである。

このような身体にとっての対象物は、遠隔対象に到達しようとする行動領域を作り上げる際に用いられる。時間的観点からみても、同じ帰結が得られる。たとえば、はじめに行わなければならないような何らかの行為が先行していて、この行為を手段にして、さらなる行為を行う場合である。知性に基づく行動様式の場合、いつでも、このように行為を組織化することが進行している。我々は、これから行おうとしていることに即して、行動領域を組織化する。こうしてみると、引き出しから書類を取り出すことと、この目的を達成するために中をとおっていく部屋、いうなれば、この両者の融合があるわけである。先に私が〔「I」と「me」の融合ということで〕述べたのは、こういった類いの融合のことである。融合が〔「I」と「me」に関する〕社会的調停を有する行動領域において生ずるのは、宗教経験のような場合においてのみである。融合メカニズムの中にある対象は、その性質上、社会的なものであり、したがって、そうした対象は、経験にあっては〔融合メカニズムの中にない単なる対象とは〕異なるレベルを表している。しかし、〔「I」と「me」の場合であれ、身体にとっての対象物の場合であれ〕融合過程は、類似している。我々が現にあるような我々であるのは、他の個人たちとの関係において、他者たちが自分たちに対して示す構えを遂行することを通じてであり、その結果、自分自身の身振りによって自分自身を刺激することにおいてである。同様に、椅子が現にあるような椅子であるのは、椅子がすわるように要請されていることによるのであって、椅子は我々がこれからすわるかもしれない何かなのであり、椅子とは、いわば、身体にとっての対象物としての「me」なのである。〔これと異なり、対人的という意味での〕社会的「me」にあっては、自分以外の人々すべてが有する様々な構えが、我々自身の身振りによって表現されるのであり、こうした身振りは、我々が社会的協働活動において遂行している役割を表している。こうして、我々が実際に行うこと、我々が語る言葉、我々の表現、我々の情動、こういったものは「I」である。しかし、これらは「me」と融合するのであり、その意味するところは、部屋の中の調度品に関わる活動すべてが、引き出しの方へ向かって歩いて行く経路、ならびに、実際に書類を取り出すこと、これらと融合しているのと同じ意味である。こうした意味で、以上二つの状況は同一なのである。

社会的状況における「I」と呼んできた行為作用自体は、全体を統一する源泉であるのに対して、「me」は、この行為作用の自己表現を可能にする社会的状況である。思うに、こうしたふるまいを、知性に基づく行動様式という一般的観点からみることができる。先に述べたように、〔「I」と「me」のこうした〕ふるまい方が生じているのは、このように集団内の社会的状況において自我が発生する社会的領域においてのみである。それはちょうど、自分が求めている特定の対象を手に入れようとする際の個人の取り組みにおいて、その対象の置き場所としての部屋が視野に入ってくるのと同じである。私の考えでは、何らかの意味で、ある問題状況を構成する領域に、ある対象が出現する際に妥当する見解は、同じく、自我が出現する事態にも妥当する。自我というのは社会的状況であり、かつ、この社会的状況には本質的に社会的要素たる「me」と「I」の出現をともなうのであるが、自我に固有の特性は、単に、この事実のうちに与えられているにすぎない。私の考えるところでは、有機体に対しては「身体にとっての対象物」と呼びうるもの、自我に対しては社会的対象、この両者の間に平行関係を見て取ることとは一貫している。我々の周囲にある対象は我々のうちに様々な反応を喚起する傾向があるが、こうした反応のすべてに対して「me」は明確に応答する。このような対象は、すべて、我々自身のうちに反応を喚起するのであり、こうした反応こそが、当の対象の意味であり、あるいは、傾向特性なのである。つまり、椅子とは、我々がすわる何物かであり、窓とは、我々が開けることのできる何物かであり、光や空気を我々にもたらすものである。

同様に、「me」とは、当の個人が相手側の構えをとるかぎりにおいて、その個人が他の人々に対して示す反応のことである。個人は椅子の構えをとるといってもさしつかえない。その意味で、我々は、明らかに、自分たちの周囲にある対象の構えをとっている。通常、こうしたことは、我々が無生物を取り扱う際、コミュニケーションの構えになることはないが、他方で、椅子があればすわりたくなり、ベッドがあれば横になりたくなるという場合、確かに、対象の構えをとる形になっている。もちろん、こうした状況における我々の構えは、社会的な構えである。社会的態度が、自然についての詩のうちに現れ、神話や習慣や儀式において現れる例については、既に議論したところである。この場合、自然自体に対する社会的構えを我々は継承しているわけである。音楽においては、関連する情動的反応の点からみて、おそらく何らかの類いの社会的状況がつねにある。音楽のもつ高揚感は、こうした情動的構えに対する関連性を有していると思われる。「I」と「me」の融合という考えは、こうした高揚感を説明する上で、非常に適切な土台となる。私が思うに、行動主義的心理学は、こうした美学理論の発展に絶好の機会となる。美的経験において反応が有する意味作用は、絵画批評家や建築批評家によって既に強調されている。

「I」に対して状況が有する関係と「me」が有する関係のありようは、有機体に対して状況が有する関係である。困難な問題を生み出している状況は、その状況に反応する有機体にとって理解可能である。状況と反応は実際に行われる行為の中で融合する。自分が何をしようとしているのか、はっきりわかっているのであれば、状況に対して「I」の観点から接近することができる。この場合、対処する全過程を、はっきりわかっている目標に到達する手段の組み合わせとしてみるだけでいい。あるいは、状況に対して手段の観点から接近することもできる。この場合、取り組むべき問題は、様々な目的の組み合わせの中での意志決定として現れる。ある個人の構えが喚起する反応は、別の個人の構えが喚起する反応とは異なる。喚起する反応には様々な傾向があるわけであり、「I」が示す反応は、こうした様々な傾向のすべてに関わる反応ということになろう。解決すべき問題という観点からみようが、「I」の立場に立って、そのふるまい方によって、ある意味で、問題領域を確定している観点からみようが、融合は、行為自体の中で融合するのであって、この行為のうちで、手段は目的を表現するのである。

第36章 デモクラシーと、社会における普遍性

人間社会には普遍性というものがあって、これは極めて早い時代に二つの異なる様式で現れている。一つは宗教的側面においてであり、今一つは経済的側面においてである。これらの過程は、社会過程としてみれば、普遍的である。〔他の個体と〕同じコミュニケーション媒体を用いているかぎり、いかなる個体でも着手しうるような目標を、これらの過程は提供する。仮に、ゴリラが、ある種の市場にココナッツをもってきて、自分の欲しいと思う物と交換することができるのであれば、このゴリラは、最広義の経済社会組織に従事していることになる。この場合必要になるのは、既にみたように、当の動物が、自我の存在をともなうコミュニケーション方法を用いることができるということだけでよい。他方で、よく知られた言い方を用いれば、自分が他者の隣人であるような社会にあって、自身をその社会の一員と考えることができるのであれば、いかなる個人も、このような普遍的な集団の一員でもある。このように普遍性が宗教的また経済的発現形態をとって様々に発達していくのを、我々はローマ帝国、インド、中国の中に見て取る。ローマ帝国がキリスト教世界へと発達していく過程にあっては、こういった普遍的社会を意図的に組織化する試みのうちに、布教宣伝活動の一形態が現れ出ている様がみられる。

このような普遍的社会において進化が生じうるとすれば、こうした広範囲の有機的社会内部にある様々な組織間においても、進化が生ずることになろう。その場合、様々な社会間で競争があるだけでなく、あれこれの社会と普遍的社会組織との関係においても、競争があるはずである。普遍的宗教の場合、イスラム教世界のような形態もある。これは、武力によって他のすべての社会形態を一掃し、したがって、他のコミュニティと敵対的関係をもつようになり、これを滅亡させるか支配下に置くかしたわけである。他方で、キリスト教世界や仏教世界に

現れたような布教活動もある。これらが試みたのは、様々な個人を一定の聖職集団の中に組み込もうとしただけであり、こうした個人たちが自らを、あくまで一社会の成員であるとみなすよう仕向けたにすぎない。こうした布教の企ては、特にキリスト教世界の場合、不可避的に政治的構造と結びつくようになった。その背景にある想定は布教活動において表れた。それによると、キリスト教の社会的原理、つまり、人類同胞主義という認識が、普遍的社会の土台なのである。

普遍性に関する経済面での推移をみるなら、そこには、宗教の場合のようなプロパガンダはない。つまり、単一の経済社会を自ら確立しようとする想定はない。一つの経済社会がはっきりと自らの姿を示すのは、ある個人が他者たちと交易を取り結ぶかぎりにおいてである。そして、交易過程自体が統合を推し進めて行くのであり、政治的には明確な対立関係にあるコミュニティ同士を、ますます密接に結びつけていくことになる。交易関係が発達し、さらには、交易を促進する金融機関が発達するにつれて、こうした発達のうちに、ますます完全な経済組織が現れる。そして、一つの共同社会における生産は、不可避的に国際経済社会の需要に合わせるようになる。最も低水準の普遍的社会を出発点にしながら、当初の抽象性が次第に具体的な社会組織に移行する、このような発達もある。宗教と経済の双方の観点からみれば、全人類を包摂する普遍的な社会が存在するのであり、こうした社会にあっては、コミュニケーションというメディアをとおして、あらゆる人々が他者たちと関係を取り結ぶようにさえなる。こうした人々は、他者たちをも自分たちと同じ仲間と考え、自分たちの兄弟と考えることができる。

このような共同社会は、その性質からして、必然的に普遍的である。普遍的宗教において発現する過程は、論議領域によって表象される論理世界の過程を必然的にともなう。論議領域とは、すなわち、特定の意味を有する同一のシンボルの使用を通じて、あらゆる個人が相互に対話しうる、そうした能力のみに基づいて成立する世界のことである。言語がもたらすのは、普遍的共同社会である。これは、経済的共同社会のようなものである。普遍的共同社会が存在するのは、利用可能な共通のシンボルがある場合にかぎられる。同一言語を話さない未開部族同士であっても、最小限の〔簡潔な〕記号によってコミュニケーションを交わすことができるが、こうした記号のうちに我々は共通のシンボルを見て取る。こういった未開部族同士は、指を用いることのうちに、あるいは、象徴的な絵画のうちに、共通言語をみているわけである。これらの部族は、コミュニケーションを交わす何らかの能力を手に入れているのであり、こうしたコミュニケーション過程は、様々な個人同士を密接に結びつける傾向をもっている。言語過程は、ある意味で、経済過程よりも抽象的である。経済過程は単なる交換から始まるもので、一方の個人の余剰分を別の個人の余剰分と引き替えに譲渡する。このような過程は、同時に、生産過程に対して反作用し、収益の上がる交換につながる種類の生産を、多かれ少なかれ必然的に刺激する。特定の意味を有するシンボルに基づいたごく簡潔なやりとりの場合には、その過程自体は、おそらく、経済的な統合に向かって行くことはないだろうが、しかし、こうしたやりとりによるコミュニケーション過程は、まさに簡潔なやりとりが媒体として役立っているような過程をともなうだろうし、また、そういう傾向がある。

よくいわれるように、新しい言語を学ぶ人は新しい精神を手に入れる。こうした学習者は、当の言語を用いる人々の［物事に対する］構えに感情移入するわけである。他言語使用者固有の構えを習得することがなければ、学習者は、その言語で書かれた文学も読めないだろうし、その言語コミュニティに属する人々と対話することもできない。その意味で、他言語学習者は、今までとは異なる個人になるわけである。純粋な抽象概念としての言語を伝えることはできない。言語を伝えることは、必然的にその背後にある生活をも、ある程度伝える。そのことによって、この言語を習得し、したがって必然的に様々な見解を見直す個人の再編された構えとの密接な関係が築かれる。西欧世界の社会には様々な国と様々な言語があるわけで、その内部では、様々な集団間で絶えず相互作用が続けられることになる。一つの国、それだけを単独で理解することはできない。もっと広範囲な全体に属する他集団との関係においてのみ、一つの国を理解しうるのである。

最高度の抽象概念だけを扱う論議領域は、様々な特性をもつ様々な集団間において相互関係が成立する可能性を開く。人々が自らの見解を表明する場面としての論議領域は、こうした様々な共同社会の生活を表す組織化された諸々の構えを一つにまとめあげることができ、より高度な組織を生み出しうるような関係を作り出す可能性がある。人間社会固有の過程がもつ普遍性は、宗教、交易、論理的思考等々、どんな観点からみようと、少なくとも、普遍社会の可能性を開く。こうした可能性をともなうほど社会の発達が十分進展すれば、実際に、今述べたような傾向の一切が姿を表すことになる。

社会における普遍性のこうした成長の政治的発現は、一集団による他集団の支配に顕著である。その最初期の発現形態は、ナイル川、チグリス川、ユーフラテス川の低地に現れた帝国である。様々な共同社会が競合関係にあったわけだが、こうした競合のうちにみられるのが、帝国発展の条件である。種族同士で他種族を一掃しようとする争いがあるだけではない。そこにみられるのは、むしろ、相手集団を維持することで一集団が他集団を支配するにいたるような争いである。この違いに留意することが重要であるのは、争いが自己意識の発現をはっきりと示す場合、つまり、こちら側の自我を相手側のうちに実現することをとおして達成される自己意識の発現を示す場合である。敵意や激しい怒りの際には、個人や共同社会は、単に敵方を一掃しようとするだけかもしれない。だが、自我による優性形質発現は、軍事社会の場合においてさえ、むしろ、支配従属の発現、つまり、一方の他方に対する優位性と支配において自我を実現するという発現形態であった。精神のこうした構えは、単に敵方を一掃するのとは、まったく異なる構えである。少なくとも、この観点からするなら、比較的高度な自我を有する個人の場合、相手を圧倒し支配下に置いておくことのうちに、決定的な達成点があるわけである。

我々は、他の人々に対して優越性を保とうとする中で自尊心を維持しがちであるが、国威という感覚は、こういった自尊心の一つの発現形態である。他者たちに対する一定の優越感によって、人は自らの自我の感覚を得る。これは自我の発達において欠かせない。このことはヴントによって確認されたところである。自我の感覚というのは一つの構えであって、より高度と考えられる諸条件の下では、自分自身の活動領域において個人の能力を正当に認識することに通ずる。こうなると、人がもつ優越性は、もはや他者に対する優越性ではなく、他者の役割と能力との関係で自分がなしうる事柄に根ざすものである。自分の役割を遂行する上で優れた専門家の発達状態は、その性質からして、他人を支配下に置く能力のうちに自己実現の場を求めて威張り散らしてばかりいる人の優越感とは、まったく異なる。何であれ特定の領域において有能な人がもつ優越性の在処は、他の人にはできないが自分にはできる事柄なのである。このような優越性は当人に明確な地位を与えるのであって、この人はこの地位において自己を実現する。このような人は、他人に対する自分の優越性のうちに自己実現するのではなく、自分のなしうる役割において自己実現する。その役割を他の誰よりも首尾よく遂行しうるかぎりにおいて、その人は、正当だと認められる威信感覚を手にする。この威信感覚と対照的なのは、社会的規範に関して我々がもつ最高度の感覚からみて不当だと思われる自己主張の形態である。

共同社会同士は、それぞれ、今述べたものと同種の関係にあるかもしれない。古代ローマ人の自尊心というものがあって、これは彼らの軍事力のみならず行政能力にみられる、つまり、地中海世界の人々すべてを征服し、さらには支配下に治める能力のうちにみられるわけである。当初の構えは征服の構えであったが、やがて現れたのは、統治の構えであり、これは征服よりもむしろ、先に私が述べた機能的優位性といったタイプの構えであった。これは、古代ローマ詩人ウェルギリウスが自らの要求において述べたことであった。つまり、ローマ人たるもの、統治にあっては、〔軍事力では不十分なのであって〕行政能力を備えてしかるべきであるというものであった。この能力は、古代ローマ帝国を、それ以前の帝国とはまったく異なるものにした。以前の帝国の背後には、剝き出しの暴力以外に何もなかったのである。この場合にみられた推移は、敵を殲滅する能力のうちに表現される政治的優越性と国威の感覚から、大々的な協働活動をともなう社会的事業を管理する能力へという推移である。自尊心の政治的発現は、当初は、軍事的構えと結びついた剝き出しの自己主張から始まり、敵の一掃をもたらすが、しかし、やがて発展していき、より高次の共同社会をもたらす、あるいは、もたらす可能性がある。この高次の共同社会にあっては、支配は行政という形をとる。想像しうるかぎりでいえば、ローマ帝国よりも広大な国際共同社会が現れるかもしれない。これは、軍事力よりもむしろ機能に即して組織化されるものである。

一方で普遍的宗教の構え、他方で政治的発達の拡大、この両者を一つにまとめあげることについては、デモクラシーにおいて最も広範囲に語られてきた。もちろん、古代ギリシアの都市国家にみられるようなデモクラシーもあったわけで、そこでの支配は、経済的にも政治的にも強大な力をもつ何らかの階級に対抗する大衆が支配するというものでしかなかった。実際、民主政治には様々な形態がある。だが、ここで問題にしている意味でいえば、デモクラシーとは、ある構えのことであり、それは、いかに達成されるかはともかくとして、人類同胞主義という普遍的関係とともに成立する類いの自我を基礎にしている。このようなデモクラティックな構えは、フランス革命における友愛と団結という考えのうちに表現された。個人は誰でも、あらゆる個人と同等の立場にある。この考えは、普遍的宗教において最初に表現された考え方である。この考えが政治領域に持ち込まれる場合、これを唯一表現しうるのは、デモクラシーにみられるような政治形態においてのみである。その背後にある原理は、大部分、『社会契約論』にみられるルソーの考え方である。

ここには、ある社会についての想定がある。この社会では、個人が自ら一市民でいられるのは、他のすべての人もまたこの個人と同じ社会に属する権利を、この個人自身が承認する度合いに応じてのみである。このような普遍性、つまり、利益関心の同一性があれば、当該社会の一般大衆が、統治者の構えをとりつつも、他方で、被統治者の構えをとることも可能となろう。一人一人の意志が全員の意志であるとすれば、被統治者と統治者との関係は、あらゆる個人において具現化されうるだろう。一人の人間が他者たちを自分自身と同じ政治組織に所属していると認識することによって、その人が自己実現しうるのであれば、そのときはじめて、我々はルソーのいう「社会における一般意志」を手にしうるのである。◆17

このようなデモクラシーの考え方は、それ自体、宗教と同じように普遍的なものである。そして、デモクラシーの政治運動の出現は、その背後にルソーの信条があったかぎりにおいて、本質的に宗教的であった。デモクラシー運動の出現はまた、宣伝布教意識をともなって進行していった。それは、社会の古い組織を打倒し、それに代えて、この運動自身による社会形態を打ち立てようと試みた。その意味において、一方で、個人ないし集団による他集団の支配、他方で、同一集団内における相異なる様々な個人の有する人類同胞主義と一体性という感覚、この二つの要因はデモクラシーの運動において一体化された。同時に、これらの要因は、必然的に、普遍的社会を意味するのであって、しかも、宗教的意味においてのみならず、究極的には政治的意味においても普遍的社会である。このことは、国際連盟のうちに表明されている。国際連盟においては、自らの主権を主張する過程において、すべての国民社会は他の国民社会を承認する。最も小さい国民社会でさえ、自らの主張を表明する位置にあるが、それは、まさしく、すべての他の国民社会が同じく自ら主張をする権利を承認するがゆえにである。

普遍社会の発達に関わっているのは、我々が経済的発展のうちに見て取るような機能的組織に他ならない。経

◆17　自らの権利請求を普遍化できるのであれば、つまり、自らの権利はそれに応じた義務をともなう権利であれば、他のすべての人においても同じ権利を承認していることになり、いわば、社会全体の観点から法を制定することができる。それゆえ、個人の観点からみて一般意志が存在しうるわけである。というのも、誰もが、同一の事態を表明していることになるからである。こうして、すべての人が統治者にして被統治者であることが可能な社会が生ずることになる。ここで統治者であるのは、自身の権利を主張しつつも他者においてもそうした権利を承認しているかぎりにおいてであり、被統治者であるのは、自身が制定する法に自分自身もしたがうという点においてである（一九二七年）。

済的発展は交換を基礎にして始まる。他人に不必要なものと交換に、自分に必要ないものを差し出す。こうするだけでは抽象的である。しかし、自分に必要のないものを生産することができ、それを、自分に必要なものと交換できるとわかれば、こうした交換行為によって、職能の発達を刺激することになる。交換行為が刺激となって、ある集団は何かを製造し、別の集団は他のものを製造するようになる。交換者は、経済過程をコントロールしていることにもなる。というのも、市場で交換用に提供される量以上に製造し続ける人はいないからである。最終的に製造される物は、顧客の需要に対応する物となろう。このようにして生ずる職務上の組織の中で、人はある種の経済的人格を発達させることになる。この経済的人格は、自分自身の優越感をもちつつ、しかし、組織集団内の他者たちとの関係の下で自身に固有の職能を遂行する上で、有効に作用する。こうした場合には、製品を製作する上で他の誰にもまして優れた能力をもっているという自己意識もありうる。しかし、自己意識が優越感を維持しうるのは、交換過程においてその製品を必要とする共同社会に対して、自己意識が適応する場合のみである。こうした状況においては、職務を発達させていく傾向がある。職務上の発達成果は政治的領域においてさえ生じうる。

発達における職務上の局面が、個人を全体と結びつけて考え、そのようにして、個人をないがしろにするかぎりにおいて、職務的な局面は、デモクラシーの目的と矛盾しているようにみえるかもしれない。したがって、この場合、実際のデモクラシーを表現するには、職務上の局面を二次的なものにしておき、宗教的態度の方を重視しなければならない、このようにみえるかもしれない。フランス革命に現れたようなデモクラシーの理念に立ち返ってみるなら、まさに、この種の葛藤に行き着くことになる。この場合、平等に対する認識がある。つまり、他者のうちに承認する事柄を、自身のうちにも権利請求するわけである。このことが社会構造の土台になる。だが、当時の職能上の発現形態を考慮してみるなら、職務間で同種の平等性というものはない。とはいえ、職務的な意味においても平等は可能である。宗教上の態度にみられるように、どうして、職務において、自らの自己のうちに他者を実現するという深い感覚をともなわないといえるのだろうか、私にはわからない。自らの優れた技術で個人の生命を救う外科医は、自分の治した患者に即して、自己を実現することができる。こうした職務上の構えが、他者のうちに自我を実現することに表れることがないなどと、どうしていえるのだろうか。崇高な精神の発現の基礎となるのは、他者の中に自我を実現する能力である。これは、確かに、社会組織の中で達成される。今議論しているように、こうした一見葛藤しているような状態は、職務組織の発達が抽象的で予備段階にあることと関係しているように思える。こうした職務上の組織が十分発達しきるまでは、個人を利用し尽くす余地がある。だが、こうした組織が十分発達すれば、もっと高度な崇高なる精神を我々は表現するはずである。そこでは、自分が行うことは、自分に特有の事柄なのであって、そのことをとおして、他者たちのうちに自分を実現することになる。◆18

第37章 宗教的態度と経済的態度についてのさらなる考察

これまで議論してきたのは、〔近隣社会よりも〕広範囲で抽象的な社会関係、つまり、宗教や経済の社会的関係であるが、これらには、社会的関係をまとめあげる性質がある。これについて再び論ずることにしたい。宗教、経済、いずれの社会的関係も、実際に作用する際の性質をみるなら、普遍的なものとなるが、しかし、両者に関わる哲学的な抽象性ゆえに普遍的になるのではない。物々交換する未開人であれ、株の売買を行う現代人であれ、自分の行う交換の背景にある経済社会の形態には関心がない。さらにいえば、厄介ごとに巻き込まれている他者を直接助けようとする人がいるとして、この人は、この他者に一体感を抱くことはあっても、自らに対して、

◆18 アメリカの状況下におけるプラグマティズムの議論については、以下参照。"The Philosophies of Royce, James, and Dewey in their American Setting," *International Journal of Ethics*, XL (1939), 211ff. また、プラグマティズムの歴史的起源については、『西洋近代思想史――十九世紀の思想の動き（上）（下）』（魚津郁雄・小柳正弘訳、講談社学術文庫、一九九四年）参照。

一人の利益は全員の利益であるような社会の形態を示しているなどと、想定する必要はまったくないのである。とはいえ、既に示したように、これらの二つの過程は、その性質からして、普遍的なのであって、誰に対しても適用可能である。

困っている人をみれば、どんな個人でも助けることのできる人は、このような普遍性を人間以外にまで拡大するかもしれないし、さらには、感覚を有する生き物に対しては苦痛の及ばぬ状態にまで、この普遍性を具体化するかもしれない。このような態度を、我々は人間以外の生物に対しても示すのであって、その場合の生物というのは、苦しんでいるときに、我々に対して実際に訴えているか、あるいは、訴えてくる可能性のあると思われる生物であり、あるいは、我々自身が助けることで、その場で得られる満足感を伝えられる生物である。こうした態度は、ある種、やさしさといった態度のうちに表れる。これは、自分の家族という範囲を超えて、それ以外の様々な個人にまで一般化されるかもしれない。愛は、我々の親心を誘発するあどけない生物に対しては、本性を表すのであって、たとえ、人間以外の動物に対してであろうと変わりはない。小動物は、ある種、優しさのこもった態度を誘発する。こうした事実が示しているのは、愛の態度がもつ実際の普遍性が、どれほど広範なものかということである。つまり、愛の態度は、事実上すべてのものを取り込む、つまり、個人的に親しい間柄を取り結べる対象であれば、可能なかぎりどんなものをも取り込むわけである。もちろん、こういった態度が、つねに優勢であるとはかぎらない。ときには、どんな反応にもまして、敵対的な反応の方が、実際にははるかに強力に表現されるからである。だが、愛の態度というものは、それが実際に存在するかぎり、社会の普遍的な形態を可能にする。キリスト教の聖人たちが象徴していたのは、個人一人一人、考えられるかぎり誰でも所属しうる類いの社会であった。こうした理念は、ある種の世界についての宗教的な観念によって表現された。その社会とは、あらゆる人々が、完全に同一の利益関心をもっていてしかるべきであるという世界である。

今一つの過程は交換過程であり、ここでは、いわば、自分に必要なものを得るために、自分に不必要なものを相手に引き渡す。コミュニケーションを基にして定まる相対的な必需品、そして、共通の利益、これらが交換を可能にする。牛やロバを交換相手にすることはできないが、牛やロバに対して好感をもつことはある。

これまで宗教と経済という二つのタイプの態度〔構え〕をみてきたわけだが、ここで特に述べておきたいのは、人間社会において、これらの態度がもっているかもしれない、あるいは、ずっともってきたかもしれない組織編成能力についてである。既に述べたように、宗教と経済の態度〔構え〕は、本質的には、共感可能な態度なのであって、その相手は、たとえば、実際上であれ理念上であれ、人がコミュニケーションを取り交わすことのできる人間であることもあれば、また、人間以外の生物のように、コミュニケーション不可能な相手であることもある。我々は家畜と社会的関係を取り結んでいる。さらに、我々が家畜に対して示す反応において考えられているのは、我々が動物に一体感をもつのと同じくらいに、動物の方も我々自身と一体感をもっているということである。もちろん、この想定を、究極のところ正当化する理由などない。我々自身の根底にある構えは、自我に基づく社会的な関係であり、それゆえ、我々は家畜の行為を、あたかも自我を有する行為と考える。我々は家畜が示す構えをとるのであり、家畜を相手にする際の我々の行動様式が意味しているのは、家畜の方も我々の示す構えをとるということである。たとえば、我々が犬に対してふるまう際には、あたかも犬が我々の要求していることを知っているかのようにふるまうわけである。いうまでもないことだが、我々の行動様式が家畜のうちにある自我をほのめかしている場合でも、もちろん、そこに信ずるに足る理にかなった理由があるわけではない。

こうしてみると、以上のような態度は、一つの社会的構造につながるような態度なのであって、この社会的構造は、個人個人が実際に関わっていると思っている範囲の外にまで拡がる。こういうわけで、これらの態度は、身近な範囲を超えた共同社会の構造を作り出す上で有効に作用しうるのであり、少なくとも、その手助けとなりうる。まず経済的構えをみてみよう。ここでは、お互いの余剰物の交換によって、人は、生産しようと構えるようになり、交換のために余剰物を生産するようになる（さらに、交換によって関心の対象となるのは、とりわけ、交換方法であり、市場創設方法であり、輸送手段構築方法や精巧な交換手段の造幣法であり、そして金融制度の確立方法である）。こうして気づくのは次のことである。交換の意義を認識して、元来の交換過程の土台たる余剰物の生産にまでいたるというように解するなら、今述べたことはすべて、単なる交換過程に由来するといってよい。二人の子供がお互いに自分のおもちゃを交換する可能性があるとして、ここでは、自分のおもちゃを手放したいと考えている友達と、古いおもちゃを交換するものとしよう。この場合、余剰物の交換はあるにしても、この交換は生産にまではいたらない。しかし、未来を見据え、交換による利益を見込むことのできる人の場合、交換は生産につながるのである。

これについて注目すべき例解はイングランドにおける毛織物業の発達である。当初、毛織物交換は、イングランド内部に生じただけだった。この地域では、毛織物の紡績は封建的条件の下で行われていたが、やがて、毛織物は、地域から地域へと輸送されるようになり、さらには、海外取引が急増するようになった。毛織物産業の発達の結果としてイングランドの共同体内で生じた変化は、よく知られたところである。この変化は、海外貿易の発達において多大な役割を果たし、さらには、共同体自体における生活を次第に農業中心から工業中心へと変質させた。やがて、毛織物が国境を越えるにつれて、経済組織のネットワークが成長していき、後のイングランドの発展全体の土台となった。

このように、交換という構えは、〔当初は〕その時その場のものだったが、やがて社会的行動様式の原理になると、生産方法においても輸送方法においても、さらには経済過程に関与するあらゆる伝達手段方法においても、社会発達が進行していくことになる。こうした社会の発達過程は、まさしく普遍的社会にとって重要なものを打ち立てることになる。ここでいっている普遍的社会とは、すなわち、今述べたような〔その時その場の単なる〕交換の構えが未来への可能性をともなうような社会に他ならない。こうした社会的発達過程の意味するところは、一方に、交換用の財の所有者がいて、他方に、その財を得るためにその所有者の必要とする財を差し出す用意のある人がいる場合に、もちろん、この両者を直接結びつけることである。生産過程や輸送過程、引き替えに財を受け取る過程、こういった過程は、様々な個人と、経済過程に関与している自分以外の人々とを、今まで以上に一層密接に結びつける。この過程は、社会をゆっくりと統合していく過程であり、この過程によって人々は次第に密接に結びつくようになる。この過程は、空間的範囲や地理的範囲によって人々を結びつけるのではなく、コミュニケーションによって人々を一つにするのである。無人島に住みつくことになった人々三、四人が、お互いに取引過程を営むことについては、教科書の抽象的な説明をとおして、我々にもよく知られたところである。教科書中のこの人物たちは、高度に抽象的な人物であるが、しかし、この人たちは、経済的な社会において抽象概念として存在しているのであって、そういうものとして、コミュニケーションの相互関係を表している。このコミュニケーションにあっては、ある個人が自分自身の生産過程内にある場合、この人は、自分と交換するものをもっている他の人を、自らと一体化しているわけである。この人は、自分を相手側の位置に置かねばならない。さもないと、相手側が欲するものを生産できない。自らの生産過程において事を起こすのであれば、もちろん、この人は、顧客となりうる人であれ、また、生産者となりうる人であれ、誰に対しても、自分を一体化しなければならない。この人の手法が、このように極めて抽象的な類いのものであれば、商業の網の目は、どこにでも向かって行くことができるし、社会の形態は、このコミュニケーション過程に参加する意欲のある人であれば、どんな人も取り込むことであろう。社会におけるこうした構えは、普遍的な社会有機体の骨格を築きあげる傾向がある。

経済学が教えるように、貨幣とは表徴以外の何ものでもない。つまり、一定量の富に対する一つのシンボルである。それは、進んで交換しようと構えている個人個人が欲する何物かに対するシンボルである。交換の形式は、それゆえ、対話の方法なのであり、交換手段は身振りとなる。このように交換手段としての身振りがあることで、相手側の構えのうちに自分自身を置き、そのことによって、自分の必要とするものを得るために、自分の必要としないものを、遠く離れたところへ輸送する過程を遂行することができるわけである。こうした富の表徴という手段は、それゆえ、交換過程においては、身振りないしシンボルなのであって、それはちょうど、交換以外の領域においては、言語が身振りないしシンボルであるのと同じことである。

これまで議論してきた普遍性を示す態度〔構え〕としては、これ以外にも、隣人愛がある。これは、宗教的関係の原理に変質する、つまり、宗教それ自体を可能にする態度に変質するのである。この態度が即座にもたらす効果は、飢えている人と食べ物を共有し、喉の渇いた人に水を与え、窮乏している人に手を差し伸べることに他ならない。それは、とおりすがりに出会った人に対して何かを与えたがる衝動に、身を委ねることに他ならないといってよかろう。隣人愛という態度がなしうるのは、こういったことでしかない。それはちょうど、二人の子供の間の交換が、交換過程にとどまるだけで、それ以上に広がらないことと同じである。しかし、実際は、ひとたび、こういった態度がとられると、社会を再編する巨大な力をもつことがわかる。このような態度こそが、普遍的宗教のうちに表れてきたのであり、現代社会の社会組織の大部分に表れているのである。

キリスト教は、現代世界の社会的進歩——政治的、経済的、科学的進歩——の道を開いた。つまり、現代世界において極めて顕著な特徴としての社会的進歩である。というのは、合理的な、あるいは抽象的な人間社会つまり社会的秩序についてのキリスト教的な考えは、元はといえば、主として宗教的倫理的な原理であったけれども、次第にその純粋な宗教的倫理的な社会的つながりを失い、やがて範囲を拡げて、具体的な人間社会生活の主要な局面のすべてをも含むまでにいたったからである。こうして、キリスト教の考えは、多面的にして理性に基づく普遍的な人間社会に関する広範で今まで以上に複雑な考えになったのである。現代の社会進歩を構成するすべての社会的再編に必然的にともなうのは、社会的再編を遂行する個人個人が、このような普遍的人間社会を、知性に基づいて引き合いに出すことである。

進歩の概念に関していえば、古代世界とりわけ古代ギリシアの世界と、現代世界との間には、著しい違いがある。古代世界の思想と文明においては、この考え方あるいは発想は、まったく知られていなかったか、ほとんど不在であったのに対して、現代世界の思想と文明においては、最も特徴的で有力な観念の一つである。現代文化の世界観は、本質的に動態的な世界観である、すなわち、事物にあっては、紛うことなく創造的に変化し進化するのが実在であるということを考慮し、実際に強調するような世界観である。他方、古代文化の世界観は、本質的に静態的な世界観である。つまり、真に創造的な変化あるいは進化が森羅万象において出現したり実際に生じたりすることなど、まったく認めないような世界観だったのである。この世界観によれば、実在のうちに目的因が前もって与えられていない(また、永遠に与えられていない)ようなものなど、何も発生しえないのである。つまり、発生しうるものというのは、唯一、前もって存在しつねに存在し続けてきた永遠不変の普遍的な類《るい》が、個別的に実現することによって発生し、あるいは、その実現態として発生するのである。だが、現代の思想によれば、社会的進歩が必然的に向かって行く永遠不変で決定済みの存在目的や目的地点などというものは、存在しない。したがって、社会的進歩というのは、本来的に創造的なのであって、創造的でなければ進歩ではない(実際のところ、創造性というのは、進歩の現代的観念にとって本質的である)。これに反して、古代思想においては、進歩という言葉の現代的意味という点では、進歩の実在性も、その現実存在性も、その可能性も、まったく、認めるところはなかった。古代思想が可能なものとしてあるいは実在的なものとして認識した類いの進歩とは、唯一、永遠不変の固定的な存在目的ないし目的地点に向かって行く進歩以外にはなかったのである。つまり、古代の進歩とは、前もって与えられ、事に先立って決定されている類《るい》の実現に向かって行く進歩なのである(現代の思想では、このようなものを、正真正銘の進歩とはまったく考えない)。

古代ギリシアの社会あるいは文明にとって、進歩という考え方は、古代ギリシアの都市国家における顕著な組織ゆえに、まったく意味のないものであった。何しろ、この都市国家は、内部で生じた社会的対立――あるいは社会的利害の対立――に有効に対処するには、まったくもって無力だったのである。だが、近代国家は、その内部で生じた諸個人間の社会的対立を、少なくともある程度は、処理可能にするほど十分柔軟なものであり、このような近代国家の顕著な組織に鑑みるなら、進歩は、近代の社会あるいは文明にとって、極めて特徴的なものである。このようにいえる理由は、近代国家は、古代ギリシア国家の組織が行わなかった仕方で、多かれ少なかれ抽象概念と知性に基づいて、自らの境界を拡大することに適しているからである。その担い手は、既に述べたように、境界拡大に従事する個人個人の精神である。つまり境界を拡大することで、これらの人々の精神は、自分たちを取り巻く広大な社会組織、あるいは組織化された社会全体を、思い描くことができる。こうした広範な社会組織にあっては、内部で生ずる社会的利益の対立は、ある程度調和され解決される。したがって、〔自分たちの狭い社会の外部に拡がる〕広範な社会組織を参照することで、こうした人々の精神は、〔自分たち内部の〕社会的対立を解決し処理する上で必要な〔社会的〕再編の数々を成し遂げることができるのである。

経済的原理と宗教的原理は、しばしば、相互に対立する関係にある。一方では、その性質からして我々が「物質的」と呼ぶ経済的過程の想定があり、他方では、我々が理想主義的観点から語るように、共通利益における人々の一体化がある。もちろん、この見解には、何らかの点で妥当な理由がみられるだろうが、しかし、この場合、ある事実が見落とされているのであって、それは、これらの構えは絶えず修正されねばならないということである。経済的過程についての想定によれば、経済的過程は、つねに自己中心的過程であり、そこでは、個人は、相手側に対抗して、単に自分自身の利益を増進させるだけであり、人が相手側の構えをとるのは、あくまで、相手を出し抜くためであるということである。これまで主張されてきたところによれば、自由貿易つまり交換の機会は、共通の利益の承認にいたる。これに対して、ジェイムズ・ブライスのような人には経済的理想主義を見出しうるけれども、つねに想定されてきたのは、共通利益の承認などは、経済的過程の副産物であり、経済的構え自体に必然的にともなうものではないということである。他方で、今日のような条件下にあっては経済的競争が戦争の原因であり続けているのと同じくらい、宗教もまた、過去において、戦争の原因であった。あらゆる戦争がもたらす驚くべき効果の一つは、人々の宗教における民族的性格を強調するということである。かの大戦中、ドイツ人の神と連合国の神とがいたわけであり、神もまた、どちらに忠誠を誓うかで、二分されていた。対立に対して宗教的生活が自ら適応する程度については、しばしば、歴史の中で例証されている。だが、経済生活の理想主義的な側面の事例がまったくないわけではない。経済的過程は、絶えず人々を密接に結びつけてきたわけであり、個人個人にお互いの一体感をもたせる傾向があるのであって、このことまで疑問視する必要はまったくない。この点についての顕著な事例は、労働のもつ国際的な性質であり、地域社会内における労働組織それ自体の発達である。労働者が抱く一体感には、同じ職場の同僚労働者に対するものもあるし、同時に、様々な地域社会の間での一体感もある。社会主義においては、労働運動は一つの宗教になるにいたった。経済的過程は、参加をともなうコミュニケーション過程を通じて、様々な集団を必然的に密接に結びつける過程である。経済的過程は、これまでずっと、現代社会全体において最も普遍的な社会化要因であったのであり、宗教よりも、ずっと普遍的なものとして認識しうる。

ある共同社会の宗教儀式に集約される宗教は、極めて具体的なものとなり、当の社会のごく身近な歴史や生活と一体化され、同じ社会内の他のいかなる制度よりも、おおむね保守的である。宗教儀式には神秘的な価値があり、そのため、そこに備わっている性質からして、宗教儀式〔の存在理由〕を完全に合理的に説明することは、我々にはできない。したがって、我々は、宗教儀式を発生以来ずっと続いてきた形で、あるいは発生時の社会的背景の中で、維持するのである。宗教儀式には、宗教的表現形式のもつ性質を固定する傾向がある。そのため、宗教的態度〔構え〕の方は、他のいかなる人とも一体感をもたらす態度であるのに対して、宗教儀式の方は、宗教的態度が制度化されたものである以上、極度に細分化される傾向がある。自分好みの価値あるものをもって人が近づいてくれれば、その人がどんな人であれ、その人を理解することはまったく可能である。その人が、商売上の観点から、自分のことを述べれば、その人のことを理解できる。しかしながら、同じその人が、特殊な宗教儀式を示して近づいてきた場合、その人のことを理解できない可能性は、極めて高い。布教運動というのは、これまで、様々な宗教の極めて特徴的な性質を示してきた運動である。この運動にあっては、宗教のもつ普遍的性質が、その立場からして、かえって祭儀形式の固定的で保守的な特質を脅かしてきたのであり、さらには、宗教自体の特質に対しても、多大な影響を及ぼしてきた。だが、この点にしても、宗教が取り組んできたのは、その特質、信条、教理の一切をもって、祭儀形式としての宗教自体を改変するということであった。したがって、経済的過程の場合とは異なり、宗教が普遍的コミュニケーションの手段として直接役立ってきたわけではない。

経済的構え〔態度〕と宗教的態度〔構え〕は、もちろん、相互に大きく異なっている。経済的構えは、個人を自分以外の人と一体化するが、それは両者が商取引に従事している場合のみである。交換は経済的過程の活力の源であり、この過程は、相手側個人から、取引に関わるものを除いて、一切を度外視する。これに反して、人が宗教的態度をとる場合、相手側個人の直接的な内的態度に関わることになる。相手個人に力を貸したり助けたり、その人の魂を救済し、また、現世においてであれ来世においてであれ、その人を支援するかぎりにおいて、人はこの人と一体化している。つまり、この態度は、個人を救済する態度なのである。こうした態度は、経済の場合に比べて、他者と一体化する上で、はるかに深遠である。経済的過程の方は、はるかに外面的であり、それゆえ、おそらく、宗教の場合に比して、ずっと迅速に行われ、一層容易なコミュニケーションも可能になる。だが、この二つの過程は、その性質上、つねに普遍的である、そして、目にみえる形をとるかぎりにおいて、これらの過程は、ある意味で、二つの構え〔態度〕自体と同じくらいに普遍的な共通のコミュニティを作り上げる傾向がある。これらの過程だけを取り出してみると、子供同士がおもちゃを交換し合う場合や動物同士が助け合う場合のように、当の行為が行われるとすぐに、過程は終わってしまうことになろう。しかし、個人個人の自我自体から成る集団がある場合、つまり、そうした集団内の個人個人が、他者たちと一体感を抱いていて、自分自身の自我を理解する手段として相手側の構えを喚起する場合であれば、経済的過程も宗教的過程も、広範に拡がるのであって、他者は欲しがっていないが自分には手に入るものを単に入手するという過程を超えるし、あるいは、相手を助ける単なる衝動も超える。個人は、こうした活動を遂行することで、個人個人を密接に結びつける統合の過程を打ち立てるのであり、参加者との一層親密なコミュニケーションを可能にするメカニズムを創り出すのである。

歴史におけるこうした発達の進行を認識するのは重要なことである。経済的過程も宗教的過程も、一旦生ずると他の助力がなくとも、狭い範囲を超えたコミュニティを生み出す傾向がある。たとえ、関与している人々のうちに、こういったコミュニティを実現することに対して何の理想もない場合でも、それはいえる。ある意味で、こういったコミュニティを打ち立てる傾向がないかぎり、人は、相手と一体感を抱くような構えをとることはできない。我々が過去を振り返ることができ、社会的再編がこれまでどれほど広範に生じてきたかをみることができるのは、歴史に固有の役割のおかげである。ここで再編といっているのは、当時の人々は気づかなくとも、我々からすれば時を隔てて有利な見方ができるがゆえに認識可能な再編のことである。そして、指導者の役割とは、つまり、こうした運動を理解することができ、かつ、コミュニティにしたがって運動を推進することができる人の役割とは、今現在進行している事象を自覚しつつ、これに方向と刺激を与えることである。

私の思うところ、自我についてこれまで詳細に示してきた見解によって、社会の成長が積み重なっていく様を理解できるようになろう。自分以外の人と一体化することで、個人は自己を達成し自分自身の意識を達成する。このことを我々が認識できれば、次のように語ることができる。すなわち、経済的過程とは、事物の交換相手として想定可能な顧客と個人とが一体化する過程であり、個人は、この過程を首尾よく遂行するために、こうした顧客たちとのコミュニケーション手段を継続的に築き上げるにちがいないのであり、さらには、この過程自体は一貫して自己中心的なものかもしれないが、しかし他方で、こうした過程によって、必然的に、個人は、ますます具体的に相手側の構えをとるようになるにちがいない。経済的過程をうまく遂行しようと考えるのであれば、取引相手個人と今まで以上に密接な関係に参加しなければならないし、個別の交換事項に自分を一体化するだけでなく、取引相手が何を欲しているか、また、なぜ欲しているか、支払い条件や、要望されている財の個別の特性はどのようなものになるか等々、これらを見出す必要がある。自分を取引相手とますます一体化する必要があるわけである。今日のビジネスが強調する販売技法の構えについて、我々はかなり軽蔑している。この販売技法には、つねに、うわべだけを取り繕う様子がうかがえる。つまり、相手を騙して必要のない物を買わせるために、相手側の構えに取り入るように説いている様がうかがえるのである。これを弁明しうるとは思わないにしても、我々が認識しうるのは、少なくとも、この場合であっても、ある想定がなされているということである。つまり、個人は相手側の構えに取り入る必要があり、相手側の利益を認識することは、取引がうまくいくために不可欠だという想定である。こういった目標が見て取れるのは、経済的過程が利潤動機を超えて公共サービス問題にまで拡大されるときである。鉄道や公共事業の責任者は、自ら仕えるコミュニティの位置に、自分を置いて考えねばならないのであり、そうすれば、こうした公共事業は、利益の領域を完全に超え出て、端的にコミュニケーション手段としてうまく機能する経済事業となるのが容易にわかる。こうした可能性から、社会主義者は、全産業のための理論を作り上げるのである。

第38章 共感の本質

「共感」という言葉は曖昧な言葉であり、解釈の難しい言葉である。その場で示される他者への気遣いという構え、人が人を支援することについては、これまで触れてきたところである。こういったものは、特に下等な生物間の関係にみられる。同じ生物でも人間の場合、共感が出現するのは、自分が手助けしている個人の構えを、自分自身のうちに喚起する場合である、つまり、自分が相手を手助けしているときに相手側の構えをとる場合である。外科医は、おそらく、客観的な方法で手術を行うだけで、患者に対しては、いかなる共感的構えも示さないはずである。しかし、共感的な構えということで、我々がいっているのは次のことである。つまり、こういった共感にあって、我々の示す構えは、今現在我々が手を差し延べている相手側の構えを、我々自身のうちに喚起するということである。我々は、手助けの対象となっている人の構えを汲み取る。そして、我々自身の構えを示すことによって、手助けしている相手側の構えを、我々自身のうちに既に喚起しているからこそ、このように我々は相手側のうちに自分自身を感ずることができるのである。以上が、通常「模倣」や「共感」と呼ばれている事象について、我々が妥当な解釈と考えているものである。もっとも、今日の様々な心理学は、この事象を扱う場合であっても、曖昧で不明確な意味でしか議論しない。

たとえば、両親の子供に対する構えを取り上げてみよう。子供の声の調子が不平や苦痛の調子だとすれば、親の声の調子は、なだめすかす調子であろう。なだめている親は、それを受け入れている最中の子供の構えを、自分自身のうちに喚起している。この事例は、共感の限界を示してもいる。共感を寄せるのが難しいと思えるような相手もいる。誰かに共感を抱くためには、相手の構えに応答する反応がなければならない。応答する反応がないのであれば、自分自身のうちに、共感を喚起することはできない。それだけではない。共感を抱く側の個人が、自分自身のうちに、共感の構えを喚起しうるためには、協働作業が必要となる、つまり、共感を寄せられる側においても、ある反応がなければならない。相手に対する自分自身の共感的構えとは無縁であるのに、今苦しんでいる人の構えに、直ちにその場で自分自身を置くことはできない。共感の状況というのは、相手の手助けをしている人の状況なのであり、そうであるのは、その人による手助けが相手側に喚起する反応を、手助けする自分自身のうちに喚起するがゆえなのである。相手側のうちに反応がないのであれば、いかなる共感もありえない。もちろん、次のようにいうこともできる。苦しんでいる側が、苦しんでいる内容を表現できさえすれば、共感する側も、その苦しみの内容を理解できる。そのことによって、共感する側の個人は、そこに居合わせてはいないもののの、これまでの経験上出会ったことのある人の位置に自分の身を置き、以前の経験の観点に立って、この苦しんでいる個人のことを解釈する。だが、実際に活動を引き起こす共感が意味するのは、個人が自分の手助けによって喚起された反応を他者のうちに喚起しつつ、しかも同時に、自分自身のうちに同じ反応を喚起する。反応がないのであれば、人は、苦しんでいる側に共感を抱くことはできない。これが、共感自体がもつ限界である。つまり、共感は、〔それを寄せる側と寄せられる側との〕協働過程のうちに生じなければならないのである。それでも、先に述べたような意味においてこそ、人は、他者と一体感を抱くのである。ここでいっているのは、ヘーゲル的意味での自己同一性のことではない。そうではなくて、自分の身振りが、相手側に影響を及ぼすのと同じように、自分自身にも影響を及ぼすがゆえに、何らかの反応を、まったくもって自然に、自分自身のうちに喚起する個人についていっているのである。

自分以外の個人に対して、あくまでも人間的な、つまり、自己を意識しつつも社会的な構えをとるということは、あるいは、自分をそういう存在として知るようになるということは、当の他者に対して共感的な一体感を抱くということである。このようになるのは、当の社会的状況に対して、自分が、その他者の構えをとり、かつ、その役割を担うことによってであり、したがってまた、当の他者が表だった形で行い、あるいは、今にも行おうとしているように、自分の方もまた、その状況に対して内面的に反応することによってである。いいかえれば、相手と自分が身振りのやりとりを交わす際には、相手側が自分に対して示す構えを、自分の方もまたとり、したがって、自己意識的になるのであるが、これは、相手側が行っている仕方と本質的に同じなのである。人間の社会的活動は、多くの場合、その活動を推し進める個人個人の間で成立する社会的協働に依存している。そして、このような協働が生ずるのは、これらの個人がお互いに対する社会的構えをとることによってなのである。人間社会は、個人に対して精神を付与する。こうした精神の社会的性質そのものゆえに、個人には、次のことが要請される。すなわち、個人は、自分以外の人々の位置に身を置き、あるいはこれらの人々の構えをとらなければならないのであり、この自分以外の人々というのは、この個人と同じ社会に属している人々であり、かつ、その社会が表現しまた遂行している経験と行動の社会過程全体に、自分とともに関与している人々のことである。

　ここで、宗教、経済的過程を論ずるにあたって、今述べたメカニズムを用いることにしたい。経済分野において個人は相手側の構えをとっているわけであるが、それは次の場合にかぎられる。すなわち、個人自身が相手側に何かを提供しようとしており、かつ、その見返りとして、余剰品をもつその個人に何かを提供するという反応を喚起しているという場合である。個人が相手側に自分のものを差し出す際、その対象は、あくまで価値あるものであるという状況がなければならない。さて、差し出す品は、その持ち主個人の立場からしてみれば価値がないのであるが、それでも、この個人は、見返りとして何かを自分に提供しようとする相手側の構えに自分自身を置く。その理由は、差し出す品には〔相手側にとって〕何らかの効用があることを見て取っているからである。こちらが何かを提供し、その見返りとして、相手もこちらに何かを提供する際には、こちらとしても、この相手側の構えを、自分自身のうちに喚起しているわけである。相手に与える対象は、与える側にとって直接的な価値はないものの、相手側からすれば、価値あるものとなる。その際、はじめに与える側は、相手側の位置のうちに、自分自身の身を置くことができるわけである。

　こうした過程をかくも普遍的にしているのは、この過程が剰余物に対する取引であり、差し出す側の個人自身の観点からすれば、いわば、価値のない事物の取引であるという事実である。もちろん、この取引は、市場において、〔その事物に対して〕価値を付与するのであり、人がそれを評価するのは、その事物と引き替えに人が入手しうるものの観点に立ってのことである。だが、その事物を普遍的事物にしているのは、それが当の個人自身にとっては直接有用なものにならないということである。たとえ、当の個人が、自分で使用しうるものを選んで交換に差し出すにしても、この人は、その品を、自分にとって、それ以上の価値を有する何かを得るために、手放そうとしているものだと考える。つまり、差し出される品は、自分では使うつもりのないものでなければならない。自分で直接所持していることから生ずる直接的な価値は、自分がそれを用いるということ、つまり、それを消費することである。しかし、経済的過程において、我々が取引する対象は、本人には直接価値をもたないものである。こうして、我々は普遍的な類いの過程を作り上げる。この普遍性が依存している事実は、各自が自分では使うつもりのない物を市場に供するということである。各自は、こうした物を、貨幣という抽象物によって提示する。貨幣という抽象物は、自分で何か別の物を入手しうるための手段である。このような〔自己によって他を表現する〕消極的価値こそが普遍性を生み出す。というのも、貨幣のこうした性質ゆえに、貨幣と引き替えに使用可能な何かを入手しうる人がいるかぎり、貨幣は誰の手にでも流通するからである。

未開のコミュニティの内部においては、誰もが他の誰かと結びついている。こういうところでは、余剰物それ自体には意味がない。物は一定の慣習にしたがって分配される。誰もが余剰物を共有する。このような条件の下では、富というものはまったく存在しない。職人に与えられる何らかの報酬はある。しかし、こういった報酬がとる形態は、不要なものと引き替えに、どんな入り用の品に対しても支払い可能となる形態ではない。それゆえ、交換手段の創出は、何か高度に抽象的なものである。それは、個人が自分自身を相手側の立場に置いてみる能力に依存するのであって、この能力を通じて知ることができるのは、相手側が必要としているのは自分に不要なものであり、自分に不要なものは他の誰かが必要としているものであるということである。この全過程が依存しているのは、一方の自我と他方の自我との同一化である。とはいっても、言語を構成する諸々の身振りの体系の中でコミュニケーションを交わすことをとおして、相手側の立場に自らの自我を置いてみる能力がないかぎり、生物間においても、このような同一化は生じえない。こうして、ここには、〔交換手段としての貨幣とコミュニケーション手段としての言語という〕二つの局面があるわけで、この局面において、普遍的社会は高度に抽象的な社会であるにもかかわらず、現実に存在しているのである。私がこれまで提示してきたのは、心理学的観点からみた、こうした普遍的社会がもつ意味合いと自己完成傾向である。コミュニケーション手段の発達なしに、財を市場に提供する過程は完成しえない。こうした過程が表現される言語は、貨幣という言語である。経済的技術、ならびに、その遂行過程に必要な言語を、ますます多く開発することによって、経済的過程は、人々を一層密接に結びつける傾向を首尾よく促進しつづける。

同じことは、幾分違った意味ではあるが、普遍的宗教の観点からみてもあてはまる。普遍的宗教は、コミュニティという点において、その本質が明らかになる傾向がある。というのも、普遍的宗教は、コミュニティ内の宗教儀式と一体化するからである。だが、普遍的宗教は、布教活動において伝道者の姿をとることで、コミュニティという限界を超えていく。宗教は、イスラム教のように、比較的未発達な種類のものもあれば、仏教やキリスト教のように、比較的複雑な形態のものもある。しかし、宗教が必ず試みるのは、他の人々の魂を救済し、他者たちを支援し手助けするという構え〔態度〕に関わる様々な関係をすべて揃えようとすることである。宗教が育成する伝道師は、医者でもあり、職人でもあり、さらにいえば、まさに宗教的構えに必然的にともなう事態に対して愛着をいだかせるような諸々の過程を、コミュニティ内において、作り上げる人々である。こうした事態は、まずもって、ヨーロッパの様々な修道院においてみられる。そこでは、修道士たちは職人たろうとしたのである。修道院が示しているのは、宗教が自前ですべてを揃えようとする傾向であり、元々抽象的な形で存在していたコミュニティを完成させる傾向である。以上述べた状況こそ、これまで展開してきたような自我論についての貴重な解釈上の貢献の一つとして私が提示したかった状況である。

第39章 対立と統合

これまで強調してきたのは、社会過程の持続的統合性、ならびに、この過程の土台でありつつ、この過程を可能にしている自我の心理学である。ここで、対立と分裂という要因について一言述べておきたい。野球の試合においては、個人個人が脚光を浴びることを望んで競い合っている。しかし、その成果は、試合を行うことでしか得られない。こうした諸条件こそが、ある一定の行為を必要とする。だが、こうした条件内部では、嫉妬心から競い合っている個人個人がいるわけで、自分のチームを台無しにしかねない。チームに不可欠の組織には、組織を解体しかねない機会が山ほどあるように思われる。このことは、経済的過程において、一層あてはまる。分配、市場、交換手段がなければならないのだが、この領域の内部では、あらゆる種類の競争と組織解体が起こりうる。いかなる場合であっても、「me」がいるだけでなく、「I」もいるからである。

一般的にいって、歴史上の様々な対立の端緒は、社会的に高度に組織化されたコミュニティである。このような対立は、関係集団に対して敵対的構えがある場合、様々な集団の間で発生するにちがいない。だが、このような対立の場合であっても、結果として生ずるのは、通常、当初争い合っていた組織よりも広範な社会組織の出現である。たとえば、氏族に対抗して部族が出現するといった具合である。部族は、氏族よりも広範囲ではあるが、氏族ほど形の定まってない組織である。だが、それでも、現に存在するわけである。今日我々が直面している状況というのは、このような類いの状況である。国家同士の潜在的敵対に対して、各国家は、たとえば、国際連盟にみられるように、何らかの共同社会を自ら形成しつつあるとみている。

根本的な社会心理学的衝動あるいは行動性向は、あらゆる個人に共有されている。この衝動や行動性向によって、個人個人は、それぞれ結びつきつつ組織だった社会あるいは社会的コミュニティを形成し、また、そこに参加するのであり、さらにいえば、このような社会やコミュニティの土台が構成される。社会的観点からみるなら、このような衝動や行動性向は、主として二つの部類に分かれる。一つは、個人間に社会的協働をもたらすものであり、今一つは、個人間に社会的敵対をもたらすものである。いいかえれば、個人個人の間に、友好的な構えと関係をもたらすものと、敵対的な構えと関係をもたらすものである。今しがた「社会的な」という言葉を用いたが、これは、最広義にして最も厳密な意味でいっている。だが、ごく普通のもっと狭い意味で、つまり、倫理的な意味合いをもった意味でいえば、人間のもつ根本的な心理学的衝動ないし行動性向のうち一方の側（つまり、友好と協働に動機づけられた諸々の個人間において友好と協働を促進する側）は「社会的」であり、あるいは、「社会的」行動様式をもたらす。これに対して、他方の側の衝動と行動性向（敵対的である衝動と性向、あるいは、敵対と対立に動機づけられた個人間において、敵対と対立を促進する衝動と性向）は、「反社会的」であり、あるいは、「反社会的」な行動様式をもたらす。こうしてみると、なるほど、人間のもつ根本的衝動ないし行動性向の中でも後者の部類が「反社会的」であるのは、このような衝動や性向が自ずと人間のあらゆる社会組織を破壊的にしかねない、あるいは、このような衝動や性向しかないと、組織化された人間社会の土台構成が不可能となる、そのかぎりにおいてである。とはいえ、社会的という言葉を最広義にして最も厳密な意味で用い、倫理的な意味合いをもたせないとするなら〔つまり社会につきもの、あるいは、社会構成的という意味でいえば〕、敵対と対立という衝動ないし行動性向は、友好と協働の場合に劣らず、社会的である。どちらも同じく、あらゆる人間に共通であり、あるいは、普遍的にみられる。むしろ、どちらかといえば、友好協働に比して、敵対対立の方が、しかるべき社会的衝動によって、一層容易にかつ直ちに発生する。友好協働的な衝動や行為性向と結びついたり融合したり、さらには、ある意味で、これにコントロールされるように、敵対対立の衝動や行為性向は、友好協働的な場合に劣らぬほど、人間の社会的組織すべてにとって基盤なのであって、社会組織それ自体において、また、その一般的特性を確定する上で、必要にして重要な役割を担っている。いかなる人間社会あるいは社会的コミュニティにも、たとえば、現代の国家や国民〔社会〕においても、組織や組織化された活動があるわけだが、ここにおいて、自己防衛ならびに自己保存という衝動ないし構えが果たしている機能や、その発現形態や作用様式を、今述べたような人間の衝動ないし構えのうち「敵対的な」ものの中から、例をとって考察してみよう。人間個人個人が自分自身をまさしく自分として認識しあるいは自覚するようになるとき、「敵対的」にして自己防衛的ならびに自己保存的という二つの衝動と結びつきつつ関連している社会的構えによる方が（あるいは、こうした社会的構えにおいて発現する自己防衛的、自己保存的という二つ衝動による方が）、こうした構え以外のいかなるものによる場合に比べて、または、この構えによって発現するいかなる行動性向による場合に比べて、はるかに容易にかつ即座に認識され自覚される。国家ないしは国民〔社会〕という社会組織の内部においては、敵対的にして自己防衛的、敵対的にして自己保存的という二つの衝動がもつ「反社会的」影響は、社会組織の一側面たる法体系によって抑制され、また、コントロールされる。これらの二つの衝動はまた、国家や国民〔社会〕という社会組織の今一つの側面たる経済体制が作用する際の根本的原理を構成するようになる。人間のもつ「友好的な」衝動は、このような社会組織に関わる諸個人間の社会的協働をもたらす衝動であるが、敵対的衝動の方も、この友好的衝動と結びつき融合し、さらには、友好的衝動によって〔再〕編成される。そのことによって、敵対的衝動は個人間に軋轢と敵意を生み出さずに済む。友好的衝動とのこうした結びつきがなければ、軋轢と敵意は、敵対的衝動のごく自然的な帰結であり、必然的に、国家という社会組織の存続と繁栄にとって有害なものとなる。こうしてみると、敵対的衝動も、統合的要素として、国家という社会組織の土台の一部になるわけであり、敵対的衝動は、国家という社会組織がさらに発達する際の根本的で衝動的な力として用いられ、あるいは、こうした社会組織の関係構造の内部において、社会的進歩の土台として役立つのである。通常、国家という社会組織内で敵対的衝動が最も明確で具体的な発現形態をとって現れるのは、対立関係と優劣競争という構えにおいてである。さらに敵対的衝動が生み出すこうした構えの在処は、国家ないし国民〔社会〕という社会組織内であり、また、個人からなる下位集団のうちでも社会的に機能の異なる様々な下位集団においてである。しかも、この下位集団は、国家という社会組織そのものによって（特に経済面で）規定されるような下位集団である。さらにいえば、敵対的構えは、国家という社会組織によって前提された明確な社会的目的あるいは目標に仕え、そして、国家という社会組織内において機能上必要な社会的活動の動機を構成するのである。だが、自己防衛的かつ自己維持的な人間衝動はまた、国家という社会組織のうちにも、間接的に発現しあるいは顕現する。それは、まずもって、人間のもつ「友好的な」衝動と結びつくことをとおして、この自己防衛的自己維持的な衝動が国家という社会組織の内部において、この社会組織を主として構成する理念や原理や動機のうちの一つを生み出すことによる。いいかえると、個人の人生の途上において、国家が個人に対して社会的保護を提供し、社会的支援を行うことによる。さらにいえば、国家という社会組織の目的のために、人間のもつ「友好的な」衝動の有効性を高めることによる。この場合、友好的衝動には、ある意識と認識がともなう。それは、個人に対して社会的な保護と支援を国家組織によって供与することは可能でありかつ望ましいというものである。これに加えて、国家ないし国民〔社会〕が全体として、その個々成員すべてに対する共通の危険に直面しているような特殊な状況においても、自己防衛的自己維持的な衝動は、個々の成員同士の間において、人間のもつ「友好的な」衝動と融合していく。その様式は、組織化された社会的団結と協働的な社会的相互関係という感覚を、国家が成員間において強化し発揚するという形をとる。このような状況下にあっては、自己防衛的自己維持的な衝動は、国家ないし国民〔社会〕という社会的組織内部における分裂や解体を促す力となるどころか、間接的にではあれ、かえって、このような組織内の社会的な統一性や調和や協調性を増大させる原理となる。たとえば、戦時において、国家の個々の成員すべてのうちにある自己防衛的衝動のそれぞれは、団結しつつ、共通の敵に向けられ、その間は、自分たち成員同士に向けられることはなくなる。つまり、対立関係や敵対的競争という構えは、国家内にあっては、通常、敵対的衝動によって、個々の成員からなる比較的小さな様々な社会的機能集団の間に生み出されるが、一時的にではあれ、克服される。こうした小集団間に通常みられる社会的障壁も同じように取り除かれる。目の前にある共通の危機に対して、国家は統一戦線を張り、個々の成員すべてが有するそれぞれの意識によって形成され、また、その中に反映される共通の目的によって、一つの統一体と融合する。愛国心に対する国民的アピールの一般的有効性の土台の主たるものは、国家ないし国民〔社会〕の個々の成員すべてのうちにある自己防衛的衝動が戦時において姿を表す形態に基づいているのである。

加えていえば、自身の生存あるいは維持存続が自らの所属社会集団の他の成員に依存していることを個々の自我が感じているとき、確実にいえることは、そうした社会的状況においては、当の集団内の他の成員に対する優越感を自身の側でもつことなど、自身の生存あるいは維持存続にとってまったく必要としないということである。しかし、この人が、当面ではあれ、他者の個人的自我と自分との社会的関係を一つの統一的な共通パターンのうちに統合できないのであれば（つまり、当人の所属する組織化された社会あるいは社会的コミュニティにおける行動パターン、いいかえれば、自分が自身の自我構造のうちに反映させ、かつ、この自我構造を構成する社会的行動パターンのうちに統合できないのであれば）、このような社会的状況下にあっては、一時的ではあれ（つまり、この人が他の個人の自我と自分との社会的関係を統合できるようになるまで）、この個人の側には、自ら所属する組織化された社会あるいは社会的コミュニティに対する敵対的構え、「潜在的対立」という構えが生ずることになる。この間、当の個人の自我は、自らを鼓舞し、そのように高見に立った自分を「維持し続ける」ために、社会ないし社会的コミュニティに対する、あるいは、その個々の成員に対する自身の優越感を「呼び起こし」あるいは、この優越感に頼り切るにちがいない。最大限に贔屓目な自分を自らに示そうとするのが我々のつねである。とはいえ、我々はみな何とか自分を維持する存在である以上、自分を維持し続けなければならないのであれば、このように、贔屓目な自分を自らに示さなければならない。

高度に発達し組織化された人間社会においては、個々の成員同士の相互の結びつきは、複合的で錯綜した様々な様式が重なり合う形をとっており、そのことによって、各成員はみな、数多くの共通の社会的利益――つまり社会に対する、また、その改善のための利益――を共有する。しかし、他方で、このような共通利益とは別に、自分だけが関わる利益や、ごく限られた小集団においてのみ共有される利益が数多くあるため、各成員は、こうした利益に関して多かれ少なかれ対立し合っている。高度に発達し組織化された社会における様々な個人間の対立は、単にそれぞれの個人がもつ自然的な衝動をめぐる対立にとどまらない。この対立は、さらに、各個人それぞれの自我ないしパーソナリティをめぐる対立でもある。各自の自我には、自らにとっての明確な社会構造、つまり、高度に複雑化し組織化され統一された社会構造があり、また、社会のもつ様々な側面ないし局面が数多くあり、自我を構成する社会的構えの数多くの様々な組み合わせがある。それゆえ、このような社会において、対立は様々な個人の自我間で生ずるのみならず、同一個人の自我のうち様々な側面ないし局面の間で生ずる（同一自我内の各側面間の対立が、精神病理的状態にいたるほど極端にまた極度に進むと、多重人格症状をもたらす対立になる）。個々の対立のこうした二つのタイプのうち、どちらの対立も、特定の社会状況を再編することによって、また、社会関係の一定の枠組みを修正することによって、解決され終結する。こうした過程にあって、再編や修正は、人間の一般的な社会的生活過程において出現しまた発生する――既に述べたように、このような再編や修正は、自らの経験において、また、自らの自我間において対立を抱え込んでいる各個人の精神によって遂行されるのである。

精神というのは、建設的、反省的、あるいは問題解決的思考としてみれば、社会的に獲得された手段であり、メカニズムであり、あるいは装置である。こういった装置によって、個人は、対環境的適応に関する様々な問題を解決する。このような問題は個人の経験途上において立ちはだかるように生じ、そのため、自らの行動様式をうまい具合に推し進めることができなくなり、したがって、この状態は、問題処理が完了するまで続く。さらに、精神ないし思考はまた、人間社会の個々の成員に備わっているかぎり、こうした個人によって社会再編がもたらされ達成される際の手段でもあり、メカニズムでもあり、あるいは装置でもある。というのも、個々の成員が精神あるいは思考能力をもっているからこそ、個人個人は、自ら所属する社会の組織化された社会構造にまで、いわば、批判的に立ち返ることができるからである（しかも、そもそもの自分たちの精神の由来となっている関係というのは、自分たちの社会に対する関係である）、さらにいえば、時折みられる社会進化上の緊急事態の場合のように、その要請にしたがって、社会構造を、多かれ少なかれ、組織し直し再編しあるいは修正することができるからである。いやしくもこうした社会再編が広範囲に及びうるとすれば、いかなる再編であれ、その前提になるのは共通の社会的利益関心という基盤であり、これは、再編が生ずる一定の人間社会を構成する個人個人すべてによって共有されるものである。今、共有といったが、それは、いいかえれば、個人個人が利益関心を共有するとき、そのすべての個人は、自らの精神でもってこの再編に参加しているにちがいないし、あるいは、自らの精神によってこの再編を引き起こすということなのである。こうした社会再編は、これに関与している個人個人のもつ精神によって実際に生み出される。そして、その際の様式は、これらの個人個人が属している当の社会が再編を経験しているとき、多かれ少なかれ抽象的な知性に基づいてこの社会の境界を拡大するという形をとる。すなわち、知性によるこうした境界拡大は、これまでの所属社会よりも広範な社会的総体〔という観念〕を生み出し、そのことで、当の社会の再編を必然的にともなわざるをえないような社会的対立も調和するようになり、あるいは、調停されるのであり、したがってまた、この社会的総体性〔観念〕を参照することによって、こうした社会

的対立の解決あるいは排除が可能となるのである。◆19

我々が関与している社会的秩序の中で我々が変革を遂行するとき、そこに必ずともなうのは、我々自身における変革を我々が遂行するということである。組織化された一定の人間社会にあって、個々の成員間で社会的対立が生じたとして、これを取り除こうとする場合、こうした個人による意識的なあるいは知性に基づいた、当の社会の再編や修正が必要となる。これと同じように必要となるのは、こうした個人によって、自分たちの自我や人格を、意識的にまた知性に基づいて再編し修正することである。こうしてみると、社会再編と自我再編ないし人格再編との間の関係は、相互関係的であり内在的であり、あるいは有機的である。組織化された人間社会を、個々の成員が社会的に再編するとき、そこには、何らかの程度で、個人一人一人による自我再編ないし人格再編がともなうのであり、かつ、その逆もまた成り立つ。というのも、こうした個人の自我や人格が、諸個人相互間の有機的社会的な関係によって構成される以上、自我や人格が再編されれば、何らかの程度で、当の社会的秩序も必ずや再編されるからである。その際、この社会的秩序もまた、各個人相互間の有機的社会的関係によって構成されているのは、もちろんのことである。どちらのタイプの再編にも関わっているのは、個人個人の間で成立する組織化された社会関係という同じ根本的な素材である。こうした素材は、それぞれの場合で、異なった仕方で、あるいは、異なった視角や見解から、処理されているにすぎない。要するに、社会再編も、自我再編あるいは人格再編も、単一過程――つまり人間の社会的進化という過程――の二つの側面なのである。人間社会の進歩にともなうのは、社会に起源を有する自己意識メカニズムを個人個人が用いることであり、このメカニズムは、そうした進歩的な方向で社会変化が生ずる場合においても用いられるし、社会再編と同時進行する仕方で、個人個人の自我や人格が発達する場合においても用いられる。

様々な社会は、究極的にも根本的にも、組織の複雑性という点で発達していくが、これは、社会を構成する個人個人の間で成立する機能的分化と〔社会〕行動上の分化を、ますます多様な形で次第に達成することによってのみ可能である。個々の成員間において機能的分化や行動上の分化が生ずる場合、その意味するところは、あるいは、そこに前提されているのは、成員間における個々のニーズと目的が当初は対立しているということである。だが、社会的組織の観点からみれば、この対立は、機能的行動的分化へ、あるいは、個々の行動の社会的機能面での単なる専門分化へと、これまで変換されてきたし、今でも変換されている。

人間のもつ社会的な理念――人間の社会的進歩における理念ないし究極の目標――は、普遍的な人間社会の達成である。こうした普遍的社会において、あらゆる個人は、完成された社会的知性をもつことになるだろうし、その有り様はといえば、あらゆる社会的意味の一つ一つが、個々のそれぞれの意識のうちに、同じように反映されるだろう。さらにいえば、いかなる個人であれ、その人の行為や身振りのもつ意味は（自身に対して、また、共通の社会的目的や目標に対して他の個人が示す社会的構えを遂行する能力をとおして、その個人によって認識され、個人の自我構造において表現されるのであり）、そうした意味に反応する他のいかなる個人にとっても、同じものとなるだろう。

　個人個人は社会的な生活過程に自ら関与しているわけだが、こうした生活過程が一定の形で組織化されている場合、個人個人は相互に連動しつつ互いに依存し合っている。こうした相互関係は、人間の社会的進化が進行していくにつれて、ますます複雑にかつ密接に編み上げられ、高度に組織化されつつある。たとえば、中世の封建制度の文明と、現代における国単位の文明とを比べてみるなら、社会組織のつながり具合は、一方では、相対的に緩やかなままで、統合されていないのに対して、他方では、相対的に緊密で統合されており（しかも国際的文明という形にまで発達していく傾向もある）。これらの比較対照が示しているのは、人間社会組織の持続的進化であり、その進化の方向は、社会的組織を構成し、かつ、そこに関与している個人間で持続する相互依存的社会関係のすべてが、ますます密接につながり合いつつも統合と統一へと向かって行くことである。

◆19　自己意識がもつ反省的特質によって、個人は、総体としての自己に、思いを凝らすことができる。自分自身に対して他の諸個人が示す、したがってまた、一般化された他者が示す社会的構えを、個人は遂行する能力をもっている。こうした能力によって、個人は、自分の属する当の組織化された社会内において、自身を、一つの客観的総体として、自身の経験的視野のうちに収めることができる。このようにして、個人は、自らの自我が有する様々な局面を意識的に統合し統一することができるのであり、そのことで、首尾一貫し調和のとれた有機的な人格を形成する。さらにいえば、自身の社会的環境に対して適応しなければならないような緊急事態が生じ、社会再編が要請されるときにはいつでも、当の社会的実序に対する自我の関係という観点から、個人は、こうした同じ手段を通じて、自我ないし人格の知性に基づく再編を試み、かつ達成することができるのである。

第40章 社会組織における人格と理性の機能

世襲制君主国においては、同一国家内の人々の結びつきは相互に切り離されているため、共通の君主の臣下であることによってしか、人々は互いに一体感を抱けない。それゆえ、ある社会が君主国を中心に組織化されている場合、臣下の君主に対する関係は、もちろん、極めて重要となる。君主制を中心にした共同社会が作り上げられ維持されるのは、唯一このような関係をとおしてのみである。こうした状況は、メソポタミアにおける様々な古代帝国においてみられる。そこにおいて、異なる言語と異なる慣習をもつ人々が結びついていたのは、偉大な王たちをとおしてのみであった。このような状況によってもたらされるのは、親族形成という最も密接な過程である。このタイプの社会が組織だったまとまりをもつのは、国王の権威の及ぶかぎりにおいてであり、さらに、このように王との関係という共通の基盤が拡大するかぎりにおいてである。

国王との関係を除けば、人々は離れればなれに広範囲に広がっていた。この事実のうちに、封建領主制に比して国王の有する重要性がある。以前であれば、諸々の封建領主共同体間の相互敵対関係を除いて、人々の間には相互に何の結びつきもなかったのに対して、国王は普遍的形態において人々を象徴したのである。そこで築かれるのは、人格的関係つまり地位の関係であり、これは共同体内部においては重要なものである。もちろん、この関係は君主に対する臣下の関係である。この関係にともなうのは、身分上の劣位の承認であるが、しかし、このような秩序が可能にする共同体全般に対する意義ゆえに、進んで受け入れられるのである。個人の所属する共同体は、個人と国王との関係において象徴される。立憲君主制においてさえ、君主は、共同体を団結させるようにふるまう。国王との関係という感情をとおして得られるのは、かろうじて団結し合う共同体同士の巨大な寄り集まりに対する一つの感情である。このようにして、ある身分状況が、広範囲で巨大な共同社会を可能にする。統治者と臣下との間の人格的関係をとおして、一つの共同社会を作り上げることが可能となるのであって、このような人格関係なしには、そもそも、こうした共同社会を作ることは不可能である。この事実こそが、国家の発達において極めて重要な役割を演じてきたのである。

このような状況は、ローマ帝国において、いかにして現れたのか、これをみておくのは興味深いことである。そこでは、皇帝の臣下たちに対する関係は、絶対的権力を有する関係であったのだが、この関係は法律用語によって定義されており、こうした用語は、ローマ法体系内の様々な定義を、皇帝とその臣下との関係のうちに持ち込んだ。しかし、こうした法規定は、極めて抽象的な関係を構成していたため、共同社会の要求を満たすことはできなかった。このような状況下での皇帝の神格化は、法よりも一層人格的な何らかの関係を築く必要性を表していた。共同体成員のうちローマ人が皇帝に犠牲を捧げる場合、自分自身の一切を皇帝との人格的関係のうちに捧げていたのである。こうした事態ゆえに、個人も、自分と共同体内の全成員との結びつきを感じることができた。もちろん、このような状況下における神格化という考えを、キリスト教において発達した考えと〔単純に〕比較することはできない。しかし、人格的結びつきを打ち立てるということこそが、ある意味で、ローマ法の発達過程に関与していた純粋に法的な諸関係を超えることになったのである。

社会組織において、こうした人格が果たす役割は、よく知られたところである。我々は、これを、リーダーシップという言葉で、あるいは、「人格」という曖昧な言葉で表現する。事業所従業員が優れた経営者によって組織化されているところでは、こうした経営者の人格が一翼を担っていると我々は考える。事業所内でのある人の行いが、多かれ少なかれ、経営者から、叱責を受けることへの恐怖心、称賛を受ける願望に依存しているのであれば、この場合、自我同士の人格的関係という要素は、実際の社会組織において、かなり重要な役割、おそらくは主要な役割を果たしている。これは、もちろん、子供の両親に対する関係においても主要な役割を果たしている。これは両親同士の相互関係においてもみられる。政治組織においても、指導者が自らの人格で熱烈な反応を引き起こすため、人格関係は一役買っている。人格によってつながれている自我同士のこうした関係は、社会組織において重要性を担っているが、このような事例を増やす必要はあるまい。

だが、これまでみてきたような人格関係に基づいた組織と、いわゆる理性的基盤に基づく組織との違いを認識しておくことは重要である。人々が集まって企業を設立し、有能な経営者を探し求めて、知性や教育や過去の経験の観点から、その候補者について議論し、最終的に、ある個人に決めたとする。この場合、設立メンバーたちは専門的な経営管理をこの経営者に委ねるが、いかなる経営方針にすべきかの決定については、株主に任命された企業の取締役たちが行う。ここで生ずる状況は、この特殊な団体組織にとって先にみた人格的関係は必要不可欠なものではないというものである。必要とされる経営管理を与えるにあたって、この役員たちが頼りにしているのは、選任された経営者の能力であり、企業に関与している者全員の利益関心である。他の成員たちの遂行すべき役割を認識する際に、また、自分の役割を遂行する各自の側からみて組織全体がうまく運営されるために必要なことを知る際には、このような状況下で人々が知性に基づいてふるまえる度合い次第で、人々はまとまることになる。こうした人々は経営管理機能を遂行する専門家を求めることになろう。

政府が経営管理的形態をとるのも、組織の明白な発展の一例なのであって、その発展は、政治的指導者たちに対する人格的関係に相当程度依存する組織、あるいは、政権担当者に対して各政党側が示す心酔傾向に依存する組織から、あくまで共同社会内における政府の責務に依拠するような種類の合理的組織へという発展である。もし、我々が政府の機能を十分明確にし、また、共同社会のかなりの人々が政府に対する自分たちの要望に十分気づくことができ、共同社会が直面している公共的問題や公共事業等々を十分理解しうるのであれば、その結果として、共同社会の成員たちが語りうるのは、「我々はまさしくしかじかの政府を望んでいる、我々が求めているのは、そうした望ましい結果を我々にもたらすことのできる人である」といったことだろう。そうなれば、これこそ、政府の機能とは何の関係もない人格的要素すべてを排除した合理的な処理方法であるといってよかろう。こうした合理的処理があれば、政党による運営のためにかえって共同社会自体が抱え込んでいる困難を回避することにもなろう。政府が政党によって運営される場合、政党は多かれ少なかれ人格的関係に基づいて組織化されざるをえない。ある人が自分の選挙区の優れた組織者となるなら、こうした人に求められるのは、有権者(とりわけ権力をとおして利益を得たがる人々)につけ込む人物であり、選挙民の人格的関係を呼び起こし、「忠誠心」として知られている事柄を喚起する人物である。政党組織によるかぎり、こうした状況は必然的に生ずるのであって、政党組織に基づいて運営される政府は、このような条件を排除することもできないし、合理化することもできない。例外があるとすれば、国全体が何らかの特定の問題に直面し危機に陥っている場合だけである。

一方で、政府による達成事項として共同社会が何を望むかに基づいている組織、他方で、人格的関係の観点からなされる行政指導、この両者の境界線を指摘しておきたい。我々は、ある意味、人格的関係への依存を過去から継承している。こうした関係は、今日の我々のデモクラシーにとって、今なお必要不可欠なものである。今日においても、政治政党に関わる人格的関係に頼らなければ、政府を運営するのに十分な関心を得ることはできないだろう。しかし、今述べたような組織の二つの原理を区別することは興味深いものと思われる。政府が経営管理形態をとるかぎり、注目に値するのは、この形態が生じたならば、いかなる共同社会もこれを断念することはほとんどなかったということである。このことが例証しているのは、ある状況が生じて、共同社会組織の土台としての人格的関係を超えてしまったということである。だが、一般的にいいうるのは、我々の時代、社会における様々なデモクラティックな組織は、共同社会を運営する上で、とりわけ、政府を運営する上で、今なお人格的関係に依存しているということである。

こうした人格的関係は、また、共同社会自体を組織立ててまとめあげる上でも、非常に重要である。機能的観点からみれば、こういった人格的関係というのは幾分劣化したものとみえるかもしれない。そのため、我々は人格的関係をことさらに隠し立てしようとする。人格的関係は、他人に対する何らかの優越感によって自分の自我を自覚する一手法とみなされるかもしれない。こうした局面の起源となる状況は、たとえば、誰かと争うことになり自分の勝利が明らかになると自慢するような場合である。比較的些細な問題において、こうした優越感をもつのは、非常にしばしばみられる。何しろ我々は瑣末なことにおいて自分に固執することもできる。こうした次第で、我々は、わずかながらも自分は優位に立っていると感ずるわけである。ある時点で自分が打ち負かされたとなると、逃げ口上にするのは、他の人に比べれば我々の方がまだましだという思い込みである。いわゆる自尊心に対しては、どんな人も、こうした小さな拠り所をみつけることができる。このような現象の重要性は、集団間関係において現れる。集団との一体感を抱く個人は、人格が拡大したような感覚をもつ。そういうわけで、このような満足感が得られるために求められる条件というのは、一致団結した集団が他集団に対して優越感を抱くような状況すべての土台となるような条件ということになる。このような土台に基づいてこそ、戦争は遂行される。憎しみの起源となっているのは、コミュニティが他のコミュニティに対して抱く優越感である。優越性の土台がかくも些細なものである可能性を見て取ることは興味深い。たとえば、海外旅行から帰ってくるアメリカ人がいっしょに持って帰る感覚は、はっきりいってアメリカのホテルの方がずっとましだというものかもしれない。

自我に付随する様々な価値も、我々が議論している社会的組織の二形態のうち、どちらで現れるかに応じて、著しく異なる形態がみられる。一方の場合、他者に対する優越性あるいは他集団に対する優越性に帰着する人格的関係の中で、自分自身を実感する。他方の場合、知性に基づいて何らかの社会的機能を遂行することに立ち返り、そうした状況下における自分の遂行課題を想起する中で、自分自身を実感する。おそらく、どちらの場合でも、ひたむきな情熱があるといってよかろう。しかし、実際に感じられる価値では、違いのあることがわかる。第一の場合、実際に感じられる価値が、直接的であれ間接的であれ、依存しているのは、自分自身の、ある意味昇華された優越感の観点からみた自意識である。しかし、自分よりも優れた他者に一体感を抱くことをとおして、優越性についての直接的感覚に立ち返ることになる。第二の場合、自我の重要性は、いってみれば、社会的役割を遂行する感覚をとおして得られる、いいかえれば、共同社会を司る者として自分の義務を全うすることをとおして、また、なすべきことを見出しそれを今すぐ実行することをとおして得られるわけである。こうした仕方で自分自身を実感する場合、課題を遂行する上で、自分よりも劣った他人がいる必要はない。他の人にも自分の役割を果たしてもらうのを望むまでである。自らの仕事を全うしなかった隣人よりも自分の方が優れていると感ずる人もいるかもしれないが、しかし、そういう人でも、その隣人が仕事をしなかったという事実そのものを惜しむ。この場合、人は他者に対する自分の優越感をとおして自分自身を実感するのではなく、多かれ少なかれ共通の役割を遂行する上で必要な相互関係の中で自身を実感するのである。

こうした二種類の価値の間の違いこそ、私が注意を喚起したい点である。もちろん、最初に述べた価値よりも二番目に述べた価値の方が優れているという認識に注目しておきたいわけである。直接的な人格的関係に基づいた共同社会の重要性を無視することはできない。というのも、人格的関係というのは、巨大な共同社会を組織立ててまとめあげる上で、大いに力があったからであり、そもそも、人格的関係なしに、巨大な共同社会組織の出現は不可能だったからである。人格的関係は、一致団結にあたって何の基盤ももたない人々に対して、共通の土台を与える。人格的関係は、偉大な普遍的宗教における理想的な共同社会にとっての土台となるのである。対立をとおして自身を実感するような場合、優劣関係が情動領域に直接関わる場合、このような人格的関係に絶えず立ち返るのが我々のつねである。我々は様々な仕方で人格的関係を頼りにしているのであって、進取の気性のある人が困難な状況に飛び込み、人々に働きかけて各自の仕事に専念させる場合のように、たとえ高度に合理化された組織においてであろうと、事に変わりはない。しかし、我々がつねに理解しているのは、優劣関係が関与しているような直接的な人格関係に依存している自己感覚に比べて、共同社会内の役割を達成することをとおして得られる自己感覚の方が、自己意識形態としては効果的な形態であり、かつ、様々な理由からみて、一層高度な形態であるということである。

ここで、今日におけるヨーロッパの状況を考えてみよう。様々な国家共同社会の側からみれば、ある明確な欲望がある。それは、全国家を含んだ共同社会を合理的に組織化することで団結しようというものである。とはいえ、国民的自己意識を維持する手段としては、敵対感というものがあるのであって、これを手放してしまうという欲望はまったくない。それぞれの国家は、こうした自己意識を維持しなければならない。ばらばらになって消滅するわけにはいかないのである。こうした国民的自己意識を手にすることは、古代の帝国建設の場合にみられるように、〔合理的な共同社会形成のための、まずもって〕明確な一歩を歩むことであった。〔国際連盟諸機関の所在地〕ジュネーヴに集結している様々な国民的共同社会同士の場合、自己意識によって一つの共同社会をまとめあげることができるのであれば、こうした自己意識を断念するよりもむしろ、一蓮托生の道を望むことだろう。ジュネーヴは〔国際連盟の諸機関の所在地としてみれば〕、様々な共同社会が一つの機能的関係において集結し、お互い拳を振り上げることなく、国民的自我を認識しうる一つの舞台であり、あるいは、そういう舞台であってしかるべきである。他のいかなる方法によっても自我を認識できないのであれば、国際連盟型で自我を認識する方がよかろう。自我を認識することは必要不可欠なのであり、そうでありながらも、闘いをとおして自我を認識しなければならないのだとすれば、闘いの脅威を最小限にする方がよかろう。しかし、一つの社会的機能を知性に基づいて遂行することで自我を認識することは、依然として、個人の場合と同様、国家の場合であっても、高次の段階なのである。

第41章 理想社会の発達にとっての障害と展望

これまで、経験の側から自我を示してきた。自我は協働的活動をとおして出現し、自己と他者たちとの同一の反応を通じて可能となる。個人が自身の性向のうちに、このように自己と他者たちとによって同一のものとしてまとめあげられた様々な反応を喚起することができ、したがって、自身に対して相手側の示す構えをとることができるかぎりにおいて、個人は自己意識を、つまり、有機体の自身に対する反応を発達させることができるわけである。他方で、我々が確認してきたのは、こうした自己意識発達過程における必要不可欠な一つの契機である。それは、組織化された集団、いいかえれば、すべての人に共通のもの、あるいは、「me」と呼ばれるもの、これらをうちに含む相手側の反応に対して個人の側が示す反応である。もし、個人個人の相互の違いが著しいために、お互いを同一のものとみなせないのであれば、つまり、共通の土台がないのであれば、お互いの側に現れる全体的自我などというものは存在しない。

こうした著しい違いは、たとえば、幼児と、幼児が一員として加わる人間社会との間にある。幼児は成人の全体的な自己意識をもつことはできない。大人にしても、子供の構えに感情移入することは、控えめにいっても困難である。しかし、それは不可能なわけではない。近代教育を我々が発展させるかどうかは、成人が自分と子供との共通の基盤を見出しうる可能性にかかっている。子供が扱われている文献を遡ってみると、一六世紀、一七世紀においても、さらには一八世紀においてさえ、子供は小さな大人として扱われているのがわかる。教育訓練のみならず道徳の観点から、子供に対してとられる構えの総体をみるなら、子供とは、幾分欠陥のある大人であり、それ相応の適切な構えをとれるようにするために、訓練を受けなければならない大人である。子供が学ぶべき事柄は、あくまで、大人が用いる知識の形で、子供に提供しなければならなかった。一九世紀になってはじめて、子供の教育に関心をもつ人々の側からの明確な試みとして、子供の経験の中に入り込んで、その経験を可能なかぎり丁寧に注視するようになったのである。

カースト制度を基盤として打ち立てられた社会においてさえ、人々の間で共通の何らかの構えというものはある。しかし、こうした構えの数は非常に限られており、そうであるがゆえに、共通の構えは自我の十全な発達の可能性を摘み取ってしまう。このような状況下において十全な自我を手に入れるために必要なことは、カースト制度をやめることである。中世の時代には、社会には、はっきりとした排他的身分制組織があり、農奴、領主、聖職上の区別をともなっていた。中世が表している状況は、宗教上のコミュニティ内の成員資格を獲得するために、個人は、身分制的に秩序づけられた社会から離脱しなければならないというものだった。以上が、少なくとも、修道院生活ならびに禁欲主義の部分的な説明である。同じことは、他のコミュニティにおける聖職者の台頭にも現れている。これらの聖職者たちは、身分制的社会秩序から離脱し、さらには、様々な身分が調停され、あるいは、そもそもこのような身分のないような類いの社会に戻っていくのである。デモクラティックな共同社会の発達が意味するのは、個人の人格にとって必要不可欠なものとなってしまっているような排他的身分制を廃止することである。個人とは、他集団に対置された特定の身分ないし集団内にいるときの自分のことではない。個人をその人たらしめる特質とは、その人を他者から分け隔てるのではなく他者と結びつけるような機能的分化における特質のことである。[20]

古代の戦士階級というカースト上の区別は、当該共同社会からそのメンバーを切り離したものである。彼らの兵士としての特質は、当該共同社会の他のメンバーから彼らを切り離した。兵士の兵士たる所以は、他の成員とは本質的に異なるというものであった。兵士たちの活動は、自分たちを共同社会から切り離した。兵士たちは、守ることになっていた共同社会を犠牲にさえしたのであり、必然的にそうなったのは、兵士たちの活動が本質的に戦闘活動であったということであろう。一九世紀初頭に生じた国防軍の発達にともない、誰もが戦士になりうることになった。そのため、戦闘員となった人であっても、依然として、自分の所属する共同社会の他の成員と一体感を抱くことができたのである。戦闘員は他の人々の考え方をもっていたし、人々の方も、戦闘員の考え方をもっていた。こうして、共同社会内にあって戦闘員とそれ以外の人々との通常の関係は、人々を結びつける関係であり、軍と国家の主力部門とを分離するのではなく統合する関係だったわけである。同じ進展は兵士以外のカーストにもみられる。たとえば支配階級と被支配階級の場合がそうである。そもそも、両者の違いは根本的な区別であって、この違いのため、支配者側にいる個人が被支配者側の人々と一体感を抱くことは不可能となっており、また、被支配者側の人々も自分たちを支配者側個人と一体感を抱くことは不可能となっていたのである。デモクラティックな秩序は、こうした区別を一掃し、すべての人を統治者にして被統治者にすべく試みるわけである。人は、統治者である度合いに応じて被統治者でなければならない。人が権利を行使し保持すべく試みうるのは、他者の側にもそうした権利を承認するかぎりにおいてである。こうして、人は、カースト間の壁を突き抜けていく可能性を有するのである。

いかなる人間社会にあっても、社会の個々の成員の意識のうちに倫理上の観念[21]が現れるが、その源泉は次の事実のうちにある。それは、社会内のあらゆる個人は、例外なく、社会的に相互依存しているという事実であり（あるいは、そうした個人一人一人が、例外なく、全体としての社会に、もしくは、自分以外のすべての人に、社会的に依存しているという事実であり）、かつ、この事実を一人一人が意識し直観し、自覚的に理解しているということである。だが、いかなる人間社会においてであろうと、状況次第ではつねに、個々の成員にとって倫理上の様々な問題〔状況〕というものが生ずる。その状況というのは、人々がそれぞれ自ら進んで適応することも順応することもできない場面に直面している場合であり、自己をはっきり実感することも容易にはできない場面状況であり、あるいは、自分たち自身の行動をすぐに一体化して状況に対処することができない場合である。このように（本質的には、他の個人の利益と行動様式に対して社会的に適応し順応するという）問題に人々が直面した場合、これを解決する際にともなう人々の感情は、他の個人に対する自己優越的感情であり、一時的な敵対感情である。倫理的な理念の発達や構築の場合であれば、我々が属する人間社会において他の個々の成員に対して我々が有する社会的関係は、他の成員たちに対して我々のもつ結束や協働や一体感に基づくであろうが、倫理的な問題〔状況〕ということになると、むしろ、他の成員たちに対する我々の敵対感に基づくことになる。倫理的にふるまうためには、個人はみな、組織化された社会的行動パターンと自らを統合しなければならない。こうした行動パターンは、個人の自我構造において反映され、また把握されており、そのことで、個人は自己意識をもった人格となる。こうした組織化された社会的行動パターンは、個人を、自我として、現にあるとおりの自分にするものである。個人の側のふるまいが、不正で、邪悪で、あるいは罪深い場合、この行動パターンに背くことになる。それはちょうど、その人のふるまいが、正しく、公正で、有徳である場合、このパターンと合致するのと同じことである。そして、この事実こそが、道徳心についての、つまり、「なすべきこと」と「なすべきでないこと」についての深遠かつ倫理的な感情の土台である。我々はみな、一定の社会的状況における自分たちの行動様式について、こうした感情を様々な度合いでもっている。組織化された社会あるいは社会的コミュニティに所属していれば、個々の自我は、そこに依存している感覚を抱く。この感覚こそが、要するに、自分の義務感（一般的にいえば、自分の倫理的意識の感覚）の土台であり起源なのである。倫理的ふるまいも反倫理的ふるまいも、本質的には、社会的観点から明確にすることができる。倫理的ふるまいは、社会的に有用であり、あるいは、社会の安寧をもたらすものである。反倫理的ふるまいは、社会的に有害であり、あるいは、社会の崩壊をもたらすものである。別の観点からみれば、倫理的理念と倫理的問題〔状況〕を考察する際、個人の自我の側面ないし局面に関して、社会的なものと反社会的なものとの間（あるいは、個別個人の人格に依存しないものと個別

◆20　専門化が正常で有用であるかぎり、専門化は特定の社会的関係の数を増大させる。職業上の違い自体はカーストを作り上げるわけではない。カーストは、外部の人間を集団内に取り込むことを通じて生じてきたのである。それはちょうど、動物が人間にとって有用となりうる場合に、財産権という考え方を通じて、動物が人間社会に取り入れられるのと同じことである。集団外の人間に対する敵対心という要素は、カーストの発展にとって必要不可欠である。インドにおけるカーストは征服から生じた。カーストが集団内に取り入れられてしまうと、つねに集団的敵意がともなうことになる。それゆえ、私としては、分化した職業の世襲的継承がカーストを生み出すというクーリー説に同意するわけにはいかない。

　人間同士の関係が特殊化するにつれて、カースト制は崩壊する。……奴隷は、農奴、小作人、職人、市民へと移り変わっていく。これらの段階すべてにおいて、人間関係の数が増大していく。理想的な条件では、カーストの点からみると隔離であるものも、集団の観点からみれば社会的機能になるだろう。……デモクラティックな意識は機能分化によって生み出される（一九一二年）。

◆21　本文に示した倫理的立場については、「倫理学断片」（Supplementary Essay IV, "Fragments on Ethics," in *Mind, Self and Society*）本書第Ⅱ篇・補遺論文Ⅳ〕。

個人の人格的なものとの間)の対立によって考えることができる。自我の社会的局面、あるいは、個別個人の人格に依存しない局面は、自我が所属し自我の存在の拠り所となっている社会集団と自我とを統合する。自我のこうした側面は、当の社会集団内の他の成員に対して個人が有する協働感覚と平等感覚によって特徴づけられる。他方で、自我の反社会的局面、あるいは、個別個人の人格に依存する局面についていえば、これは、自我が属する社会集団の他の成員たちから自我を区別し、あるいは、この成員たちに対する独自にして特有の対立関係に自我を置く(ここで、反社会的とはいったが、この局面も、やはり、自我の個別人格独立的側面と同じく、社会的でもある。その意味するところは、根本的にみれば、反社会的といえども、社会から生まれ社会を起源にしているということであり、かつ、存在条件ということでいえば、他の個人との社会的関係をともなうということである)。ともあれ、自我の反社会的局面は、当の社会集団内の他の成員たちに対して個人が抱く優越感によって特徴づけられる。人間社会の「社会的」局面は――端的にいって、集合的にみた場合の個々の成員すべての自我の社会的局面であり――、こうした個人すべての側には、協働と社会的相互依存性という感情がともなっており、社会における倫理上の理念の発達と存在の土台となっている。これに対して、人間社会の「反社会的」局面の方は――端的にいって、集合的にみた場合の個々の成員すべての自我の反社会的局面であり、こうした個人すべての側には、他の個人の自我に対する自己優越性という感覚がともなっており、社会の倫理上の問題〔状況〕の発生に与っている。もちろん、それぞれの個人の自我におけるこのような二つの基本的局面もまた、同時に、あるいは、同じように、個人自身の経験にあらわれる倫理上の理念の発達と倫理上の問題〔状況〕の発生に与っている。こうした個人自身の経験は、人間社会全体の経験と対照をなしているが、もちろん、個々の成員すべての社会的経験の総和以外の何ものでもない。

自分以外の個々の自我の行動と自分自身の行動とを統合するのは最も容易である、このように個人が考えている場合がある。こうした社会的状況というのは、統合に関与する個人個人すべてが、一定の社会全体内の諸個人から構成される数多くの社会的機能集団(それぞれ、様々に特化した社会的目的と目標の下に組織化された集団)のうち何らかの一集団の成員であるような状況である。こういった集団において、この個人とそれ以外の人々は、それぞれ、この特定集団の成員資格に基づいて行為している。(もちろん、いかなる人間社会であろうと、そこに属している個々の成員はみな、このような様々な機能集団の数々に属してもいるわけである）。他方で、他者たちの行動と自分自身の行動とを統合するのが最も困難であると個人が考える場合もある。こうした社会的状況というのは、この個人とそれ以外の人々が、それぞれ、二つ以上の社会的機能集団の成員として行為している状況である。つまり、それぞれの集団にあって、社会的目的ないし利益が対立し競合しているか、あるいは遠く隔てられている場合である。統合が最も容易な場合の社会的状況の一般的型においては、自分以外の諸個人に対して各個人が示す構えは本質的に社会的である。こうした場合に個人個人が相互に対して示す様々な社会的構えの組み合わせは、ある理念を表している、あるいは、その理念を、程度の差はあれ、十分に実現する傾向をもっている。その理念というのは、そこに関与する人々それぞれの行動を組織化し、一つにまとめあげ、協働化し統合することに関わってくる社会的状況であれば、どんな状況にもあてはまる理念である。いかなる場合であれ、このような社会的状況においては、個人の自己認識は、一定の社会的機能集団内の他のすべての成員に対して自分が有する関係に即して行われるのであり、また、自分の特定の社会的役割の認識は、他のすべての個人のそれぞれの役割との自分の役割との関係に即して行われる。この個人は、他のすべての個人が自分に対して示す社会的役割を担い、あるいは遂行するのであり、自分の行動あるいはふるまい方を他者たちに合わせてコントロールし、そのことによって、自分を当該状況や当該集団と統合するのである。したがって、この場合、こうした他の個人と自分との関係において、競合も敵対もまったくない。これに対して、統合が最も困難な場合の社会的状況の一般的型においては、自分以外の人々に対して個人個人が示す構えは、本質的に反社会的あるいは敵対的である（もっとも、こうした構えも、もちろん、非倫理的意味からいえば、根本的にいって社会的なのであり、社会に由来する）。このような状況は極めて複雑であるため、そのいずれかに関与している様々な個人は、お互いに共通の社会的関係を取り結ぶことはまったくできないし、仮にこうした関係を取り結べたとしても、多大な困難をともなうわけであり、長く複雑な社会的な相互調整過程を経てかろうじて可能となる。というのも、このような状況には、共通の集団もなければ、あらゆる人々に共有されているような社会的利益もないからである。要するに、共通の集団や共通の利益を特徴づけ、関与している全個人の様々な行為を統一し協働化し調和のとれるように相互に関連づけるのに役立つような共通の社会的目的ないし目標、これがないのである。そうした状況においては、むしろ、人々は、様々に相異なり多かれ少なかれ対立し合う社会的利益ないし目的によって動機づけられている。こうした社会的状況の一般的な型としての例をあげれば、資本と労働との間の相互作用ないし関係をともなうような状況がある。ここでは、資本家階級の成員として、その社会機能上の地位に即して行為している人々もいる。資本家は、今日の人間社会組織の経済的局面となっているのである。他方で、労働者階級の成員として、その社会機能上の地位に即して行為している人々もいる。労働者階級もまた、今日の社会組織の今一つの経済的局面をなしている(ただし、その社会的利益は先の局面とは直接対立している)。さらに、一般的型の社会的状況をあげるなら、関与している諸個人同士において成立している経済的な関係が、生産者と消費者の関係、または、売り手と買い手の関係となっており、さらには、個人それぞれが、社会機能上の地位に即して行為している場合である。しかし、こうした型の様々な社会的状況(には、そのうちの一つに関与している人々の間の複雑な社会的敵対や多様な社会的利益がともなっており、また、それぞれにあって欠けているのは、これらの人々によって共有される共通の社会的な目的や動機の影響力を調整し統合しまとめあげることである)が、しかし、いずれにせよ、このような社会的状況でさえも、経験と行動の全般的な人間社会の過程において生ずるなら、それは、こうした過程全体の全般的関係的パターンを構成する明確な局面ないし要素なのである。

それゆえ、これまで議論してきた自我理論を基礎にしてみるなら、十全たる意味の社会秩序にとって本質的なことは、あらゆる個人にみられる数々の共通の構えの編成体である。このようにいうと、様々な構えの編成体といったところで、社会の全成員に等しく見出しうる抽象的な人間〔像〕にしか触れていないと思われるかもしれないし、さらには、個人の人格に固有の事柄が消えてしまうではないかと思う向きもあろう。「人格」という言葉でいっているのは、個人には、自分をとおして自分の内部で獲得される様々な権利や価値が共通にみられるということである。しかし、このように個人に対して社会的に付与された性質に加えて、個人を他の誰からも区別し、かつ、その人たらしめるものもあるのである。これこそ、個人において最も貴重な部分である。とすれば、問うべきことは、このように個人に固有の性質は、社会的自我へと継承されるのか、あるいは、社会的自我とは、単に大きなコミュニティ内にいる個人に共通にみられる様々な反応を具現化しているものでしかないのかということになる。我々のこれまでの説明からすれば、後者の選択肢を強要されることはない。

自らを他ならぬ自分として理解するという点で、自己を実感するとき、人は、何か特別の状況下で、他者たちに対して自己主張している。その場合の状況というのは、他者たちに対して自己を貫徹するという点で自分を正当化するような状況のことである。このような自分の個性を共通のコミュニティ内に持ち込めないのであれば、つまり、個性が認められることもなく、他者たちの方も、ある意味、その人の構えをとりえないのであれば、その人は、情動的な面では、評価を得られないのであり、自分が目指している自我そのものとはなりえない。著者には読者が必要であり、芸術家には鑑賞者が必要である。読者や鑑賞者は後世の人かもしれないが、しかし、いずれにせよ、評価する側の人間がいなければならない。自分自身の個人的創作において自我を見出したいのであれば、その自我は、他者に評価された自我でなければならない。個人が成し遂げるものというのは、それ自体、何か社会的なものでなければならない。その人が自我であるかぎり、コミュニティ生活の有機的一構成員でなければならない。自分が貢献しているものは、何か社会的なものでなければならないのである。自分の貢献は、自分でみつけ出した理念であるかもしれないが、しかし、社会に所属しているという事実において、価値があるのである。人は、その時代を幾分先駆けているかもしれないが、その人が推し進めているものは、その人が所属しているコミュニティ生活のものであるにちがいない。それゆえ、機能的な違いがあるのである。しかし、機能的違いとはいっても、実のところ大抵は、当該コミュニティの他のすべての人々によって取り入れ可能なものなのである。もちろん、誰かが貢献しているものの中には、他の人々にはなしえないものもあるし、人々には参加しえないような貢献もある。しかし、自我形成に資する貢献とは、共有されうる貢献である。社会的観点からみて、個人の独自性の認識を正当に評価するために必要なのは、高度に組織化された社会にみられる分化だけではなく、問題となっている当の構えが集団内の他の成員によっても遂行されるような分化である。

たとえば、労働運動を例にとろう。本質的なことは、労働者が自身の役割において構えを示している場合、当該コミュニティ内の他のすべての成員は、その構えを理解して遂行できてしかるべきであるということである。もちろん、カースト的な組織であれば、このようなことは不可能である。近代の労働運動の発達は、コミュニティに対して、実際に紛糾した状況をもたらしただけではなく、カースト的組織自体の解体に否応なしに手を貸したのである。カースト的組織は、それぞれの自我の持ち主にあって、各個人にとって絶対に必要な役割を分け隔てる傾向があったので、人々はお互いに関わり合うことはできなかった。もちろん、これは、何らかの社会的関係の可能性を排除するものではない。いかなる社会的関係においても、個人が自分以外の人々の構えを遂行する可能性はあるし、役割分化したからといって、こうした可能性がなくなるわけではない。コミュニティ内の成員は、必ずしも、他の成員と似通っている必要はない。〔似通っていなくとも〕個人は自分以外の人々と一体感を抱けるからである。個人は他の人々とは異なっていることもあろう。だが、役割の同一性などなくとも、人々の間の経験内容が共通であるということはありうる。役割に違いがあるからといって、経験の共通性まで排除されるわけではない。自分の役割が相手と違っていても、個人は相手側の立場に立つことができる。コミュニティ内の全成員に共通の事柄とは対比的な意味で私が述べておきたかったのは、このような類いの役割分化した人格である。

もちろん、あらゆる人々にみられる様々な反応は何らかの共通の組み合わせをなしている。こうした反応の共通の組み合わせは、社会的側面からみれば分化していないが、その発現形態は、様々な権利、一様性、様々なコミュニティの成員を特徴づける共通の行動様式、話し方等々のうちに見て取れる。これと区別しうるのは、個人個人がもつ社会的役割の違いと両立可能な同一性である。その例として、次のような役割地位があげられる。たとえば、自分が影響を及ぼしている相手側の役割を個人が担う場合、兵士が敵側の立場に立ってみる場合、教師が、これから教えようとしている子供の立場に立ってみる場合等々である。こういった役割地位によって可能となるのは、自身の特異性を示しつつも、同時に、自分の方から影響を及ぼそうとしている相手側の構えをとることである。自分が影響を及ぼす相手側の構えをとることができるのであれば、個人は、自分自身の特異性、つまり、自身に個性を与えるものを発達させつつも、コミュニティの一員でいることができる。もちろん、こうしたことが生ずる度合いは極めて多様である。しかし、一定程度できることが、コミュニティ内の市民資格として必要不可欠である。

こうした役割分化と社会的参加を完全に達成するなどというのは、人間のコミュニティの遙か彼方に待ち構えている類いの理念でしかない、人によっては、このように語る向きもあろう。その達成度を今日の段階でみれば、デモクラシーの理念のうちに示されている。しばしば想定されているのは、デモクラシーというのは、はっきりと区別された様々な人格が排除され、すべては、鋳型にはめられ、結局のところ、誰もが可能なかぎり他の誰かに似通っているような状況になってしまうような社会秩序であるというものである。しかし、もちろん、これはデモクラシーのもつ意味合いではない。デモクラシーの意味するところは、むしろ、個人は、個人自身の継承物の可能性の範囲内にあって、可能なかぎり高度に発達することができ、さらには、自分が影響を及ぼす相手側の構えを理解し遂行することができるということである。デモクラシーにも、指導者はいるのであって、こうした優れた人物個人個人が、自ら導こうとするコミュニティの構えを理解し遂行しうるかぎりにおいて、コミュニティの側も指導者たちの示す様々な構えに歓喜するのである。

人々が、コミュニティ内の他の人々の役割を、どの程度担えるのかは、多くの要因に依存する。コミュニティは、その範囲という点では、社会的組織を超えるかもしれないし、先のような一体感を可能にする社会的組織を超えるかもしれない。その最も顕著な事例としては、経済的コミュニティがあげられる。経済的コミュニティには、いかなる状況下であれ取引相手となりうる人すべてが含まれているが、しかしまた、経済的コミュニティは、すべての人が相手側の構えに深く関わることなどほとんど不可能な全体を表してもいる。普遍的宗教という理想的なコミュニティは、ある程度は、現に存在しているようなコミュニティであるといえるかもしれないが、しかし、理想的なコミュニティが意味しているのは、コミュニティの実際の組織では実現できないような程度の一体感なのである。コミュニティの中に様々なカーストが存在するのをしばしばみかける。その場合、カーストを異にする人々同士は実際には相互に影響を及ぼし合っているにもかかわらず、人々が他の人々の構えに深く関与することができないようになっている。人間社会の理想は、人々を相互関係において緊密に結びつけ、そのために必要なコミュニケーションを十分発達させ、そのことによって、自身の特殊な役割を遂行する個人個人が、自分たちが影響を及ぼす相手側の構えを遂行できるようにするというものである。コミュニケーションの発達は、抽象観念の問題にとどまらない。それは、自分の自我を他の人々の構えの側に置き、特定の意味を有するシンボルをとおしてコミュニケーションを取り結ぶ過程である。ここで想起すべきは、特定の意味を有するシンボルにとって必要不可欠なことは、他者たちに影響を及ぼす身振りが、身振りを発している側の個人に対しても、同じように影響を及ぼすということである。シンボルというものが特定の意味を有するシンボルになるのは、他者に示す刺激が、自分のうちに、同じあるいは類似した反応を喚起する場合のみである。人間のコミュニケーションは、こうした特定の意味を有するシンボルをとおして行われるのであり、したがって、このようなコミュニケーションを可能にするコミュニティを組織化することが課題なのである。コミュニケーションのそうした体系が理論的に完全なものとなりうるとすれば、あらゆる点において、個人は、他者たちに影響を及ぼすのと同じように、自分に対しても影響を及ぼすことになる。このような事態はコミュニケーションの理想といってよい、つまり、そのコミュニケーションがどこで理解されようと、論理にかなった領域世界において達成される理想なのである。こうした理想においては、語られている事柄の意味は、語っている人にとっても、それ以外の人すべてにとってと同じ意味である。普遍的に妥当する論議〔領域〕とは、それゆえ、形式からみたコミュニケーションの理想である。コミュニケーションが遂行され完全なものになりうるのであれば、私がこれまで述べてきたような類いのデモクラシーが存在することになろう。そこでは、コミュニティ内において自分が喚起するとわかっている当の反応を、個人一人一人もまた、自分自身のうちにおいて、担うことになろう。コミュニケーションが、その重要な意味において、コミュニティ内における組織編成過程となるのは、こういった事態なのである。コミュニケーションは、単に、抽象的なシンボルを伝達する過程にとどまらない。コミュニケーションとは、つねに、社会的行為の中での身振りなのであって、〔身振りによって〕他者のうちに喚起される行為と同じ行為性向を、身振りを発している個人自身のうちにも喚起するのである。

ある意味でいえば、一方では経済社会によって、他方では、普遍的宗教によって、我々が人間社会の理想と呼ぶものに近づくことになる。しかし、こうした理想は、けっして完全に実現されることはない。そのような様々な抽象概念は、デモクラティックなタイプの単独のコミュニティの中でひとまとめにすることができる。デモクラシーは今現に存在するとはいえ、自分が影響を及ぼす人々の構えに個人個人が内在しうるようなレベルまでコミュニケーションが発達しているわけではない。そのため、当然の結果ではあるが、共通であるのみならず一体をなしている事柄に関して、水準の低下が生じ、しかるべき理解がなされていない。自分自身が特別な役割を遂行することで影響を及ぼしている他者たちの構えに、個人個人が深く関与しえないかぎり、人間社会の理想は存在しえない。

第42章 要約と結論

これまで我々は行動主義の観点に立って心理学にアプローチしてきた。すなわち、我々が試みてきたのは、有機体の行動様式を考察し、この行動様式のうちに、「知性」と呼ばれるもの、とりわけ、「自己意識的知性」というものの在処を突き止めることであった。この立場に必然的にともなうのは、環境との関係下にある有機体であり、かつ、生命有機体の感受能力の選択作用によって、ある意味、規定される環境である。有機体にとっての環境がどのようなものであるかは、当の有機体の感受能力によって規定される。したがって、その意味で、我々は、生命個体を、その環境を規定するものと語りうる。環境において見出される刺激というものそれ自体は、衝動を、つまり、ある種の仕方でふるまう性向を、誘発するものである。生命個体あるいはその個体が属している生命種の利益を、この行動様式が維持しあるいは促進するかぎりにおいて、我々はこうした行動様式を知性的であるとみなす。知性は、それゆえ、生命体とその環境との関係の一機能である。我々が研究する行動様式は、つねに、生命体とその環境とのやりとりの中においてみられる生命体の行為である。環境に対して反応しつつある生命体が、環境から発せられる刺激を介して、自らの衝動を解き放つとき、こうした知性を我々が植物や動物のうちに見出すことになろう。

この点に関して、初期の心理学者たち——そして今日の心理学者の多く——が想定しているのは、有機体の発達過程のある時点で意識自体が出現するというものである。意識は、何よりもまず、感情状態において、つまり快楽と苦痛という状態において現れると想定されており、また、快楽と苦痛を通じて、生物個体は自らの行動様式をコントロールするとされている。そして、環境自体のうちに刺激過程が先行的に存在し、この刺激感覚のうちに、後続する意識が姿を表すというように想定されているわけである。しかし、我々の研究上の見地からすれば、こういった感覚は〔ある状態の環境についての感覚である以上〕、必然的に環境自体の叙述を含んでいる。つまり、もし、感覚を、ただ単に生ずる意識として定義して、これを受け入れるのであれば、自分たちの感覚の観点をとおして環境を叙述する以外には、いかなる方法でも、環境を叙述することはできない。もし、環境を、感覚が生ずる場面領域として定義しようとすれば、環境の叙述は、自分たちが目にし感ずる事柄をとおしてなされ、また、我々の観察によってそこにあると想定されている事柄をとおしてなされることになる。私がこれまで示唆してきたことは、意識は、それ自体、〔環境から〕切り離された実体ではないし、何か〔環境から〕切り離されて生物につけ加えられたものでもない。そうではなくて、「意識」という言葉は(その基本的な語法の一つを用いていえば)、感受能力を有する有機体との関係の中で成立する一定の環境を表しているのである。

以上の主張は、哲学上の二つの概念、つまり、創発性と相対性とを統合する。一定のタイプの特性は発達過程の一定の段階で登場すると想定してさしつかえない。もちろん、これは、我々が今言及している範囲よりもはるかに下等なレベルにまで拡張してよい。たとえば、水は、水素と酸素の化合から生ずる。水は、水を構成する原子一つ一つよりも何か上位にあるものである。それゆえ、感覚のような特性の出現あるいは創発を語るとき、我々が実際に問うているのは、任意の有機化合物の特性を問うている場合と同じことである。何であれ、全体として個々の構成要素の単なる構成以上のものであれば、それは、当の対象〔全体〕に属しつつも、その個々の構成要素のうちには見出しえない性質をもっている。

意識とは、最広義にみれば、ある時点における創発物であるだけでなく、ある事物とある有機体との関係に依存する数々の特性のひとまとまりである。たとえば、色は、ある視覚器官をもった一有機体との関係の中で生ずるものと考えてよい。この場合、ある生命個体に属し、この個体との関係の中で生ずる一定の環境というものがあるわけである。創発性と相対性という二つの概念を受け入れるとすれば、指摘しておきたいのは、ただ、この二つの概念が、我々のいう「意識」に対応するということだけである。意識とは、すなわち、一定の環境のことなのであって、この環境は、有機体との関係のうちに存在し、かつ、有機体が存在することで、新たな特性が出現しうるような場面なのである。この説を哲学上の見解として擁護することは、この講義では、あえて行ってこなかった◆22。だが、ここでは、次の点だけは指摘しておきたい。つまり、進化の途上で、生命体には、意識するという一定の特性が与えられてきたのだが、この特性に対応しているのが、まさに今述べた説である。この見解に立てば、有機体によって新たに出現する意識的特性とは、有機体それ自体に属するのではなくて、有機体とその環境との関係のうちにあるということになる。こうした新たな性質は、生命体にとっての環境のうちにある対象の有する特性である。対象に色があり臭いがあり、また、対象が快感をもたらしたり苦痛をもたらしたり、あるいは、対象が醜かったり美しかったりするのは、当の有機体に対して対象が有する関係においてである。私がこれまで示してきたのは次のことである。すなわち、生命体に対応しかつ生命体によって調整される環境を生命体は有するのであり、こうした生命体が発達していく過程において、生命体とその環境との間にある関係に依存する特性が出現し、あるいは、創発するのである。言葉の一つの意味でいえば、こうした特性こそが意識という領野を構成するのである。

これは、我々がためらうことなく時折用いる考え方である。動物が出現するとき、何らかの対象が食物になる。そうした対象が食物となるのは、当の動物が何らかの消化器官をもつからであると我々は認識する。人間にとって危険な微生物というものがあるが、しかし、そのような細菌の攻撃に感染する個人が存在しなければ、そもそも、こうした微生物は危険ではない。環境内の一定の対象を、そこに存在しているものと我々はいつも呼んでいるが、それは、生命体と環境との間に関係があるからである。何らかの美しい対象というものが存在するが、しかし、それを美しいと認識する個人個人が存在しなければ、その対象はそもそも美しくはない。こうした有機体との関係においてこそ、美は出現するのである。それゆえ、一般的にいえば、世界のうちには、一定の生命体に対して環境が有する関係に依存する客観的領域というものが存在するということ、我々はこのことを認識するわけである。我々がいおうとしているのは、こうした認識は意識という領野にも拡張できるということである。ここで指摘しておきたいのは、ただ、このような考え方によってこそ、我々は、いわゆる「意識」そのものを理解するということだけである。このような考えを用いれば、我々は生命体に対して一定の精神的実体としての意識を賦与する必要はなくなる。既に述べたように、たとえば、環境において創発する食物といったものを我々が語るのは、対象が生命体に対してもつ関係のゆえである、この

◆22 *The Philosophy of the Present*〔本書第Ⅲ篇所収〕および *The Philosophy of the Act* を参照。

ように語るとき、我々は先に述べた考えを用いているわけである。我々が色や音等々を語るのも、同じ仕方においてであるといってよい。

この場合、心的なものは、特定の有機体に対して環境が有する特定の性質に対応している。このことは、普遍的特性における自我と個別的特性における自我との間に我々が打ち立てた区別に立ち返ることになる。自我は普遍的である。つまり、自我は普遍的な「me」と一体となっている。我々はすべての人々の構えのうちに自分を位置づけるのであり、我々すべてが目にするものは、普遍的な観点において表現されるものである。しかし、各自は、それぞれ違った感受能力を有するのであり、私にとってのある色は、他の人にとっては異なる。こうした違いは、普遍性に対応するものに比して、有機体がもつ特殊な性質ゆえに生ずる違いである。

私は、心理学的分析領域の外に出ないようにしたいと思うが、しかし、意識を、今述べたように扱うことの可能性を認識しておくことは重要だと思われる。このように扱うことで、心理学者たちが取り組んでいる領域に我々は踏み込むことができるからである。我々によって経験される特性というのは意識状態であるのかどうか、あるいは、こうした特性は環境世界に属するのかどうか、このことを確定しておくことは重要である。経験される特性が意識状態であるとするなら、いわゆる「意識状態」を個体との関係下にある世界が有する特性として認識する場合とは、異なる方向を歩むことになってしまう。私が求めているのは、ただ、〔このように〕経験特性は対環境関係のうちにあるという考え方を用いるべきだということだけである。〔そもそも〕心理学以外の関係において、我々は、まさしく、この考え方を用いているのである。行動主義は意識的自我の取り扱いという点で不適切であると、これまでみなされてきたが、今述べた考えを用いることによって、行動主義の観点に立って、意識的自我を議論する新たな道が開ける。たとえば、この考え方を用いれば、ゲシュタルト心理学者からの批判、つまり、心理学者たちは人々のもつ何らかの意識状態に立ち返らなければならないという批判を回避できるわけである。

「I」は重要である。これまで、「I」については、あくまで心理学という限定された領域に関わるかぎりで扱ってきたが、いかなる形而上学的想定が関与しているかについては、考察することも擁護することもしていない。この限定は妥当なものである。というのも、心理学者は、こうした形而上学自体を主張することはないからである。心理学者が身の周りの世界を扱う場合、世界をただ現にあるとおりに扱うだけである。もちろん、こうした構えにも、あらゆる点で、形而上学的問題がはらまれている。だが、心理学のアプローチ自体は科学的にみて妥当である。

さらにいえば、我々が「心的イメージ」（実体としての意識を主張する論者たちにとっての頼みの綱）と名づけるものは、実体的意識などを在処にしなくとも、有機体に対する関係の中に存在しうる。心的イメージとは記憶のイメージのことである。こうしたイメージは、シンボルと同様に、思考において多大な役割を果たしているのであるが、その在処は環境である。◆23 我々が読む文章の一節は、記憶のイメージから成り立っており、また、身近で目にする人々を我々がみるとき、非常に多くの場合、記憶のイメージの力を借りている。我々が極めてしばしば気づいていることだが、我々が目にする事物は、ある対象の性質に対応すると考えられる場合であっても、実際のところ、そこにあるわけではない。つまり、その事物はイメージだったわけである。イメージの在処は、感覚器官を有するだけでなく何らかの過去の経験を有する個人に対して当の事物が有する関係の中なのである。そうした経験を持ち合わせている有機体こそが、そのような心像を有する。このようにいうとき、我々は、ある構えをとっているのであって、それは、あるものを読んだと我々がいう場合に、我々がつねに用いている構えである。つまり、記憶のイメージの在処というのは、何らかの過去の経験を有する一定の有機体に対する関係の中なのであり、何らかの価値の在処もまた、当然のことながら、想起されたかぎりでの特定の環境に対する関係の中なのである。

意識それ自体は、有機体とその環境双方に関わっているのであって、単にどちらか一方のうちにあるとするわけにはいかない。このような意味で、意識の在処如何に関する拘泥を捨て去れば、我々は行動主義的意識論を推し進めていけるのであって、心的イメージを扱う際にワトソンが陥った困難を回避しうる。ワトソンは、心的イメージなどというものの存在を当初は否定したが、やがて、その存在を認めざるをえなくなり、その結果、何とか過少評価しようとしたわけである。もちろん、同じ困難は、経験を意識状態とみなした上で扱う場合にもある。事物の特性の在処は対有機体的関係の中であることを承認すれば、行動主義の観点から自由に有機体にアプロー

◆23 Supplementary Essay I "The Function of Imagery in Conduct," in *Mind, Self and Society*〔本書第Ⅱ篇・補遺論文Ⅰ〕.

チできるわけである。

「選択」ということを近年流行りの意味でとるなら、意識に選択能力があるとは私は考えない。我々が「意識」と呼ぶものは、端的にいって、有機体と環境との関係に他ならないのであって、選択はこの場面において生ずる。意識は、生命体と環境との相互関係の中から生ずるのであり、意識には、この双方がともなう。飢えが食物を創り出すわけではないが、飢えとの関係なしに、ある対象が食の対象であるわけでもない。生命体と環境との間に飢えという関係があるとき、この関係がなければ存在しなかったような対象が現れうるのである。だが、動物は無から対象を創り出すという意味で、食物を創り出すわけではない。むしろ、生命体が、環境に対するこうした関係の中に置かれるとき、食物というような事物が出現する。小麦は食物になるわけである。このことは、水素と酸素との関係の中で水が発生するのと同じことである。それは、何かを取り出しておいて、それを他と切り離して保持しておく(「選択」という言葉は、こういう意味だと思われる)ということだけではなく、この過程において、以前には存在しなかったものが出現しあるいは創発しているということである。あえていっておくが、この見解を、意識以外の何らかの特性の進化的形態において採用する場合でも、〔無から有を創り出すといった〕魔術的意味合いをともなうような印象を我々に与えるものなど何もない。そして、さらに主張しておきたいのは、この〔創発という〕考えは、意識と呼ばれる領域そのものを端的にカバーしているということである。

もちろん、初期の心理学者たちが用いたような意識概念にまで立ち返り、経験されるものはすべて、意識をその在処としているとするのであれば、意識の外部にもう一つの世界を創造しなければならないし、こうした経験に対応する何物かがそこにあるといわねばならなくなる。主張しておきたいのは、意識概念に悩まされたり惑わされたりすることなく、世界を行動主義的見解によって解釈することは可能であるということである。もちろん、これまで提示されてきたような見解には重大な困難はないのであって、それは、意識概念を、身体形態の歴史のある時点において出現するものと捉え、かつ、何らかの仕方で、特定の神経状態と平行関係にあるものと捉えても、何ら重大な困難はないのと同じことである。意識概念を、心理学者の研究にあてはまる形で述べようとするなら、あらゆる類いの困難に陥ることになり、しかも、創発性と相対性という概念においてみられる困難よりも、はるかに重大な困難に陥ることになる。いやしくも創発性と相対性という考え方に立って世界にアプローチしようというのであれば、行動主義的観点に立つことで心理学にアプローチできる。

私がこれまで明らかにしてきたもう一つの考え方は、人間に固有のものとされる特殊な類いの知性に関わる。つまり、いわゆる「理性にかなった知性」あるいは言葉の今一つの意味での意識に関わる。意識は実体であるとするならば、この意識は、それだけで、理にかなっているといいうる。そして、まさしく、この定義からして、我々が理性と呼ぶ事柄はいかにして出現したのかという問題は回避されてしまう。私がこれまで試みてきたのは、理性を何らかの類いの行動様式にまで遡るということである。つまり、自ら所属している集団全体の示す構えに、自分自身を置くという類いの行動様式である。このことが意味するのは、集団全体は、何らかの組織化された活動に関与しており、こうした組織化された活動においては、ある人の行為は、他のすべての人々の行為を呼び起こすということである。我々が「理性」と呼ぶものが出現するのは、有機体のうちの一つが、自身の反応のうちに、自身に関与している相手側の構えを取り入れるときである。このような有機体は、協働過程全体にあって自分自身の行為に関わる様々な構えを当該集団が示すならば、これらの構えをとることができるのである。有機体がこのようにふるまうとき、それは、我々のいう「理性的存在者」なのである。有機体の行動様式がこうした普遍性をもっているのであれば、この行動様式は必然性をもっている。つまり、ある個体があれこれの仕方でふるまうのであれば、それ以外の個体はしかじかの仕方でふるまわなければならないというような〔複合的〕行為全体に関わる類いの必然性をもっているわけである。個人が、自分以外の人々の構えをとることができ、自分の活動を、他者たちの構えによって方向づけ、さらには、他者たちの行為を自分自身の行為をとおして方向づけることができるのであれば、我々は「理性」と呼ばれるものをもっているのである。〔個人の〕理性は、当の個人に関与している集団と同じくらい大きい。もちろん、こうした集団は、機能的にも潜在的にも、お望みならば、どこまでも大きくなりうる。それは、同一の言語を話すすべての人々を含む場合もある。

言語それ自体は、協働的活動に携わる個人が、同一活動に関与している他者たちの構えを習得する手段として作用する過程にすぎない。身振りをとおして、すなわち、他者たちの反応を喚起する個人自身の行為局面をとおして、この個人は他者たちの構えを自分自身のうちに喚起しうる。特定の意味を有する諸々のシンボルの一組としてみれば、言語とは、他者たちの反応を喚起する際に有機体が採用する様々な身振りの一組である。こうした身振りは、元来、行為の構成要素に他ならないのであって、それは、協働的過程に従事する他の人たちに対して自らの役割を遂行するよう、ごく自然に刺激するのである。それゆえ、身振りというものが、相手側の反応を喚起すべく他者たちに影響を及ぼすのと同じように、身振りを発している個人に対して影響を及ぼしうるということを認めるならば、理性があるということは、そうした行動によって叙述可能である。精神あるいは理性が前提しているのは、社会組織であり、かつ、こうした社会的組織における協働的活動である。思考することとは、端的にいって、個人が行う論理的推論のことであり、私のいう「I」と「me」との間の対話の遂行なのである。

集団の構えをとるとき、人は、自分に対して一定の仕方で反応するように刺激している。この人の反応とは、つまり「I」は、この人が行為する様式である。このように人が行為するならば、この人は、いわば、集団に対して何かを諭しているのであり、集団を変えようとしているのである。この人の身振りは、それゆえ、今までとは幾分異なるような身振りである。かくして、同じ協働的活動に関わっている他者たちの構えを遂行することができるような社会的な仕方の行動が発達する過程で、自我というものが出現する。このような行動の前提条件は、個人が他者たちの構えを遂行しうるような神経系の発達である。もちろん、たとえ、すべての神経系経路が揃っていようが、同じことをしている無数の他者たちの行為を個人の行為が再現するほど、組織化された社会的活動が進行していなければ、個人は、他者たちの無数の構えを遂行することはできないだろう。だが、こうした組織化された活動があるのであれば、集団内の誰の構えであろうと、個人はその構えを遂行することができるのである。

以上が、私が明らかにしたかった意識についての二つの考え方である。というのも、この二つの考え方こそ、行動主義がこれまで突き当たった限界を乗り越えて、行動主義を発展させることができるのであり、行動主義を社会心理学の対象に対して有効なアプローチにすることができるからである。これらの重要な概念を採用したからといって、個人の内面にあるとされる何らかの意識領域に舞い戻る必要はない。人は、最初から最後まで、環境に対して個人の行動様式が有する関係に対処しているのである。

『精神・自我・社会』補遺論文

Mind, Self, and Society, Supplementary Essays

I 行動様式における心像作用の機能[1]

The Function of Imagery in Conduct

（a）

人間の行動あるいは行動様式は、下等動物の行動と同様に、衝動を源泉としている。衝動とは、生まれもった性向であり、一定の有機的諸条件の下、ある種の刺激に対して特定の仕方で反応する傾向である。飢えや怒りは、そうした衝動の例である。これらは「衝動」と名づけるのが最適であって、「本能」と呼ぶべきではない。というのも、これらは大幅な修正を被るからであり、こうした修正は、下等動物の本能が被る修正に比して、その度合いが極めて大きいため、通常の成人個人の行動を記述する上で、「本能」という言葉を用いるのは、著しく不正確だからである。

衝動を喚起するような、しかるべき刺激に対する感受能力を強調しておくことは重要である。この感受能力は、行別の文脈では「注意の選択的特性」と呼ばれており、行動を誘発する原動力という点からみれば、注意の意味内容は、衝動解放的刺激に対して、実際に遂行される行為性向が有する関係を、ほとんど超えるものではない。受動的注意というようなものがあるかどうかは、疑わしい。感覚的注意の度合いは刺激強度に依存するが、これでさえ、その意味するところは、そうした刺激物をとおして、あるいは、激しい刺激作用をともなう疼痛をとおして成立する、回避と防御の一般的構えなのである。たとえば、工場労働者が大騒音に対して無関心になるように、〔対他的・対外的〕経験から生ずる〔衝動の〕修正をとおして、強度の刺激に対する個人の反応が弱まる場合をみるならば、いわゆる「受動的注意」を引く力が欠如するのは、これらの刺激が反射的な回避と逃避という構えから切り離されてしまうからである、こう考えることは、少なくとも、不合理ではない。

ある衝動が今にも発現しようとしている場合、しかるべき刺激を有機体が選択する際の手続きには別のものもある。これは、心像作用との関係に見て取れる。最も頻繁にみられるのは、今にも発現しようとしている衝動に対して、しかるべき刺激を個人が識別しうるようにする心像である。こうした心像作用は、過去の経験に依存するのみである。このような心像作用を研究しうるのは、人間の場合のみである。というのも、刺激としての心像、また、刺激の一部分としての心像は、個人によってしか確認できないからであり、あるいは、個人が社会的行動様式の中で心像を説明することをとおしてしか、確認できないからである。しかし、個人のもつ、あるいは諸個人からなる集団のもつこうした経験において、心像の指示対象は、ある感覚過程がある対象を指し示しているのと同じ意味において、感覚的経験のその時その場の範囲を超えて存在し続けているものとして確認しうるし、あるいは、「過去」と呼ばれている事柄において存在し続けているものとして確認しうる。いいかえれば、ある対象を今述べたような仕方で指し示すことなくして、心像が存在することはない。この事実を具現化しているのは、我々のあらゆる心像作用は、先行する経験から生ずるという主張である。こうして、ある人が、過去にあった人の顔を思い起こし、その際の顔を、今現在目に入っているその顔をとおして確認するとき、この人の構えは、離れたところからおぼろげに目に入る対象を確認している人の構えと同じである。心像が私的もしくは心的であるのは、ただ、感覚過程が私的もしくは心的であるような状況においてのみである。この状況は、生命過程の進行に際して、有機体個人とその環境の再適応が深く関わっているような状況である。経験には私的あるいは心的局面があるにしても、そのようなものは、衝動を解き放つ直接的な刺激として機能することのない内容である。過去の経験からの〔心像〕内容が刺激の一部となり、当面のところ刺激の代わりをつとめて、当の行為の要求に合致させるかぎりにおいて、こうした〔心像〕内容は、当の〔行為〕対象の一部となる。もちろん、固くみえたものや柔らかくみえたもの、近くにみえたものや遠くにみえたものが、我々の判断からして、結局のところ、まったくそうではなかった場合、自分たちの反応の帰結によって、自分たちの反応が失敗だったことを認識することになろう。このような場合、我々は、当初推定していた心像内容は私的あるいは心的なものであったというのである。したがって、刺激領域に現れていない対象を指し示している心像内容、その場の対象の一部とはなっていない心像内容、要するに、物理的環境の構成要素となることなく、時間的にも空間的にも、今ここから離れたところにあり、その時その場の知覚範囲を超えて広がっているような対象の心像、さらには、社会構造のうちにある自我の背景を構成している記憶領域についての心像、こういったものは心的なのである。

それゆえ、私的なもの、心的なものを、このように定義する場合、その基礎になっているものは、私的なものや心的なものを、個人の経験、自分自身の経験と同一視する場合とはまったく異なる。というのも、他者たちが個人自身にとっての対象となっている場合と同じ意味において、個人が自分自身にとって一つの対象となっているかぎり、個人の経験が私的なもの、心的なものとなることはないからである。それどころか、個人は、他者たちすべてのうちに、共通の特性を認識しており、他者たちと区別された一個人の経験に属するとされているものでさえ、その個人からすれば、他者たちすべてにとっての共通経験に対する自分の寄与を表現していると感じられるのである。したがって、他の人よりも鋭い洞察力をとおして、たった一人で見抜いたものであろうと、その性質からして、心的なものとはみなされない。客観的な価値があると主張されているのに、〔実際には〕客観的価値に到達していないような経験こそが、私的であり心的なのである。もちろん、経験の中には、必然的に特定

◆1　"Image or Sensation," *Journal of Philosophy*, I（1904）, 604ff も参照。

個人に限定されるような経験もあれば、個人に関わる性質であるがゆえに他の人々に共有されないような経験もある。たとえば、自分自身の有機的身体に由来する経験、曖昧で対象を指し示すことのできないような感情に関わる経験――感情――で、しかも、自身の所属するコミュニティの共通の特性になりえないような経験などである(これらの情動的状態に深く関わり、これを理解しうるような霊的存在――神――といったものが想定されるのは、一つには、こうした神秘的な経験があるかである)。しかし、これらの状態は、いずれも、客観的な指示対象をもっているか、あるいは、もっていると想定されている。ある人が歯痛に苦しんでいるとき、その歯痛は共有不可能であり、自身の有機体に原因があって生ずるからといって、客観的でないということにはならず、やはり客観的なのである。人の不快な気分というものは、どうあがいても伝わるはずもない何かに向かっていくかもしれないが、どうにもならないし、本人に残るのは、その不快であるという感情と、到達することのない指示対象だけかもしれない。しかし、それでも、客観的実在を有する何かという意味合いはある。心的なものとは、その指示対象を得ることのないものであり、したがって、単なる個人の経験にとどまる。そうであっても、心的なものは、再編と解釈をもたらすのであり、したがって、その客観的特性が発見されるかもしれない。しかし、客観的特性が得られるまで、心的なものには棲息環境がない。例外があるとすれば、個人の経験であるが、当人の主観的生活によってしか記述できない。ここに属するのは、たとえば、幻影であり、知覚上の誤りであり、当てがはずれた評価を表す感情であり、一般に認められている法や意味に対する純粋な例外を記録する観察である。こうした観点からみれば、心像は、客観的指示対象を有するかぎり、私的でも心的でもない。それゆえ、たとえば、我々の視界は、おそらく近くの木や建物に囲まれているが、そうした視界を超えて広がる光景、あるいは、疑問に付されることのない直近の過去、こういったものは、知覚対象の場合と同じように、実在的であり、さらにいえば、近隣の家同士の距離、磨かれて澄んだ色をしている大理石テーブルの表面、ほんの二三度とはいえ統覚限度を飛び越えて視線が注がれる印刷頁上の一行の場合と同じように、実在的なのである。我々が「心像」と呼ぶ感覚内容は、今述べた経験すべてに関わっている(ここで「心像」と呼ぶのは、感覚内容が指示している対象は、それらが現れているその時その場の出来事ではないからである)。そして、こうした感覚内容が私的あるいは心的になるのは、ただ、感覚内容の客観性が疑問視されることによってのみであり、疑問視される在り方は、末端器官がその時その場で刺激を受けた場合に、その刺激の対応する感覚内容が疑問視されることがあるのと同じである。知覚的感覚的経験は、時間的にも空間的にも、目下現れている対象がもたらす刺激に対して有機体が示す適応を表現しているが、それと同じように、心像とは、つい先ほどまでは現れていたが、しかし、今では、時間的にも空間的にも現存していない対象に対して有機体が示す適応である。このような〔現下の〕心像は、その時その場の知覚と融合するかもしれないし、〔その時その場の〕知覚対象を〔今現在、一定期間〕代行することで、過去の経験がもつ利点を、〔今現在において〕有機体に対して与えるかもしれない。あるいは、心像は、空間的にも時間的にも、あるいは、その双方においても、その時その場の知覚範囲を超えて、経験領域を拡大するのに役立つかもしれないし、また、心像は、そのような指示内容のないまま現れるかもしれない。もっとも、心像は、つねに、しかるべき指示内容をともないはする。すなわち、我々の考えとしては、仮に、心像にまつわる全文脈が十分明らかになりうるのであれば、心像を、その発生場面たる経験に関連づけることはつねに可能であるということである。

このような場合、心像は、心中に現にあるものとして語られる。心像が心中をその在処としているのは、心像の素材ゆえにではない。このことを認識しておくのは重要である。というのも、心像の素材は、同じ素材でありながらも、我々の知覚内容の一部となることもあれば、その時その場の知覚を超えたところにある対象の一部に、つまり、我々自身のもつ時間的空間的地平を超えたところにある対象の一部になることもあるからである。心像が心中を在処にしているのは、むしろ、通常「連合」の過程と呼ばれる心的過程、とりわけ、自分たちの習慣を再調整し自分たちの対象を再構成する際の思考過程における心像の出現をコントロールすることによるのである。

今日、連合法則は、一般的に、単なる復元過程とみなされている。この復元過程にあって、心像は、時間的空間的あるいは機能的〔類似性〕局面で、自己完結する傾向がある。こうした傾向を、神経の調整作用の発現形態として扱うことは、最も都合がよいとみなされるにいたった。様々な観念の連合は、神経要素の連合に取って代わったのである。そういうわけで、ある部屋を目にすれば、そこで会ったことのある人を想起することになる。当初出会った機会において関与した中枢神経系領域は、後になって部屋の光景を目にしたことで、部分的には、影響を受けているのであって、この刺激によって、中枢神経領域が喚起され、かくして、知り合いの心像が現れるわけである。これは、一つのメカニズムとしてみれば、たとえば、距離や硬さといった知覚と異なるものではない。こういった知覚に随伴する視覚経験は、実際に出会った際の過去の心像をとおして、その時その場の実際の経験を補うわけである。ただし、例外があるとすれば、知人の心像が知覚の一部となるようにしようとしても、この心像が実際の視覚経験に一致しない場合である。こうしたことは、思い違いの場合に起こる。この場合、実際に知人と接触しようと試みないかぎり、主題となっているのが、知覚上の事実ではなく、心像であるということはわからない。今みたような連合に関する叙述で、まだ説明されていない事実としては、先の部屋の経験の一部であり続けてきた心像が数ある中で、よりによって、他ではなく、ある心像が現れるということがあげられる。通常の説明は、頻度や鮮明度や対照の度合いによってなされるが、これは不適切であることがわかっている。そこで、我々としては、発現しようとしている衝動、いいかえれば、関心、さらに別の言葉を用いれば、注意に立ち返らなければならない。意識のいわゆる「選択的性質」は、注意の説明の場合と同じくらい、連合〔法則〕の説明にとって必要不可欠である。さらに、この性質が姿を表すのは、発現しようとしている衝動を解き放つ刺激に対して我々が有する感受能力においてであって、この場合、これらの刺激の発生源は、その時その場の知覚領域にある対象であるか、あるいは、心像である。その時その場の対象の場合、時間的にも空間的にも、その場にある対象に対する有機体の適応に対応しており、心像の場合は、もはや目の前にはないが、しかし、有機体の神経構造内部では、依然として残像している対象に対応している。有機体の感受能力の増感は、どちらの場合の刺激にも妥当する。これまで吟味してきたような心像は、心の中に存在するのではない。それは、外的な感覚知覚の対象が心の中に存在しないのと同じことである。心像は刺激の領域の一部を構成するのであって、我々の構え、あるいは、発現しようとしている衝動が、こうした領域に対する我々の感度を強化するのである。我々が必要とする刺激の心像は、そうでない心像に比べて、はるかに鮮明である。それは、我々が認知しなければならない対象に対する知覚上の構え、つまり、ハーバートの言い方を用いて具体的にいえば、「統覚群」を組織化するのに役立つ。心像の感覚的内容は相対的に微々たるものであり、極めて微小であるがゆえに、多くの心理学者たちの教えでは、我々の思考の大半は心像を欠いているとされてきた。しかし、それでも、〔複合的な〕行為全体に関わる反応の遂行に対して有機体が示す適応は、最も容易に認知されるだろうし、したがってまた、心像の中でも、この部分は最も重要とみなされるのであって、刺激として役立つ感覚内容が存在することには何の疑問もない。

観念連合説が行動様式を説明する際に果たしてきた主要な役割の根拠は、心像に対して思考が行使するコントロールのうちに見て取れる。思考する際、我々が自分自身に対して指し示すのは、自分の知覚領域を再構成する際に用いるかもしれない心像である。これは、後の議論の主題となる過程であるが、ここで指摘しておきたいことは、このようにコントロールされた心像は、復元原理にしたがうものとされてきた。これは、我々が思考過程のうちに心像を持ち込む際の原理と同じ原理である。後者の原理は、特定の意味を有する様々な音声身振りないしは記号が、その意味表示対象に対して有する関係である。我々は、言葉を事物と結びついたものとみなし、この結びつきを、言葉が仲立ちする諸々の反応とともに、各心像相互の結びつきにまで拡大する。言葉と事物の連合原理は、大部分、習慣形成の原理である。それは、〔形成済みの習慣ならいざ知らず〕これから形成される可能性のある習慣を説明する上では、何の意味ももたないし、今現在変わりつつある状況に対して我々が適応していく際にたどる経験の構造に対しては、何の関係もない。子供は、何らかの事物に何らかの名前をつけるのを常としている。このことは、子供の経験において事物が名前に対して有する関係を説明しないし、名前に対する子供の反応のタイプも説明しない。だが、これこそが、まさしく、連合説をとる心理学者たちが想定していることに他ならない。習慣は何らかの反応を固定するが、しかし、そうした反応の習慣的性質は、そもそも、その反応のそもそもの発端を説明しないし、その反応が生ずる世界の秩序も説明しない。以上のような心の予備的説明において、我々が気づくのは、第一に、客観的でない内容、すなわち、我々が反応するその時その場の知覚世界を構成する上で役に立たない内容――したがって、「主観的心像」である。第二に、思考過程とその内容である。これは、他者としての自我との対話という社会過程をとおして生ずる。これが行動において果たす機能については、後に詳細に吟味しなければならない。数ある他者の中の一人としての自我は主観的ではないし、その経験自体も主観的ではない。このことを認めることは重要である。こうした説明が導入されるのは、心像自体を、主観性のもつ全包括的な属性から解放するためである。何らかの心像は、そこにあるのであって、それは、他の知覚内容がそこにあるのと同じことである。心像に対する感受能力は、心像以外の知覚上の刺激に対する感受能力の場合と同じ機能を果たす。つまり、衝動の発現対象を選択し、そうした対象を増やしていく機能である（草稿）。

(b)

心像について語りうる唯一のことを述べるなら、我々にとって遠隔にある刺激は、操作〔可能〕領域の拡大としての周囲世界を増大させるのであるが、心像は、こうした刺激の中に占める位置をもたないということである。ここにおいて、ヒュームの鮮明度に関する区別▼は、おそらく妥当である。もっとも、もっとすぐれた叙述を見出しうるのは、遠隔対象へ近づこうとする運動を喚起し、かつ、実際に接触したという経験を確認する機能を遂行する際に、心像が果たす効率性においてであるが。遠隔〔対象〕経験における特性は、心像に由来するものであり、そうした特性が反応を喚起することは確かである。したがって、馴染みの顔の輪郭は、心像によって補われるだろうし、その個人に実際に近づいてみたり、手を握ってみたりといったことにつながる。そのことで、今現在の経験においてこの個人が実際に存在することを我々は最終的に確信するわけである。幻影や錯覚もまた、こうした反応を喚起するし、第一印象を修正するような結果につながる。実際に出会ってみて、それが、友達だと思っていた人ではなく、見知らぬ人だったとわかれば、おそらく、我々は、遠隔〔対象をイメージした〕経験の際に心像を構成していた部分を、「感覚」と呼ばれるものと異なるものとして、確認することになろう。我々は心像を「心理的に存在するもの」と語る。だが、このことで、いったい何をいっていることになるのだろうか。最も単純な答えであれば、心像とは、有機体個人の経験であり、パースペクティヴにおける知覚上の出来事であるということになろう。このことでいっているのが、中枢神経系には心像の出現条件となるようなある経験があるということであれば、この叙述には一定の意味がある。しかし、認められることは、脳の分子中に、何らかの内的な心的内容があるとでもしないかぎり、中枢神経系における局所的変化は、我々のいう「心像」ではないということである。したがって、我々が語っているのは、〔知覚〕領域内の可能な対象たる中枢神経系ではない。

もちろん、心像〔内容〕は想起〔内容〕に限定されない。過去の経験における心像の原因について何が語られようと、心像の未来に対する指示内容は、過去に対する指示対象と同じく、正真正銘のものである。実際のところ、心像が過去に対して指示連関を有することがある場合、それは、ただ、心像が、何らかの実在的意味において、未来の指示対象を有するかぎりにおいてでしかないといってもよい。〔場合によっては〕未来にも過去にも直接関わりがなくとも、心像〔自体〕がその時その場に存在することもあるかもしれない。〔この場合〕心像の在処をつきとめることは、我々にはまったくできないかもしれない。心像の在処は心的領域であるとするのであれば、そこには、現にその場に存在するものとしての自我が必ずともなう。そうなると、理論上、経験において心像は自我に先行すると想定しなければならないとしておきながら、なおかつ、経験において自我がいかに発生するかを示そうとするような理論にあっては、そもそも、心像の在処を説明するものとはなりえない。こうなると、心像と呼ばれることのない遠隔刺激に対して反応しつつも、心像には反応しない有機体が存在する場合、その理由をあげるとすれば、我々としては、心像の鮮明度に頼らざるをえなくなる。おそらく、「鮮明度」という言葉には表現されない他の性質もあることだろう。だが、明白なのは次のことである。もし、心像がいわゆる「感覚経験」に属する性質を有するというのであれば、我々はそれに反応するはずであるし、さらにいえば、先に述べたように、心像が感覚経験の一部になるということが示しているのは、心像は、その性質上、〔感覚経験から〕排除されはしないということである。我々自身の高度に複雑な経験の場合、心像を統制する要素は、連続的構造体としての環境のもつ複雑さに適合していないようにみえる。感覚経験の中身としてであれ、幻想としてであれ、心像が感覚経験の一部となる場合、感覚的刺激に対して有機体が反応するのと同じように、心像に対しても、有機体は躊躇なく反応する。通常の刺激がそこにあるというのと同じ意味において、心像もまた、そこにある。つまり、個体は、心像が示唆する接触〔対象〕に到達するように、あるいは逆に、接触を回避するように行為する。それゆえ、心像が遠隔環境から排除されているのであれば、その原因は、心像が遠隔環境の一部になりそこねたということである。既に主張しておいたように、我々が目にするものの物質素材を構成しているのは、硬さという心像ではない。ここで繰り返しいっておけば、遠隔刺激が原因となって〔対象からの〕抵抗がある場合、この抵抗を用いる際の有機体の機能上の構えこそが、遠隔対象の物質素材を構成するのであり、心像は、こういった構えを喚起することはない。心像は、その場にあるものとして受け入れなければならない。だが、受け入れるといっても我々にとっての反応対象の領域の一部としてではない。つまり、感覚経験における遠隔刺激に対して我々が反応するというのと同じ意味で受け入れるのでは

▼鮮明度に関する区別　「心が用いる色彩は、われわれの天来の知覚がまとっていた色彩と比べれば、薄く鈍い。この両者間の区別を認めるためには、なんら立派な眼識も形而上学的頭脳も必要ではない」（デイヴィッド・ヒューム『人間知性研究』斎藤繁雄・一ノ瀬正樹訳、法政大学出版局、二〇〇四年、第二章第一一節）。

ない。そのように反応しない直接的な理由は、心像が感覚経験と区別できない場合、感覚経験の中身の場合を除いて、心像が反応対象領域の構造の一部になることがない点にある。心像の特徴に関して我々が得ている認識は、心像の内容がつねに以前の経験のうちにあるということを確証としており、また、心像の出現の際に中枢神経系が果たしていると思われる部分からきている。しかし、中枢神経系が果たしている役割は、大部分、経験において想起と予期が有する機能からの推論である。現在というものには、消えつつあるもの、および、創発しつつあるものが含まれている。行為することによって、我々は、創発しつつある事態へと向かって行き、消えつつある事態は、そのような行為の条件を提供する。それゆえ、心像は出現すると、過去と未来、双方へと広がっていく。我々は未来を見据え過去を顧み、今現在存在しない事態を渇望する。有機体が自らの〔活動〕領域に、今現在存在しているという性質を付与する以上、現在というもの〔の幅〕を拡大する際、こうした〔過去と未来への〕拡大過程はすでに作動しているのである(草稿)。

(C)

心像は個人の内部で生ずる経験である。そして、知覚世界において心像にしかるべき位置を与えるような対象であろうと、心像は、その本性からして、対象からは切り離されている。しかし、心像は、このような対象に対する表象上の指示内容をもっている。こうした表象上の指示内容を見出しうるのは、行為を誘発する様々な刺激に対して、行為の完成というシンボルに反応する構えが有する関係においてである。こうした様々な構えは、刺激内容を再構成することを通じて、調和のとれた関係をとるようになる。行為の完成についてのいわゆる「心像」が、こうした再構成に加わるわけである。このような心像内容は様々である。それは、視覚と接触についての内容であるか、あるいは、それ以外の感覚についての内容である。心像は、音声身振りの性質をもつ傾向がある。心像は、対象の再構成がうまくいくかどうかの予備的な実験として役立つ。他の心像は、行為の初動段階に位置づけられる。たとえば、長いこと会っていない友人を想起する心像が、その友人と会う約束をしてみようという行為を開始させる場合が、それである。心像は、行為のどの段階にも見出せるのであり、対象とその特性が果たすのと同じ役割を果たす。それゆえ、心像は、その機能によって区別することはできない。

心像を特徴づけているものは何かといえば、それは、心像の指示対象が今現在ない中で、出現するということである。心像について認識されているのは過去の経験に対する依存性である、すなわち、かつて存在した対象に対して心像が有する関係である。このことが、ある意味で、不在と出現の区別を取り除く。だが、この違いが明らかにしているのは、心像のもつ本性であり、それは、今現在もはや存在しない対象の内容が持続的に存在するということである。心像の在処は、明らかに、対象の局面であるが、その中でも、対象が出現する場面状況内の個人に依存する局面に属している（草稿）。

II 生物学的個人

The Biologic Individual

人間の行動にあって、様々な行動様式のタイプのうち最も重要な区別は、私の言葉でいえば、「生物学的個人」の行動様式と、「社会の中で自己意識を有する個人」の行動様式、この両者の間にある。大づかみにいえば、この区別は、意識的な推論をともなわない行動様式と、こうした推論をともなう行動様式との区別、あるいは、下等動物の中でも比較的知性の高い行動様式と、人間の行動様式との区別に相当する。人間の行動の場合、こうした行動様式のタイプのそれぞれは、相互に明確に区別できる。だが、他方で、行動様式の各タイプは、切り離されたレベルに位置するのではなく、レベル間を相互に行き交うのであり、さらにいえば、大抵の条件下では、〔タイプごとの〕分割線などまったく引けないような一つの経験を構成している。テニスにおいて敏速な試合運びをする際の技術や、家を設計したり事業を計画したりする際の技術は、同一世界に住み、同一の合理的コントロールにしたがう同一個人に備わった有機体的技能に属するように思われる。というのも、テニスプレーヤーであれば、たびたび自分の試合を批判的に吟味するし、対戦相手ごとに、ボールの打ち方を変えるようになるのに対して、設計や計画といった高度な仕事であれば、条件や部下に関しては、人は自信をもって自らの能力に頼るからである。とはいえ、この区別は、実質的で深遠な重要性をもっている。それは、この区別が、我々が下等動物から生物学的に継承しているものと、人間という社会的動物が自らの環境と自分自身に対して行使する特別なコントロールとの違いを特徴づけているからである。

人間とは生物学的個体に理性を加えたものである、このように想定するとき、もし、この定義の意味するところが、人間は切り離された二つの生を営む、つまり、衝動ないし本能の生、そして、理性の生ということであるなら、この想定は誤りである――とりわけ、ここで想定されているのが、理性によって行使されるコントロールは、心的内容とみなされる観念によって進行していくということであり、しかも、この観念は、衝動的生の中では発生することなく、しかも、衝動的生についての実質部分を形成するわけでもないということであるなら――、誤りである。それどころか、現代心理学の全潮流は、意志と理性を衝動的生の内部に組み込もうとして進展してきたのである。この試みは、目下の所、完全に成功したとはいえないかもしれないが、しかし、理性を進化論の領域のうちに組み込む試みを避けるのは不可能である。さらには、この試みが成功すれば、理性に基づく行動様式は、衝動に基づく行動様式から生ずるということになるにちがいない。私自身が示そうとする試みはといえば、人間という動物の社会的行動においてこそ、このような進化が生ずるというものである。他方で、理性に基づく行動様式が出現するのは、衝動に基づく行動様式が正常に機能しなくなる場合であるというのも確かである。行為がその機能を達成できない場合、衝動に基づいて食料を得ようと努力しても実際には食料が手に入らないとき、あるいは、もっと特定化していえば、競合し合う衝動が相互に妨げ合い抑制し合うとき、このような場合に、生物学的個体では自由に活用できないような新たな手続きに、理性が加わるかもしれない。理性に基づいた手続きに特徴的な帰結は、様々な反応対象からなる組み合わせを、つまり、様々な刺激分野を個体が確保しておくということである。当初、競合し合う衝動を喚起した様々な事物が、今では、この衝動同士を継続的に相互調整するような反応を喚起しているとすれば、こうした事物の識別、分析、再構成があるといってよい。当初、〔競合し合う衝動によって〕自身の内部で分裂していた個人も、〔衝動間調整を行うべく〕自らが反応する中で、再び統一されることになる。しかしながら、自分たちの周囲にある事物に対して直接反応する場合でも、その時その場の視覚や聴覚や触覚を満たす対象とは異なる対象を見出す必要がないかぎり、我々は衝動に基づいて行為しているのである。したがって、この場合、我々は生物学的個体として行為する。この場合の個体は、刺激に対して我々を感知可能にする衝動から構成されている個体ということであり、このような刺激に対して直接反応しているわけである。

こうした生物学的個体を作り上げている衝動のうち、最も強力な部類はどのようなものだろうか。ここでの議論の目的からして、大まかな答えで十分であろう。（1）まず第一に、運動状態あるいは静止状態で、個体が自らの態勢とバランスを維持する際の適応がある。（2）遠隔対象に対する様々な反応の組織化であり、これは、対象に向かっていく運動をもたらす、あるいは、対象から遠ざかっていく運動をもたらす。（3）運動によって到達した対象に接触すべく身体表面を調整すること、とりわけ、手を用いてこうした対象を操作することである。（4）敵対的捕食動物に対する攻撃、また、その回避があり、これには、今しがた述べた一般的な衝動を特殊化して組織化することが含まれる。（5）危険な対象からの逃避および回避。（6）異性の個体への接近、もしくは、その回避、さらには生殖過程。（7）食料の確保と摂取。（8）幼児については、養育と育児、さらには、授乳、親の育児に対して幼児の身体を適応させること。（9）高温、低温、危険の回避、そして、休息と睡眠といった身体弛緩。（10）様々な種類の棲息環境の形成、これは、保護機能と育児機能に役立つものである。

以上は、人間のもつ原初的な衝動について、大づかみに作った一覧でしかないが、原初的な衝動をカバーしている。というのも、群棲本能という大いに議論の余地のある領域を除くなら、原初的な反応で、このリストにみられないものはないし、各衝動のしかるべき組み合わせとなっていないものもないからである。結局、群棲の場合、いわゆる「本能」には二つの要因があるように思われる。第一に、群棲集団内の成員は、同一集団内の他の成員の動く方向と同じ方向で、しかも、同じ速度で運動するという性向である。第二に、集団内にいる場合、集団外部にいるときよりも、通常の仕方で、しかも、興奮することなく全生活過程を遂行する。後者は、どうやら、高度に合成的な要因であり、集団がない場合に退避と回避を促す刺激に対する高度の感受能力を示しているように思える。この点についてあえて述べたのは、とりわけ、こうした部類の衝動の定義がないか、曖昧であるため、社会的行動様式における様々な現象は本能とはまったく異なる行動レベルにあるというのに、多くの論者が、〔誤って〕本能によって、この現象を説明してきたからである。

人間個人個人の本能は、ほとんど無限に修正されるものとみなすのが通例であり、この点において下等動物の本能とは異なるとされている。下等動物の場合の意味での本能は、人間においてはほとんど見出しえない。例外があるとすれば、未発達なため本能の名に値しない二、三のものに加えて、乳児の本能、また、おそらく、ごく年少の幼児がみせる怒りというような直接的な反応のいくつかくらいである。子供の生活は人間社会の中で送られる以上、今述べた本能や、人間の性向に備わったすべての衝動は、ある圧力にしたがうことになる。この圧力が加わる度合いは、動物の本能の場合とは比較にならない。たとえ、変化しやすい棲息条件を長期にわたって経験することで、下等動物の本能が漸次的変質にさらされることを、我々が発見していようが、事情に変わりはない。こうした圧力は、もちろん、理にかなった特性をとおしてのみ可能になるのであり、もし私が正しければ、この特性の真相は、子供が関与しうる社会的行動においてみられる。

こうした下等動物における本能もしくは衝動を構成する要素は、高度に組織化されている。このような構成要素は、極めて限定的で制限された世界に対する動物の適応〔結果〕を表している。動物にとって感受可能にして、かつ、棲息環境に存在する刺激は、こうした世界を構成しており、また、動物のとりうる反応に対応している。刺激のこのような二つの側面は、相互に適応し合っているると同時に、相互規定関係にある。というのも、発現しようとしている本能こそが、刺激に対する動物の感受能力を確定しているのであり、刺激の存在が本能を誘発するからである。これらの組織化は、身構えの安定と運動の周期性を表しているだけでなく、相互の働きかけの継続、つまり、生命個体と生命種の生活の統一された全体構造を表している。有史以来、いかなる人間社会においても、最も原始的なタイプの社会においてさえ、このように統一された世界も統一された人間もみられない。人間の世界のうちに今現在存在しているのは、一齣の過去と、不確かな未来、つまり、集団内の個人個人の行動様式によって影響を受けるような未来である。個人は、様々に可能な状況の中に自らを投企し、道具と社会的構えによって、〔今までとは〕異なる状況をもたらそうと試みるのであり、こうした異なる状況が、様々に異なる衝動を表現することになる。

下等動物の本能的行動の観点からみるなら、あるいは、人間でいえば、知覚的世界に対するその時その場の反応の観点からみるなら(いいかえれば、衝動と、衝動に対して発現形態を与える対象との関係が損なわれてはいない場合の観点からみれば)、過去と未来は、その場面には存在しない。とはいえ、過去も未来も、その場面状況において表象されてはいる。過去と未来は、〔対象に対する〕適応能力によって表象されるのであって、その場合、末端器官の興奮を経由した直接的な感覚刺激、および、心像、この双方における何らかの要素の選択をとおして表象される。過去を表象するものと未来を表象するものは、〔表象〕内容としては、区別できない。〔実際に過ぎ去った〕過去を〔今現在表象面で〕代用しているものは、刺激として作用する対象に対して衝動を現時点で適応させることである。〔いずれやってくる〕未来を〔今現在表象面で〕代用しているものは、行為の最中に変化しつつある経験領域が、行為の遂行に対して行使し続けているコントロールである。

経験の流れが、その時その場の今現在とは対比的意味で、過去と未来に分化するようになるのは、経験を構成する何らかの部分、つまり、一方では適応の完成、他方では推移しつつあるコントロール、こういった特性をもつ部分に対して、反省が作用するようになってから以降のことである。生物個体が生きているのは、〔過去と未来に〕分化することのない今現在においてである。反省能力のある社会的個人は、この未分化の今現在を経験の流れの中に持ち込むのであるが、この経験の流れの中には、確定済みの過去と、多かれ少なかれ未確定の未来がある。経験における今現在は、主として、先に挙げた諸々の衝動群によって、いいかえれば、物理的社会的世界に対する適応のうち我々人間が遺伝的に継承している適応によって表現されるのであり、社会的反省過程によって絶えず再編される。だが、こうした今現在の再編が生ずるのは、刺激となっている領域において〔刺激を〕分析し選択することをとおしてであって、衝動のその時その場の指令や組み換えによって生ずるのではない。衝動に対するコントロールはつねに諸々の刺激の選択を通じて行使されているのであり、この選択は、発現しようとしている他の様々な衝動のもつ感受可能な影響によって条件づけられている。今現在が有する、この時この場という性質は、けっして失われることはないし、様々に構成される過去〔像〕と様々に構想される未来〔像〕を思い抱く諸々の精神の中にあって、生物学上の個人の方は、疑われることのない実在として存在する。〔我々の均衡のとれた態勢、対象へ近づく運動、対象との接触とその操作によって〕確定された一定の適応〔形態〕のうち、いくらかを、〔身体にとっての〕物的対象世界として、しかも、複雑な神経系を有する生物学上の個人に対応するものとして、〔他から〕隔離して抽出するのは、科学的反省の成果だったのである。

このようにして経験に現れる物的対象世界が対応しているのは、遠隔対象に関する我々の態勢や運動、遠隔対象に対する我々の操作だけではない。それは、生物学的メカニズム、とりわけ、今述べたような反応が遂行される際の複雑な神経調整にも対応しているのである。我々が最も完全なコントロール手段を獲得するのは、このような物的対象世界であるため、個人を一つの〔生物学的〕メカニズムとして物的対象世界に位置づける傾向が極めて強い。我々が生物学的メカニズムとして現れるかぎりにおいて、行動様式を確定する諸条件の領域は、それに応じて今まで以上に一層広大になるが、我々はこの領域を一層うまくコントロールすることができる。他方で、機械的力学的観点からこのように叙述することは、行動様式のあらゆる目標と目的を捨象することになる。もし、個人についての叙述の中に行動様式の目標と目的が現れるとすれば、それは、自我の表現として、心のうちに位置づけなければならない。つまり、諸々の自我から構成される世界、いいかえれば、社会的な世界のうちに位置づけなければならないのである。ここでは、機械論と目的論という問題、心身問題、平行説か相互作用かという心理学上の問題等々、こういった区別に関わる微妙な問題に関わるつもりはない。私が望んでいるのは、こうした言葉が一般に用いられていることからして、行動についての機械論的叙述を物理的領域に移し、目的論的叙述を精神世界へと移す論理的動機を指摘することだけである。過去と未来の間の区別においてこれまで強調してきたような二つの強調点は、極めて重要な問題である。これに対して、強調しておく必要があるのは、実在の検証として実験を用いる場合、現代科学の方法（これは反省の精巧な形態にすぎない）は、その時その場の素朴な経験に回帰していることである。現代科学は、その最も抽象的で捉えがたい仮説を、究極のところ、「今現在」という領域に持ち込んで、その信頼性や真理性を確証しようとしている。

　こうしたその時その場の経験は実在であり、かつ、我々の観念や命題すべての真理性の検証のみならず、科学的仮説の実在性の最終的な検証でもあるわけだが、このような経験は、我々がこれまで述べてきた「生物学的個人」の経験である。この言葉でいっているのは、ある時点である構えをとっている個体のことであって、そこでは個体の周囲にある対象に対する関係が損なわれることなく維持されているのである。たとえば、天秤の針、星と望遠鏡内の照準線との一致、部屋の中に個人がいること、商取引を実際に達成すること、こういったことの最終的な見積もり評価は、いいかえれば、仮説や命題を確証するかもしれない出来事は、実のところ、それ自体で、分析を必要とするものではない。追求すべきは、予期された帰結と実際に生ずる出来事との一致なのである。私は「生物学的」という言葉を遣ったが、それは、この言葉が、反省とは区別しうるような、生きている実在を強調するからである。後になって反省することが、生きている実在に立ち返って、物理的刺激と生物学的メカニズムによって、世界と個人との完全な相互関係を叙述すべく努力することになるのである。実際に生じた経験は、こうした反省形態において生じたのではなく、〔反省前の〕素朴な実在という形で生じたのである。

Ⅲ 自我と反省過程

The Self and the Process of Reflection

反省過程それ自体が生ずるのは社会的行動においてである。この過程は、まずもって、最も単純な外見において叙述すべきである。既に述べたように、この過程が意味するのは、何らかの点で、行為の失敗であり、とりわけ、複数の衝動同士が相互に抑制し合うことによって生ずる失敗である。食料や水に向かって行く衝動は、危険の徴候や進入禁止の標識をとおして、引き返したり撤退したりする衝動によって抑制される。このような条件の下では、人間よりも下等な動物の場合、その身構えは、前進するか後退するかという身構えである――つまり、反省することなくひとりでに何らかの解決をもたらす過程である。こうして、たとえば、小屋の中のわなにかかって閉じ込められた猫は不規則にもがき続けるわけだが、そのことで、やがては、わなをはずすバネをみつけることもある。だが、このようにしてみつけられた解決策は、反省に基づく解決ではない。もちろん、同じことを繰り返し行えば、最終的には、わなを外す反応をしかと記憶に刻み込むこともあり、そのため、経験を積んだ猫の場合、わなの仕掛けられた小屋に入れられても、即座に、わなのバネをはずすこともある。人間の場合、たとえば、ゲームをしたり、楽器を演奏したりする過程で得られる技術、また、新しい状況に対する筋肉の広範囲にわたる調整能力を獲得する過程で得られる技術は、こうした試行錯誤の手続きによって習得されるものである。

こうした手続きにあって、対立競合する衝動が次から次へと支配的になり、発現形態を得つつ、やがて、当初の衝動が、対立競合する一つのまたは複数の衝動によって最終的に抑制されるようになる。こうして、たとえば、見知らぬ人が犬に肉をやろうとする場合、その人に近寄ろうとしている犬は、その人の場所にほとんど到達するところまできたところで、その人が見知らぬ人だということに関する諸々の刺激を勘案し、突然、歯を剝いて吠えながら、駆け去っていくかもしれない。このように競合対立する衝動間を行きつ戻りつすることが、しばらくの間続き、やがて、それぞれの刺激を消耗し尽くした後で、今現在の衝動作用範囲のまったく外部にある他の衝動やその刺激が候補となる。あるいは、このように近づいたり立ち去ったりすることが、当の対象のさらに他の特性を作用させるかもしれないし、当の問題をこのように解決する他の衝動を喚起するかもしれない。先の見知らぬ人に犬がもっと近づいてみると、慣れ親しんだ臭いがその人からするかもしれないし、そうなると、今まで撤退と敵対という衝動を誘発してきた刺激を払いのけることになるかもしれない。先に触れた今一つの事例、つまり、わなの仕掛けられた小屋に入れられた猫の事例では、衝動に駆られた行為が次から次へと現れ、最終的には、偶然ではあれ、わな用のバネを動かしてしまい、わなにかかることになるかもしれない。人間の行動様式でいえば、テニスやヴァイオリンの初心者にみられる不器用でぎこちなく、ためらいがちなプレーや演奏は、同じ事例である。この場合、プレーヤー自身のことを記述するなら、学び方をわからないまま学んでいるという言い方で特徴づけることができる。このテニス初心者は、過去において認識することのなかった新たな状況が自分に生じていることがわかる。対戦相手の位置、飛んでくるボールの角度が、突如として自分にとって重要事項となるわけである。この人にしてみれば、こうした客観的状況は、かつては存在しなかったのである。どんな理論によっても、この人は、こうした状況を作り上げたわけではなかった。こうした状況は端的に〔今現在〕そこにあるというだけである。他方、過去にあっては、この状況は彼の経験のうちにはなかった。そして、内省することで示されるのが、この人は、新しい類いの反応に対する準備態勢によって、この状況を認識しているということなのである。彼の注意は、自分自身の筋肉運動上の身構えによって、こうした状況に向けられる。彼は自分が「フォーム」と呼ぶものを理解しつつある。実際、「フォーム」というのは、今述べたような身体運動上の身構えに対する一つの感受能力であり、この能力によって、我々は、発現しようとしている反応を喚起する刺激に対して、自らの潜在的感受能力を高める。この過程の総体は、衝動とそれに対応する対象がそこにあったり、なかったりするような非反省的過程である。対象領域の再組織化も、対立競合し合う衝動の再組織化も、経験の中で生ずる。こうした再組織化がひとたび生じてしまえば、再組織化された事柄は、新たな対象と新たな身構えにおいて登録されることになり、そうなれば、当面のところは、いかにして再組織化が生ずるかということについては、二の次にして構わない。これについての最近の説明の仕方は、試行錯誤の点に立ったり、成功反応の保持と失敗反応の排除によってなされたり、また、成功をともなう快楽と失敗をともなう苦痛とを選択する能力に基づいたりしているが、いずれも、満足のいくものではない。だが、再組織化の過程は反省領域の外部にあり、我々としては、この議論にとどまる必要はない。

単純な反省の一例として、タンスの引き出しを開ける場合を取り上げてもよいだろう。この引き出しは、引っ張っても、なかなか開かず、徐々に力を強くして何度も繰り返し引っ張ろうとしても、まだ開かないものだとする。取っ手がはずれてしまうまで、ありったけの力をかけることに専念する代わりに、人は知性を働かすことになる。たとえば、可能ならば、どこが引っかかっているのか当たりをつけ、あちこち、反った箇所を探し、最も強く引っかかっている箇所に力をかけ、また、引き出しの中味を想像することに注意を払い、あるいは、自分の骨折りを今まで無駄に終わらせていた原因を取り除くために、上の引き出しを取り外してしまう。この手続きにおいて、今しがた考察してきた非反省的方法との著しい違いは、対象の分析のうちに見て取れる。問題となっている引き出しは、この間しばらくは、単に引っ張って出す何物かであることをやめていた。それは、様々な部品からなる木製製品であり、ある部品は他の部品よりも膨張してしまったのかもしれない。その引き出しは、また、物が一杯詰まった容器であり、この中味の物が突き出ていて外枠に引っかかっていたのかもしれない。しかしながら、このように分析したからといって、我々を突き動かす衝動の領域から抜け出せるわけではない。この人は、今なお、両手で、あれこれ試みているのである。他の箇所よりも強く引っかかる箇所が感じられれば、最も強く引っかかっている箇所に、さらに一工夫すべく奮闘することになる。引き出しの中身を心に描くことは、引っかかって邪魔になっているところを引っ張って外そうとする性向に対応したものとなっている。通常の知覚メカニズムにあっては、人の行為性向からして、この性向を自由に働かせるような対象に、この人は気づくわけだが、〔問題解決という〕単一目的の構成部分と、〔解決のために〕組織化された反応の構成部分とが対応するような行動領域を、もし、この人が確保できさえすれば、当の問題を処理するのに、通常の知覚メカニズムで十分である。このような行動領域は、表立って現れる行為の領域ではない。というのも、〔表立った解決行動にいたる前段階で〕問題解決のための最善計画に関して、様々な解決案が競合し合う仮説として浮上することになり、こうした様々な案を相互に関連づけ、〔解決過程という〕何らかの意味で新たな全体を構成する部分となるようにしなければならないからである。

対立し合う衝動を単に抑制するだけでは、こうした領域は生じない。単なる抑制では、相互に打ち消し合う対象が残るだけである。つまり、引き出すことができない以上、その引き出しは、いわば、引き出しとはいえない引き出しであり、あるいは、敵でありかつ味方でもある個人、道路ではない道路といった具合である。そうなると、我々は不可避なものに屈するだけかもしれないが、注意の方は、行為の他の領域へ向かってしまう。我々には、精神を反省作用の場として記述する自由もない。ここで精神といっているのは、つまり、進化のある段階で存在するにいたる精神であり、人間に対して生活の新たな技法をいつでも授けようとする、生まれつき備わった内面上の天分のことである。行動は、元々精神を何ら考慮することはなかったし、単に目の前にある事物とそれに対する直接的反応からなる世界に属していたにもかかわらず、このような行動から、いかに精神が発達したか、これを突き止めることが我々の試みである。精神が行動内で生じた進化の産物であるとすれば、行動は生命体の内部で生じたものと我々が考えている以上、精神も、それに応じた仕方で叙述可能でなければならない。つまり、精神の進化過程のどの段階も、行為でなければならず、この行為内部で、衝動が知覚領域における対象をとおして発現しなければならない。ここで再び、ともすれば陥りがちな安易な仮定に対して警告しておかなければならない。つまり、目にはみえない内心に由来する経験とやらが、内面的世界を提供し、その中で、幾分曖昧な仕方で反省が発生するという仮定であり、また、知覚対象としての個人の身体が、経験の帰属点を提供し、そのことで、身体内部に表象と反省の根源を有するような私秘的心理的領域を創り出すという仮定である。疝痛も、つまずいて痛みのある足先も、反省を生み出しはしないし、快楽も苦痛も、あるいは、情動も機嫌も、心の中の心理的内容物を構成しはしないし、不可避的に自己を指し示すわけでもなく、したがって、自生的な思考が生ずる内面的世界を形成するわけでもない。先に引用した事例にみられるような反省には、少なくとも二つの構えがともなう。一つは、対象にあって、対立し合う衝動を生み出すような新規な特徴を指し示す構えである（分析）。今一つは、そのように知覚された場合、対象に対する反応を、他者に対して指し示すのと同じように、自分自身に対しても指し示すように、組織化する構えである（表象）。思考が生ずる場面の直接的な活動は社会的行為であり、おそらく、その最も原初的な発現は、原始的な社会的反応のうちに現れる。それゆえ、行動様式が反省の領域と方法を提供するかどうか、突き止めようとする場合、まず、社会的行動様式の最も単純な形態を考察し、その後で反省に立ち返るのがよいだろう。

いかなる個人によるものであれ、個人の社会的行動様式を定義するとすれば、諸々の衝動の特定の刺激が同じ生物学的集団に属する他の個人のうちにみられるとき、この刺激から生ずる行動様式ということになろう。こうした刺激は、数々の感覚器官のうちのいずれかを動かすことになろうが、しかし、そうした刺激にあって、特に注意と強調を必要とする類いの刺激というものがある。その刺激とは、他の人々の身体運動の中でも、とりわけ、問題となっている個人の様々な反応を左右するような、神経衝動伝達の初動段階にある構えである。こうした刺激の大部分は、これまで比較心理学者たちに見過ごされてきた。あるいは、かつて、ダーウィンやピデリやヴントによって議論された場合でも、これまで議論されてきたのと同じように、刺激は、他の個人に影響を及ぼすものとして扱われてきたが、直接影響を与えるのではなく、あくまで、情動や意図あるいは観念を表現することを通じて影響を与えるものであった。すなわち、これらの刺激は、直接影響を与える特殊な刺激ではなく、二次的刺激、派生的刺激とみなされてきたのである。しかし、これから闘おうとする犬の「身構えのやりとり」と呼びうるもの、あるいは、幼児と親の適応、群棲動物の相互の運動を研究する者であれば、誰もが認めることがある。それは、社会的行為の端緒は、動物の姿形、臭い、接触、唸り声がそうであるように、直接、本能的あるいは衝動的反応を喚起するということである。ヴントは、この点に関して大いに貢献することになり、これらの刺激を身振りという一般的用語の下に分類し、こうして、明確に特定の意味を有する発話へと発展していく人間の発話音声を、この分類項目のうちに入れた、つまり、音声身振りと特徴づけたのである。社会的行動様式という概念については、さらに論評しておく必要がある。社会的行動様式を、お互いに他者たちの行動様式を受け入れ保護し仕える人々同士の相互反応に限定するわけにはいかない。

社会行動様式概念には、動物にみられる敵対者同士も含まれる。社会的行動様式の目的からすれば、虎は、バッファローや鹿と同じように、ジャングルという社会の構成員である。集団をもっと狭くとってみるなら、集団発達過程において、敵対や逃走といった本能ないし衝動は、それらの初動段階を表す身振りとともに、最も重要な役割を果たしているのであって、それは、相互に支え合う生命種全体の保護においてだけでなく、このように敵対し合う生命種同士の行動様式にもあてはまる。生活過程の中で生命種が進化する際には、捕食する側もされる側も、襲撃する側もされる側も、母親と子供や異性の個体同士の場合と同じように、密接に絡み合っているのである。

下等動物にあっては、社会的行動様式が関わっているのは、攻撃や逃避の本能であり、性や親子関係といった本能であり、群棲動物の本能(これらの動物の場合、概略においても幾分曖昧であるが)、そして、おそらくは、巣作りである。これらの過程すべてにおいて、社会的衝動に対する特定の刺激として役立つのは、動物の存在そのもの、その身体運動、とりわけ、身体運動の初動段階であり――というのも、他の動物の行為に適応する際、これから示される反応を初動段階で指し示すことは、最も重要なことだからである――、さらにいえば、動物が発する音声である。こうした反応は、その性質からして、非社会的物理的刺激に対する反応の場合と同じくらい、身近であり、かつ、客観的である。蜂や蟻の生活、あるいは、住み処を作り上げる際のビーバーの場合と同じように、こうした行動様式がどれほど複雑で込み入ったものになろうと、いうところの「精神」において表現されている対象や行為を、各動物が互いに指示し合っているという事実など、優れた動物観察者によって確証されたためしはない。いいかえれば、ある動物が、特定の意味を有する身振りによって、別の動物に情報を伝えうるなどという証拠はないのである。外的対象に対して、またおそらくは、心像に対しても、その時その場で直接反応する動物は、過去も未来ももたないのであって、対象としての自我も、いいかえれば、先に述べたような精神も、何らもっていないのであり、反省することもできないし、今日の言葉の意味でいえば、「理性に基づくふるまい方」をとることもできないのである。

鳥には奇妙な現象がある。生殖や養育に関する行動様式において、鳥は音声身振りを広範囲に用いる。音声身振りは、受け取る側の動物の場合と同じように、発する側の動物にも直接効果を及ぼしうるという性質をもっており、その度合いは際立っている。もちろん、だからといって、この効果が必ず実現されるというわけではない。

実現されるかどうかは、衝動を誘発するのに必要な刺激があるかどうかにかかっている。〔鳥に限定せずに〕動物に共通な社会生活においてであれば、ある個体の衝動といえども、他の個体を刺激して何かするよう仕向けることなど、できないだろう。こうした刺激では、通常、自身の行動様式に直接的な効果を及ぼすことはない。しかしながら、鳥の場合には、こうしたことが生ずる証拠がいくらかある。鳥が、自らの鳴き声によって、さえずるように自らをも刺激していないなどと考えることは困難である。

仮に、鳥aが自らのさえずりによって、ある反応を鳥bのうちに喚起し、かつ、鳥bが反応する際に、ある反応を鳥aのうちに喚起するさえずりを用いるだけでなく、自身の有機体のうちに、鳥aが発したものと同じさえずりで表現する構えをとるならば、その場合、鳥bは、鳥aのうちに喚起したのと同じさえずりを発すべく、自らを刺激したことになるだろう。このことが意味するのは、表示しようとする構えが、この二羽にあっては同一であるということであり、こうした構えを表示するさえずりが同じであるということである。仮に、このことが妥当だとして、一方の鳥が、他方の鳥のさえずりを耳にすると高い頻度でさえずるのであれば、共通の音調と共通のさえずりが生ずることになる。このような過程は、通常「模倣」と呼ばれるものではない。このことを認識しておくことは重要である。この鳥bが鳥aのさえずりの側に見て取るのは、〔鳥bに対して〕同じさえずりを出せという刺激ではない。そうではなくて、ここで想定されていることは、鳥aに対する〔鳥bの側からの〕応答自体が、鳥bの側自らを刺激して、鳥aが発するのと同じさえずりを発するよう仕向けるということである。ある動物個体の行動様式のいかなる局面も、別の動物個体に同じ仕方で行為するような直接的な刺激であることを示す確証的証拠は、まったくない、あるいは、ほとんどない。今、ある生物個体が相手側に喚起しているものと同じ表現を示すべく、その個体が自らを刺激しているとして、この個体は、模倣として受け取られるものの多くを説明してはいるだろうが、それでも、この個体は、これからいうような意味で模倣しているわけではない。模倣が生ずるとすれば、それは、先に私が強調した条件の下においてである。すなわち、刺激が相手側に影響を及ぼすのと同じ仕方で、自らに対しても影響を及ぼすような条件であり、この条件は音声身振りの場合には成立している。鳴き声を真似るマネシツグミのように、ある種の鳥は、他の様々な鳥の一連のさえずりを、今みたようにして再現する。スズメは、カナリアの入った鳥籠に入れられると、おそらくカナリアのさえずりを再現するだろう。このように我々に最も馴染みのある再現の事例は、人真似をする鳥が身につけた技芸の事例である。こういった事例においては、スズメがカナリアのさえずりを再現するように、人を真似る鳥は、我々が言葉と呼ぶ音声上の諸々の要素の組み合わせを再現するわけである。この過程は、幼児による音声言語習得を解明する可能性があり、この点で興味深い過程である。この過程は、おそらく自らに反応するように個体を刺激しているものとして、音声身振りの重要性を際立たせている。本質的なこととして認識しておくべきことは、動物が自分自身の発する刺激に対して反応するといった事態が生じうるのは、この刺激によって誘発されて、表現しようとする衝動がある場合であるということである。これに対して、音声身振りの場合、他の個体に対してのみならず、当の個体自体に対しても、向けられる社会的行為として重要であることが、大いに認められることだろう。

こうして、行動領域において我々が到達するのは、次のような状況である。個体は、他の様々な個体に影響を及ぼすように、おそらく自らに対しても影響を及ぼすのであり、したがって、個体は、他の個体が発する刺激に対して反応するように、自ら発する刺激に対してもおそらく反応するという状況である。いいかえれば、ここで生じている状況は、個体が、自らの行動領域において、一つの対象になっているという状況であろう。こうした状況があれば、精神が出現する第一条件が満たされることになる。だが、このような反応が生ずるのは、個人のふるまい方を推進し強化するような自己刺激に対応する反応がある場合のみである。鳥の求愛活動にあって、音声身振りが異性間で同じであるかぎり、両者が喚起する興奮自体が、さらに興奮を高めるような別のさえずりを表すことになろう。ある動物個体が、敵対相手の唸り声によって触発されて、襲いかかろうとしている場合、この個体は、相手側の最初の敵対的身構えを刺激するのと同じような唸り声を発するだろう。しかし、この唸り声は、自分自身に対して反作用し、さらに大きな唸り声を触発し、さらなる闘いの興奮を喚起することになろう。ある雄鳥の鳴き声に応答する雄鳥は、自身を刺激して、自らの鳴き声に応答することができる。月に向かって吠える犬は、自身の遠吠えによって自らを刺激しないかぎり、おそらく、当初の遠吠えを続けることはないだろう。これまで注目されてきたように、子鳩の世話をする際、親鳩たちは、自分たちの鳴き声によって、お互いに刺激し合う。こうしたさえずりが自分以外の鳥に影響を及ぼすかぎり、このさえずり自体が、同じ仕方でさえずりを発する鳥に影響を及ぼす傾向がある。ここにおいて我々が見て取る社会的状況は、生殖行為や敵対的出会いや子育てに備える即応態勢が、音声身振りによって促進されるような社会的状況である。その際、この状況下の音声身振りは、当の身振りを発する動物個体に反作用し、さらには、身振りが直接向けられている相手側個体に対しても、当初の音声身振りによってもたらされるのと同じ効果、つまり、社会的活動に備える準備態勢という効果が及ぶことになる。他方で、もし、当の音声身振りが、相手側個体に対して、異なる反応を喚起し、それがまったく別の音声身振りで表現されるとするなら、当初の音声身振りを直接強化するようなものなど、まったく存在しないことになる。子供のさえずりを喚起する親の側のさえずりであろうと、それが、親の側に子供の反応を喚起し、子供の反応が再び親の側のさえずりを刺激することがないかぎり、親のさえずりが、親自身を刺激して、自らの音声身振りをさらに続けるなどということはない。このような複雑な事態は、人間の親の場合に生ずるが、しかし、人間よりも下等動物の親子関係においては、おそらく生じない。

これらの事例において我々が見て取る社会的状況は、二つの個体が携わっている行為を遂行する際、一方のふるまい方が他方のふるまい方に影響を及ぼすというものである。こうした場合の行為は、身振りとそれに対応している構えが、極めて似通っているため、一方の個体が相手側の身振りと構えを触発すべく自らを刺激し、したがってまた、〔相手側が反応すればそれにしたがって〕自らをさらに刺激するような行為である。動物は、ある程度、相手側の役割を遂行し、したがって、自身の役割の表現を強調する。我々が引用してきた生物の場合でいえば、このことが可能なのは、社会的行為に対する備えが一定段階に達するまで、それぞれの役割が多かれ少なかれ同一の場合にかぎる。しかしながら、こうした行為作用は、反省的思考の源泉となるタイプの抑制に属するものではない（各個体が相手側行為に相互に順応する際には、どんな場合でも、何らかの抑制が必要になるにもかかわらず、そういえる）。さらにいえば、この行為作用は、分析と表象にとって必要不可欠な構えもともないはしない。このように構えの多様性を欠いているのは、行動様式において複雑性を欠いているからではない（「構え（attitudes）」ということで、我々がいっているのは、表出衝動に駆られている有機体が行う適応のことである）。このような下等動物の行為の多くは、反省に基づいてコントロールされる人間の行為の多くと同じくらい高度に複雑なものである。両者の違いは、先に私が本能と衝動の違いとして述べたものである。本能もまた、高度に複雑であろう。たとえば、蜂の巣の産卵室でこれから孵化しようとする幼虫のその後の生活に蜂が備えるように、本能もまた高度に複雑なものかもしれない。だが、この複雑な過程総体を構成する様々な要素は、相互に結びつき堅固に組織化されているため、どの時点であれ、一か所でも作用が阻止されると、全過程が阻止される。この場合、全体を構成する各要素が本能によって自由に組み換えられて、他の形をとることはない。しかし、人間の衝動には、〔過程の〕障害要因と阻止要因が現れると、通常、それらを要素分解し、組み換える余地がある。

私の考えでは、人間の行為には、このように要素分解可能な特性があって、これと無関係ではない環境というものがある。私がいっているのは接触経験のことであり、これは、人間が手を用いることによって得られるものである。人間よりも下等な脊椎動物の多くの場合、接触経験は、それでもって行為が完成することを表している。たとえば、争い、餌にありつく過程、生殖行為、養育活動の大部分、攻撃、安全地帯への退却、獲物の獲得過程、防寒防暑の追求、寝床の選択といった場合、対象との接触は本能の目標と一致する。他方で、人間の手は、介在的な接触対象を提供するのであって、これは、口の場合や動物の足の場合の接触対象よりも、その内容においてはるかに豊富である。人間が用いる道具は、手を精巧にし、かつ、拡張したものである。道具が提供する接触〔経験〕は、介在的接触以外にも、人間の企ての始まりと終わりの間にある非常に多様な接触である。もちろん、今の考察にあって、手ということで考慮しているのは、身体の一部ということだけではなく、中枢神経系をとおして、手と他の身体部分との無限の調整作用である。このことは、行為の各要素への分解可能性を考察する上で、とりわけ重要である。というのも、我々の知覚に含まれているのは、視覚や他の何らかの遠隔感覚によって見込まれる接触経験の心像だからである。我々が事物を目にする際、たとえば、固いか柔らかいか、滑らかであるかないか、我々にとって寸法が大きいか小さいか、熱いか冷たいか、濡れているか乾いているかと考える。このように接触〔対象・経験〕を想像することこそが、目に入った事物を現実の事物にするのである。このように心像に現れる接触対象は、それゆえ、統御的行動様式において、極めて重要である。様々な接触心像は様々な事物を意味するだろうし、様々な事物は様々な反応を意味する。ここで再び強調しておきたい事実がある。このような多様性が経験において存在するのは、こうした多様な刺激に対応し、かつ、発現しようとしている衝動がある場合のみであるということである。しかし、自分の行為の始まりと終わりの間にあって、人間の手による接触は、物事を行う際の非常に多くの相異なる方法に対して、非常に多くの相異なる刺激を提供する。したがって、行為を成し遂げる際に、阻害要因や障害要因が現れれば、手の接触が誘因となって、代わりとなる他の衝動が現れることになる。人間の手は、多数の事物に満ちあふれた世界を人間に与えることによって、固定的な本能を解体する上で、大いに貢献してきたわけである。

ここで再び音声身振りに立ち返り、人間に固有の知性が発達するにあたって、一貫して極めて重要な性質をもってきた人類の今一つの特徴について注目しておきたい。つまり、長期にわたる幼少期ということである。ただし、ここで言及するのは、幼少期を終え成熟とともに現れる諸々の機会という、フィスクの唱えた利点ではなく、親とりわけ母親による子供の養育において音声身振りの果たす役割である。幼少期を終えると、はっきり聞き取れる話し言葉が作り上げられることになるが、その基になる音声的要素は、社会的構えに属するものである。この社会的構えは、他者たちのうちに、他者たちの発する音声身振りとともに、応答的構えを喚起する。恐怖におののく子供の泣き声は、親の懐に駆け込む性向に属するものであり、親のあやし声は、子供の保護を目指す身動きを構成する要素である。恐れおののく音声身振りは、これに対応する保護という身振りである。

見たところ、こうした親子関係から生ずる行動様式のタイプには、興味深い二つのタイプがある。我々が見出すのは、一方では、子供の側の模倣と呼ばれてきたもの、他方では、親の側の共感的反応である。行動様式のこうしたタイプそれぞれの土台になっているものは、相手側が自分に対して反応するのと同じ仕方で反応するように自らを刺激している個人のうちに見て取ることができる。これまでみてきたように、このことが可能であるためには、二つの条件を満たさなければならない。〔一つには〕個人は、相手側に影響を及ぼす刺激によって、かつ、同じ感覚経路をとおして、影響を受けなければならない。これは、音声身振りにおいてあてはまるものである。音声が発せられると、音声身振りを向けられた人の耳に音声が届くが、生理学上、それと同じ仕方で、発した側の耳にも、当の音声が届く。今一つの条件は、音声を発する個人の側に、発現しようとしている衝動がなければならないということである。その際、この音声は、それを耳にする相手側個人の中では、刺激が応答する音声と機能的には同じ種類のものである。我々にとって最もよく知られている事例は子供の事例であり、当初、泣き叫んでいるが、やがて、ほっとした音声を発する場合である。こちらのほっとした音声の方は、親による庇護的構えに属するものである。このような子供型の行動様式は次第に広がり、やがて、子供が身の周りの大人の役割を演ずる仕方は無数の形をとるようになる。人形遊びという極めて普遍的習慣が示しているのは、親の側の構えが子供の中に、いかに表れやすいかということである。もっとも、親の構えというよりも、様々な親の構えのうちの一定部類というべきところであろうが。人間にとって幼児期は長期にわたる依存期間であり、この間、子供の関心は、自分を育ててくれる人との関係に集中している。そのため、この依存期間は、このように他者の役割を演ずる類いの遊びを、あちこちで行う顕著な機会となる。下等動物の子供の場合、同一生物種の成体の行動様式にとってしかるべき刺激に対しては、早い時期に成熟する本能活動によって、極めて短期間に直接反応するようになる。こうしたところでは、子供は自分の注意を、かなりの期間にわたって、当初の〔自分が生まれ育った〕家族が提供する社会環境に向け、さらには、自分の身振り、とりわけ音声身振りをとおして、支援と食物、保温と保護を求めるわけである。このような身振りは、親の側からの反応を自身のうちにも必然的に喚起するにちがいない。何しろ、こうした親の反応には顕著な傾向があって、早い時期から、子供の性質の中で発現すべく準備ができているのである。さらにいえば、こうした反応には、子供の身振りに対応するような親の側の身振りも含まれるだろう。子供は、親を刺激して反応を発するよう仕向けるが、その同じ反応を、自分の側からも発するよう自らを刺激するだろう。子供の側が反応する場面の社会的状況が、子供自身にとっての社会的環境によって限定されているかぎりにおいて、この環境は、子供がいかなる音声を発するか、したがって、他者においても自身においても、いかなる反応を刺激するかを左右する。子供の身の周りの生活は、親の側のいかなる反応を自分が引き起こすかを間接的に確定するが、しかし、大人の反応を誘発する直接的な刺激は、子供自身による子供としての訴えかけのうちに必ずみられる。大人の側の刺激に対して子供が反応するのは、あくまで、子供としてである。このように大人の側が子供に対して与える刺激にあっては、大人の反応を喚起するものは何もない。しかし、大人に対する子供側からの訴えかけに、子供自身が注意を向けるかぎりにおいて、現れてくるのは大人の反応であろう。もっとも、現れるとはいっても、それは、あくまで、大人の衝動の何らかの局面が、大人の側で発現する準備ができている場合にかぎる。子供の行動様式に対して、ごっこ遊びにつきものの固有の特性の一つを与えるのは、もちろん、大人の反応が不完全で相対的に未完成であることである。今一つは、子供は、この遊戯活動をおこなうように、自分を刺激できるということである。幼児たちの遊戯においては、いっしょに遊ぶ場合でさえ、その過程で、様々な役割を演ずる証拠は数多くある。一人で遊ぶ子供は、自分の音声身振りによって、様々な役割を演ずるよう、自らをいつまでも刺激し続けるだろう。人間以外の生物種の場合、子供の遊びは、今述べたような自己刺激的特性を欠いており、子供の早い時期の遊びにみられる場合よりも、ずっと成熟した本能的反応を示す。まさにこのような行動様式から、つまり、自分の自我に呼びかけ、他者のしかるべき反応をもって反応することから、「自己意識」が発生するのは明らかである。幼児期の子供は、自分が様々な役割を演じて周りにみせる場面を作る。そして、こうした社会的に相異なる様々な構えが素材となって、子供の自我は、次第に統合されるのであり、以後は、自身に呼びかけ、ある意味で他者の側の反応でもって、その呼びかけに応答する能力をつねに保持し続ける。子供は、精神というメカニズムを携えて、大人の時期に入っていくわけである。

大人における共感の構えとして我々が特徴づけている構えも、同じ能力から生ずる、つまり、社会的に関わっている相手側の役割を遂行する能力から生ずるわけである。共感という構えは、支援、扶養、保護といった直接的反応には含まれない。これは、直接的な衝動、あるいは下等動物の場合であれば、直接的本能であって、時折みられる正反対の本能を行使することと両立しえないわけではまったくない。最も普通にみられるように、時折親らしくふるまう親であろうと、一見冷酷にも、自分の子供を殺して食べてしまうこともある。共感がつねに意味しているのは、ある程度自分が支援している人が示す構えをとることによって、他者たちを支援し配慮するように自らを刺激するということである。こうした共感を表す共通の言葉は、「他者の立場に立ってみる」というものである。これは、おそらく、もっぱら人間に見られる型の行動様式であり、自分を刺激して、相手側が反応するのと同じように反応することによって、ある行為をするといった交錯現象として特徴づけられる。後にみるつもりではあるが、相手側が反応するように自ら反応することをとおして、自分の行動様式をコントロールするということは、親切なふるまい方に限定されるものではない。だが、いかなる人間集団生活においても必要不可欠な拘束的慣例としての親切な行為や構えを表すために、我々は「共感的」という言葉をとっておく傾向がある。マクドゥガルの主張によると、人間味のあると呼べるもの、あるいは、人間味があるという意味で人間的と呼べるものすべてに通ずるような優しさという根本的な特性は、その起源を、親の衝動のうちにもつという。この見解に同意しようがしまいが、様々な仕方で他者を支援するという根本的構えは、子供との関係において目立った形で用いられる、このことは疑いない。いかなる種類のものであれ、無力感は、我々を子供同然にするのであって、我々のコミュニティの他のメンバーたちに親らしい反応を喚起する。従来よりも広い範囲の社会集団の認識が可能なかぎり十分発展すれば、神の国に匹敵するものとなろう。こうした神の国の一員に我々がなりうるとすれば、それは、〔やがては大人となる〕小さな子供としてである。成人は既に社会の一員となっているが、それは、ある種の自我をともなった子供時代、つまり、様々な役割を演じることで発生した自我を身につけた子供時代を経過することによってである。それゆえ、成人が、自分自身の子供に向き合うのは、我々のいう「共感」によってである。しかし、父親も母親も、親として子供に反応する際には、最も頻繁にこうした共感的構えを行使している。他のいかなる意味にもまして、心理学的にみれば、社会は家族の中から発達してきた。親としての構えは、幼児としての構えと同様に、我々が鳥の例で確認したように、まずもって、自己刺激という目的に役立つのであり、したがって、重要な反応を強調する。しかし、第二義的には、親としての構えは、精神のメカニズムを提供する。

行動の中で確認しうる精神活動にあって、最も重要な活動は、対立競合する衝動が調和の取れた形で発現しうるように、衝動同士を調整することである。既に用いた事例を思い起こしてみるなら、食物や休息へと向かって行こうとする衝動があっても、急勾配の下り坂から引き返そうとする衝動の方が、これを抑制してしまう例である。この場合、精神〔の作用の仕方〕は、これらの衝動同士が相互に打ち消し合おうとする傾向をまとめあげて、当の個人が、回り道をしながら進んで行き、先へ進みつつも、同時に、落下の危険を回避するようにする。これは、身体運動過程を直接再編することで達成されるものではない。この場合の心的過程は、メカニズムを内面から再調整する過程ではない、つまり、バネと梃子を再編する過程とはわけが違うのである。衝動がコントロールされるのは、唯一、注意対象の移動においてであって、この移動は、他の対象を刺激領域内に持ち込み他の衝動を発動させ、複数の衝動の発現に際しては発現時点をずらし、あるいは、ある衝動を追加したり除去したりすることで、当の注意対象それぞれの配置を換えていくのである。こうした注意対象の移動は、さらにまた、以前はその場で作用していなかった諸々の傾向が後に作用していく形で現れる。このように様々な傾向があると、当面刺激領域内にはない様々な刺激に対しても我々は鋭敏になる。突然生じた強力な刺激でさえも、我々に作用を及ぼすのであるが、その理由は、そうした刺激作用が現れた場合、急性の禁断反応や発作反応が、我々の身体的成り立ちのうちにあるからである。既に述べたように、下等動物の行動様式においては、このような衝動間の競合対立によって、反応のタイプは次から次へと切り替わっていく。下等動物の場合、衝動は、固定的な本能の中に極めて強固に組織化されているため、反応の選択肢は、複数の先天的習慣から選ぶ以外にない。他の言葉で述べるなら、本能のままの個体にとっては、刺激の新しい領域に適応することで、自らの対象を要素分解し、行動様式を再構成することはできない。というのも、このような個体にとっての組織化された反応というのは、要素を分解した上で再び新たな組み合わせへまとめ上げることができないからである。それゆえ、精神の器質上の課題問題は、我々の組織化された反応の構成要素を分裂させるような生物学的個体の行動様式に比して、一層優位に立つようなタイプの行動様式を確保する点にある。組織化された習慣をこのように再編成すれば、固定的習慣を作り上げていた様々な衝動に対応する対象のすべてが、知覚能力を発揮しうる領域の中に入ってくることになるだろう。

以上のような観点に立って、自我が統合的要因として社会的行動様式の一部となっている事態を考察したい。鳥の求愛活動の場合にみられることだが、自我が自己刺激を通じて一定の反応を単に強調するにとどまるかぎり、自我は、新しい行動原理を何ら導入することはない。というのも、こうした場合、自我は、自我以外の対象の場合のように、構えの対象としては現れないし、さらには、ふるまい方の帰結次第で左右される対象としても現れないからである。自我以外の対象が〔行動の〕影響を被るのと同じように、自我が〔行動による未来の〕変革対象や指導対象となれば、その時その場の衝動的反応に加えて、ある行動様式が現れることになる。それは、考えられるかぎりで、我々の様々な行為性向が向かっているところへ、注意の方向を移し、そのことをとおして、行為を要素分解することができる行動様式であり、なおかつ、心像を単に対象の提示や知覚の一部にするのではなく、様々な反応の帰結を心像として思い描くことによって、表象作用を可能にする行動様式である。このように活動を反省によって方向づけることは、知性が最初に現れる形ではないし、知性の原初的機能でもない。知性の最初期の機能は、幼児の事例にみられるように、幼児が長期間頼らねばならない小さな範囲の社会に対して実効的に適応することである。子供は、長期にわたって、気分や情動的な感じ方に左右される。こうした小さな社会に、子供は、いかに迅速に適応するか、たびたび驚かされるところである。子供は、特定の意味を有すると我々が考える反応を示す前に、大部分の刺激に先立って、当初、顔の表情に対して反応し、自分自身のしかるべき表情でもって応答する。子供は、このような、いわゆる「ものまね身振り」に対して極めて敏感な感受性をもって生を受け、自分の周りの社会的環境に適応していく際には、最初期の知性を行使する。仮に、他者に影響を及ぼすように自分自身に対しても影響を及ぼす音声身振り能力を生まれつき欠いた子供がいるとして、もし、原理上音声コミュニケーション手段と同じ手順に従うような他のコミュニケーション手段を用いるなりして、早い段階で音声身振りの欠如が改善しなければ、この子供にとって、身の周りの人々に対する適応手段は、本能的手段に限定されることになり、下等動物の生活以上の生活をほとんど送れないだろう。実際には、下等動物の生活より劣った生活になる。というのも、人間の子供は、身の周りの物的社会的対象世界に対する様々な本能的反応を欠いているからである。これまでみてきたように、通常の子供の場合、音声身振りは自身のうちに、年長者たちが示す反応を喚起する。こうした年長者の反応の喚起は、当初は、自分の親の衝動が刺激となって、後には他の人々の衝動が刺激となって生ずるのであり、いずれにあっても、こうした衝動は、子供なりの形で、自分の神経中枢系内で成熟しはじめているわけである。こういった衝動は、まずもって声の調子に現れ、後には音声要素の組み合わせにおいて現れるのであり、この音声要素の組み合わせは、言葉を真似る鳥の音声身振りにおいてそうであるように、やがて明確に聞き取れる言葉となる。子供は、自身の衝動をとおして、〔ある意味〕自分にとっての親となっているのである。子供が自分の身の周りの発話の音声要素を用いるようになる際には、選択過程が作用するが、これと同じ選択過程によって、子供は身の周りの人々の一般的型の構えを用いるようになる。こうした構えを用いるようになるのは、直に模倣することによってではなく、自分が他者のうちに喚起するのと同じ反応を、いかなる状況にあっても、自分のうちに喚起する性向をとおしてなされる。このような状況を確定している社会は、もちろん、子供の直接的な応答を確定するのみならず、子供自身のうちにある大人側の反応、しかも、この子供が喚起する反応をも確定することになろう。この子供が、当初は声によって、後にはごっこ遊びによって、こうした反応を表現するかぎりにおいて、この子供は数多くの役割を遂行しているのであり、なおかつ、その役割すべてによって、自身に呼びかけているのである。この子供は、もちろん、遊戯において自らを適応させているのであり、後には、大人の活動を行うようになる。そして、未開人の間では、これこそが、実際に、子供の訓練のすべてである。だが、子供が行っているのはこれにつきない。つまり、子供は、こうした過程の中で、明確な自我を次第に築き上げているのであり、この自我は、自身の世界の中で、最も重要な対象となる。この自我は、対象としては、当初は、自分の自我に対する他者たちの構えの反映である。実際、この初期の段階で、子供は第三者の視点で自分自身の自我に言及する。子供が自分の身の周りの人々の役割を遂行する際、その子供は、自分が呼びかける相手個人すべての合成物となっている。この合成物は、やがて十分明確な形態をとって生物学上の個人と一体化され、我々が自己意識的と呼ぶ明確な人格が付与されるのであるが、その過程は徐々にしか進行しない。ひとたび、十分明確な形をとるようになれば、この子供は、いわゆる「想像上の行動様式」に照らして、自分が遂行しているどんな役割の観点の側からも、自分が何をしているのか、また、自分が、何をしようと意図しているのかについて解説できる立場に立つことになる。これらの役割がそれぞれ異なるかぎり、同じ役割遂行という営みであっても、異なる局面をもっている。さらにいえば、自分の周囲の様々な対象の領域において、相異なる様々な要素が顕著になるのだが、この様々な要素は、自身の様々な衝動に対応している。この子供が、〔真似をしているだけで、自分で〕考えているとはまだいえないような場合でも、少なくとも思考のメカニズムは身についているのである。

子供にとってその時その場の直接的な生活と、自分の行動様式の中で成長していく自身の自我との間には、大きな隔たりがあるのであって、この点を強調しておく必要がある。自我の成長は、ほとんど外部から強要される。おそらく、子供は、自分の周囲の集団が自分に対して、あくまで、自分用として割り当てる個人を、受動的に受け入れるだろう。これは、愛したり憎んだり抱擁したり殴ったりというように、強い調子で我をとおす生物学上の個人とは、大きく異なっている。この時期の子供は、けっして対象とはなっていない。この時期の子供にとっての対象は、直接受ける苦痛であり直接行う行動である。この間、成長しつつある自我は、子供が遂行する役割それぞれに応じて、現実味を帯びていたり、現実味がなかったりする。この初期段階の自我に関する興味深い記録は、多くの子供がはっきりと自分にあてがい、また、すべての子供が口には出さないものの、事実上自分にあてがっている、いわゆる「想像上の仲間」のうちに見出しうる。こうした想像上の仲間は、もちろん、自分自身にとっての社会的刺激に対する反応という点でみれば、子供の中にあって、まだ不完全にしか擬人化されていない反応である。しかし、こうした反応は、自分の遊戯の中では、曖昧な一族の他者たちに比べて、はるかに親しみがあり、長期にわたって重要な意味をもっている。子供は、社会的世界に反応し、また、社会的世界における行為を演じようと自らを刺激するのであるが、〔ごっこ遊びを通じて〕こうした社会的世界の範囲を一通り経験し終えるときにごっこ遊び上の全活動で遂行可能な自分自身の自我を、何らかの仕方で、完成したことになる。完成が明らかになるのは、ごっこ遊びという初期の形態から、競争的ゲームであれ、多少なりとも演劇的なゲームであれ、ゲーム形態へと推移する過程においてである。こうしたゲームに、子供は、明確な登場人物を一貫して演じきって参加するからである。子供の興味関心は、物語、おとぎ話、昔話から、筋のとおった話へと推移していくのであり、子供は、こうした話の中で、次々と出来事が起ころうと、ヒーローやヒロインと共感に満ちた一体感を持ち続けることができる。これにともなうのは、自分が遂行する周りの人の構えという観点からみた多かれ少なかれ明確に組織化された自我にとどまらない。さらに加えて、自らの行動様式において、こうした対象としての自我と生物学上の個人との機能上の相互関係をもともなう。こうなると、子供の反応は、単に、自分の周りにある社会的かつ物質的事物〔様態〕に対する直接的な反応にとどまらない。子供の反応は、さらに、今みたような自我に向けられるのであり、この自我は、持続的に重要性を増していく対象となる。こうした自我を作り上げているのは、他者たちに対する様々な反応であって、この反応は、子供が他者たちの役割を演ずる場合、主として他者たちの目をとおして注視される。たとえば、他の子供たちに自分の遊び仲間でいてもらいたいのであれば、自分のおもちゃをこの子供たちと共有しなければならず、こうすることで、子供は自らを遊び仲間のうちの一人とみなすようになる。こうなると、子供はおもちゃに対する見方を変えざるをえない。おもちゃの直接的な魅力は、自分で使って遊びたいという衝動であり、所有欲の衝動であるとはいえ、子供は、おもちゃのうちに、これとは別の特性をみることになる。おもちゃは、合成された対象なのであり、自分の衝動を表現するものというだけでなく、仲良くしたい人と友達でいるためのものでもある。子供の反応の習慣は再編され、そのことで、子供は、理性を兼ね備えた動物になるのである。このような習慣の再編は、自分では気づかぬうちに生ずるのであるが、それは、子供が、身の周りの対象物のうちに、今までとは異なる特徴を認識するようになるときであって、この場合、対象物のそうした特徴が、自我としての子供の注意に対して、認識を強いるようになっているのである。しかし、そうした自我も、有効に組織化されるようになるにつれ、自我が創り出すのと同じくらい多くになる。その結果として、子供を救い出す技法を提供するようの困難な状況から、子供を救い出す技法を提供するようになる。その結果として、生物学上の個人と自我との間の円滑な相互作用が生ずる。困難を示すふるまい方はすべて、このような反省形態をとるようになる。〔こうした相互作用において〕主体となっているのは、生物学上の個人であるが、けっして表舞台には現れず、他方で、自らにとっての社会的環境に適応した自我の方が、そして、この社会的環境を通じて世界全般に適応した自我の方が、対象となっている。確かに、この二者間の対話における主体は、ある時には、ある役割を遂行し、別の時には別の役割を遂行する。他の個人と議論する形で進行していく思考過程において、こういったことは、我々にとってお馴染みのことである。しばしばあることだが、人は議論したいことがあるときには、〔自らの心中において〕その考えを主張する者に仮託して語らせる。その際、思考の中に現れるのは、〔仮託されて〕その見解を支持する者が提供する議論である。そして、〔思考内で〕一旦その見解に応答した場合には、その人が次にいいそうな応答こそが、実際の次の応答を引き出すのである。この場合、思考内で聞こえる声は他者の声ではあるが、その源泉はすべて、自身の自我である。つまり、諸々の衝動がまとめあげられた束であり、我々はこれを生物学的個人と呼んできたわけである。問題となっている対象に注意を向けているのは、今ここで行動している個人である。今ここで行動しているこの個人は、自身の視野に入ってくることはない。しかし、我々がみてきたように、自身に語りかけることができ、かつ、反応を喚起することができるかぎりで、その場合の自我とその反応は、対象となるのである。

ここで、別の区別をしておく必要がある。というのも、経験というものは極めて曖昧なものだからである。我々が検討している段階、つまり、幼児段階において、幼児が遂行する他者の役割は、自分では役割だと気づかぬままに、演じられる。この場合の子供は、役割に対する自分の反応には気づいているが、自分が遂行している役割〔自体〕に気づいているわけではない。役割遂行場面においては、自身の視野には入ってこない「I」が、ある人物特性を帯びて登場するが、こういった特性に気づくのは、もっと経験を積んだ後の内的経験のみであり、さらにいえば、後になって立ち会うことになる役割遂行舞台においてのみである。主体と対象との相互作用を仲立ちするのは、音声身振りと、この身振りにまつわる心像であるが、しかし、音声身振りは、そもそも、一つの社会的行為の構成要素にすぎない。この音声身振りは、何らかの表立った行為作用が示す構えにおいて、ある環境に対する適応を表している。この行為作用は、しかし、当の身振りによって、自我に対して示されるのであり、その身振りをとおして成立する今一つの社会的存在としての自我は、様々な反応の構えをとる――つまり、先に、動物の行動様式において述べた身振りのやりとりのことである。こうした構えとその身振りに対して、生物学上の個人、つまり、主体は、あらためて応答する。しかし、この主体の側からの応答は自我に対するものであるのに対して、自我の反応の方は、直接主体に向けられているのではなく、応答を喚起した構えに関わる社会的状況に向けられている。我々成人の思考によって表現するなら、これは、一方で、心中に思い浮かぶ観念（我々に生ずる観念）、他方で、我々を対象として含む世界に対して観念の有する関係、この両者の間の区別である。いいかえれば、子供が行おうと準備していることと、子供が結果としてとる構えとの区別である。子供は何かをしようとしはじめると、その方針に反対したり、それを採用したりする過程の初期段階にいることがわかる。ある意味、子供は、こうした企てを自我とのコミュニケーションという媒体をとおして試しているわけである。こうして、生物学上の個人は根本的なところで自我と相互関係を取り結ぶようになるのであり、両者は、子供の人格を形成するのに役立っているわけである。こうしたやりとりこそが、最初期段階における精神のメカニズムを構成する。このメカニズムに加わるのが、身振りに誘発される行為に関わる知覚と心像からなる素材である。とりわけ、こうした身振りによって予期される行為の帰結はどのようなものになるのか、これについての心像は、特に興味深いものとなる。既にみたように、直ちに行動に移すという条件の下では、この心像は直ちに行為の目的対象となる。ある意味、相互に競合し合うような様々な活動が選択肢として現れる場合には、〔これから採用する〕行為の帰結がどうなるかについての心像は、当面、行為の目的対象から切り離され、再適応を抑制したり要請したりするのに役立つ。

先に私は心像を考察する際の二つの観点を示しておいた。知覚対象がその場にあるのと同じように、心像はその場にある。知覚対象と同様に、心像は、生理学上の有機体との関係〔如何〕によって記述可能である。しかし、知覚対象は、主として、有機体と有機体にとっての対象領域との間に成立するその時その場の関係の発現であるのに対して、心像の方は、有機体と、有機体にとってその時その場にはない環境との間の適応を表している。心像が、知覚対象という、心像以外の内容と融合している場合、心像は、対象領域を拡大し拡充することになる。心像が、〔有機体にとっての〕その時その場の環境に関わらないかぎり、心像が表しているのは、本能に支配された生物にとって、ほとんど、あるいは、まったく役に立たない素材である。その時その場ではすぐに感知しえない対象を理解するためには、心像は、我々に役立つのと同じように、本能に支配されている生物にも役立つかもしれない。しかし、こうした動物の場合、知覚領域の一部になっている対象は組織化された習慣に合致しているため、さらには、本能に支配されている生物はそもそも生来の習慣を再編できないがゆえに、心像は、対象と習慣の双方を再編する役割をほとんど果たすことができない。他方、人間の場合であれば、自らの精神作用においてて、心像は対象と習慣の双方を再編する機能を果たすのである。このように対象と習慣の双方を再編する機能は、対象を拡充する際にイメージが果たす機能の発達した形態である。これは、たとえば、視覚や聴覚といった遠隔で作用する感覚を通じて伝わってくる事態の中に、当の対象に実際に接近することで明らかになるような接触内容を持ち込むことによってなされる。反省において心像が果たす根源的機能は、相異なる方針の採用で生ずる帰結〔の相違〕を〔思考実験的に〕示すことによって、いかなる行動方針が追求されてしかるべきかを確定する機能である。〔実際になされる〕反応は、反省過程における想像上の帰結に左右されることになるため、この機能は、当然のことながら、心像内容を際立たせる機能である。

とはいえ、こうした心像内容の強調は、帰結の区別と行動方針の確定機能以上の何かを前提としている。その意味するところは、すなわち、心像がその対象において心像以外の他の内容と融合する場合を除いて心像の在処と内容の明確な確定である。我々が既にみたように、こうした事態は、過去〔像〕と未来〔像〕の構成する際に生ずる、つまり、知覚上の感覚作用範囲を超えた過去と未来という次元を通じて、その時その場の環境を〔過去と未来へ〕拡大する際に生ずるのである。しかしながら、こうした心像対象の在処が確定されないうちは、心像が志向する方向は定まらないままである。とりわけ、過去〔像〕と未来〔像〕が、今まで以上に明確となる場合、心像は、すぐにしかるべき位置に落ち着くわけではないため、はっきりとした在処の確定が必要となり、やがて、心中のしかるべき場所に置かれることになる。

行動主義的心理学によって反省を叙述するという問題は、その時その場のふるまい方において、束ねられた衝動同士の対立競合を克服するために、いかにして、転移する注意対象が、様々な衝動から発生しつつも、対象の再編をもたらすか、これを示す問題である。今しがたみたところであるが、対象の構造の一部となる心像、そして、その時その場にはない環境に対する有機体の適応を表す心像は、客観的領域を再編する上で役立つ。音声身振りをとおして媒介された個人の社会的活動が、この過程において果たす役割を、もっと完全に示すことは重要である。このタイプの社会的行為は、協働という形で進行し、身振りはといえば、〔複合的な〕全体行為内部の様々な個人の構えを、それぞれの個人の構えと行為に適応させるのに役立つ。子供の泣き声は、母親の注意を子供の居場所と子供の要求の特質へと向けさせる。母親の反応は、子供を母親へ、また、子供が受け入れようとしている母親からの手助けへと向ける。争い合う動物の挑戦的な叫び声や、鳥の求愛のさえずりは、同様の目的に役立つ。こうした身振りや、身振りに対するその場の反応は、後に生ずることになる相互活動の準備である。人間個人は、自分の身振りと、それに対する自分自身の反応をとおして、自分が他者の役割を遂行していることに気づく。こうして、個人は、これから協働しようとする相手個人の構えのうちに、自分自身を置く。幼児の行動様式は、大部分、このように手なずけられているため、自分より年上の行動様式と結びつくことをとおしてのみ、進行していく。他者の役割を演ずる際の幼児の初期の能力は、このように相互に結びついた活動にとって必要な適応を幼児に与える。禁止事項やタブーには、競合対立する性向がともなうが、これは、身近な人々からの様々な指図によって現れる。衝動が、禁止事項を行おうとして、再び現れると、心像として思い浮かんでくるのは、こういった事態である。これが動物であれば、禁止場所から、こっそり戻ってくるだけであろうが、人間の幼児の場合、親の役割を演ずる中で、その都度、禁じられた場所には行かないようにする。動物にとっては対象が危険となるため、注意対象の一部になるにすぎないものでも、子供の場合には、想像の上の一情景を作り上げることになる。というのも、幼児自身の社会的構えは、自身の反応のうちに、相手側が示す社会的構えを呼び起こすからである。連続的な事態の流れの一部であったものが、今では、法律違反あるいは法律遵守の先行要件を構成する出来事になる。

様々な構えを遂行することによって可能になるのは、事対象の分析である。子供が遂行する役割においては、事物は、その時その場の欲求の対象である。それは端的に望ましいのである。関心の的になっているのは、手に入れて食べたいという衝動に対して、この時この場面でなされる応答である。親の演ずる役割においては、対象は、禁止対象であり、他の時や他の人のために今は食べずにとっておくべきものであり、今食べてしまうことは、罰を喚起することになる。子供が自分以外の者になる能力は、対象がもつこれら二つの特性の双方を、それぞれ別の性質として自らに提示することになる。躾のいい犬の場合がそうであるように、この対象は、単に、子供を誘い込んだり追い払ったりするだけではない。この対象を題材にすることで、子供は、想像の産物を思い巡らそうとする。たとえば、この母親が同情して禁を解く、あるいは、食べてしまっても、子供は気づかれずに済むようにする、あるいは、様々な性格の活動を行ううちに、数多くのことが、その場で起こって、欲しがっていたものが自分のものになるかもしれないし、それが食べてはいけないものであるとは知りながら、結局、恐れていた事態が生じないかもしれない。もっと冷静な子供であれば、それを手にとって食べてしまい、その上で、覚悟していたお仕置きを、そのまま受け入れ、〔食欲とお仕置きといった〕相対立する特性の合成を〔あえて受け入れたままだと〕英雄的に装うかもしれないが、それでも、未練がましい期待を抱き、予期せぬ事態が生じ、食べたことがばれないで済めばいいだの、親は決まりを改めるかもしれないだの、お仕置きの方を変えるかもしれないだのと思うのである。一言でいえば、他者の構えを共感的に遂行することによって、直接的に反応する構えでは見落とされる対象特性に注意を向けるような様々な衝動が作用するようになる。こうした様々な構えを引き受けることこそが、協働的社会行為が生ずる場面にして契機でもある対象領域を再編する素材を提供するのであり、再編に関わる役割すべてを納得のいくように表現する。音声身振りという装置と、それに関わる有機体の器官によって可能となるのは、このような対象の分析と再編なのである。このように分析され再編される対象領域においてこそ、滞りなく連続していた流れが、秩序だった連続の中にあって中断する、つまり、何らかの出来事が生ずるまでの様々な選択手段間関係の中にあって中断するのである。他と識別しうる時期を有する時代というのは、いわば、舞台の場面転換と衣装交換に必要な幕間とともに登場する。他に依存することなく完全に自立的な諸要素から構成される一時期という観点に立たないかぎり、人は、自分であると同時に他人であることはできない。

幼児の反省的行動様式のメカニズムが、いかに完全に社会的であるかを認識しておくことは重要である。その根拠は、長期間に及ぶ幼児期と音声身振り、この双方にある。長期の幼児期の方は家族集団の社会的行動様式に依存することを必要とし、音声身振りの方は、幼児自身を刺激して、自分に対して働きかける際には、他者が幼児自身に対して働きかけるように仕向け、したがってまた、幼児が様々な問題に直面した際には、可能なかぎり、当の問題に関与している人々すべての見地に立つように仕向ける。しかしながら、幼児にこのような社会的構えがあるからといって、幼児が構えを取り入れている人々の全人格が、幼児自身の行動様式の中に、あらかじめ存在するなどと考えてはならない。そうではなくて、幼児が、つまるところ、自身のうちに備わっていると考え、他者のうちにも見出している全人格というのは、自我と他者との結合体なのである。〔行為の〕社会的対象としてみれば、子供にとっての遊び相手としての他者は、その輪郭において不確定であり、その構造において正体が〔まだ〕はっきりしていないのである。子供の構えにおいて、明確ではっきりしているのは、自我の役割か、他者の役割か、どちらかの役割を遂行する際の反応なのである。幼児の最初期の生活は、反省的な刺激と反応も含めて、社会的活動からなる生活であるが、その社会的活動というのは、あくまで、社会的な〔人的〕対象も〔身体にとっての〕物的対象物もまだ明確な形では現れていない対象領域における社会的活動なのである。こうした活動過程の社会的〔生成〕特性を見落とすのは大きな誤りである。というのも、人間という動物の場合、この社会的要因には、これから生じうる自己刺激の複雑化がともなうからである。有機体としての人間が他者に対して反応する際に、身振りが演ずる役割は、それを受け取る側に影響を及ぼすように、発する側にも影響を及ぼしうる。このような反応にともなう価値は、その対象が、他の生命体であろうと単に身体にとっての対象物であろうと、本能ないしは衝動に誘発されるような直接的反応には帰すことのできない価値なのである。

　このように〔対人間的な〕反応は、その場面での自己反省が非明示的でしかない場合であっても、我々の時代の科学的な認識態度によって、〔身体にとっての〕事物〔様態〕に対する反応とは一層鋭く区別されねばならない。このように科学によって認識される物的対象世界は、人類の最初期の未発達な経験においては存在しなかった。こうした対象世界は、近代科学的方法の産物である。未発達な子供や未発達な人間において、対象世界はみられない。にもかかわらず、大部分の心理学者は、身近にある「〔身体にとっての〕物的対象物」と呼ばれるものに対する子供の反応という経験を扱う際に、あたかも、子供にとっての対象物の在り方と大人にとっての対象物の在り方が同じであるかのように考える。両者の違いについての興味深い証拠は、未開人の自分の環境に対する構えのうちにある。未開人は子供の精神を、実際には、幼児の精神をもっている。未開人は社会的行動様式に基づいて問題に対処する。この社会的行動様式には、これまで議論の主題として取り上げてきた自己反省がある。子供の場合、たとえば、輸送機関、物の移動というように、我々の観点からすればまったく物理的な問題であるような問題に直面すると、周囲の事物に対して自ら社会的に反応することをとおして解決しようとする。その理由は、単に、子供が大人に頼っていて、幼児期に周囲の人々に助けを求めるということにとどまらない。さらに重要な理由は、子供にとっての未発達な反省過程は協働的な社会過程の音声身振りを媒介にして行われるということである。個人は、まずもって、完全に社会的観点からものを考える。先に強調したように、これは、自然や自然界の対象が擬人化されているということではない。そうではなくて、自然やその対象に対する子供の反応は、社会的な反応であるということであり、さらにいえば、子供の反応が示唆しているのは、自然的対象の作用は社会的な反応であるということである。いいかえれば、幼児が自分にとっての物理的環境に対して反省的にふるまうかぎり、あたかも、当の環境が、自分に対して促進的であるか、あるいは、阻害的であるかのように、子供はふるまうのであって、子供の反応には、好意や怒りがともなうわけである。それは一つの構え方であるが、成長を遂げた我々大人の経験には、こういった構えの名残以上のものがある。それが最も明らかなのは、おそらく、〔起こってほしくないことが起こった際の、いわば〕無生物の全的堕落に対する苛立ちにおいてであろうし、あるいは、普段使っていて慣れ親しんだ物に対する我々の愛着、さらには、自然をうたったすべての源泉となっている自然に対して抱く美的態度においてであろう。こうした構えと擬人化の構えとの違いは、原始的な崇拝の構えと、後の時代の神話にみられる構えとの違いであり、マナの時代、つまり、原始的形態の呪術の時代と、後の神の時代との違いである。この段階における反省的過程の本質は、友好的な構えを通して、あるいは、敵対的な構えをとおして、困難が克服されるということである……。〔草稿〕

Ⅳ 倫理学断片

Fragments on Ethics

（1）

一つの倫理学説を社会という基盤の上に打ち立てる、つまり、自我の起源と発達と本質および構造についてそのような社会説の観点から打ち立てることは可能である。したがって、たとえば、カントの定言的命法を、これらの観点から、つまり、社会においてこの命法に相当するものがあれば、それによって、社会的に叙述しあるいは定式化し解釈することができる。

人間が理性的存在者である根拠は、人間が社会的存在者であるということである。我々の有する判断の普遍性については、カントが極めて重視したところであるが、この普遍性は、我々が、コミュニティ全体の構えを、つまり、すべての理性的存在者の構えをとるという事実から生ずる普遍性である。我々が現に我々としてかくあるのは、我々と他者たちとの関係をとおしてである。それゆえ、必然的にいえるのは、我々の目的は、その内容（原初的衝動に相当すると思われるもの）の点からも、形式の観点からも、社会的目的でなければならない。倫理的判断の普遍性を与えるのは、社会性ということであり、万人の声は普遍的な声であるというよく知られた主張、すなわち、状況を理性に基づいて評価できる人は誰でも同意するという主張の背後にあるのも、社会性なのである。それゆえ、我々の判断の形式そのものは社会的であり、したがって、内容からみても形式からみても、目的というものは必然的に社会的目的である。このような普遍性を議論する際、カントは、個人の有する理性を想定し、その上でこう語る。もし、個人の目的あるいは個人の行為の形式が普遍的であれば、社会の生成が可能となる。カントは、個人を何よりもまず理性的と考え、社会を可能にする条件と考えた。しかし、我々の認識は、判断の形式だけでなく、その内容もまた普遍的である、つまり、目的それ自体が普遍化可能なのである。カントが語ったのは、我々が普遍化できるのは形式のみであるということであった。だが、我々は目的自体をまさに普遍化するのである。我々は目的自体を普遍化しうるということを認識すれば、社会的秩序は、先にみたような社会的な目的、したがって、普遍的な目的から生成するのである。

（2）

「べき〔という当為性〕」には普遍性がともなうということについて我々はカントに同意しうる。カントが指摘するように〔己の欲するところ人にもこれを施せ〕といった黄金律の場合には、これは妥当する。「当為」という本領が出現するところであればどこであろうと、また、人の善悪の判断力が語るところであればどこであろうと、当為というのは、つねに、このような普遍的形式をとる。

理性的な存在者のみが個人の行為に対して普遍的な形式を与える。下等動物は行為性向にしたがうだけである。下等動物は特殊な目的を追求するが、しかし、行為に対して普遍的形式を与えることはできない。理性的存在者だけが、自分の行為と、自分の行為の格率を一般化することができる。人間は、こうした理性をもっている。人間がある仕方で行為するとき、望んでいるのは、同一条件の下であれば、誰もが同じ仕方で行為するはずだということである。この主張は、自分たちを正当化する際に我々が一般的に語る主張ではないだろうか。〔道徳的に〕疑問の余地のあることをしでかしてしまったとき、真っ先に語られる主張は、「私と同じ立場にいたなら誰もがそうしたはずだ」というものではないだろうか。仮にも自分のふるまい方が疑問視されたなら、このような主張こそが、自分のふるまい方を正当化するやり方である。いいかえれば、これが普遍的な道徳法則のはずだというのであれば、道徳的に疑問の余地のある行為を、正当化のために擁護することになってしまう。これは、行為内容を問わないまま、自分の行っていることは、他の誰であれ、同じ状況下にあれば、行って欲しいことだと考えてさしつかえないというように、〔形式上〕なっている。自分が他人にしてもらいたいように、他の人にふるまえというわけである。いいかえれば、他者に対してふるまう場合、同一状況下にあるのであれば、自分にして欲しいように行動せよということである。

（3）

一般的にいって、事に乗じて他人を利用しているときには、〔今みたような黄金律の〕行為の原理を普遍化したところで、当の行為自体の価値は奪われてしまう。物を盗むことができればと望み、なおかつ、それを自分のものにしてしまうとしよう。だが、すべての人が盗みを働くのであれば、財産などというものはなくなってしまう〔のであり、盗んだ物を自分の財産にすることなどできない〕。試みに、自分の行為の原理を一般化すれば、自分が盗んで私物化しようとしている物について、どのような帰結が生じてしまうかわかるはずである。カントのこうした検証は、感情の検証ではなく、我々が道徳的であるとみなす数多くの行為に関して妥当する理にかなった検証である。我々が確定しようとしているのは、自分を例外として扱っているかどうかであり、あるいは、誰に対しても、我々が行っているように、ふるまってもらいたいと望むべきかどうかである。

たとえば、もし、ある人が、自分の行動様式について の格率として、誰もが自分に対して誠実であるべきであるが、自分の方は誰に対しても不誠実であるというものを打ち立てようとしているとするなら、この人の考え方を裏づける事実上の根拠は存在しえない。この人は他者の誠実さを命じているわけだが、自分が不誠実であるならば、この人には他人に誠実さを命ずる資格はない。他者に権利を認めるのであれば、人はその権利を他者に要求しうる。しかし、自分たちが尊重しようとしていないのに、他者にそれを要求することはできない。このようなことは実際には不可能である。

だが、いかなる行為であれ、何かを積極的に作り出そうとする行為となると、これはカントの原理の範囲外にあることである。カントの見地からすれば、行動規範は〔つねに〕その場にあると想定される。それゆえ、もし、人が、自分の方から、その行動規範をすり抜けておきながら、他者に対してはしたがうように要求するのであれば、カントの原理はこの人の悪事を見抜く。しかし、そもそも行動規範がないのであれば、カントの原理は、〔いかに行動すべきかを〕決断する際には、何の足しにもならない。〔いかに行動すべきかについて〕再記述し再編しなければならないのであれば、それは、〔今まではなかった〕新たな状況の中で行動しなければならないということなのである。このような場合、自分の行為原理を単に一般化したところで、何の役にも立たない。まさにこの点においてカントの原理は挫折する。

カント原理は、ある行為は一定の条件の下では道徳に反するということを教えはするが、道徳的行為とは何〔をすることなの〕か、その内容を教えるものではない。カントの定言命法が想定しているのは、たった一つの行為の仕方があるということである。そうだとすると、普遍化可能な行動方針は、たった一つしかない。それゆえ、法を尊重すれば、それが、そのように行動する動機になるわけである。しかし、行為する上で他の選択肢が複数あると想定するなら、何が正しいかを確定する手段としてのカントの動機を利用することはできない。

（4）

カントも功利主義者も、道徳の在処を普遍化すること、普遍的なものにすることを望んでいる。功利主義者が語るのは、最大多数の最大幸福であり、カントが語るのは、行為する際の〔対象に対する〕構えは、普遍的法の形式をとらなければならないということである。両学派は他の点では相互に対立するものの、ある認識態度を共有しているので、この点を指摘しておこう。すなわち、双方とも、道徳的行為は、ある意味で普遍的性格をもっていなければならないと考えている。道徳を行為の帰結によって規定するのであれば、行為の帰結をコミュニティ全体によって規定しているわけである。道徳を、行為する際の構えによって規定するのであれば、法に対する尊重によって規定していることになる。そして、行為の際の構えは、普遍的法、普遍的規則の形態をとらなければならない。両者とも、道徳には普遍性がともなうことを認めている。つまり、道徳的行為は、単なる私事ではないのである。道徳的観点からみて善であることは、同一条件の下では、誰にとっても善でなければならない。こうした普遍性への要求は、功利主義者とカント主義者双方の学説にみられる。

（5）

カントが望むように、誰もが、定言命法にしたがわなければならないのであれば、誰もが、自分の行為の普遍的法を作るだろうし、このような個人同士が結合すれば、調和のとれた社会になるだろうし、その結果、道徳的法を承認する人々からなる社会は、道徳的な社会となるだろう。このようにして、カントは、〔道徳的に〕自ら行為する場合の内容を手に入れるのである。つまり、カントの道徳的言明は道徳行為に内容はないというものであるが、しかし、人間を人間にとっての目的と設定することによって、さらには、社会をより高次の目的として設定することによって、〔道徳的行為に〕内容を導入するのである。

このような目的の王国という描写は、ミルの学説とほとんど区別がつかない。どちらも、社会を目的として設定するからである。いずれも、普遍的でありうるような何らかの目的に到達しなければならない。功利主義者は、一般的善において、つまり、コミュニティ全体の一般的幸福において、この目的に到達する。カントは、理性的な人間からなる組織のうちに、この目的をみる。その際、この理性的人間は、自分たちの行為の有する形式に理性を適用するのである。いずれの側も、個人の欲望対象によって目的を規定することはできない。

実際には、人が普遍化しなければならないのは、欲望が向けられる対象、つまり、成功しようとする場合に、その人の注意の中心となる対象である。行為の単なる形式ではなく、行為の内容を普遍化しなければならないのである。

望んでいるのが単なる快楽だと考えているのなら、その人は特定の出来事を経験し、一定の条件下で経験する感覚を抱く。しかし、欲しているのが対象自体だとすると、ある普遍的形式が与えられうる対象を欲する。そのような対象を欲するのであれば、動機自体は、目的と同じように道徳的になりうる。そうなれば、動機と意図された目的との間に行為がもたらす断絶はなくなる。

(6)

意志に対して努力と達成がどのように関係するかという問いがある。つまり、帰結は、当の行為の道徳性と何らかの関わりを有する何ものかどうかという問いである。人は、自分の意図のうちに、つまり、自分の構えのうちに、目的を取り入れなければならない。行為の各段階すべてにおいて、人はつねに目的に即して行為することができる。その時その場で一歩一歩進んでいる段階で、人は目的を具体化することができる。

これが、善かれと思っていることと正しい意図をもっていることとの間の違いである。もちろん、行為の初期段階において、最終的な帰結を得られるわけではない。しかし、少なくとも、自分が直面している諸条件に即して、当の行為を叙述することはできる。

成功しようとしているのであれば、目的を遂行するために必要な各段階で、手段という観点から、目的に関心をもたなければならない。この意味で、帰結は、〔今現在の〕行為の中に存在する。結果を出すために、あらゆる段階を踏んでいる人は、各段階において、その結果をみている。これこそが、人を道徳的にするか非道徳的にするかを分かつものである。つまり、自分が今何をしているか語っていることを実際に行っている人と、単に「善かれと思っている」だけの人とを区別するものなのである。

(7)

我々の有する衝動はすべて、幸福をもたらす可能性のある原因である。こうした衝動が健全に発現するかぎり、衝動は満足に通ずる。道徳的行為の場合、〔未来において〕我々が満足する中に、喜びがあるだろう。しかし、〔道徳的〕目的は対象のうちにあり、動機はこうした対象に向けられる衝動のうちにある。たとえば、ある人が何らかの事業に対して大いに関心をもっているとき、この人は、一定の目的に向けられている衝動をもっている。そして、このような衝動は、この人のふるまい方の動機になる。我々は、このような衝動を、功利主義者の認める動機と区別する。功利主義者が認める動機はただ一つ。それは、欲望が満たされるときに生ずる快楽の感情である。こうした動機の位置に我々が据えるのは、目的自体に向けられる衝動であり、このような衝動が道徳的行動様式の動機であると我々は主張する。

こうして、我々の行為を向けるべき目的はいかなる類いのものか、これを確定することが問題となる。我々は、いかなる類いの基準を打ち立てることができるだろうか。まずもって、我々の目的は、それ自体で望ましい目的でなければならない。つまり、衝動の発現と満足をもたらすような目的でなければならない。ところで、崩壊にしかつながらないような衝動というものがある。つまり、それ自体、望ましくない衝動である。たとえば、我々の衝動には、残虐な形で現れるような衝動もある。発現するに任せておくと、衝動は望ましいものにならない。というのも、このような場合、衝動がもたらす帰結は、我々を偏狭にし、抑圧し、我々から社会的関係を奪うことになるからである。さらに、こういった場合の衝動は、他者に関するかぎりでいえば、他の個人を傷つけることにもなる。

デューイの言葉を用いるなら、道徳的衝動は、「道徳の直接的は発生源としての動機を強化し拡大するだけでなく、動機以外にも、幸福の源泉でもある他の性向や〔対象に対する〕構えをも強化拡大するような」衝動でなければならない。[2] ある人が他の人々に興味を抱くようになると、その人が気づくのは、自分のもっている動機が、その動機自体を強化し、さらには、他の動機を拡大するということである。我々は人間に興味をもつようになればなるほど、ますます生活に興味をもつようになるのが一般的である。自分の置かれている状況全体が新しい興味関心を帯びるわけである。同様にして、知性的な動機を抱くことは、人がもちうる恩恵の中でも最も偉大な恩恵の一つである。なぜなら、知性的な動機は、関心を大きく拡げるからである。我々は、このような目的を特に重要なことだと考える。

こうして、衝動自体の観点から幸福を考えるなら、我々は次のような仕方で、道徳的基準を打ち立てることができる。すなわち、目的は、動機を強化する目的でな

◆2 Dewey and Tufts, *Ethics* (1st ed.), p. 284.

ければならない。つまり、衝動を強化し、他の人の他の衝動ないし動機を拡大するような目的でなければならない。これを、道徳的基準として提案できる。

欲望が向けられる先は快楽ではなく対象であることを我々が承認するなら、我々は今や功利主義者とカントの制約から自由である。カントも功利主義者も、根本的なところでは、快楽主義者であり、我々の性向は我々自身の主観的状態——つまり、満足からくる快楽——に向けられていると想定する。このようなものが目的であるとすれば、もちろん、我々の動機は、すべて主観的な出来事である。このような動機は、カントの見地からすれば、不道徳であり、功利主義者の見地からすれば、あらゆる行為にとって同一であり、したがって、中立的である。だが、目下の我々の見地に立っていうなら、対象自体がより善いのであれば、動機もより善い。動機は目的によって検証可能である。つまり、目的が当の衝動自体を強化するかどうかという点から検証可能なのである。

衝動が自らを強化し、他の衝動をも強化し、かつ表現するかぎり、衝動は善となるだろう。

(8)

価値あるものはすべて、〔人々の間で〕共有される経験である。一人でいる場合でさえ、人が知っているのは、自然の中での経験、読書を楽しむ経験、つまり、まったく個人的な経験と思われる経験でも、他者と共有できれば、経験の価値はもっと高まるということである。人と交わらず引きこもって、自分自身の考えに浸っているときでさえ、実のところ、自分の考えていることを考えたことのある他の人々とともに生きている。本を読んでいるときには、人は、かつて経験したことを想起し、これから生きて行く上での条件を予想している。その際の内容は、つねに、社会的性質をもっている。あるいは、その際の内容は、たとえば、神との霊的な交わりのように、宗教生活における神秘的経験へと変わるかもしれない。宗教的生活の思考は、それ自体、社会的思考である。いいかえれば、コミュニティの観念をめぐって思案されるのである。

自分自身の動機と、追求している実際の目的とを、共通善と一体化できるかぎりにおいてのみ、人は、道徳的目的に到達し、したがって道徳的幸福を手にする。本質的にいって、人間の本性は、その性質上、社会的なものであるため、道徳的目的もまた、その本性上、社会的でなければならない。

(9)

個人をその衝動の観点から考察するなら、次のことがわかる。欲望の中でも、自己強化し、また、その発現形態において存続するような欲望、さらには、他の衝動を喚起する欲望は善いものとなるのに対して、他方で、自己強化しない欲望は、望ましくない帰結をもたらし、他の一切の動機を弱める欲望は、それ自体、不道徳である。ところで、衝動自体ではなく、むしろ、行為の目的に目を向けるなら、社会的存在としての自我を実現するような目的は善であることがわかる。我々の道徳律は我々の社会的行動様式をめぐって考えられている。我々が道徳的存在者であるのは、社会的存在者としてである。一方において、自我を可能にする社会が成立しており、他方において、高度に組織化された社会を可能にする自我が成立している。両者は、道徳的行動様式において、相互に対応し合っている。

我々の反省的行動様式においては、我々は、自分たちの属するその時その場の社会をつねに再編している。他者たちとの関係をともなう一定の明確な構えを我々はとっている。こうした関係が変化するかぎりにおいて、当の社会自体も変化する。我々は不断に再編しているのである。事が再編という問題となると、一つの本質的な要求がある。それは、当該再編に関係する利益のすべてを考慮に入れるべきであるということである。我々が行為する際には、当該利益のすべてを参考にすべきである。これこそ、我々が「定言命法」と呼ぶべき事態である。

我々は自分自身の利益関心と明確に一体化している。こうした利益が損なわれる際に要求されることは、ある意味で、このように自分の利益関心から構成されている狭い自我を犠牲にすることである。そうすれば、他者たちの利益関心と一体化可能な、より大きな自我が発達するはずである。私が思うに、他者たちの利益関心が自分の利益関心と対立するときでさえ、我々みなが考えているのは、人は他者たちの利益関心を認識する準備ができていなければならないということである。だが、同じく考えているのは、そのようにふるまう人は、実際自分自身を犠牲にしているのではなく、より広い自我となるということである。

(10)

集団は古い規範から別の規範へ向かって前進する。道徳という観点からみて重要なのは、この前進は、個人をとおして、つまり、新しい型の個人をとおして生ずるということである。この場合、新しい型の個人とは、かつて、自分たちの〔個人としての〕存在を思いいたっていなかったのだが、今では、自分自身の〔新しい個人としての〕存在を思いいたっている、そのような個人のことである。こうした例は、ヘブライ人の中の予言者やギリシア人の中のソフィストたちである。ここで強調しておきたい点は、新しい個人は、これまでとは異なる社会秩序の代表として出現するということである。新しい個人は単に特別の個人として出現するのではない。新しい個人は、自分のことを、古い社会秩序にとって代わるべき別の社会秩序に属するものと考える。新しい個人は、新しい秩序、高次の秩序の一員である。もちろん、個人の反応のないまま生じた進化論的変化というのも、これまでにはあった。しかし、道徳的変化とは、個人としての個人自身の行為をとおして生ずる変化である。個人は、古い秩序を新しい秩序へと変革する媒介者であり手段である。

正しいことは個人の経験の中に生ずる。つまり、個人は社会秩序を変革するようになるのであり、個人は、習慣自体が変化する際の手段である。そうであるがゆえに、予言者は極めて重要となる。というのも、予言者が表す意識というのは、何が正しいかについての考えを変えようと決断するような場面状況における意識だからである。何が正しいかを問うことによって、我々も予言者と同じ状況にいることになるのであり、そうなれば、予言者の場合のように、我々もまた、コミュニティの道徳意識の発達に貢献していることになる。個人の経験の中では、様々な価値は相互に対立し合うようになる。対立し合う様々な価値を表現し、これまでよりも納得のいく規範の定式化を促すことが、予言者の役割である。

(11)

何が正しいかについての問いに我々が達するとき、我々が設定しうる唯一の検証は、該当するすべての利益関心をこれまで考慮してきたかどうかである、このように私は述べておいた。本質的なことは、人間の性向性質において、該当する利益関心のすべてを考慮すべきであるということである。人間は、自分の問題となる利益しか考慮しない。科学者はあらゆる事実を考慮しなければならないが、実際には、その時その場の問題に関わる事実だけを考慮する。獲得形質は遺伝しうるかどうかを解明しようとしている科学者であれば、たとえば、相対性に関する事実など考慮する必要はなく、自分の問題に適合的な事実だけを考慮すればよい。道徳的問題は、対立し合う一定の利益を必然的にともなう問題である。対立に関わる利益すべてを考慮しなければならない。

道徳的判断の場合、我々は社会的仮説を打ち立てなければならないのであって、単に自分自身の見解から、これを打ち立てることはできない。社会的仮説は、社会的状況という観点から考察しなければならない。ちょうど、万人が兄弟であるようなコミュニティという考えを予言者が提示したように、ここでいっている仮説というのは、我々が提示する仮説である。そこで、最善の仮説とは何かを問うならば、その唯一の答えは、問題となっている当の事態に関わる利益すべてを考慮しなければならないというものである。我々が陥りやすいことは、自分自身の利益に反する一定の利益を無視することであり、自分たちと一体化している利益を力説することである。

何をなすべきかについていえば、事に先立ってあらかじめ、固定的な規則を定めることなどできない。解明しうるのは、実際に生じている当の問題に関わる価値は何なのかということであり、理にかなったふるまい方は、こうした価値に即して可能となる。これこそ、誰に対しても、我々が要求することであり、我々の要求のすべてである。ある人のふるまい方に、我々が反対するとき、そこでいっているのは、その人はこのような価値を認識していないということであり、あるいは、認識している場合であっても、こうした価値に即して理にかなった行為をしていないということである。これこそ、いやしくも倫理学説たるものが示しうる唯一の方法である。科学は、考慮すべき事実が、これからいかなるものになるか、見定めることはできないが、しかし、接近方法を与えることはできる。すなわち、仮説が一貫性をもち理にかなったものとなるように、当の問題にふさわしい事実すべてを認識せよということである。ある人に対して、その人の行為形態がいかなるものであるべきかを、語ることはできない。それはちょうど、科学者に対して、科学者にとっての事実が、いかなるものになっていくかを語ることができないのと同じことである。道徳的行為は、当の問題に関連する価値すべてを考慮しなければならないのであり、〔この価値に即して〕理にかなったものでなければならない。以上が、語りうることのすべてである。

(12)

倫理学が提示しうる唯一の規則は、個人は、特定の問題のうちにみられる価値のすべてを、理にかなった仕方で対処すべきだということである。これは、ある問題に対処する際、存在する一切の社会的価値を、自分の目の前に、提示し尽くすということではない。問題自体が価値を規定するのである。ここでいっている問題とは、〔問題一般ではなく、あくまで〕特定の問題であり、そして、こうした問題に間違いなく関わる一定の利益というものがある。個人は、こうしたかぎりでの利益のすべてを考慮しなければならないのであり、その上で、こうした利益を理にかなった仕方で対処するような行動計画を作り上げなければならない。以上が、倫理学が個人にもたらしうる唯一の方法である。最も重要なことは、人は、特定の状況において、このような利益はいかなるものかを確定しなければならないということである。大いに必要なことは、人はこうした利益を公平に評価できなければならないということである。我々が思うに、人々は、利己的態度と呼ばれているものを、このような利益に即して把握する傾向がある。既に指摘したところであるが、利己主義という問題は、広い自我とは対比的な狭い自我を打ち立てることである。我々の社会は、我々の社会的利益関心から作り上げられている。我々の社会関係は、自我を構成するのに役立っている。しかし、その時その場の利益関心が、我々に認識できなかった他の利益関心と対立するようになるときには、当面の利益関心以外を無視しがちであり、その時その場の利益関心のみを考慮しがちである。困難なのは、当面の利益関心以外の、そして、それよりも広範な利益関心を我々が認識することであり、なおかつ、こうした利益関心を、より身近な利益関心と理にかなった形で関係づけることである。誤りの余地はあるが、しかし、誤りは罪ではない。

(13)

人は自尊心を持ち続けなければならない。こうした自尊心を保持するにあたっては、コミュニティ全体と相対立しなければならないということもあるかもしれない。だが、その場合、そうするのは、現にあるコミュニティよりも、高次でより善いと、その人が考える社会という観点に立ってのことである。どちらも、道徳的行動様式にとって本質的なものである。すなわち、社会的な組織が存在しなければならないし、同時に、個人は自らを維持しなければならない。一方において、社会を作り上げている利益関心のすべて、他方で、個人、この双方を考慮する方法が、道徳の方法なのである。

第Ⅲ篇

歴史

『現在というものの哲学』

1932年没後発表、
ケイラス連続講義（1930年12月）用草稿

HISTORY

The Philosophy of the Present

第Ⅲ篇『現在というものの哲学』について

第Ⅲ篇に収録しているのは、ミード没後に出版された『現在というものの哲学』（アーサー・マーフィ編、1932年）のうち、マーフィによる序文（一部抜粋）とはしがき、ジョン・デューイによる緒言、ミードの遺稿「現在というものの哲学」である。同書収録の補遺論文5編のうち2編は、本書の第Ⅰ篇に、第3章「自我の発生と社会的な方向づけ」と第5章「諸々のパースペクティヴの客観的実在性」として収録した。

この遺稿は、アメリカにおいて最も権威ある連続講義の一つとして知られている、ケイラス連続講義（The Carus Lectures）のためにミード自身が用意した覚え書きであり、マーフィによって編集されている。この遺稿の理論的核心、ミード自身の研究構想の中の位置づけ、執筆背景等については、マーフィとデューイが的確に語っているので、ここではケイラス講義について述べておく。

ポール・ケイラス（Paul Carus, 1852-1919）の名を冠したこの講義は、アメリカにおいて最も権威ある哲学講義の一つとして知られており、アメリカ哲学会の太平洋部会総会において、三日間連続で行われる。ケイラスは、ドイツ出身で学位（Ph.D.）取得後に渡米し、以後、学術雑誌（*The Monist*）や学術書の編集出版を通して、アメリカ哲学に対して多大な貢献をなした人物である。ケイラス講義は、彼の貢献を称える目的で、1925年に設立された。第一回目は、ジョン・デューイによる講義で、これは『経験と自然』として出版された。ミードによる連続講義は第四回目の1930年に行われた。

『現在というものの哲学』への序〔からの抜粋〕

アーサー・E・マーフィ

本書に収録した講義のためにミード氏が選んだ表題——*The Philosophy of the Present*——には、有益ではあるが曖昧なところがある。ここで遣われている「現在」という言葉は、哲学における現代の状況ということを直接指しているのではない。むしろ、いかなる対象であれ、それが生ずるときの、あるいは生じている間の状態を意味している。今日、多くの哲学者が同意すると思われるが、現に存在する何ものかが、幾分でも正真正銘の意味で、時間的なものであるなら、その実在上の足場を見出しうる在処は、現在にある。ここで現在といっている場面の内部においてこそ、その何ものかが、かつて存在し、あるいは後に存在するようになるだけでなく、その十全かつ明確な意味で、実際上、現にあるわけである。時間論者による哲学においては、Be動詞「（で）ある」の時制を真剣に受け取る必要があるが、ミード氏の理論は、他にもまして、現在時制における自然哲学である。この理論が追究するのは、一齣の現在を中心に据えた世界を理解することであり、過去と未来、意味と可能性を、これらが現在に関してもつ機能に即して、突き止めることである。たとえば、過去を過去としてみるということは、過ぎ去ってしまった場合の過去を、現在にとっての過去が現にあるという意味で、現在に関連づけてみることである。時間的指示内容と無関係に、過去とは何か、あるいは、過去以外であれ現にあることを主張するものとは、いったい何なのか、このような問いを吟味することは、経験的に不可能であり、また、ミード氏が正しいとすれば、そもそもそのような吟味など何ら必要ない。

Arthur E. Murphy, "Introduction" to *The Philosophy of the Present*, 1932, Chicago: Open Court., p.11.

『現在というものの哲学』

The Philosophy of the Present

はしがき

アーサー・E・マーフィ

本書〔*The Philosophy of the Present*〕に収められているのは、ミード氏の『現在というものの哲学』が展開されることになっていた元の論考である。最後の二つの補遺論文〔本訳書の第Ⅰ篇に第3章第5章として収載〕を除いて、どの論考も、本書に収録しているような形での出版は、意図されていなかった。第1章から第4章までは、ケイラス連続講義であり、一九三〇年一二月、バークレイ開催のアメリカ哲学会大会において講述された。これらは、さらに拡大した長大な研究課題のうちのごく部分的叙述であって、それ以上のものとして計画されたわけではなかった。残念なことだが、ミード氏は、シカゴ大学哲学部において学部長の要職に就いており、本講義を完全なものにするために確保しておいた時間も学内業務に割かざるをえなかった。これは思いもよらない事態であり、事の性質上、講義準備の妨げとなった。その結果、講義用ノートは大急ぎで書かれ、その大部分は、シカゴからバークレイへ向かう途中で執筆された。そして、講義直後の数週間、当初考えていた改訂作業を始める機会も彼にはなかった。一月末に、彼は重病にかかり、それから一週間足らずの間に亡くなった。ここに収録されている講義は、バークレイで講述されたものと実質的に同じものである。ただし、全体を通じて、表現上の修正は施してある。そして、連続講義中第二講義は分割されて、第2章と第3章という形になっている。註はすべて、元の原稿に付されていたものである。

ミード氏の死後、彼の遺稿の中から、明らかにケイラス連続講義用のものである準備草稿が、さらに二つみつかった。大体において、これらは連続講義の範囲をカバーしている。だが、それぞれは、元の講義を補う重要な草稿が含まれている。原書に付された補遺論文のうち、最初の三つの章〔本訳書では未収録〕は、これらの草稿類の中から選ばれた。補遺論文中、二番目のものは、似通った二つの説明が含まれている。説明の難しさからして、繰り返しになっても、提示した方が望ましいと思われた。これらの論文のタイトルは、編者によって付されたものである。補遺論文中四番目の論文〔本訳書第Ⅰ篇第5章〕は、第六回哲学世界大会の大会記録の中からの再版である。五番目の論文〔本訳書第Ⅰ篇第3章〕は、*International Journal of Ethics*, April 1925からの再録である。どちらも、連続講義自体の中では、しかるべき形で論じられてはいないものの、ミード氏の理論の根幹部分をなしている。

大学での講義をとおしてミード氏を知っている者からすれば、このような形で彼の哲学を提示するのは、まったくもって、不完全に映ることだろう。彼自身は、自らの理論を、可能なかぎり、「新たに創発した」題材の観点から、再構成していた。彼が亡くなる前の週、私は彼と最後の会話を交わしたが、そのとき、彼は、本講義第3章にある相対性の説明との関連で、ベルクソンの『持続と同時性』〔花田他訳、白水社、二〇〇一年（新装版）。元本は、一九六五年『ベルグソン全集』第3に、『笑い』も収載して刊行。〕の研究に取り組んでいた。本書収録論考は草稿類ではあるが、しかし、草稿類のままであろうと、社会的経験と科学的仮説の発展に関して彼が加えている説明において、かつまた、彼が取り組んでいた理論をより包括的に示すという点で、今日利用可能な形で十分出版に値するように思われる。

本書出版にあたっては、同僚のブレイク教授ならびにナタリー・ウォッシュバーン氏から惜しみないご支援を得た。大いに感謝している。索引〔未収録〕は、F・K・バレイン氏によるものである。

ロードアイランド州プロヴィデンス
一九三二年四月

緒言

ジョン・デューイ

読者に対して見取り図を示し、ジョージ・ミードの思想における主要な諸特徴を、特徴間の適切な関係の中で、説明するのは、（優れた地図の機能がそうであるように）困難な課題であるが、マーフィ博士は、これを『現在というものの哲学』の序文〔本訳書未収録〕の中で行っている。仮に、マーフィが踏査した領域を私が点検し直そうとしても、読者には、ほとんど、あるいは何の手助けにもならないだろう。しかしながら、ミード氏の見解には、ある特徴があって、これを認識するなら、独創的な思想家を論ずる際に得てして陥りがちな誤りから、読者を守るのに役立つことになろう。ミード氏は独創的な思想家であったが、他方で、自分が独創的であるという実感をもってはいなかった。あるいは、そうした実感があったとしても、彼はそれを表には出さなかった。彼自身の心を捉えて放さなかったような諸々の課題でさえ、これを斬新なものとして前面に出すことはせずに、既に受け容れられている考えや運動に結びつけることを選んだ。こうした特徴の優れた例は、認識〔知識〕のプラグマティズム理論にみられ、これについてはマーフィ教授も言及している。ミード氏は、方法においても程度においても、自分の考えが新たな貢献であるとは、まったく意識していなかったように思える。それよりも彼が好んでいたのは、自分の考えを、あたかもごく自然の成り行きの産物であり、せいぜい、叙述における強調点の変化として扱うことであった。

私がミード氏と知り合うようになったのは、四〇年以上前のことである。その時、彼にとって主要な問題は、個人的で私的なものとして意識の性質に関わっていた。一八八〇年代、一八九〇年代において、英米思想では観念論が優勢であった。英米思想には、意識問題の解決をすぐにでも提供する用意があった。意識としての精神は、〔存在〕世界の素材であると同時に、こうした素材の構造でもあった。人間の意識は、一身上の、あるいは、もっぱら私的な側面にあっては、誠実であろうが誤りであろうが、せいぜい、普遍的な精神の特異な一面でしかなかった。この見解に対してミード氏が直接反論するのを、私はほとんど耳にしたことがない。これは私の推測なのだが、この見解は彼の師匠たち〔ウィリアム・ジェイムズ、ジョサイア・ロイス等〕の大部分、さらには、何らかの形で、当時の哲学上の著作の公式的見解であったという事実にもかかわらず、彼にとってはけっして真とは映っていなかった。しかしながら、こうした見解が彼自身に強く要請されると、彼は、これと闘う代わりに、自分が関心を寄せている問題ではないという立場をとった。たとえ、それが真であり、それ自体として受け容れられようが、そうした見解では説明できないことがあった。たとえば、ある創案者がはじめての仮説をあげて、以前受け容れられていた信念に疑念を投げかけ、実在的対象としてこれまで普遍的に受け容れられてきた事物であろうと、これには客観性はないと主張しているとするなら、このように一個人に特有の心の状態は、いかにして、私的でも個人的でもなく、単なる「主観的な」ものでもなく、共同的にして客観的な普遍世界に属する対象の源泉として、機能しうるのか、このことを説明できなかったわけである。

振り返ってみるとわかることがある。ミード氏の表現には一見して曖昧なところがあるのだが、その原因の大部分は、他の精神の持ち主にとってまったく問題として現れなかったことを、彼自身は、解決すべき一つの問題とみなしたという事実にある。共通の指示対象がなかったがゆえに、共通の言語もなかった。ミード氏が解こうとした問題は、観念論か実在論かといった分類区分には馴染まなかった。彼以外の我々すべてがみることのなかったことを、彼は語っていたのである。それは、いわば「統覚群 apperceptive masses」〔数多くの心理的要素が統覚によって統一されている状態〕と呼ばれていたものの外部にあった。もし、この間の数年来、ミード氏がたどった知的変遷について、十分一貫した知識をもっていれば、彼の探究と問題のすべては、彼本人が抱え込んだ問いから、いかに実践的な形で発展してきたものか、わかっただろうと思う。経験されたものとしての対象を再編する際に、そして、新しい慣習と制度を作り出す際に、主観的意識が果たす役割についてミード氏が抱く見解は、確かに、科学の歴史的発展についての並外れて広範囲で正確な知識へと彼を向かわせたものである――この知識は、発見事象の詳細にとどまることなく、発見の根底において作用している自然に対する構えの変質をも含んでいた。自我問題に対する彼の関心は、一つには、自我に反応する生物学的ユニットとしての有機体の研究という方向に向かっていった。今一つの方向は、社会関係の下での自我の研究をともなうものであり、これが彼を社会心理学へと向かわせることになった――私が思うに、この領域において、ミード氏は、講義による学生たちへの影響をとおして、最も偉大な直接的影響をもたらした。すぐに見て取れるように、自らの問題が有する性質ゆえに、ミード氏が極めて敏感だったのは、ホワイトヘッドの学説であり、とりわけ、通常であれば、もっぱら主観的とされる問題を、自然自体の構成のうちに組み込もうとする努力であった。彼の課題は（ずっと以前には、「創発的進化」という言葉で語られているのを耳にしたが）、本質的には、新しいものの創発と、そのことによって今となっては古くなったと認識される世界へ、この新しいものが最終的に組み込まれるという問題であった。そうである以上、ミード氏が創発性原理を、この考え方を弄んできた人々の大部分の考えに比して、はるかに根本的に捉えていたことがわかるはずである。こうした背景の下、彼は「社会性」という着想を一般化し、創発性を進化過程の中で解釈したのであり、これらは、彼のような知的背景のない人々にはもちえないような意味を帯びているのである。

最近公刊されたパースの著作集の第一巻〔*Collected Papers Vol.1 Principles of Philosophy*, 1931〕には、ある一節があり、これによって、私はミード氏を際立たせている類いの独創性に納得がいく。パースによると、「経験において連続的に存在している諸々の要素に対して我々の注意を向けるのは、極めて困難である。というのも、経験にあって、連続的に存在する要素と比較対照すべきものは、我々には何もないからである。比較対照なしに、こういった要素が、我々の注意を刺激することなどありえない。……ひとたび認識されると、強硬的といっていいほど、ほとんど威圧的となるほど睨みつけられて、我々に迫ってくるものがあるならば、これを我々が理解するためには、回り道した概念装置に訴えなければならなくなる」〔CP.1.134〕。一般に認められている要素は、まさに一般に認められているがゆえに、無視されるものだが、こういった一般的要素を観察する力こそが、ジョージ・ミードの知性を特徴づけていた。このことが、自分の観察したことを他者たちに伝える上で彼が苦慮していたことを説明している。哲学的思考の大部分は、特定の思想家にとって中心的だと思われる概念間の論理的含意〔論理的条件命題における前件‐後件関係〕にしたがうことによってなされ、妥当な具体的データによって、〔論理的含意からの〕演繹が強化される。ミード氏の哲学的思考は、しばしば、また、おそらくは大抵、逆の過程をたどる。彼の思考の出発点は、単に自身によって考え抜かれた事態であるよりも、むしろ、自分と密接な関連のある経験、切実に感じられた事物であり、その上で、受け容れられた事実や最新の概念において確証することが求められるのである。たとえば、創発概念に対する彼の関心は、自身のそれまでの知的経験の一要因を反映しているといっていいのであり、それは、新しい洞察が絶えず芽生え始めている状態にあり、単に古い考えを置き換える代わりに、やがては、自身が以前考えていたことと結びつけられねばならないというものであった。彼が自身のうちに感じていたのは、新しいものの創発、および、新しいものと古いものとの必然的な連続性、この双方であった。だからまた、彼が自身において経験したのは、観念間の争い、仮説間や表象間の争い、つまり、当初はまったく私的で、個人的に深くかかわっている個性という問題だったのであり、これらを、客観的で共有された公共的世界のうちに見出し位置づけることになったのである。彼の「社会性」概念、つまり、異なる二つの秩序における同時存在としての「社会性」は、私のみるところ、偉大な独創性と、自分自身の個性を特徴づけた他の研究者に対する並々ならぬ敬意、この両者の結びつきと、どこかしら、共通しているように思える。

彼の思考を際立たせた類いの独創性とは対照的に、私が実感しているのは、独創的思想としてとおっている思考の大部分は、何らかの新しい視角に立って、既に十分確立された知性的構えを再構成するものだということである。それは、いわば、既に発見されてはいるが、しかし、他の人々によってまだ十分開発されていない鉱脈を採掘することである。私が実感しているのは、また、文字どおりの表現の判明性のように思える事柄の大部分において、判明性は、当の思考に本質的な何かであるというより、むしろ、よく知られているということの別名にすぎない。ミード氏の考えは、他者たちとのコミュニケーションを、一層容易にかつ一層効果的にしたものであり、彼自身、この考えをようやくものにしはじめていたところであった。こう考えていい十分な理由があるのであり、ミード氏の早すぎる死によってアメリカ哲学が被っている損失は、ますます大きくなっている。ケイラス連続講義における彼の草稿は、その注意深い編集作業についていえば、我々はマーフィ博士に多くを負っているとはいえ、大急ぎで準備された、しかも、極端に圧縮された覚え書きでしかない。彼は、この覚え書きを、現行の三倍から四倍の長さに拡大しようと計画していた。拡大版が実現していれば、単に字数が増えるだけでなく、その思想内容が明確になっていただろう。しかし、あらゆる制約にもかかわらず、私は信じている。彼の論考のうちに、ますます多くの読者が見て取るのは、長年にわたってミード氏の学生たちが見出したことである。つまり、独創性に富んだ第一級の知性である。

第1章　実在の在処としての現在というもの

この講義の主題は、実在は一齣の今現在というもののうちに存在するという命題のうちに見て取れる。もちろん、現在というものは、過ぎ去ってしまった一齣の過去と、これから到来する一齣の未来とを必ずともないはするが、我々は、過去と未来が今ここに存在するとはしない。ホワイトヘッドの示唆によれば、数々の見かけの現▼在が時間の拡がりの中で様々であるように、時間上の実在全体を包括するような一つの見かけの現在というものを考えることができるという〔『自然という概念』〕。仮に、この示唆を採用すれば、おそらく、推移〔していくという事象自体〕は〔今現在の〕我々の下に委ねられるだろうが、過去というものも未来というものも〔我々がいる今現在から〕排除されることになってしまう。推移〔するという事象〕は〔推移している以上〕、一齣の現在以外の何にでもなりうるだろうが、一齣の現在ではなかろう。というのも、一齣の現在が過ぎ去ってしまっても、それが推移していった場面自体は、今ここに存在することをやめはしないからであり、これから存在することになる〔とわかっている〕事象も、時間幅のある現在のうちに〔未来像として〕既に存在するからである。このような説明であっても、推移という性質が残されているといっていいのかどうか、疑ってかかる者もいるかもしれない。しかし、いずれにせよ、現在というものの根本的性質も、ある時点である地点に存在するということ（existence）の根本的性質も、消えてしまっていることになろう。というのも、一齣の現在を特徴づけるものは、生成していきながらも消滅していくということだからである。流星の閃光が我々自身にとっての見かけの現在を推移している間は、ほんの一瞬であろうとも、その閃光はまさしくそこにある。仮に、このほんの一瞬の閃光を、この瞬間点を含んだ生成消滅過程全体にまで拡げることにして、その上で、当の閃光が経験において有する存続の一体性と同じ一体性が、この生成消滅過程全体にもあるとするなら、この閃光がもつ〔瞬時の〕出来事としての性質は消え去ることになろう。現にその場にある存在（existence）を、このような概要で描いても、それは、永遠に在り続ける今現在ということにはならないだろう。これは一齣の今現在ではまったくないからである。それは、

▼**見かけの現在**　時間幅のある現在。心理学の用語であり、ミードは別の箇所で次のように説明している。
「私たちの経験は、つねにすぎさっていくものであり、このすぎさっていく経験は、つねに他の経験のなかへとひろがっていく……。私たちの経験に固有の性格を与えるものは、たったいま生じたことであり、また現在生じつつあること、未来に生じようとしていることである。それは、けっしてたんに瞬間的な経験ではない。たんなる瞬間そのものにかんする経験はない。心理学者は、こうした経験をいわゆる『みかけの現在』と名づけたが、それは本当の現在ではないことを意味する用語である」（ミード『近代思想史――十九世紀の思想のうごき（下）』魚津郁夫・小柳正弘訳、講談社学術文庫、一九九四年、九〇頁）。

　また、ウィリアム・ジェイムズの次の叙述も参照。

「われわれの直接経験の唯一の事実は、いわゆる「見せかけの」現在である。つまりそれ自身ある長さをもつ一種の時間の鞍のようなもので、われわれはその上に座って時間の二方向を眺めるのである。われわれの時間の知覚の構成単位は、船首と船尾、すなわち前方を見る端と後方を見る端をもつ一つの持続時間である。その両端の連続関係が知覚されるのはこの持続時間の塊の一部としてのみである」〔強調は原著者〕（ジェイムズ『心理学（下）』今田寛訳、岩波文庫、一九九三年、七三～四頁）。

ある時点での存在物でもない。パルメニデス的な一つの実在は、ある時点である地点に存在するわけではないからである。〔だが、パルメニデスには失礼ながら〕現にある存在には非存在ということがともなう。現にある存在は、〔それが今まで生起していなかった場面で〕まさしく生起するのである。世界というのは、諸々の出来事からなる世界のことである。

今述べた流星の閃光のような出来事の場合、出来事の中には推移以外に何もない。こうした出来事が、現に存在する諸々の事物の根本的要素になっているというのに、このようなところで、様々な二律背反を設定した上で、一方を捨て他方を保持したり、あるいは、永続性を、時代を超越して永遠に存続する一つの世界に帰属させたりしたところで、ほとんど何の効果もないし、得るものもない。我々にとって興味のある永続的性質は、あくまで、現にある存在のうちにとどまり続けるという性質であり、変化というものもまた、このような性質に対峙して現実に存在するのである。すなわち、世代の経過とともに変わることのなかった過去というものは、経験の中にこれまでけっして存在しなかったけれども、撤回修正不可能性ということで表現される過去というものは存在するのである。我々が関与しているそれぞれの過去は、撤回修正不可能ではあるが、同時に〔ある意味では〕撤回修正可能でもある。ある「実在的」過去の内部に分け入って我々は不断の発見を行っているのであるが、少なくとも〔過去を〕経験するという目的のために、こうした実在的過去に訴えかけることは無意味である。というのも、そのような「実在的」過去に対して対峙されるべきは、創発性ということが生じている今現在だからであり、当の過去は、今現在の創発性の観点からみざるをえないのであり、かつての過去とは異なった過去になるからである〔その意味で過去は修正可能である〕。創発する事象というものは、それが現れるときには、つねに、問題となっている過去からの帰結として見出される。しかし、創発現象が現れる以前において、創発現象は、定義上、問題となっている過去の帰結ではない。普遍的ないし不変的性質などというものを主張して、これによって、過去の出来事は、いかなる創発現象とも関わりなく、過去の出来事として確認されるなどと言い立てたところで無意味である。というのも、そのような性質は、我々の定式化能力を超えているか、そうでなければ、あまりに空虚であるため、過去の出来事をそれとして確定する上で何の役にも立たないからである。古代あるいは現代の数学的思考における無限の意味は、こうした無能力を例証している。

そうはいっても、議論の可能性としては、たとえば、我々の参照系〔三次元空間〕を超えたミンコフスキー的時空間〔四次元空間〕内の出来事からなる一つの世界へ、真の実在全体を押し込んだり、また、永遠に存続する事物の世界へ、出来事のもつ性質を押し込んだりする場合も残されている。実在についてのこうした観念を、どの程度論理的に考え抜くことができるのか、これについて私は議論するつもりはない。私にとって興味深いのは、撤回修正不可能性というような観念が、経験において、いったいどのような意味をもっているのかということである。

原始時代の神話から、エディントンやジーンズによる『我々の周囲の世界』についての説明にいたるまで、歴史は各時代を継承してきたが、このような歴史を齣送りに描くことに私は時間も言葉も費やすつもりはない。唯一関心をもって示そうとしているのは、過去の研究が厳密性を増すにしたがって、それぞれの過去が各時代を継承する際の速度が着実に高まってきたということである。こうしたことを提示しようとしても、完成状態などというものはまったくない。もちろん、我々の研究方法の意味するところは、いかなる学問分野の歴史家であろうと、過ぎ去った事象を、過去についての信頼しうる説明として再構成することはできるというものである。しかし、我々は、過ぎ去った世界の再構成を、これからやって来る世界において、生き生きとした関心の下で、見据えるのである。というのも、我々の理解によれば、現時点で回顧する過去を再記述しないかぎり、これから到来する世界は、現にある世界と異なったものにはなりえないからである。

とはいえ、撤回修正不可能という性質はけっして失われはしない。既に生じてしまったことは、もはや取り返しのつかないことなのであり、過去に起きたことが何であろうと、それが過ぎ去り過去になってしまうと、その過去は、我々自身の行動様式や自然の中で新たに創発する出来事の影響を被ることはなくなると思われる。変化するのは「かつてそうであった事柄」であり、それがこれからどのようなものになろうと、撤回修正不可能というこの一見したところ空虚な称号は、かつてそうであった事柄に帰属する。撤回修正不可能であるということの重要性は、「かつてそうであった事柄」の方に帰属するのであり、〔他方で〕「かつてそうであった事柄」の方は、〔現在において再記述が可能である以上〕取り消し不可能ではない事柄である。すべての出来事は過ぎ去っていくが、それにともなって、変更不可能な終結状態というものが存在する。過ぎ去った出来事に関するあらゆる記述に対しては、このような終結状態が加わる。しかし、こうした終結状態の意味総体が帰属する世界は、当の記述が帰属する経験世界〔経験される世界〕と同じ世界なのである。

さて、一齣の現在に対しては、このように終結状態が明確に発生するのであるが、これと対置されるのが通常の想定である。それによると、我々を〔～として〕確定している過去は〔今ここにあるのではなく〕、あの時のあの場面にある。真相はといえば、過去は、その確実性においても蓋然性においても、あの時のあの場面にあるのだが、その意味するところは、我々にとっての問題の設定は、問題が設定されたあの場面にあるというのと同じ意味においてである。さらに続けて想定していえば、認識、および認識過程の一環としての思惟は、再構成される性質をもっている。というのも、再構成は、〔存在〕世界内の知的生命の行動様式にとって本質的だからである。◆1これは、より一般的な命題の一部にすぎない。一般的命題とは、すなわち、変化は世界内において進行していくのであり、このような変化の帰結として、世界は次第に異なった世界に成り行くというものである。知性は、このような変化の一つの局面にすぎない。知性は、自己維持傾向をもった生命過程、進行する生命過程の構成要素である。知性に特有のものは、有機体における適応と環境の再編という、相互の再組織化を必然的にともなう変化である。というのも、最も下等な有機体の場合に即してみても、有機体に生ずる変化は、いかなる変化であろうと、感受能力と反応〔の仕方〕における違いをともない、同時に、これに呼応して、環境内においても違いをともなうからである。このような過程内においてこそ、いわゆる自覚的な知性が発生する。というのも、意識とは、すなわち、適応過程にある有機体に対して環境が有する関係ゆえに環境内に生ずる違いであり、同時にまた、環境内で生じた変化ゆえに有機体内に生ずる違いだからである。我々は前者の違いを意味と呼び、後者の違いを観念作用と呼ぶ。環境内において反映される有機体像と、有機体内において反映される環境像は、自覚的知性を構成する生命過程の維持にとって、必要不可欠な本質的な局面である。

意識の意味合いについては、後の講義で考察することになろう。当面のところは、認識作用の場であると同時に思惟の発現形態でもある活動、その在処を突き止めることだけに、私の関心を限定しておこう。ここで特に区別しておきたいことがある。それは、個人的にして社会的な有機体にとって、意識という言葉のより一般的な使用法に対応する世界の存在を、「〔対象〕意識」という言葉に対応する状況から、区別するということである。私の考えるところでは、認識作用が意味するのは後者である。これら二つの区別は、先に示唆した問題とその設定との区別に相当する。適応ということが生ずる問題設定場面は、適応にとって必要不可欠であって、言葉の通常の意味で用いられる場合のように、「意識の領域」に属する事象に相当する。特に、意識領域の中に通常以上に明確にある事象の意味合いを我々が認めている場合には、そうである。「気づいている領域」という言葉も、時折、同じ意味で用いられるが、こちらの方が、「意識」という言葉よりも、「〔対象〕に気づいている」という意味を表す傾向が強い。いいかえれば、認識においては、つねに、〔疑われることなく〕そこにある世界が前提されており、このように前提され〔自明性を疑う必要のない〕世界が、認識という推論過程と観念作用過程の基礎となるのである。もちろん、このように前提されてそこにある世界は、認識作用あるいは「〔対象〕についての意識」〔が向かっていく先〕を、この世界内で推論誘発傾向を有する事物に限定する。

こうして、世界は、有機体との関係の中で、そこにあり、かつまた、世界は、有機体が適応するための諸条件を設定し、同時に、その帰結として生ずる世界内変化および世界そのものの変化のための諸条件を設定するわけであるが、このような世界には、この世界にとっての過去が含まれている。我々は、歴史的性質を有する問いであれば、いかなる問いに対しても、一定の分析装置をもって接近するだろうし、この分析装置は、おそらく念入りに明確化されていることだろう。そして、文書や口述証言や歴史的遺跡を、このように分析装置によって一層専門技術的に明確化することで、こうした歴史的資料は、ある一定の過去の範囲を確定することになり、この過去は、昨日今日の記憶からさらなる過去にまで拡がり、同時に、我々はこの過去を自明視し、疑うことはない。我々がこのような分析装置を用いるのは、我々に迫ってくる歴史的問いに仮説的に答えるためであり、さらには、仮説が十分練り上げられているのであれば、これを検証するためである。もちろん、この装置のいかなる部分も、また、この装置を用いて叙述された過去のいかなる部分も、それ自体、疑われうるものであることは理解されている。しかし、自ら懐疑論を名乗り〔歴史の一切を懐疑する〕最も勇ましい懐疑論でさえ、懐疑論的教義を定式化する言葉と観念の記憶〔＝歴史〕から逃れることはできない。

◆1 こうした認識論〔知識論〕に関して、より完全な説明としては、「プラグマティズムの真理理論」〔本書第Ⅰ篇第6章〕参照。

このようにして与えられた何らかの過去は、過去にまつわる様々な問いに関わっている。そして、この与えられた過去は、見かけの現在〔の範囲〕を拡大する。なるほど、二つの文献資料の意味の間の究極の一致は、一齣の見かけの現在のうちにある経験の中にあるかもしれないが、しかし、それは、我々があらかじめ二つの文献資料を比較して推測するかぎりでのことである。こうした比較結果は、我々が比較している時点よりもさらに過去にまで妥当し、疑問視されることはないが、それも、誰かがそこにある誤りを指摘し疑問視するようになるまでのことである。とはいえ、その場合でも、誤謬指摘者や他の人々にとっての過去に基づいているにすぎない。ここで、確かゴスの父親によるものだと思うが、独創的な提案を取り上げてみよう。それによると、神は、人間の信仰を試そうとして、化石や、その他、遠い過去を示す痕跡を用いて、世界を創造したという。さらに、この提案を、今から三〇分前の時点にまでもってこよう。そこで、世界は、我々の精神のいわゆる内容も含めて、まさしく現在ある構造をもって、三〇分前に存在するにいたったとしよう。さらに、ゴス氏の原理主義的見解と類似した見解のように、世界は三〇分前に出現したことを示す隠れた痕跡を我々はもっていたということにしておこう。我々がこの仮説を吟味しうるとすれば、それは、そこにあった何らかの過去を考慮してのことにすぎないのであって、たとえそのことで、この仮説がどんなに貧弱になってしまおうと、事情に変わりはない。そして、この過去は無限に拡張可能であり、この拡張を阻むものは何もない。というのも、拡がって行く過去のいかなる瞬間点をとっても、表象される以上、その瞬間にとっての過去があるのであり、この過程は以下同様というように、無限に続くからである。

さて、現在がいかなるものであろうと、その現在から独立に、何らかの実在的過去というものが、当の過去にまつわる出来事すべてとともに、これまでずっと存在してきたわけであり、我々は、今現在、そうした実在的過去の内容を、不完全にではあるがゆっくりと解明しつつある。このように我々が述べたとすると、その意味は、いったいいかなることなのだろうか。我々の時代の歴史研究において修正が施されているのであれば、もちろん、我々はその修正事項に立ち返るし、さらに、かつて棄却された説に代わって提示しうる事柄について、既に証拠が発見されており、しかも、その信憑性が以前のものよりも高いのであれば、我々は、信憑性のより高いこの証拠に立ち返る。以前よりも度合いの高い蓋然性と、しかも、新たな証拠の付加が意味しているのは、我々が今現在明らかにしている何らかの実在が、そこにある、あるいは、これまでずっとあったということである。したがって、疑問の余地のない過去に対しては、明白な指示対象が存在することになり、その証拠によって、我々は、現在生じている問題を研究し解決するわけである。これまで私が言及してきた事実は、まさしく、過去について受け容れられた説明は、いかなる説明であれ、今現在疑問視されていないにしても、いずれ疑いを差し挟まれることは大いにありうるという事実である。この事実自体に必然的にともなうのは、おそらく、ある意味、〔目下のところは〕疑う必要のない過去であり、なおかつ、考えうるすべての問題にとっては背景となるような過去であると思われる。しばらくは、この点を認めた上で、さらに問いを立てよう。現在がいかなるものであれ、現在から独立したこの過去は、いったい、我々の探究活動の構成部分となるのだろうか。つまり、いわんとしているのは、我々の思考過程で何らかの役割を果たす前提として作用する過去のことである。仮にこの前提を取り除いた場合、歴史を研究する際の我々の概念装置とその操作手法は、何らかの意味で、影響を被るだろうか。もし、我々の関心が、ただ、社会史や科学史において歴史家が関心を寄せる問題でしかないのであれば、明らかに影響はない。この場合、指示対象となっているのは、つねに、ある問題の発生場面として与えられた過去でしかない。当の問題の概略や、提示された仮説が受けることになる検証は、与えられた過去に見出されるわけである。これまでみたように、このような与えられた過去は、それ自体、後日、疑われるかもしれないし、議論にさらされるかもしれない。とはいえ、与えられた当の過去〔自体〕が疑われる可能性は、歴史家が取り組む研究に少しも影響を及ぼさない。これは、いいかえるなら、可能な過去の一切が疑われることはないということである。歴史家の思考のうちに入ってくることなど、歴史家の思考のうちに入り込む唯一のアプローチがあるとすれば、それは、過ぎ去った過去の一切は、これを最新の叙述の中で、主題化し説明するという要請である。こうして、過ぎ去った過去はすべて、再構成される以上、そのかぎりにおいて、不正確であるとみなされる。我々の方法の意味するところでいえば、たとえ無限の彼方にあって、あらゆるギャップを埋め、あらゆる誤りを正すような叙述であろうと、我々がアプローチする叙述は、限定的な叙述であると思われる。しかし、今現在我々が誤りを正しているのであれば、おそらく、正しい説明というものがあるにちがいない。たとえ、このような取り組みに将来従事する科学研究からすれば、〔今しがた正しい説明とはいったものの〕未来〔においてこの説明がどうなるか〕は不確定であることを考慮するにしても、我々が今誤りを正している時点においては、正しい説明であるという意味合いから我々が逃れることはない。

このことを別の表現でいうなら、我々のいっている研究活動とは発見の研究のことであり、実際に発見することになるかどうかは別にして、我々がなしうるのは、ただ、そこにある事象を発見することだけである。しかしながら、こういったからといって、それが、いかなる現在からも独立した過去があり、あるいは、これまでもあったという意味であれば、誤りであると私は考える。というのも、現在というものには、それ自体にとって固有の過去がある以上、いかなる現在においても、我々の発見していない事象が数多くあるかもしれない、いや、疑いもなく、あるからである。とはいえ、今現在、我々が発見している事象、あるいは、発見していない事象も、後になって何らかの観点に立ってみるならば、異なった意味をもつようになるだろうし、出来事としての構造という点で、異なったものになるだろう。過去の誤りを正すという考えには、さらにいえば、この考え自体絶対的な正しさに到達していない場合でも絶対的に正しい考えであるという提案には、同様の誤りがあるだろうか。私がいっているのは、出来事の説明における〔解釈如何とは独立の〕「〔過去〕それ自体」の正しさということであり、後世の歴史家が行う修正ということのうちに含まれている意味合いのことである。私が思うに、歴史家の見解において受け容れられている〔過去についての〕絶対的正しさというものは、与えられた過去の完全な記述のことであるが、これはあくまで、仮に既知の過去の意味合いすべてが解明されているのであればという条件の下でいえることである。我々のもつ記憶や文書や遺跡に含まれる一切のものを我々が知ることができ、なおかつ、この知識をすべてコントロールできるのであれば、絶対に正しかったことを自分たちは有している、これが歴史家の想定であろう。しかし、そうだとすると、アリストテレスの時代の歴史家は、〔今日のような分析装置がなかろうと〕自分にとって既知の過去を拡大していったならば、正しい過去とやらに到達していたということになってしまうだろうが、この過去は、〔分析装置を兼ね備えた〕近代科学が知りえている過去とはまったく異なる過去であろう。こうして、このような過去の比較と、我々の知る過去は研究の進展次第で年々異なったものに変化するという意味での〔今日の歴史〕比較には、程度の差があるだけということになってしまう。それでもなお、我々が述べているのが、他のどんなものであれ「〔過去〕それ自体」の正しさについてであるとするなら、それは、定義上我々の経験には入り込む余地のない実在の正しさのことをいっているか、あるいは、我々がもはや経験することのないような類いの無限の彼方にある到達点の正しさのことをいっているか、どちらかであるにちがいない。もちろん、気がつくと我々が現在直面しているような経験は、この〔時空範囲の〕経験を超越したところにある何らかの世界ないし経験のうちに含まれていると想定することはできる。私の主張は、ただ、このような想定は過去の正しさを判断する上で何の役にも立たないということだけである。いかなる現在からも独立した表象のうちに真の実在なるものが存在しうると想定する理由が、神学的であれ形而上学的であれ、他にもあるかもしれない。だが、そのような想定は、いかなる種類の歴史研究であれ、歴史研究の仮説にも技法にも関わることはない。

「それ自体において」撤回修正不可能な過去という概念は、おそらく、思考する際の共通の背景であるが、これに対して、先に私が行った主張を思い起こしておくことは興味深い。すなわち、科学に携わる研究者が、沈着冷静な態度のみならず胸の高まるような問題関心をもって、期待を寄せているのは、今日なしうる測定方法を後の研究が将来的に最も正確な確定方法へと高めるような根本的変化であるということである。このことによって提示される事態は、数々の現在が相互に嵌入し合う事態である。一つ一つの現在は、その現在自体に帰属しうる〔当の現在自体にとっての〕一齣の過去を有しており、一つ一つの過去は、さらに時間を遡った過去を、当の過去自体にとっての過去というように自らに組み込む、こうして、ある程度、それぞれの現在自体の見地から数々の過去を再構成する。これらの当初の現在を、過去としての表象とは独立自存の存在として受け取るならば、その途端に、数ある現在は我々にとって有意味なものではなくなり、我々自身にとっての現在を解釈し、我々自身にとっての未来を確定する際にもつ価値を失ってしまう。このような数ある現在は、ミンコフスキー時空の幾何学の中に位置づけることはできようが、しかし、こうした仮定の下でさえ、数ある現在が我々の視野に入りうるのは、我々自身の参照系ないしパースペクティヴをとおしてのみである。過去の実在というものの在処を、いかなる現在からも独立な過去のうちに求めた他のいかなる形而上学を前提にしても、同じことがいえるだろう。

過去のもつ撤回修正不可能性は、このような〔いかなる現在からも独立した過去があるという〕形而上学的時間秩序の中に位置づけられていると明言する向きもおそらくあろう。これこそ私が議論したい点である。歴史家というものは、何かが生じたのであれば、そのこと自体を疑いはしない。歴史家が疑うのは、何が生じたかに関してである。歴史家はまた、あらゆる事実や資料を入手できれば何が起こったのかを確定できるという前提に立って研究を続ける。すなわち、先に述べたように、歴史家にとって過去の撤回修正不可能性という観念は、当の出来事の推移と結びついているのと同じように、既に生じた事象の「本質」とも結びついている。しかし、もし、創発ということがあれば、これを過去に反映させるという事態が同時に生ずる。〔つまり、創発に即して再構成された〕新しい過去が存在することになるのである。というのも、新しいものが出現するたびに、そこからみれば、〔いわば〕我々の背後に拡がる地表は異なった地表になるからである。〔とはいえ〕このアナロジーには欠陥がある。というのも、地表の頂は既にそこにあり、頂の背後に広がる地表の相貌も既にそこにある以上、地表を旅する人が自らの目の前の現在に関与する一切を手にすれば、その旅人の現在の地点から地表〔過去〕の相貌を再構成しうるといっているからである。これに対して、創発というものは、実際には、前もってそこにあるわけではないし、さらにいえば、たとえ、現在というものが完全に開示されようと、創発は、定義上、そうした開示された現在のうちに〔あらかじめ〕組み込まれているなどということはありえない。しかし、我々の経験とは、精神を時間空間の秩序配置のうちに投げ込むことだとエディントンがいうとき◆[2]、この文言が示している形而上学上の実在というものは、事柄に先行して存在する地表に対応するものであろう。

もちろん、以上に代わりうる原理もある。それはホワイトヘッドによるもので、次のように説く。自然のうちには、数ある時間〔上の参照〕系と交差するものとして、数々のパースペクティヴがあり、したがって、パースペクティヴが、異なる現在を生み出すだけでなく、それに対応する相異なる過去を生み出す。しかしながら、私に理解できないことがある。ホワイトヘッドによると、生じた出来事の〔何たるかという意味での〕「本質」は、神の御業により生じた永遠の対象が〔出来事の中へ〕進入▼することに依存し、そのことによって創発を生み出すという。たとえ、そうだとしても、ホワイトヘッドは、時空の固定された幾何学を受け容れておきながら、どのようにして、出来事の固定化された秩序〔という隘路〕から脱出できるのだろうか◆[3]。争点はこうである。科学者が扱う必然性というのは、あれこれの現在から独立自存した一齣の過去によって現在というものを確定するような、そういう必然性であるのかどうかということである。時間‐空間が順序づけられているのであれば、そこには、今みたような形而上学的必然性が含まれることになる。このような見地からするなら、経験にとっての数々の異なる過去は、主観的再解釈の産物であるということになり、そうなると、これらの過去をもって出来事の全体図式の一要素とすることに、科学者は関心をもたなくなる。ホワイトヘッドの哲学は、この種の幾何学的な必然性を、創発性、そして、可変的な数々のパースペクティヴの違いと調停しようという、果敢な試みではある。これが達成可能だとは思わないが、しかし、それ以上に私が関心をもつのは、次の問いに対する解である。すなわち、現在というものと過去というものとの関係に関わる必然性は、先にみたような形而上学的必然性から生まれるのかどうか、つまり、いかなる現在からも独立自存した必然性などというものから生ずるのかどうかである。

ここで、私独自の命題に立ち返ることにする。すなわち、ある実在が今現在を超えて存在しようが、その実在は当の今現在のうちに現れなければならないという命題である。この代案は、科学研究者の構えのうちにみられるもので、科学者自身が自らの見解において自認しているか否かは関係ない。それはこういうことである。過去と現在には必然的な関係が現時点においてあり、また、

◆2　A. S. Eddington, *Space, Time, and Gravitation*, Cambridge University Press, 1920, p.51.

▼進入　ingression. ホワイトヘッドは、「生成と生長を保持した出来事」と「生成と生長をうしなった感覚的対象」とが関連づけられる過程・関係を、さしあたって「対象の出来事への進入」という言葉で表現している。その上で、「進入」なくして、出来事も対象もありえないと主張する。

「あなたがたは、わたくしが「進入」〔ingression〕という語を、出来事と対象との一般的関係を表わしているものとして用いていることに、気づいておられるかもしれない。対象の出来事への進入のあり方は、出来事の性格が、みずからをその対象の存在によって形成する、といったぐあいである。つまり、出来事が何であるかということは、対象が何であるかということによってきまるのである。そして、わたくしが対象による出来事のこの形成を考えているとき、わたくしは、この両者間の関係を『対象の出来事のなかへの進入』とよぶ。対象が何であるかということは、出来事が何であるかということによってきまるのであると言うことも、ひとしく真なのである。自然というものは、出来事のなかへの対象の進入がなければ、いかなる出来事も、また、いかなる対象も存在しないといったものである」(『自然という概念』藤川吉美訳、松籟社、一九八二年。一六二〜一六三頁)。

なお、「進入」については、本書第I篇第5章「諸々のパースペクティヴの客観的実在性」九七頁の訳註も参照。

◆3　ミード氏は、繰り返しホワイトヘッドに関して議論している。これらの議論は、主として、ホワイトヘッドの著作『自然認識の諸原理』ならびに『自然の概念』に基づいており、また、幾分は、『科学と近代世界』を参照してもいる。ただし、彼の議論において、ホワイトヘッドの『過程と実在』は含まれていない。

未来においても、つねにあり続けるが、しかし、現在とはいっても創発的なものが現れるかぎりでの現在は、新規なるものを、〔存在〕世界にとって必要不可欠な要素として受容し、こうした創発性の観点から、当の現在にとっての過去を新たに書き換える。こうなると、創発的なものは、もはや初出の創発であることをやめ、あくまで、創発以前の過去に既に取って代わって現れた過去から生ずるものとなる。我々は、生命と意識を〔進化論上〕創発したものとして語っている。だが、生命と意識が発生する以前の世界から、必然的に、生命と意識が発生することになる世界を我々が思い描けるまで、我々の理性的性質は、けっして満足することはない。創発的なものを、過去と現在の思惟上の関係の一部とすることはできない。たとえ、一見して、このような思惟関係を受け容れるようにみえる場合であれ、我々は、生化学と行動主義的心理学を前面に出して、可能なかぎり、創発性をその発生直前点にまで遡るよう努める。しかし、科学研究者に対して、〔研究上〕完全な勝利が与えられたとしても、つまりは、全面的に合理化され内部に決定済み秩序を有する世界が与えられたとしても、科学者は依然として新しい問題の出現を待ち望む。これからも新しい問題が数々の新しい現在の中で創発するだろうし、新しい現在は、新たな別の過去によって再び理論的に説明されるようになり、新たな別の過去は、かつての過去を取り上げ、矛盾することのないように、自らのうちに組み込むようになるだろう。

疑う余地のないことだが、〔存在〕世界の完全な合理性というのは帰納に基づいており、帰納法の基礎になっているのは、哲学上大いに疑問の余地のある論点である。これを信ずる正当な根拠をいかほどでも認めるのであれば、我々のもつ一切の相互関係は、これを強化することになる。だが、はたして、そのような根拠はあるのだろうか。この決定的な点において、最大の不確実性がある。明らかなことだが、科学者の研究手続きはこの点を無視している。科学者の側に問題点があるといっているのではない。科学者の手続きに疑問の余地があるというわけではまったくない。科学者が従事しているのは、単に合理的秩序を発見しその要因にまで遡ることだけであり、そのことで、科学者は未来を予見するのだといってよい。ここにおいてこそ、科学者の対象たる世界が機能する。科学者が、自らの仮説をこの世界に適応することができ、なおかつ、これから生ずる事象を仮説が予見するならば、そのとき、この仮説は実際に生じた事象の説明となる。仮説が棄却されれば別の仮説がこれに取って代わり、新たな別の過去が、当初の仮説がかつて意味していたことに取って代わる。

これを要するに、過去（あるいは過去の特定の意味構造）とは、未来の場合と同様に、仮説的なものである。天文学者〔ジェイムズ・〕ジーンズは、過去数百万年の間にアルデバラン星あるいは連星シリウスの伴星の内部で生じた事象について説明しているが、これは、たとえば、次の世紀において、いかなる食が起こるか、どこで食を観察できるかについて、天文学者によって作成される一覧以上に、極めて仮説的なものである。さらに、これまで出来事には確定済みの過去があったなどと形而上学的想定をしようが、このような想定は、我々の現在を解明する仮説のいずれであれ、その確実性を高めもしないし低めもしない。このような想定が実際に提供するのは空虚な形式でしかないのであって、いかなる仮説も、この形式の中へと拡大され、仮説の意味が展開されるが、しかし、この形式は、カントが直観の様々な形式において見出した永続性すらもたない。異なる時間系内における時間の異なる意味ということをホワイトヘッドは語ったが、これは相対性のパラドクスといってよい。このパラドクスが表しているのは、いわば、過去についての確定済み年表の仮説的性質である。つまり、現代の様々な物理学理論が我々にとって過去となっている出来事を解明した場合、我々は、こうした出来事を〔過去において既に真であったというように〕確定済み年表に適合させることになるが、これは、仮説としての年表に、そうしているのである。複数の出来事の同時発生と出来事間の時間的空間的距離についてであれば、我々は絶対的時空間に頼ることになるかもしれない。しかし、この場合でさえ、議論の余地のある点がある。たとえば、一つの参照系から別の参照系への変換についてのこうした解釈は、最終的な解釈なのかどうか、我々は物理的意味での宇宙の究極の構造を達成したのか、それとも、このような達成が可能になるのは、ただ、もっと強力な数学的装置によって、今以上に高度な精度をもった測定と計算によってのみなのかどうか、その解釈は、数理物理学の歴史次第で様々に変わることになろう。ミンコフスキー時空は、ド・ブロイの物質の波動性と同様に仮説なのである。

しかし、たとえ、我々にとって過去の出来事が何であったか、不確かであろうと、過去の出来事がもつ撤回修正不可能性が消えてなくなるわけではない。数学の等式によって明らかになるような物理的過程は、事の性質上、可逆的性質を有するのであるが、その場合でさえ、時間経験の撤回修正不可能性は揺るがない。ここで考えられることとして、長大な遠距離をとってみるなら、我々が同じ出来事と呼ぶものも、その順序構造のいくらかは、パースペクティヴごとに様々でありうる。だが、いかなるパースペクティヴの中であっても、既に過ぎ去った事象が、再び起こることはありえない。そのパースペクティヴにおいては、生じた事象は生じたのであり、いやしくも理論を提示するのであれば、どんな理論であれ、あくまで当該パースペクティヴ内における当該の順序構造については、その占める位置を認めなければならない。すなわち、現在生じている事象にあっては変更不可能な時間的方向性というものがあり、そして、この事象の推移のうちに、他の諸々の過程を帰属させることが可能であれば、この帰属の妥当性の度合いに応じて、我々は、これらの過程に対しても同程度の〔発生〕確実性を与えることができる。一定の参照系内で運動する物体があり、その速度が一定の値をとる場合、当の運動物体が必然的にどの地点にあるのか、確定することができる。ここで我々にとって問題となるのは、現に生じている事象に先行するものは、いったい何なのか、これを確定することであり、そのことによって、時間進行の方向性が世界の行方を確定しうるようになる。経験の中には、今現在進行している一定の時間的過程というものがある。今生じたばかりの事象は、生じつつある事象の中において現れるのである。この推移の中では、既に発生した事象が〔条件づけとなって〕、未来に向けて推移している事象を、時間的にも空間的にも確定する。それゆえ、運動の定数が確定可能であるかぎり、我々はその確定作業にしたがうことができるのであり、こうして、当の出来事が運動しているのであれば、それに応じて、我々の分析は、その出来事を運動態に変換しようとするわけである。一般に、事の推移は、それ自体、経験の中に与えられているため、進行中の変化の方向が、これから生ずる事象を、ある程度条件づける。既に発生した出来事と、進行中の過程の方向とが、未来を合理的に確定する基礎を形作る。過去の撤回修正不可能性と現在生じつつある変化は、未来に関する我々の全思考を結びつける二大要因である。蓋然性というものは、経験内で進行中の過程という性質のうちにある。とはいえ、推論可能な帰結をともなうような時空間構造を、どれほど熱心に追い求めようと、それでも、事物が進行している過程においては、量的要素に還元不可能な事物関係があることを我々は認識する。さらにいえば、我々としては、こうした事物関係を測定可能な性質と可能なかぎり関連づけるけれども、我々は、これらの事実関係を、いずれにせよ、現在発生中の事象を確定づける諸条件として認識する。こうした事物関係の先行条件を我々は過去の中に突き止め、このような過去が現在発生中の事象に対してもっている関係によって、未来を判断する。現在進行中の過程内におけるこうした関係はすべて、これから生ずる事象を確定しつつある関係でもある。確定とはいったが、もちろん、いかなる特殊な状況であれ、その状況を科学の問題として構成するのは、こうした確定の特定の形態である。その時の直接的な経験が推移していく過程内で確定の実際がどのようになるかということ〔因果関係〕についていえば、これは、ヒュームが自らの分析の前提と類型に基づいて経験から排除したものであるが、他方で、カントによるカテゴリー演繹に妥当性があるのと同じような妥当性を与えるものである。

今日の哲学にとって課題となっているのは、次の二つを調和させることである。すなわち、一方では、これまでみてきた確定の普遍性であり、これは、現代科学の主題となっている。他方では、新規なものの創発であり、この創発は、人間の社会的組織の経験に属するのみならず、科学と科学を後追いしてきた哲学が人間的自然から分離したかぎりでの自然の中にもみられる。両者を調和させようとすると即座に困難が現れる。その困難とは、創発性が出現すると、その途端に、我々はこれを合理化しようとすることである。すなわち、我々がつい示そうとしてしまうのは、創発したものは、あるいは、少なくとも、その出現を確定する諸条件は、創発という事象に先行して存在した過去のうちに見出しうるということである。かくして、創発事象の発生起源として創発自体に先行する諸々の過去、つまり、創発事象を何ら含んでいなかった何かとしての諸々の過去は、帰結としての創発事象をも含んだ一層包括的な過去へと仕立て上げられてしまうのである。さて、この結果どういうことになるかといえば、生起する事象は、何であれ、つまり、〔新たに〕創発したものでさえ、発生事象を確定する条件のもとで生起するというわけである――とりわけ、精密科学の観点から、このような確定条件をいいかえるなら、それは、一定の限界内において何が生起するのかに関する推論可能な結論を生み出す時空条件であり、他方でまた、生起の確実性が確率論的世界の内部にしかない、いわば、質的類いの確定づけ条件である――、しかし、これらの条件は、これから生ずるもの「をしてかくあらしめる本質」を完全に確定することなどけっしてない。水は、酸素と水素の組み合わせとは異なって、〔創発として新たに〕発生する。生命も、いうところの意識も〔進化論上、創発として新たに〕発生する。量子もまた、そのように発生する。もちろん、量子の生起の場合は、生命と意識の発生レベルとは異なる「レベル」に立っているという向きもあろうが。このような新たな創発物が出現してしまった以上、これら創発物は、実在的な各現在において生ずる確定づけ条件の構成要素となる。我々が特に関心を寄せるのは、我々の眼前にある状況の中で創発の出現を条件づけた過去、これを提示することである。さらにいえば、特に、こうした過去を提示することで、我々の主題を、この対象の新たな出現へと導いていくことである。我々が自らの位置を見定める際に、過去を参照するにしても、その過去とは、かつて創発性が出現した当時の一齣の現在としてあった過去ではない。そうではなくて、〔我々にとっての〕未来を条件づけているものとして過去を捉え直し、創発性が再出現する場合には我々はこれをコントロールしうるかもしれないというように再記述する、こうした中で我々は自らの位置を見定めるのである。生命が出現してしまっている以上、我々は生命を育むことができる。意識が存在する以上、我々は意識の現象も意識の表出もコントロールできる。創発が出現してしまった過去の記述でさえ、必ず、ある種の〔存在〕世界という観点から成り立っている。この場合、〔存在〕世界とは、その内部において、創発が、条件づけられた要因であるのみならず、それ自体、条件づけでもあるような世界ということである。

この言い方が許されるとすれば、目下の今現在ならいざ知らず、先にみたような、過ぎてしまったかつての現在の数々を、我々は、単にそれらが生じた当時のままに、〔今〕呼び戻すことはできないだろう。過ぎてしまったかつての現在を余すところなく提示しようとしたところで、当時の現在を〔今〕想起することになってしまうだけであろう。すなわち、〔時間の経過とともに〕別の〔かつての〕現在に滑り込んでいく一齣の今現在は、〔今現在からみた〕一つの過去ということで意味されているものと同じ意味合いではない。このような叙述の仕方でさえ、その意味するところは、〔時間の経過とともに〕相互に浸透し合っている数々の現在というものが、かつてあったということである。そして、このような観点から数々の現在をみようがみまいが、もし、一齣の現在が実在としての過去の一局面であるとするなら、我々が示そうとしているのは、数々の現在の実在そのものということになろう。つまり、我々が関心を寄せている類いの過去の所在構造である。このような叙述の仕方にともなう曖昧さについては、これを素通りすることにして、我々が強調したいのは、過去の撤回修正不可能性は、以上に述べたような過去概念から生ずるわけではないということである。というのも、撤回修正不可能性という言葉を用いることによって我々が指し示しているのは、かつてあったに違いない事象のことだからであり、そして、過去が不可避的に撤回修正不可能である原因は〔過去ではなく〕、現在において一つのまとまりをなしている構造過程だからである。疑いなくいえることだが、我々は、かつてあったに違いない過去に戻ることはできないし、さらには、過去の出来事を発生時点のままに今実際に視察することによって、我々の推測を検証することなどできはしない。我々が過去についての推測を検証する場合、その過去というのは、我々が思い抱いている当の過去が実在したのであれば、何らかの類いの性質を有しているにちがいないと〔想定しうる〕過去であり、その検証は、あくまで、今現在を条件づけている方向性によって、そして、その過去の時点よりも後に生ずる出来事によってなされるのである。こうして、まさに生じたばかりのことが、今現在から未来にかけて創発しつつある事象を必然的に条件づけるのであるが、こうした必然性を過去にまで延長するとき、撤回修正不可能性という言葉の真意を見出しうるのである。これ以上の議論は、形而上学的説明に属するのであって、この手の形而上学的説明は、そもそも、〔未来を見据え、今現在を歩んでいる〕我々の背後に〔現在が変質するたびに新たに〕生ずる様々な過去に対しては、何ら関心を示さない。

　これまで試みてきた分析において、我々が到達したのは、第一に、推移である。推移の内部では、現に生じていることが、生起しつつある事象を条件づける。現に生じていることは、すべて、諸々の必要条件のもとで生ずる。第二に、こうした条件は、必要ではあるものの、創発する実在を余すところなく確定するわけではない。こうした状況についての興味深い省察を我々は得つつあるが、その際に拠り所としているのは、位置と速度の厳密な測定方法に関する科学者による批判的吟味、および、量子のもつ意味合いである。このような科学者による批判的吟味には次のことが見て取れる。従来から今まで引き続き進行中であった事象が今現在生起する事象を条件づけていること、これは蓋然性によって表現されており、科学者は、このような条件づけをけっして断念しているわけではないが、しかし、他方で、最も厳密な〔法則的〕決定性にしたがう出来事でさえ、新たに創発するものと考えることができるとしている。ド・ブロイ、シュレーダー、プランクの思索に対して後に向けられる解釈がどのようなものになるか、私はここで先取りするつもりはない。私が示しているのは次のことである。数理物理学の領域内においてさえ、厳密な思考が意味しているのは、必ずしも、過去による現在の条件づけが、過去による現在の完全な決定をともなうということではないのである。

　第三に、推移過程内にあっては、既に生じた事象による、現に生じている事象の条件づけ、要するに、過去による現在の条件づけが作用しているわけであるが、このような条件づけは、あくまで、こうした推移過程のうちにある。この意味での過去は〔推移している〕現在のうちにある。そして、我々が意識的経験と呼ぶ事象にあっては、過去の存在は、記憶のうちに提示され、さらには、記憶の時間幅を拡大する歴史的文献資料のうちに提示されるのであるが、それは、あくまで、推移における条件づけという性質のうち、有機体としての個人の経験の中に反映される部分として提示されるのである。もし、一齣の現在の中にある対象のすべてが、推移過程内で同じ性質によって条件づけられるとするならば、これらすべての対象にとってのそれぞれの過去は、どれも潜在的には同一である。しかし、量子に関する考察から得られる示唆を徹底することにして、二〇〇〇個の電子中、一個の電子がエネルギーを放出し、しかも、残りの一九九九個の電子と比べて、この電子があえて選択される決定条件がないものとしよう。この場合明らかになるのは以下のことである。この電子の放出は、この電子に関してこれまで経過してきた事象すべてによって条件づけられているだろうが、それでも、この電子のエネルギー放出作用の中に表れたかぎりでの過去は、二〇〇〇個のうち残りの一九九九個の電子の過去と、潜在的にさえ、同じ性質のものではないだろう。あるいは、ばらばらとなって秩序づけられていない社会的状況下にある二〇〇〇人の個人のうち、一人が自殺をはかり、しかも、みたところ、誰が自殺してもおかしくない状況だったとしよう。この場合、この自殺自体、この人の過去の表現であるけれども、自殺した個人の過去は、残りの他の人々の過去にはないような、身を切るような特別の性質を有している。過去は、この場合、現在と、現在が未来へ推移していく過程とを、条件づけている。諸々の性向が組織化されて一個人に具現化されているところでは、創発的な事象がありうるのであり、この創発事象は、諸々の性向に対して、当の個人の状況にのみ属する形を与えることになる。過去の推移から生じ、また、推移に固有の条件づけから生ずる諸々の性向は、組織化された構造という様相を呈するとき、様々に異なる影響力をもつようになる。このことは、生命体とその環境が相互に適応し合う場合にいえることだが、同じように、一つの星において分裂と凝集の過程それぞれがバランスをとる場合にもあてはまるだろう。諸々の性向の相互バランスや相互適応のうちにある構造的関係は、性向自体の推移過程を整序するのである。そして、このような推移過程は、過去に遡っては星の歴史を反映しており、この推移過程によって我々は星の歴史を説明できるようになる。かつてデューイが主張したように、出来事というのは結末を有する歴史として現れる。そして、ある歴史過程が生じているときには、当の過程を条件づける局面の組織化は、今までにはない新たな活動環境となる。この活動環境は、諸々の局面自体が組織化されずにばらばらとなっているかぎりは、予見できないが、しかし同時に、出来事の結末に向かう一齣の過去にとっての舞台を設定する。◆4 いかなる事物であれ、個々の事物が組織化されると、組織化開始以前に生じていた諸々の過程と関係を有することになる。この意味において、当の事物の過去は、当の事物が推移している今現在の中に「与えられて」いる。そして、事物に関して我々が行う歴史記述とは、こういった推移状況内に事実上含まれている事象を詳述することなのである。推移のうちに「与えられている」この事象は、推移が生じているその場面にあるのであり、一齣の過去を認識する際の一つの構造にとって出発点をなすのである。

第四に、このように創発する性質があるからこそ、推移していく諸々の過程という関係が成立するのであって、そうである以上、創発的性質は、ある一定の過去を創設することになる。この場合の一定の過去とは、いわば、対象についての一つのパースペクティヴであり、この内部で、創発的性質が出現するわけである。たとえば、我々は水素原子といった一つの対象を思い抱くことができるが、この対象は、無限の時間をとおして自らの環境に完全に適応しつつ、現にあるとおりの事物〔=水素原子〕であり続けてきたのであり、一齣の現在が別の現在に滑り込んでいく過程を通じて、あるいは、もっと適切な表現を用いれば、連続的で、かつ、波乱のない推移過程を通じて、ずっと実在的なものであり続けてきたわけである。当の対象が水素原子として出現したまさにその時点に立ち返るならいざしらず、そうしないのであれば、この水素原子という対象にとっては、途切れることのない存在がずっとあり続けはしたが、しかし、〔水素原子にとっては、水素原子出現以前の〕過去は、けっして存在しなかったといってよい。これを要するに、存在するものが、〔その時その場に〕現実に存在するものであろうが、生成過程として存在していないのであれば、過去などというものは存在しないといっていいのであり、推移過程内に含まれる確定済み事象は、一齣の過去の一条件ではあっても、その過去の実現化ではないということである。延長というものが、〔混沌から秩序へと〕構造化可能な空間が生じうる以前において、識別可能な事物〔様態〕を必然的にともなう関係であるのと同じように、推移が構成する関係というものは、過去と現在と未来が生じうる以前の段階で、出来事における識別可能な性質を必然的にともなう。ある出来事を別の出来事から識別可能にするものは、出来事の〔存立に不可欠の〕内的性質に影響

◆4 ジョン・デューイ『経験と自然』第三章・第七章。

を及ぼす生成過程なのである。近年の科学には極端な数学化がみられるが、ここでは、運動の実在性が方程式に還元されてしまい、同一性はあっても変化が消滅してしまっている、さらにいえば、識別不可能な〔つまり生成過程内にない〕諸々の出来事からなる四次元的連続性は時間でも空間でもない以上、この連続性において空間も時間も消失している。私が思うに、このような極端な数学化は、時間というものを生成過程なき推移として扱うことの反映であろう。

それでは、一齣の現在とはいったい何なのか。ホワイトヘッドの定義であれば、ある事物を成り立たせている出来事の推移がもつ時間的拡がりということに立ち返ることになろう。つまり、当の事物をして現にあるようにあらしめるのに十分に延長される拡がりである。◆5 鉄の原子にとっての〔一齣の現在という時間的〕拡がりであれば、各電子が鉄原子核を回る周期より長い拡がりである必要はないだろう。原子の側の観点からみれば、この周期の間の〔存在〕世界は、一つの持続期間を構成することになろう。一個人にとっての見かけの現在であれば、おそらく、その人が〔現在の〕その人自身でいられる期間が、一齣の現在の時間的拡がりであろう。私が示した観点からすれば、見かけの現在は、ある生成過程をともなうことになる。ある瞬間と別の瞬間とを区別しうるためには、つまり、時間が存在しうるためには、少なくとも、事物に対して、かつ、事物の中で、何かが生じ、当の事物の性質に影響を及ぼさなければならない。けれども、このような言明にあっては、定義をめぐる原理間に対立がある。ある観点からみれば、我々が求めているのは、一齣の現在にとって本質的な事象であり、別の観点からみれば、我々が求めているのは、〔各瞬間を〕分割する過程における下限値である。ここでは、まず、後者について触れておこう。というのも、各瞬間の分割は、必然的に、時間と推移との関係という問いをともなうからである。ここでいっている推移こそ、時間が存在すると思われる場面であり、推移の延長によって、我々は時間というものを見分け、様々な時間を比較する。一秒の千分の一は、実在上、特定の意味をもっている。我々は、宇宙を、エントロピーの大海で藻屑と消え行くものと考えることができるのであって、そこでは、一切の生成過程が終わる。時間の中にあっては、出来事は、生成過程にあるがゆえに、発生するのであるが、我々が今ここで議論しているのは、こうした時間から、単なる推移の延長だけを抽象化したものである。ホワイトヘッドの議論では、これは「延長抽象化」と呼ばれており、いわば、出来事‐粒子▼へと向かって行くのであるが、それは、ちょうど、解析学が微分に向かって行くのと同じである。そして、生成する何ものかに対して出来事‐粒子がもつ関係は、変化の全過程に対して、加速度のような変化の微分がもつ関係と同じはずである。そのかぎりで、延長抽象化は分析と総合の方法であり、これを正当化するには、この方法が成功するかどうかに求めることを措いて他にない。しかし、ホワイトヘッドは、これを形而上学的抽象の方法として用い、単なる偶発事象のうちに出来事、つまり、生成過程事象の実体をみる。彼は、生成事象の内容を「永遠の対象」からなる世界へと移し換えてしまい、この世界では、永遠の対象が、対象の生起過程外部の原理にしたがう出来事へ進入▼するとまでいうのである。それゆえ、生起する事象の現実存在は、現在のうちにみられるのに対して、生起する「本質」の方は、出来事からは発生しない。つまり、生成の本質は、〔ホワイトヘッドのいう〕進入の形而上学的過程をとおして〔はじめて〕、当の出来事に生ずるというのである。これは私には抽象の不適切な使用であるように思われる。というのも、この方法にあっては、抽象化作用を、知性による具体的実在のコントロールのための道具としておく代わりに、具体的実在から抽象されたものを、抽象の素材となる具体的実在から、形而上学的に分離するからである。私が思うに、ベルクソンもまた▼、他の文脈においてであるが、同

◆5 Cf. *The Principles of Natural Knowledge*, 2nd ed., page 22ff.『自然認識の諸原理』第二版（藤川吉美訳、松籟社、一九八二年、五九頁以下）。

▼**出来事‐粒子** ホワイトヘッドは「出来事‐粒子（event-particle）」を次のように説明している。「わたくしは出来事の理想的極小に対して、『出来事粒子（event-particles）』という名称を用いよう。したがって、出来事粒子は抽象要素のことであり、抽象集合の群のようなものである。そして、点――つまり、超時間的空間の点――は出来事粒子のクラスであることになる」（前掲『自然という概念』、九八頁）。

また、以下の叙述も参照。「出来事粒子は原子的出来事を装って考えられた瞬時的な点である。出来事粒子が装う瞬時点は任意時の瞬時空間に絶対位置を与える。瞬時点上の出来事粒子はそれらが覆う瞬時点から派生した順序に並んでいる。／出来事に内在する出来事粒子の完全集合はその出来事を『分析する』集合と呼ばれよう。出来事粒子の集合は一つの出来事のみを分析し得るのであり、そして、一出来事は一つの出来事粒子集合によってのみ分析され得るのである。／出来事粒子がその中に内在する各出来事が、出来事xおよびxから離れた諸出来事を交差するとき、その出来事粒子は出来事xを『境界づけ』ている」（『自然認識の諸原理』藤川吉美訳、松籟社、一九八一年、一一六～七頁）。

▼**進入** ホワイトヘッドのいう「進入（ingression）」については、本書九七頁、訳註参照。

じような抽象の不適切な使用を時間の空間化と呼んでいる。つまり、今述べたような時間上において〔分割される〕各瞬間の〔他の瞬間に対する〕排他的性質と、「真の」持続が有する様々な内容の相互浸透とを対比させている。

以上とは反対に、もし、生成する事象こそが、他の出来事との関連の中で時間に構造を与える出来事であると認めるならば、現在生じている事象から推移〔だけ〕を分離抽出するにしても、それは、純粋に方法的なものである。我々が分析を行うのは、主題をコントロールするのに必要なかぎりにおいてである。だが、その際、我々がつねに認識していることがある。すなわち、分析し尽くして得られる事柄が実在的であるのは、現に生じつつある事象が統合されていく過程においてであるということである。以上が、出来事を、生成する事象として定義することの帰結であることは明らかであるが、私の考えでは、特に、我々の最も難解な仮説を適用し検証する場合に、そういえる。この仮説が価値あるものとなり、かつ、正式に承認を受けるためには、古い出来事から生ずる新しい出来事を提示しなければならない。その例として、たとえば、はるか彼方の星雲が一見したところ途轍もない速度で遠ざかっている現象に関してアインシュタインやワイルが示した考察にしたがっていえば、宇宙の膨張あるいは収縮が、そうであり、物質の放射エネルギーへの変換に関するジーンズの考察でいえば、天体の中心部における原子核から電子が放出される事象が、それに相当する。このように新たな出来事として発見される事象は、我々の時代の実験成果に極めて正確に適合するはずであり、そのため、これらの事象の実在性は、現時点での現在において生じつつある事象が具現化することのうちに現れる。こうした発見事象の積み重ねによって、〔これまで歩んできた〕我々の背後には過去が拡がって行くが、こうした過去は仮説的なものであって、それは、発見事象の蓄積によって我々が予知しうるようになる未来の場合と同様である。新しい出来事としての発見事象が自然における生成事象の歴史を提示し、しかも、こうした事象が自然の解釈過程で妥当なものになるのは、こうしたこの歴史を、今日の生成途上の事象へと成り行く過程として、提示するかぎりにおいてであり、さらにいえば、時間という、いわば、慌ただしく稼働する織機から出現しつつある定形模様に適合するものを、発見事象が浮き彫りにするかぎりにおいてであって、けっして、数学上の概念装置という浅薄な表層でしかない形而上学的実体を打ち立てることによってではない。

ベルクソンのいう「真の〔実在的〕持続」が時間になるのは、出来事それぞれの質的性質をとおして、つまり、それぞれの出来事において創発している何かをとおして、相互に識別可能な数々の独自の出来事が現れることによってであるとしよう。この場合、単なる推移は、これらの出来事を整序する一つの方法である。しかし、このような整序にとって本質的なことは、それぞれ孤立している出来事間の間隔の中で、何かが生成し、独自の何かが発生することが可能でなければならないということである。出来事の創発を通じて秩序化する過程とは別に、もし、時間計測の周期的反復、時間計測から生ずる秩序、これらが推移自体の構造に対応すると想定するならば、我々は心理学的幻想を免れない。我々は各出来事間の間隔それ自体にはけっして到達しない。例外があるとすれば、出来事間に相関関係が成立している場合、あるいはまた、〔各出来事同士が〕一致したり交代したりというように、推移の中ではけっして生じえないものがみられるような状況の場合である。我々が到達するのは、いわば、均衡と周期的反復をともなう過程内で表象された時空的隔たりという機能的等価とでも呼びうるものである。だが、この点を基礎にして、時間を量と考え、さらに、時間を、それ自体等価な部分への分割可能性を許容する本質的性質をもつものとして打ち立てるのであれば、それは抽象化の不当な使用である。我々は、現在進行中の事象に必然的にともなう過去の過程を仮説的に再構成して、これを、現に生じつつある未来を認知的に構成する際の基礎とすることができる。実験上のデータによって我々が確信しているのは、現在進行中の事象をよく理解することによって、これから生ずる事象を十分に予見しうるということであって、いかなる現在からも独立した過去の正確な像にたどり着けるということではない。というのも、そうした過去像は、新しい出来事の創発とともに変質しうることを我々は予期するからである。このような態度において、我々は、自ら予見する際、相互に浸透し合う任意の現在それぞれを関係づけているのであり、各現在にとっての過去は、そうした現在それぞれに属するのである。それぞれの現在が新たな現在へ移行するときには、それぞれの現在は再構成されねばならないし、そうなると、それ自体では、それぞれの現在は、再構成された現在に属することになり、我々が今現在に移行する際の源泉としてあった当時の現在には、もはや属していない。

▼ベルクソンもまた…　たとえば、ベルクソン『意識に直接与えられたものについての試論』（合田正人・平井靖史訳、ちくま学芸文庫、二〇〇二年、第二章）。

それゆえ、推移だけを取り出した抽象物とは対照的に、一齣の現在というのは、一様に推移していく実在の時間次元から任意に切り離された一断片ではない。一齣の現在の主たる指示対象は創発的な出来事である。つまり、何ものかの発生途上過程なのであって、この発生過程は、創発的出来事に既に到達し終えた完了状態以上のものであり、さらにいえば、この何ものかの変質や存続あるいは消滅によって、創発なくしてはもちえなかった内容が後の推移に対してつけ加わる過程である。創発的出来事なき推移の特徴は、メイヤーソンが指摘しているように[6]、等式において推移を定式化しているようなもので、いわゆる中途段階は恒等式の中に消えてしまっている。

ある一つの創発的出来事があるとするなら、その創発的出来事とそれに先行する過程との関係は、〔出来事創発の〕条件もしくは原因となる。このような状況が、〔創発以前の現在とは異なる新たな〕現在の一齣である。創発的出来事は、現在の〔かくあって他でない〕特殊性を可能にしている条件を識別し、ある意味では、選択する。創発的出来事は、現在自体の特殊性とともに、〔創発以前とは異なった新たな〕過去の一齣と〔創発以前とは異なる新たな〕未来の一齣を作り出す。我々が創発的出来事を目にすると、その途端に、現在は歴史〔=過去〕の新たな一齣となり、予言〔=未来〕の新たな一齣となる。現在自体の時間的拡大単位は、当の創発的出来事の時間的拡がりに応じて様々である。諸々の星雲の中から一つの星雲が出現するように、物理的宇宙の歴史というものもありうる。比類なき対象の一つ一つすべてにも歴史というものがある。だが、星雲が出現するまでは、物理的宇宙の歴史などというものは存在しないといってよい。物理的宇宙が存続しうるのも、星雲が分裂力と凝集力に対して自己を維持し続けるかぎりにおいてである。〔新たな〕一齣の現在に関与する独自性の時間的拡がりとは、いかなるものか問うとすれば、その解は、ホワイトヘッドの言葉を用いるなら、当の対象をかくあらしめることを可能にするのに十分な時間的長さということになるはずである。しかし、この問いは曖昧である。というのも、「時間的拡がり」という言葉は、時間の一定量を意味するからである。現在と未来とともに現れる過去は、創発的出来事とその発生場面状況との関係であり、この場面状況を確定するのは創発的出来事である。生ずるものの存続ないし消滅は、未来へと推移していく現在である。過去、現在、未来は、創発的出来事を通じて時間構造を獲得する一つの推移過程に属する。そして、過去、現在、未来は、他の推移過程と比較されるのに応じて、長いと思われたり、短いと思われたりする。しかし、このような言い方に重要性があるかぎりでいえば、自然のうちに存在するものとして、過去と未来は、我々が現在と呼ぶものの境界をなしているのであって、過去と未来の長さは、創発的出来事とその発生場面状況とを条件づける関係によって確定される。

我々が様々な過去や様々な未来に言及するとき、これらの過去や未来は、今述べたような推移過程内の切れ目のない連続関係を超えて拡がる。記憶と歴史の中で、予期と予見の中で、我々は過去と未来を拡大する。我々が言及する過去と未来は、優れて、観念が作用する領域であり、その在処は、いうところの精神の中である。このように我々が言及するかぎりでの過去も未来も、現在のうちにある。これに対して、こうした過去と未来の指示対象の方は、過去〔の現場そのもの〕と未来〔の現場そのもの〕に対してもつ関係によって示されることからもわかるように、我々が言及している時点での現在のうちにはない事象である。今現在のうちにあって我々が言及する過去と未来は、今現在内部の過去と未来を超えた対象を指示するのであって、この指示対象から生ずるのが、過去と未来の表象的性質である。間違いなく、過去と未来は諸々の有機体に属する、すなわち、その本性からして、自己維持傾向を必然的にともなう創発的出来事〔としての有機体〕に属するのである。いいかえれば、創発的出来事を含む状況というのは、過去を見据える場合には適応をともない、未来を見据える場合には選択的感受能力をともなう。諸々の観念が生ずる場面の素材と呼ばれるものは、このような有機体の身構えなのであって、過去を見据えた場合には習慣であり、未来を見据えた場合には、有機体の反応帰結に対処する行為作用内に現れる当初の適応である。かくして、こうした有機体の身構えは、その時その場の過去と未来と呼びうるものに属するわけである。

創発的出来事の創発場面状況に対する関係、有機体のその環境に対する関係は、それぞれの相互依存関係下にあり、そのことによって、我々に相対性をもたらし、そして、相対性が経験において現れるパースペクティヴをもたらす。環境の性質の何たるかは、〔環境内存在としての〕有機体の習慣と選択的身構えに対応している。環境の対象に属する性質は、こうした有機体の感受能力によってしか表現されえない。同じことは観念についてもいえる。有機体というものは、その習慣と予期的身構えを通じて、有機体にとっての目下の現在を超えるものに関わるようになる。有機体の活動の中にあって、現在を超

◆6 Meyerson, "Identity and Reality," *passim*.

えるものを指示対象にもつ事物には、以上のような性質があるが、こうした事物の性質は、その指示対象が有する意義を帯びるようになる。それゆえ、精神が構成する領域というものは、有機体の活動が要求しつつも、しかし、有機体にとっての今現在を超える広大な環境なのである。だが、有機体において今現在現れているものは、有機体自身が今にも行おうとしている活動であり、しかも、有機体自身において、有機体を支える環境の中で行おうとしている活動である。したがって、過去から生じ現在を超える有機体自身の運動というものもまた現れることになる。現在というものは、いわゆる〔自己〕意識的有機体に属するものであるが、この有機体は、現在のうちにみられる性質を用いることによって、今現在よりも拡大した時間的環境を達成しようとする。社会的精神がこれを達成する際のメカニズムについては、後ほど議論することにしよう。今ここで明らかにしたいのは、精神の領域とは、有機体にとっての環境を時間的に拡大したものであるということ、そして、観念の在処が有機体であるのは、有機体が自らにおいて、有機体自身の活動が、〔過去から〕今現在向かっている観念に代えて、今現在を超えていく観念を用いているからであるということである。有機体にあって、精神をもたらす根拠となるものは、有機体が、現に存在する現在を超える活動である。

以上のような説明において、私が暗黙のうちに設定してきたのは、有機体にとっての今現在より範囲の広い期間である。たとえば、ここでは、一見したところ、いかなる現在とも無関係であるかのように、一個の有機体は自らの歴史を始め、かつ、閉じる。しかし、私の意図は正反対の命題を主張することである。つまり、このような今現在より範囲の広い期間というのは、諸々の現在の中に存在しないかぎり、実在性を有することはありえないのであり、さらにいえば、その効果と意義の一切は、諸々の現在の中で突き止められるということである。もちろん、この命題は、いくつかの点に立ち返ることになる。第一に、明白な事実なのだが、あらゆる歴史的資料、記憶の心像、歴史的記念物、化石といったものは、いずれかの現在に存在する。第二に、経験の中の推移のうちにある過去の中でも、創発的出来事によって確定される部分としての過去という論点である。第三に立ち返ってくる論点は、過去の定式化は、経験の中で生じつつある出来事において検証する必要があるということである。我我が語っている過去とは、過去のもつ一切の性質を有しながらも、今述べたような現在の内部にあるわけである。

しかしながら、ここでは、次のような意味合いが想定されている。つまり、ここでいっている現在の指示内容は、あれこれ、いかなる現在からも独立した一つの実在を有する存在者であり、その全詳細は、もちろん、完全に再現することはできないが、しかし、必ずや推定されるのである。さてそうすると、こうした形而上学的想定と、いかなる現在にも含まれる全事象の提示は不可能であるという明白な事実、この両者の狭間で困惑してしまうことになる。つまり、我々は、ニュートンとともに広大な海の前に立ちつつ、しかし、できることといえば、その広大な海に面した砂浜で小石を拾い集めていることだけなのである。いかなる状況をも完全に究明し尽くすと、我々の精神状態はかくも無力なものとなるが、この無力感を超越するものなど何もない。いかなる進歩も知識の拡大に向かって行くとはいえ、単に経験の地平を拡大するだけである。しかし、すべては、想像しうる経験の範囲内にある。ニュートンやアインシュタイン以上の頭脳の持ち主であれば、経験の内部で、つまりは、〔疑問の余地なく自明視しうる環境世界として〕そこに存在する世界の内部で、我々には発見することも概略を示すこともできない構造と過程を示すことができるであろう。あるいは、我々の全記憶というベルクソンの概念を取り上げてみよう。つまり、我々の心にあふれるように現れつつも中枢神経によって保持されるイマージュという形態をとったあらゆる出来事のことである。これらのすべてが想像可能であるのは一齣の現在においてであり、この現在の豊かさの総体は、まさしく当の現在において、自由に行使されるはずである。もっとも、こういったからといって、たとえば、自らの構造と過程の中で姿を現す悠久の時間、あるいは、悠久の時間というイメージを内包する歴史が、一齣の現在の中で自己を展開し、その展開たるや、悠久の時間の系統的論述が意味するのと同じくらいに時間幅を拡大していくほどであるなどといいたいわけではない。このように自在に拡大するような構想や想像に意味がありうるとするなら、その意味するところは、いかなるものであれ、経験の中で生じている問題に対処する際、我々の分析に対して測り知れないほどの豊かさをもたらすはずだということである。

推移過程内の過去は、撤回できないばかりでなく修正もできない。このような過去は、そこにある実在の一切を産出している。存在するものの意味は、経験の中で創発に直面する際に、現在進行中の推移過程が拡大していくことよって明らかにされ、さらに、その意味合いが拡大されていく。それはちょうど、(a＋b)の25乗の〔具体的〕意味合いが、二項定理によって〔展開されて〕明らかにされるのと同様である。独立宣言は一九七六年七月四日に署名された。このようにいうことの意味は、我々を取り巻く時間体系の中で、我々の政治的慣習を公式化することによって、この日が祝福の日として現れるということである。我々は社会的かつ物質的対象世界を棲息環境にしており、その中で、我々は現在の我々になっている。そうである以上、我々は、生ずる事象を、こうした日程表にしたがって説明する。しかし、鉄道の時刻表と同様、日程表というものは、予告もなく変わりやすいのがつねである。だから、キリストは、当初とは異なり今では、紀元前四年に生まれたことになっている。

我々にとっての指示対象は、つねに、現在というものの構造に向けられており、我々が行う定式化を検証することは、つねに、到来しつつある一齣の未来における予測と観察が首尾よくいっているか、これを検証することである。何かがこれこれの日に起こったと我々がいうとき、その日を特定できようができまいが、我々がいっている意味は、想像の上で、その想定された日に立ち戻るなら、そのような経験をしたはずだということである。しかし、これは、過去の歴史を解明するときの我々の関心対象ではない。解明と導きを必要とするのは、行為あるいは認識における現在進行中の事象の意味合いなのである。というのも、新しきものが絶えず立ち現れるからであり、かつ、新しきものの見地に立つことで、我々の経験もまた、過去を含む再編成を要求するからである。

このような意味合いに取り組む最善の方法は、我々にとっての問題が発生する場面としての世界のうちにある。このような場面世界内の事物は継続する事物であり、継続する事物が現にあるようになっているのは、推移がもつ条件づけという性質のためである。このような事物にとっての過去は、当の事物がかくある状況そのものの中にある。そのような過去は最終的なものではない。一本の樹木が材木となり、さらには、今すわっている椅子となった歴史をみれば、珪藻類から今切り倒されたナラの木にいたるまで様々にたどれるが、こういった歴史記述は、不断に発生している諸々の事実の絶えざる再解釈をめぐって、あれこれ、なされるわけである。このように再解釈される新しき事実を見出しうるのは、けっして、変わりゆく人間の経験が、そこにある一つの世界に及ぼす影響の中だけではない。というのも、第一に、人間の経験も、世界が有する人間経験以外の他のいかなる特質も、どちらも同じように、そこにある世界にとって不可欠の一構成要素だからであり、こうした人間の様々な経験の相違ゆえに、同じ世界であっても、異なる世界となるからである。第二に、いかなる歴史であれ、我々が創り出す歴史にあって、我々が気づかざるをえないのは、条件づけとして作用する推移と創発的出来事との関係における変質であり、推移過程に属する過去のうち条件づける側の過去における変質である。これは、たとえ、この推移が観念作用の中で拡大することがなくとも、いえることである。

これまで述べてきたことの帰結は、以下のとおりである。あらゆる歴史の評価と意味合いは、現在をどのように解釈し、かつ、どのようにコントロールするか、このことのうちにある。次に、観念が作用する構造としては、あらゆる歴史は、つねに、変化から生じ、変化は、恒常性と同じくらい、実在に不可欠な要素であり、また、あらゆる歴史は、変化を必然的にともなう諸々の問題〔状況〕から生ずるのである。さらには、形而上学においては、一連の出来事というものは、撤回も修正も不可能な過去において、変更できないままそこにあることが要求されている。こうした形而上学的要求に、変化と問題から生ずる歴史〔記述〕は、絶えず同意しようとしているのであるが、しかし、このような形而上学的要求は、最も厳密な科学的研究を推し進める際の原動力とは異なる別の原動力へと逆戻りしてしまう。

第1章への註◆7

持続とは、諸々の現在が不断に相互嵌入し合うことである。現在というものは一つの推移なのであって、この推移は、現在の初期段階が、後続する段階を、何らかの点で確定する過程によって構成されている。それゆえ、実在は、つねに、一齣の現在のうちにある。当の現在が過ぎ去ってしまえば、その時の実在はもはやない。ここで問いが生ずる。記憶の中で生じつつある過去、そして、記憶をさらに過去にまで投影することで生じつつある過去というとき、その指示内容は、はたして、相互に推移し合う連続的現在として存在していた出来事のことなのか。それとも、その指示内容は、推移しつつある現在のうち、条件づける側の局面のことをいっており、このことによって、我々は、現在のうちに生じつつもこれから到来する未来に関するふるまい方を、確定しうるようになるといっているのか。私が主張しているのは後者の命題である。

私の立場の意味するところを述べればこうなる。過去とは、以下のような意味で、〔現在からみた〕構成の産物である。つまり、過去においてみられる指示内容は、実在の在処たる現在から独立して実在性を有するような出来事に向けられているのではない。そうではなくて、過

◆7　以下の叙述は、ミードの死後、草稿類の中からみつけられた。この叙述は、これまで書かれた第1章の後に続くものとして書かれたものと思われる。おそらく、一九三一年一月に開催されたシカゴ大学哲学クラブでの批判的議論の帰結として書かれたものだろう。

去のうちにみられる指示内容とは、過去が条件づけとして作用する〔今現在の〕推移の中で、現在の解釈産物に向けられているのであり、こうした解釈産物によって、知性に基づく行動様式は継続しうるのである。もちろん、そうした過去を構成する素材が現在のうちにあるのは明らかである。このことで私がいっているのは、我々が過去像を創り上げる際の記憶心像ならびに証拠のことである。さらにいえば、次のような事実のことをいっているのである。つまり、我々が過去について創り上げる像の解釈は、いかなるものであれ、一齣の現在のうちにみられるということ、そして、解釈像を判断するのは、解釈資料が一齣の現在のうちに有する証拠立てとして理にかなっているという性質であるということである。さらにまた、このように理にかなっており証拠立てになる事実の在処が一齣の現在であるからといって、こうした事実の側から、一齣の実在的過去に訴えたところで、説得力がないのは明らかである。ここで、実在的過去といっているのは、歩んできた我々の後方に、巻物のようにして存在し、そして、我々が過去を解釈構成する際に照合しようと立ち返るような実在的過去のことである。我々はある種の写本稿を解読しているわけではない。ここで写本稿といっているのは、たとえば、次のようなものである。そこでは、その中の数節は、その部分だけで理解しうるようになっており、しかも、過ぎ去ってしまった事象のうち、その数節で書かれた部分については、信頼のおける説明として残されていて、最終的には他の数節を後で解釈することで補われるようになっているような代物である。我々が心に描いているのは、変わることのない究極の過去ではない、つまり、今後いかなる変質も被ることなく完全な姿で我々の背後に残っているような過去ではないのである。我々による過去の再構成像は、その範囲において多様であるが、しかし、そのような過去の再構成像は、発見事実の最終形を意図しているわけではない。過去の再構成像といえども、後になって発見される証拠によって、絶えず、考えられるかぎりの再記述を免れえないし、そうして得られる再記述は完結したものかもしれない。記憶心像の場合は、最も鮮明なものであっても、誤っている可能性がある。一言でいえば、過去に関する我々の確信は、構成された過去と、このような構成とは独立に実在する過去との一致によっては、けっして得られない。もちろん、我々の頭の片隅には、過去の確かさはこのような一致に基づくという考え方があるにはある。というのも、我々がこの場で行う仮説的再構成は、過去に関する定説に即して検証され、妥当と認められた記録と一致するかどうかで、その再構成は認定されるからである。だが、このような通説的過去というのは、〔その当時にあったのではなく〕一齣の今現在のうちにあるのであって、それ自体、再構成されうるというのがつねなのである。

これまで述べたことは、こうして、すべて受け容れることができるのであって、通説的過去にあって、最終的な事柄など何一つないということを全面的に認めておこう。とはいえ、次のように主張することも可能である。我々が今現在において過去の出来事を系統的に論述する場合であっても、既に生じてしまって、その実在内容のままには再現することなど、今となっては期待しえないような何らかの事象に対する指示連関は、今現在にあっても依然として保持されている。ここで何らかの事象といっているのは、つまり、それが生じた際の〔当時の〕現在の出来事に属していた何ものかのことである。このことは、いいかえるなら、我々の歩みの背後には、過ぎ去った数々の現在からなる一つの巻物があり、我々が行う過去の再構成は、このような巻物を参照するといってよい。たとえ、実際、過去に到達する可能性が永遠になくとも、あるいは、我々の不断の再構成が過去へと次第に正確に到達すると期待しえなくとも、これはいえる。そして、このことこそ、問題となっている論点につながるのである。今述べたような絵巻物は、それが手に入れられる場合であっても、我々にとっての数々の過去〔そのもの〕が望む説明ではない。たとえ、過ぎ去ってしまった現在を、当時の実在のままに、今現在甦らせることができようと、我々の役には立たないだろう。それは、〔あくまで〕当時の現在であろうし、我々が過去のうちに求めるような性質を欠いたものであろう。つまり、そこに欠けているのは、今現在の推移を条件づけている性質を構成することであり、こうした構成によってこそ、我々は、今この現在からみて、これから到来する未来において生じつつある事象を解釈しうるようになるのである。ある人が自分の少年時代を想起しようが、これまで歩んできた自分と当時の少年時代との関係性を欠いたまま、当時のままの少年時代の状態には戻りえない。仮にできるとしても、つまり、当時生じたままの経験を再現できるにしても、その人は、この再現された経験を今現在用いることはできない。というのも、再現された経験を用いなければならないのは現在であるのに、再現された経験の中にいるのは、この現在には存在しない〔あの時の〕自分だからである。数々の現在として想像上存在しうるかぎりの数々の現在を、一つに撚り合わせたところで、けっして、ある一つの過去を構成することにはならない。それゆえ、〔今現在からみた過去において〕こうした指示関連〔対象〕があるとしても、それは、いかなる過去にも適合しうるような代物に対する指示関連ではない。さらにいえば、指示対象が、既に経験された過去にあり、それが何らかの事象に対するものであるというのに、その事象自体は、我々の今現在の経験からして、過去の一齣に属するような機能も価値ももちえないなど と、信ずるわけにはいかない。ここでいっているのは、実在的な過去の出来事のことではないのであって、〔そもそも我々の主張によれば実在の在処は現在である以上〕実在的な過去の出来事などというものは、我々が今現在知ろうと努めている過去の出来事ではなかろう。別の言い方をすれば、我々にとっての過去は、つねに、精神的なものであって、そのありようは、我々の想像の中にあって、我々の行く手にある未来が精神的なものであるのと同じである。前後関係上の位置は措くとして、両者の間に違いがあるとすれば、それは、過去が現在のうちに見て取れるのと同じように、解釈と行動を限定づけている諸条件は過去に埋め込まれているという点である。しかし、過去と未来は、ともに、同じ妥当性検証にしたがうのであって、同じ妥当性検証とは、我々にとっての仮説的未来がしたがう検証に他ならない。こうして、あらゆる未来にとって新しきものは、新しき過去の一齣を要請するのである。

しかしながら、このようにみただけでは、いかなる過去にもある重要な性質を見過ごすことになる。重要な性質とは、つまり、我々が過去を創り上げることができるにしても、創り上げようとしている当の状況が要請する以上に妥当な過去を創ることはできないということである。到達しえない過去の一齣に対しても、つねに、ある種の指示関連〔対象〕というものが今現在ある。そして、そのような対象は、今もなお、過去の一齣にとっての機能と意味内容と調和している。現在というものの意味合いは、我々が今現在現実にもっている意味合い以上に、豊饒な意味合いをもつはずである。我々が現在直面している問題を解決するために必要となる知識は、今現在到達しえないにしても、つねに今現在以上に多くあるのである。想像上であれ、このような知識を手にするならば、我々は、疑いなく、一齣の過去を創り上げるはずであり、そうなれば、今現在が、この過去のもつ意味合いの在処となり、この一齣の過去は、この現在に一層ふさわしいものになる。我々の探究の前に、あらゆる過去は不完全にしか開示されないのであるが、あらゆる過去のうちに、つねに存在する指示関連とは、今述べたような創り上げられた過去に対して向けられているのである。ジュリアス・シーザーの時代から、可能なかぎりすべての資料、可能なかぎりすべての遺跡を我々が今手にすれば、シーザー自身についての、そして、彼の生涯に起こった事象についての、今まで以上に真実味のある像を描くことになろう。しかし、それは、あくまで、今現在に属する真理〔像〕なのであって、後の現在であれば、後の現在に固有の創発的性質をもった見地から、この像を再構成するであろう。それゆえ、いかなる任意の現在においてであれ、争う余地のないような一齣の過去というものを我々は考えることができる。そうした現在に関するかぎりでいえば、その現在にとって争う余地のない過去は、一つの最終的過去であろう。そして、この問題を考慮するなら、歴史家がなしうる記述を超える事柄のうちにある指示内容とは、このような過去であり、また、我々が現在とは独立した一齣の過去であると想定しがちなのが、このような過去である。このように私は考える。

第２章 創発性と同一性

これまで私は現在というものを実在の在処として語ってきたのだが、それは、一齣の現在がもつこうした性質こそが、実在の本質を明らかにするからである。現在のうちに現れる過去というものも未来というものも、無限の延長のうちにある微小な一部分にとっての単なる閾とみなされるかもしれない。この場合、この無限の延長という形而上学的実在は、現在というものを、束の間の世界に等しい、取るに足らない要素に還元してしまう。このように、実在を、我々の断続的な視野を前にして途切れ途切れに拡がる無限の巻物として捉える実在観には別種のものもある。その実在像は、たとえば、時間‐空間の四次元連続体、つまり、各出来事と出来事間間隔の四次元連続体という形となっており、この連続体は、それ自体が有する幾何学によって永遠に確定されている。さらに、こうした連続体のうちに、我々が自分自身の主観的な参照系を用いてあえて分け入っていく場合、実在観は、さらに、束の間のものという印象を受けることになり、各瞬間のもつ現在という性質は、我々の心がもつ一機能であって、けっして、宇宙内の出来事秩序の区分が有する機能ではないということになる。私が示してきたのは、実在に対するこのようなアプローチには、宇宙を解明するために我々が求めている科学上の技術や方法と一致するものは何もないということである。科学的手続きが堅持するのは、現在生じている事象に必要不可欠な条件づけであって、この条件づけは、事象発生の推移自体に由来しつつ、既に生じた事象によって行われるのである。時間-空間の関係において、つまり、運動の最中にあって、このような条件づけによって推論帰結の確実性に到達するかもしれない。もっとも、こうした場合でも、我々に待ち受けているのは、自分たちの結論の拠り所としている統計結果が、しばしば、探し求めている最終的な確定を無効にする可能性である。絶対的精度を得るための技法を洗練させる努力そのものが、かえって努力を挫く証拠はある。それゆえ、推移のこうした確定には、今一つの分野があって、我々は、これを蓋然性という表題で呼んでいる。我々の蓋然性論がどのようなものであれ、我々の想定では、既に生じた出来事の発生は、後に生ずる出来事の性質に関して、ある蓋然性をともなっているのであって、たとえ、この蓋然性が、ある種の確率論に基づいてしか計算できなくとも、事情に変わりはない。過去によって、未来をこのように確定する根拠は、時間的拡がりをもつ何かが現に生じているという事実、つまり、実在は瞬間に還元できないという事実の中に見出しうるし、さらにいえば、先行する諸段階は後続する局面の条件でなければならないという事実の中に見て取れる。現在進行している事象の何たるかを解明することが、科学の営為なのである。

さらに、推移の研究は出来事の発見を必然的にともなう。出来事が推移の構成要素でしかないなどということはありえない。出来事というのは、つねに独自性という性質をもっている。時間というものが生ずるのは、このように独自性をもった出来事によって推移が順序づけられていくことによってのみである。科学者は、観察と実験を行う中で、このような出来事を発見する。いかなる出来事であろうと、出来事が生ずることになる条件に対して出来事がもつ関係こそ、我々が原因作用と呼ぶものである。当の出来事とそれに先行する諸条件との関係は、同時に、一つの歴史を生み出し、そうした出来事の独自性が、当の出来事と当の生み出された歴史とを相関的なものにする。それゆえ、条件づけとして作用する推移と、独自性をもった出来事の出現は、両者が一齣の現在のうちに現れるのに応じて、過去と未来を生み出すことになる。こうして生まれる過去の一切は、現在にあって、推移の中で条件づけという性質を有するものとしてあり、こうして生まれる未来の一切は、現在の中から、生まれ出る独自の出来事として、生成する。このように、現在のうちに現存する過去を解明し、これに基づいて未来を予見することが、科学の課題である。科学の方法とは、観念を作動させる方法である。

これまで私が示してきたように、我々が生命個体のうちに見出すのは、個体とその環境との相互確定を通じて自己維持する独自の事態というものである。生命体を取り巻く世界というものは、生命過程が存続するように、生命体の感受能力と反応によって、動物あるいは植物と結びついている。動物に対峙しているものとしてみれば、世界とは、食物からなる世界であり、避難場所としての世界であり、保護してくれる世界であり、あるいは、これらとは逆に、襲ってくるものとしての世界である。無生物に対峙したものとしてみれば、環境は、現にあるように存在している事物の作用に呼応するような性質を示しはしない。巨大な岩石は、質量と形状をもっており、はっきりとした事物である。しかし、当の巨石とその周囲にある事物との関係が、巨石の接触具合や重量や運動を通じて巨石自体を維持するような質を、周囲の事物のうちに生み出すなどということはない。このような巨石は、動物には環境があるという意味での環境をもっているわけではない。無生物の背景とは保存の背景であって、今日の我々の定式を用いていえば、エネルギーを保存する背景である。どのような変化があろうと、変化が、〔エネルギー保存という〕物質体系の実在に影響を及ぼすことはない。このような前提は、物質と質量という観点から、かなり以前に定式化されたものであるが、我々は物質と質量をエネルギーに還元するようになっている。しかし、この理論の本質的特徴によれば、形態は不断に変形を被る以上、実在は形態のうちにあるのではなく、物質・質量・エネルギーのうちにあるという。それゆえ、一つの物体としての星には、因果系列によってその由来をたどるという意味で、一つの歴史はあるが、しかし、科学の場合、当の星をエネルギーとみなすという条件下でのみ、つまり、星の形態が連星系になろうが惑星系になろうが、そのことで何ら影響を被ることのないエネルギーとみなすという条件下でのみ、当の星の実在を把握するのである。ある無生物物体がとる特定の形態は、その「本質」にとって、何ら問題とならない。そのような物体にとって、環境は、対象と同様、何ら本質的なものではない。

しかしながら、植物や動物が科学に対して示している対象の本質的特徴は、形態変化する〔側の〕事象の中にあるのではなく、〔生命〕過程それ自体の中に、そして、その過程の内部で当の対象が受け取る形態の中にあるのである。〔生命〕過程は、動物あるいは植物の棲息環境に対する相互作用を必然的にともなう以上、明らかなことは、環境が植物や動物に対して確実に影響を与えるのと同様に、生命過程は、環境に対して確実に諸々の性質を与えるということである。しかしながら、植物と動物は、生命体であるだけでなく、物体でもある。物体としてみるなら、これらの実在は、何であれ形態変化しつつある事象に還元しうるし、その形態は、実在にとっては非本質的なものとなる。物体としては、植物も動物も、物理学者や化学者が扱う学説の範囲内になければならない。植物や動物にとっての過程をエネルギーの発現に還元するなら、その場合、生命過程は消えてしまうことになる。生命力を導入したところで、事態に資するわけではない。たとえエネルギー過程のうちに生命力を見出しうるなどとしたところで、それは、同じ還元を免れないこと、必然であろう。

物理学者と生物学者の違いは、明らかに、それぞれの科学が意図する目標のうちに、つまり、それぞれの科学が目指している実在のうちある。それぞれの研究手法はそれぞれの目標に一致している。物理学者の目標は還元であり、生物学者の目標は〔生成〕産出である。生物学者は、ある生命過程が進行するようになるまで、自ら研究することはできない。しかしながら、生物学者は、生命過程〔研究〕の物理的手段をもっていなければならず、したがって、生物学者であるのみならず物理学者でもある。生物学者が生命過程の実在を自分が用いている手段に還元するなら、機械論者になってしまう。生物学者にとって、生命過程が、物理的世界から創発する一つの実在として現れ、かつ、自分の研究が、研究自体の自己維持を可能にする条件という性質をもつのであれば、目的論者になる。こうした二つの立場が相互に対立し合うことがあるとすれば、それは、次の二つの場合だけである。すなわち、一方において、この過程内に入る対象はエネルギーに還元できるがゆえに、この過程に対して実在的身分を与えず、したがって、自ら研究している過程は、発生した一つの実在であるとは認めようとしない場合である。他方において、この過程に入る物理的化学的事物を、当の過程によってのみ記述し、したがって、アリストテレスのいう質もしくは形容態にしてしまう場合である。事物の構成要素はすべて、実際には、当の事物の現れに先行する存在を意味する潜在性でしかないとする立場をとる生物学者がいるとすれば、その生物学者は、アリストテレス派であり、今日風にいえば、「タイプ」観念論者である。そして、この生物学者が一貫していて、科学研究という分野を放棄し、創発性の可能性を否定するのであれば、その場合も、同じことがいえよう。

以上のように生命の創発性について言及するにあたり私が強調したかったことは、創発性が生命体に固有の性質を付与するのと同じように、創発性は世界に対して、紛れもなく、固有の性質を付与するということである。この事実は環境という言葉からもわかる。我々は、ともすれば、環境という言葉を現象論的な仕方で用いがちであり、また、環境の実在性の在処を質量またはエネルギーへと物理的に還元することのうちに求めがちである、そして、動物の自らの環境に対する関係に対して実在上の意義を与えることはあっても、それは、環境を物理的化学的用語で記述しうるかぎりでのことでしかない。このような場合、たとえば、食物の実在性を食物の構成要素たる原子や電子そして陽子のうちに見て取ることになり、食物のもつ栄養上の性質などといったものは、身の周りで発生している諸々の偶発事象の特化した部類に対して我々が抱く利益関心に妥協したものでしかないということになる。既に示したように、このような立場に固執するなら、生命には根本的な実在などはないということになってしまう。生命は実在であるというのであれば、生命は、生命種とその環境の領域内部で作用する以上、この作用こそが、作用領域全体内部において、生命としての諸々の性質を付与しなければならないはずである。ある動物が消化するのであれば、当の動物が消化する食物が存在していなければならない。このような状況を別の仕方で提示するなら、生起する事象にとっての条件と条件づけられた出来事出現とを対照することによってなされる。こうした状況の背後には、また、事物と出来事との区別もある。現に過ぎ行きつつある出来事は事物へと固定化していくが、その有り様は、当の出来事が、今現在において、後の別の出来事の固定条件になっていくのと同じことである。健全な消化機能、健康そして生命それ自体は、未来が備えている様々な活動の諸条件であり、そういうものとしては、我々にとって最も貴重な財産の一部を構成している事物である。これらの諸条件は、とりわけ、事物の内容物なのであって、ここには様々な特性や偶然的出来事が結びついている。いいかえれば、このような諸条件は、事物の構成要素へと成り行く傾向がある。そして、ひとたび生じてしまえば、諸条件がもつ条件づけという性質は、何であれ、固定化されるのであり、この事実によって諸条件の実質内容は具体化されるわけである。かくして、未来〔像〕は、絶えず、過去〔つまり諸条件〕を現在において限定しているわけである。

先に示した還元〔物理学〕と産出生成〔生物学〕の区別は、過去と未来それぞれに対して我々が抱く際の構えの区別と一致する。我々は過去を〔疑う必要のない〕信頼に足る諸条件へと還元する。そして、未来が到来する際の未来の豊饒な全文脈も、理解可能で使用に耐えることになるのであれば、いずれ、こうした、いわば、信頼に足るネットワークの中に編み込まれるようになるに違いない。かくして、新しい事物は絶えず生ずるが、その出現の新しさは、やがて使い古され、既知となる事象の信頼性につながっていく。しかし、事物というものは、優れて、〔今ここにおける〕接触経験にとっての事物〔様態〕である。我々は、ここに、現在における未来と過去との根本的関係をみる。遠隔経験は接触経験の将来の見込である。我々が手にしうる事物は、音や色や味覚そして臭いといった質が属する物体である。〔今ここという〕直接的な知覚世界において我々が対処しうるものは実在なのであって、幻影や幻覚を免れようとするのであれば、みえるものや聞こえるものは、この実在に即して、吟味に付されねばならない。遠隔受容器官の発達は、その内的器官つまり脳と相まって、高等動物に対して、ある意味、未来の見込を付与することになった。この未来の見込が効果的に達成されえたのは、ただ、それが我々の後方にある過去にまで拡げられていった度合いに応じてのみであった。その過去にあっては、視界あるいは聴覚の範囲次第で、見込どおりとなったり危殆に瀕したりしていた接触経験は、操作上の手際を、以前より繊細に調整することで、高等動物に固有のものになったのである。

ニュートン力学における質量という根本的概念が接触経験の重さおよび体積と密接に関わり合っていたことは、この力学に固有の利点であった。知覚対象を質量粒子へとさらに細分化することを思い描いたり、慣性や力や運動量といったものを、接触経験が喚起する作用力に解釈したりすることは、これまで我々にとってつねに容易であった。こうした力学理論において、これまで科学は、過去というものを、信頼に足る諸条件へと還元してきたが、このような諸条件は、質量粒子に固有のものとなった。そして、質量粒子を、知覚世界における事物〔様態〕の精緻化の産物とみなすことも可能となった。このように科学における事物〔様態〕と〔日常生活における〕知覚上の事物〔様態〕との独特の一致こそが、いわゆる唯物論学説を流行させることになったのである。生命の実在性を無生物の物理的化学的変化に帰するような我々の本能的傾向は、少なからぬ程度で、このような相互関係性に起因すると考えねばならない。アリストテレス学派は、生命を、事物に内属する自然〔＝本性〕として認識するのに何の困難もなかった。というのも、科学的訓練に基づく想像力を持ち合わせていなかったため、生命過程を遂行する事物が、よもや、知覚領域に属する事物

〔様態〕であると考えることなど、思いもよらなかったからである。デモクリトスは、実験上の検証なしにではあるが、こちらの方の仮説を提示した。しかしながら、ここで主張しておきたいのだが、このような唯物論にみられる本質的な誤謬は、究極的な事物〔様態〕に対して質量的性質を想定する点にあるのではない。というのも、〔エネルギーに還元されてしまえば〕エネルギーにおいて、質量は既に消失しているからである。そうではなくて、発生したいかなる出来事もその生起条件によって余すところなく完全に説明しうるという想定にこそ、誤りがあったと主張したい。何も生起しないような推移など、思い描くことはできないといっているのではない。あえていっておくなら、推移の要素分解を可能にするような出来事は、何であれ、出来事の生起条件には還元しえないような独自の性質をもっていなければならない。このように生起条件への分解を試みてしまう場合、その帰結は唯物論であるよりもむしろ、恒等式、あるいは、パルメニデスいうところの実在という不変不動の球体である。もちろん、このことが正しいとするなら、生命の創発、あるいは、いわゆる意識の創発には、特殊なものは何もないことになる。生命や意識は、他の独特の事象〔の出現〕よりも重要性をもっていたかもしれないが、他の出来事も、生命や意識と同様に、紛れもなく独自のものであり、同じく、紛れもなく実在過程に関わってきたということになる。

　生命の出現における特筆すべき特徴とは、生命体の実在を構成する過程は、個体自体を超えて拡大する過程であり、生命が発現するためには、当の個体の棲息環境たる世界を必然的にともなうということである。この過程の実在は、したがって、生命体との関係に置かれた世界に属する。この関係世界は、生命種と環境という用語によって示される。それは、生命の観点からすれば、相対性の発現である。同じ世界であっても、植物にとっての世界と動物とっての世界では、疑いなく、異なる出来事であり、動植物にあっても、異なる種にとっては、異なるものである。動植物は、それぞれ、異なる環境をもっている。これらをすべて、生命存続の可能性の諸条件としての世界、つまり、いわゆる純粋な物理的過程が生ずる場面領域という諸条件としての世界に還元したところで、実在の諸相としての、こうした相異なる様々な環境が消え去るわけではない。

　現下の相対性理論は、今みた関係と同様の関係を言外に含んでいる。すなわち、一方で、任意の単一運動物体、もしくは、同一速度で同一方向に運動している複数物体の集合、他方で、このような一致集合◆[1]の運動場面としての〔環境〕世界、これら両者の間の関係である。対象についての空間、時間、エネルギーに関する性質は、対象の運動速度に応じて様々であるが、その際の運動速度とは、あくまで、この一致集合に関して静止している世界との関連においての運動速度である。しかし、生命種とその環境の場合と異なり、運動する一致集合は〔たとえば、走行電車内の乗客のように、その内部では〕静止しているとみなしうるのに対して、その環境〔一致集合外部〕は、同一速度で反対方向に動いているとみなされるだろう。それゆえ、相対性の効果が及ぶ範囲は、私が物理学における還元と名づけてきたものよりも広い範囲に及ぶ。というのも、同じ実在ではあっても、静止している他の集合に即してみたとき、当の集合は動いていると無差別にみなされ、または、第一の集合に即してみたとき、第二の集合は運動していると無差別にみなされうるのであれば、当然のことながら、静止している当の対象の時間上の性質、つまり、対象の持続性ないし推移は、ある意味、運動している同一対象の時間上の性質と等しいといえるからである。第一の状況における点の軌跡は、第二の状況における並進運動と等しいものとなる。我々は不可避的に一つの連続性の中で推移しているが、この連続性の中では時間が一つの次元となっている。運動としてあった事象は、時空内の各出来事間の間隔となるが、これらの出来事も、異なった観点からみれば、静止状態であるか運動状態であるかのどちらかでありうる。このことを、大づかみであるとはいえ、もっと単純化していえば、運動の実在は変化の中にあるのではなく、事物を出来事とみなしていえば、各事物相互の相対的位置の中にある。

ニュートン的世界にあっては、時間に左右されることのない構造をもつ箱型空間〔容器〕があるとされ、その内部は、想像上、静止エーテルで満たされており、この箱型空間こそが、あらゆる変化の、つまり、物理学にとって、あらゆる運動の絶対的環境であった。新たに把握された絶対的時空間〔四次元世界〕は、いかなるものにとっても環境ではない。というのも、そこでは進行しているものは何もないからである。存在するのは相互に間隔を挟んだ出来事群だけである。こうした出来事とその間隔の連続体は、秩序化された幾何学として存在しているが、物質は、曲率に即した平行移動によって、この幾何学の中に位置づけられることになろう。

ここでは、絶対的な時間と空間の喪失以上の何かが生ずることとなった。時間と空間についての一つの相対性論の出現により、絶対的時間も絶対的空間も既に喪失してしまっていた。ある相対性論の観点からみるなら、絶対的運動などというものを示す証拠を得るのは不可能であるが、これは相対性の観点からみても不可能であるのと同じことである。マイケルソン－モーリーの実験が示そうとしたのは、空間を通過する地球の絶対運動ではなく、当時の通説で光の媒質とされていた静止エーテルを通過する地球の運動であった。しかし、設定可能などんな測定体系を用いようと、運動系内の距離と時間を、静止系観点に立って測定して得られる結果は、運動系内で測定を行った場合に到達する結果とは異なるものになる、このことをアインシュタインが証明したとき、新たな問題が生じたのである。測定基準は、運動系内にある場合、短くなるだろうし、それによって測定された時間は長くなるだろう。このことは、マクスウェルの電磁場方程式の不変性という仮定を置いた場合に必然的に妥当するとされたローレンツ変換に一致した。空間、時間、エネルギーの値にも同様の変化があった。ここにいたって、信号による測定に対してアインシュタインが想定した光速度の一定値が現れた。このように物理学者と数学者による思索が同時に現れることになり、まさしく、このことがマイケルソン－モーリー実験の〔公転方向と公転に垂直な方向という二つの光路間で光速差を説明できない、したがって、エーテルの存在の否定という〕否定的実験結果を説明することになった。この新しい仮説に基づいて示されたのは、絶対的運動の証拠など無意味であるということだけではなかった。さらに、測定過程自体に運動物体が含まれる場合には、測定過程は高度に複雑なものとなり、これまで以上に複雑な数学とアインシュタインの才能を必要とすることが示された。そのアインシュタインが示したのは、ニュートン流の数学的処理による計算結果は、当時受け容れられてはいたものの、より厳密な定式化の第一次近似でしかないということであった。こうして、精密科学の測定実施条件を変換したところで、従来〔ニュートン力学によって絶対的なものとして〕前提されてきた時間空間構造よりもはるかに後退することになったわけである。同じことは物質にもあてはまる。物質に関する二つの立場は、我々の知覚と思考の背景にあるものだが、これはニュートンが質量に関して与えた二つの定義によって示されている。すなわち、重力質量、そして、

◆1　原編者マーフィによる註。ここでいう「一致集合」という言葉は、その解説の大部分とともに、ホワイトヘッドの『自然認識の諸原理』第二版〔松籟社〕、第三章から借りている〔訳註：たとえば、ホワイトヘッドの例に即していえば、走行中の電車内で車窓の一点をみつめる乗客乗員は、駅のホームに立っている人々からみて、一致集合をなしている。乗客乗員は電車内にあっては静止しているが、電車が通過する駅のホーム側からみれば運動しているということである〕。

慣性尺度によって与えられる質量〔慣性質量〕である。重力質量の方は科学的使用に耐えない。というのも、重力質量は〔重力場、つまり、地球の〕密度の確定を前提としているからである。しかし、重力質量が示しているのは、広く行き渡った考え方であり、物質にはそれ自体の中に、ある性質を有する何かがあると想定し、しかも、この何かは、他の対象と取り結んでいる関係とは独立に把握しうると想定するものである。慣性は、ある物体と他の物体との関係をとおしてしか把握できない。質量を慣性によって定義する試みは循環論に陥る。すなわち、質量は力によって定義され、力は質量によって定義される。系を作り上げている諸々の対象を定義するために、系を前提する必要に迫られるわけである。しかし、単に一定の体積を占める事象としての物的対象という概念は、たとえ物質量が確定していなくとも、少なくとも外見上は、人間に対して、当の体系を構成しているはずの対象物を示しているようにみえた。仮想物体aにおいても同じ考え方に出会うことになる。この物体aは重力場の範囲外にあるとされ、かつ、物理的宇宙を定位可能な観点から、一定の物理的基体を提供するものとされていた。今、ある物体の「本質〔＝基体〕」をエネルギーによって記述しようとすると、系は諸々の対象から作られているというのに、その対象に先立って系がそこにあると想定していることになる。〔こうなれば〕対象の本質の確定する諸条件を我々が叙述する場合、これを、知覚対象の背後にまで押しやってしまい、さらには、ニュートン学説において、かくも安易に知覚経験と同化された知覚領域に属する対象の背後に押しやってしまっていることになる。かくして、我々が失ってしまったのは、環境という概念、たとえば、ニュートン的空間やニュートン的質量粒子といった概念なのであるが、実に、環境の内部においてこそ、物理的宇宙という事態は存続しうるのである。なぜ環境概念を失うことになるかといえば、時間－空間の連続体〔四次元世界〕は、そのような環境を提供しないからである。時間－空間連続体は、物それ自体という形而上学的世界である。我々が使用することを余儀なくされている数学的道具の世界においてであれば、このような形而上学的世界の指示内容もあるかもしれないが、しかし、こうした形而上学的世界は、我々に環境を提供しはしないのである。時間－空間連続体〔四次元的世界〕は、有機体が環境との関係を通じて環境に与える性質を欠いている。そして、この連続体は、自然を有するが、有機体も環境もそこから離脱して発生したのであり、したがって、この自然は両者から切り離されて独立したものとみなされている。物理化学的世界は、生命の条件と生命の生存を可能にする環境とを提供する。可能な経験を超えたところにある世界など、明らかに、経験にとっての環境たりえない。

二つの一致集合が相互に関連し合って運動していようと、これを、生命種と環境との関係にあるなどとみなすわけにはいかない。むろん、これらは相互に関連し合うように運動しているがゆえに、一方の集合の運動は、他方に対して一定の構造を与えはする。だが、少なくとも、こうした運動に由来する構造上の変化に関するかぎりでいえば、おそらく、二つの一致集合のうち、どちらであれ、任意の一方が動いているとみなされればよいわけである。そうだとすれば、この事実自体が、〔二つの一致集合の関係を〕生命種と環境の関係とみる考えを不適切なものにするだろう。我々が環境の中に求めるのは、創発するものの発生場面たる世界の記述であり、したがって、創発するものが現実に存在する際に必要となる条件である。たとえ、この創発性が、その出現を通じて、異なった世界を創り出すことになろうと、その条件を求めるのである。ニュートン的空間内のニュートン的物質は、あらゆる変化の発生場面たる原初的環境を提供し、アレグザンダーは、空間と時間を、物質や属性そして生命や精神や神の創発場面のような環境として描いた。アレグザンダーの哲学は、生物学者モーガンが示したように、創発的進化の哲学であった[◆2]。この哲学は、進化論の時代に属する歴史的感覚をもっていた。〔だが〕相対性論は、この進化論の時代のものではない。相対性〔概念〕は、今まで以上に深い洞察力をもって、存在物の厳密な〔測定〕諸条件を変換したが、こうした〔測定条件〕変換が過去への扉を開いたわけではない。相対性に形而上学的定式を与える初期の試みは、変化を排除している。それは、時間というものを、空間の諸次元と同等な一つの次元へと還元し、歴史を幾何学へと代えた。ホワイトヘッドは、確かに、相対的宇宙の内部に運動と変化を保持しようと試みた。彼は、異なる時間系を自然における諸々のパースペクティヴと捉えようとしたが、しかし、私には、彼が時間空間連続体の幾何学の固定的特性を避けたかどうかわからないし、また、このように確定された出来事への永遠の物体の進入[▼]が、いかにして、偶発的なものへの扉を開けるのかもわからない。

しかし、私の関心は、こうした初期の形而上学的沈殿物にはない。相対性の物理理論からみて際立っているの

◆2 原編者マーフィによる註。Alexander, *Space, Time, and Deity*, Book IIIおよびLloyd Morgan, *Emergent Evolution*, Chapter1 をみよ。

▼進入 ホワイトヘッドの用語「進入」については、本書九七頁と六二三頁の訳註で、簡略な説明をしている。

は、変化の条件、あるいは、今のケースでいえば運動の条件の変換は、変化や運動が消えるところまで後退してしまったということである。こうなると、変化の発生場面環境にはなりえないような形而上学的領域を打ち立てるのでもないかぎり、我々は変化の発生場面状況に到達することはない。それどころか、時空間の方が実体になってしまい、変化などは実在の主観的反省の産物でしかないということになってしまう。物的対象の「本質」を明らかにするはずのエネルギー理論を、当の対象が発生する場面状況〔＝系〕にまで後退させようとするのであれば、やはり、同じことがあてはまる。そもそも、エネルギー測定がなされる系を構成しているのは当の対象だからである。〔物理化学者の〕オストワルドが示したのは、まさしく、このような教義に他ならない。すなわち、彼は、エネルギーを、それ自体では、物的素材の範囲内には含まれないような形而上学的実体として打ち立てる。いいかえれば、ある対象は系の構成要素となることがあるというのに、この系に先立って、当の対象を構成しうる実体を打ち立てるのである。物質の量としての質量〔重力質量〕は、正確な定義にしたがっていたわけではなかったが、このような考え方を提供したのである。にもかかわらず、重力質量概念は、思考の中に、しかるべき位置を占める量として保持されうるとされたのであり、この量は、慣性抵抗の中に現れ、したがって、事物からなる系の前提として思考の中に保持されえたのである。しかし、様々な形態をとることが可能であるにもかかわらず〔実体＝基体は〕同一のままであるというエネルギー〔概念〕は、しかるべき位置を占めるというような経験的価値を失う。エネルギーがある対象の中に表れうるのは、先にみたようなエネルギー測定を可能にするタイプの参照系が既にそこにあるかぎりにおいてである。電子を提示するためには、そこに、電磁系がなければならないのである。容量が一定エネルギー量である物体を、エネルギー測定可能系に先立って提示するなどということは、科学者の仮説が機能する範囲を超えた形而上学的領域を打ち立てることである。当の仮説が従事している状況内に系が既に存在しているかぎり、ここには何の困難もない。対象の「本質〔＝基体〕」は系によって定義されうるからである。しかし、エネルギー概念を物理的事物〔様態〕の本性として理解するかぎり、このような概念は、系の構築を可能にするような環境を我々に提供しはしない。物理的事物〔様態〕の本性としての相対性概念もエネルギー概念も、これらがともに示しているのは、我々自ら手にしている厳密な測定技術や分析を、歴史性という〔進化と創発が生ずる決定的〕局面の外部にあるものとして、排除してしまったということである。すなわち、〔測定技術や分析では〕アレグザンダーが創発性ないしは進化に関する大仰な哲学において示したような論理上の端緒に立ち返ることはできないのである。もし、このようなところへ立ち返ろうとするなら、そのような端緒は、科学的思考を超越した何か形而上学的領域の中にしかない。

私がこれまで推移の条件づけの変換〔測定条件変換〕と呼んできたものの二つの局面、つまり、静止状態の観点から運動状態の事象の測定を可能にする条件、そして、エネルギーを物的対象の「本質」と受け取ることの意味――私がいっているのは、マクスウェル方程式の不変性条件としてのラーモアとローレンツの変換のことである――が、ともに、ほとんど同じ時期に同じ結論にいたったことは、驚くべき事実である。その効果はといえば、物理的宇宙の構築を可能にする場面としての独立した一つの時空間、さらには、物質から出来上がった事物の系とは論理上独立に思考しうる物質、これらを、科学的思考の背景から取り除くことであった。歴史性には、このような背景があったのであるが、相対性〔概念〕およびニュートンにとって、空間は神の衣装であり、質量微粒子は、世界を構築した礎石であり、世界に先立って存在するものだった。絶対的空間や質量粒子というような概念の影響は、現にある実在の精密測定条件としての究極的実体にまで因果系列を遡って、実在を追い求めるところまでいった。このように暗に絶対的始原を意味するものを最終的な思考において前提する必要はまったくなかった。しかし、絶対空間や質量粒子といった概念にともなっていた思考様式は、実在の在処を、絶対的過去をあまねく構成する諸条件の中に見出すというものであった。絶対空間が消滅し、質量がより一般的なエネルギー概念へと追いやられることで強調されたのは、実在の証明かつ在処としての現在のうちにある科学的成果である。先行する因果条件仮説などといったものは、観察データや実験室に適合するのだろうか。観察データや実験室の機能を果たすかぎり、この仮説が力学的過程の秩序像と調和しようが、何の重要性もない。粒子の波動説のような仮説であれば、いかなるものでも歓迎される。仮説の検証は仮説の機能のうちにあるからである。仮説の実在性を目指した科学的思考様式は、過去から逃れ、現実の成果の検証という意味をもった現在へ向かって行くのである。

とはいえ、我々は諸々の歴史を築き上げることをやめるわけにはいかない。実際、歴史は今まで以上に魅力的なものとなる。たとえば、エディントンの、あるいは、ジーンズの天体の歴史がもたらした興奮と、ニュートンの描いた力学的構造あるいはカントやラプラスの仮説の単調さを比較してみるがよい。しかし、こうした仮説はみな、最終性を意味してはいない。我々が仮説に期待するのは、仮説は新しい問題〔の発生〕と新しい研究成果とともに変化するということである。仮説が何ら変化しないのであれば、我々は大いに落胆するはずである。先に述べた不明瞭な写本稿の解読の場合のように、仮説がこれまで以上に内的な一貫性をもつようになることなど、我々は期待していない。科学的手続きにおいては、創発的出来事とともに生ずる新たな過去と対立するものなど、もはや存在しないのである。

第3章　現在というものの社会的性質

現在というものの社会的性質は、その創発から生ずる。私がいっているのは、創発に必然的にともなう再適応過程のことである。たとえば、自然は、生命の出現とともに新たな性質を帯びる。あるいは、ある天体内部で進行する過程を通じて原子崩壊による質量放出が発生すると、それにともなって、恒星系は新たな性質を帯びるようになる。このような新しい状況に対しては、適応というものが存在する。新しい対象は古いものと関係を取り結ぶ。推移の決定条件は、新しい対象が存続する諸条件を設定し、古い対象は、発生した事象と新しい関係を取り結ぶことになる。ここで私は、「社会的な」という言葉を、新しい系に関してではなく、再適応過程に関して用いている。際立った例は生態学に見出せる。新しい生命種の参入に関していうと、その種が生存しうるのであれば、当の牧草地や森林における群棲の中に、この参入に対する一つの対応が存在するということになる。当の新しい生命種が、いわば、市民権を確立したならば、植物学者は、実際に生じた相互適応を示すことができる。新生命種の出現ゆえに、世界は、これまでとは異なった世界となったわけである。しかし、社会性をこのような結果と同一視することは、社会性を系と同一視することでしかない。むしろ、私がいっているのは、新しい系と古い系との間にありながらも、まだ未確定状態にある段階のことである。創発が実在の一特徴だとすると、新旧が適応し合うこの局面は、創発事象が出現する以前の秩序化された世界と、この世界が〔創発事象という〕新参者と折り合いをつけた後の秩序化された世界との間にあるわけであり、この適応局面もまた、同じく、実在の一つの特徴でなければならない。〔惑星誕生場面を目の当たりにしている〕星の観察者という仮説的アプローチに立ってみるなら、このことは、我々の太陽系誕生の端緒をもたらした一惑星の出現の中で例証される。我々の地球の大半は、かつて、太陽の回転している大気外層〔コロナ〕の遷移領域の一部をなしていた。そういう時代があったわけである。しかし、今では、地球は、恒星全体から分離した天体であり、依然として〔太陽の周囲を〕回転しつつも、独自の軌道を描いている。惑星としての地球が誕生する以前、太陽大気外層内にあった〔かっての〕地球という星においては、ある一定の運動量が保持されていたが、これと同じ運動量を、今日の地球という惑星は、今や、太陽大気外層から離れた軌道で示している。こういう事実があるからといって、以前は一つの天体でしかなかったものが今では太陽系をなして存在しているという事実を排除することにはならないし、後になって自立して存在することになる惑星の大半が、かつては、〔太陽大気外層系と、生まれつつある太陽系の〕両方の系に属していた段階があったということを排除するわけでもない。今では、我々が社会的と呼び慣れている事象は、このような過程についての意識でしかない。しかし、過程というのは、過程についての意識と同じものではない。というのは、過程についての意識とは、当の状況に気がついているということだからである。社会的状況についての意識があるというのであれば、社会的状況自体が存在しなければならない。

　今や明らかであろう。このような社会的性質の在処は、創発が出現するまさにその時期を措いて他にない、すなわち、一齣の現在である。観念が作用している最中においてであれば、我々は、このような創発過程を想起するかもしれない。しかし、このように想起した一齣の過去は、それが進行していたときの出来事の復元ではない。というのは、このような想起は、今現在の創発という観点から行われているからであり、率直にいうなら、仮説的なものだからである。想起されたものは、我々にとっての今現在が要求するかぎりでの過去であり、これが検証されるのは、この過去が当時の状況に適合することによってである。ありえないことではあるが、仮に、我々が当時起こったままの過去の出来事に到達しうるというのであれば、我々は当の出来事の中にいなければならず、その上で、当の出来事を、我々が今その歴史的記録として提示している事象と、比較しなければならないはずである。これは言葉の上からいって矛盾であるのみならず、経験の中で過去が果たす機能を偽るものでもある。過去が果たす機能とは、今現在の解釈という趣旨にかなうような一つの年代記として、〔経験を〕不断に再編することである。あえて、こういう表現を使っていえば、自然界の基本法則、たとえば、運動の法則のように、かつても今も、つねに、現にあるとおりにある法則を確認する中で、我々はこのような完全な想起に近づくように思われる。そして、ここにおいてこそ、相対性が最も啓発的なものとなる。過去と現在と未来を通じて同一内容でありうるような実在があるならば、実のところ、相対性〔概念〕は、これを、一つの四次元時空連続体における出来事群の一つの秩序配列に還元する。ところが、このような秩序配列は、定義上、科学的構想力を働かせてみたところで、いかなる過去においてもほとんど見出しえないのであって、それは、我々の知覚的世界の場合と同様である。〔四次元〕時空幾何学〔などという設定〕は、ホワイトヘッドの形而上学を経由して創発性を持ち込まないかぎり、創発性を否定するものである。そして、私に誤りがなければ、このような見解は、ホワイトヘッドが保持している秩序化された〔四次元〕時空幾何学を放棄しなければならない。そもそも、識別可能な複数の出来事があるから時間が創発する以上、創発がないかぎり、識別可能な出来事もない。相対性論者がいっている各出来事と出来事間間隔〔の連続体〕は、いわば、存在世界の社会的性質の認識によって必然的であると証明されている精巧な数学から、こぼれ落ちる定数のようなものである。

新しい出来事というものは、古い秩序、そして、その新しい出来事の出現によって到来した新しい秩序、この双方の秩序の中にあるのであり、このような場面状況の中に、我々は存在世界の社会的性質を見出す。社会性とは、同時にいくつかの複数の事物〔様態〕になりうる能力である。動物というものは、餌を求めて大地を行き交う存在であり、同時に、当の動物の運動を可能にするエネルギー分布系の一部であり、かつ、無生物としての地球の表面上にある生命系の一部である。今や我々が理解しているのは次のことである。動物がこれから消費しようとしている運動エネルギーを我々が評価しようとするのであれば、我々は、その動物の凶暴性、飢えの状態、餌の捕獲が当の動物の内部に喚起する誘因あるいは恐怖を考慮しなければならない。同じく、我々が理解しているのは、生物種のこのような特性を評価しなければならないとするなら、この有機体とその環境におけるエネルギーの発現を測定できなければならないということである。生命種とその環境に対する関係の中には、正真正銘の社会性があるのであって、それは、獲物、つがいの相手方、群れに対して生物個体がもつ関係にみられる社会性が正真正銘のものであるのと同じことである。そして、社会性の指標は、対象が一つの系の構成要素として存在する場合、その対象に帰せられる特性を、同じ対象が別の系にある場合に帰せられる特性によって、不断に評価するということである。だからこそ、我々は運動を測定する場合、静止状態下にある一致集合内の運行距離によって測定するか、あるいは、一致集合の諸要素を測定する場合、測定に関与している運動によって測定するのである。相対性論者が発見したのは、このように互いに他を評価する際、測定単位における変化を必然的にともなうということであり、理想的な厳密性を達成しようとするのであれば、〔測定単位の〕変換〔換算〕を行わなければならないということであった。生物学の場合でも、我々は同じ状況にいるように思われる。エネルギー分布において生命過程を正確に評価するためには、我々は非有機的な物理化学的過程を有機的過程に変換できなければならない。だが、残念ながら、我々は今日にいたるまでそれができないでいる。

もし、このように、ある系から別の系へと変換する際の見積もり評価基準を吟味するなら、我々は二つの特性を見出す。一つは、出来事が出現した際の諸条件の中から、当の出来事が創発したということであり、我々がみてきたように、こうした創発は、出来事の歴史を生み出す事象であり、一般的名辞でいえば進化に分類されうる事象である。今一つは、過去から現在への同一条件の維持存続である。惑星の出現は、質量と運動の法則に関連させていえば、ある年代区分に分類される。この観点からすれば、対象は、古いものから発生したものとみなされる。対象の創発という観点からみれば、対象は、〔新旧〕二つの系に属するものとみなされるが、それがいえるのは、ただ、それぞれの系に共通法則が成り立っているかぎりにおいてである。発生した惑星の大部分は〔元はといえば〕太陽の一部分であり、機能上は太陽の運動量に即して運動している。同時にまた、発生した惑星は一つの系の中の一対象であり、この系の内部では太陽は一定の質量をもっており、しかも、この質量は、あくまで、太陽と関連している惑星の運動と質量から生ずるものである。同様に、ガリレオ力学においては、加速と減速は、絶対空間内の質量運動という領域における創発的出来事であった。

相対性原理の残された課題は、運動自体を、一つの統一体として打ち立てることであった。すなわち、一定の諸条件の下で——つまり、参照系の条件下で——発生し、しかも、四次元時空連続体内において相互に隔たりのある各出来事に論理的に先行する諸条件から発生する一つの統一体を打ち立てることだった。だが、このような諸条件は、もはや、可能な経験の範囲内にはない。しかし、依然として確かなことは、経験内の一つの見地からみて運動とみなされる事象は、別の観点からするなら静止とみなされる事象であるということである。運動の相対性は昔から認められていた。運動と静止が創発する場面状況というのは、もっと抽象的な状況であって、この状況が表現しているのは、運動と静止であり、双方の参照系ないしパースペクティヴに共通の事象であり、さらには、一方では運動として他方では静止として現れる事象である。このような運動と静止の創発は、絶対的空間〔概念〕が放棄され、さらにはアインシュタインによる一般的相対性〔概念〕の発展が成功をおさめたことによって、論理的に要請されているように思える。とはいえ、今しがた私が指摘したように、このような定式化は、先に〔創発と条件づけ、進化を含めて〕見取り図を描いた発展図式の外部に我々を追いやってしまう。このような定式は、現象と実在の関係、主観的なものと客観的に実在的なものとの関係を含んでいるが、過去から発生する創発的対象と、これを条件づける事象との関係を含んではいない。これでは、我々は進化論的科学哲学を置き去りにしているようにみえるだろうし、実在は論理学と数学の観点によってのみ我々に与えられるとするような合理主義的局面に、我々は紛れ込んでいるかのようにみえる。しかしながら、我々は過去五〇年の間に生じた大きな変化にあまりに近づきすぎて、こうした変化を適切なパースペクティヴの下で理解することができないでいるのではないかと考える。

ここに示唆したいと考えているのは、現在というものの社会的性質は、こうした状況を評価するための別の観点を与えてくれるということである。新しい対象が新旧双方の〔参照〕系に占める過程で現れる創発的現在の社会的意味合いについて私は語ってきた。つまり、過去と現在が直に接する関係の中で与えられる社会性のことである。社会性には別の側面もある。推移する現在が〔参照〕系としてもつ性質の中で提示される事象である。既にみたように、過去から未来へと推移する過程においては、今現在の対象は、古いものであると同時に新しいものである。そして、このことは、現在の対象が属する系内における当の対象とそれ以外の全要素との関係についてもあてはまる。元々は太陽を構成していた部分のうち、地球になった部分と他の惑星になった部分があったわけだが、地球となった部分の性質を決定していたのは、太陽の大部分のうち地球以外の惑星となった部分との関係であったわけで、このような性質決定関係は、〔仮想上、惑星誕生場面を目の当たりにしている〕星の観察者が今の我々の太陽を研究する以前の段階でのことである。元々太陽を構成していた部分が惑星の位置にまで引き伸ばされているように、惑星誕生以前の相対的配置から発生しながらも現にあるようになっている性質を、惑星は保持しており、同時に、〔ひとたび太陽系内天体が誕生して以降〕太陽系内の他の惑星からの影響を受けて、惑星軌道にずれが生ずる点に表れているように、惑星は新たな性質を帯びている。要点はこうである。ある〔参照〕系に、ある物体が属しており、しかも、その物体の性質が、同じ〔参照〕系内の他の物体との関係によって規定されているとする。このとき、当の物体が、新たな〔参照〕系秩序へ入っていく場合には、古い〔参照〕系内のすべての物体がもっていた性質の何らかのものを、新しい〔参照〕系内における再適応過程に持ち越すことになる。コミュニティの歴史の場合も同様であって、コミュニティ内メンバーは、社会関係によって規定されるようなメンバーの性格を、古い秩序から、社会変動という再適応過程に持ち込むことになる。古い系はそれぞれの構成員のうちにみられるが、ひとたび、変革を被れば、古い系は、新しい秩序が確立される際の土台的な構造となる。それだからこそ、ルソーは、市民のうちに統治者と臣民の双方を見出さねばならなかったのであり、カントは、理性的存在者たる人間のうちに、道徳法則の立法者と法の担い手たる臣民を見出さねばならなかったのである。太陽系の進化に立ち戻っていえば、地球は元々太陽の一部だったわけであり、その軌道は今でも依然として太陽を中心とした軌道を精密に示しており、太陽系内の他の惑星との関連でみた地球の相対運動は、仮想上の星の観察者が〔地球等の惑星誕生場面に〕到達する以前の位置、かつて太陽の部分であったときの元々の位置を反映している。

これまで、社会性の極端な例として、ある運動物体の質量増加について述べてきた〔運動エネルギー減少とそれにともなう質量増加〕。すなわち、このような質量増加を、可能な経験領域内にとどめておくのであれば、我々は運動物体を二つの異なる系に属するものとして扱わなければならない。というのも、運動物体というものは、まさしく運動しているがゆえに、固有の時間と空間と質量を有するが、この時間、空間、質量は、当の物体運動と相対的位置にある系の時間、空間、質量とは異なるからである。ある運動物体の側からすれば、このように異なる系に位置を占めることから、〔一つの運動物体に対して、異なる時間、空間、質量があるという〕パラドクスが生ずるのだが、これはよく知られたものである。私が指摘したいのは、ここにいたって、我々は、こうした社会性の極限に達するということである。というのも、あらゆる物体は、その速度ゆえに、一定の時間‐空間とエネルギーの系を有するからである。しかしながら、このような速度は、当の物体が運動している場面系に相対的であり、当の物体も、最初の場面系との関連下で運動している別の系という相対的な位置にあれば、別の速度を有するだろう。それゆえ、当の物体は、無数の系に即して運動しているとみなされうるわけであり、このような無数の系の中では、無数の質量測定値を有することになろう。当の物体は、このように様々に異なる系すべてにおいて、位置を占めているのである。

さて、ある形而上学的時空間〔四次元座標で記述されるミンコフスキー空間〕、加えて、この時空間における各出来事と出来事間の間隔との同時発生、こういったものを、我々は、これらの座標系が参照する実在とみなすかもしれないし、あるいは、あくまで、経験的領域内にとどまり、その上で、正確な測定にとって必要であると証明されてきた変換式を用いるかもしれない。変換式を使用する場合、いったいそこに何が関与しているのかに関して、問題が生ずる。たとえば、ありうる可能性として、隣の電車は静止しているが、自分の乗っている電車は走行中であるといった場合のように、運動の相対性が経験において現れている眼前の場面状況においては、〔測定上の〕変換はまったく必要ない。このような場合、我々がいいそうなこととして、時空間次元の相違は無視しうるほど微小であるため、ここに時間系の相違を適用することはできない、さらには、時間系の相違を適用しうるのは、我々の運動速度が光の速度に近づき、感知可能な違いが生じ、これを認識する必要が生ずる場合だけであるということがあげられる。だが、このような言い方をすることによって、我々は複数の時間系における相違を覆い隠すことになる。これは根本的に重要な問題の隠蔽である。電車が我々のもとを通り過ぎているとき、この事態は、我々自身にとっての時空間内での出来事である。仮に、相対性理論の立場をとって、この電車は静止状態にあると考え、この静止した電車の傍らを地球の方が高速で運動していると考えるとすれば、確かに、我々は、一つのパースペクティヴから別のパースペクティヴへと移っていることになる。しかし、このパースペクティヴでいえば、当の電車は動いていないことになろうが、目下の場合、当の電車は動いているのである。一個の原子から放出されるα粒子〔高速運動しているヘリウムの原子核〕の時間特性、空間特性、質量特性の変化を算定する場合、もちろん、我々は、このα粒子を、我々自身の時空間とは別の時空間において扱っているわけである。というのも、我々がこのα粒子に与えている大きさは、あくまで質量特性上の変化を含んでいる時空間内の大きさだからである。さて、ニュートン流相対性という観点に立つなら、二つの時空系はどちらかを選ばなければならない選択肢であり、どちらか一方を選択する以外に、この二つを同時に、同じ状況にあてはめることはできない。しかし、我々がローレンツ変換式を用いる場合、物体に対して別の時空系に属する特性を与えつつ、我々自身の時空系で得られる測定結果を用いるのである。たとえば、物体の質量はその速度とともに増大するという言明を平易に叙述する場合、このことは認められるところであるが、我々は、時間空間の測定単位もまた変化するなどとつけ加えたりはしない。つまり、わざわざつけ加えて、我々自身の時空上の参照系に代わる別の参照系の中に我々はいて、しかもこの別の参照系は、我々自身の参照系と同時に用いることはできないなどと言いはしないのである。しかしながら、よく言われることなのだが、たとえば、飛行機が秒速一六万一〇〇〇マイル〔秒速約二五万九〇〇〇キロメートル〕で我々の傍らを通り過ぎていると仮定するなら、我々の目には、時を刻む過程の幅が収縮し減速するのがみえるはずである。[◆1] すなわち、静止している我々の時間空間系の中で、飛んでいる飛行機の時間空間系内に属していることから生ずる効果がみえるはずである。つまり、二つの参照系は、どちらか一つを選ばなければならない選択肢ではなくなるわけである。フィッツジェラルド収縮[▼]の場合、二つの系に同時に存在するというような想定はなかったが、しかし、この場合、同時に存在するものの間における違いに対する参照系がなかったわけである。

さて、アインシュタインが試みているのは次のことである。我々は、このように一つの時間‐空間系の中にいることができ、しかも、その中で、別の時間‐空間系に内属するがゆえに生ずる違いの効果を記録することができるとするなら、その際の方法はいかなるものか、その方法を提示することである。この方法が仮定しているのは、第一に、光速度不変を自然界の一事実とみなすとい

◆1　Eddington, *Space, Time, and Gravitaiton*, pp.22ff. 相対性理論に関してよりバランスのとれた説明としては、A. Mets, *Temps, Espace, Relativité*. 参照。

▼**フィッツジェラルド収縮**　ローレンツ収縮の英国的表現であり、等速運動している物体の長さは、静止状態の長さに比べて、運動方向に収縮して観測される現象のことである。

うことである。第二に、この光速度不変を基礎にして、ある信号系を設定し、そのことで、我々の系の中で、次のことを証明することである。すなわち、我々の系の中で同時存在する複数の出来事があっても、我々の系を参照基準にして運動している系の中では、同時存在することはないということである。さらにいえば、このような違いの効果は、我々の傍らを通り過ぎていく飛行機の場合と同様に、視覚を通じて、つまり、光を通じて、明らかにすることができる。その帰結はといえば、我々の静止した景観の中では、我々に対して、空間的パースペクティヴが生ずるが、それと同じように、この景観の中で運動する物体に対しては、時間的パースペクティヴが発見されるはずである。こうした時間に関わる類いのパースペクティヴの性格が発見されうるのは、十二分な高速度運動に対してのみであるが、このような高速度運動の原理は、空間的パースペクティヴの場合と同じように明確に与えられる。この原理は次のようなものである。測定によって示されるような尺度は、これが、ある視野の中で生ずるならば、当の運動と同じ方向で収縮しなければならない。光の速度が無限だと仮定するなら、収縮は生じない。というのも、この場合、運動の速度がいかほどであろうと、ある物体の片方から発せられた光線は、その物体の他方の端から発せられた光線と同時に、我々のもとに到達するからである。このようなパースペクティヴが経験の中に入ってくるのは、間接的には、原子から発せられた粒子の質量の変化を計算する場合のように、速度が光の速度に近づく場合のみである。しかし、エディントンが先のように仮説的に設定した飛行機にみられるような事象を我々が目にすることができるとするなら、視覚の上で時間的パースペクティヴを直接把握できるはずである。というのも、もちろん、空間尺度が収縮するのに対応して、時間の方も、ゆっくり流れることになるからである。もっともらしい想定をするなら、こうした時間上のパースペクティヴは、空間的パースペクティヴの場合と同じ光の中で、評価されねばならないということになろう。実在上の尺度も実在上の時間的推移も、飛行機内の乗客が感知しているものであり、そのことは、ちょうど、乗客の側からみた我々についての歪んだ光景は、我々が現在自分たちについて感知している事象によって、そして、我々がこれから自分たちについて感知することになる事象によって、修正しなければならないのと同じことである。

この点に関わってくるのが、ラーモア－ローレンツ変換、マイケルソン－モーリー実験における予想を裏切る実験結果である。ローレンツ変換は、マクスウェルの電磁気学方程式が不変となる条件の数学的定式を示すために解明されたものである。ニュートンの運動方程式は、ニュートン力学の領域内であれば、不変である。すなわち、いかなる〔座標の〕中心原点が参照の中心としてとられようが、そして、諸々の座標系が等速度で相対運動する場合には、どの座標系が運動しているとみなされようが、ニュートン方程式は有効である。マクスウェル方程式が不変であるためには、この数式中、空間、時間、そして、質量を含めたエネルギーを指示する各記号〔各項〕に対して、係数1／cが作用することが必要となる。ここに、cとは、光の一形態たる電磁波が真空状態では等速〔秒速約三〇万キロメートル〕であることを意味する。この変換式が要請する時間上空間上の尺度の変更は、私が先に述べたように、時間上のパースペクティヴが要請するものであり、また、光速に対しては、絶対的な値が想定されている。さらにいえば、この変換式は、地球の直径がその軌道上の運動と同じ方向で収縮することを示している。これこそ、マイケルソン-モーリーの実験が、〔エーテルの存在についての〕予想を裏切る実験結果をもたらしたことを説明するものである。

　このような変換式、アインシュタインの相対性理論、そしてマイケルソン-モーリーの実験結果によって明らかになった諸々の帰結には驚くべき一致がみられたが、これを別にしても、顕著な事実は光速不変という共通の想定である。変換式の場合、光速不変性が求められるのは、電磁波の速度のような極めて基本的な性質においてであることは不思議なことではない。相対性の場合、異なる時空系における光信号による測定可能性は、光速の不変性を前提しており、これが、マイケルソン-モーリーの実験の否定的結果を説明している。ホワイトヘッドから引用しておくなら、「その意味するところは、ニュートン群の任意の一致集合の空間に関して速度cで進む波動、あるいは、その他の作用が任意の他のこうした集合の空間に関しても同一速度cで進むということである」[◆2]。

　時を同じくして生じたこのような事柄を説明するためには、つけ加えるべきことがある。それは、原子〔の究明場面〕を、質量力学〔古典力学〕の領域から電磁波力学の領域へと移し変えること、そして、エネルギー分布を〔電場や磁場といった様々な〕場によって表現することである。このような変化の重要性は、遠隔経験〔観察対象発生場面〕と接触経験〔観察場面〕との間で実在の参照基準が変化した点にある。以前であれば、質量力学

◆2　前掲『自然認識の諸原理』四二頁。

〔古典力学〕と知覚上の実在との間には密接な相関関係があった。我々が目にした事象の実在は、我々にとって触知可能なものの中に見出しえたのであり、触知したものは、想像上は、重力質量と一致していた。しかし、それ以上に重要なのは次の点であった。すなわち、我々が実在を感じるのは、実在を構成している諸々の関係を捨象した量それ自体の中においてであり、事物の実在は、当の事物が編入されている系に先立って、そこに存在しうるということであった。同一対象についての空間的パースペクティヴと私が呼ぶものは、すべて変化しうるが、これらは、接触経験領域——つまり我々が同時にみたり感じたりするものの領域——にみられる同一の対象のことをいっている。そして、これは、我々自身のパースペクティヴのみならず、他者のパースペクティヴにおいても妥当する。パースペクティヴの一致といえば、その正確な表現となる。私が時間的パースペクティヴと呼んできたものは、先に述べたエディントンの飛行機のように高度に想像力に富んだ例示の場合を除けば、経験上現れることはない。しかし、同時存在しつつも違いをともなう様々なパースペクティヴの中に配置されてしまうと、我々は、接触経験領域において各パースペクティヴがもつ知覚対象分析能力の限界範囲を超えてしまうように思われる。変換によって諸々のパースペクティヴを一致させるよう我々は強いられるわけである。そして、これこそ、マクスウェル方程式の不変性に関して成り立っている状況なのである。相異なる時空系の観点からみた世界は、時間、空間、エネルギーの共通単位に対して異なる値をもつわけであり、このような世界は〔マクスウェル〕変換によってのみ一致が可能となる。電磁領域と、遠隔経験の世界つまり視覚世界との間には、質量力学〔古典力学〕世界と我々の接触経験世界との場合と同じように、密接な並行関係がある。

しかしながら、こうした申し分のない完全な相関関係には、ある断絶がある。既に示したように、ある運動物体の質量増大は、当の物体が運動している時空系において生ずる。だが、その質量増大を計算するとなると、その測定単位は、その時空系とは別の〔観察者が属する〕時空系内の時空単位による。これに対して、質量増大は、当の運動が生じている時空系内において測定されるのである。実際のところ、我々は、自身が用いている指示測定値を計量することによって、我々〔観察者〕の同時存在性という状況下で、α粒子の質量増大を知る。たとえ、相対性という概念装置をまったく使うことがなくても、我々は、α粒子の質量増大を知りうるだろうが、しかし、この質量増大を説明する際に用いる理論が意味するのは、α粒子の存在場面で作用する時計は、我々観察者が用いる時計よりも進み方が遅いということである。さらに、我々は自身の時間系内で質量変化というものを見出すわけだが、こうした質量変化に到達するのは、α粒子の時間を含めた計算結果によってなのである。いいかえれば、みてきたような相関関係は、実験結果を検証する段になると、妥当しなくなる。ところが、実験結果はそれ自体実在をもっていなければならない、そうでなければ、実験結果はそもそも仮説を検証しえない。我々は、時計や電位計といった我々自身の計測装置に関わる事実を、ローレンツ変換やアインシュタインの相対性理論からは独立した単位で、記述できなければならない。計測が最終的に確定される世界は、計測装置、計測装置を含む建物、計測装置が置かれている地点、計測装置の周囲環境といったものから成り立っている。このような世界にあっては、究極の実在は、遠隔経験〔観察対象発生場面〕内の事象ではなく、接触経験〔観測地点〕内で現れうる事象であり、しかも、この接触経験〔観測〕たるや、遠隔経験〔観察対象発生〕如何によって可能になったり不可能になったりするのである。経験の領域から去って、ミンコフスキー的時空という形而上学的世界に舞い戻って、この時空内固有の出来事および出来事間間隔に関わるならいざ知らず、そうしないというのであれば、科学的研究結果からなる知覚的世界に立ち戻らなければならない。

ここで、もう一度、問題となっている状況をはっきり述べておこう。電磁場で生ずる変化は、時間空間にとって不変の一連の方程式によっては記述できない。変化が進行している領域においては、異なる時間空間構造を想定する必要があるわけである。時計の進み具合は遅くなり、事物の直径は、運動する方向では縮小するが、他方で質量の方は増大する。これらの変化は、理論的には、すべて、記録されている変化であるが、その記録される場面自体は静止しているものの、その場面内では運動が発生しているわけである。このような変化の測定値計算が意味しているのは、この変化発生場面とは異なる時空秩序の配列ということである。つまり、測定値計算にあっては、参照地点は異なっているのである。遠隔経験〔観察対象発生〕領域において生ずるこうした変化が参照している知覚上の実在は、観察測定の際の参照地点が異なるのに応じて、異なってくるわけである。このことは、問題となっている状況がもつ他方の驚くべき性質を明るみに出す。つまり、諸々の事物の〔物理学的〕基体が電磁場に属する場合、こうした事物は、知覚上の観察結果として〔場から〕分離しておけるような観点をとるかぎり、測定できないということになる。こうした場合に値を測定するには次のことが必要要件となる。つまり、実在が認識可能となるのは、あくまで、知覚がもつ様々な時間的空間的特徴の中で表示可能な事物、たとえば、指示測定値によってであるということである。これまで主張してきたように、これこそが質量がもつ特性なのである。我々が質量を測定しうるのは、相互に関連しつつ運動している物体から構成される一つの系によってのみであるけれども、質量を有する事物の〔物理学的〕基体についてては、これを、我々が目にする分量あるいは思い浮かべる分量の中に、見出しうるものとして考えることができるし、したがってまた、実際上であれ想像上であれ、他の事物との関連下に置くことができる。電子の〔物理学的〕基体としての電気を考えることができるのは、その電子が位置する電場との関係、および、その電場と他の電子が位置する電場との関係においてのみである。電気力線とエーテルを要素とするファラデー管は、電場のようにそれ自体で成立する内容を提供する目的で用いられてきたわけだが、我々の触知可能領域からは消え去ってしまっている。実際、科学は、知覚による認識結果に関するかぎり、遠隔経験の観点によってしか記述しえない事物の構造に立ち返ることになった。このことは、我々の理論構造にあっては、何ら困難をもたらすものではない。我々がエネルギー量を知るのは、ある系の中においてであって、この系の様々な構成要素にエネルギー量を割り当てることができるし、この系自体、時空間の中に位置づけることが可能である。しかし、我々は、いわば、系からから切り離された要素を指で取り出すことはできない。系から切り離された自立要素に関していうなら、この要素は一定量のエネルギーを内部にもっており、当の対象の「本質」を構成するなどとはいえないし、したがってまた、この要素を、同様の内容を有する他の事物と関連づけることなどできない。エネルギーを思い描くことができるのは、当の事物を扱う思考にとって、既にそこにある一つの系という観点によってのみである。科学的方法という目的にとって、接触経験が重要となる理由は、色覚経験や聴覚経験にもまして、触覚経験ないし〔対象の側からの〕抵抗経験の方が一層重要な実在であるということにあるのではない。そうではなくて、接触経験の重要性は、〔接触経験内にある〕観察と実験が〔観察実験結果を見据えた〕遠隔経験において再現されるという事実にあるのであり、しかも、この遠隔経験は、それ自体、直接的にあるいは間接的に操作しうる〔接触経験領域内〕事象に関連づけられねばならない事実にある。このことは、依然として、知覚の実在性を示す証であり、したがって、観察と実験における科学者の研究成果の〔実在性を示す〕証であり、また、実在性を説明するために打ち立てられる様々な仮説から独立したそれ自体実在的なものとしての事実ということを堅持する条件なのである。

個人の経験のうちに知覚の実在性を見て取るのが、長い間、習慣であった。この個人的経験を、個人が属する世界の実在のうちに位置づける上で、多種多様な困難の一切が生じた。とりわけ、このような経験が、当の世界についての理論を批判するために用いられるときには、そうであった。時空の測定によって高精度が確保されうるかぎり、科学者は、自分が世界のうちに見出すのと同じ時空構造を個人の経験のうちに見て取ることで満足し、したがってまた、個人の観察結果を個人の環境世界のうちに突き止めることで満足してきた。ところが今や、相対性理論が、その大部分の発生場面となった電磁気理論とともに、測定の時空理論を高度に複雑化しただけでなく、我々が実在‐参照系と呼ぶものを、まったく逆のものにした。かつてであれば、我々の遠隔経験がもつパースペクティヴの実在は、ユークリッド空間の幾何学と均質時間の均一の流れに確固として埋め込まれている接触経験のうちにあるはずだといわれていたのだが、今や次のようにいわねばならなくなったのである。すなわち、我々の知覚する事象の実在性に我々が到達しうるのは、唯一、我々の接触世界がもつこのような一見したところユークリッド的な空間に関して、遠隔対象の運動に依存するパースペクティヴを読み込むことができ、かつ、これらの遠隔対象間の変換式を発見できるのに応じてのみである、と。さらにいえば、我々が望むからといって、諸々の知覚モデルを使い続けることはできないし、また、たとえば、惑星の回転の場合であれば、〔モデル上〕核の周りに他の電子を設定できるからといって、原子核の内部に組み込まれた数多くの陽子と電子からボーアの原子を組み立てることはできない。こうした究極の微粒子を表す素材として我々は正負の電気を使うからといって、これを、このような想像力を働かせて知覚分析に付すことはできない。我々は電子の直径について語ったり、その電荷を突き止めようとしたりするであろうが、電気の基体的性質を、このように孤立させて扱うことはできない、かくして、ボーア原子は効力を失うことになった。近年の思弁では、物質を振動の一形態として扱うことが好都合だとわかってきたが、しかし、振動するものを探し求めたところで意味はない。

とはいえ、科学理論が知覚上の測定結果に依存することについては、これまで、それほど明言されてきたわけではない。ここで注意を向けておきたいのは、こうした依存性である。既に示したように、代替案として挙げられたのは、単に想定することしかできない一つの形而上学的世界〔四次元的世界〕を参照することであり、これに合わせて想定されていたのは、我々自身の世界において我々が見て取る論理的パターンはこの形而上学的世界と相関関係を有するというものであった。他方で、我々の思考関係は我々の参照系を超えると推測される場合を除けば、我々の経験は主観的なものになる。相対性理論登場以前の時代にあっては、観察事実の時間的空間的構造は宇宙の時間的空間的構造であった。観察対象の感覚上の質がどれほど観察者に関して相対的であろうと、観察対象を時間空間において知覚上確定することは、とりもなおさず、少なくとも科学者にとっては世界の絶対的構造であった関係構造内において、当の対象に対し一定の外形と位置を与えることであった。そして、古典力学においては、いかなる物理量であれ、その基体内容は、そのように確定済み物理量内にあるものとして考えることができた。〔だから〕知覚は、実在の論理構造および基体の在処の確定、この双方を与えていたわけである。気体、および運動の一形態としての熱に関する古典理論は、こうした状況のもつ単純な性質を表す顕著な例である。ところが今や、実在の関係構造も、その基体の在処も、知覚上の状況内に見て取ることはできない。しかし、ある仮定を置かないかぎり、科学者は、出来事と出来事間の間隔を有する形而上学的時空に接近することはできないし、いかなるエネルギーであれ、その全分野を把握することはできない。そうである以上、科学者は、たとえば、静止系に属する自分自身にとっての知覚状況、そして、運動系に属する自分自身にとっての知覚状況、この双方のうちに、自分の身を置くことによって、自らの仮説を検証し、さらには、この二つの系の時空構造を比較せざるをえない。科学者はこの検証を変換によって進めていくのだが、しかし、今いった変換が可能となるのは、ただ、次のような場合においてのみである。すなわち、観察者は自分自身の知覚状況を把握するのであるが、この知覚状況自体が、自ら観察する事象内に自分の身を置くということも含んでいる、そのような状況である。実際のところは、もっと込み入っているのであるが、しかし、観察結果においては、事態は結局のところ知覚状況に帰することになる。ところで、このことが可能となるのは、思考の社会性とでもいえる場面が、自然の特性にもなっている場合に限られる。ここに、思考の社会性とは、つまり、我々が、自分自身のものとは異なる構えをとることによって、相手側の構えをとることになるような場面のことである。ニュートン流の古典力学における相対性であれば、観察者は、ある系から他方の系へと自らを移すことができ、二つの系における物体の相対的位置は、観察者がどちらの系に属していようと、同じままであることを示すことができ、さらには、力学法則は、どちらの系の場合であろうと、満たされることを示しえた。しかし、電磁気学における相対性が我々の系の内部に示す観察結果の場合、これを説明するためには、否応なく、固有の時空構造を有する他方の系に頼らざるをえない。ニュートン的古典力学の相対性の下では、今述べたような社会性が妥当する範囲は思考に限定されていた。相互に対して運動している二つの系にあっては、どちらの状態も永久に同じままであり、他方が運動状態にあろうが静止状態にあろうが、影響を受けることはない。電磁気学の相対性にあっては、運動物体の質量は静止系において増大し、そして、これは、他方の側の運動系における相異なる時間空間の係数をともなう。相異なる〔参照〕系においては相異なる時間空間があり、両者の間には相関関係があると私は述べてきたが、このような相関関係と呼ぶものの中に、先にみたような断絶があり、この断絶こそが、知覚的世界にあっては、一般に思考に限定されてきた自然における社会性を顕わにしている。静止系において増大する質量は、この系以外の運動系内部で質量増大するためには、同時に、静止系自体の時計にしたがって静止系自体の基準で測定された空間内において、運動していなければならない。自然の中にも社会性があることを我々はみてきたわけだが、この社会性が存在しうるのは、新規なものの創発によって、数々の対象が、古い系のうちに存在するのと同時に、新しい系とともに生ずる事象のうちにも存在するということが満たされているかぎりにおいてである。相対性が示している状況というものは、その内部において、当の対象が、どちらの系のうちにあろうと現にあるとおりに存在するためには、相異なる系のうちに同時に存在していなければならないというものである。実験における相対性の証拠は、すべて、このような状況に帰着する。

私が指摘してきたのは、以上のことは科学において何ら新規なものではないということである。もっとも、それは、いつでも、ある未決の問題を意味してきたのではあるが。この未決の問題は、生物学における目的論や心理学における意識〔の取り扱い〕のうちに見て取れる。動物種は、過去の条件、および、未来において自己維持する傾向、この双方によって確定された力学系のうちにある。〔自己〕意識のある有機体の行動は、背景からは生理学的系によって限定されると同時に、未来を視野に据えた意識によっても限定される。このことは、もちろん、一齣の現在のうちにおいてのみ生じうるのであり、この一齣の現在においては、現在を条件づけている過去と、これから創発する未来、この双方を見出しうる。しかし、これらの問題が示しているように、さらなる認識が要求されることになる。すなわち、今現在にあっては、ある系内部における当の対象の位置は、その対象を、この系以外の別の系の内部においても〔ふさわしいところに〕配置するという認識である。これこそ、私が今現在の社会性と呼ぶ事象にほかならない。相対性の観点から、このような状況を吟味するならば、静止系内部で現在生じている運動は、様々に異なる時空構造をともなうのであって、こうした時空構造は、静止系内の質量増加に関与していることがわかるだろう。こうした静止系と運動系の違いを、これ以外の二つの状況に移してみるなら、我々が生命と呼ぶ一つの生化学的過程が生じてくるのがわかる。だが、この生命は、生命が生存していく諸条件を大きく変質させるため、自然のうちに、生命固有の環境が生じてくる。そして、我々が見て取るのは、生命体が、未来の生命維持につながる過去の諸条件を選択しているということであり、したがってまた、生命体が、価値、そして後になって生ずる意味を、自然のうちに導入しているということである。

現在というものの創発を条件づける過去を求めようとする場合、これ以外にないといえる定式は次のようなものである。すなわち、創発するものは、いかなるものであれ、現在というものを条件づけるという性質にしたがわなければならないということ、そして、〔現在を〕条件づける過去の観点から創発を叙述することができなければならないということである。ニュートン的な古典力学における相対性の場合、互いに他に対して等速〔直線〕運動している二つの系にあっては、条件づける過去は、次のような公式見解に要約された。すなわち、相互に等速〔直線〕運動している二つの系の物体は、同一の相対的位置にあり、かつ、いずれの系が運動状態にあるとみなされようが、同一の力学的状況にあるという見解である。このような状況下にあっては、創発は存在しない。こうしたニュートン的相対性に、今、〔アインシュタインの〕特殊相対性理論を導入するなら〔等速運動＝慣性系に相対性理論を導入するなら〕、運動物体の系にあっては、当の運動物体において新しい性質が創発することになる。これは、当の物体が運動しているがゆえに生ずるものである。そして、当の物体を〔創発的運動が発生する以前の〕古い条件下で記述するならば、我々は、この物体を静止状態に変換しなければならない。創発的運動がもたらす実在性が失われることなく、こうした静止状態への変換が生じうるのは、ただ、静止系を、運動系内で出現しつつある創発的変化と連動させる場合にかぎる。一般相対性理論〔慣性系のみならず加速系への相対性理論の導入〕の場合、アインシュタインが企てたのは、宇宙の時空構造における変化が生じているように思われるとき、その普遍的条件を定式化するということであった――ここでいっている変化とは、等速運動であろうが加速運動であろうが、運動ゆえに生じている変化のことである。アインシュタインが示したのは、これらもまた、質量変化の条件であり、今も、彼は、同じことは電磁気学においても妥当することを示す課題に取り組んでいる。

さて、私が明確に述べようとしている社会性の原理とは以下のようなものである。〔新たな〕創発的変化が出現する今現在にあって、創発的対象は、古い〔参照〕系から新しい〔参照〕系へ推移していく中で、他の構造に対して系としての関係を有するがゆえに、新旧相異なる〔参照〕系に属するのであり、さらに、こうした新旧相異なる系内の構成要因であるがゆえにもっている諸々の特性を、創発的対象は有するのである。この原理は、物理理論に適応された相対性原理において、最も明確に証明されたのに対して、我々の日々の経験にとっては、証明の度合いが最も低い。というのも、たとえば、質量の変化といったところで、我々が普段馴染んでいる速度からするなら極めて微小であるがゆえに、ニュートンの法則内の変化は、極めて微量の小数で測れる領域にあるからである。他方で、電磁気学上の相対性の場合、極めて精度の高いレベルで、創発の形態を示すことに成功した。いかなる速度であろうと、速度が何らかの系内部で発生するときに生ずる類いの変化を、我々は知っている。ここで我々が端的に扱うのは、時空構造の運動に対する関係である。先に提示した社会性についての他の二つの事例――生命の社会性と意識の社会性――に立ち返るなら、ごくわずかしか解明されていないながらも、高度に複雑な状況下に我々はいることになる。我々が気づいているのは、生命について我々がもつ理解内容は、生命と種を維持する際の未来への指示対象を必然的にともなうということである。我々は、生命過程が生化学的過程であることを知っているが、この過程の正確な性質がいかなるものであるかについては、速度の性質を知っているようには、理解していない。しかしながら、生命過程は有機体に限定されるものではなく、全体としてみるなら、有機体とその環境との相互作用を含んでいるということ、これについては、我々は理解している。そして、このような環境世界が生命過程に関与しているかぎりにおいて、この世界を、生命形態とその種にとっての環境と呼ぶのである。すなわち、速度が創発することによって質量の性質が変化するのと同じように、生命が創発することによって世界は変質することを、我々は認める。そして、我々にわかっているのは、以下のことである。すなわち、我々が意識過程と呼ぶものは生理的過程であること、さらに、我々が一般に行動と呼ぶ過程は、生理的過程にとっての反応対象を選択するために、この生理的過程が組織的に適応〔手段〕を利用すること、そして、こうした意識を有する生命有機体にとっての環境内にある事物が、価値と意味を受け取るのは、今みたような行動の帰結としてであること、これである。我々にわかっているのは、意識過程は脳の高度な発達に依存しているということ、そして、こうした脳の発達は、遠隔刺激、ならびに数々の遠隔刺激によって可能になる遅延反応、こういったものからなる神経メカニズムの副産物であるということである。このような神経系の全体は、遠方に見据えた未来〔像〕に関して、選択の領域と機構を提供する。そして、この選択は、周囲の対象に対して、この遠方を見据えた未来〔像〕が許す範囲で価値と意味を付与する。しかし、識別と選択という目的のために、その高度に組織化された反応を個々の有機体の自由に任せる生理的過程とは、いったい、いかなるものか、これについては誰もわからない。しかしながら、社会性の諸々の原理を、こうした様々な分野に適応する場合、著しい違いがある。物理的相対性の分野において、我々は運動過程を高度の精密性をもって知っているが、しかし、事物の特性が変質する際に速度がもたらす影響を我々が実際に経験するということになると、これを試す実験は、極めて難解なものであり、わずか三つか四つくらいしかない。他方で、生命と意識の過程から生ずる効果は、あらゆる面で明らかである。他方、こうした過程の本質が、いかなるものかについては、これまでのところ、理解できないほど不明確なままヴェールに包まれてきた。これら三つ〔物理、生命、意識〕すべてにおいて、創発というものが存在する。この創発の特性は、同一対象、あるいは、複数対象が属している同一の集まりが、相異なる系のうちに現れているということに由来する。かくして我々が見出すのは、一定の時間・空間・エネルギーの特性をもつ一つの系のうちに、高速度で運動する対象は、質量増加をともなうことであり、その原因は、質量増大が、異なる時間・空間・エネルギーの相関関係によって特徴づけられる点にある。そして、物理系の全体は、そのことによって、影響を被るということである。同様にして、動物が生きており、生理化学的世界の一部であるからこそ、生命〔の存在〕は一つの創発なのであり、その影響を生命にとっての周囲環境にまで拡大する。なぜかといえば、意識を有する個体は動物であるからであり、かつまた、意識的個体は、世界について知識を有するようになる際の意味と価値によって、意識が創発する以前と以後とを考えることができるからである。

第４章 自我の意味合い

これまで示してきた立場は、いわゆる認識論問題と対照的に私が想定するものである。すなわち、認識することは、一つの企てであって、つねに、ある状況内において生ずる。それは、認識能力が取り除こうとする無知蒙昧や不確実性とは本来的に無関係な状況である。それゆえ、認識〔内容〕は、経験のうちに存在する〔意識〕内容と同一視するわけにはいかない。〔問題解決行動と無関係に〕それ自体で認識的であるような意識的態度などというものはない。認識とは〔問題解決〕行動〔の仕方〕における一つの過程であり、反応の〔一時的〕延期や抑制が生ずるように、行為領域を編成組織することである。認識過程の成功の検証、すなわち、真理の検証は、我々がもつ複数の競合するあるいは抑制された活動を調停し、行為を続行させるような対象を発見し、あるいは、構築することのうちに見出せる。認識は推論に基づいており、したがって、認識がつねに意味しているのは、データ〔与件〕とは〔実は〕推論に関わっているということである。反省とは、観念が作用する領域における推論作用である。すなわち、事物の意味内容と特性が有するシンボルとしての機能作用であり、この機能作用によって、究明対象の様々な解釈を遂行しうるわけである。

観念の作用は、疑いなく、我々が意識と呼ぶ事象の内部で生ずるのであり、意識は、それゆえ、熟慮を要請する。我々が生物にあると考える意識形態のうち最も下等なものは、感じ〔具合〕である。見解についての相違はあるものの、一般に、中枢神経をもたない生物種は感じを有しているとは判断されない。未熟な判断ということで想起されることは、反応は動物にとっての善悪によって呼び起こされるという証拠である。我々は受容と拒否を想定し、快と不快を、それぞれ、こうした二つの態度に属するものとみなす。何らかの単細胞生物種の行動にあっても、受容と拒否を示す証はある。したがって、こうした有機体も、最下等形態における意識をもっていると考える生物学者や心理学者がいるわけである。快と不快は、少なくとも私が今言及している状況においては、有機体に固有の経験と呼ばれる部類に入る。そして、快と不快を受容と拒否に結びつける我々の本能上の性向が示しているのは、動物自身の有機体としての状況が、こうした経験に属するという想定である。我々が意識の創発と呼ぶ事態の中で、最も下等な範囲に入るものとして我々が想定しているのは、有機体が自身の生命過程における諸条件に反応するということである。このように、かくも一般的な言明をするなら、疑いもなく、植物の反作用の多くは、この最下等な範囲に入ることになる。しかしながら、通常の一般化では、植物を除外することになるが、それは、植物の場合、受容と拒否をするにしても、全体としては反応しないという事実による。

かくして、意識の第一条件は生命現象であり、一つの生命過程である。この生命過程においては、個体は、自らの行為によって、この過程を自身においても後の世代においても維持する傾向を有する。さらに、こうした生命過程は、有機体内部において進行している範囲を超えて周囲の世界にまで拡がっているのであり、世界のうち、有機体活動の範囲内においてみられる大部分の世界を、個体の環境として確定するのである。第二の条件は、目的論的過程内にある生命種は、自身の有機体の諸条件に対して、全体として、目的をもって反応しうるということである。しかしながら、私は、これまで、創発性というものを、事物が二つまたはそれ以上の相異なる系内に存在することとして定義してきた。その様式は、後に発生する系内に事物が存在することで、以前の系もしくは現に帰属している系において事物が有していた性質を変質させるというようになっている。したがって、意識の最下等形態は感じであるというとき、その意味するところは、生命種が、目的をもって、なおかつ、全体として、自身の諸条件に反応するような系の過程内に参入するときにこそ、感じとしての意識が生命内に発生するということである。私が想定してきたのは、系がもつ一定の生理学的化学的過程が生ずるということであり、しかも、この過程は、過程自体を維持するように生命種にとっての反応対象を選択するということであり、さらにいえば、この過程は、物理的世界内に出現しているのだが、生命として創発するということである。こうした状況内に登場するのが生命種である。こうした生命種は、単に生きているだけではないのであって、生命過程にふさわしいものであろうがなかろうが、自身の有機体としての諸条件を、反応対象領域あるいは棲息場面領域にとって、不可欠の構成要素にする。意識のある生命形態とは、自身の生命過程の様々な局面を、自身の環境にとっての不可欠な部分にすることができる形態である。ある植物の幼根は、水を必要とするときに水を選択するように、自身の数ある生存状況のいくつかを選択する動物は、単に生きているだけでなく、植物の場合と同じように、水を欲しているのである。感じというのは、動物が、ある程度、自身の環境と関係を取り結ぶときに、生命過程に加わる要素のことを称して我々が使う言葉である。

さて、以上のことが生ずるのは、生物学的メカニズムによると思われるが、そのメカニズムとは神経系である。というのも、神経系があるがゆえに、動物は適切な刺激を選択しうるのみならず、選択された食物と接触するような自身の身体の表面の働きをも、動物の反応対象の一部にするからである。動物は食物を摂取するだけでなく味わう。私は創発を社会性の一つの表現とも呼んできた。動物は、無生物からなる世界の一部であるだけでなく、生物からなる世界の一部でもある。つまり、意識のある動物は、対象を選択するのみならず、対象を〔五感で〕感ずるのである。かくして、動物は、自らの棲息世界の構成要素へと成り行く途上にいるのである。初期段階の意識形態は接触経験の領域のうちにある。この段階において、動物は対象に反応し、そうすることで自身に反応するのであるが、それは全体としてではなく、対象と接触する体表の働きに対してのみである。その後の段階になると、〔時間的にも空間的にも〕遠隔にある刺激が、自身の有機的諸条件に対する反応に関与するようになり、意識の領野に加わるようになる。かくして動物は、自らの周囲にある対象からなる世界に対して、次第に親密になり、その一部となる。だが、〔意識形態の〕大いなる発展は脳の発達とともに生ずる。脳とは、重要な遠隔〔対象を感知する〕感覚の神経中枢である。遠隔感覚が識別能力において次第に強力となり洗練されるにつれて、遠隔感覚が反応する接触経験は、後のためにとっておかれることになり、こうして、反応の際の適応と選択の可能性が増大する。遠隔対象が喚起する諸々の身構えを神経が刺激する過程で、動物は遠隔対象に付随する誘因や脅威を感ずる。動物は、遠隔状況に対して反応する中で、自身の反応を〔未来のために〕抑制することを経験する。自らの様々な行為性向に対して動物が行う反応は、統制機能を行使して、自らのすべての反応を一つの協調的行動へとまとめあげる。そのため、このような反応内部の様々な感情は、〔神経〕メカニズムの発達において重要性を増す。同じように重要なのは、経験の内容とその時その場の直接的反応との分離であり、これは遠隔刺激に関わる。ここにおいて、我々は最初に観念が作用する際の素材に出会う。もちろん、それ自体を取り出してみれば、遠隔刺激は、ただ遠隔刺激であるというだけのことであり、それ以上のものではない。有機体がこのような遠隔刺激を受ける状態になるからこそ、有機体はいわゆる意識の活動分野に入っていくということでしかない。反応が延期されたり、相互に競合し合ったりすることに気づくからこそ、観念が作用するための素材が得られるのである。

ここで再び意識が出現する場面状況を述べておこう。基本的にいって、生命種は、生命過程を維持するような様式で外的刺激に反応する。生物種のこうした反応を無生物の運動から区別する際の固有の方法は、選択という方法である。この選択は生命種の感受能力に由来する。無生物の過程の中で選択に最も近いのは触媒作用である。生命個体は持続的に自己に対して触媒作用を及ぼすと考える向きもあろう。自分自身にとっての条件が、自ら反応しようとする対象と影響作用を確定する。意識的動物は、選択を自らが反応する領域に持ち込む。意識的動物は、自分の周りの世界が自らにもたらす影響や効果に対して反応する。食物が動物に対して直にもたらす効果は摂取である。生命に固有の性質は、動物が、自らの感受能力を通じて反応しようとする物質として、何を選択するか、いいかえれば、いかなる食物を選択するか、これに尽きている。我々は機械装置によって写真の感光板を作って、感光作用を生み出すことができる。このような板の構造は機械的な力によって維持される。仮に、一枚の板が、これらの力の作用を通じて、自ら光に対して感応作用を生み出しうるのであれば、この感光板は生命個体ということになろう。光が動植物に及ぼす作用は光化学的過程であり、コダックフィルムに対する作用と同じように機械的である。同様にして、自らに接触するにいたった食物に対して生命個体がとる反応は機械的である。一つの生命個体として、生命個体は自ら摂取しようとする対象を選択してきたのであり、身体の仕組みが摂取過程を処理するわけである。しかし、摂取過程において、これを方向づけたり強化したり抑制したりするための、ある刺激を、動物が見出すなら、自身の活動は、生命過程維持、つまり、食物摂取における選択対象となっている。この場合、動物は自己を意識するようになっているわけである。こうした問題を取り扱う場合、主たる困難は、我々がともすれば有機体の境界において生命と意識とを切り離しがちだということである。選択は疑いもなく生命個体の側にあるが、しかし、こうした生命個体が生存しうるのは、物理的環境とはいっても、あくまで限定された物理的環境においてのみである。生命過程は、ある環境における複数対象に対する活動関係を含んでおり、意識的生命過程もまた、そうした対象を含む。有機体は、食物に対する自分自身の反応に、さらにまた反応するわけだが、こうした〔さらなる〕反応は、疑いもなく、有機体のうちにある。だが、それは、あくまで、食物をも含む摂取という全体的過程としてのみ、有機体のうちにある。意識を自身の食物に対する有機体の反応に限定するなら、そのことによって、有機体の環境から食物を取り除いてしまうのみならず、食物が食物摂取を構成する一局面でしかないことを認識できなくなってしまう。意識的食物摂取とは、食物を賞味することである。だが、食物の賞味を、自身の対事物的反応に対して有機体がとるさらなる反応として解釈してしまうことは、絶望的な混乱をともなうばかりか、そのような反応から、あらゆる意味を奪うことになる。生命が意識的になる地点とは、有機体自身の反応が、自ら反応する客観的領域の構成要素として加わるようになる地点である。

　このことは事物の感覚的特性という問題につながる。食物の味に対して動物が有する意識的な堪能というのは、何らかの特性をもった食物を自ら摂取することに対して有機体が反応する際の状態である。食物のもつこうした特性を選択することは、生命過程の構成要素であり、特定の個体にとって固有のものである――「蓼食う虫も好き好き」というわけである。食物の味は、堪能が有機体にとっての堪能であるのと同じ意味で、有機体にとっての味なのだろうか。動物は、自らの満足を実際に感じるのと同じように、実際に味を感じる。こうした感覚過程の意識的局面は、食物の臭いを嗅ぐ際に動物が行使する選択的識別のうちにある。しかし、臭いを嗅ぐという行いは動物の側に在るのに対して、臭い自体は、明らかにそうではない。しかし、動物自身の反応が、臭いのする対象を深く知ろうとするかぎり、すなわち、この対象が、獲得されるか拒絶される何かであるかぎり、臭いを嗅ぐことは、明らかに、意識に関わる問題である。こうした議論をさらに進めて、対象の色や臭い、暖かさや滑らかさは、有機体が対象を五感で感ずる際の反応とは別のもので、動物に属するのかと問うとすれば、おそらく二つの問いを立てていることになる。一つは、満足が有機体に属するように、臭いは有機体に属するかどうかという問いであり、これに関しては、我々は既に否定的に応えている。満足の〔存在論的〕地位をいうのであれば、それは、我々が「意識状態」という言葉で言っている事象に最も近いものとなろう。我々が意識を定義した際と同じように、いわゆる感覚的性質は意識状態であって、当の性質を五感で感じる行為とは別ものであるという問いには、既に応えている。しかし、その意味合いをさらに吟味して、感覚的性質は、動物がそこにいないかぎり、存在しないと考えるなら、生命個体とその環境との関係について、我々は考えることになる。水平線に集まってくる複数の平行線も、平行線の集まりを追跡しうる何らかの光学装置と切り離してしまえば、存在しなくなる。これと同じように、色もまた、網膜器官とその背後で作用するメカニズムと切り離してしまえば、存在しないと主張する向きもあるかもしれない。だが、この比較は的はずれである。というのも、平行線の収斂を観察する光学装置であれば、我々は作ることができるのに対して、世界が色を呈することを観察する網膜を我々は作れないからである。だが、我々の心の背後に実際にあるものは次のような観念である。つまり、実際の表面は振動する分子から構成されているというものである。したがって、色は対象の表面には存在しえず、意識の在処は、意識以外にはない以上、意識の中に色の在処を設定しなければならないというわけである。振動する分子は黄色の表面ではないというのは確かである。しかし、事実がそうだからといって、一定の網膜器官をもつ動物にとって、振動する分子は、色のついた表面としては、そこにないということが、ありえないということにはならない。時間的空間的パースペクティヴが存在するように、感覚的パースペクティヴと呼びうるものも存在するといってよい。いずれにせよ、私が意識という言葉を用いる意味でいえば、色を意識状態と呼ぶことは意味をなさない。

とはいえ、知覚上の諸々の対象は、対象自体の感覚的性質を有しており、意識の領域に属する。というのも、〔未来を見据えた〕遠隔経験は、〔今ここでの〕接触経験がもつ有望な見込、あるいは、危険な徴候として、現にあるからであり、こうした未来が〔働きかけの〕対象となるのは、有機体が自身の〔既に行われた〕反応に対して〔これから〕さらに反応することをとおしてだからである。知覚的世界にあっては、経過する現在において〔見通しとして〕既に存在する未来〔象〕は、意識を有する有機体の目的をもった反応をとおして、追加的に構築される。かくして、遠隔対象は、我々にとって働きかけ可能な対象・媒体・手段、さらには、我々の側に影響を及ぼしうる対象となる。遠隔対象というものは、我々がそれを知覚すると同時に、そこにあるというとき、これは、知覚に与えられる事象の確認を要求しているのである。このように目的をもった反応は、傾向として、かつ、過去の反応の帰結として、有機体の側に存在するのであり、有機体は、自らの知覚の中で、こうした反応にさらに反応する。後者のような反応を我々はしばしば心像と呼ぶ。確かに、我々の知覚内容の大部分は、このような心像からできている。それが識別可能な心像であるかぎり、心像は明らかに、事物の感覚的素材と同じような性質をもっており、したがってまた、今現在に属しているものとして示され、心の中にあり、かつ、事物に属するものとして語られる。夢や幻覚の中では、心像は我々の対象の最大部分をなしている。神経系に対する心像の関係は極めて曖昧である。心像の出現は、おそらく、中枢神経系内の諸条件に依存しており、この諸条件は過去の経験に由来する。しかし、心像が頭脳内部にあるなどということはありえない。それは、知覚が頭脳内には存在しえないのと同様である。あえて心像の「素材」についていえば、これは、知覚の素材と同じ類いの性質をもっている。心像は個人のパースペクティヴに属する。心像にアクセスできるのは当の個人だけであり、結局のところ、心像はつねに以前の知覚の中に現れた素材である。心像は、個人にとっての環境の最も重要な部分を構成する。しかしながら、一般的にみれば、心像は、心像が作用する際に連動する対象ならびに構えと一体化しており、特に、発話の場合には、発話初動段階の筋肉の反応と一体となっているため、我々の経験の中で、心像だけを取り出して定義することは困難である。心像が機能するのは、主として、過去像と未来像を〔新たに追加的に〕築き上げるときである。

　観念は心像と密接に関係している。観念はまた、精神に実体があることの確かな証拠とみなされてきたのであり、これは、観念の在処を提供するために仮定されたものである。我々が思考する際に用いるシンボルは、大部分、言語心像として認識されているので、観念と心像は極めて密接な関係をもっている。その関係は、もちろん、話し言葉や書き言葉とその意味との関係と同じ関係である。しかし、言葉のもつ聴覚的心像あるいは視覚的心像は、観念の在処としての心の中にあると思われているので、会話の際に我々が用いる言葉とその言葉が示唆する意味内容とを区別したいとき、その意味を、我々が思考を続ける際に用いる内言語と同一視することは、珍しいことではない。いずれにせよ、観念が経験において現れる際の観念の一方の部分は、何らかの知覚的シンボルである。その際、それが、心像と呼ばれる類いのものであろうが、目に入り耳に入る類いのものであろうが、事情に変わりはない。観念の他方の部分——つまり、論理学者や形而上学者のいう普遍的なもの——は、〔対象に対する〕構えあるいは組織化された反応と私が呼んできた領域の方に属することになる。こうした構えや反応は、事物特性を、その発生状況から切り離すことが可能な場合に、選択するのである。とりわけ、慣れ親しんだ対象の場合、これに対する我々の習慣的反応こそが、我々にとっての当の対象の観念を構成するのである。このような対象の観念に対して我々が与える定義は、当てにしていい確実な記号であり、これによって我々は他者の側に同一のあるいは同類の構えを喚起しうるのである。私の関心は、記号が喚起する論理学的または形而上学的問題ではなく、記号が、有機体の組織化された反応として、我々が意識と呼ぶ経験に関与するという事実である。すなわち、有機体は、このような組織化された構えに対して、対象との関係の中で反応する。それは、有機体が自分の世界における組織化された構え以外の他の部分に反応するのと同様である。したがって、こうした組織化された構えは、個人にとっての対象となるわけである。

こうしてみると、我々の未来のふるまい方の諸条件が、我々が既に形成したまとまりある反応のうちに見出せるかぎり、我々は未来のふるまい方にとっての諸条件を理解し、かつまた、こうした未来を予期することにおいて、我々の過去を作り上げるのであるが、これは、今しがたみたような観念が作用する過程によってなのである。このようにして未来のふるまい方の諸条件を理解しうる諸個人は、諸条件を呼び起こす刺激の選択を通じて、さらに諸条件をまとめあげることができるのであり、したがってまた、自らの行動計画を築き上げることができるのである。私の主張はこうである。過去が構成されるのは、つねに、このような方法によるのであり、それゆえ、つねに、このような熟慮の上での構えを呼び起こす状況を参照することによるのである。私が詳述してきたのは、創発的進化の中で、このような熟慮を要する状況を可能にしてきた諸条件でしかない。

社会性を議論するにあたって、私が強調してきたのは、創発にあっては、古い〔参照〕系から新しい〔参照〕系への推移が生じていることである。そして、さらに強調した事実は、この推移において、創発的なものは新旧両系のうちにあり、そして、創発がかくあるのは、創発自体が新旧両系の特性を同時に持ち合わせているからであるということである。こうしてみるなら、運動物体は、自身の運動場面としての系を背景に、質量を増大させるのであり、生きた有機体は、無生物群の真っ直中で生命過程を維持する際に、選択能力を有するのであり、自己意識的個人は自分自身の反応にさらに反応するのである。かくして、自己意識的個人は、生命有機体を維持する際に、新たなタイプのコントロールを獲得し、自身にとっての環境という対象に意義を付与する。社会性という言葉を、ある対象の性質を同一の系に属する他の対象の性質によって確定するという意味で用いるとするなら、社会性の今一つの次元は、諸々のエネルギー系という考え方において明らかになる。すなわち、多細胞生物種が発展すると、その内部では、身体全体の生命は、分化した細胞群を構成要素としつつこれらを統合した生命となっている。種の増殖ならびに諸々の社会の統合に関与する社会という系にあっては、生殖作用によって繁殖すること、一つの生命個体が他の生命個体によって食い尽くされてしまうこと、この両者は当初の段階では均衡している。だが、やがて、個体群の分化によって一つの社会過程が媒介されるような社会系もある。これらすべてにおいて、個体の性質は、様々な度合いにおいて、系ないし社会を構成する他の個体の性質を表現している。

　社会性にまつわるこのような二つの次元の間にある違いは時間的なものである。想像上、一つの系を一瞬において把握することは可能であり、その系内を構成する個体の社会的性質が、その瞬間において、現にあるように存在するのは、全構成要素の相互関係によるだろう。他方で、一つの対象が同時に二つの相異なる系に属することが可能なのは、唯一、推移内においてである。推移にあっては、一つの系内にある対象の性質は、別の系へと推移していくのにともなって、変換を被ることになる。推移自体においては、当の対象は両方の系に属していることになる。これについては、速度増大にともなう質量変化を例に、私は既に十分な説明を行っている。生命形態の場合、一般的にいって、我々は既成事実を与えられている。一つの細胞が存在しており、それが細胞自身の生命を生きていると同時に、多細胞生命形態の生命をも生きはじめているような状況は、こうした生命形態の進化の途上で生じたにちがいない。だが、その起源ということになると、我々にできるのは、多細胞生物の発生初期個体の発達をおぼろげながらたどることでしかない。こうした発達過程では、他の細胞に比して一定の細胞の栄養摂取が格段に進むという事態が出現し、やがて、分化を遂げていくわけである。さらなる事例としては、我々が今日太陽という名で知っている物質が〔惑星へと分化することで〕自ら惑星の性質を帯びはじめた瞬間、あるいはまた、周期的影響その他によって二重星が出現する瞬間を考察しうるだろう。

　相対性における際立った事実は、時空間ならびにエネルギーの次元における変化は新しい構造の出発点ではないということである。何らかの変化が、ある物体の質量が増大する系において存在しなければならないが、しかし、こうした系は、新しい秩序に必ずともなうわけではない。いってみれば、〔系と系内事象との間に〕違いが生じても、他の系内において相当する変化が生じれば、相殺されてしまう。このような状況こそが、相異なるパースペクティヴの背後に一つの実在があるという想定を強く支持するのである。相異なる参照系下の諸々の経験の実在性は、これらのパースペクティヴに属する――つまり、ミンコフスキー時空〔四次元世界〕と、そこにおける各出来事と出来事間間隔に属する。しかしながら、相異なるパースペクティヴをともなう相対性の場合、別の可能性もある。すなわち、経験の中で別様の複数体系内に位置を占める事例である。たとえばホワイトヘッドは、共軛に関する二重の意識について言及している。そこでは、走行中の電車内の時空、および、その電車の通過を観測する地表における時空、この双方の時空に対して、観察者は自らを一体化する。このタイプの意識がなければ、一教義としての相対性といえども、明らかに思考不可能だっただろう。アインシュタインの学説は、その証の一つと呼ばれてきた。同じ時点において相異なる系内で出来事が生じている場合、この出来事の時空秩序の意味は相異なるのであって、このことの認識が、アインシュタインの学説にとっては必要不可欠である。さて、私が示してきたのは、意識は、ある有機体の自らの様々な反応に対するさらなる反応であり、このようなさらなる反応にともなって、環境もまた、その意味の変質を被るということであった。一ドルは、人によって、その意味するところが異なるという事実に示されるように、ある人にとっての世界は、別の人にとっての世界とは異なる。双方の見解をとることのできる人は、自分の商品に関して、注文も値づけもうまく行うことができる。このような能力から、交換手段としてのドルに対する抽象的な価値、つまり、三者三様の価値が生ずる。ミンコフスキー的世界が意味するところは、このような意味であるはずで、互いに他に対して運動する相異なる系における人々の実際の経験に属するはずであるが、実際には、そのように現れていない。ミンコフスキー的世界は、むしろ、一つの系として、つまり、変換部分、および、変換部分から抜け落ちる定数部分、この双方からなる一つの系として現れる。この系内にあっては、変換部分も定数部分も、経験に関わることのない存在物の単なる数学記号となってしまう。〔アインシュタイン以前の〕古い相対性理論の見解に立つなら、運動ゆえに生ずるパースペクティヴ上の違いは、同一の変化が複数対象の位置に関して相対的に生ずることをもって、ある系から別の系への移動が可能であった〔ガリレオ変換〕。〔二つの参照系がある場合〕一方の系において対象が運動しているからといって、そのことで、他方の系において対象の変化が生ずるということはなかった。通常、優先される参照系が一つあって、他の参照系はすべて、共通の性質を考慮することで、この一つの参照系へと変換できた。それゆえ、恒星の座標軸をとって、我々にとっての参照系に即して星の運動を理解するための基礎とすることができた。あらゆる参照系に共通だったのは、対象の相対的位置が同一ということであった。これに対して、電磁気における相対性の場合、運動物体の時間空間およびエネルギー次元は、当の物体の運動場面を参照系にすることで、異なったものとなる。そのため、我々は、一方の参照系から他方の参照系へ単純に移動するわけにはいかない。いかなる参照系においてであろうと、とりわけ、我々には、事物のいかなる共通構造も設定できない。参照系の変換に必要な数学的装置は、極めて複雑なものとなる。

これにまつわる形而上学的問いは以下のようになる。すなわち、ある事物〔の物理的特性〕を測定するにあたって、一見したところ、時間、空間、エネルギーの次元しかないとすると、時間・空間・エネルギー次元が変化している事物は、時間・空間・エネルギー次元を異にしつつも同一事物たりうるのかということである。もっとわかりやすくいうなら、時間・空間・エネルギーといった主観的現象的な経験の背後に実在的事物が存在するということになる。しかし、この理解の代わりに、推移を実在の特性として受け容れ、推移にあっては、事物の構造が変化し、かつ、推移が原因となって、対象は異なる参照系内に位置を占めるとしてみよう。この場合、もし、社会性の形態というものがあって、この形態内においては、変換系によって、一方の参照系から他方の参照系へと移動することができ、したがって、社会性形態は双方の参照系内に位置を占め、それぞれの参照系内に同一の対象があることを確認できるとするなら、同時期に相互に排他的にして、しかも、代替的となりうる参照系の間で、推移というものが生ずることが可能となる。変換の組み合わせと、これに基づく数学的構造は、何はともあれ、自然の構成要素である。こうした組み合わせと数学的構造は、〔我々にとって〕諸々の事物の意味に対応する構えなのであって、我々はシンボルを用いることで、このような意味をコントロールしている。ある静止系から同一の運動系へと推移することは、他の世界も静止から運動へと推移する以上、我々が精神と呼ぶ事象において、一方から他方へ推移していることを意味する。これらの二つの局面は自然の中に存在し、精神もまた自然の中にある。精神は、自らのいわゆる意識の中で、一方の系から他方の系へ推移し、同じ世界であっても、ある構えに立った場合の世界は、別の構えに立った場合の世界とは異なる。よくいわれるのは、二つの意味が相互に排他的であるなら、世界は両方の意味を占めることはできないということである。しかし、精神における推移は、場面変換によって、世界が双方の意味を占めることを可能にする。我々が認識する必要があるのは、ただ、次のことだけである。かつて世界は、ある観点からみれば、〔相互に排他的な意味局面のうち〕一方の局面をもっていたが、今や、別の観点からみるなら、他方の側の局面をもっており、この間、一方から他方へというように、精神の中で継続的に生じてきたのと同じ推移が、自然においても継続的に進行してきたのである。それは、ちょうど、人々の心の中の態度が変化したために、株式市場において、ある価格から別の価格への推移があるのと同じことである。

ここで問題となる問いは、数学者の頭脳の中にある変換に対応するものとして、自然の中には、いったい何があるのかということである。ここで、いくつか仮定を置くことにしよう。つまり、精神を自然の中に存在するものとして受け容れる。次に、精神が、〔二つの参照系に同時に属するという〕社会性のうち時間次元によって、一つの系から別の系へと推移することを承認する、したがって、数学者によってある系の中で言及されている対象が、変換式によって、異なる時間・空間・エネルギー次元で、他方の系の中に現れることを承認する。さらにまた、精神を有する有機体が、〔二つの系の間を推移する〕社会性にあって、〔一方のみならず〕他方の次元をも有することを認める、しがたって、一つの系内にあるものとして現れ、かつまた、別の系内にあるものとしても今現れている事象は、有機体からすれば同一特性を有する以上、この事象の在処は、精神を有する有機体の同一特性に対応する世界の中の一つの系であることを認める。以上のように仮定するなら、こうした相異なるパースペクティヴの中の不変部分というとき、それは、可能な経験の外部にある実体のことをいっているのではなく、我々が精神と呼ぶ事象の中に現れる世界の組織化された特性のことをいっているのである。煩雑さを軽減して事態を述べるなら、相対性論者は、同一対象が二つまたはそれ以上の相互に排他的な系内に現れることを、一方から他方へ推移することによって、堅持することができる。既に述べたように、こういった推移が経験において現れる形としては、電車内の乗客が、走行中の電車の運動系から、併走する電車内の運動系へと推移するというものがある。もちろん、この人が乗っている電車は、運動しかつ静止することはできないが、しかし、乗客の心は、推移の中で、運動系と静止系双方に位置することは可能であり、かつ、相異なる二つの観点に立つことで、運動系と静止系の相互に理解可能な一つの関係の中で二つの構えをとることができる。この場合、乗客は、精神を有するがゆえに、あるいは、精神であるがゆえに、二つの観点をとりうるわけである。この乗客が、相互に排他的な二つの状況を、ともに、妥当なものとして受け容れるとすれば、それは、精神を有する有機体として、相異なる二つの状況内にいることができるからである。

相対性に関する数学で定数といわれているのは、今みたような複数パースペクティヴの組織化のことである。

このことを、哲学上の煩雑さを避け、要約的に述べるならこうなる。こうした数学は、物理的世界を定式化し測定する上で、従来より正確な方法を我々に提供するが、しかし、この方法では、一見したところ矛盾した事態が残されることになる。それは、対象の物的特性を測定しうるのが時間・空間・エネルギー次元だけである場合、当の対象が同時点において異なる時間・空間・エネルギー次元を有するといった矛盾である。一つの定義を正確なものとして設定し、他の定義を錯覚的要因とするのであれば、困難はなかろう。その場合、我々は自分の乗っている電車を運動しているとだけみなすはずである。二つの系といっても、それは異なる参照系の下で対象が有する構造でしかないというとき、我々は同じことをしているのである。この場合、どちらの系も錯覚である。しかし、今の事態でいえば、我々は、実在をミンコフスキー時空に帰属させねばならないことになってしまう。私の主張はこうである。推移過程で二つの系を占めることができる精神からすれば、二つの系はどちらも実在である。既に示した今一つの事例は、経済的世界における価格であるが、違いについても指摘しておいた。つまり、二人の個人が相異なるパースペクティヴの中にいようが、貨幣形態において相互に同一事態たる交換によって、価格という共通の実体に立ち返るわけである。他方で、互いに他に対して運動している系内にある二人の個人の場合、二人の経験の中に共通の実在を見出すことはできない。その代わり、この二人にあっては、一組の変換式がある。この二人が〔違いから共通項へと〕立ち返る先は、ラッセルのいう共通の論理的パターンである。そして、私が主張しているのはこうである。アインシュタインが提示している複数の系、つまり、光の信号によって相互に結びついている系に属する二人の個人は、結果として、一人ひとり、自分自身の参照系と同様に他者の参照系にも自らを位置づけているわけであり、一つの共通世界のうちに生きているのであり、したがってまた、ミンコフスキー的世界に言及することは不必要だということである。複数の個人であろうと、このような複数の系のうちにともに生きているのであれば、やがては、あらゆることがらに関しても、こうした二つの定義をつねにもつようになろう。それはちょうど、海外旅行しているときには、母国と旅行先双方の二つの時間系を有しているのと同じことである。不可能なことがあるとすれば、この共通世界を、ある一瞬に還元することであろう。社会性の時間次元は、社会性の存在にとって必要不可欠である。社会性の思考の上であろうと、人は、シカゴとバークレイに同時にいることはできない。だが、たとえ、我々が同じ地面の上に、つまり、同一時点で同一地点となりうる地面の上に立つことはできないにしても、思考上で推移する今現在において、我々は、一つの共通の生を考えることはできる。私がこうした事例に固執してきたのは次の理由による。この事例は、複数のパースペクティヴを組織化する極端な例を示しているが、精神を有する複数有機体のうちに複数パースペクティヴが現れうるのであれば、このような組織化は、〔先に示した〕社会性の二つの次元双方において、社会性自体によって成し遂げられるという理由である。

自我は、自ら有する反省形態によって、自らを意識する有機体と自称する。意識する有機体が意識する有機体であるのは、自身の参照系から他者の参照系へ移動することができ、したがって、推移過程にあって、自身の参照系と、推移を経てこれから成り行く他の参照系、この双方を占めることができるかぎりにおいてである。こうした事態が生じているはずだとはいっても、それは、明らかに、独立自存の孤立有機体にとっての事象ではない。自分自身の世界に、つまり、自分の刺激と反応に一致する世界に閉じ籠もってしまうなら、自身によって組織化された行為にともなって生ずる事象以外の諸々の可能性に関与することはなかろう。こうした可能性が開けてくるのは、自身の活動が、より大きな組織化された過程の一部となっているかぎりにおいてである。しかも、これが唯一の必要条件というわけでもない。一つの多細胞形態にとっての社会的組織は、その組織内にあっては、個々の細胞が自身の生を生きることにおいて、全体の生をも生きるのである。しかし、社会組織が分化すると、一個の多細胞形態の発現は、既に自ら適応するようになった単一機能に限定されることになる。一つの有機体が、ある意味、他の有機体の代わりをなしうるような過程においてのみ、個体は、自ら、他の個体の構えをとっていることが理解できると同時に、他方で、依然として自身の構えをとっているのがわかるのである。組織自体が分化する場合でも、分化したものが単一機能遂行に限定されるほど徹頭徹尾分化することは、けっしてないはずである。複数の昆虫間では高度の生理学的分化が生ずるために、おそらく、昆虫の高度に組織化された共同社会であっても、自己意識にまで到達することはない。

ここまでの議論でまだ説明されていないメカニズムとしては、集団生活の中で自身の生活を営む個体が、他者の役割を担う構えをとる立場に置かれる際のメカニズムがある。そのメカニズムとは、もちろん、コミュニケーションのメカニズムである。おそらく、ある種のコミュニケーションがあって、その中では、ある器官の状況が他の器官に刺激を与えて、適切な反応を促進するのだろう。生理学上の系統の中には、ホルモンによって遂行されるようなコミュニケーション系統がある。だが、このようなコミュニケーション系統は、せいぜい、高度に分化した複数器官が共同で一つの生命過程を営む中で機能作用しつつ、相互に結びついた関係が精緻化されているものでしかない。私の語法でいうコミュニケーションは、つねに、意味の伝達ということを意味しているのであり、ここに含まれているのは、ある個体の中に相手側の構えを喚起することであり、かつ、喚起される反応に対して、さらに、自ら反応するということである。その帰結はといえば、個人は、全成員が従事する共同過程において、様々な役割を演じるよう刺激され、したがってまた、自身の意志によって最終的に具体化される形態に到達する中で、このような様々な役割にともなう様々な未来に向き合うことができるようになる。かくして、この個人が属する共同社会の生活は、自分の経験の中の一部となるのであって、その度合いは、有機体全体内部で分化した器官にとって可能な経験よりも、はるかに高度なものとなる。コミュニケーションの発達が最終段階に達する状況は、他者の役割を担うよう喚起されてきた個人が他者の役割に取り組むようになり、それゆえ、思考のメカニズム、つまりは、内的対話のメカニズムを獲得するときである。人間社会における精神の起源については、ここでは議論しない。私が第一に明らかにしたいことは、精神は、生きている有機体とその環境からなる世界内における自然の発展の所産であるということである。精神の第一の特性は意識であり、その創発的形質が発生する時期は、動物が、かつて自ら棲息していた系から、自らの感受能力の選択を通じて生ずる新たな環境へと推移する時期、したがって、新たな系へと推移する時期である。この新たな系においては、動物自身の有機体構成要素と、この構成要素への有機体の反応とが、自らの環境の構成要素となる。〔時間的空間的〕遠隔感覚、および、遠隔感覚に対する反応の延期、これらが支配的になるにつれて、〔精神は〕第二段階に到達する。こうした反応の選択と組織化は、反応が選択した対象の特性とともに、有機体にとっての環境内対象となる。動物によって反応が延期されると様々な未来が可能となり、このような様々な未来から成り立つ環境に対して、動物は反応するようになる。このことによって、動物自身の過去の反応は、習得された習慣という形態で、不可避的に重要視される。これらは、自身の行為条件としての環境となっていく。環境のもつこのような特性は、コミュニケーション内の身振りをとおして、それ自体として取り出されると、やがては価値と意味が生成するようになるが、環境特性は、その際の素材を構成しているのである。私がこれまで述べてきた様々な系は、すべての場合において、有機体と、環境として現れる世界との間の相互関係であり、有機体に対する環境の関係によって確定される。有機体における本質的な変化は、いかなるものであれ、環境においても、それに相当する変化をもたらす。

こうして、一つの系から別の系への推移は、生物種と環境双方における創発をもたらす契機である。動物の生活の発展が着実に向かってきたのは、動物が反応する環境内において、動物の環境をますます促進する方向であった。こうした方向への発展をもたらしたのは、神経系の発達であり、これを通じて、動物は、全生命活動の中で、自らの感覚過程、および、感覚過程への反応、この双方に対して、さらに反応することができるようになった。しかし、当面のところ、動物は総じて自身にとっての対象になるという目的に到達することができなかった。これができるようになったのは、より大きな系の中に入ることで、自ら様々な役割を演じることができるようになってからであり、したがってまた、一つの役割を演ずるにあたって、この役割が喚起する相手側の役割を演ずるように自らを刺激することができるようになってからであった。このような発達こそが、コミュニケーションによって全生命過程が媒介されるような社会を可能にしたのである。ここにおいて、精神生活が発生することになる。すなわち、一つの〔参照〕系から別の〔参照〕系への継続的な推移をともない、推移過程においては、新旧両方の系に位置を占めると同時に、それぞれの系にとっての要件たる系としての構造をともなう精神生活の登場である。精神生活の発生場面は継続的創発の領域である。

これまで私は精神を自然のうちにある一つの進化として提示しようとしてきた。そして、この進化において頂点に達するのが、創発性の原理にして形態たる社会性である。自然の中で感覚上の質が創発する。このようになる背景事実は、ある器官が、相異なる参照系内の構えで、自然に対して反応しうると同時に、双方の参照系内の構えに位置を占めることができるというものである。たとえば、有機体は自らに対して、木によって影響を被っていると認知した上で、反応しうるが、同時にまた、木に対しては、自らにとって可能な未来の反応領域として認知した上で、反応しうる。有機体は、物理的関係、生命維持的関係、感覚的関係というように、同時に、相異なる三つの〔参照〕系を所在とすることができる。このような可能性があるため、対象と有機体との相互関係の中で創発している木において、ざらざらした幹と枝が色づいて出現することになるのである。だが、最高度の意味での精神には、一つの構えから別の構えへと移行する推移が含まれており、その帰結として、精神は、双方の構えのうちに位置を占めることになる。このことは自然においても生ずる。それは変化の局面であり、そこでは、進行過程のうちに双方の状態がみられる。速度における加速度は、こうした状況な顕著な事例であり、我々の近代物理学の全発展は、変化の中で我々がこのような実体を個別に取り出すことができるかどうかに、これまで依存してきたわけである。しかし、このように相異なる状況を同時に占めることは、自然の中においても同じく生ずるのに対して、精神にとっては、一つの活動領域を提供することが課題として残されていた。こうした領域が提供されれば、そこにおいて、有機体は一つの構えから別の構えへと推移し、したがって、双方に位置を占めるだけでなく、双方に共通の局面を確実に把握することになる。人は、たとえば、犬が現れる状況から、ひきがえるが現れる状況、さらには、象が現れる状況へと推移することができ、異なる状況に対するこれらの構えすべてを同時にもつことができるが、これが可能となるのは、ただ、こうした構えが「動物」に対する共通の構えを含むかぎりにおいてである。今や、これこそが社会性の最も高度な表現である。というのも、有機体は、すべての構えの一部をなす一つの局面によって、このように一つの構えから別の構えへと推移するだけではなく、このような推移過程において自身に立ち返り、このような局面に対して、さらに反応するからである。有機体は、推移過程の中で自身から脱却し、推移の中で、推移自体に対応しなければならない。

これまで示してきたのは、こうした推移が成し遂げられる際のメカニズムである。それは、自我となる複数有機体からなる一つの社会のメカニズムであり、その際、これらの有機体は、まずもって、自分自身に対して他者たちの構えをとり、その上で、身振りを用いて他者たちと対話し、自身の様々な構えの中で関心のある事柄を、自分自身に対して示そうとする。こうした精神の発達という魅力的分野について、私は議論するつもりはない。ここで強調しておきたい事実はこうである。精神の出現は、存在世界を通じて見出される社会性の成就にすぎないという事実であり、そして、社会性の成就の在処は、有機体が、他者の構えを占めることによって、相手側の役割の中で自分自身の構えを占めることができるという事実である。社会とは、諸々の個人からなる体系的秩序であり、この秩序内で、各個人は多かれ少なかれ分化した活動に従事する。構造というものは、蜂の社会においてみられるものであろうと、人間社会においてみられるものであろうと、実際のところ、自然のうちに存在する。そして、構造は、様々な程度で、それぞれの個体の中に反映されている。しかし、既に述べたように、構造が個々の個人の中に入りうるのは、個人が他者の役割を担い、かつ、同時に、自身の役割を担うかぎりにおいてである。社会が構造的な組織となっているがゆえに、個人は、何らかの組織化された活動の中で他者の役割を継続的に担う中で、自分自身、相互に結びついた各行為に共通な事柄を選択するのであり、したがってまた、一般化された他者の役割と私がこれまで呼んできたものを、個人は担うのである。これは、すべての人が様々な反応の中で示す様々な共通の構えの編成体である。一般化された他者の役割とは、単なる人間の役割かもしれないし、明確な境界をもった共同社会内の市民の役割かもしれないし、クラブ会員の役割かもしれないし、あるいは、自分の「論議領域」内における論理学者の役割かもしれない。人間有機体は、社会的反応という自身の領域内で、今みたような組織化された他者に到達してはじめて、理性的存在になる。このようになって、人間は、我々が思考と呼ぶ対話を自身と続けるのであり、知覚や想像力と区別された意味での思考は、一つの構えから別の構えへの推移に共通の事象を示すことに従事するようになる。かくして、思考は、我々が普遍性と呼ぶものに到達し、普遍性は、これを示すシンボルとともに、観念を構成する。

さて、このようなことが可能となるのは、構えから構えへと絶えず進行していく推移の中においてのみである。しかし、我々は、このような推移の中に単にとどまっているわけではない。このような事実が生ずるのは、我々が自我の役割を遂行する中でこうした推移に立ち返り、かつ、我々が選び出す特性を、こうした自我の社会構造により自由に処理しうるパターンの中にまとめあげることによる。このような自己意識が置かれている今現在というもののとりうる範囲は、我々が従事している特定の〔複合的〕社会的行為によって確定される。しかし、この範囲は、通常、眼前の知覚的地平を超える以上、我々は、記憶と想像力によって、現在というものの範囲を調整するのである。我々のすべての取り組みにおいて、記憶や想像力は、適切な反応を喚起する知覚上の刺激の代わりとして役立っている。誰かと会う約束をするつもりであれば、自分が渡らなければならない通りの名前を、その記憶像によって、あるいは、その名前の聞き覚えによって、自分自身に対して示す。そして、これには、過去と未来の双方がともなう。ある意味、この人にとっての現在は、これから行うすべての取り組みのうちに入り込んでいるが、しかし、この現在が、こうした取り組みを達成しうるのは、シンボルによる心像を用いることによってであり、この取り組みは、目の前の見かけの現在の範囲を超えて拡がる全体をなしている以上、見かけの現在のそれぞれは、いかなる境界もないまま、相互に嵌入し合う。背後で聞こえる轟音は、このような見かけの現在を際立たせる。この轟音は進行している事態に対する指示内容を欠いているため、我々の耳の中で当の音が鳴り響く瞬間以外に何も残しはしない。しかし、我々にとっての諸々の機能的現在はつねに、見かけの現在よりも広いのであって、切れ目なく集中的な注意を惹きつける取り組みを、長きに渡って取り入れるかもしれない。我々にとっての機能的現在は、深さという点で、観念上、可変的な範囲をもっており、その範囲内で、我々は、思考過程を検証し、まとめあげることに継続的に従事している。現在というものの機能的境界とは、現在取り組んでいること、つまり、我々が現在行っていることの境界である。このような活動によって指示される様々な過去と未来は、〔今活動している〕現在に属している。このような過去も未来も、現在から生じ、現在によって批判的に吟味される。しかしながら、こうした取り組みは、精通の度合いにおいて様々であり、さらに大きな活動に属するのであり、したがって、我々は、切り離された諸々の現在からなる集合という感覚をもつことはめったにない。

諸々の過去と未来は、現在というものにとって中心をなす活動を指示している。私はこのことを可能なかぎり強調したいと思っている。観念の作用は、活動が生ずる領域を、時間的にも空間的にも、拡大する。それゆえ、我々が生きている場面としての諸々の現在には、拡大の余地が与えられている。そして、このような現在を、より範囲の広い独立した年代記に組み込むことは、それはそれで、地平のさらなる拡大を要求する現在を、さらに拡大していくという問題である。たとえば、太陽の現在の歴史は、原子を解明する取り組みと関連性を有しているのであって、原子の別の分析があるならば、太陽もまた別の歴史をもつことになろうし、宇宙もまた、新たな未来を始めることになろう。過去と未来がもつ意味合いは、我々の実験室の中で今現在取り組まれ、遂行されている事柄がもつ意味合いなのである。

ここで、言及しておくと興味深いのは、宇宙に関するアリストテレスの説明には歴史的意味が欠けているということである。そこにあるのは、せいぜい、繁殖および季節の継起の律動でしかない。アリストテレスの議論にあっては、過去は、反復機能以外に何ももっていない。プラトンの最後の審判でさえ、循環する出来事でしかない。プラトンの天上界にあっては、過去と未来が永遠の実在の中で姿を消しているように、最高度の実在性、つまり、自身を思考する思考において、過去と未来は完全に姿を消している。聖パウロとアウグスティヌスは世界の歴史の到来を告げたが、この世界史は、迫り来る天罰からの救済を求める魂、あるいは、神の至福直観を求める魂のすべてが行う取り組みに対して、はっきりとした広大な展望を与えた。聖書と教会の記念建造物が、キリスト教徒の年代記となった。というのも、これらの中に人は救済手段を見出したからである。科学研究が〔宗教から切り離されて〕独立した取り組みとなってはじめて、別の年代記に置き換えることが可能となった。しかし、聖書に記された歴史の意味合いは、人々の魂の救済の中にみられるだけではない。教会は西欧社会の構造であり、このような社会の価値を保持する取り組みは、救済計画の中に西欧社会にとって不可欠な過去と未来を探り出したのである。社会的存在として我々が全力を傾けている、このようなより大きな取り組みこそが、現代に対して、我々にとっての過去と未来の地平を与えている。しかし、このような取り組みは、取り組み自体がもつ諸々の価値の中に、科学研究成果と、科学がもつ合理的過程の意味合いを含んでいるのである。そして、こうした合理的過程は、個々の有機体の孤立状態から我々を解き放ち、我々をあがむべき恵まれたコミュニティの成員にしただけでなく、共通の目的で結ばれたすべての理性的存在者からなる社会における市民にしたのである。しかし、こうした最も普遍的な様々な取り組みの範囲内においてさえ、取り組みにとっての過去と未来は、取り組み自体に関わる利益関心に対して、依然として相関的である。世界を今よりもよいものにする手段を切望することによって、我々は、世界がこれまでどのように歩んできたかを、確定する。そして、〔『コリント人《びと》への手紙二：五・一』をもじっていえば〕今我々が行っているのは、神の賜う建造物、すなわち、人の手によって造られたのではない、永遠の住み処としての都市に対して、自らの諸々の価値を承知しており、それらを知性に基づいて追求せんと志向する社会の目標をもって代えることである。

その上さらに、この見解によって、我々は過去あるいは未来の束縛から解放される。我々は、撤回修正不可能な過去の必然性の産物ではないし、山上の垂訓の産物でもない。我々の歴史と我々の目の前に拓ける兆しは、自らの生を生き、行動し、棲息する場面たる我々の取り組みに共感的なものとなろう。我々が有する諸々の価値は今現在のうちにあるのであって、過去と未来が我々に対して与えうるのは、ただ、こうした価値を実現するための手段の一覧、ならびにそのための活動の構想だけである。

我々は、つねに、一齣の現在のうちに生きるのであって、この現在にとっての過去も未来も、今現在の取り組みが遂行されている場面状況の〔時間的〕拡大なのである。こうした現在は、つねに、新しい楽園と新しい地上をもたらす創発場面であり、創発の社会性とは、まさしく我々の精神の構造をなしている。社会が我々に対して自己意識を付与してきた以上、我々は、自ら直接的に、理性的自己が我々の目の前で拡げる最大の取り組みに関わることができる。そして、我々は他者とともにだけでなく自己とともに生きることができるのであるから、我々は自分自身を批判的に吟味できるし、すべての理性的存在者からなるコミュニティが関与するこのような取り組みを通じて、我々が関与する価値を、我がものとすることができるのである。

［解題］
G・H・ミードの百年後——二一世紀のミード像のために

植木 豊

今日の社会学史のテキストが二一世紀社会を念頭に置いている以上、二〇世紀社会理論のうち、有効性を失ったものは割愛される運命にある。それだからであろう。比較的よく読まれている社会学史の入門用テキストでは、「シンボリック相互作用論との別れも覚悟する」という方針がとられることになる（新睦人編『新しい社会学のあゆみ』有斐閣、二〇〇六年、ⅰ頁）。

G・H・ミード（一八六三〜一九三一年）の社会理論が、「I」と「me」や「一般化された他者」といった概念、あるいは、「シンボリック相互作用論」の源流という特徴づけに尽きるのであれば、ミードの議論は、学説史上の一項目でしかなくなり、学説（史）研究を主題にしないかぎり、読まれることはなくなるかもしれない。だが、これらの用語で語られたミード像は、二〇世紀のミード像でしかない。生前、学外ではさして影響力のなかったミードも、『精神・自我・社会』没後出版を契機に、学外でも大いに議論されるようになる。やがて、ミードに触発され「シンボリック相互作用論」なる立場が生まれ、この立場は、一時期、パーソンズと対抗関係にある社会学理論として大いにもてはやされた。だが、今日、二〇世紀のミード像は、現代社会分析において、事のついでの言及はなされても、ほとんど影響力をもっていない。ミード没後一〇〇年を前にして、あるいはミード生誕二〇〇年を遠くに見据えていっておくなら、二一世紀ミード像というものがあるとすれば、それは、二〇世紀ミード像の語彙と概念を突き抜けたところで描かれるものとなるだろう。

ミード没後に出版された『現在というものの哲学』に

寄せた序において、編者マーフィは、ミード理論を「現在時制における自然哲学」と特徴づけている（本書六〇五頁。以下、書名のないものはすべて本書）。このような特徴づけは、「I」と「me」と「一般化された他者」ということでしかミードを語れない（かぎりでの）ミード研究者には、まず思いつかないものであり、かつまた、二〇世紀のミード像からは失われてしまった視点でもある。未来を見据えた「現在時制」はプラグマティズムを、「自然哲学」はパースペクティヴ論・相対論を貫いている。このことを念頭において、本書の全三篇の構成に即して論点を提示しておきたい。

まず、第I篇に収録した既発表論文と草稿を中心に、ミードのプラグマティズム（意味理論／真理理論）、相対論＝パースペクティヴ論、創発論＝時間論を概観する。次に、第II篇に収録した講義録『精神・自我・社会』に関して、第I篇で提示した論点、特に一九二八年以前の文献の論点を基にして、その立論の仕方と分析視角を提示する。これに引き続き、第III篇に収録した遺稿「現在というものの哲学」の議論の中心点を、第I篇・第II篇の論点に引きつけて提示していく。本書『G・H・ミード著作集成』に収めた論考は、挙げて、二一世紀ミード像を形作る素材となるはずである。

第I篇　「プラグマティズム」「相対論＝パースペクティヴ論」「創発論＝時間論」について

第I篇に収録した既発表論文・草稿の主題は多岐にわたるが、これらの主要論点は、プラグマティズム、相対論＝パースペクティヴ論、創発論＝時間論の三点に集約できる。

1……プラグマティズム

チャールズ・サンダース・パース（一八三九～一九一四年）、ウィリアム・ジェイムズ（一八四二～一九一〇年）、ジョン・デューイ（一八五九～一九五二年）らにとってと同様、ミードにとっても、自ら書き残したものや講義録の全体（信念のネットワーク）がプラグマティズムを構成しているわけではない。だが、ミードの様々な論文・講義録・草稿において、プラグマティズムは事柄を区分けし分析し、あるいは、様々な論点を結びつけて展開していく力をもっている。

古典的プラグマティズムを一言で表現すれば、現在時制で作動する「未来を見据えた行為帰結主義」である（植木豊「プラグマティズムの百年後」、『プラグマティズム古典集成――パース、ジェイムズ、デューイ』植木豊編訳、作品社、二〇一四年所収)。

ここで、ミードに先立つ古典的プラグマティストたちに関して、未来を見据えた行為帰結主義ということを確認しておく。パースが自らのプラグマティズムを簡潔に要約する際に用いたのは、『聖書』の一節「汝ら、その結果によりて、それを知るべし」であった(同書、二六五頁)。ジェイムズはプラグマティズムを次のように特徴づける。「最初のもの、原理、『カテゴリー』、必然性の想定に目を向けるのをやめ、最後のもの、所産、帰結、事実に関心を向けようとする」(ジェイムズ『プラグマティズム』第二講)。デューイは帰結主義をさらに推し進める。「プラグマティズムは、歴史上の経験論の延長線上に現れるが、しかしそこには、根本的な相違がある。すなわち、プラグマティズムが強調するのは、先行する現象ではなく、帰結として現れる現象である。つまり、先行するものではなく、行為の持つ可能性を力説するのである。そして、このような視点の変革は、その帰結において、ほとんど革命的ともいえるものである」(前掲『プラグマティズム古典集成』三四六頁)。要するに、プラグマティズムは、現在時制、より厳密にいえば、現在進行形で語られる不確定状況を前にして、これから行う行為の帰結を主題化するのであって、完了時制で語られる事態を前にして、当の事態をしてかくあらしめている原因・根拠(可能性の条件)を求める議論ではない。

ミードのプラグマティズムも同様である。現在時制で作動する行為帰結によって主題化されるのは、意味であり、真理(＝社会的問題の社会的解決)であり、倫理学・道徳である。以下では、この三点から、ミードのプラグマティズムを特徴づけておく。

一、行為帰結主義的意味理論

ミード自身、自らの意味理論に「プラグマティズム」の呼称を付していないが、「特定の意味を有するシンボルの行動主義的説明」(第Ⅰ篇第1章)が、「行為帰結主義的意味理論」、したがってプラグマティスト意味理論であることは、容易に理解できる。

複数の人々の間で、ある行為が遂行されようとしており、しかも、これに後続する反応なり行為なりが想定されているとき、つまり、複数の人間が協働関係下にあるとき、ミードは、これを「社会的行為」と呼び、さらに、この関係の中に組み込まれている対象を「社会的対象」と呼ぶ。社会的行為において、当初の行為は、後続反応を踏まえた上で、その完成を目指している。このとき、当初の行為の初動局面を、身振り(＝身体による何かの表示)と呼んでおくなら、以下の事態が成立する。

他の人が自分に対して示す構えを、当の個人がとり、さらには、ある意味で、自身のふるまい方が相手側の個人に対して喚起する行為を、この個人が自分自身のうちに喚起するのであれば、そのかぎりで、個人は、身振りの意味を自分自身のうちに示していることになろう。これこそが、意味の定義を表しているといってよい。意味とは、問題となっている対象が喚起しうるかぎりで示された反応である。（第Ⅰ篇第1章一五頁）

事物様態であれ、ふるまい方であれ、対象によって喚起可能な〈反応＝行為〉表示態が、当の対象の意味をなしている。もちろん、この意味は意識によって産出されるものではない。意味は自他に対する何かの指し示しと相即的に成立するが、この指し示しの場面は、個人と（棲息的・社会的）環境との間で成立する適応場面・行動場面である。それゆえ、環境と行動様式から切り離された個人内部の心的過程で意味が生成・成立するのではない。ここで、意識に先行する意味生成ということをおさえておくと、後の議論が理解しやすくなる。

二、プラグマティズムの真理理論

プラグマティズムは、可謬主義にして反懐疑論である（ヒラリー・パトナム、ユルゲン・ハーバーマス）。可謬主義については、よく知られているので、反懐疑論について述べておく。反懐疑論といっているのは、一切を懐疑することなど不可能であり無意味であるということである。プラグマティズムは、「〔疑う余地なく妥当なものとして〕そこにある世界（the world that is there）」（第Ⅰ篇第3章四二・四五頁／第Ⅲ篇第1章六一七・六三九頁他各所）を前提とした上で、この世界で何らかの問題が発生した場合に、「問題状況化し不確定となった世界（a problematic world）」（*The Philosophy of the Act*, C. W. Morris ed., Chicago University Press, 1938: 97）の中で、これを解決していこうとする。▼1 プラグマティズムにとって、認識とは、「問題状況下にある何ものかを突き止める過程であって、その時その場に与えられている世界との関係〔認識主体－認識対象関係〕の中に入っていく過程ではない」（第Ⅰ篇第3章「自我の発生と社会的な方向づけ」四二頁）。

ミードのプラグマティスト真理理論は、哲学における真理論というよりもむしろ、社会科学の領域において作動する問題解決如何を主題としていると考えた方がよい。一言でいえば、ミード真理理論は、発生した社会的問題を社会的に解決する場面における理論である。「世界が問題状況下にないかぎり、真理は世界と何の関係もない（第6章一一一頁）。それゆえ、「問題状況化していない世界」あるいは「〔疑う余地なく妥当なものとして〕そこにある世界」に対して、当の世界は、いかにして可能か、などという問い、要するに、「社会的秩序はいかにして可能か」などという問いは、プラグマティズムが関わることのない問いである。▼2

こうした真理理論・反懐疑論に対して、自明性を疑うのが論の核心だと思っているM・ナタンソン〔ネイタンソン〕は、ミード理論を現象学的社会学の側に引きつけて、議論を展開した（『G・H・ミードの動的社会理論』長田攻一・川越次郎訳、一九八三年、新泉社）。プラグマティズムと現象学（的社会学）は、相互に促進し合う方向で展開される可能性は十分ある。しかし、何が問題状況であるのかをめぐって、両者は決定的に対立する。自明視された現実の批判的反省こそが現象学の課題であり、プラグマティズムの構えなど、「自然的態度」（フッサール）のうちにとどまっているだけであると考えるのがナタンソンの立場である（同書、一七七・一八〇頁）。これに対してプラグマティストが応答するとすれば、次のようになるだろう。自明視された事態に対して、現象学的社会学者たちが懐疑論をつきつけ、これを問題化しようと、当の事態に関わる人々自身がそれを問題視していないのであれば、問題状況は存在していない。これがプラグマティストの理解である。もちろん、その先こそが主要論題である。ある事態を前にしてこれは解決すべき問題であるという認知・評価像が、現象学的社会学者だけではなく、当の事態に関わるごく普通の人々を捉えはじめれば、その事態は問題状況化しているといってよい。プラグマティズムはこの時点以降においてのみ作動する。

「問題状況」ということを「社会的行為」（後続反応・行為が想定された複合的行為）という場面で定式化するなら、問題状況とは社会的行為内での行為の中断・抑止

▼1　「〔疑う余地のないものとして〕そこにある世界（the world that is there）」の理論的意義については、何よりも、D. Miller *George Herbert Mead: Self, Language, and the World*, University of Chicago Press, 1973, Chapter 5 を参照。

▼2　古典的プラグマティストたちの文脈でいうなら、この議論は、パースの「批判的常識主義」を思い起こさせる（『プラグマティズム古典修正5』第9章「プラグマティシズムの帰結点」）。もちろん、ミード自身は、パースを研究したわけでもなく、パースから直接影響を受けたわけでもない。両者の類似性は偶然の産物である。だが、古典的プラグマティズムの反懐疑論を今日の議論の中で徹底するならば、パース＝ミード路線という問題設定が可能である。

である。問題状況を前にして作動するのが知性を用いた判断である。判断というのは、問題状況下にあって、問題解決状況という未来を見据えて、今現在選択しなければならない解決手段の妥当性に関する見究めである（第6章「プラグマティズムの真理理論」）。「判断というものは〔問題状況の〕再編過程の一環である。経験がかつて阻止されていた〔問題〕状況下で、改めて経験が再開しうるようになるまで〔解決状況にいたるまで〕、判断は真理を達成しない」（同章一二〇頁）。「私のいう真理の検証とは、行為を〔引き続き問題なく〕継続させることである」、それゆえ、「真理とは、発生した問題の解決と同義である」（同章一一七頁）。問題解決以前に、「大文字の真理一般などというものは存在しない」（同章一一二頁）。

ここで再度強調しておけば、ミードのプラグマティズムにとって理論的核心をなすのは、一方で、問題状況、他方で、こうした「問題状況」の背景をなす世界、つまり、疑う余地なく妥当するものとして「そこにある世界」、この両者である。「あらゆる問題は、当の問題に含まれていないもの、そして、そのかぎりで疑う余地なく妥当なものを、前提としている。判断が真であるとは、発生した問題が解決するということを表している。そして、それが真理であるかどうかは、判断の言明、そして、疑う余地なく妥当なものが〔まだ〕問題状況と化していない事態、この両者が調和しているかどうかにかかっている。……真理は、つねに、発生した問題状況に相関的である。発生した問題に含まれていないものは、真でもなければ偽でもない、ただ単にそこにあるだけである」（第6章一一二頁）。こうしてみると、「問題状況」／「〔疑う余地のないものとして〕そこにある世界」（problematic situations / the world that is there）という区別は、ミード的プラグマティズムの主導的差異にして生命線であるといってよい。

このようなミードの立場に対しては、たとえば〈社会的問題の社会的解決〉などという卑近な出来事以上に重大で深遠なる哲学的問いというものがあると考える向きもあろう。ナタンソンなどは、このようなことを考えていたのかもしれない。だが、ミードは、このような哲学的問いとは手を切っている。ミードの次の叙述は、この点をよく表している。

〔科学とは対照的に〕哲学の方はといえば、〔存在世界の〕合理化という課題を引き受ける以上、自らに課さねばならなかったのは、前提条件としてそこにある世界を、わざわざ問題化し、問いを立てることだった。あえて繰り返すなら、合理化とは、何らかの態度や反応を呼び起こした当初の状況が、もはやなくなっているというのに、そのような態度や反応に対して、わざわざ釈明を与えることである。（第6章一一一頁）。

疑う余地なく妥当するものとしてそこにある世界を、「わざわざ問題化し、問いを立てること」は、プラグマティズムの課題ではない。プラグマティズムは問題状況下における知性の作動様式なのであって、「問題状況外部にあって問題状況よりも壮大な問題」など考えない。

三、**プラグマティスト倫理学**

ミードのプラグマティズムは、デューイの場合と同様に、社会科学はもちろん、道徳科学・倫理学の領域にまで踏み込んでいる。仮に、社会の前進は、西欧の政治思想なり社会思想なりが到達した普遍的理念や政治的社会的価値概念を追求することによって可能になると考えている人々がいるとしよう。そのような人々にとって、ミードの以下の叙述は許しがたいものにみえるかもしれない。

社会が前進するのは、明確に描かれた彼方の目標に視線を注ぐことによってではない、今直面している問題の要求にしたがって、その環境に社会が直接適応していくことによって、社会は前進していくのである。これこそ、社会が前進しうる唯一の道である。（第Ⅰ篇第2章「科学的方法と道徳科学」三七頁。また『西洋近代思想史——十九世紀の思想のうごき（下）』魚津郁夫・小柳正弘訳、講談社学術文庫、一九九四年、八三・一七七・一八二頁他各所）。

政治的社会的価値概念の実現を目指すことで社会が前進するのではなく、日々の問題解決の積み重ねこそが、結果として、社会の前進に通ずる。このように考えた場合、ミード的プラグマティズムは、たとえば、今直面している問題を、倫理・道徳の観点から、どのように考えるのだろうか。

先の判断論と関連づけて、道徳的問題や社会的問題を、プラグマティズムの側から捉え返しておく。まず、対立関係下にある道徳的問題や社会的問題において、「大文字の真理」があるわけではない。行動目的の価値は、対立状況下から生まれてくる。ひとたび、問題状況が社会的に認知され、これを解決すべきという評価が共有されたとすれば、どのように解決すべきか、これが主要論点となる。

道徳的問題や社会的問題に直面し、問題解決という目的を遂行しようとするとき、解決途上の各段階で、その都度、ある手段の採用とその帰結という観点から、〈目的－手段〉を再吟味する必要が生ずる。各段階で解決手段とその帰結を、仮説として提示できないような議論は、単なる精神論である。精神論は、思想上の立場如何にかかわらず、頻繁にみかける。たとえば、「日本的精神」「和の精神」の頽廃こそが、問題の原因であると考える人々もいるだろうし、逆に、「近代的思惟様式」「市民意識」の未成熟を、発生している問題の原因であると考える人もいるだろう。どちらも、「精神」を「再生させる」ことが、あるいは「市民意識」なり「近代的思惟様式」なりを「成熟させる」ことが、問題解決に資すると考えているのだろう。しかし、「再生させる」「成熟させる」、あるいは「意識を改革する」といった「達成動詞」（ギルバート・ライル『心の概念』坂本百大ほか訳、みすず書房、一九八七年、二一三～二一七頁）や「企画動詞」（アーサー・C・ダント『物語としての歴史――歴史の分析哲学』河本英夫訳、国文社、一九八九年、二〇〇頁以下）は、解決手段を何ら示していない。「再生させる」には、あるいは「成熟させる」には、どうすべきか、「意識改革する」にはどうすべきか、この手の「達成動詞」で何かを訴える人々は、その手段をまったく語らない。モリエール『病は気から』第三幕間劇におけるデューイ好みのフレーズを用いるなら、「達成動詞」を語りさえすれば何かが解決されると考えるのは、「アヘンが人を眠りに誘うのは、アヘンのもつ催眠力のせいである」といっているようなものである。プラグマティズムは「達成動詞」ではなく、「仕事動詞」（ライル『心の概念』二一三～二一七頁）、つまり〈具体的な手段選択とその帰結〉で語る。

行為の各段階すべてにおいて、人はつねに目的に即して行為することができる。その時その場で一歩一歩進んでいる段階で、人は目的を具体化することができる。

成功しようとしているのであれば、目的を遂行するために必要な各段階で、手段という観点から、目的に関心をもたなければならない。この意味で、帰結は、〔今現在の〕行為の中に存在する。結果を出すために、あらゆる段階を踏んでいる人は、各段階において、その結果をみている。これこそが、人を道徳的にするか非道徳的にするかを分かつものである。つまり、自分が今何をしているか語っているこ とを実際に行っている人と、単に「善かれと思っている」だけの人とを区別するものなのである。（以

上、第Ⅱ篇 補遺論文Ⅳ「倫理学断片」五九六頁)。

道徳的問題や社会的問題の解決を、「達成動詞」や「企画動詞」でしか語れない人々は、単に「『善かれと思っている』だけの人」である。プラグマティストは、「仕事動詞」で語るのであって、「自分が今何をしているか語っていることを実際に行っている人」である。だから、ひとたび解決過程が始まれば、解決過程の各段階で、〈目的－手段〉の連続性とその再編を主題化する。「仕事動詞」なくして、これは不可能である。もちろん、「仕事動詞」で語ろうが、誤りはありうる。誤ったら別の解決手段を考える。これがプラグマティズムのいう可謬主義である。

以上、意味理論・真理理論・倫理学に即して、ミード的プラグマティズムの構えの概略を示してきた。次に、相対論＝パースペクティヴ論についてみていく。

2……相対論＝パースペクティヴ論

ミードの相対論＝パースペクティヴ論に関する議論は、本書第Ⅰ篇でいえば、第3章「自我の発生と社会的な方向づけ」、第4章「知覚のパースペクティヴ理論」、第5章「諸々のパースペクティヴの客観的実在性」にみられる。これらの議論をマスターすれば、『精神・自我・社会』や『現在というものの哲学』においても、相対論＝パースペクティヴ論が貫かれていることを容易にみて取ることができるだろう。ここでは、パースペクティヴ論が相対論としてあることを示した上で、これらの著作と接続可能になるような形で定式化しておく。

パースペクティヴというのは、意識の中にある何ものかではなく、事柄の存在の仕方をいう。ミードは事柄の在り方とその歴史ということを、〈自然史－生命史－人間社会史〉という三層で考えていた。自然史からは生命が創発し、生命史からは人間社会が創発する。ここで創発といっているのは、以前には存在しなかった事象が新たに発生するということである。世界のありようの歴史を、創発をともなう三つの層の存在史（進化論）として考えているわけである。この三つのレベルで、ミードはパースペクティヴという存在の仕方を主題化する。

パースペクティヴという言葉の意味は、第4章として収録した論文（草稿）において明確に定義されている。

パースペクティヴというのは、個体との関係下にある世界であり、かつ、世界との関係下にある個体のことである。パースペクティヴの最も明白な例は、生命体とその環境ないしは棲息環境である。だが、両者どちらも必然的に他方をともなうのに対して、両者の関係にあってことさら重視される関係は、様々に異なるのであって、それは、生命体の環境に対する依存を考慮するか、あるいは、環境の生命体に対する依存を考慮するかによって変わってくる。（第4章七九頁）

まず、〈自然史－生命史〉レベルでいえば、パースペクティヴということでミードが語りたがっているのは、「ある環境が、ある有機体にとって、〔かく〕現れて」存在しているという事態である。自然は、感受能力のある生命体と、その感受能力によって選択的に構成された棲息環境との関係として、存在している（第3章四三頁）。個々の生命体に関していえば、生命体は、このパースペクティヴのうちに存在するのであって、生命体の意識のうちにパースペクティヴが存在するのではない。これがミードの主張である。生命体が創発して以降、存在する事態というのは、感受能力を有する生物種とその感受能力によって選択された棲息環境である。生命史レベルでいえば、〈感受能力－棲息環境〉という関係は、生物種の感受能力ごとに異なる。それゆえ、自然は、複数生物種のパースペクティヴによって成層化されて存在している。これが、ホワイトヘッドの議論を受けて、ミードが主張する立場である（第3章四五～四六頁／第5章九〇頁）。こうした論点については、たとえばヤーコプ・フォン・ユクスキュルの議論（『生物から見た世界』新思索社）やジェイムズ・ジェローム・ギブソンのアフォーダンス概念（『生態学的視覚論』サイエンス社等）の議論と関連づけてみれば、理解は一層深まるだろう。

次に、人間社会史まで踏まえて、パースペクティヴを三層レベルで主題化する。例解のために今日みられる事態を例にとるなら、たとえば、〈野生の猪－里山－近所の畑〉と農作物の被害は、複数パースペクティヴの同時存在であり、かつ、自然は、複数パースペクティヴが成層化されて存在しているということになる。〈人間を含めたそれぞれの生命体－それぞれの生命体の感受能力－それぞれの生命体の棲息環境〉という事柄の在り方が、自然のうちにあるパースペクティヴの在り方であり、複数種類のパースペクティヴが自然のうちに空間的に同時存在している。自然の側からいえば、自然は、諸々のパースペクティヴの編成体としてあるということになる。〈自然史－生命史〉レベルの〈感受能力－棲息環境〉は、人間社会史レベルにおいては、特定の意味を有するシンボルならびにコミュニケーションが交差する中で、社会形態として創発する。里山をめぐる事態が、「被害」として認知・評価されており、かつ、解決のために何かを行うべきだということを考えている人々がいるのであれば、こうした人々にとって、パースペクティヴは、〈問題発生－問題解決〉という形式で時間的にも組織化された形で共有されている。この場合、「被害」という発生した問題に即して、過去の出来事が、「被害」をもたらす条件と原因という過去像として再解釈され、同時に、未来における問題解決像が今現在にもたらされ、そのことで問題解決過程が進行していくこともありうる。こうした事態は、〈過去像－今現在－未来像〉の同時存在化として把握されることになる。

同時存在性の確立は、このような未来のうちにある実在を、可能的現在のうちに引き寄せる。というのも、現在における知覚上の実在に関していえば、我々にとって操作領域外にある現在は、すべて、可能態でしかないからである。我々は、当の行為を未来において実現することを目指しつつ、あたかも、それが今ここにあるかのように、今現在行為しているのだが、それは、有機体というものが、〈今ここにいる〉自分以外の役割を果たしているからである。（第5章一〇三頁）

このような事態の把握の仕方は、複数個人の間で共有され、「個人が、自身のパースペクティヴにおいてのみならず、他者たちのパースペクティヴにおいて、とりわけ、ある集団にとっての共通のパースペクティヴにおいてふるまう」ということになる（第5章九五頁）。個人が他者のパースペクティヴへの位置移動ができないとき、あるいはパースペクティヴの変換ができないとき、その場面は社会成立の限界面になる。この限界面において、パースペクティヴの（再）編成が生ずる可能性が生ずる。

以上は一つの例解でしかないが、このようなパースペクティヴ論は、事態が空間的にも時間的にも同時存在していることを議論しているのであって、これは、ミードが、ホワイトヘッドに触発されて、展開していった一つの理論である。ここで、ミード自身の議論に立ち返って、留意すべき点を再度指摘しておく。ミード自身にとって、パースペクティヴは意識の中に存在するのではない。ミード自身の理解は、あくまで、「パースペクティヴは客観的に存在する」（第4章七八頁）。「自然についてのパースペクティヴは自然のうちにあるのであって、有機体の意識の中に素材としてあるのではない」（第3章四四頁）。「パースペクティヴの在処を、有機体の内部〔＝意識：引用者〕に位置づけるなどというのは論外である。」（第4章七四頁）。以上にみられるように、ミードは非常に強い調子で、意識論・内観論を斥けている。パースペクティヴというのは、関係の仕方、関係の存在様式なのであって、ミードの理論は、意識のありように遡及することで何かを説明しようとするものではない。

3……創発論＝時間論

創発論＝時間論は、本書第I篇においては、第7章「歴史と実験的方法」と第8章「過去というものの性質」で議論されている。先のパースペクティヴ論＝相対論と同様に、この論点もまた、『精神・自我・社会』から最晩年の遺稿『現在というものの哲学』にいたるまで、貫かれている分析視角である。ここでは、第7章・第8章の論点をあげておく。

創発というのは、今までになかった事態が新たに出現したことを意味する。なぜ、創発ということを、ことさら主題化しなければならないのか。理由は二つある。第一に、ミードに先立つ哲学上の立場として、たとえば、事柄をしてかくあらしめる永遠不変の原理のようなものがあり、哲学の営みは、この原理を発見することであるという考えがあるだろう。こうした立場に立つかぎり、新たな事態の出現、新たな形態の創発をまったく問題にできなくなってしまう。何しろ、この立場は、既にある真理が発見されるのを待っているのである。まさか、新たな事態を前にして、この事態は本当は存在していたのだが、人間の認識能力が、これを今まで見出すことができなかったなどというわけにはいかないだろう。ミードとしては、創発を説明できる理論を作り上げねばならないということになる（五〇八頁）。第二に指摘しておきたいのは、新たな事態の出現、新たな形態の創発によって、過去・現在・未来の意味が劇的に変わってしまうという点である（第Ⅲ篇『現在というものの哲学』）。創発論＝時間論は、このような問題意識の下で議論されている。

進化論的創発論においては、元々、完了時制下にある事態（創発済みの事態）を対象にして、その事態が、今までにはなかった新たな社会形態として出現してしまっていると捉えた上で、形態出現以前の何らかの出来事が、当の社会形態の条件づけや原因として特定される。形態発生によって主題化可能となるのは、それ以前には条件づけでも原因でもなかった事態が、形態発生以降、当の形態の発生を可能にしつつ制約していた事態へと意味変質を遂げるということである。形態創発があってはじめて、創発以前の事態との連続性が成立する。これを単純化していえば、創発のないところに、条件づけも原因もないということになる。こうした観点から、ミードは、進化を〈連続－創発〉結合体として捉える（第8章一五六頁）。進化論は、さしあたって、完了時制下にある事態を（再）記述する。ところが、ミードは、これを、現在時制で作動するプラグマティズムの側から捉え返す。新たな創発事象あるいは新たな問題状況が今現在生じつつある事態を想定し、今現在の歴史、さらには今現在からみた過去像と未来像の（再）記述を試みるのがミードの意図である。このような観点からみると、過去は、今日の新たに創発しつつある何らかの問題状況に即して（再）記述された像として現れる。先のパースペクティヴ論における感受能力と選択能力を想定していえば、その時その場において特定の意味を有するものを我々は選択している。過去も同様なのであって、我々の感受能力と選択能力は、発生した問題ごとに過去のある像を選択する。だから、ミード好みのレトリックを用いるなら、相異なる様々なシーザーが様々な形でルビコン川を渡ったということになる（第6章一二六頁／第7章一四一頁）。

以上のような創発論のミード的組み換えを、歴史研究の側に立っていいかえれば（第7章）、過去とは作業仮説なのであって、歴史研究が明るみに出すのは、意味であって、新たに発見された現在における過去の意味である。過去の意義は、自分たちの世界を解釈するという「今現在から未来に向かって行く過程」における取り組みに対して有する意義である。何らかの問題が発生している今現在は、過去の意味を再構成する土壌である。今現在抱えている問題状況のそれぞれに応じて、関連する過去の意味と未来像は変わる。このように、今現在とは、意味再構成の場であり土壌である（第7章、一四三頁）。ミードのこのような主張は、『現在というものの哲学』（第Ⅲ篇所収）においてさらに展開されることになる。

以上、第Ⅰ篇所収の既発表論文・草稿の中から、プラグマティズム、相対論＝パースペクティヴ論、創発論を概観した。これらを基礎に、いよいよ、『精神・自我・社会』の主要論点を吟味していく。

第Ⅱ篇「社会――『精神・自我・社会』」について

ミードの没後出版物『精神・自我・社会』は、ミードの門下生、チャールズ・W・モリスによって編集されたもので、その本文の文章はミードの手によるものではない。本文自体は、主として、ミードの一九二八年開講の講義「社会心理学上級コース」の速記録から、また、一九三〇年開講の講義「社会心理学上級コース」の受講生ロバート・ランド・ペイジによる整理ノートからとられており、モリスによって加筆修正が施されている。さらに、ミード自身の草稿類（『行為の哲学』等）が註として加えられている（Huebner 2015 Appendix in *MSS*

The Definitive Edition）。

二〇世紀ミード像においては、この著作に現れる「I」と「me」そして「一般化された他者」が注目を集めてきた。けれども、この著作の理論的意義は、これら三つの概念に尽きるわけではない。この講義記録に貫かれているのは、既にみたプラグマティズム（とりわけ行為帰結主義的意味理論）であり、相対論＝パースペクティヴ論であり、創発論である。この著作の最終章（一九二八年開講講義速記録）で述べられているように、ミード自身は、「I」「me」「一般化された他者」、さらには自我の生成を、より高度なレベルで議論するなら、相対論（パースペクティヴ論）と創発論によって包摂されると考えていた。この講義録で主題化されている意味理論・自我（生成）論・社会再編論は、プラグマティズム、相対論、創発論によって支えられていると考えてよい。

以上を念頭において、意味理論、自我（生成）論、社会再編論に関して、その立論様式を踏まえて、論点を指摘していく。

1……議論の出発点

「自我を出発点に据える古い考えを支持しているのは、浅薄な哲学だけである」。

この一文は、『精神・自我・社会』所収講義録の前年、一九二七年開講の「社会心理学講義」ノートにみられるものである（*The Individual and the Social Self: Unpublished Work of George Herbert Mead*, ed. by David L. Miller, Chicago University Press, 1982: 156, 小川英司・近藤敏夫訳『個人と社会的自我――社会心理学講義』いなほ書房、一九九〇年、二三五頁）。同様の表現は、『十九世紀の思考運動』講義ノートにもある。ミードのいう行動主義心理学が試みているのは、「意識という疑わしい概念をもちこむことなしに」、「意識という曖昧な用語を避けながら」、「行為そのものに立ち返ることによって、意味や自己意識を主題化することである」（前掲『西洋近代思想史――十九世紀の思想のうごき（下）』二四〇～四〇一頁）。ミード自身は、自我や意識を出発点にするような議論を真っ向から否定しているわけである。もちろん、「I」と「me」のありように関心を有する人々にあって、自我によって何かを説明するのがミードの議論だと思いたがる気持ちは十分わかる。だが、これは、まったくもって反ミード的な立論である。

議論の出発点として念頭に置くべきことは、たとえば、自己意識や自我生成を主題にする場合であっても、ミードの立場は外在主義であるということである。自己意識であれ、自我であれ、これらの創発（emergence）あるいは発生（genesis, to arise out of）を説明したいのであれば、自我や意識を前提にするわけにはいかない。内面といったものの創発を説明するのであれば、内面からではなく、外面から内面へと向かっていって（from outside to inside）説明しなければならない（第1章二〇五～二〇六頁）。これが外在主義である。意識に遡って意識を説明したり、自我に遡って自我を説明したりするような内観論をミードは斥ける。

意識のありようを主題化する場合も、次のように把握しなければならない。

意識とは、すなわち、一定の環境のことなのであって、この環境は、有機体との関係のうちに存在し、かつ、有機体が存在することで、新たな特性が出現しうるような場面なのである。この説を哲学上の見解〔相対論＝パースペクティヴ論および創発論〕として擁護することは、この講義では、あえて行ってこなかった。だが、ここでは、次の点だけは指摘しておきたい。つまり、進化の途上で、生命体には、意識するという一定の特性が与えられてきたのだが、この特性に対応しているのが、まさに今述べた説〔相対論と創発論〕である。この見解に立てば、有機体によって新たに出現する意識的特性とは、有機体それ自体に属するのではなくて、有機体とその環境との関係のうちにあるということになる。（『精神・自我・社会』第42章五四四～五四五頁）

この叙述がミードのいうパースペクティヴという事柄の在り方であることは、本書第Ⅰ篇の第3章・第4章・第5章を既に理解していれば、容易にわかるだろう。感受能力をもつ生物種とその感受能力によって選択構成された環境特性という事柄の在り方、これがパースペクティヴである。このパースペクティヴは意識の中にあるものではない。パースペクティヴは客観的に、自然のうちに存在する。自我生成、自己意識生成、こうしたものは、パースペクティヴの在り方として生ずる。

以上を念頭において、帰結主義的意味理論、自我（生成）論、社会再編論に関して、論点をあげていく。

2……行為帰結主義的意味理論

『精神・自我・社会』における帰結主義的意味理論を理解するには、まず、若干の用語（訳語）説明が必要となる。説明すべき用語をまずは三つあげておく。「社会的行為（social act）」、「構え（attitude）」、「ふるまい方、行動様式（conduct）」である。

ミードの「社会的行為」という言葉を前にして、ウェーバーの「社会的行為」などを連想したら、ミード理解は台無しになる。「社会的行為」ということでミードが理解しているのは、複数個体の協働関係に関わる類いの行為であり、ある行為に対して、後続反応・後続行為が想定されている、いわば複合的行為（二〇五頁、二〇七頁註）である。この場合、なぜ「社会的行為」が成立するのかなど、ミードにとっては問う必要のない前提事項（＝the world that is there）である。「社会的行為」を可能にする意識内容なるものを想定し、その意識内容によって「社会的行為」が産出されるなどという理解は、反ミード的立論である。「意識は社会的行為の先行条件などではまったくなく、社会的行為の方が意識の先行条件なのである」（二二七頁）。

次に原語の conduct についていえば、これは単なる行為、可算名詞としての行為（acts）のことではない。この言葉が意味しているのは、ある場面では、ある種の仕方で行為すること（the manner in which a person behaves）であり、「ふるまい方」「行動様式」の訳語がふさわしい。行為の中でも、その「仕方」「様式」の方に意味の重点がある。いいかえれば、ある場面が想定されているとき、人は、通常、ある種のふるまい方をする。このときのふるまい方・行動様式が conduct である。ミードの自然哲学の側からいいなおせば、「行動様式というのは、生命体の自らの環境に対する反応の総体である」（第Ⅰ篇第1章一三頁）。

最後に「構え（attitude）」について述べておく。[3] ミートが用いる attitude という言葉は、そのすべてではないにしろ、理論的に重要な場面では、「社会的行為」と「ふるまい方、行動様式」との関係の中で定義されている。通常の心理学用語の「態度」の意味でとると、ミードが斥けたがっていた「内観論」に陥る可能性があり、挙げ句の果てに、自我や意識を議論の出発点にしてしまいかねない。ミードが「構え」という言葉で理解していた意味内容を、『精神・自我・社会』の中から、いくつかあげておく。

構えというのは、行為を構成する各局面にすぎない。（五八頁）

いかなる種類のものであろうと、構えというものは、何らかの複合的行為の端緒あるいは潜在的始動、つまり、一定の構えを取り入れる個人が他の諸個人と同調しつつ、関与しあるいは加わる社会的行為の端緒あるいは潜在的始動を表している。（二〇四頁）。

「構え」ということで、我々がいっているのは、表出衝動に駆られている有機体が行う適応のことである。（五七五頁）。

後続する行為をさらに方向づけるために用いられる構えによって、こうした反応が示されうるのであれば、当の刺激と構えとの関係こそが、特定の意味を有するシンボルということで我々がいっていることなのである。（三九二頁）

要するに、後続行為が想定された複合的行為にあって、後続行為を方向づける潜在的始動が「構え」と理解されている。後続反応・後続行為が想定されている社会的行為場面において、行為の潜在的初動＝構えが発せられ、以後、（複合的）社会行為が滞りなく進行していき、当初想定された複合的行為全体が達成されるのであれば、そこには、ある一定の「ふるまい方」「行動様式」が成立していることになる。このように「社会的行為」「構え」「ふるまい方／行動様式」が相互に関連し合う場面が、意味の生成場面であり存在場面である。

意味の成立するメカニズムは、意味に関する意識や自覚が創発する以前において既に、社会的行為〔後続反応・後続行為が想定された複合的行為〕の中に存在している。（二七九頁）。

意味生成と意味存在の場面の定式化手法は、行為帰結主義と呼びうる。詳細に議論する前に、ここで significant という言葉について触れておく。ミードの多くの翻訳では、この言葉に対して、「有意味な」「意味のある」という訳語が与えられている。ミードが significant という言葉でいっているのは、「〔何かが〕特定の意味を

▼3 南博は、「プラグマティズムから社会的行動主義へ」（鶴見俊輔編『アメリカ思想史 第三巻』日本評論社、一九五一年）において、ミードの用いる言葉 attitude を「構え」と訳している。南によるミード理解は、『精神・自我・社会』（青木書店、一九七三年）の訳ならびに解説（稲葉三千男・滝沢正樹・中野収）とは異なり、自意識過剰な内観論に陥ることはない。「構え」というのは、内観心理学でいう「心的状態」などではなく、「行動の最初の部分」であり、「選択的注意」である（南、一五六頁。また南博『行動理論史』岩波書店、一九七六年、一四三～一四四頁）。要するに、attitude は、生命体の感受能力に基づいた対環境的・対他的適応であることにおいて、「構え」なのである。なお、心理学における「態度（attitude）」概念の意味合いに関しては、カート・ダンジガー『心を名づけること（下）』（河野哲也監訳、勁草書房、二〇〇五年、第8章）参照。

有する〔ものとして自他に対して指示および喚起可能な〕」ということである。もちろん、ミード研究の専門家の場合、このことを承知の上で、「有意味な」「意味のある」という訳語を使っているはずである。だが、あえて注記しておきたい。significant というのは、「意味」の「ある／なし」を問題にしたような間延びした「意味」ではない。ミードの意味理論を踏まえれば、significantとは、意味の「ある／なし」ではなく、何かが何かを表示する、あるいは指し示す事態が主題となっていることは、わかるはずである。ミードの意味理論はこうである。

我々の〔対外的対他的〕経験が認識しあるいは見出すのは、そのものに特有の事象である。そして、そのものに特有の事象というのは、妥当な意味理論にとって必要不可欠な重要論点である。それは、個別性という要素が意味理論にとって必要不可欠な論点であるのと同じことである。たとえば、赤を例にとるなら、赤という様々な事実があるだけではない。〔赤に特有の事象を認識する〕経験のうちに、ある赤があるのであって、この赤は、経験が関与し続けているかぎりは、他の何らかの赤と同一のものである。（二八四頁）。

我々の経験にとって、ある事柄が、何かとして、しかも、その事柄に「特有の事象（that which is typical）」として認知されるということは、意味理論にとって必要不可欠な論点である。つまり、その時その場の個別場面に何かとして認知される事態、そして、その認知された事柄は明日も第三者にとっても普遍的に妥当する何かであるという事態、この両者が意味理論にとって不可欠であるとミードは考えている。ミードの意味理論にとってsignificant とは、having a particular meaning であり、expressive or indicative of something である。そして、この a particular meaning や something が明日も第三者にとっても妥当し、かつ、これを、そういうものとして、他者に対しても自分に対しても指し示すことができるとき、このシンボルが significant symbol である。significant というのは、単に「意味のある／なし」だけで、特定の意味を有するものとして指し示しができないのであれば、そもそも、示された構えをめぐるコミュニケーションは不可能である。事物様態であれ、ふるまい方であれ、当の対象によって喚起可能な何かがあるとき、この反応喚起態が対象の意味を構成するのであり、こうした反応喚起体の対他的対自的指し示しが、コミュニケーションを構成する。意味の「ある／なし」

しか定まっていないのであれば、meaningful ではありえても、significant たりえない。[4]

人々相互間の、かつ、人々の棲息的社会的環境に対する調整適応は、コミュニケーションによって、特定の意味を有するシンボルによってなされる。コミュニケーションによる調整適応の中心をなしているのは意味である。こう捉えた上で、ミードは身振りの意味の生成場面・存在場面を三項形式において把握する。様々な箇所で論じられているが、そのうちの一つをあげておく。

　意味の論理的構造は三項関係のうちに見出すことができる。すなわち、身振り、適応的反応に対する身振りの関係、任意の社会的行為の帰結に対する身振りの関係である。ある有機体が発する身振りに対して別の有機体が反応するとき、この反応は、当の身振りを解釈しているのであり――かつ、身振りの意味を明らかにしているのであって――、この場合の意味や解釈は、その身振りによって開始され、そのことで、両有機体が関与することになる社会的行為の帰結として示されているわけである。身振り、適応的反応、身振りによって開始される社会的行為の帰結、これらの間に成立する三項関係あるいは三部構成関係は、意味の基礎をなす。[5]というのも、そもそも意味が存在するのは、次の事実にかかってい

▼4　significant ということで、「有意味な」「意味のある」という理解しかできない場合、たとえば、meaningful without being significant といった表現の意味把握は不可能となる。犬同士の身振りのやりとりは、犬たちにとっては、meaningful without being significant でしかないが、しかし、これを観察している我々からすれば、significant（特定の意味を有するもの）として、他者に対しても自己に対しても指し示し可能である（第Ⅰ篇第1章一五頁／第Ⅱ篇第7章二四一頁）。この表現は、ジョージ・クロンクが次の文献の中で用いている。*Internet Encyclopedia of Philosophy: A Peer-reviewed Academic Resource* の項目 George Herbert Mead 参照。

▼5　なお、ミードによる意味の三項構成は、『精神・自我・社会』のうち、一九二八年開講の『社会心理学講義』速記録にはなく、一九三〇年開講「社会心理学講義」のペイジによる整理ノートにおいてのみみられる。決定版『精神・自我・社会』（二〇一五年）に付されているダニエル・ヒューブナーによる詳細な付録によって、これを確かめることができる（Appendix in *Mind, Self, and Society: The Definitive Edition*, edited by Charles W. Morris, annotated by Daniel R. Huebner and Hans Joas, Chicago: The University of Chicago Press, 2015）。

るからである。すなわち、ある有機体が発した身振りを前にして別の有機体が示す適応的反応は、当初の身振りによって開始され指し示された一定の社会的行為の帰結に向けられているという事実である。かくして、意味の基礎は、社会的行動様式のうちに客観的に存在する、あるいは自然のうちに、社会的行動様式に対する自然という関係において客観的に存在する。意味とは、ある対象の表示内容なのであり、この表示内容のありようは、当の対象に対して有機体、あるいは、有機体からなる集団が有する関係如何にかかっている。本来的にいっても、第一義的にみても、意味は、心的内容ではない（精神あるいは意識の内容ではない）。というのも、意味は、意識されている必要はまったくないし、実際、人間の社会的経験の過程の中で、特定の意味を有するシンボルが進化するまでは、意味は意識されないからである。意味が意識されるようになるのは、ただ、このように特定の意味を有するシンボルと身振りが同一視されるようになる場合だけである。ある有機体の側から発せられる身振りの意味は、当の身振りに対する別の有機体による適応的反応であり、この反応は、身振りによって開始される社会的行為の帰結として示されているのであり、相手の身振りを前にした有機体の適応的反応は、それ自体、当の社会的行為の完成に向けられ、あるいは、関連づけられている。いいかえれば、意味に必然的にともなっているのは、この身振りによって示され開始される社会的行為の帰結に対して、ある有機体の身振りが有する指示内容である。そして、別の有機体は、この指示内容に即して、この身振りに適応的に反応しているわけである。こうして、相手の身振りを前にした有機体の適応的反応が、当の身振りの意味なのである。（一八二頁）

この叙述からわかるように、ミードの意味理論の中核をなすのは、〈社会的行為－行動様式〉が成立している状況における指し示しであり、反応の喚起であり、行為帰結である。三項形式の中における指し示しは、他者に対して何かを、特定の意味を有するものとして指し示しているのと同時に、自分自身に対しても、同じ事柄として指し示している。この他者／自己に対する何か（特定の意味を有する何か）の同時指し示しという表現は、本書の中に何度も登場する。しかも、ミードは、この表現によって非常に多くのことを説明しようと試みている。被説明項となっているのは、意味の生成・作動だけではない。特定の意味を有するシンボルに加えて、自己意識の発達や自我の出現、さらにいえば、思考の一般的メカニズム、後続する自分のふるまい方の方向づけ、理性に基づく行動様式、伝達、未来像、心的能力、精神、対象化、言語等々の生成を説明しようとする際、ミードは、〈他者に対する、かつ、自分に対する何かの指し示しあるいは喚起〉という立論形式を用いる（二六九・二七二・二七四・二九二・二九六～二九八・三一三・三二四～三二五・三四五・三五七・三七二・三八〇・四〇三頁他各所）。いいかえれば、ミードの理解によると、特定の意味を有するシンボルも、自我も自己意識も知性も、そして精神も、対他的対自的指し示しによって、相即的に生成するわけである。創発論（あるいは系統発生）の観点からみるなら、これらは、それぞれ、内的関係・概念的関係を形成しているのであって、発達心理学（個体発生）の中で議論されるような、時系列に沿った「自我形成」論ではない。さらに、注意すべきことは、〈対他的対自的指し示し〉は、なぜ生ずるのかといったことは、ミードは一切問題にしないということである。この指し示しの成立を内面過程に遡及して明らかにするようなことをすれば、ミードが批判してやまないあの内観論に陥ってしまい、外在主義を維持することはできない。

こうして、ミードは、事柄の対他的対自的「指し示し」が、意味生成に加えて、自己意識、自我、知性、理性の生成につながっていると考える。もっといえば、指し示しに基づく意味理論が、自己意識論や自我論、理性論等に論理的に先行しつつ、これらを貫いているといってよい。指し示すということは、当の事態を対象に据えるということである。身体であれ物であれ、指し示されるもの、対象に据えられるものを、事物様態と呼んでおくなら、ミードは、事物様態の指し示しを「選び出し」と呼び、あるいは、ベルクソンを援用しつつ「周囲からの切り離し」等々といいかえている。ここで、ミードの意味理論を再確認しておくなら、特定の意味というのは、主題となっている行動場面・適応場面において、さしあたっては、何かとして示される個別対象の内容（含有特性）であるが、この対象は、当の場面から切り離し可能であり、また、再現可能である。だから、その場面から時間的にも空間的にも隔たった場面で、同じく指し示しが可能となる。いいかえれば、その場面ではなく、遅延したところで、再確認可能である。このことが、自我であれ、事物であれ、当の対象の分析（要素分解）との再結合を可能にする。分析・再結合ができることによって、理にかなった思考が可能となる。

以上、ミードの行為帰結主義的意味理論の特徴を確認した。意味理論は自我論をも貫いている。次に、いよいよ、ミードの自我理論の特徴を確認していく。

3……自我の理論

「自我とは、すなわち、当の個人の行為に対して他者の側が反応する性向によって、自分自身の反応を組織化する個人のことでであある」（第Ⅰ篇第3章）。一九二五年、自我をこのように特徴づけたミードは、一九二八年講義（『精神・自我・社会』）において、自我論を展開する。「自我がもっている特性は、自我が自身にとっての対象であるということ」である（三四二頁）。このように把握した上で、ミードが自我を様々な場面で主題化する。ミードの自我論は、その主題化場面に応じて、その立論形式も様々な形をとり、幾分交錯している。ここでは、自我とその発生、行動場面における自我の作動様式（「I」と「me」）、自我論（「I」と「me」）による社会分析、この三点について触れておく。

一、自我とその発生

自我はどのように発生するのかという問いに対して、ミードは、自我発生の背景・社会的諸条件を明らかにすることによって答えようとしている。その際注意すべきは、ここでの主題は、主として、発生（genesis. to arise out of）であるということである。発生論＝創発論の場合、自我が生成する以前の段階から自我の創発段階への推移場面が想定される。だが、ミードはもちろん、他の誰も、観察者として、自分にとっての自我生成という推移場面に居合わせることはできない。というのも、自我発生以前に自我のありようなどわかるはずもなく、ひとたび自我が生成してしまったならば、もはや自我生成以前の自分に戻ることは不可能だからである。とするなら、自我の発生を明らかにするにあたっては、可能性の条件論以外に、議論の術はない。そこで、自我が生成済みである（完了時制）と仮定するならば、そのことを可能にしている条件は何かということが問われることになる。創発論は、思考実験に頼り、可能なかぎり、発生直前の場面に遡及して、その場面に居合わせている「仮想的観察者」を想定した上で、事柄を推定する以外にない（第Ⅲ篇六二四頁）。このような立論形式においては、たとえば、幼児が徐々に成長発達していく過程で、自らに備わった何らかの能力を行使して自我を獲得するなどといった議論をしているわけではない。自我が既に発生しているとすれば、そのときには、何らかの社会的条件が成立しているはずだという推論、これがミードの議論である。

ミードは自我発生の「背景」あるいは「社会的条件」を三つあげている。コミュニケーション、ごっこ遊び、そして、ゲーム参入である。第一に、コミュニケーションが可能となっている場合、そのコミュニケーションは、他者に対してのみならず自分に対しても向けられており、自己にとって、自分自身が対象になっている。このようなコミュニケーションが成立しているならば、自我は発生している。コミュニケーションにあっては、他者に対して何事かを指し示しあるいは喚起することは、その何事かを自分に対して指し示しあるいは喚起することでもある。そうである以上、コミュニケーションが成立しているところでは、自分が自身にとっての対象となっている。コミュニケーションにおいては、コミュニケーションの相手が自分にとっての対象であるのと同じように、自分が自身にとっての対象となっているわけである。コミュニケーションが行動様式に組み込まれている場合、行動様式にあっても、他者に対する何らかの働きかけ、あるいは反応の喚起は、相手側の行為・反応に対して、これから自分の側が行為・反応を試みることが想定されている。そのかぎりにおいて、自身にとっての対象とは、自分の中にいるもう一人の孤立個人のことではなく、あくまで社会的個人である。つまり、後続反応・後続行為が想定された複合的行為総体を理解し習得している個人である。ミードが強く主張しているのは、自我習得と行動様式習得と社会過程習得、これらは相即的に成立するということである（三七四頁）、したがって、自分にとって対象となっている自己とは、ミードの言葉を用いるなら、「社会構造」である。

自我発生の第二の背景的要因・社会的条件は、ごっこ遊びである。ここでの議論の仕方は、時系列に沿って自我の発達過程をたどる手法ではない。立論形式は基本的には社会的条件論である。自我が既に成立しているとすれば、ごっこ遊びのような経験をたどってきたはずだという議論である。ごっこ遊びにおいては、一人で物真似身振りをする場合もあれば、二人で、物真似身振りをする場合もある。その際、いずれにおいても、想像上の人物も含めて、自分以外の他者のふるまい方を演じ、その人になりきる。たとえば、「警官になりきり、〈犯人に見立てた〉自分を逮捕する」といった遊びをするという具合である。このような遊びをすることで、この子供のうちには、〈警官－犯人〉関係といった社会関係が組み込まれていることになる。

第三に、自我発生の背景的要因・社会的条件は、ゲーム参入である。ごっこ遊びと異なり、ゲームには、その遂行上のルールというものがあり、かつ、ゲーム内では、様々な連携プレーがありうる。ミードが例にあげるのは野球であるが、もっと一般化して述べておく。野球にかぎらず、何らかのスポーツ〈ゲーム〉が滞りなく進行しているのであれば、そのとき、各プレーヤーは、当のゲームに参加している自分以外の人々のプレーあるいは身構えをとれるように準備できている。何らかの連携プレーが遂行された場合、同一チーム内の選手すべての身構え（気配も含めた身動き）に対応できるような準備ができていたということになる。この場合、直接連携プレーに関与することが見込まれているプレーヤーだけでなく、おとり役等を含めて、周囲のプレーヤーの身動きに、全員が準備できていたことになる。ゲームや連携プレーの遂行が可能であるとき、そこでは、自我と行動様式と社会過程とが相即的に習得されているわけである。ゲームにおいて、複数選手のそれぞれのプレーによって構成される一連の連携プレーが成立するということは、当の連携プレーを構成する複数の身動き・気配などが、「ある種のユニットにまとめあげられている」のであり、こうした組織化されたユニットが、当の連携プレーの進行あるいは出来具合をコントロールする。今これから、どのようなプレーをするか、次の一手をどうするかといったことを念頭においてプレーしている個人がいるとき、この個人に対して自我に統一を与える、つまり、連携プレーを実行できるようにするのは、当のチーム集団自体であり、こうしたチームが「一般化された他者」と呼ばれる。「一般化された他者」というのは、「その時その場の他者」ではなく、個別個人性を脱した（impersonal）他者であり、仮にチーム内のレギュラーメンバーがすべて入れ替わろうと、明日も第三者にとっても妥当する他者ということである。

　ゲーム参入ということを、さらに一般化していえば、社会的取り組みへの参入ということになる。組織化された社会の成員たちが社会的な取り組みに従事しているとき、ある個人がこの取り組みに参入することができていれば、この社会的取り組みの各局面で人々によって示される複数の構えは、まとめ上げられた形で、この個人に取り入れられている（三六三頁）。

　以上がミードの説なのであるが、「一般化された他者」に関して、この国の概論書や社会学事典では、時折、奇妙な解説が見受けられる（「自我の社会性」『命題コレクション 社会学』作田啓一・井上俊編、ちくま学芸文庫、二〇一一年〔オリジナルは、一九八六年、筑摩書房刊〕所収、また「Iとme／役割取得――ミード」『社会学事典』日本社会学会 社会学事典刊行委員会編、丸善、二〇一〇年所収）。一点述べておく。まず、ミード自身の立論形式において、たとえば、子供が、何らかの知性能力を用いて、他者たちの様々な、時には相矛盾する役割や要求を、「一般化された他者」として自分でまとめ上げ、これを習得する、あるいは、子供が一般化された他者の視点に立っての他者の態度を組織化するなどという議論は一切ない▼6。自我の発生論＝創発論という理論場面において、自我が反省作用を通して「一般化された他者」をまとめあげるなどという議論は理論的にありえない。相矛盾する社会的要求を調停するといった思考作用は、自我が生成して以降に妥当する議論であって、発生（genesis, to arise out of）場面で論ずる主題ではない。自我の発生場面においても「外在主義（from outside to inside）」は貫徹しているのであり、個人の自我の発生に対しては、既に外部で成立している「一般化された他者」が先行している。だからこそ、ミードは、自我と行動様式と社会過程の相即的習得を強く主張するのである（第21章三七四頁）。自我習得というのは、自我の外部に既に成立している行動様式と社会過程の習得である。

この点につき、ミード自身が執筆した草稿で確認しておく。講義録（『精神・自我・社会』）ではなく、ミード自身が執筆した草稿で確認しておく。「自我と反省過程」（第Ⅱ篇 補遺論文Ⅲ）ではこう書かれている。「活動を反省によって方向づけることは、知性が最初に現れる形ではないし、知性の原初的機能でもない。知性の最初期の機能は、幼児の事例にみられるように、幼児が長期間頼らねばならない小さな範囲の社会に対して実効的に適応することである」（五八一頁）。子供の視点に立って自我の発生を論ずるとき、ミードが想定しているのは、何かを反省することによって子供が何らかのゲームに参入するなどという事態ではない。知性の最初期の機能からして、子供は端的に当のゲームに「実効的に適応する」。子供の側からみれば、連携プレーに「実効的に適応する」こと、当のプレーに関わる相互作用に適応すること、これが先決であって、「一般化された他者」の立場に立って、あれこれ反省して、他者たちによる相矛盾する要求を調停して、「一般化された他者」を自分で作り上げるわけではない。

ここで『精神・自我・社会』におけるミードのよく知られた叙述をあげておく。

自我というものは、まず存在してそれから他者と関係を取り結ぶような代物ではない。そうではなくて、自我とは、いわば、社会的潮流の中の一つの渦なのであって、それゆえ、社会的潮流の一部分でもある。自我とは一つの過程であって、この中で、個人は、自らを取り巻く状況に対して、あらかじめ自

▼6 この手の奇妙な解説の誤りを明確に指摘しているのが、徳川直人『G・H・ミードの社会理論――再帰的な市民実践に向けて』（東北大学出版会、二〇〇六年、三～五頁）であり、山本雄二「概念の変形と理論の不幸――G・H・ミードのgeneralized otherを巡って」（関西大学『社会学部紀要』第四八巻第一号、二〇一六年）である。

らを絶えず適応しつつ、当の状況に反応し返していく。[7]（三九三頁）

次に「一般化された他者」を、究極的には単数だとする見解について述べる。様々な集団やコミュニティが、その成員の行動様式を既に方向づけているとき、具体的な個別個人の名の下にではなく、そうした個別個人性を脱した（impersonalな）形で既に方向づけているとき、「一般化された他者」による方向づけという形式をとっていることになる。ナタンソンの挑発的問い、「一般化された他者」は単数か複数かに引きずられ（前掲書、一五〇頁）、かつ、進化的創発レベル、系統発生レベルにおける自我生成の議論にしか目がいかないからであろうか、「一般化された他者」を究極的には単数と理解する論者がいるようである。「一般化された他者」のうちに社会全体の調和を読み込み、こうした調和に期待を込めて、「一般化された他者」は究極的には一つであると考えているのだろう。だが、ミード解釈という点からいえば、これは端的に誤りである。[8]『精神・自我・社会』においては、「一般化された他者」は、様々な集団やコミュニティに関して説明されている。さらにいえば、『現在というものの哲学』（第Ⅲ篇所収）においては、次のように述べられている。「一般化された他者の役割とは、単なる人間の役割かもしれないし、明確な境界をもった共同社会内の市民の役割かもしれないし、クラブ会員の役割かもしれないし、あるいは、自分の『論議領域』内における論理学者の役割かもしれない」（六九四頁）。

以上、ミードの自我発生論を概観した。ここでの議論は、あくまでも、自我発生の社会的基盤であり、背景であり社会的条件である。時系列の中で、幼児が主体性を発揮して自我を獲得していく過程＝成長発達史過程を記述しているわけではない。創発（emergence）に対して、ミードが取り組む際の思考パターンは、いわば、「創発直前点まで遡及し」思考実験を行って議論を組み立てるという形をとる。その際、ミードにとって、意識内に遡及し、意識のありようによって、何かを説明するなど論外である。ミードの議論では、反内観論つまり外在主義が徹底されている。いいかえれば、「内観の意味内容を反応に翻訳できる」のである（三〇九頁）。もちろん、ミードの外在主義は一面的であるとして、これを斥ける立場もありうる（たとえば、Margaret S. Archer, *Structure, Agency and the Internal Conversation*, Cambridge University Press, 2003, Chapter 2）。ミード解釈の体をなしていないのは、ミードの自我論を意識遡及的な内観論だと思い込む立場である。

二、行動様式からみた「I」と「me」

自我論は発生論=創発論に尽きるわけではない。よく知られた「I」と「me」の議論は、発生論とはまったく異なる場面で主題化されている。この主題化場面を大づかみに分けていえば、行動様式からみた今現在という場面における「I」と「me」の機能作用、そして、「I」と「me」による社会分析である。まずは、行動主義からみた「I」と「me」について述べ、社会分析としての「I」と「me」については後述する。

自我発生論が基本的には〈可能性の条件論〉であるのに対して、行動様式からみた「I」と「me」は、プラグマティズムが作動する場面と同様に、未来を見据えた今現在という場面で議論されている。今現在における「I」と「me」を議論するのがミードの主題である。自我が既に生成していることを前提にして、今これから行動しようとしている場面に立ち、自我を構成している「I」と「me」の作用の仕方を論ずるわけである。▼9

「I」とは、他者たちが個人に向けて現にとっている構えに対して、当の個人が、ある構えをとるときに、この他者たちに示す応答なのである。さて、この個人が他者たちに示そうとしている様々な構えは、この個人自身の経験のうちに現れているが、この個人が実際に他者たちに示す反応の方は、これまでになかった新たな要素を含むことになろう。「I」は、自由という観念、つまり、自ら事をなしうるという

▼7　ここでいっている「社会的潮流の中の一つの渦（an eddy in the social current）」というのは、物理学でいう「渦電流（eddy current）」のアナロジーである。「渦電流」というのは、「時間的に変化する磁場中におかれた導体の内部に電磁誘導によって生ずる渦状の電流」のことである（『岩波 理化学辞典 第五版』）。渦電流現象の実験については、インターネットで検索すれば、その動画をみることができる。ここからわかるように、渦状の電流は帰結であって、先行する何かではない。ミードによるアナロジーも同様であって、この議論においては、自我は帰結であって、「一般化された他者」を作り上げる何かではない。

▼8　ミード解釈としてみるなら、「一般化された他者」は複数でしかありえない。この国でいち早く単数説を斥け複数説を唱えたのは安川一「G・H・ミード『社会心理学』の性格と課題」（日本社会学会編『社会学評論』第三六巻第二号、一九八五年）である。近年の文献では、徳川直人、前掲書、二一一～二三頁参照。

▼9　時間論という場面で「I」と「me」を議論している文献として、何よりものノーバート・ワイリー『自我の記号論』（船倉正憲訳、法政大学出版局、一九九九年）が検討に値する。この国の議論としては、徳川前掲書、七三頁以下参照。

観念をもたらす。状況というものは、我々が自我を意識する様式で行為すべく、そこにあるのである。我々は自我を意識しており、状況がいかなるものか、意識しているが、しかし、厳密にいって、我々がこれからいかにふるまうべきかについては、一定期間の行為過程が行われるまでは、けっして経験のうちに入ってはこない。（三八八頁）

「me」が表象しているのは、我々自身の構えのうちに既にあるコミュニティの一定の組織であり、ある反応を要求している。しかし、実際に生ずる反応は、何か偶然生ずるものである。何か偶然生ずるものに関しては、確実性などというものはない。行為には道徳的必然性はあるが、機械的必然性はない。行為が実際に行われるまさにそのときに、何が行われたのかがわかる。以上の説明によって、状況における「I」と「me」相対的位置、ならびに、行動〔場面〕における両者の分離について、理解できると思われる。「I」と「me」は、過程においては分離されているが、全体の部分であるという意味では、あいともなうものである。両者は分離されているとはいえ、一つのまとまりをなしている。「I」と「me」の分離は虚構ではない。両者は同一のものではない。というのも、既に述べたように、「I」は、何か完全には予測しえないものだからである。（三八八頁）

自我を構成する契機のうち、「I」というのは、個人が、今これから行おうとする行為作用であり、実際に何を行うことになるのかということは、行為遂行後にしかわからない。他方で、「me」というのは、一定の社会的状況の下でとるべきであると想定されている行為作用のまとまりであり、当の個人の行動様式のうちに組み込まれている。こうしてみると、「I」というのは、事の性質上、今現在において、つねに未確定であり不確定である。他方で、「me」は、つねに、規範的に習得された何かとしてある。人は、まったく無規定の中で、無規定にふるまうわけではないのであって、何らかの社会的状況、あるいは複合的な社会的行為総体にあって、事を起こそうとする。このとき、実際に「I」がどのようにふるまうかに対して、ある程度、形を与えるのが「me」である。形を与えるというのは、これから行おうとしている行為を社会的に制約すると同時に、これを社会的に可能にするということである（四九四頁）。社会的に制約し、かつ、社会的に可能にするということは、他の人々の行動様式では、そのようになっているということである。そして、自分自身にとって対象となっている自分というのは、自分がこれから行おうとする事柄を、社会的に制約したり可能にしたりする何かである（一八三・四九三頁）。このような何かが自己において生成済みであるとき、自我は既に成立している。

「me」は、これまでのところ、疑う余地のないものとしてそこにある社会状況や社会規範を表し、「I」は、社会的状況に対して今現在反応している何かである。「me」は、これから何かを行おうとしている「I」に対して、可能性を与え制約を設けるが、しかし、いつでも、「I」が「me」の想定どおりにふるまうわけではない。「I」は、「me」に対して、その要請どおりに反応するかもしれないが、ことによると、「me」の要請は好ましくないと考え、創造的なふるまい方をとるかもしれないし、逆に、「me」をもっと強化しようと「me」に働きかけるかもしれない。「I」と「me」との関係をこのように把握することで、ミードは、「I」と「me」の関係如何によって、ある種の社会現象を分析できると考える。これが社会分析としての「I」と「me」の議論である。

三、「I」と「me」による社会分析

「I」と「me」による社会現象分析は、『精神・自我・社会』の中では第三部「自我」と第四部「社会」において議論され、また、後年の論文「国を志向する精神と国際社会を志向する精神」においても援用されている（第I篇第9章第二節）。

「I」と「me」との関係においてしばしば議論されるのが、これまで疑う余地がなく妥当していたものとして「me」によって表象されていた社会的規範が、新たな社会的環境にそぐわなくなってしまった場合に、この規範を突破しようとする「I」の契機である。コミュニティの一員でなければ自我は生成しない以上、ある意味で、人はコミュニティにしたがい、社会習慣にしたがう。しかし、自我には、創発的自我という側面があり、コミュニティの社会習慣を再編しようと試みることもありうる。「me」に体現されている社会的行動様式に対しては、これを逸脱し、修正した上で、新たな行動様式を具現化していく。「I」はこのような機能を担いうるとミードは考え、こうした機能を「創発的自我の社会的創造性」（第28章）と呼ぶ。創造的な「I」による「me」の再編、さらにいえば、「社会再編」と「自我再編」との相即的成立という主題がミードにはある。こうした理解から、「I」に期待をかけるミード論もありうるだろうし、そのような「I」探しゲーム、古い言い方を用いれば、「変革主体形成論」をもって、現代社会論と考える議論もありうるだろう。だが、「I」の機能は、このような「社会的創造性」に尽きない。

「I」と「me」による社会分析は創造的再編とはまったく異なる現象に向けられる。ミードが考えていたのは、たとえば、高揚感や一体感をともなう宗教的態度や熱狂的愛国心やチームワークである。ミードは、強烈な高揚感や一体感をともなう社会現象を、社会的活動における「I」と「me」の融合という事態として分析できると考える（第35章）。

既にみたように、「me」は、これから行おうとする行動に対して社会形態を与えるのに対して、「I」は、いわば「衝動」として機能する。衝動によって動きはじめる「I」の側も、「me」に体現されている社会的規範にしたがう場合には、多かれ少なかれ、「義務感」や「負担」をともなう。それだからこそ、「I」の側も、時には、社会的規範に異を唱えて自己主張することがあるわけである。ところが、一体感や高揚感をともなう情動的現象、たとえば、宗教的態度、狂信的な国家主義や愛国心、さらにはチームワークの場合、他者たちがみな、他者たちのために行っている事柄に対して、「I」の側が、負担感をともなうこともなく、自ら進んで同調し反応する。つまり、狂信的であろうとなかろうと、「I」のありようとして、積極的に集団規範を支えることもあるわけである。ミードはこうした事態を、「I」と「me」の「融合」と呼ぶ。この場合の「I」は、もちろん、先にみた「社会的創造性」を担っているわけではない。「I」が反応しようとしている状況を「me」が設定している（四九二頁）。この場合、「I」と「me」との間に、緊張関係や対立関係があるのではなく、むしろ、「me」の体現する状況が、どれほど、熱狂的で狂信的であろうと、「I」が進んで「me」を支えるわけである。[10]

こうした「I」と「me」の「融合」という事態が、たとえば、今日の先進国でみられるような自国第一主義や熱狂的な愛国心や排外主義のありようを、どの程度分析しうるかはともかく、ミード自身は、自ら設定した「I」と「me」の関係により、一体感や高揚感をともなう情動的経験を分析しうると考えていたわけである。このような「融合」事態は、「『me』との関係における『I』の様々な発現形態」であり、「I」と「me」が、互いに相手を支え合っている事態として把握されている。ここにおいて、「I」は、たとえば、総力戦体制を草の根レベルで狂信的に支える力をも発揮しうることにもなる。

後年、ミードは、同様の問題意識から、「国家としての自己を感じる」、「国にとっての自我を守る」、「国の自我」といった概念設定の可能性を探る。国としての一体感という点では同じであっても、敵対勢力を想定した一体感と多様な立場の統一としての一体感では、意味が異なる。いわば集団的自我という設定の下で、「国を志向する精神」と「国際社会を志向する精神」を問い、戦争回避の可能性を議論するようになる（本書第Ⅰ篇第9章第二節「国を志向する精神と国際社会を志向する精神」）。

第Ⅲ篇「歴史――『現在というものの哲学』」について

第Ⅲ篇に収めているのは、ミードの遺稿『現在というものの哲学』である。書誌的にいえば、この論考は、一九三〇年一二月に行われたケイラス連続講義のための準備ノートであり、ミード自身が大急ぎで執筆した「覚え書き」でしかない。しかし、本篇の編者マーフィ（はしがき）、そしてデューイ（緒言）の証言によれば、この遺稿は、一九三〇年当時、ミードが展開しようと考えていた長大な研究課題の一部をなしていたという。この連続講義の主題は、「現在というもの（the present）」であり、創発現象と歴史に関わっている。

歴史に関わっているということでいえば、実のところ、古典的プラグマティズムは、歴史に対して、ある種の弱さを抱えているといわれている。その弱さとは、次のようなものである。プラグマティズムを現在時制で作動する「未来を見据えた行為帰結主義」と理解するとき、過去の出来事の扱いに関して、一見、奇妙な事態が浮かび上がる。実際、パースもデューイも、コロンブスを引き合いに出して、一見したところ、理解に苦しむようなことを語る。「コロンブスがアメリカ大陸を発見したという信念は、実際には、〔その信念を基にこれから行動しようとする〕未来に言及している」（パース、前掲『プラグマティズム古典集成』二五六頁）。「コロンブスがアメリカ大陸を発見したことは、真理ではありません。出来事です」（デューイ、同書、四七三頁）。ジェイムズも、シーザーに関して、似たようなことを述べている（ジェイムズ、同書、四六四～四六五頁）。

これは、いったい、どういうことなのか。コロンブスのアメリカ大陸発見という過去の事実についての信念が、

▼10 ここで、ミードの『精神・自我・社会』の戦前の翻訳（三隅一成訳『行動主義心理学』白揚社、一九四一年）にまつわる事実を指摘しておく。この翻訳は、白揚社「世界全体主義大系」の第一二巻として刊行された。この講座ものに含まれている著作には、たとえば、ムッソリーニ『協同體國家』、パレート『社會学大綱』、シュミット『國家・議會・法律』などがある。「I」と「me」の融合という設定の分析能力についてはともかく、ミード自身としては、この融合によって、狂信的愛国心にみられる「一体感」「高揚感」を説明できると考えていたわけである。

なぜ、未来に関わっているのか。現在時制の行為帰結主義が過去の出来事の真理性如何を問おうとすると、途端に、奇妙なことになりかねない。これは通常、次のような疑問としてプラグマティストたちに突きつけられる。過ぎ去った過去の出来事の真理性が、どうして、これから到来する未来の帰結によってわかるというのだろうか。未来の帰結において、過去の出来事の意味が明らかになるというのであれば、既に過ぎ去った出来事に対しては、過ぎ去った時点において、その真理性は主題化しえないということなのだろうか。これは、「過去の未来性（The futurity of yesterday）」という名で、プラグマティズムの欠陥として知られている論点である。[11] 実際、この点をめぐって、プラグマティズム批判を遂行した論者もかつていた。一九二二年『ジャーナル・オブ・フィロソフィー』誌上におけるラヴジョイとデューイとの熾烈な論争は、その典型例である（*Dewey and his Critics*, ed. by Morgenbesser, S. 1977, pp.123-165.）。

ミード自身、歴史・時間の観点からのプラグマティズム批判（デューイ–ラヴジョイ論争）を、どこまで意識していたかは定かではない。けれども、ミードの主張するプラグマティズムは、今現在人々が抱えている（社会的）問題を（社会的）に解決する場面で作動する。こうした社会的プラグマティズムの場合、過去の真理性如何、「過去の未来性」といった論点は意味をなさない。というのも、ミードは真理と過去を次のように扱うからである。真理は「発生した問題の解決と同義」であり、過去の出来事は、発生した問題に即した意味理論として主題化される。過去に生じた出来事に関しては、さしあたって「撤回修正不可能性」という特徴を与え、その上で、過去の出来事を意味理論において捉え返す。つまり、新しい出来事は過去の出来事の意味を変える。歴史的出来事は真理理論ではなく、意味理論として把握される。これがミードの議論である。パースもデューイも、過去の出来事に関しては、特にめぼしい理論を残しているわけではないが、ミードの場合、独特の分析枠組みを残している。

このような独特の分析枠組みを見出しうるのが、『現在というものの哲学』である（先にみた第I篇所収論考、第7章「歴史と実験的方法」および第8章「過去というものの性質」も参照）。ミードの議論は、「現在時制の自然哲学」（マーフィ）として特徴づけられるが、同時に、〈今現在の問題状況場面における歴史理論〉として理解することも可能である。すなわち、新たな社会問題の〈創発＝発生〉という問題状況場面に照準を合わせて、進化論上の創発事象（つまり完了済みで確定済み事項）の説明原理を現在化＝現時点化し、これを今現在の不確定状況下で作動するものと捉えた上で、今現在の問題状況の推移の途上において、過去と未来の意味を問う。プラグマティズムの意味理論を、今現在という場面で歴史化し、推移途上に位置づけ、社会再編論として捉え返すことで、ミードの理論は、問題状況下における意味変質論と社会再編論を構成することになる。こうして社会的プラグマティズムと歴史という点にかぎっていえば、ミードの議論は、パース、ジェイムズ、デューイの先を行くことになる。

以上を念頭において、『現在というものの哲学』の議論を検討することで、この遺稿の単なる「通読」から得られる以上の理解に達することができるはずである。

1……創発論とプラグマティズム

完了時制によって叙述される進化論的創発論を現在化すると同時に、問題状況の推移過程を創発論的に把握することで、創発論と社会的プラグマティズムを結びつける。『現在というものの哲学』の議論をこのように再構成することで、ミードの議論の理論的骨格が浮かび上がる。

既にみたように、進化論的創発論において議論されるのは、既に成立している事態に対して、その可能性の条件を問うことだけである。けれども、いうところの「可能性の条件論」は、今現在人々が抱えている問題状況に対して発見論的な意義を有することはあっても、プラグマティズム内部において作動する論理ではない。プラグマティズムは、未来を見据えた今現在において作動するのであって、完了済みの事態に対して、あるいは確定済み事項に対して、その可能性の条件（「社会的秩序はいかにして可能か」）など、問いはしない。

元々、進化論的創発論は、これまでには存在しなかった事態が、ある時点で発生し、そのことで、それ以降、〈自然－生命－人間社会〉の存在史が変質したと考える。創発事象は、既に、完了済みであるからこそ、様々な変質を議論し、かつ、創発事象にとって条件となった事態や原因を特定できる。けれども、過ぎ去った事態そのものに関していえば、その事態がまさに創発しつつある場面に、ミードは居合わせていたわけではない。そこで、ミードとしては、完了済みの創発事象を分析するために、「仮想的観察者」が創発場面にいると想定した上で、可

▼11　直接プラグマティズムに対してではないが、意味の検証主義に対して、同じように、過去の真理性如何を何ら主題化しえないという批判を向ける議論は昔からある。これについて日本語で読めるものとしては、ダントー前掲『物語としての歴史』第4章がわかりやすい。

能なかぎり創発事象の直前にまで遡ることで、創発事象の可能性の条件を推論する以外にない（六二四・六五九・六六三頁）。

ミードは、このような進化論的創発論を、いわば、現在化・現時点化しつつ、今現在創発しつつある事象を問題状況として捉え返し、プラグマティズムの主題化場面を設定する。すなわち、今現在創発しつつある事象は、今までにない新たな問題状況として現れており、従来の行動様式では対処できない事象であり、かつ、こうした問題状況を解決状況へと変えていくには、社会状況の再編が必要であると考えられているような事態である。現在抱え込んでいる問題（およびその解決ないし解決の失敗）は、当の問題が出現する以前には、考慮すべき事態ではまったくなかったにもかかわらず、今現在において、新たに創発しつつある事態となっている。このような想定の下で、今現在の問題状況を解決状況に導くためには、どのようなふるまい方、解決手段が妥当であるか、このように問いを立てるわけである。

ある出来事が、解決すべき深刻な問題として認知・評価されるところから、プラグマティズムは始まる。成功するかどうかはともかく、その解決行動が開始されている今現在が問題状況場面である。解決の試みは成功するかもしれないし、失敗するかもしれない。解決にいたるとすれば、その場面が問題解決の達成場面である。プラグマティックな場面には、〈始まりと終わり〉あるいは〈端緒と達成〉があるのであって、この両端の間にあって、未来を見据えた人々が、多くの解決手段候補と、それを選択した際の帰結を推論しつつ、実際に、解決手段を選択する。手段選択とその帰結は、様々につながりつつ、当初の問題状況は推移していく。こうした過程内で作動するのがプラグマティズムである。

ここにいたって、ミードが強く主張する「今現在というもの」の意味合いを理解することができる。一方で、創発しつつある事象が推移していく過程、他方で、問題状況が解決状況へと推移していく過程、この両者が重ね合わせられ、プラグマティズムの作動場面が構成される。〈未来を見据えた今現在の行為帰結主義〉が作動する場面である。プラグマティズムのいう「知性」が機能するのは、このような推移過程においてである。『精神・自我・社会』において、ミードは、知性を次のように把握していた。

知性とは、本質的に、未来の可能な行為帰結の観点から、今現在の行動がはらむ問題を、その問題の根底にある過去の経験に関連づけて解決する能力にほかならない。すなわち、過去と未来を参照し、あ

るいは、双方の観点から、現在の行動がはらむ問題を解決する能力である。（三〇四頁）

確定済みの事態に関する進化論的創発論とは異なり、今現在の問題状況が創発事象として把握される場合、この事象＝状況場面にいる人々は、もはや「仮想的観察者」ではなく、現時点で、その場に居合わせている観察者であるといってよい。現時点での観察者たちは、未来を見据えて、つまり、発生しつつある問題状況の行く末〈解決像／失敗像等〉を見据えて、解決手段や行為帰結を推論しつつ、問題状況に適応しようとしている。この観察者たちは、今現在の問題状況場面に対して感受能力を有する人々である。仮に、これらの人々が、創発事象を問題状況と認知・評価し、かつ、その解決を使命としているのであれば、そこにおいて、知性が作動することになる。こうした観察者たちの占める位置を、ミードの相対論＝パースペクティヴ論の観点から捉え返すなら、〈創発的出来事＝発生した問題〉の〈創発場面状況＝問題状況〉に対する関係は、〈感受能力のある有機体の環境に対する関係〉における適応問題となる。

こうして、創発論とプラグマティズムが結びつき、ミードの議論が理論として展開されていく場面が設定されたことになる。

2……意味変質論と「社会性」理論

創発論がプラグマティズム化されることで、主題は、問題状況下にあって〈未来を見据えた今現在〉という場面に設定される。この場面において提示される分析枠組みが、意味変質論であり、「社会性」理論である。ミードの社会再編論にとって、両者は理論的核を構成している。

一、意味変質論

『精神・自我・社会』で示された行為帰結主義的意味理論の場合、事柄の意味とは、事柄が可能的に誘発する反応、あるいは、事柄の反応喚起態であった。これに対して、今現在における意味理論は、〈創発事象の推移過程〉＝〈問題状況の解決あるいは失敗の過程〉における事柄の意味の変質という形をとる。とはいえ、今現在であれば、どんな「今現在」においても意味が変質しうるといった無内容なことをいっているのではない。ミードのいう「今現在」というのは、プラグマティックな今現在、つまり、何らかの困難な事象に直面している人々が、当の問題に対処しているかぎりでの今現在である。ミードは、これを「機能的現在」と呼ぶ。

我々にとっての諸々の機能的現在はつねに、見かけの現在よりも広いのであって、切れ目なく集中的な注意を惹きつける取り組みを、長きに渡って取り入れるかもしれない。我々にとっての機能的現在は、深さという点で、観念上、可変的な範囲をもっており、その範囲内で、我々は、思考過程を検証し、まとめあげることに継続的に従事している。現在というものの機能的境界とは、現在取り組んでいること、つまり、我々が現在行っていることの境界である。このような活動によって指示される様々な過去と未来は、〔今活動している〕現在に属している。このような過去も未来も、現在から生じ、現在によって批判的に吟味される。（六九五頁）。

今現在取り組んでいる問題解決に関わる一切が、いわば、プラグマティックな今現在の境界範囲をなしている。この境界範囲において、様々な解決手段とその帰結は、一連の推移過程をなしており、この過程内部において、事柄の意味は変わりうる。

存在するものの意味は、経験の中で創発に直面する際に、現在進行中の推移過程が拡大していくことによって明らかにされ、さらに、その意味合いが拡大されていく。（六二九頁）。

「存在するものの意味」が拡大するといっても、いったい、何の意味が変わりうるのか。プラグマティックな今現在の境界範囲内にある事柄の意味変質である。今現在発生しつつある新たな問題に即してみるとき、過去の出来事〔像〕も未来の可能的出来事〔像〕も、当の問題発生以前とは異なる意味を呈するようになる。何らかの出来事が問題として認知・評価されはじめ、問題状況が解決状況へと向かう何らかの生成過程が進行しているとき、かつて存在していた何事か、これから生じうる何事かは、この生成過程の中で新たな意味を帯びる。

新たな問題状況が発生しつつある場合、この問題に対して条件づけとして作用している有意義な過去の事態だけが、問題状況推移過程にとっての過去として把握されることになる。撤回修正不可能な過去の数ある事態の中には、新たな問題状況にとっての条件づけあるいは原因として、新たな意味を呈する事象もある。問題発生以前には、事柄の条件づけでも原因でもなかった事象が、問題発生以降は、当の問題に対する条件づけ、あるいはその原因と認知されることになる。新たな出来事は過去の出来事のもつ意味を変える。そうだとすれば、過去の出来事の意味合いの在処は今現在ということになる。ミード好みのレトリック（「多くの異なるシーザーがルビコン川を渡った」）の意味するところを述べるなら、我々は創発事象＝問題状況に即して「世界を再構成する」ということである（一五二頁。また前掲『西洋近代思想史（下）』二五九頁）。未来についても同じことがいえる。単なる無規定な未来とは異なり、発生しつつある問題状況にとっての未来は、問題に対処する行為の帰結である。それは、複数ありうる問題解決手段とその帰結〔像〕、特定手段選択にともなう解決（あるいは失敗）というように、解決手段採用に対する帰結〔像〕、さらには、今現在の問題状況にとっての未来の解決〔像〕という姿で認知される。こうして、プラグマティックな今現在にとって、「存在するものの意味」の拡大とは、問題状況が解決へと向かっていく推移過程における事柄の意味変質である。

ミードにとって、このような過去〔像〕と未来〔像〕とその意味変質を理論的に支えているのは、心像論（『精神・自我・社会』補遺論文Ⅰ・Ⅱ・Ⅲ）である。今現在にとって、過去も未来も、今ここにはない対象の認知像であり意味である。心像論の一例をあげておく。

> 行為することによって、我々は、創発しつつある事態へと向かって行き、消えつつある事態は、そのような行為の条件を提供する。それゆえ、心像は出現すると、過去と未来、双方へと広がっていく。我々は未来を見据え過去を顧み、今現在存在しない事態を渇望する。有機体が自らの〔活動〕領域に、今現在存在しているという性質を付与する以上、現在というもの〔の幅〕を拡大する際、こうした〔過去と未来への〕拡大過程はすでに作動しているのである。（『精神・自我・社会』補遺論文Ⅰ「行動様式における心像作用の機能」五六〇頁）。

こうした心像の働きは、状況と無関係に意識だけが作用して可能となるわけではない。そうではなくて、問題状況下における行為と経験とともに心像は作用する。ミード好みの表現を用いるなら、問題状況場面の接触経験において見据えられるのが、その未来像たる遠隔経験である（六七〇頁）。

ここで、ミードのプラグマティスト倫理学（「倫理学断片」）を思い起こしていえば、事柄の意味変質は、問題に対処する過程で現れる「仕事動詞」（ライル前掲書）、つまり解決手段の選択と遂行とともにあるのであって、目的遂行のために必要な各段階で、事柄を遂行するごとに、その意味は変質しうるということになる。〈目的－手段〉関係、〈手段選択－その帰結〉関係は、絶えず再編されうる。こうした意味変質は、現時点の観察者にして、「自分が今何をしているか語っていることを実際に行っている人」にとっての意味変質である。「仕事動詞」を使用することもなく、単に理念を語るだけで「善かれと思っている」人々にとっての意味変質ではない。

二、「社会性」理論

創発場面の意味変質論に加えて、ミードが主題化しているのが「社会性」概念である。ここで定式化されている「社会性」概念は、第一義的には、『精神・自我・社会』でいう「me」や「一般化された他者」のことではないし、この国の社会学事典（前掲）で解説されているような「自我の社会性」などでもない。あくまで、事柄の社会性であり、〈自然史－生命史－人間社会史〉の三層の存在史それぞれにおける創発性の〈原理＝形態〉を表している。〈自然－生命－人間社会〉のいずれにおいてであれ、今までには存在しなかった新たな事象が創発しつつあるとき、この創発事象は、次のような「社会性」を、原理としてかつ形態として、有する。すなわち、

〔新たな〕創発的変化が出現する今現在にあって、創発的対象は、古い〔参照〕系から新しい〔参照〕系へ推移していく中で、他の構造に対して系としての関係を有するがゆえに、新旧相異なる〔参照〕系に属するのであり、さらに、こうした新旧相異なる系内の構成要因であるがゆえにもっている諸々の特性を、創発的対象は有するのである。（六七五頁）

端的にいって、「社会性」とは、「同時にいくつかの複数の事物〔様態〕になりうる能力」（六六〇頁）であり、その指標は、「対象が一つの系の構成要素として存在する場合、その対象に帰せられる特性を、同じ対象が別の系にある場合に帰せられる特性によって、不断に評価するということである」（六六一頁）。「社会性」の存在条件は、これまでになかった事象の創発によって、様々な対象が古い〔参照〕系に属すると同時に、新しい〔参照〕系にも属するということである（六八四頁）。創発事象は、古い系から新しい系への推移過程にあって、新旧〔参照〕系が交錯する中、両方の系に属する。何らかの対象が古い系内にあることによってもっていた何らかの特性は、当の対象が新たな系内に入ることによって、その特性が変質する。

このような創発事象の社会性ということを現在化・現時点化し、今までに例のない問題状況が創発しつつある場面を考えることで、創発論のプラグマティズム化という設定が活きてくる。

「社会性」と称して、ミードが主張しているのは、新旧〔参照〕系が交錯し、その成り行きが、さしあたってどうなるか、まだわからない今現在の推移場面である。

私がいっているのは、新しい系と古い系との間にありながらも、まだ未確定状態にある段階のことである。創発が実在の一特徴だとすると、新旧が適応し合うこの局面は、創発事象が出現する以前の秩序化された世界と、この世界が〔創発事象という〕新参者と折り合いをつけた後の秩序化された世界との間にあるわけであり、この適応局面もまた、同じく、実在の一つの特徴でなければならない。（六五九頁）

創発事象＝問題状況を目の当たりにしている人々にとって、当の事象＝問題は、今現在の事象であり、その後の成り行きは、どうなるかわからない。プラグマティックな今現在というのは、つねに「未確定状態」にある。

ここまで理解すれば、創発論とプラグマティズムが結びついた場面で社会再編を議論することができる。既に別の機会に述べたところであるが（植木豊『プラグマティズムとデモクラシー――デューイ的公衆と「知性の社会的使用」』ハーベスト社、二〇〇九年、第6章）、創発事象を新たに発生している問題状況として捉え返し、プラグマティックな今現在にとっての「社会性」、参照系の新旧交錯過程と意味変質を例解する。

創発事象は、ある種の人々にとっては、深刻な問題状況であるかもしれないが、別の種類の人々にとっては、困難な状況ではないかもしれない。このような状況を想定しておく。ある出来事なり発話なりがあったとして、これを新たな問題状況と捉える人々にとっては、当の創発事象は解決すべき問題であると認知・評価されている。他方で、同じ出来事や発話であっても、これは新規な事柄ではなく昔からあるもので、何ら困難な状況ではないと考えている人々にとっては、その創発事象は、解決すべき問題ですらないと認知・評価されている。同じ創発事象であっても、新しい参照系にとっては、解決すべき問題であり、古い参照系にとっては、放置しておいてかまわない出来事ということになる。このような認知・評価が同時存在しているとすれば、創発事象をめぐっては、新旧参照系の交錯ということが、今現在生じていることになる。

こうした場合、創発事象の認知・評価をめぐって、新旧参照系が交錯し合い、あるいは、対立し合う可能性がある。当の出来事を、解決すべき新たな問題状況として認知・評価している側の人々が、実際に解決行動を開始したとする。このとき、場合によっては、何ら解決すべき問題ではないとして認知・評価している側の人々が、当の出来事を、解決すべき問題などではないと主張し、何らかのキャンペーンを繰り広げるかもしれない。いいかえれば、当の事象は解決すべき問題なのか、放置すべき出来事なのかをめぐって、人々の同意をとりつけるための争いという意味で、ヘゲモニー闘争（グラムシ）が始まりうるわけである。仮に、創発事象が解決すべき問題であると認知・評価されるようになった場合、それ以降は、さらに、問題解決をめぐって、解決手段とその選択、行為と帰結をめぐって、様々な対立・妥協等を経て、事は推移していくことになるだろう。

以上、発生した事柄の認知・評価をめぐって生じうる新旧参照系の交錯という事態を例解してきた。新しい参照系による認知・評価がつねに望ましいとはかぎらないし、かえって、新たな参照系による事柄の認知・評価が、より困難な事態を招く可能性もありうる。とはいえ、同一事態が新旧参照系内に同時に属しつつ、事態が推移していく過程は、問題状況の推移過程と重なる可能性があり、この過程を通じて事柄の意味が変質し、その結果として、社会が再編される可能性もありうる。

参照系を基にした古いものと新しいものとの交錯は、もはや、一個人内の「I」と「me」の相互作用を超えている。ここに登場する人物は、ある一つの参照系を共有する人々からなる集合（ホワイトヘッドのいう「一致集合」）内の構成員として理解されている。いいかえれば、この集合は、パースペクティヴにおいて、何らかの事柄の認知・評価像が一致している人々からなる集合である。新旧参照系の交錯とは、相異なる「一致集合」間の交錯である。ミードがホワイトヘッドの「一致集合」概念を援用するとき、既に、一個人レベルの「I」と「me」の議論を超えたところで、新たに発生した問題状況に即した〈社会再編＝自我再編〉論が構想されていたといってよい。

こうしてみると、ミードの「社会性」概念は、事柄の新たな意味に関して、人々の同意をとりつける過程を分析しうる能力をもっている。いわば、社会再編論の一環を構成しているといってよい。同時に、ミードは、こうした新旧参照系の交錯による推移過程が、自我論をも包摂するものと考えていた。『現在というものの哲学』最終章では、この過程は「自我となる複数有機体からなる一つの社会のメカニズム」と把握され、推移過程の進行は、自我のメカニズムとして捉えられている。新旧参照系の交錯と推移は、「自分自身に対して他者たちの構えをとり、その上で、身振りを用いて他者たちと対話し、自身の様々な構えの中で関心のある事柄を、自分自身に対して示そうとする」過程でもある。「社会性の成就の在処は、有機体が、他者の構えを占めることによって、相手側の役割の中で自分自身の構えを占めることができるという事実である」（以上、六九三頁）。相対論＝パースペクティヴ論と創発論は、自我論をも包摂する一つの社会再編論としてある。

以上、本書の三篇構成に即して、プラグマティズム（未来を見据えた行為帰結主義）、相対論＝パースペクティヴ論、創発論を概観し、創発性の原理にして形態たる「社会性」概念を、新旧参照系交錯による意味変質論＝社会再編論として提示してきた。こうした立論は、二一世紀ミード像のための一つのたたき台にすぎない。二〇世紀ミード像が、「I」と「me」と「一般化された他者」概念の解釈、自我形成論、そしてシンボリック相互作用論であったとすれば、二一世紀ミード像は、二〇世紀ミード像を突破したところに成立しうる。

G・H・ミード略歴

George Herbert Mead

ジョージ・ハーバート・ミードは、一八六三年二月二七日、米国マサチューセッツに生まれ、一九三一年四月二六日に亡くなった。一六歳でオバーリン大学に入学し、卒業後、短期間、教員や測量技師等の職業に就く。その後、一八八七年、ハーバード大学大学院に入学し、ウィリアム・ジェイムズ宅に下宿しつつ、当時ハーバードで名声を博していた哲学者、ジョサイヤ・ロイス（Josaia Royce）に師事する。

修士号取得後、一八八八年、ドイツに渡り、ライプツィッヒ大学でヴント（Wilhelm Wundt）の講義に出席し、一学期を過ごした後、ベルリン大学に移り、ディルタイ（Wilhelm Dilthey）の下で学ぶ。当初、ドイツで学位を取得する予定でいたが、一八九一年、ミシガン大学で職を得たため、学位を取得することなく帰国し、心理学と哲学を講ずるようになる。

ミシガン大学で、デューイと知り合い、お互いに影響を及ぼし合うようになる。一八九四年、ミードは、デューイとともにシカゴ大学に移る。一九二〇年代になると、シカゴにおけるミードの講義は学部生や大学院生に大きな影響を与えるようになり、その時の講義録が、没後出版『精神・自我・社会』『西洋近代思想史——十九世紀の思想の動き』に結実する。

ミードの知的源泉は、ヘーゲル、ダーウィン、ヴント、ロイスであり、デューイとの交流の中で、ミードはプラグマティズムと社会心理学に関して自らの理論を彫琢していくことになる。一九二〇年代から晩年にいたるまで、ミードが刺激を受けていたのはホワイトヘッドとベルクソンであり、研究主題は相対論と創発論であった。この主題は、自らの長大な研究計画の一部をなすもので、一九三〇年、ケイラス連続講義において発表された。このときの講義は、あらかじめ出版されることになっていたが、一九三一年にミードは急逝する。そのため、この講義のための準備ノートが、アーサー・マーフィの編集で『現在というものの哲学』と題して没後に出版された。

シカゴ大学在職中、学内では学部生・大学院生に絶大な影響力をもっていたが、ミードが米国の全国区レベルで注目を浴びるのは、『精神・自我・社会』の没後出版以後のことである。その後、ハーバート・ブルーマーの創造的読解＝誤読によって、ミードは「シンボリック相互作用論」の源流として位置づけられるようになり、古典的プラグマティストの一人としてよりも、むしろ社会心理学者・社会学者としての評価の方が一般的となる。

二一世紀の今日、とりわけヨーロッパにおいては、アメリカ社会学内での位置づけを超えて、新たなミードの理論像が形成されつつある。

ミードの主要著作および本書収録論考の初出と先行翻訳一覧

主要著作とその略号

PP: *The Philosophy of the Present*, edited by Murphy, Arthur E., University of Chicago Press, 1932.

MMS: *Mind, Self and Society, The Definitive Edition*, edited by W. Morris, Charles, annotated Edition by Daniel R. Huebner and Hans Joas, The University of Chicago Press, 2015（*Mind, Self, and Society: From the Standpoint of a Social Behaviorist*, edited by Morris, Charles W., University of Chicago Press, 1934）.

MT: *Movements of Thought in the Nineteenth Century*, edited by Moore, Merritt H., University of Chicago Press, 1936. 邦訳『西洋近代思想史——十九世紀の思想のうごき（上・下）』魚津郁夫・小柳正弘訳、講談社学術文庫、一九九四年。

PA: *The Philosophy of the Act*, edited by Morris, Charles W., University of Chicago Press, 1938.

SW: *Selected Writings: George Herbert Mead*, edited by Reck, A. J., University of Chicago Press, 1964.

ISS: *The Individual and the Social Self: Unpublished Work of George Herbert Mead*, edited by Miller, David L., University of Chicago Press, 1982. 邦訳『個人と社会的自我——社会心理学講義』〔部分訳〕小川英司・近藤敏夫訳、いなほ書房、一九九〇年。

PSS: *Play, School, and Society*, edited by Deegan, Mary Jo, Peter Lang, 1999.

ESP: *Essays in Social Psychology*, edited by Deegan, Mary Jo, Transaction Publisher, 2001.

GHMR: *G. H. Mead: A Reader*, edited by Silva, Filipe Carreira Da, Routledge, 2011.

*本書に収録した著作を含め、ミードの既発表論文・没後出版物のすべてと未発表草稿の一部は、以下のサイトからアクセス可能である。
https://brocku.ca/MeadProject/inventory5.html

本書収録著作の初出と先行翻訳業績

第I篇　既発表論文・草稿選
——プラグマティズム・相対性・創発

第1章　特定の意味を有するシンボルの行動主義的説明（一九二二年）

"A Behavioristic Account of the Significant Symbol," *Journal of Philosophy*, 19 (1922), pp. 157-63 (Reprinted in *SW* and *GHMR*).

「意味のあるシンボルについての行動主義的説明」（船津衛・徳川直人訳『社会的自我』恒星社厚生閣、一九九一年所収）。

「有意味シンボルについての行動主義的説明」（河村望訳、『社会心理学講義・社会的自我――デューイ=ミード著作集13』人間の科学新社、二〇〇一年所収）。

第2章　科学的方法と道徳科学（一九二三年）

"Scientific Method and the Moral Sciences," *International Journal of Ethics*, 33 (1923): 229-47 (Reprinted in *SW* and *GHMR*).

「科学的方法と道徳諸科学」（加藤一己・宝月誠編訳『G・H・ミード　プラグマティズムの展開』ミネルヴァ書房、二〇〇三年所収）。

第3章　自我の発生と社会的な方向づけ（一九二五年）

"The Genesis of the Self and Social Control," *International Journal of Ethics*, 35 (1925), pp. 251-77 (Reprinted in *SW* and *GHMR*).

「自我の発生と社会的コントロール」（船津衛・徳川直人訳『社会的自我』恒星社厚生閣、一九九一年所収）。

「自我の発生と社会統制」（河村望訳『現在の哲学・過去の本性――デューイ=ミード著作集14』人間の科学新社、二〇〇一年所収）。

第4章　知覚のパースペクティヴ理論（一九三八年、没後出版。執筆年代不詳）

"Perspective Theory of Perception," in *PA*, pp. 103-124.

先行翻訳なし。

第5章　諸々のパースペクティヴの客観的実在性（一九二七年）

"The Objective Reality of Perspectives," in Edgar S. Brightman (ed.), *Proceedings of the Sixth Interna-*

tional Congress of Philosophy (New York 1926), pp. 75-85 (Reprinted in *SW* and *GHMR*).

「諸パースペクティヴの客観的リアリティ」（加藤一己・宝月誠編訳『G・H・ミード　プラグマティズムの展開』ミネルヴァ書房、二〇〇三年所収）。

第6章　プラグマティズムの真理理論（一九二九年）

"A Pragmatic Theory of Truth," *Studies in the Nature of Truth University of California Publications in Philosophy*, 11 (1929), pp. 65-88 (Reprinted in *SW* and *GHMR*).

「真理のプラグマティックな理論」（河村望訳『社会心理学講義・社会的自我——デューイ＝ミード著作集14』人間の科学新社、二〇〇一年所収）。

「プラグマティズムの真理理論」（加藤一己・宝月誠編訳『G・H・ミード　プラグマティズムの展開』ミネルヴァ書房、二〇〇三年所収）。

第7章　歴史と実験的方法（一九三八年、没後出版。執筆年代不詳）

"History and the Experimental Method," in *PA*, pp. 92-100.

先行翻訳なし。

第8章　過去というものの性質（一九二九年）

"The Nature of the Past," in John Coss (ed.), *Essays in Honor of John Dewey*, New York: Henry Holt & Co. (1929), pp. 235-42 (Reprinted in *SW* and *GHMR*).

「過去の本性」（河村望訳『現在の哲学・過去の本性』人間の科学新社、二〇〇一年所収）。

「過去の性質」（加藤一己・宝月誠編訳『G・H・ミード　プラグマティズムの展開』ミネルヴァ書房、二〇〇三年所収）。

第9章　（補）国家・戦争・自我（ウィリアム・ジェイムズ／G・H・ミード）

第一節　戦争の道徳的等価物（ウィリアム・ジェイムズ、一九一〇年）

William James, "The Moral Equivalent of War," in *Memories and Studies*, Longman, 1911, pp. 267-296 (Reprinted in *William James, Writings, 1902-1920*, The Library of America, 1987).

「戦争の道徳的等価物」（『世界大思想全集　哲学・文芸思想篇　15　ジェームズ論文集　ウィリアム・ジェームズの心理思想と哲学』今田恵訳、河出書房、一九五六年所収）。

「戦争の道徳的等価物」（部分訳、スティーヴン・C・ロウ編『ウィリアム・ジェイムズ入門――賢く生きる哲学』本田理恵訳、日本教文社、一九九八年所収）。

第二節　国を志向する精神と国際社会を志向する精神
（G・H・ミード、一九二九年）

"National-Mindedness and International-Mindedness", *International Journal of Ethics* 39 (1929), pp. 385-407 (Reprinted in SW and GHMR).

「国の精神化と国際社会の精神化」（加藤一己・宝月誠編訳『G・H・ミード　プラグマティズムの展開』ミネルヴァ書房、二〇〇三年所収）。

第Ⅱ篇　社会――『精神・自我・社会』
（一九三四年、没後出版、講義録）

Mind, Self and Society, The Definitive Edition, (edited by Charles W. Morris, in 1934), annotated Edition by Daniel R. Huebner and Hans Joas, The University of Chicago Press, 2015.

［本文］

『行動主義心理学』（三隅一成訳、白揚社、一九四一年）。

『精神・自我・社会』（稲葉三千男・滝沢正樹・中野収訳、青木書店、一九七三年）。

『精神・自我・社会――デューイ＝ミード著作集 6』（河村望訳、人間の科学社、一九九五年）。

［補遺論文］

河村望訳『社会心理学講義・社会的自我――デューイ＝ミード著作集 13』人間の科学新社、二〇〇一年所収。

第Ⅲ篇　歴史――『現在というものの哲学』
（一九三二年没後発表、ケイラス連続講義〈一九三〇年一二月〉用草稿）

The Philosophy of the Present, Edited by Arthur E. Murphy, Open Court: La Salle (Illinois) 1932.

『現在の哲学・過去の本性』（河村望訳、人間の科学新社、二〇〇一年所収）。

「『現在の哲学』第一章の一」部分訳（小川英司訳、『鹿児島国際大学　季刊社会学部論集』19（2）、二〇〇一年）。

「『現在の哲学』第一章の二」部分訳（小川英司訳、『鹿児島国際大学　季刊社会学部論集』20（2）、二〇〇一年）。

本書の理解をさらに深めるための参考文献

以下に掲げる文献のうち、「二〇世紀ミード像」に関しては、後藤将之（1987）とPeter Hamilton（1992）の四巻本が必読である。

「二一世紀ミード像」を作り上げていくためには、これら以外の文献を自ら読み進めていく必要がある。

邦語文献についていえば、この国の通説的ミード理解の水準を超えたところで議論しているのが、安川一（1985）、小川英司（1992）、徳川直人（2006）である。

古典的プラグマティズムにおけるミードの位置づけについては、古い文献ではあるが、Morris（1968）とScheffler（1974）、さらには、Eames（1977）とThayer（1973）が基本文献である。

ミード理論の基本書としては、Miller（1973）を手はじめに、Cook（1993）とJoas（1985）を押さえておく必要がある。

ミード自身の理論形成史については、何よりもHuebner（2014）が参考になる。

最先端のミード研究に関しては、Burke and Skowroński（2013）とJoas and Huebner（2016）が示唆を与えてくれる。

総じて、今日のミード研究は、アメリカ社会学化されたミード像を超えたところで展開されている。

*

小川英司（1992）『G・H・ミードの社会学』いなほ書房。

後藤将之（1987）『ジョージ・ハーバート・ミード——コミュニケーションと社会心理学の理論』弘文堂。

徳川直人（2006）『G・H・ミードの社会理論』東北大学出版会。

安川一（1985）「G・H・ミード「社会心理学」の性格と課題——社会的実践と社会心理学」『社会学評論』36（2）。

Aboulafia, Mitchell ed.（1991）*Philosophy, Social Theory, and the Thought of George Herbert Mead*, State

University of New York Press.

Aboulafia, Mitchel l（2001）*The Cosmopolitan Self: George Herbert Mead and Continental Philosophy*, University of Illinois Press.

Archer, Margaret S.（2003）*Structure, Agency and the Internal Conversation*, Cambridge University Press.

Baldwin, John D.（1986）*George Herbert Mead: A Unifying Theory for Sociology*, Sage.

Blumer, Herbert, edited and introduced by Morrione, Thomas（2004）*George Herbert Mead and Human Conduct*, AltaMira Press.

Burke, Thomas and Skowroński, Krzysztof Piotr, eds.（2013）*George Herbert Mead in the Twenty-First Century*, Lexington Books.

Cook, Gary A.（1993）*George Herbert Mead: The Making of a Social Pragmatist*, University of Illinoi Press.

Côté, Jean-François（2016）*George Herbert Mead's Concept of Society : A Critical Reconstruction*, Routledge.

Cronk, George（1987）*The Philosophical Anthropology of George Herbert Mead*, P. Lang.

Deegan, Mary Jo（2008）*Self, War, and Society: George Herbert Mead's Macrosociology*, Transaction Publishers.

Eames, S. Morris（1977）*Pragmatic Naturalism: An Introduction*, Southern Illinois University Press.（『価値と認識の哲学』峰島旭雄他訳、大明堂、一九八三年）。

Hamilton, Peter ed.（1992）*George Herbert Mead: Critical Assessments*, 4 Vols, Routledge.

Habermas, Jürgen（1981）*Theorie des kommunikativen Handelns*, Suhrkamp.（岩倉正博他訳『コミュニケイション的行為の理論（中）』未來社、一九八六年）。

Huebner, Daniel R.（2014）*Becoming Mead: The Social Process of Academic Knowledge*, University of Chicago Press, 2014.

Joas, Hans（1985）*G. H. Mead: A Contemporary Re-examination*（tr. Meyer, R., Polity（originally published in German, *Praktische Intersubjektivität: Die Entwicklung des Werks von G. H. Mead*, Suhrkamp, 1980）.

Joas, Hans and Huebner, Daniel R. eds.（2016）*The Timeliness of George Herbert Mead*, University of Chicago Press.

Miller, David L.（1973）*George Herbert Mead: Self, Language, and the World*, University of Chicago Press.

Morris, Charles（1968）*The Pragmatic Movement in American Philosophy*, G. Braziller.

Scheffler, I.（1974）*Four Pragmatists: A Critical Intro-*

duction to Peirce, James, Mead, and Dewey, Routledge.
Thayer, Horace S.（1973）*Meaning and Action: A Study of American Pragmatism*, Bobbs-Merrill.
Wiley, Norbert（1994）*The Semiotic Self*, University of Chicago Press.（船倉正憲訳『自我の記号論』法政大学出版局、一九九九年）。

編訳者あとがき

植木 豊

前作の翻訳書『プラグマティズム古典集成――パース、ジェイムズ、デューイ』(作品社、二〇一四年)のときと同様、今回の翻訳もまた、完全に孤独な作業であった。

古典的プラグマティストたちの著作を原文で読んだことのある人なら誰でもわかることだが、彼らは、とにかく、ひどい英文を書く。ジェイムズの場合はまだしも、パース、デューイ、ミードの英文のひどさは感動的ですらある。

実際、米国のパース研究の礎を築いたマックス・H・フィッシュは、パースのプラグマティズムの格率における英文のひどさを指摘している(“linguistic clumsiness”)。一八七〇年代、「メタフィジカル・クラブ」においてパースと議論していたオリヴァー・W・ホームズ・ジュニアもまた、後年、デューイ『経験と自然』(一九二五年)の英文のひどさを語っていた(“incredibly ill written”)。そのデューイはといえば、ジェイムズとの手紙のやりとりの中で、ミードの英文のひどさを語っている次第である(“difficulty of articulation in written discourse, as you know”)。

どれほど原文がひどいものであろうと、訳文までこれにつきあってしまえば、翻訳者の敗北でしかない。翻訳過程において、先行翻訳には学ばせていただいた。本書の収録著作の初出一覧において、先行翻訳を掲載した。故人を含めて先行翻訳者の方々全員に、この場を借りて、お礼を申し上げる。

本書の校正に対しては通常以上の時間をいただいた。作品社編集部の内田眞人氏に、記してお礼を申し上げたい。

(二〇一八年八月)

見込／見通し（Promise） 66, 68-69, 83, 85-87, 101
身振り（Gesture）
——と意味表示 14-15, 17-18, 58-59, 213-215, 215n, 216-217, 241-250, 252-256, 260-267
社会的行為の一局面としての—— 241-250, 271n
——のやりとり 245-247, 252-255, 271n, 273n, 282-283, 347-348, 380-382, 389-393, 397-398,
命題（Proposition） 12, 115-119, 126, 566
目的論（Teleology） 22-24, 28
模倣（Imitation） 250-252, 257-266, 573
問題〔状況〕（Problem（atic）／problematic situation） 42, 69-70, 74, 83, 109, 111-112, 117, 120, 123-124, 143, 302, 494

問題解決（Solution of problems／Problem-solution） 35, 37, 39, 69, 77, 117, 121, 129, 134, 523, 570

●や行

役割（Role） 55-56, 63-64, 98-100, 300-301, 349n, 359-360, 368-371, 467-469, 491-492, 530-531, 539-542, 577-580, 582-585, 587-590, 690-694
優越感（Superiority） 417-420, 499, 502, 521-522, 529-530, 536
抑制／抑止（Inhibition） 12, 53, 76, 101, 103-105, 287n, 294, 299, 331n, 562, 567-568, 570, 575, 580, 586, 677, 679-680

●ら

理性（Reason／Rationality） 188-190, 194, 296-298, 415-416, 480-481n, 323, 344-345, 399n, 489n, 549-550, 562, 592-593, 595
組織編成としての——と人格 526-531
理性的存在者（Rational beings） 183, 407, 414, 483, 549, 592-593, 663, 694, 696-697
例外〔状況〕（Exception／Exceptional situations） 113-114, 133
連合〔法則〕／連合心理学（Association） 218, 220, 226, 234-235, 299, 555-557
論議領域（Universe of discourse） 17, 60, 75, 96, 105, 128, 184, 292-293, 295n, 364, 366, 436, 473, 483-484, 489n, 497-498, 694

対立（Conflict） 518-525
反応の—— 12, 18, 116
価値・目的の—— 26-27, 31-32, 116
科学的方法と社会的行動様式との—— 28
達成／局面（Consummation ／ Consummatory phase）
行為の達成 99, 101, 105, 395-396, 450-451, 462
知覚（Perception）
——の基本原理と真理性 66-67
——しつつある出来事／観察者が知覚しつつあるという身体活動上の出来事 46, 47n, 90, 93n, 95n
知覚対象（Percepts） 42-44, 65-66, 69, 74, 76, 140, 554-555, 586
知性（Intelligence）
——の定義 205n, 303-304
——の課題 35
自然科学的——と道徳的—— 35, 37
動物の——と人間の—— 296-304,
反省的—— 294-304, 323
注意〔選択能力としての〕（Attention） 43, 224-226, 298-299, 552
手（Hand）
——と行為の達成 101, 395-396, 461-462
適応（Adaptation, Adjustment）
身振りと——・再—— 245, 586
創発性と再—— 658, 663
データ（Data） 28-29, 113-114, 138-139, 386-388
敵対的衝動（hostile impulse）
——による一体感・高揚・凝集 181-182 ,185
撤回修正不可能な（Irrevocable） 135, 139, 141, 157, 621, 696
撤回修正不可能性（Irrevocability） 614-615, 621-622, 625-626, 628-629
デモクラシー（Democracy） 29, 34-35, 500-502, 529, 540-542
特定の意味を有するシンボル（Significant symbols） 104-105, 244-247, 266-267, 401-403, 403n, 436, 448, 482-483, 485n, 497-498
——の定義 17

●な行

内観（Introspection） 200-201, 203-204, 206, 208, 212, 220, 309, 439n
認識（Knowledge ／ Cognition）
プラグマティズムにおける—— 42
問題状況と認識—— 83, 109n
過去と未来を認識するということ—— 138
行為と認識—— 297
——と〔疑う余地のないものとして〕そこにある世界 617
企て・問題解決としての—— 677
認識〔すること〕／認識内容／認識対象（Knowledge） 138, 140-141, 141n, 143, 297n
認識論（Epistemology） 39-41, 108, 109n, 133, 135, 140, 141n, 231, 677

●は行

パースペクティヴ（Perspective） 43-44, 65-88, 89-106
——の定義 79
——は自然のうちにあるのであって、意識のうちにあるのではない 44
有機体は——のうちにある 74
——を有機体の内部に位置づけるなど論外である 74
——の客観性 90
——の編成体 92, 94, 101, 103
——の編成原理 96
持続的関係としての—— 81-83
『精神・自我・社会』における—— 229-230, 292, 295n, 414-415, 558
『現在というものの哲学』における—— 621-623, 625-626, 631, 637, 655, 662, 664, 666-668, 671, 682-683, 686, 688-690
判断（Judgment） 112, 117, 119-120, 129-131, 592, 600
反応（Response ／ Reaction）
行動様式と—— 12-13
組織化された—— 57, 334-336, 478-479, 482, 581, 683-684
——の延期・遅延反応 302, 303n, 304, 322-323, 469n, 676-677, 680, 691, 719
→ 感受能力／意味の三項関係
物的事物〔様態〕／〔身体にとっての〕物的事物〔様態〕（Physical things） 72-73, 84, 99-101, 105, 394-396, 399n, 462-463, 650-651
普遍性（Universality） 16-18, 284-293, 483-485n
反応の——と刺激の個別性 286-288, 330
コミュニティの規模と—— 480-481
シンボルと—— 482-484
デモクラシーと—— 496-498, 504, 507
普遍的宗教 87, 430, 471-472, 480, 486, 496-497, 500, 507, 517, 531, 541-542
経済の——／普遍的経済 471-472, 503-504, 506-507
プラグマティズム（Pragmatism） 38, 39, 42-43, 90, 109n, 120, 122, 124, 135, 136
——の出発点 39
プラグマティスト（Pragmatist） 124, 140, 144
抱握（Prehension） 94, 95n, 104
平和論／平和主義（Pacifism） 167, 169, 176-178, 180
→ 主戦論
→ 戦争

●ま行

見かけの現在（Specious Present） 60, 71, 73-74, 76-77, 86, 90, 104, 140, 148-149, 151-152, 386, 612-613, 613n, 618, 632, 694-695

——におけるパースペクティヴ　81, 92, 103
——の成層化　46 47, 91-92, 102, 106
実在〔的〕(Reality／Real)　65-68, 74-76, 78, 82-86, 89, 92, 103-105, 119-120, 133-135, 148-149, 565-567, 614-615, 620-623, 627-629, 631-633, 636, 638-639, 641-644, 645-652, 659-660, 666-672
実在論（Realism）　38, 42, 90, 124, 125n, 130-131, 291, 609
行動主義的——　131
社会再編（Social reconstruction）　136, 523-524, 525n
——とプラグマティズム　136
社会心理学（Social Psychology）　199-200, 204-206
外面から内面へ〔外在主義〕　206
社会性／社会的性質（Sociality／Social nature）　658-676
——の定義・指標　660-661
——と推移　662-663
——の原理　675-676
思考の——　672
→ 創発
社会的行為（Social acts）　51-53, 57-58, 98-99, 204-206, 217, 241-243, 245, 271n, 277-283
——の定義　51-53
——と意味　277-283
社会的対象（Social objects）
——と自我の相即的出現　55, 61
——による行為の方向づけ　61
社会的〔な〕方向づけ（Social control）　60-64, 423-434
社会の前進（Advancement）
問題に対する適応としての——　37
主観的なもの（Subjective）
——と客観的なもの　78
——と自我　373-382
主戦論／好戦論／軍国主義（Militarism）　162-164, 167
→ 平和主義
準備態勢（Readiness）　15, 66-68, 73, 101, 253, 568, 575
→ 構え
条件づけ（Conditioning）　149-154, 158, 208, 212, 236, 281, 305-306, 309-313, 325-329
情動（Emotion）
——の表出〔ダーウィン説〕　214-217
新規なもの（the Novelty）
→ 創発
心像（Imagery／Image）　13-14, 44-46, 403n, 585-588, 682-683
行動様式における——の機能　551-561
進入（Ingression）　94, 97n, 623n, 633, 655
シンボル（Symbol）
——の定義　392
→ 特定の意味を有する——
真理（Truth）　23, 111-112, 115-120, 129-131, 133-134, 143, 378, 566
——の検証　117, 122-123, 131, 133, 566, 677
推移（Passage）　48-49, 60-61, 65, 74-77, 80-81, 103-104, 153-156, 612-614, 626-628, 630-632, 634-641, 646-647, 651-652
精神（Mind）
——とシンボル　321-329
——と反応と環境　330-340
——と行動様式　324-328, 400-403, 403n
——の社会説　437n
制度（Institution）　28-31, 424, 474-487
——の定義　424
コミュニティと——　474-487
接触経験（Contact experiences）　40, 48-49, 70, 83-86, 576, 650, 667-671
→ 遠隔経験
戦争（War）
戦争による一体感・高揚感・凝集力　181, 187-188, 192, 195
戦争の精神的遺産　160, 175-176
戦争の道徳的等価物（Moral equivalent）　167, 171-173, 176-178, 180, 187, 191-192
創造的前進（Creative advance）　89, 91n, 92, 103, 106
相対性（Relativity）　44, 49, 82, 625, 637, 651-652, 655-657, 660-665, 667-668, 672-676, 685-686, 688
『精神・自我・社会』における——と創発性　544, 548
相対性理論（Relativity）　43, 46, 82, 90, 101, 123, 142, 146, 651, 664, 667, 669, 671-672, 674, 686
創発〔性〕(Emergence)　44, 46, 49, 129, 134-135, 150, 155-158, 217, 279, 302, 410, 544-545, 548, 560, 607, 610-611, 614-615, 622-624, 627-631, 635-640, 648-649, 651, 655, 657-658, 658-662, 673-676, 678-679, 684, 691-692, 697
——的出来事にとっての過去　158
——的出来事と一齣の現在　636
——的出来事と適応と選択的感受能力　637
——的出来事と相対性・パースペクティヴ　637
——的出来事と推移　640
『精神・自我・社会』における相対性と——　544, 548
そこにある世界／疑う余地なくそこに与えられている世界（the World that is there）　39, 45, 69-70, 110, 111, 143, 342, 617, 639-640

●た行

態度（Attitude）　31-33, 244, 355, 472, 488, 490
宗教的態度と経済的——〔構え〕　503-513
→ 構え
第二性質（Secondary qualities）　40, 42, 49, 84-85

——と社会的行為　273n, 274-275
——と身振り　243-247, 275, 275n
——の行動主義的意味表示　210-211
経済的——（態度）　511-512
宗教的態度（構え）　511-512
→ 態度
環境（Environment）　330-340, 458-465, 543-550
観念（Idea）　127-128, 208, 210-214, 247-249, 250-252, 256, 259, 273n, 302-304, 307-309, 311, 321-322, 390-391, 637-638
反応の組み合わせとしての——　271-272, 273n
観念作用（Ideation）　616-617, 637, 641, 659, 677, 679-680, 684, 695
観念論（Idealism）　40, 89, 90n, 122, 130, 609, 648
感受能力（Sensitivity）　11, 12, 44, 49, 103, 106, 224, 328, 334-335, 338, 349n, 353, 385n, 428, 448, 458-460, 462-463, 543-544, 546, 552, 557, 563-564, 569, 616, 637, 647, 680, 691
→ パースペクティヴ
共感（Sympathy）　180-181, 513-517
協働／協働的行為／協働的活動／協働作用（Cooperation ／ cooperative）　50-51, 72-73, 98-100, 253-254, 274-276, 285n, 364-365, 369, 373-374, 399-400, 406-407, 443-444, 453-454, 467-469, 471-473, 514-515, 519-520, 536-537, 549-550, 588-589
国の自我（National-self）　64, 192-194
国を志向する精神（National-mindedness）　189, 193-194
→ 国際社会を志向する精神
ゲーム（Game）　358-360, 361-362, 367-369, 401, 406, 567, 584
——と自我の組織化　367-369
→ ごっこ遊び
言語（Language）　183-184, 205n, 213-216, 247-248, 250-259
——と対象の出現　278-280
——と意味　427n
——と行動様式　329
——と自我発生　352-357
——と手　450-451
——の本質的構成要素　301
協働過程としての——　274-276
現在というもの（the Present）　152-153, 157, 560, 612-613, 620, 622-623, 638, 640-641, 644-645, 658, 662, 674, 694-695
過去を再構成する土壌としての——　139
——の機能的境界　695
一齣の（今）現在／今現在（a Present）　149, 151, 612-613, 616, 618, 628, 630-632, 636, 639, 641-646, 659, 673, 696
行動主義（Behaviorism）
——と平行説　314-321
——からみた精神　323-330
ミードの——　204-206, 209-212, 235-239, 310, 313-314
ワトソンの——　201-202, 208, 305-309, 310
行動様式（Conduct）　13, 18, 551-560
——の定義　13
精神の在処としての——　18
国際社会を志向する精神（International-mindedness）　192, 194, 479, 484
ごっこ遊び／遊戯（Play）　56-57, 357-359, 361-362, 368-370, 400-401, 582, 584
→ ゲーム
コミュニケーション（Communication）　248-250, 268-275, 466-473
コミュニティ（Community）
——の構え　96, 99, 376-377, 390-391, 398, 405, 407-408, 541

●さ行

自我（Self）
——の定義　54-55, 60, 64
——と行動様式と反応　70
——と社会的対象の出現　54
——と事物様態　99-101, 105
——と反省過程　567-591
——と有機体　341-351
——の個人説と社会説　435-440
——の実現　200-209
——の特性　343-349
——発達の二段階　366-367
国の——　64, 192-194
コミュニケーションと——　248-250
絶対的——　89, 91n
刺激（Stimulus）
——と反応の違い　250-252
——と反応　205, 322, 326, 459, 590, 690
→ 反応
思考／思惟（Thought）
——の社会的性質　291, 297n
——に先行する思考内容という把握の誤り　473
——の再構成　616
——過程の在処　319-320
——と「I」と「me」　392-293, 550
——と一般化された他者　364-365, 365n
——とコミュニケーションとシンボル　268-276, 353-355, 467-474
——の一般的メカニズム　273-274
——の普遍性　291
内的対話としての——　59-60, 246, 691
プラグマティズムと——　120-124
身振りの内面化としての——　382
自己意識（Self-consciousness）　55-56, 183-184, 337n, 344-345, 381-382, 405-406, 419-420
意識と——の区別　378
自然（Nature）　337n

621, 625, 664, 669, 685, 686, 689
ムッソリーニ（Mussolini, Benito） 189, 729
メイヤーソン（Meyerson, E.） 636
モーガン（Morgan, C. Lloyd） 44, 655
モーリー（Morley, E. W.） 653, 666, 667

●ラ行

ラーモア（Larmor, Joseph） 40, 94, 110, 135, 414
ライプニッツ（Leibnitz, G. W.） 118, 119, 124, 125, 135, 238, 315-317, 689
ラッセル（Russell, Bertrand） 179
ラム（Lamb, Charles） 657, 666
リー将軍（Lea, General Homer） 164, 165, 168
ルーズベルト（Roosevelt, Theodor） 164, 179
ルソー（Rousseau, Jean-Jacque） 500, 501, 663
ロイス（Royce, Josiah） 10, 89, 121, 503, 609
ローウェンバーグ（Lowenberg, Jacob） 120, 121
ローレンツ（Lorentz, H. A.） 653, 657, 665, 666, 669

●ワ行

ワーズワース（Wordsworth, William） 56, 145, 187, 356, 394
ワトソン（Watson, John B.） 200-202, 204, 206-210, 212, 269, 305, 307, 309-311, 325, 547

事項索引

・頁数にある「n」は、註に記載があることをさす

●アルファベット

I
　——の創造性 427-435
　——の発現形態 492, 499
　——の未確定性 386-389
I と me
　行動様式からみた—— 383-389
　自我の局面としての—— 392-394
　思考過程としての—— 404-412
　——の貢献 422-426
　——の融合 487-495

●あ行

愛国主義／愛国心（Patriotism） 160, 163, 165
意識（Consciousness） 39-40, 42-44, 49-50, 201-202, 207-209, 217-219, 221-222, 226-229, 278-279, 307-311, 316-317, 380-381, 404-405, 543-550, 616-617n, 676 -682, 690
　——という言葉の曖昧さ 226-231, 373-382
　——の行動からの創発 217
　意識内容への接近可能性としての—— 229-230
意識状態（Conscious states） 39-41, 217-218, 681-682
　→ 自己意識
一致集合（Consentient set） 45n, 93n, 651-653n
一般化された他者（Generalized other） 16-17, 56-57, 362-364, 365n, 367-368, 370-371, 525n
　——の複数性 694
意味（Meaning）
　——の定義 15
　——と指し示し 291-292
　——と参加と伝達可能性 285n
　——の三項関係・三部構成 277-278, 282-283, 316-317
　——の発生場面と意味の在処 277-279
　——とコミュニケーション 280-281
　——は「意識状態」ではないし、「心的内容」でもない 279, 282
　→ 特定の意味を有するシンボル／意味表示
意味表示〔する〕（Significance ／ signification, signify） 15, 17-18
遠隔経験（Distant experiences） 40, 65, 67, 83, 87, 460, 650, 667-668, 670-671
　→接触経験

●か行

科学（Science） 39-40, 47-48, 82-84, 122-124, 137-138, 232-233, 387-388, 409-411, 565-566, 600-601, 619-624, 646-650, 656-658, 669-673
　——と哲学 89-90, 92-93, 107-114
　——とプラグマティズム 39-40
科学的方法（Scientific method）
　科学的方法と道徳 26, 28, 31
過去というもの（the Past） 141-142, 152-153, 155, 158, 320-321, 612, 614, 618, 623, 645, 650
過去（a Past ／ Pasts）
　——の再構成・再記述 125-126, 137, 139, 142, 156-157, 615, 619, 621, 625, 628, 635, 642
　いかなる現在からも独立した過去 620-621, 623, 635
　実在的過去 614, 618, 642
価値（Value）
　機能的—— 33-36
　儀礼的—— 33, 35-36
　——と対立 31-32
構え／身構え／態度（Attitudes）
　——という言葉の定義 58, 73, 203, 304, 392, 449n, 575
　——と言語 213-214

人名索引

●ア行

アインシュタイン（Einstein, Albert） 46, 142, 415, 634, 639, 653, 662, 665, 667, 669, 674, 675, 686, 689
アウグスティヌス（Augustine, St） 21, 22, 695
アクィナス（Aquinas, St. Thomas） 22
アリストテレス（Aristotle） 83, 150, 151, 415, 480, 481, 620, 648, 650, 695
アレグザンダー（Alexander, Samuel） 44, 46, 49, 655, 657
イエス・キリスト（Jesus Christ） 21, 25, 30, 35, 187, 430, 431, 434, 480, 496, 497, 504, 507, 508, 517, 527, 640, 696
ウィルソン（Wilson, Woodrow） 143, 178, 193
ウェルズ（Wells, H. G.） 172, 173
ヴント（Wundt, Wilhelm Maximilian） 14, 218, 223, 227, 230, 231, 240-242, 247, 248-250, 252, 253, 255, 404, 499, 571, 740
エディントン（Eddington, A. S.） 615, 622, 657, 666, 668

●カ行

ガリレオ（Galileo） 21, 109, 661, 686
カント（Kant, Immanuel） 21, 112, 153, 154, 592-595, 598, 625, 627, 657, 663
クーリー（Cooley, Charles Horton） 288, 290
グラッドストーン（Gladstone, William） 382, 439, 535
クロポトキン（Kropotkin, Peter） 23
ケラー（Keller, Helen） 357
コペルニクス（Copernicus, Nicolaus） 142
コント（Comte, Auguste） 187

●サ行

サンタヤナ（Santayana, George） 125, 135
シーザー（Caesar, Julius） 1, 10, 90, 91, 121, 159, 161, 173, 175-180, 187, 189, 191, 192, 202, 220, 221, 227, 289, 382, 417, 609, 613, 700, 701, 708, 729, 731, 739
ジェイムズ（James, William） 123
シェリング（Shelling, Friedrich） 126, 141, 165, 644, 711, 729, 735
シュタインメッツ（Steinmetz, S. R.） 165, 166
シュレーダー（Schröder） 629
ジョンソン（Johnson, Samuel） 40, 182
スピノザ（Spinoza, Benedictus de） 40, 92, 135
スペンサー（Spencer, H.） 224

●タ行

ダーウィン（Darwin, Charles） 79, 214-217, 219, 224, 240, 242, 323, 463, 464, 466, 571, 740
タルド（Tarde, Gabriel） 252
デカルト（Descartes, René） 39, 110, 135
デモクリトス（Democritus） 651
デューイ（Dewey, John） 10, 109, 121, 131, 132, 221, 281, 291, 597, 604, 608, 630, 631, 700, 701, 705, 706, 729-731, 737, 739, 740
トルストイ Tolstoi, Lev Nikolaevich） 167, 344

●ナ行

ニュートン（Newton, Isaac） 82, 83, 111-113, 142, 639, 650, 652-655, 657, 665, 667, 672-675

●ハ行

バークリー（Berkeley, George） 21, 23
ハクスレー（Huxley, Thomas Henry） 40
ビスマルク（Bismarck, Otto von） 193
ヒューム（Hume, David） 112, 153, 218, 558, 559, 627
ピラト（Pilatus, Pontius） 112
ファラデー（Faraday, M.） 670
フィスク（Fiske, John） 577
フィヒテ（Fichte, Johann Gottlieb） 91
ブッダ（Buddha） 431
ブライス（Bryce, J.） 509
ブラッドレー（Bradley, Francis Herbert） 121, 135
プラトン（Plato） 94, 119, 189, 355, 480, 481, 695
プランク（Plank, M.） 629
フレーベル（Fröbel, Friedrich） 56, 57
フロイト（Freud, S.） 20, 423, 424, 469
ヘーゲル（Hegel, G.W.F.） 123, 126, 130, 514, 740
ベルクソン（Bergson, Henri） 1, 10, 13, 41-43, 47, 50, 51, 61, 67, 90, 92, 153, 207, 221, 607, 633-635, 639, 719, 741
ボールドウィン（Baldwin, James Mark） 263
ホワイトヘッド（Whitehead, Alfred North） 1, 10, 43, 45-47, 65, 68, 75, 80, 90-94, 97, 101, 104, 109-111, 124, 125, 131-133, 137, 146, 148-150, 158, 610, 612, 622, 623, 625, 632, 633, 636, 653, 655, 660, 667, 686, 708, 709, 738, 741

●マ行

マイケルソン（Michelson, A. A.） 653, 666, 667
マクスウェル（Maxwell, J. C.） 653, 657, 666-668
マクドゥアル（McDougall, W.） 579
マルクス（Marx, Karl） 62, 477
ミル（Mill, John Stewart） 425, 595
ミルトン（Milton, John） 21
ミンコウスキー（Minkowski, Hermann） 90, 615,

[編訳者紹介]

植木 豊（うえき・ゆたか）

慶應義塾大学経済学部卒。英国ランカスター大学大学院において、John Urry（1946-2016）と Bob Jessop（1946-）に師事し、Ph.D. 取得。現在、『プラグマティスト社会理論』を執筆中。
主要著訳書：
『プラグマティズムとデモクラシー――デューイ的公衆と「知性の社会的使用」』（ハーベスト社、2010 年）、ジョン・デューイ『公衆とその諸問題』（ハーベスト社、2010 年）、『プラグマティズム古典集成――パース、ジェイムズ、デューイ』（編訳、作品社、2014 年）、『ジョン・デューイ著作集　第 16 巻　政治』（共訳、東京大学出版会、近刊）。

Essential Writings of
George Herbert Mead
Pragmatism, Society and History

G・H・ミード著作集成
——プラグマティズム・社会・歴史

2018年10月10日　第1刷印刷
2018年10月20日　第1刷発行

著者——G・H・ミード
編訳者——植木 豊

発行者——和田 肇
発行所——株式会社作品社
〒102-0072 東京都千代田区飯田橋 2-7-4
tel 03-3262-9753　fax 03-3262-9757
振替口座 00160-3-27183
http://www.sakuhinsha.com

編集担当——内田眞人
本文組版——有限会社閏月社
装丁——小川惟久
印刷・製本——シナノ印刷株式会社

ISBN978-4-86182-701-3　C0010

◆作品社の古典新訳◆

第１回ドイツ連邦政府翻訳賞受賞!

精神現象学

G·W·F·ヘーゲル　長谷川宏 訳

日常的な意識としての感覚的確信から出発して絶対知に至る意識の経験の旅。理性への信頼と明晰な論理で綴られる壮大な精神のドラマ。

法哲学講義

G·W·F·ヘーゲル　長谷川宏 訳

自由な精神を前提とする近代市民社会において何が正義で、何が善であるか。マルクス登場を促すヘーゲル国家論の核心。本邦初訳。

ヘーゲル初期論文集成

G·W·F·ヘーゲル　村岡晋一／吉田達 訳

処女作『差異論文』からキリスト教論、自然法論、ドイツ体制批判まで。哲学・宗教・歴史・政治分野の主要初期論文を全て新訳で収録。『精神現象学』に先立つ若きヘーゲルの業績。

ヘーゲル論理の学

［全三巻］

G·W·F·ヘーゲル　山口祐弘 訳

【第一巻】

存在論

神のロゴス(論理)に対して理性の言葉で構築した壮大な真理の体系。現代語訳が身近にするヘーゲル哲学の神髄。

【第二巻】

本質論

存在の本質は反省にあり、存在が自己自身に還帰する生成と移行の無限運動とするヘーゲル論理学の核心。

【第三巻】

概念論

認識(知)と実践(行為)の統一を目指し、超越的な神にではなく、人格的な自由のうちにその完成を目指すヘーゲル哲学の頂点。